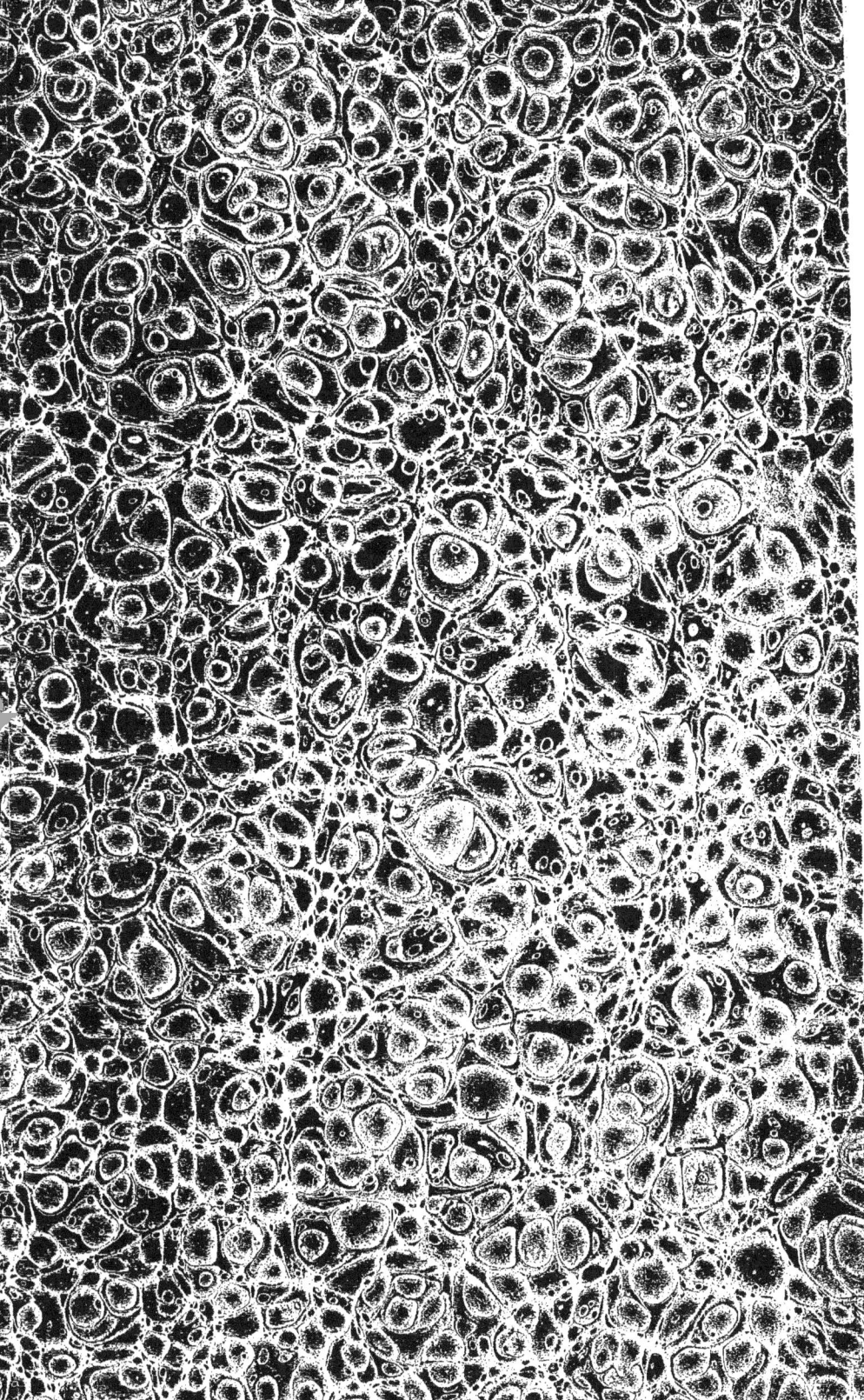

Mélanges
Camille de Borman

Recueil de Mémoires

relatifs à l'Histoire, à l'Archéologie et à la Philologie

Offert au Baron de Borman

et publié par ses Amis et Admirateurs

1919
Imprimerie H. VAILLANT-CARMANNE
4, PLACE SAINT-MICHEL, 4
LIÉGE

Mélanges
Camille de Borman

Mélanges
Camille de Borman

Recueil de Mémoires

relatifs à l'Histoire, à l'Archéologie et à la Philologie

Offert au Baron de Borman

et publié par ses Amis et Admirateurs

1919
IMPRIMERIE H. VAILLANT-CARMANNE
4, PLACE SAINT-MICHEL, 4
LIÉGE

TABLE DES MATIÈRES

	Pages
Comité d'Honneur	IX
Comité d'organisation	XI
Liste des souscripteurs	XIII

Guillaume SIMENON. Le baron de Borman 1
J.-P. WALTZING. Tertullien et Salvien 13
H. DELEHAYE. Une inscription de Fortunat sur S. Martin (I, 5) 19
Eugène BACHA. Etude critique sur une source d'Anselme : les Acta S. Theodardi 27
Hubert NELIS. Les sources du livre VI des Brabantsche Yeesten (de 1355 à 1406) 35
H. VAN DE WEERD. De Maasgouw (Pagus Masau) 47
Jules VANNÉRUS. L'Œsling et ses rapports avec l'Ardenne 57
Chan. J. LAENEN. Les églises primitives des villes et le problème des origines communales 73
H. PIRENNE. Un appel à une croisade contre les Slaves adressé à l'évêque de Liége, au duc de Lotharingie et au comte de Flandre au commencement du XIIe siècle 85
Victor TOURNEUR. Les comtes de Flandre Robert I et Robert II et le surnom de Jérusalem 91
A. HANSAY. Notes sur la Cité de Liége au XIIe siècle 99
Théodore GOBERT. La Banlieue de Liége 107
Chev. Ph. de LIMBOURG. Les châtelains de Franchimont 117
L. LAHAYE. Les seigneurs de Chokier 125
Joseph HALKIN. Les églises paroissiales de Hotton-Melreux 137
DD. BROUWERS. Une paix de familles dans le Namurois au XIVe siècle 147
Plac. LEFÈVRE, O. Praem. La promotion d'Arnold de Tuldel comme abbé d'Averbode en 1368 155
Jean GESSLER. Le droit de bourgeoisie de Bocholt et la créance Bormans sur cette commune 165
Abbé Polyd. DANIELS. Quelques notes sur la Virga Iesse de Hasselt 177
H. VANDER LINDEN. Quatre actes relatifs à Montenacken (1476) 187
A. VAN HOVE. L'enseignement à la Faculté de droit canonique de Louvain au début de son existence 191
A. FIERENS. A propos du « Privilegium nominandi » de Louvain 203
V. BRANTS. Un évêque lettré au XVIe siècle. Laevinus Torrentius 209
A. ERENS. Les sœurs recluses de Diest. Documents concernant l'ermitage de l'église Notre-Dame à Diest 221
H. HENROTAY. Iets over de stichting, te Loon, van het klooster der Brigittijnen, in het Nieuwland 233
Eugène HUBERT. Un recours des protestants d'Aix-la-Chapelle aux Etats généraux des Provinces-Unies en 1661 245
Osw. ROBYNS. Eene bladzijde uit de economische geschiedenis van Limburg in de 17e en de 18e eeuw 257
H. LAMY. Une alerte nocturne à l'abbaye de Tongerloo (16 août 1702) 267
Emile FAIRON. Les dessous d'une élection épiscopale. Comment le comte Georges-Louis de Berghes devint évêque de Liége, le 7 février 1724 275

	Pages
Robert ULENS. Une apostille et un mémoire du prince-évêque Georges-Louis de Berghes	287
Fernand DONNET. Un médecin limbourgeois, magistrat d'Anvers	289
Ch. TERLINDEN. Mémoires relatifs à l'organisation d'une armée nationale et à l'établissement du service personnel en Belgique en 1792	299
P. VERHAEGEN. Projet d'une insurrection en Belgique en 1800	307
Abbé Flor. SILVERIJSER. Contribution à la protohistoire et à la préhistoire du Limbourg belge	319
Dr H. VAN DE WEERD. Twee merkwaardige romeinsche potten van Tongeren	333
Abbé J. COENEN. Le tympan historié de Gand et la chapelle funéraire de St-Trudon	341
Joseph BRASSINNE. L'argenterie de Georges d'Autriche, prince-évêque de Liége en 1549	353
Dr G. JORISSENNE. Martin Fiacre, citain de Liége et sculpteur (XVIe siècle)	357
Paul SAINTENOY. L'hôtel de Nevers à Bruxelles (XVe siècle)	361
Dan.-J. DELESTRÉ. L'architecte de l'église abbatiale de Grimberghen	369
J. CUVELIER. A propos de l'ancien arsenal de Bruxelles	379
F. COURTOY. L'émancipation judiciaire à Namur aux XVe-XVIe siècles	383
Jos. LYNA. De Huurcedels te Sint-Truiden in de XIVe eeuw	389
P. SMOLDERS. Het « Groot Lantgebot » van Peer van 1721 en het voortleven van het feodaal symbolisme	397
M. HOUTART. Une enquête sur les gens de lignage du Comté de Namur en 1589-1590	405
A. DE RIDDER. Epée, noblesse et bourgeoisie	419
Ed. PONCELET. Réception d'un héraut d'armes du pays de Liége sous Gérard Groesbeeck	431
C.-G. ROLAND. Une page de Jacques de Hemricourt. La famille de Denville	441
Léon NAVEAU. Les armoiries du lignage des Surlet	453
Napoléon DE PAUW. Les Artevelde de la Gueldre et du Hainaut à Gand	459
Comte Théodore DE RENESSE. Silhouettes d'ancêtres	469
Abbé Jean PAQUAY. Edelbampt et Cannart	485
Léon GOEMANS. L'étude du moyen-néerlandais. (Une question fondamentale de méthode)	493
Eug. ULRIX. Les chansons du trouvère artésien Adam de Givenchi	499
Paul FREDERICQ. Les quatre Belges du XVIe siècle, professeurs à l'Université d'Iéna	509
D. Ursmer BERLIÈRE, O. S. B. Gérardus Belga. Une supercherie littéraire du XVIIe siècle	517
Léon HALKIN. Le Diarium de J.-F. Schannat (1714-1717)	529
Em. DONY. Toponymie hennuyère	539
Auguste VINCENT. Quelques diminutifs de noms de lieu	549
Edg. DE MARNEFFE. Hoccascaute (in pago Texandrensi)	559
Jules FELLER. La Wamme. Etude sur les noms de rivière du thème * wêm	561

TABLE

par ordre alphabétique des auteurs

	Pages
BACHA, Eug. Etude critique sur une source d'Anselme : les Acta Sancti Theodardi	27
BERLIÈRE, Urs. Gérardus Belga. Une supercherie littéraire du XVIIe siècle	517
BRANTS, V. Un évêque lettré au XVIe siècle. Laevinus Torrentius	209
BRASSINNE, J. L'argenterie de Georges d'Autriche, prince-évêque de Liége en 1549	353
BROUWERS, DD. Une paix de familles dans le Namurois au XIVe siècle	147
COENEN, J. Le tympan historié de Gand et la chapelle funéraire de Saint-Trudon	341
COURTOY, F. L'émancipation judiciaire à Namur aux XVe-XVIe siècles	383
CUVELIER, J. A propos de l'ancien arsenal de Bruxelles	379
DANIELS, P. Quelques notes sur la Virga Iesse de Hasselt	177
DELEHAYE, H. Une inscription de Fortunat sur S. Martin (I. 5)	19
DELESTRÉ, J. L'architecte de l'église abbatiale de Grimberghen	369
DE LIMBOURG, Ph. Les châtelains de Franchimont	117
DE MARNEFFE, Edg. Hoccascaute (in pago Texandrensi)	559
DE PAUW, N. Les Artevelde de la Gueldre et du Hainaut à Gand	459
DE RENESSE, Th. Silhouettes d'ancêtres	469
DE RIDDER, A. Epée, noblesse et bourgeoisie	419
DONNET, F. Un médecin limbourgeois, magistrat d'Anvers	289
DONY, E. Topographie hennuyère	539
ERENS, A. Les sœurs recluses de Diest. Documents concernant l'ermitage de l'église Notre-Dame à Diest	221
FAIRON, E. Les dessous d'une élection épiscopale. Comment le comte Georges-Louis de Berghes devint évêque de Liége, le 7 février 1724	275
FELLER, J. La Wamme. Etude sur les noms de rivière du thème *wèm	561
FIERENS, A. A propos du « Privilegium nominandi » de Louvain	203
FREDERICQ, P. Les quatre Belges du XVIe siècle, professeurs à l'Université d'Iéna	509
GESSLER, J. J. Le droit de bourgeoisie de Bocholt et la créance Bormans sur cette commune	165
GOBERT, Th. La Banlieue de Liége	107
GOEMANS, L. L'étude du moyen-néerlandais. (Une question fondamentale de méthode)	493
HALKIN, J. Les églises paroissiales de Hotton-Melreux	137
HALKIN, L. Le Diarium de J.-F. Schannat (1714-1717)	529
HANSAY, A. Notes sur la Cité de Liége au XIIe siècle	99
HENROTAY, H. Iets over de stichting, te Loon, van het klooster der Brigittijnen, in het Nieuwland	233
HOUTART, M. Une enquête sur les gens de lignage du Comté de Namur en 1589-1590	405
HUBERT, Eug. Un recours des protestants d'Aix-la-Chapelle aux Etats Généraux des Provinces-Unies en 1661	245
JORISSENNE, G. Martin Fiacre, citain de Liége et sculpteur (XVIe siècle)	357
LAENEN, J. Les églises primitives des villes et le problème des origines communales	73
LAHAYE, L. Les seigneurs de Chokier	125
LAMY, H. Une alerte nocturne à l'abbaye de Tongerloo	267

	Pages
LEFÈVRE, Pl. La promotion d'Arnold de Tuldel comme abbé d'Averbode en 1368	155
LYNA, J. De huurcedels te Sint-Truiden in de XIV⁰ eeuw	389
NAVEAU, L. Les armoiries du lignage des Surlet	453
NELIS, H. Les sources du livre VI des Brabantsche Yeesten (de 1355 à 1406)	35
PAQUAY, J. Edelbampt et Cannart	485
PIRENNE, H. Un appel à une croisade contre les Slaves adressé à l'évêque de Liége, au duc de Lotharingie et au comte de Flandre au commencement du XII⁰ siècle	85
PONCELET, Ed. Réception d'un héraut d'armes du Pays de Liége, sous Gérard de Groesbeeck	431
ROBYNS, O. Eene bladzijde uit de economische geschiedenis van Limburg in de 17⁰ en de 18⁰ eeuw	257
ROLAND, C.-G. Une page de Jacques de Hemricourt. La famille de Denville	441
SAINTENOY, P. L'hôtel de Nevers à Bruxelles (XV⁰ siècle)	361
SILVERYSER, Fl. Contribution à la protohistoire et à la préhistoire du Limbourg belge	319
SIMENON, G. Le baron de Borman	1
SMOLDERS, P. Het « Groot Lantgebot » van Peer van 1721 en het voortleven van het feodaal symbolisme	397
TERLINDEN, Ch. Mémoires relatifs à l'organisation d'une armée nationale et à l'établissement du service personnel en Belgique en 1792	299
TOURNEUR, V. Les comtes de Flandre Robert I et Robert II et le surnom de Jérusalem	91
ULENS, R. Une apostille et un mémoire du prince-évêque Georges-Louis de Berghes	287
ULRIX, Eug. Les chansons du trouvère artésien Adam de Givenchi	499
VANDER LINDEN, H. Quatre actes relatifs à Montenaeken (1476)	187
VAN DE WEERD, H. De Masgouw (Pagus Masau)	47
VAN DE WEERD, H. Twee merkwaardige romeinsche potten van Tongeren	333
VAN HOVE, A. L'enseignement à la Faculté de droit canonique de Louvain au début de son existence	191
VANNÉRUS, J. L'Œsling et ses rapports avec l'Ardenne	57
VERHAEGEN, P. Projet d'une insurrection en Belgique en 1800	307
VINCENT, Aug. Quelques diminutifs de noms de lieu	549
WALTZING, J.-P. Tertullien et Salvien	13

COMITÉ D'HONNEUR :

Présidents :

S. E. le Ministre des Sciences et des Arts.
Baron de Favereau, ministre d'État, président du Sénat.
M. P. Poullet, président de la Chambre des Représentants.

Vice-présidents :

S. G. Mgr Rutten, évêque de Liége.
Comte Th. de Renesse, gouverneur du Limbourg.
Baron H. Delvaux de Fenffe, gouverneur honoraire de la Province de Liége, haut commissaire du Roi pour les régions dévastées.

Membres :

Dom U. Berlière, membre de la Comm. roy. d'histoire.
MM. le Chanoine A. Cauchie, professeur à l'Université de Louvain.
    J. Ceelen, député permanent du Limbourg.
    J. Cuvelier, archiviste général du Royaume.
    le comte d'Arschot-Schoonhoven, chef du cabinet du Roi.
    Th. de Corswarem, président honoraire à la Cour d'appel de Liége.
    R. P. H. Delehaye, bollandiste.
    le Vicomte de Ghellinck d'Elseghem-Vaernewijck, sénateur, membre du Conseil héraldique.
    N. de Pauw, procureur-général honoraire près la Cour d'appel de Gand, président de la Commission royale d'histoire.
    A. de Ridder, directeur des ordres et de la noblesse au Ministère des Affaires étrangères.
    le Baron de Sélys Fanson, membre du Conseil héraldique.
    le Vicomte C. Desmaisières, sénateur.
    le Baron M. de Troostembergh, bourgmestre de Hauwaert.
    P. Fredericq, professeur à l'Université de Gand, membre de la Commission royale d'histoire.
    Ch. Gielen, avocat, député permanent du Limbourg.
    G. Helleputte, ministre d'État.
    A. Hocepied, directeur à l'Administration de l'enseignement supérieur des Sciences et des Lettres.
    P. Holvoet, conseiller à la Cour de cassation.
    E. Hubert, recteur de l'Université de Liége.
    J. Ingenbleek, administrateur de la liste civile du Roi.
    L. Jadoul, ingénieur, député permanent du Limbourg.
    Mgr E. Keesen, sénateur provincial du Limbourg.
    Mgr P. Ladeuze, recteur de l'Université de Louvain.
    C. Lagasse de Locht, président de la Commission royale des monuments et des sites.

MM. Ch. Mœller, professeur émérite de l'Université de Louvain.
Ch. Moors, docteur, député permanent du Limbourg.
L. Ooms, membre de la Chambre des Représentants.
A. Palmers, député permanent du Limbourg.
A.-H. Peumans, curé-doyen de Looz.
H. Pirenne, recteur de l'Université de Gand, secrétaire de la Commission royale d'histoire.
F. Portmans, sénateur, bourgmestre de Hasselt.
A. Poullet, conseiller à la Cour d'appel de Liége.
W. Roelants, greffier provincial du Limbourg.
le Chevalier Fr. Schaetzen, membre de la Chambre des Représentants.
G. Stellingwerff, président honoraire du Tribunal de 1re instance à Hasselt.
l'Ecuyer Ch. Terlinden, membre de la Commission royale d'histoire.
A. Van Ormelingen, sénateur.
l'Ecuyer P. Verhaegen, conseiller à la Cour d'appel de Bruxelles.
J.-P. Waltzing, professeur à l'Université de Liége.

COMITÉ ORGANISATEUR :

Président :

M. L. LAHAYE, président de la *Société des Bibliophiles Liégeois.*

Vice-présidents :

Mgr J. LAMINNE, président de la *Société d'Art et d'Histoire du diocèse de Liége.*
MM. l'Abbé P. DANIELS, président du *Cercle historique et archéologique du Limbourg*, Hasselt.
DE BUGGENOMS, président de l'*Institut Archéologique Liégeois*.
le Comte DE HEMRICOURT DE GRUNE, pour la *Société scientifique et littéraire du Limbourg*, Tongres.

Secrétaire-trésorier :

M. J. GESSLER, professeur à l'Athénée royal de Hasselt.

Membres :

MM. J. BRASSINNE, professeur et bibliothécaire en chef de l'Université de Liége.
J. CLOSON, professeur à l'Université de Liége.
Th. GOBERT, archiviste provincial, Liége.
L. HALKIN, professeur à l'Université de Liége.
K. HANQUET, professeur à l'Université de Liége.
A. HANSAY, conservateur des archives de l'Etat à Hasselt.
L. NAVEAU, docteur en droit à Bommershoven.
J. PAQUAY, curé de Heusden.
† L. RENARD-GRENSON, ingénieur à Liége.
G. SIMENON, professeur au grand Séminaire de Liége.

LISTE DES SOUSCRIPTEURS :

Bibliothèque communale de Hasselt.
Bibliothèque communale de Maeseyck.
Bibliothèque de l'Université d'Amsterdam.
Bibliothèque de l'Université de Gand.
Bibliothèque de l'Université catholique de Louvain.
Bibliothèque des archives générales du royaume. Bruxelles.
Bibliothèques des archives de l'Etat à Anvers, Arlon, Bruges, Gand, Hasselt, Liége, Mons et Namur.
Bibliothèque des professeurs de l'Athénée royal de Hasselt.
Bibliothèque du Grand Séminaire de Liége.
Bibliothèque du Ministère des Affaires étrangères, Bruxelles.
Bibliothèque Royale de Bruxelles.
Cercle Archéologique de Mons.
Comité de l'Education familiale, Bruxelles.
Comité limbourgeois de reconstitution de la bibliothèque de l'Université de Louvain.
Institut Archéologique Liégeois.
Institut Archéologique du Luxembourg.
Institut historique belge, à Rome.
Pensionnat des Sœurs de charité, à Looz.
Société Archéologique de Namur.
Société d'Art et d'Histoire du diocèse de Liége.
Société des Bibliophiles Liégeois.
Société des Bollandistes, Bruxelles.
Société royale d'Archéologie de Bruxelles.
Société verviétoise d'Archéologie et d'Histoire.

MM. AERTS, F., chef de gare, Looz.
ALOFS, J., instituteur en chef, Looz.
ASNONG, abbé E., professeur à l'Athénée de Hasselt.

BACHA, E., conservateur des manuscrits à la bibliothèque royale de Bruxelles.
BAMPS, P., président du tribunal de 1re instance, Hasselt.
BASTEYNS, J., greffier adjoint, Looz.
BAYOT, A., professeur à l'Université de Louvain.
BEAUJEAN, F., négociant, Looz.
BEGASSE, J., industriel, Liége.
BELLEFROID, L., agent d'affaires, Looz.
BERLIÈRE, dom U., O. S. B., membre de la Commission royale d'histoire, abbaye de Maredsous.
BERNARD, abbé N., curé-doyen, Mechelen s/M.
BÉTHUNE, baron Fr., professeur à l'Université de Louvain.

MM. BIJVOET, Xavier, juge au Tribunal de 1re instance, Hasselt.
BOELEN, J.-Fr., propriétaire, Looz.
BOELEN, abbé W., curé-doyen, Looz.
BOLLEN, J., conseiller communal, Bilsen.
BRASSINNE, J., professeur et bibliothécaire en chef de l'Université de Liége.
BRIERS, E., archéologue, Hasselt.
BRIERS, H., conseiller provincial, château de Lummen.
BROUWERS, D.-D., conservateur des archives de l'Etat, Namur.
BROUX, chanoine J., curé-doyen, Hasselt.
BURGER, C.-P., bibliothécaire de l'Université d'Amsterdam.

CAÏMO, A., commissaire d'arrondissement, Tongres.
CARDON, Ch.-L., de la Commission royale des monuments, Bruxelles.
CARLOT, A., archiviste de l'Etat, Mons.
CAUCHIE, chanoine A., professeur à l'Université de Louvain.
CEELEN, J., député permanent, bourgmestre de Lille-St-Hubert.
CELIS, H., chef de division au Gouvernement provincial du Limbourg, Hasselt.
CEYSSENS, abbé, J., curé, Dalhem.
CHAMPION, E., libraire-éditeur, Paris.
CLAES, P., juge de paix, Sussen.
CLAES, V., propriétaire, Looz.
CLAES D'ERCKENTEEL, J., commissaire d'arrondissement, Alken.
CLAESEN, abbé P., Looz.
CLAESSEN, abbé E., curé, Schalkhoven.
CLAIKENS, J., avocat, Tongres.
CLOSON, J., professeur à l'Université de Liége.
COENEN, abbé J., aumônier à la prison, Liége.
COLLÉE, P., avocat, Tongres.
COPIS, J., rentier, Looz.
COPIS, L., secrétaire communal, Looz.
COPPIETERS 'T WALLANT, J.-B., commissaire d'arrondissement, Bruges.
CORMAN, P., bibliophile, membre de la Société royale d'archéologie de Bruxelles.
CORNET D'ELZIUS DE PEISSANT, comte G., conseiller provincial, château d'Achel.
CORS, A., docteur en médecine, Looz.
CORSWAREM, Fr., inspecteur cantonal de l'enseignement primaire, Tongres.
COSEMANS, A., étudiant en histoire, Diepenbeek.
COURTOY, F., conservateur-adjoint des archives de l'Etat, Namur.
COUNE, abbé M., curé, Marlinne.
COX, Fl., pharmacien, Looz.
CROONENBERGHS, J., avocat, Maeseyck.
CUVELIER, J., archiviste général du Royaume, Bruxelles.

DAMIEN, J., artiste-peintre, Hasselt.
DANHAIVE, F., professeur à l'Athénée royal, Namur.
DANIELS, abbé P., archéologue, curé du Béguinage, Hasselt.
DARIS, Ed., banquier, Looz.

MM. Daris, M., greffier, Looz.
Daris-Claes, J., industriel, Looz.
d'Arschot-Schoonhoven, comte, chef du Cabinet du Roi, Bruxelles.
de Baere, Cyr., professeur à l'Athénée royal d'Ixelles.
de Bavay, conseiller honoraire à la Cour de cassation, Bruxelles.
de Beaudignies, vicomte, bourgmestre, château de Skeuvre, Natoye.
de Bernard de Fauconval, P., château de Cortessem.
de Béthune, baron J., conservateur des archives, Courtrai.
de Bonhomme, baron J., château de Hardelingen, Hern-St-Hubert.
de Borchgrave d'Altena, comtesse, château de Lexhy, Horion-Hozémont.
de Borchgrave d'Altena, comte, conseiller provincial, Bruxelles.
de Borman, E., rentier, propriétaire, Hasselt.
de Borman, L., propriétaire, Hasselt.
Debruyn, L., avocat, Hasselt.
de Buggenoms, avocat près la Cour d'appel de Liége, consul de l'Equateur, président de l'Institut archéologique liégeois, Liége.
de Cartier de Marchienne, baron A., membre de la Société des Bibliophiles Liégeois, Marchienne-au-Pont.
de Cartier d'Yve, baron R., château de Jongenbosch, Diepenbeek.
de Chestret de Haneffe, baron P., Liége.
de Corswarem, Th., président honoraire à la Cour d'appel, Liége.
de Creeft, Ch., rentier, St-Trond.
de Favereau, baron Ern., château de Jongenbosch, Diepenbeek.
Defrecheux, Ch., bibliothécaire de la ville de Liége.
Degand-Hovinne, R., avocat près la Cour d'appel, Bruxelles.
de Geloes, comte R., château d'Eysden.
de Ghelin, F., bourgmestre, château du Hoogveld, Vliermael.
de Ghellinck, abbé J., S. J., bibliothécaire et professeur au Collége philosophique et théologique S. J., Louvain.
de Ghellinck d'Elseghem-Vaernewijck, membre du Conseil héraldique, Bruxelles.
de Harenne, chevalier, Liége.
de Harenne, chevalier II., Liége.
de Hemricourt de Grune, comte, bourgmestre et conseiller provincial, Hamal (Russon).
de Heusch de la Zangrye, baron A., château de Ridderborn, Cortessem.
de Heusch, baron L., La Pêcherie, Diepenbeek.
de Jamblinne de Meux, baron Th., général-major en retraite, Bruxelles.
de Jonghe, vicomte B., propriétaire, Bruxelles.
de Lamberts-Cortenbach, baron, conseiller provincial, château de Hocht, Lanaeken.
Delattre, H., avocat, Liége.
de Lhoneux, Madame G., château d'Ahin.
de Limbourg, chevalier Ph., Theux.
Delvoie, J., avocat et conseiller provincial, Tongres.
Delwaide, L., notaire, Reckheim.
Demal, J., professeur à l'Athénée royal d'Anvers.

MM. DE MARNEFFE, Edg., chef de section aux archives du Royaume, Bruxelles.
DE MEEUS, comte Ed., conseiller provincial et député suppléant, Kerckom.
DE MEEUS, comte, Neerrepen.
DE MEEUS, comte L., ingénieur, Bruxelles.
DE MELOTTE, chevalier A., docteur en droit, Cointe-Sclessin.
DE MENTEN DE HORNE, chevalier J., château de Horne, St-Trond.
DEMEURE DE LESPAUL, A., ingénieur honoraire au Corps des mines, Eysden.
DE MOFFARTS, baron E., ingénieur agricole, château de Schuelen.
DENIS, H., agent d'affaires, Tongres.
DE PAUW, Nap., procureur-général honoraire près la Cour d'appel, président de la Commission royale d'histoire et vice-directeur de l'Académie royale flamande, Gand.
DE PIERPONT, E., président de la Société archéologique de Namur, château de Rivière.
DE PITTEURS DE BUDINGEN, baron, Liége.
DEPLOIGE, Fl., avocat, questeur du Conseil provincial du Limbourg, Tongres.
DE PUYDT, M., docteur en droit, directeur du Contentieux de la ville de Liége.
DERÉ, A., négociant, Looz.
DE RENESSE, comte Th., gouverneur de la province du Limbourg, membre du Conseil héraldique, château de Schoonbeke, Beverst.
DE RIDDER, A., directeur des ordres et de la noblesse au Ministère des Affaires étrangères, Bruxelles.
DE ROSEN DE BORGHAREN, baron A., château de Croenendael, Bilsen.
DE RUYTER, H., Tongres.
DESEILLE, abbé L., curé-doyen, Verviers.
DE SÉLYS FANSON, baron, membre du Conseil héraldique, château de St-Gerlache, Houthem.
DE SÉLYS LONGCHAMPS, baron Ed., membre des Bibliophiles Liégeois, Liége.
DESMAISIÈRES, vicomte C., sénateur, Heers.
DESMAREZ, G., archiviste de la ville de Bruxelles.
DE SOER DE SOLIÈRES, M., Liége.
DESQUIENS, G., ingénieur des Ponts et Chaussées, Maeseyck.
DESTRÉE, J., conservateur aux Musées royaux du Cinquantenaire, Bruxelles.
DE TAVERNIER, Alb. fils, libraire-éditeur, Anvers.
DE TROOSTEMBERGH, baron M., membre du Conseil héraldique, vice-président du Cercle archéologique Hageland, bourgmestre, château de Cleerbeek, Hauwaert.
DE VILLENFAGNE DE VOGELSANCK, baron, château de Vogelsanck, Zolder.
DE VILLERMONT, comte C., château de Boussu-en-Fagne.
DEWIT, A., éditeur, Bruxelles.
D'HOFFSCHMIDT, château de Recogne.
DIGNEFFE, E., sénateur, Liége.

MM. Dirickx, A., secrétaire communal, Looz.
Dompas, propriétaire, Alken.
Donnet, F., secrétaire de l'Académie royale d'archéologie de Belgique, Anvers.
Donnez, V., receveur de l'Enregistrement, Looz.
Dony, E., professeur à l'Athénée royal, président du Cercle archéologique, Mons.
Dumont de Chassart, G., La Hutte, Chassart.
Dumont de Chassart, Mme G., La Hutte, Chassart.
Dupont, U., Rijckel.
Duvivier, G., industriel, Hasselt.

Eggermont, I.-J., conseiller de légation de S. M. le Roi des Belges, château de Leignon.
Elens, J., juge au Tribunal de première instance, Hasselt.
Erens, chanoine A., archiviste de l'abbaye de Tongerloo.
Eyben-Denvoz, Eug., Looz.
Eyben-Dugniolle, Eug., propriétaire, Bruxelles.

Fabri, Ad., S. J., professeur à la Faculté de philosophie et lettres du Collège Notre-Dame de la Paix, Namur.
Fairon, E., conservateur-adjoint des archives de l'Etat, Liége.
Feller, J., professeur à l'Athénée royal de Verviers.
Fierens, A., professeur à l'Athénée royal de Bruxelles.
Forgeur, baron A., à Liége.
Forgeur, baron M., avocat, Liége.
Fouarge, Osc., industriel, Looz.
Fredericq, P., professeur à l'Université de Gand.

Geelen, abbé J., directeur de l'Ecole normale, St-Trond.
Gelin, abbé E., professeur honoraire du Collège St-Quirin, Huy.
Germanes, R. P., curé, Helchteren.
Gessler, J., professeur à l'Athénée royal de Hasselt.
Gevelers, chanoine L., abbaye de Tongerloo.
Ghysens, L., notaire, Cortessem.
Gielen, Ch., avocat, député permanent du Limbourg, Bilsen.
Gielen, W., industriel, Bilsen.
Gielkens, Em., littérateur, chef de division honoraire au Gouvernement provincial du Limbourg, Hasselt.
Gobert, Th., archiviste provincial, Liége.
Godelaine, abbé J., vicaire, Peer.
Godelaine, C., professeur à l'Athénée royal de Bruxelles.
Godin-Ulens, J., rentier, Ensival.
Goemans, L., inspecteur général de l'enseignement moyen, membre de l'Académie royale flamande, Bruxelles.
Goetsbloets, A., avocat, Hasselt.
Goetsbloets, W., notaire, Hasselt.
Goffin, R., juge au Tribunal de première instance, Nivelles.
Grauls, J., au Ministère des Travaux publics, Bruxelles.
Groenendaels, J., bourgmestre, Looz.

MM. Grommen, J., négociant, Looz.
Grootaers, L., professeur à l'Athénée royal, Louvain.
Goossens, G., archiviste de la ville de Maastricht.
Guilliams, J., conseiller provincial, Goyer (St-Trond).

Halkin, J., professeur à l'Université de Liége.
Halkin, L., professeur à l'Université de Liége.
Hamaide, Fr., avocat près la Cour d'appel, Bruxelles.
Hamoir, A., professeur de musique à l'Athénée royal de Hasselt.
Hanquet, K., professeur à l'Université de Liége.
Hansay, A., conservateur des archives de l'Etat, Hasselt.
Hauben, J.-L., industriel, bourgmestre, Bilsen.
Hayen, A., bourgmestre, conseiller provincial, Ulbeek.
Helleputte, G., ministre d'Etat, Kessel-Loo.
Hermant, T., Bruxelles.
Hennen, G., archiviste de l'Etat, Liége.
Henquinez, J., négociant, Looz.
Henrotay, H., avocat, Looz.
Henry, J.-L., industriel, Rothem.
Heyligers, A., conseiller provincial, Maeseyck.
Holvoet, P., conseiller à la Cour de cassation, Bruxelles.
Honlet, A., conseiller à la Cour d'appel, Liége.
Hoppenbrouwers, Mgr J.-L., prélat de l'abbaye de Grimberghen.
Horsman, G., directeur du Crédit Limbourgeois, Hasselt.
Hougaerts, Mme Vve J., éditeur, Maeseyck.
Houtart, baron M., membre de la Chambre des Représentants, château de Gesves, par Assesse.
Huart, A., auditeur militaire, Namur.
Hubert, Eug., recteur de l'Université de Liége.
Hubo, Fr., échevin, Looz.
Huybrights, Fr., membre correspondant de la Commission royale des monuments, Tongres.
Huygen, E., industriel, Hoesselt.

Indekeu, J., conseiller provincial, Meeuwen.
Indekeu, J., notaire, Neeroeteren.
Indekeu, J., avocat et professeur à l'Université de Liége, Tongres.
Indekeu, J., directeur de la Caisse de prévoyance de la Campine, Hasselt.
Ingenbleek, J., secrétaire de la liste civile du Roi, Bruxelles.

Jacobs, J., bourgmestre, conseiller provincial, Bourg-Léopold.
Jadoul, H., docteur en médecine, Hasselt.
Jadoul, J., ingénieur, agronome honoraire de l'Etat, membre de la Députation permanente du Limbourg, Fresin.
Jamar de Rasquinet, Edm., architecte, Liége.
Jaminé, Edm., architecte provincial, membre correspondant de la Commission royale des monuments, Hasselt.
Jaminé, Edm., avoué, Tongres.

MM. Janssen, abbé G., curé à 's Heeren-Elderen.
Janssen, W., généalogiste, Louvain.
Jorissenne, G., docteur en médecine, membre de l'Institut archéologique et des Bibliophiles Liégeois, président de la Société de musicologie, Liége.

Keesen, Mgr E., prélat de la Maison de Sa Sainteté, sénateur provincial pour le Limbourg, Bruxelles.
'T Kint de Roodenbeeke, J., capitaine français en retraite, Liége.
Kubben, abbé E.-H., curé-doyen, Maeseyck.

Ladeuze, Mgr P., protonotaire apostolique, A. I. P., recteur magnifique de l'Université catholique de Louvain.
Laenen, chanoine J., archiviste de l'Archevêché, Malines.
Lagasse de Locht, C., président de la Commission royale des monuments et des sites, Bruxelles.
Lahaye, L., conservateur des archives de l'Etat, Liége.
Lahaye, abbé R., curé de St-Jean, Tongres.
Laîné, N., conservateur des hypothèques, Hasselt.
Lambrechts, abbé Th., inspecteur diocésain, Hasselt.
Laminne, Mgr J., évêque-coadjuteur, Liége.
Lamy, Mgr H., prélat de l'abbaye de Tongerloo.
Ledru, L., chef du Service artistique aux Cristalleries du Val St-Lambert, Liége.
Lefèvre, chanoine Fl., archiviste de l'abbaye d'Averbode.
Lejeune de Schiervel, Ch., conseiller provincial, château de Sohan (Pepinster).
Levie, M., ministre d'Etat, président de la Société nationale des chemins de fer vicinaux, Bruxelles.
Liégeois, C., chef de division au Ministère des Sciences et des Arts, Bruxelles.
Loix, C., huissier, Looz.
Lyna, J., archiviste de l'Etat, Hasselt.

Machiels, B., chef de division au Gouvernement provincial du Limbourg, Hasselt.
Machiels, J., pharmacien, Hasselt.
Maere, R., professeur à l'Université de Louvain.
Maréchal, abbé E., curé, Fexhe-le-Haut-Clocher.
Massonet, Chr., propriétaire, Looz.
Massonet-Nys, J., commerçant, Looz.
Massonet-Stevens, J., propriétaire, Looz.
Matthieu, E., avocat, membre correspondant de la Commission royale des monuments et des sites, Enghien.
Maus, G., archéologue, château de Rolley-Longchamps, Bastogne.
Melchior, J., inspecteur en chef honoraire de l'enseignement primaire, Hasselt.
Missotten, A., vétérinaire, Looz.
Mondus-Ponet, Mme J., rentière, Looz.

MM. Moors, Ch., docteur en médecine, membre de la Députation permanente du Limbourg, Maeseyck.
Moreau de Bellaing, chevalier, propriétaire et industriel, château d'Ommerstein, Rothem.

Naveau, L., docteur en droit, bourgmestre de Bommershoven.
Neys, M., avocat près de la Cour d'appel Liége.
Nélis, H., archiviste à Bruxelles.
Nicolaï, L., conseiller provincial, Genoelselderen.
Nys, abbé G., curé, Grand-Looz.
Nolens, G., docteur en médecine, Hasselt.

Oben, L., commis à l'Administration provinciale, Hasselt.
Ooms, L., notaire, membre de la Chambre des Représentants, Tessenderloo.
Ophoven, L., trésorier des Bibliophiles Liégeois, château de Binsta (Stavelot).

Palmers, A., membre de la Députation permanente du Limbourg, Stevoort.
Palmers, G., avocat, Liége.
Persoons, F., instituteur, Tessenderloo.
Peters, R., industriel, Looz.
Petit, A., agent du Trésor, Hasselt.
Peumans, abbé A.-H., curé-doyen, Looz.
Philippen, abbé L., vicaire du Béguinage, Anvers.
Philippus, frère supérieur, Looz.
Pirenne, H., recteur de l'Université de Gand.
Polus, A., docteur en médecine, Looz.
Poncelet, E., conservateur des archives de l'Etat, Mons.
Ponet, V., secrétaire communal, Looz.
Portmans, F., notaire, sénateur et bourgmestre de la ville de Hasselt.
Portmans, J., avocat, Hasselt.
Poukens, E., curé, Heppeneert.
Poullet, A., conseiller à la Cour d'appel, Liége.
Poullet, P., président de la Chambre des Représentants, Louvain.
Proesmans, J., négociant, Looz.
Proesmans, J., pharmacien, Looz.
Protin, R., industriel, Liége.

Réard, P., avocat, Tongres.
Renard-Grenson, Mme Vve L., Liége.
Requilé, G., greffier près du Tribunal de première instance, Tongres.
Robijns, abbé O., curé, Millen.
Roelants, J., docteur en médecine, Hasselt.
Roelants, W., greffier provincial du Limbourg, Hasselt.
Roelants du Vivier, la Douairière, Tongres.
Roelants du Vivier, A., château de Terbosch, Hoesselt.
Roland, chanoine C. G., Namur.
Roovers, abbé M., directeur du Collége Notre-Dame, Tongres.

MM. Rosier, J.-G., artiste-peintre, directeur de l'Académie des beaux-arts de Malines.
Ruhl, G., docteur en droit, membre de la Commission des monuments et des sites, Liége.
Rutten, Mgr M.-H., évêque de Liége.

Saintenoy, P., architecte de S. M. le Roi, Bruxelles.
Schaetsaert, E., instituteur en chef, Looz.
Schaetzen, chevalier L., président de la Commission administrative des hospices civils, Tongres.
Schaetzen, chevalier P., président du Tribunal de première instance, Tongres.
Schaetzen, chevalier J., conseiller provincial, Tongres.
Schaetzen, chevalier Fr., membre de la Chambre des Représentants, bourgmestre, Nederheim.
Schaetzen, chevalier A., échevin de la ville de Tongres.
Schaetzen, abbé chevalier N., directeur des Dames du St-Sépulcre, Bilsen.
Schaetzen, chevalier G., licencié en sciences poliques et sociales, château de Terhove, Tongres.
Schaetzen, chevalier M., volontaire de guerre, Tongres.
Schoofs, Fr., docteur en médecine, chargé de cours à l'Université de Liége.
Sengers, G., inspecteur principal de l'enseignement primaire, Hasselt.
's Heeren, Mlle J., rentière, Looz.
Sibenaler, L., conservateur du Musée archéologique, Arlon.
Silverijser, abbé Fl., aumônier, Herck-la-Ville.
Simenon, abbé G., professeur au Grand Séminaire, Liége.
Smeets, J., conseiller provincial, bourgmestre, Mechelen s/M.
Smekens, Th., président honoraire du Tribunal civil, Anvers.
Smets, E., notaire, conseiller provincial, Exel.
Smets, P., inspecteur de l'enseignement primaire, Hasselt.
Smolders, P., professeur à l'Athénée royal de Hasselt.
Spée, G., avocat, Anvers.
Stappers, Arm., 1er commis au Gouvernement provincial du Limbourg, Hasselt.
Stellingwerff, G., président honoraire du Tribunal, Hasselt.
Stevens, Fr., propriétaire, Looz.
Stiels, A., éditeur, Liége.
Stiels-Wagemans, J., propriétaire, château de Treckschueren, Hasselt.
Strick, J., directeur de banque, Tongres.

Terlinden, écuyer Ch., Bruxelles.
Theelen, Fr., éditeur, Tongres.
Thenaers, Is., notaire, Wellen.
Theunis-Philippen, orfèvrerie d'art, Hasselt.
Thiels, K., instituteur en chef, Lummen.
Thys, N., Hasselt.
Timmermans, J., conseiller provincial, bourgmestre de Mettecoven.

MM. Timmermans, H., négociant, Looz.
Tourneur, V., conservateur au Cabinet des médailles de la Bibliothèque Royale, Bruxelles.
Ugeux, G., administrateur de société, Bruxelles.
Ulens, chanoine G., Liége.
Ulens, R., bourgmestre, Grand-Jamine.
Ulrix, E., professeur à l'Athénée royal de Tongres.

Vaerewijck, A., industriel et archéologue, Anvers.
Van Bockrijck, A., docteur en droit, notaire, Hoesselt.
Van Cauwenberghs, Cl., à Berchem, Anvers.
Vanderbeeken, A., échevin, Looz.
Vanderdonck, Edm., docteur en médecine, conseiller provincial, Peer.
Vanderessen. L., professeur à l'Université de Louvain.
Vanderlinden, H., professeur à l'Université de Liége, à Héverlé.
Vandermeulen, J., ingénieur, directeur de la Limburgsche Stoomtramweg Maatschappij, Brée.
Vanderstraeten, C., professeur à l'Ecole d'orgue, Hasselt.
Vandeweerd, abbé H., vicaire, Exel.
Vandeweerd, Hub., professeur à l'Athénée royal d'Anvers.
Vandionant, J., notaire, Looz.
Van Eetvelde, baron, ministre d'Etat, Bruxelles.
Van Ham, Fr., conseiller provincial, Lommel.
Van Heurck, E.-H., du Musée de folklore d'Anvers.
Van Houche, J., ingénieur-directeur des Charbonnages de Helchteren-Zolder, Zolder.
Van Hove, chanoine A., professeur à l'Université, Louvain.
Van Langenacker, H., archiviste au Gouvernement provincial du Limbourg, Hasselt.
Vannérus, J., conservateur aux archives de l'Etat, Bruxelles.
Van Ormelingen, notaire, sénateur, Tongres.
Van Rey, G., secrétaire-trésorier de l'Athénée royal de Hasselt.
Van Soest, E., professeur à l'Athénée royal de Hasselt.
Van Soest, H., avocat, Hasselt.
Vanstraelen, Cl., procureur du Roi, Hasselt.
Vanswijgenhoven, abbé Ch., curé-doyen, Beeringen.
Van Vinkenray, abbé A., curé, Bocholt.
Van Waffelghem, chanoine R., archiviste, bibliothécaire de l'abbaye du Parc, Héverlé.
Van Weddingen, A., Hasselt.
Van Wintershoven, abbé Edm., curé, Emael.
Van Zuylen, G., sénateur, Liége.
Verbelen, J., chef de division au Gouvernement provincial, Hasselt.
Verhaegen, écuyer P., conseiller à la Cour de cassation, Bruxelles.
Vierset, E., docteur en droit, Huy.
Villers, F., industriel, Hasselt.
Vincent, A., conservateur à la Bibliothèque Royale de Belgique, Bruxelles.
Vreven, M., propriétaire, Looz.

MM. Vreven, S., pharmacien, Hasselt.
Vreven-Rubens, Mme S., Hasselt.
Vreuls, chanoine J., visiteur des communautés religieuses, Liége.

Wagemans, A., docteur en droit, chef de division au Gouvernement provincial, Hasselt.
Wagemans, E., conservateur adjoint à la Bibliothèque Royale, Bruxelles.
Waltzing, J. P., professeur à l'Université, Liége.
Wijnants, E., industriel, Looz.
Wijnants, G., Hasselt.
Wijnants, H., industriel, Looz.
Wijnants, J., industriel, Looz.
Willems, Ch., conseiller provincial, Stockheim.
Willems, abbé C., curé, Beverst.
Willems, Fr., avocat, Hasselt.
Wilmart, écuyer Ch., membre suppléant de la Chambre des Représentants, château de Blier, Amonines.

Yernaux, J., archiviste de l'Etat, Liége.

LE BARON DE BORMAN

Ils sont rares ceux qui, sans y être appelés par les fonctions qu'ils occupent, sans y être obligés par l'enseignement qu'ils ont à donner, consacrent presque tous les efforts d'une longue vie à l'acquisition du savoir et qui, par amour de la science, s'imposent des recherches laborieuses et se conforment en tout aux exigences d'une méthode rigoureuse, afin de parvenir à la connaissance de la vérité.

Le baron de Borman est de ceux-là.

Il y a soixante ans, en 1859, les lecteurs du *Bulletin de la Société scientifique et littéraire du Limbourg* eurent sous les yeux les premières publications du jeune historien, qui débutait par trois articles dans le même bulletin : *Chronologie des seigneurs de Heers* ; *Notices sur le fief et les seigneurs de Repen et sur Mombeeck* ; *Topographie ancienne du Limbourg*. Depuis lors, jusqu'en 1914, il ne se passa pour ainsi dire pas une année, sans que de nouvelles publications, dues à la même plume, ne vinssent enrichir notre historiographie nationale.

Ce travailleur, dans un livre qu'il a destiné aux membres de sa parenté sous le titre de *Livre d'or de la famille de Borman*, a écrit lui-même en grande partie sa biographie. Avec quelle modestie, avec quel respect scrupuleux de la vérité, il l'a composée ! On en jugera par le début : « Me voici acculé à écrire ma propre biographie. Si j'ose
» entreprendre d'en esquisser les contours, ce n'est pas pour en tirer
» gloriole. Dans la balance de l'Eternelle Justice mon œuvre aura-
» t-elle seulement quelque poids ? Mais, témoin aujourd'hui, je serai
» ancêtre demain et je tiens à fixer certains souvenirs. Ecoutez donc
» le témoin, tant que la parole ne lui est pas retirée. »

Et l'autobiographe raconte comment, né au château de Rullingen (Looz), le 2 avril 1837, il fréquenta dans son enfance pendant quelques mois l'école de Horpmael, et, après avoir reçu de sa mère les premières notions du français, fut placé au pensionnat du Bruel à Malines, au mois d'octobre 1845. Trois ans après, il commença ses études latines au collège communal de Saint-Trond, dirigé à cette époque par l'abbé Demal. En 1853, il alla faire sa rhétorique au collège St-Servais à Liège. Après son examen d'élève universitaire, passé en 1854, il dut interrompre ses études, à la suite d'une grave maladie qui l'obligea au repos pendant de longues semaines.

C'est à ce moment de sa vie que se décida sa vocation d'historien. « Entretemps, dit-il, mon goût pour les généalogies se développant de plus en plus, je fréquentai bientôt les Archives de l'Etat avec autant d'assiduité que les cours de l'Université. Autodidacte passionné, je menais de front la paléographie, la diplomatique, l'archéologie, en un mot, toutes les sciences auxiliaires de l'histoire. Ma vraie vocation se dessinait ainsi, presque à mon insu, mais certainement au détriment de mes études ; je les achevai pourtant, par acquit de conscience et pour faire plaisir à mon père. Mon diplôme de docteur en droit porte la date du 3 avril 1861, tandis qu'un arrêté royal du 11 février précédent m'avait nommé membre correspondant de la *Commission royale des Monuments*, et que je n'avais pas craint déjà d'affronter les écueils de la publicité.

» L'ambition de pénétrer dans les compagnies savantes m'avait aussi gagné. Dès le 5 octobre 1858, la *Société scientifique et littéraire du Limbourg* m'inscrivait au nombre de ses correspondants... L'année suivante, je fus admis comme associé à l'*Institut archéologique liégeois*... L'*Académie d'archéologie de Belgique* m'expédia le 7 février 1860 un diplôme de correspondant... En 1863, une quinzaine d'amateurs de livres, parmi lesquels Mathieu Polain, Ulysse Capitaine, Henri Helbig, le chanoine Daris, se réunirent à Liége le 15 mars, pour fonder la *Société des Bibliophiles liégeois*. Avec mes amis Stanislas Bormans et Xavier de Theux, nous en formions l'élément jeune et actif... Cette même année, une *Gilde de Saint-Thomas et de Saint-Luc* se constitua, pour la défense et la propagation de l'art chrétien. Elle se réunit pour la première fois à Maestricht, les 22-24 septembre, sous la présidence du baron J.-B. Béthune, de regrettée mémoire. Un Comité provisoire, dont je fus nommé conseiller, y fut constitué. »

Ces faits se groupent dans l'espace de quelques années. A peine de Borman a-t-il achevé ses études universitaires de droit, que sa vocation d'historien est déjà en plein épanouissement !

Si vous lui demandez le pourquoi de cette direction spéciale qu'il imprima à toute sa vie, il vous répond par l'adage si vrai et si chrétien : *L'homme s'agite et Dieu le mène*. Et la Providence, qui d'habitude gouverne les hommes et les choses par l'intermédiaire des causes secondes, avait disposé autour de M. de Borman trois amis de jeunesse, dont le vieillard a gardé l'ineffaçable souvenir. Le premier fut Edmond Poullet, plus jeune que lui de trois ou quatre ans ; déjà en 1862, il voyait l'Académie royale de Belgique couronner son mémoire sur *La joyeuse entrée des ducs de Brabant* ; ses travaux subséquents sur l'*Histoire du droit pénal en Belgique* lui valurent une juste renommée et l'Alma Mater de Louvain pleura longtemps le maître éminent que la mort lui ravit trop tôt. Le deuxième fut Stanislas Bormans, alors archiviste-adjoint aux Archives de l'Etat à Liége. de Borman fit sa connaissance, dès sa seconde année d'Université ; il s'établit entre les deux jeunes gens, aux noms si ressemblants, une amitié durable, que les mêmes qualités physiques et morales, le même goût pour l'étude, la même ardeur au travail ne cessaient d'entretenir. Enfin, le troisième fut l'abbé Habets. alors vicaire à Berg-Terblyt, près de Maestricht. Vers 1863, de Borman fit la rencontre de cet archéologue érudit, qui devint plus tard archiviste de l'Etat à Maestricht ; après plus d'un demi-siècle, il se souvient encore des excursions archéologiques faites en sa compagnie dans la partie du Limbourg Hollandais située entre Maeseyck et Ruremonde sur la rive gauche de la Meuse.

Poullet, Bormans et Habets exercèrent sur de Borman une influence réelle ; ils l'entraînèrent en leur compagnie dans les recherches historiques, mais il est permis de penser que, de leurs relations avec le jeune historien, ils ne furent pas sans retirer eux-mêmes quelque fruit.

de Borman était donc définitivement lancé. Son goût préféré semble l'avoir porté au début vers les recherches généalogiques. Pendant vingt-sept ans, de 1861 à 1888, il collabora activement à l'*Annuaire de la Noblesse de Belgique* : il y publia près de soixante-dix notices généalogiques. On ne peut s'empêcher de remarquer que la première de ces notices, commencée en 1861 et reprise en 1867, était consacrée à la famille de celle qui, en cette dernière année, devint l'heureuse compagne de sa vie, la baronne Marie-Louise de Brouckmans, décédée à Schalkhoven, le 23 juillet 1906. Quant à la valeur de ces notices, l'auteur les a jugées lui-même : « Plusieurs de ces articles sont forcément incomplets ; la plupart ont mis en lumière des familles dont la généalogie n'avait jamais été publiée ; mais, à part les petites imperfections inhérentes à toute œuvre humaine, j'ose dire qu'ils ne renferment guère d'erreurs ; j'ai traité toutes ces familles avec la même sincérité et autant de soin que la mienne ».

M. de Borman ne tarda pas à élargir son horizon. Bientôt son attention fut attirée sur d'autres points, tels l'*Histoire du château de Colmont*, de celui de *Curange*, de la *Seigneurie de Heers*, *Le Livre des fiefs du comté de Looz sous Jean d'Arckel*. En 1877, il donna, sous les auspices de la Société des Bibliophiles liégeois, une nouvelle édition de la *Chronique de l'abbaye de Saint-Trond*. Plus exacte et plus maniable que les éditions faites antérieurement par Luc d'Acheri, par Koepke et par Migne, l'édition de de Borman a le grand avantage de présenter des identifications plus heureuses, de tenir compte du Cartulaire de Saint-Trond que Piot venait d'éditer et de comprendre, non seulement l'œuvre de Rodolphe et de ses continuateurs jusqu'au

XIVe siècle, mais encore les écrits de Pierre Cruels et de Moringus du XVIe siècle. Nous parlerons avec autant d'éloge de la *Chronique d'Adrien d'Oudenbosch*, éditée par le baron de Borman en 1902. Non seulement le texte en est très soigné, mais l'introduction, les notes et surtout la table analytique et explicative contiennent une foule de renseignements des plus précieux.

Outre ces deux éditions de sources importantes, M. de Borman consacra des études à l'*Abbaye de Munsterbilsen*, aux *Anciens remparts de Tongres*, et à d'autres sujets intéressant principalement le Limbourg. En 1905, quand la Belgique célébra le soixante-quinzième anniversaire de son indépendance, le baron de Borman s'associa à cette fête patriotique en publiant *Les origines belges de notre dynastie*, ouvrage dont le roi accepta la dédicace et qui montre par des tableaux généalogiques incontestables qu'Albert Ier descend de Charlemagne, des anciens ducs de Brabant, des comtes de Flandre, de Hainaut et de Namur, des ducs de Bourgogne et de Marie-Thérèse.

Mais l'œuvre de loin la plus importante et qui assigne à son auteur une place marquée parmi les historiens belges du XIXe siècle est incontestablement l'histoire des *Echevins de la Souveraine Justice de Liége*, deux magnifiques volumes in-4°, de 504 et 610 pages, avec nombreuses planches de sceaux, pierres tombales et portraits, imprimés à Liége en 1892 et 1899 par les soins de la Société des Bibliophiles liégeois. Cette histoire était le fruit de quinze années de travail, mais aussi c'est une œuvre définitive. Non seulement nous y trouvons une notice biographique de tous les membres de l'échevinage liégeois, mais encore l'histoire de l'institution elle-même, de sa composition, de son fonctionnement, de ses transformations, de ses luttes à travers les siècles. Aussi le jury, chargé en 1900 de décerner le prix quinquennal d'histoire nationale, proposa-t-il, à l'unanimité, de le partager entre l'auteur des *Echevins de Liége* et M. Pirenne qui venait d'achever le premier volume de son *Histoire de Belgique*. Le fait d'être ainsi mis en parallèle avec cette œuvre hors pair, constituait à lui seul un grand honneur pour M. de Borman. Cependant, à cause des dispositions de l'arrêté organique du concours, le Ministre ne put admettre la proposition de jury ; celui-ci eut à se départager et par trois voix contre deux il attribua le prix à l'auteur de l'*Histoire de Belgique*. Quelques années après, en 1909, un des membres du jury d'alors, M. Kurth, dans la préface de son *Histoire de la Cité de Liége au moyen-âge* écrivit ces mots : « Il me reste à signaler le livre de M. le chevalier de Borman sur *Les Echevins de la Souveraine Justice de Liége*. Consacré à la plus importante institution judiciaire de la principauté et dont l'histoire est si intimement unie à celle de la Cité elle-même, cet ouvrage ressuscite tout le personnel de ce tribunal et il élucide, en passant, nombre de questions avec une fermeté de critique et une sûreté d'information impeccables. J'ose dire, après avoir manié pendant plusieurs années le livre de M. de Borman, qu'il peut être considéré comme l'œuvre la plus remarquable de l'érudition liégeoise au XIXe siècle. » Ce jugement, prononcé en pleine connaissance de cause par le maître éminent, restera celui de la postérité.

Outre ces œuvres importantes, il faut signaler la collaboration active du baron de Borman à un grand nombre de publications historiques, comme le *Bulletin de l'Institut archéologique liégeois*, le *Bulletin de la Société scientifique et littéraire du Limbourg*, le *Messager des sciences historiques*, les *Analectes pour servir à l'histoire ecclésiastique de la Belgique*, le *Beffroi*, les *Archives Belges*, *Leodium*, l'*Ancien Pays de Looz*, de *Navorscher*, de *Maasgouw*, la *Biographie Nationale*. C'est dans le *Beffroi* et plus tard dans les *Archives Belges*, que de Borman faisait le compte-rendu des publications nouvelles. Impitoyable pour dénoncer les erreurs ou signaler les lacunes, le critique restait cependant bienveillant. Volontiers, il encourageait les jeunes et l'auteur de ces lignes n'oubliera jamais l'accueil qu'il reçut quand par une belle journée de mai 1901, sous les grands arbres du parc de Schalkhoven, le maître voulut bien examiner avec lui son premier essai concernant l'histoire de son village natal.

Nommé membre suppléant du Conseil héraldique le 25 février 1886, membre effectif le 26 mars 1888, de Borman en devint président le 17 mai 1911. En 1881, quand fut fondée la *Société d'Art et d'Histoire du diocèse de Liége*, de Borman figura parmi les premiers membres actifs. Le 24 février 1907, il fut nommé membre suppléant de la *Commission Royale d'Histoire* et le 22 septembre 1910, membre effectif. Pendant de longues années, il présida les jurys d'histoire des concours universitaires, ainsi que des concours pour la collation des bourses de voyage.

Il y a cinquante-six mois l'ennemi envahissait notre pays. Le baron de Borman achevait alors, en collaboration avec M. Bayot, l'édition des *Œuvres de Jacques de Hemricourt*, dont la première partie, un beau volume in-4º de 491 pages, avait paru en 1910. Déjà les notices biographiques des personnages du XIVe siècle dont parle Hemricourt et que de Borman connaît comme s'ils étaient ses contemporains, allaient être fixées dans une rédaction définitive. Malheureusement, sous le joug de l'étranger, le travail dut être suspendu, puis enfin abandonné à des forces plus jeunes. Plus de soixante années avaient été consacrées aux études historiques et, si les forces intellectuelles du vénérable savant gardaient leur jeunesse, ses forces corporelles se refusaient au travail d'autrefois, et alors, par un acte de générosité incomparable, avec une grandeur d'âme dont on trouve peu d'exemples, il abandonna sa riche bibliothèque et se sépara de ses livres, ces vieux amis qui l'avaient servi pendant de si longues années ; il les envoya à Louvain, aider l'Alma Mater à se relever des coups que le vandalisme allemand lui avait portés.

A côté de cette carrière scientifique, s'en déroule une autre, pendant aussi plus d'un demi-siècle, consacrée à la vie politique. En 1864, deux conseillers provinciaux du canton de Looz, le comte de Borchgrave et le baron Gustave de Woelmont, furent élus membres de la Chambre des Représentants. de Borman, qui avait songé un instant à entrer dans la magistrature, se mit sur les rangs, comme il le dit lui-même, avec l'ardeur d'un néophyte et fut élu le 22 mai 1865 ; depuis cette date lointaine, le canton de Looz a tenu à garder son dévoué conseiller.

Nommé bourgmestre de Schalkhoven par arrêté royal du 21 décembre 1863, il dut renoncer à ces fonctions pour prendre celles de membre de la Députation permanente, auxquelles un vote unanime du Conseil provincial l'appela le 10 juillet 1874. A partir de 1889, il fut chaque année rapporteur du budget. Le 8 juillet 1904, il fut élu à l'unanimité président du Conseil. Au moment de la signature de l'armistice, le 11 novembre 1918, le Limbourg se trouvait sans gouverneur. Le baron de Borman en assuma les fonctions, en sa qualité de doyen de la Députation permanente et les remplit jusqu'au 14 décembre, quand M. Gielen fut nommé gouverneur *ad interim*. Dans l'accomplissement de toutes ces fonctions publiques, de Borman apporta un dévouement sans bornes, des connaissances administratives très étendues, un soin scrupuleux, une amabilité et une serviabilité à toute épreuve. Foncièrement bon, droit par tempérament autant que par vertu, de caractère jovial, il ne connaissait que des amis.

Aussi ses collègues du Conseil provincial lui donnèrent-ils maintes preuves de leur estime et de leur affection. Entre autres, le 1er juillet 1902, ils fêtèrent en grande solennité son jubilé comme député permanent, en même temps que celui de ses collègues de la Députation, MM. Slegers et Gielen ; à cette occasion ils lui offrirent un bronze d'art : *La Pensée* de Picault. En 1915, il y avait cinquante ans que M. de Borman avait été élu conseiller provincial ; les tristesses de la Patrie empêchèrent toute manifestation solennelle, mais M. Gielen, député permanent, et M. Deploige, questeur du Conseil, se rendirent au nom de leurs collègues, au domicile du jubilaire et lui offrirent son portrait, œuvre superbe du peintre Damien. D'autre part, le Roi lui accorda le

24 juin 1889 la médaille civique de première classe, le 23 décembre 1899, la croix civique de première classe et en 1905, la médaille commémorative. Le 6 octobre 1886, de Borman fut nommé chevalier de l'Ordre de Léopold, il fut promu officier le 3 novembre 1896 et commandeur le 12 septembre 1911; il est aussi commandeur de l'Ordre de Charles III d'Espagne. Le 26 avril 1913, le Roi, voulant par un acte spontané, reconnaître son mérite exceptionnel, changea en sa faveur le titre de chevalier que les de Borman portaient depuis 1856, en celui de baron, avec droit de transmission aux descendants mâles, par ordre de primogéniture.

Et tandis qu'il était l'objet de ces manifestations et de ces distinctions honorifiques, il gardait une rare et chrétienne modestie. Quand au Conseil provincial on louait son dévouement aux affaires publiques, il répondait: « Modeste pionnier de l'Administration, je n'ai jamais fait que marcher d'un pas allègre et docile dans la voie où la Providence m'a placé, j'ai tâché de suivre les traces de mes collègues et de mes prédécesseurs, marchant dans l'ordre, selon le mot si juste de M. Van Hamont, et, s'il m'a été donné d'y cheminer pendant 28 ans, n'en suis-je pas redevable avant tout à cette même Providence, qui pendant si longtemps a daigné me conserver la santé et la plénitude de mes facultés. » Et à l'éloge qu'on faisait de ses travaux, il répliqua : « Quelle que soit la valeur de mes productions historiques, ne pensez pas, Messieurs, que jamais je songe à en tirer vanité. Inspirées par une propension innée, mes entreprises dans ce domaine m'ont toujours procuré des jouissances trop pures et trop réelles pour que je ne me considère pas comme largement payé des peines qu'elles m'ont coûtées. »

Le vrai mérite est modeste et le mérite du baron de Borman est grand.

Sa longue vie est un magnifique exemple. Appelé par sa naissance à entretenir dans le monde des relations nombreuses et distinguées, il ne donna au monde que ce qu'il fallait pour ne pas cesser d'être un parfait gentilhomme ; aux affaires publiques, il consacra une attention constante et un dévouement qui ne trompa jamais la confiance qu'on avait en lui; aux études historiques, il réserva le reste de son temps et de ses talents, et ce reste était la meilleure part.

Guillaume SIMENON.

Liége, le 2 avril 1919.

BIBLIOGRAPHIE

1859. Chronologie historique des seigneurs de Heers, dans *B.S.S.L.L.*, t. IV, pp. 25-35 ([1]).
Notice sur le fief et les seigneurs de Repen ; notice sur Mombeeck (suivies de documents), dans *B.S.S.L.L.*, t. IV, pp. 143-183.
Topographie ancienne du Limbourg, dans *B.S.S.L.L.*, t. IV, pp. 195-198.

1861. Notice sur l'inscription de dédicace de l'église de Rixingen (en collaboration avec W. H. James Weale), dans *B.S.S.L.L.*, t. V, pp. 351-355 et dans le *Messager des Sciences Historiques*, 1861, pp. 444-447.
Broukmans, dans *A.N.B.*, t. XV, pp. 92-94.
Ertwech, dans *A.N.B.*, t. XV, pp. 144-147.

1862. Histoire du château de Colmont (suivie de documents), dans *B.I.A.L.*, t. V, pp. 97-166.
Lettre à M. St. Bormans sur l'existence d'un dixième livre des chartes de Saint-Lambert, dans *B.I.A.L.*, t. V, pp. 259-265.
Vivier, dans *A.N.B.*, t. XVI, pp. 226-244.

1863. Le château de Curange, dans *B.I.A.L.*, t. VI, pp. 31-44.
Notice historique sur la seigneurie de Heers (suivie de documents et d'une planche de sceaux), dans *Le Beffroi*, t. I, pp. 23-60, 85-104.
Epitaphe de Jehan le Bel (15 février 1370), dans *Le Beffroi*, t. I, p. 296.
Comptes rendus : J. G. Schoonbroodt. Inventaire analytique et chronologique des chartes du chapitre de St-Lambert, à Liége, dans *Le Beffroi*, t. I, p. 187.
Guill. Lebrocquy, Histoire de l'abbaye d'Aulne, d'après le manuscrit unique et inédit de Dom Norbert Herset, dans *Le Beffroi*, t. I, p. 188.
X. de Theux. Recueil héraldique des bourgmestres de Liége, dans *Le Beffroi*, t. I, p. 189.
L. de Burbure. Recherches sur les facteurs de clavecins et les luthiers d'Anvers, dans *Le Beffroi*, t. I, p. 343.

1864. Ruys, dans *A.N.B.*, t. XVIII, pp. 228-236.
Jean Groetboei, dans *Le Beffroi*, t. II, p. 155.
Comptes rendus :
Arthur Dinaux. Les trouvères Brabançons, Hainuyers, Liégeois et Namurois, dans *Le Beffroi*, t. II, p. 61.
Edmond Poullet. Sire Louis Pynnock, patricien de Louvain, ou un maïeur du XVe siècle, dans *Le Beffroi*, t. II, p. 203.

([1]) Liste des sigles :
A. Belges = Archives Belges.
A.H.E.B. = Analectes pour servir à l'histoire ecclésiastique de la Belgique.
A.N.B. = Annuaire de la Noblesse de Belgique.
A.P.L. = Ancien Pays de Looz.
B.I.A.L. = Bulletin de l'Institut Archéologique Liégeois.
B.S.S.L.L. = Bulletin de la Société Scientifique et Littéraire du Limbourg, à Tongres.

1865. Mewen, dans *A.N.B.*, t. XIX, pp. 210-230.
Mewen de Keverberg, dans *A.N.B.*, t. XIX, pp. 230-244.
Smackers, dans *A.N.B.*, t. XIX, pp. 270-276.
Compte-rendu : J. Huyttens. L'art de vérifier les généalogies des familles belges et hollandaises, dans *Le Beffroi*, t. II, p. 327.
1866. L'enceinte actuelle de Tongres a-t-elle une origine romaine ?, dans *Annales de l'Académie royale d'Archéologie*, t. XXII, p. 503-508.
Cannart d'Hamale, dans *A.N.B.*, t. XX, pp. 103-124.
Compte rendu : Cte A. O'Kelly de Galway. Dictionnaire des cris d'armes et devises de personnages célèbres et de familles nobles et autres de la Belgique ancienne et moderne, dans *Le Beffroi*, t. III, p. 54.
1867. Notice sur un cartulaire du chapitre de Saint-Servais à Maestricht, dans *B.C.R.H.*, 3e sér., t. IX, pp. 7-118.
Broukmans, dans *A.N.B.*, t. XXI, pp. 91-97.
Seraing, dans *A.N.B.*, t. XXI, pp. 320-333.
Succa, dans *A.N.B.*, t. XXI, pp. 255-267.
1868. Cruft, dans *A.N.B.*, t. XXII, pp. 115-123.
Donnea, dans *A.N.B.*, t. XXII, pp. 123-129.
Hamal (en partie), dans *A.N.B.*, t. XXII, pp. 167 et suiv.
1870. Favereau, dans *A.N.B.*, t. XXIV, pp. 114-124.
Mémorial domestique de la famille de Gaiffier, dans *A.N.B.*, t. XXIV, pp. 331-336.
Note sur la naissance du baron de Waleffe, dans *B.I.A.L.*, t. X, pp. 79-82.
1871. Auxbrebis, dans *A.N.B.*, t. XXV, pp. 24-45.
Lauretan, dans *A.N.B.*, t. XXV, pp. 103-110.
Loets de Trixhe, dans *A.N.B.*, t. XXV, pp. 303-307.
Woot de Trixhe, dans *A.N.B.*, t. XXV, pp. 282-303.
Poullet, dans *A.N.B.*, t. XXV, pp. 217-231.
1872. Notes relatives aux comtes de La Marck, etc., dans *B.I.A.L.*, t. XI, pp. 457-462.
Documents concernant l'abbaye de Munsterbilsen, dans *A.H.E.B.*, t. IX, pp. 227-350.
Borman, dans *A.N.B.*, t. XXVI, pp. 47-59.
Bormans, dans *A.N.B.*, t. XXVI, pp. 60-67.
Gaiffier, dans *A.N.B.*, t. XXVI, pp. 156-173.
Grady, dans *A.N.B.*, t. XXVI, pp. 174-190.
Stockhem, dans *A.N.B.*, t. XXVI, pp. 244-251.
1873. Heusch, dans *A.N.B.*, t. XXVII, pp. 99-125.
Potesta, dans *A.N.B.*, t. XXVII, pp. 233-241.
1874. Nécrologe de l'abbaye de Munsterbilsen (en collaboration avec MM. Weale et Bormans), dans *B.I.A.L.*, t. XII, pp. 27-60.
Mettecoven, dans *A.N.B.*, pp. 217-226.
1875. Le livre des fiefs du comté de Looz sous Jean d'Arckel. Bruxelles, 1875 ; in-8°, XVI, 332 pp. (Public. de la Comm. royale d'Histoire).
Cecil (en partie), dans *A.N.B.*, t. XXIX, pp. 98-100.
Menten, dans *A.N.B.*, t. XXIX, pp. 204-215.
1876. Macors, dans *A.N.B.*, t. XXX, pp. 213-218.
Moffarts, dans *A.N.B.*, t. XXX, pp. 244-255.

1877. Chronique de l'abbaye de Saint-Trond. Liége. 1877 ; 2 vol. in 8º, XI, 300 pp. et 443 pp. (Public. de la Soc. des Bibliophiles liégeois).
d'Auvin (en collaboration). dans *A.N.B.*, t. XXXI. pp. 82-97.
1878. Gelinden. dans *A.N.B.*. t. XXXII, pp. 152-155.
1880. Bounam de Ryckholt, dans *A.N.B.*, t. XXXIV. pp. 114-125.
Bonhomme, dans *A.N.B.*, t. XXXIV. pp. 125-133.
Libotton, dans *A.N.B.*. t. XXXIV. pp. 236-239.
Puytlinck, dans *A.N.B.*, t. XXXIV, pp. 279-283.
Saren, dans *A.N.B.*, t. XXXIV. pp. 283-289.
1881. Pinchart (en collaboration). dans *A.N.B.*. t. XXXV. pp. 231-258.
Schaetzen, dans *A.N.B.*, t. XXXV. pp. 284-297.
1882. de la Blocquerie, dans *A.N.B.*, t. XXXVI, pp. 61-88.
Cannart d'Hamale, dans *A.N.B.*. t. XXXVI, pp. 124-128.
Fabribeckers. dans *A.N.B.*, t. XXXVI, pp. 201-210.
du Pré, dans *A.N.B.*. t. XXXVI. pp. 256-258.
Schroots, dans *A.N.B.*, t. XXXVI, pp. 258-282.
Wezeren, dans *A.N.B.*. t. XXXVI, pp. 309-315.
Liste des chanoinesses d'Andenne de 1526 à 1660, dans *A.N.B.*, t. XXXVI, pp. 316-325.
1883. Blanckart (en collaboration), dans *A.N.B.*. t. XXXVII. pp. 120-130.
1884. Macar, dans *A.N.B.*, t. XXXVIII, pp. 176-183.
Note sur l'origine de la famille de Grady : les de Grez. dans *A.N.B.*, t. XXXVIII, pp. 276-283.
1885. Gilman, dans *A.N.B.*. t. XXXIX, pp. 121-138.
Harenne, dans *A.N.B.*. t. XXXIX, pp. 138-145.
Thier, dans *A.N.B.*, t. XXXIX, pp. 264-278.
1886. Groutars, dans *A.N.B.*, t. XXXX, pp. 112-119.
Marotte (en partie), dans *A.N.B.*, t. XXXX, pp. 122-160.
Melotte, dans *A.N.B.*, t. XXXX, pp. 160-167.
Omalius, dans *A.N.B.*, t. XXXX, pp. 181-192.
Tornaco, dans *A.N.B.*, t. XXXX, pp. 253-305.
Table des quarante premiers volumes de l'*A.N.B.*. t. XXXX, pp. 390-407.
Le conseil provincial du Limbourg, 1836-1886. Hasselt, 1886, in-8º de 100 pages.
1887. Bardoul, dans *A.N.B.*. t. XXXXI, pp. 37-45.
Libert, dans *A.N.B.*, t. XXXXI. pp. 163-177.
Rasquinet, dans *A.N.B.*. t. XXXXI. pp. 311-221.
Rochelée, dans *A.N.B.*, t. XXXXI, pp. 226-238.
Sarolea de Cheratte. dans *A.N.B.*, t. XXXXI, pp. 238-244.
Terwangne, dans *A.N.B.*, t. XXXXI. pp. 298-306.
1888. Calwaert, dans *A.N.B.*. t. XLII, pp. 91-98.
Closset, dans *A.N.B.*. t. XLII, pp. 98-103.
Erkenteel, dans *A.N.B.*. t. XLII, pp. 177-182.
Goeswin. dans *A.N.B.*. t. XLII. pp. 201-206.
Les anciens échevins de Liége. dans le recueil des Conférences de la Soc. d'Art de d'Histoire du diocèse de Liége. t. I. pp. 17-40.
Annotations historiques, 1674-1675. Mémorial du Baron de Scraing. dans *Bulletin de la Société des Bibliophiles liégeois*, t. IV. pp. 132-146.
1889. Les avocats de la cour spirituelle de Liége. de 1604 à 1794, dans *B.I.A.L.*, t. XXI, pp. 159, 236.

Benoeming van Reyner Borman tot het rentmeestersambt van Maeseyck en Stockheim in 1443, dans *De Maasgouw* (Maestricht), t. XI, pp. 173-174.

1892. Les comtes palatins au pays de Liége, dans *Bull. de la Soc. des Bibliophiles liégeois*, t. V, p. 31-40.

Les Échevins de la Souveraine Justice de Liége. Liége, 1892-1899, 2 vol. in-4º, 504 et 610 pp. Nombreuses planches de sceaux, de pierres tombales, de portraits. (Public. de la Soc. des Bibliophiles liégeois).

1896. De edel Agnes, gravynne van Loen (reprod. du denier de Looz). dans *A.P.L.*, t. I, pp. 9-10.

Pierre Treckpoel à Bilsen, dans *A.P.L.*, t. I, p. 17.

1897. Monferrant, dans *A.P.L.*, t. I, pp. 33-34, 41-42.

« Reen aff », dans *A.P.L.*, t. I, p. 67.

1898. Le gentilhomme aux cinq noms, dans *A.P.L.*, t. II, pp. 55-57.

Le gentilhomme aux 22 enfants. dans *A.P.L.*, t. II, pp. 67-68.

Singulière aventure d'un ménestrel lorrain en 1340, dans *A.P.L.*, t. III, p. 17.

Compte rendu : J. Cuvelier et C. Huysmans. Toponymische studie over de oude en nieuwere plaatsnamen der gemeente Bilsen, dans *A.P.L.*, t. II. p. 25.

1899. Compte rendu : Baron J. de Chestret de Haneffe. Histoire de la Maison de la Marck, y compris les Clèves de la seconde race, dans *A. Belges*, t. I, p. 29.

Compte rendu : Léon Naveau. Analyse du recueil d'épitaphes de Jean-Gilles et de Jacques-Henri Le Fort, hérauts d'armes de la principauté de Liége, dans *A. Belges*, t. I, p. 154.

1900. Hasselt jadis. Un pari en 1480, dans *A.P.L.*, t. IV. p. 59.

Compte rendu : Jos. Eversen et J.-L. Meulleners. De Limburgsche gemeentewapens, vergeleken met de oude plaatselijke zegels en beschouwd in het licht der locale geschiedenis, dans *A. Belges*, t. II, p. 140.

1901. L'âge des remparts de Tongres, dans *B.S.S.L.L.*, t. XX, p. 197. (XVe congrès de la Fédér. archéol. et histor. de Belgique).

Les remparts de Tongres devant l'histoire, dans *B.S.S.L.L.*, t. XX, pp. 643-672. (XVe congrès de la Fédér. archéol. et histor. de Belgique).

Thierry de Lynden était-il bâtard ? Réponse à M. le baron Adh. von Lynden, dans *De Navorscher*, Utrecht, 1901, pp. 141-164, et 184-203.

Hubert De Pas, dans *Biographie Nationale*, t. XVI, p. 667.

Compte rendu : G. Simenon. Geschiedenis der voormalige heerlijkheid Vlijtingen, hoofdbank der elf banken van St-Servaas, dans *A. Belges*, t. III, p. 154.

1902. Chronique d'Adrien d'Oudenbosch. Nouvelle édition. Liége, 1902 ; in-8º, XVIII, 368 pp. (Public. de la Soc. des Bibliophiles liégeois).

Henegauw, dans *A.P.L.*, t. VI, pp. 5-9.

1902. Les Inghelbrechts, seigneurs de Stevoort, (sceau et armoiries), dans *A.P.L.*, t. VI, pp. 31-32.

La famille de Horion à Curange et à Hasselt (blason et sceaux), dans *A.P.L.*, t. VI, pp. 51-53.

Note sur Guillaume Vivario et sur la fondation d'une octave du Saint-Sacrement à Herck-la-Ville, en 1519, dans *Leodium*, I, p. 67.

Johan Brueder, dans *Leodium*, t. I, p. 73.

Siège de Maeseyck, en 1489, dans *Leodium*, t. I, p. 73.

Compte rendu : l'abbé Schmeitz. La basilique de St-Servais, à Maestricht, dans *A. Belges*, t. IV, pp. 225-227.

1903. Familie van Odenhoven, dans *De Maasgouw*, Maestricht, t. XX, pp. 33-37.

La manche de Jean de Heinsberg, dans *A.P.L.*, t. VII, pp. 12-13.

Comptes rendus :

E. Ulrix et Ch. Vanden Hautte. Bibliographie de l'histoire de Tongres, dans *A. Belges*, t. V, p. 8.

Fr. Dazert. Geschiedenis van het voormalig klooster van het H. Graf, thans Bonnefantenkazerne te Maestricht, dans *A. Belges*, t. V, p. 65.

1904. Compte rendu : E. Ulrix. Les rues de Tongres à travers les siècles, dans *A. Belges*, t. V, p. 208.

1905. Les origines belges de notre Dynastie. Bruxelles, 1909, in-8°, 56 pp.

Le prince d'Orange à Maeseyck, en 1544, dans *Leodium*, t. IV, p. 68.

Jérôme Puteanus ou Vande Putte, dans *Biographie Nationale*, t. XVIII, p. 344.

Mengold de Rasquinet, dans *Biographie Nationale*, t. XVIII, p. 742.

1906. Le livre d'or de la famille de Borman. Liége, 1906, grand in-8°, 264 pp. et 4 pl.

1907. Goswin de Straile, dans *Leodium*, t. VI, pp. 38-45.

Compte rendu : J. de Pas. L'échevinage de Saint-Omer, 1144-1790, dans *A. Belges*, t. IX, p. 43.

1908. Le tribunal des douze lignages au pays de Liége (1335-1467), dans *Mélanges Godefroid Kurth*, t. I, pp. 171-183.

Un savant humaniste de Zonhoven, dans *A.P.L.*, t. XII, p. 2.

1910. Œuvres de Jacques de Hemricourt, t. I, Le miroir des nobles de la Hesbaye (en collaboration avec A. Bayot). Bruxelles, 1910, in-4°, 491 pp. (Publ. de la Comm. royale d'histoire).

1912. Les Surlet, chanoines de Saint-Lambert, dans *Leodium*, t. XI, pp. 38-40.

Famille de Rhonnay, dans *Indicateur généal., hérald. et biographique*, t. I, p. 120.

Famille van Berwaer, dans le même recueil, t. I, p. 124.

Compte rendu : Leodiensia. Travaux divers sur l'histoire de Liége, par MM. T. Poncelet, U. Berlière, E. Schoolmeesters, A. Micha, A. De Mélotte, Th. Gobert et J. Delaite, dans *A. Belges*, t. XIV, p. 60.

1913. Chartes apocryphes publiées par Foppens, dans *B.C.R.H.*, t. 82, pp. 183-208.

Brousten ou Bruysten, dans *Indic. généal., hérald. et biogr.*, t. II, p. 129.

Les receveurs généraux de l'évêché de Liége. *Leodium*, t. XII, pp. 136-138. Suite, *Leodium*, t. XIII, 1914, pp. 14-18.

1919. Notice généalogique sur les PP. Justin et Jean Bormans, récollets (XVIIe s.), dans la *Neerlandia Franciscana*, t. II, pp. 94-95.

J. LYNA.

Tertullien et Salvien

Pendant une quinzaine d'années, de 197 à 212 après J.-C., Tertullien put se considérer comme le porte-parole de la chrétienté occidentale. Créateur de la langue chrétienne, il donna une forme définitive à l'exposé comme à la démonstration de certaines vérités chrétiennes. Son influence lui survécut ; malgré sa chute lamentable, qui devait mettre les catholiques en défiance, on continua de le lire, de s'inspirer de ses idées, de s'approprier ses formules. C'est ce que des historiens modernes ont prouvé en recueillant dans ses successeurs les innombrables passages où il est cité ou imité (¹). Beaucoup de ces écrivains qui lui font des emprunts négligent de citer son nom : ce nom était devenu suspect et l'antiquité avait d'ailleurs d'autres idées que nous sur la propriété littéraire. Il en résulte qu'il est souvent malaisé de démêler ce qui vient du grand apologiste de Carthage et la liste qu'on a dressée de ses imitateurs est sûrement incomplète. Parmi eux, nous croyons qu'il faut ranger Salvien, l'éloquent prêtre de Marseille, qui écrivit vers 450 (²) ses huit livres *De gubernatione Dei*.

Le style de Salvien est correct, presque classique, comme celui de Lactance. Il est abondant jusqu'à la prolixité. Il est porté par un souffle oratoire très soutenu et devient facilement déclamatoire. Son livre semble écrit d'un seul jet et rien ne trahit l'érudition qui prend aux devanciers des idées ou des tournures. Aussi l'*index scriptorum* de l'édition Fr. Pauly ne signale-t-elle, outre les passages assez nombreux des Ecritures, que quelques rares citations de Cicéron, de Pline le Jeune, de Publilius Syrus, de Virgile ou d'auteurs inconnus, onze au total.

Or, en lisant le *De gubernatione Dei*, nous avons entendu à plusieurs reprises comme un écho de l'*Apologétique* de Tertullien ; en regardant de près, nous y avons retrouvé des idées personnelles au grand Africain, revêtues, au moins partiellement, de la forme qu'il leur avait donnée. Double critère, qui ne permet plus d'hésiter. C'est de Tertullien

---

(¹) Voy. Ad. Harnack, *Tertullian in der Litteratur der alten Kirche*. Sitzungsber. der Berl. Akad., 1895, p. 545-579.
(²) Voy. A. Ebert, *Hist. gén. de la litt. du moyen âge en Occident*. Tome I, *Hist. de la litt. lat. chrétienne*. Trad. Aymeric et Condamin, p. 489, n. 2.

que Salvien s'inspire. Cette parenté une fois établie, on sera autorisé à admettre d'autres emprunts moins importants et moins patents. Citons et comparons les passages qui nous ont frappé.

I

TERT., Apol., 47,7.

Positum vero extra mundum Stoici (*sc.* esse Deum adseverant), qui figuli modo extrinsecus torqueat molem hanc ; intra mundum Platonici, qui *gubernatoris exemplo intra id maneat, quod regat.*

SALVIEN. I. 1.3.

Plato et omnes Platonicorum scholae moderatorem rerum omnium confitentur Deum. Stoici cum *gubernatoris vice intra id quod regat semper manere* testantur.

Platon appelle Dieu, qui gouverne le monde, un pilote (Politicus. p. 272E et 273 D). C'est de là sans doute que Tertullien a tiré sa comparaison (*gubernatoris exemplo*), qui l'amène à dire que les Platoniciens placent Dieu *dans* le monde, comme le pilote est placé *sur* son navire. Aux Stoïciens, il prête la comparaison de Dieu avec un potier qui tourne sa roue et il leur fait dire que Dieu est placé *hors* du monde. Ces deux comparaisons paraissent bien propres à Tertullien : on ne les a retrouvées nulle part avant lui ([1]).

Salvien néglige celle du potier. Il reprend celle du pilote et copie littéralement la phrase de Tertullien, seulement il l'attribue aux Stoïciens. Il lui a paru sans doute qu'elle s'applique mieux aux Stoïciens, pour qui Dieu est l'âme du monde répandue partout, comme l'a dit Virgile, qu'il cite au § 4 : *deum namque ire per omnes terrasque tractusque maris caelumque profundum* (Georg., IV, 221 sq.), probablement d'après Lactance, Instit. div., I, 5,12.

II

Au livre IV,17,85, Salvien rappelle les abominables forfaits que les païens reprochaient autrefois aux chrétiens : l'homicide et l'inceste. C'était, dit-il, un double crime rituel qu'on leur imputait, destiné à apaiser Dieu, à expier les fautes, à mériter la vie éternelle.

Où a-t-il trouvé ces détails ? Il pouvait les lire dans Minucius Felix (*Octavius*, IX, 5-7) et dans Tertullien, c'est-à-dire dans les deux apolo-

---

([1]) Voy. notre *Etude sur le Codex Fuldensis de Tertullien*, p. 374-375 (Liége. Vaillant-Carmanne, 1917).

pistes latins du IIe siècle (¹). Avant eux, les apologistes grecs du IIe siècle en parlent souvent, mais ne s'arrêtent pas aux détails. Après eux, dès le début du IIIe siècle, ces calomnies disparaissent et l'on ne trouve plus qu'une courte allusion dans Origène (*Contra Celsum*, VI, 27), qui dit que rares sont ceux qui y croient encore (²).

Or, c'est à Tertullien, pensons-nous, que Salvien doit ce qu'il sait de ces accusations. Ici encore, les idées et l'expression trahissent l'origine. En effet, Salvien réfute ces griefs de la même manière que Tertullien et il lui emprunte manifestement quelques termes.

TERT., Apolog., VIII, 1.

Ecce proponimus horum facinorum mercedem : *vitam aeternam* repromittunt ! Credite interim. De hoc enim quaero, an et qui crediderit, *tanti habeat, ad eam tali conscientia pervenire.*

SALVIEN, IV, 17,85.

et haec omnia... ad promerendam *vitam aeternam*, quasi vero, etiamsi possit his rebus accipi, *tanti esset ad eam per scelera tam immania pervenire.*

Cet emprunt ne paraît pas moins évident que le précédent.

III

TERT., Apol., XXXIX, 12-13.

In isto loco consortium solvimus, in quo solo ceteri homines consortium exercent, qui non amicorum solummodo matrimonia usurpant, sed et sua amicis patientissime subministrant, ex illa, credo, maiorum et sapientiorum suorum disciplina, Graeci Socratis et *Romani Catonis*, qui *uxores suas amicis communicaverunt*, quas in matrimonium duxerant liberorum causa et alibi creandorum. Nescio quidem an invitas : quid enim de castitate curarent, quam mariti tam facile donaverant ? *O sapientiae Atticae, o Romanae gravitatis exemplum* : *leno* est philosophus et censor !

SALVIEN, VII, 23,103.

Nec suffecit sapientissimo, ut quidam aiunt, philosopho docere hoc, nisi ipse fecisset ; *uxorem enim suam alteri viro tradidit*, scilicet sicut etiam *Romanus Cato*, id est alius Italiae Socrates. *Ecce quae sunt et Romanae et Atticae sapientiae exempla* : omnes penitus maritos, quantum in ipsis fuit, *lenones* uxorum suorum esse fecerunt ! Sed vicit tamen Socrates, qui de hac re et libros condidit et memoriae haec pudenda mandavit.

(¹) Tertullien écrivit son *Apologétique* en l'an 197.
(²) Nous avons conclu de là que Minucius Felix est antérieur au IIIe siècle. Selon nous, il a écrit avant Tertullien. Voy. notre *Etude sur le Codex Fuldensis de Tertullien*, p. 346-347.

Salvien aurait été bien en peine de citer les livres de Socrate sur la communauté des femmes ! C'est une idée que Platon prête à Socrate (De republ., 457C). Salvien, on le voit, n'a pas lu Platon. Il a pu trouver les détails qu'il donne (§§ 101-105) dans Lactance (Instit. div., III, 21,1, IV, 12 et XXII, 6-8), comme l'a admis S. Brandt (Index de Lactance, p. 275.) Mais il n'est pas douteux qu'il s'inspire aussi de Tertullien. En effet, au nom de Socrate, le plus sage des Grecs, il joint celui du Romain Caton et ce rapprochement est dans Tertullien seul. A Tertullien, il emprunte aussi les termes, l'exclamation finale et l'épithète *lenones*, tous détails caractéristiques. Pareilles ressemblances ne sauraient être un effet du hasard.

Ces trois passages nous paraissent suffire pour prouver notre thèse : que le prêtre de Marseille lisait encore Tertullien ou du moins son *Apologétique*. Il ne le cite jamais : il n'a pas l'habitude de citer les auteurs dont il s'inspire et il leur emprunte plutôt les idées que l'expression. Aux idées il donne la forme oratoire qui lui est particulière. Quant à Tertullien, nous pensons qu'il le lisait assidument, car, outre les trois passages que nous venons d'examiner, on peut relever chez lui des réminiscences moins importantes, qui concernent plutôt la forme que le fond. En voici quelques-unes :

TERTULLIEN.	SALVIEN.
Apol., IX,17 : passivitate luxuriae.	VII,16 : quantum ad passivitatem luxuriae pertinet.
XV, 3 : nonne violatur maiestas et divinitas constupratur ?	VI, 11, 60 : per sacrilegas superstitiones maiestas divina violatur.
XLVI, 1 : et quibus modis probare possimus (lecture de P). Cf. De spect., 24, p. 24,9 quot adhuc modis probabimus... Adv. Marc., I, 9, p. 301,19 non eis modis... tibi examinandum...	I, 19 : quot modis hoc vis probemus ?
XLVI. 10 : Christianus uxoris uae soli masculus nascitur.	VII, 100 : et viros nullis volunt mulieribus esse masculos nisi uxoribus suis.

Le sixième livre de Salvien contient quelques pages intéressantes (ch. 2, 3 et 11) pour l'histoire des spectacles ou jeux publics au Ve siècle. Le prêtre de Marseille fulmine contre l'immoralité du théâtre, la folie du cirque, l'atrocité de l'arène et la frivolité de la palestre, comme l'avait fait deux siècles et demi auparavant le prêtre de Carthage. Comme Tertullien l'avait fait dans son *De spectaculis* et ailleurs.

Salvien réprouve tous les jeux publics parce qu'ils servent à honorer les faux dieux dont les statues ornent les édifices où ces jeux sont célébrés. Tous les arguments qu'il expose brièvement pour interdire les spectacles aux chrétiens étaient développés dans le traité spécial de l'apologiste carthaginois. Nous nous contenterons de citer les phrases suivantes :

Tertullien.	Salvien.
Comparez De spectaculis. chap. 5-12.	De gub. VI.11.60 : Colitur namque et honoratur Minerva in gymnasiis, Venus in theatris, Neptunus in circis, Mars in harenis, Mercurius in palaestris, et ideo pro qualitate auctorum cultus est superstitionum.
Apol. XXXVIII.4 : Nihil enim est nobis dictu, visu, auditu cum insania circi, cum impudicitia theatri, cum atrocitate arenae, cum xysti vanitate. Cf. De pudicitia, 7, p. 212.21. Adv. Marc., 1.27, p. 329.4. Ad Martyr., 2.	Quicquid immunditiarum est, hoc exercetur in theatris, quicquid luxuriarum in palaestris, quicquid immoderationis in circis, quicquid furoris in caveis. Alibi est impudicitia, alibi lascivia, alibi intemperantia, alibi insania, ubique daemon, etc.

L'énumération est la même de part et d'autre et les qualificatifs sont les mêmes. Cependant nous serons moins catégoriques ici, parce que, si nous reconnaissons les idées de Tertullien, nous ne retrouvons pas les termes et que les idées peuvent sortir du sujet, qui est resté ce qu'il était à la fin du IIe siècle.

Quoi qu'il en soit de cette dernière comparaison, il ressort, croyons-nous, de notre étude, que Salvien était nourri des écrits du fougueux écrivain de Carthage et qu'au Ve siècle celui-ci avait en Gaule au moins un lecteur assidu.

J. P. WALTZING.

Une inscription de Fortunat sur S. Martin (I, 5)

Un jour que S. Martin se rendait à l'église, un pauvre à demi nu lui demande un vêtement. Le saint appelle l'archidiacre, lui enjoint de donner à ce malheureux ce qu'il désire, et se retire à la sacristie. L'archidiacre ne se pressant point, le pauvre pénètre dans cette place et se plaint de ce qu'on l'oublie. Sans être vu de lui, le saint ôte la tunique qu'il portait sous son manteau, la lui donne et le congédie.

Bientôt l'archidiacre vient avertir l'évêque qu'il est temps de commencer l'office. Martin répond qu'il ne peut aller à l'église avant que le pauvre (il parlait cette fois de lui-même) ne soit habillé. L'archidiacre, qui le voit revêtu de son manteau, ne comprend pas et fait remarquer que le pauvre a disparu. « Apportez-moi le vêtement, je saurai bien trouver le pauvre », dit Martin. L'archidiacre, de mauvaise humeur, va acheter dans une boutique voisine un vêtement grossier : *a proximis tabernis Bigerricam vestem brevem atque hispidam quinque comparatam argenteis rapit.* Martin fait sortir un instant l'archidiacre, se revêt de cette tunique et va célébrer la messe dans ce costume. Au moment où il bénissait l'autel, on vit briller sur sa tête un globe de feu, qui, s'élevant dans les airs, laissa une longue traînée de flammes [1].

Ce récit de Sulpice Sévère est résumé dans la Légende Dorée, et complété par quelques détails précis dont il est intéressant de chercher la provenance. D'abord, cédant à son penchant pour les étymologies, qui jette sur la Légende Dorée une note si gaie, Jacques de Voragine indique le vrai nom de la tunique : *tunicam vilem et curtam, quae dicitur paenula, quasi paene nulla.* Mais, ce qui est plus important, il connaît la longueur du vêtement et des manches : *cuius manicae usque ad cubitum et longitudo usque ad genua protendebatur.* Il raconte ensuite le miracle, non sans y mêler quelques inexactitudes, et ajoute cette réflexion, qui est une réminiscence de Sulpice Sévère, mais n'a aucun rapport avec le fait : *ob hoc par apostolis dicitur.* Puis il continue :

Huic autem miraculo addit magister Iohannes Beleth, quod, cum in missa manus ad Deum, ut moris est levaret, manicis linteis retro labentibus, cum

---

[1] Sulp. Sev., *Dial.* II, 1,2,1.

nec brachia eius essent grossa nec multem carnosa nec praefata tunica protenderetur nisi usque ad cubitum, remanserunt eadem brachia nuda. Tunc miraculose torques aurei et gemmati deferuntur ab angelis et brachia decenter operiuntur.

L'auteur nous renvoie lui-même à Jean Beleth, et donne le moyen, une fois de plus, de constater avec quelle liberté il arrange ses sources. Voici en effet ce que nous lisons dans le *Rationale divinorum officiorum*, c. 163 :

Sed cum ante altare, ut moris est in praefatione, sisteret, manusque ad dominum sublevaret, ita ut brachia eius facile ob amplitudinem et brevitatem manicarum conspicerentur, illico aurei torques ipsa honeste operuerunt et supra caput eius igneus globus visus est (¹).

Jean Beleth ne parle pas de la maigreur des bras de S. Martin, ni des manches de toile qui n'arrivent que jusqu'au coude, ni des pierres précieuses, ni de l'intervention des anges. Retenons simplement que, d'après Jean Beleth, les manches étaient courtes, le bras à découvert et bientôt miraculeusement orné d'un bracelet.

Ces particularités ne sont pas de l'invention de Jean Beleth. Honorius d'Autun racontait l'histoire avec quelques variantes qui méritent d'être notées :

Vestem allatam clam induit sicque seminudis brachiis ad missarum sollemnia accedit. Sed Dominus astante populo meritum preclari presulis patefecit. Nam eo missam celebrante globus igneus de capite cius surgebat et flammas crescente in alta poli tendebat. Crebro etiam visae sunt manus Martini inter missarum sollemnia gemmis radiare atque auro et electro crepitare (²).

Comme dans les deux textes précédents, les manches ne recouvrent pas les bras tout entiers ; mais le miracle de l'ornement brillant ne se produit pas pour masquer l'accoutrement un peu sommaire du pontife. Ce prodige se renouvelle souvent, et c'est la main, non le bras, sur laquelle on voit étinceler les pierreries.

Si l'on veut se rapporter à un passage du troisième dialogue de Sulpice Sévère, on reconnaîtra aisément la source dernière du trait final. Arborius, ancien préfet, atteste qu'il a vu, durant le sacrifice,

---

(¹) *P. L.*, t. CCII, p. 164.
(²) *P. L.*, t. CLXXII, p. 1023.

la main de Martin, comme revêtue de riches pierreries, jeter une lumière éclatante, et qu'il a entendu le bruit qu'elles produisaient en s'entrechoquant quand le saint remuait la main. (¹). Ce qui, d'après Arborius, se serait produit une fois, s'est renouvelé fréquemment au dire d'Honorius, qui ne se contente pas des *nobilissimae gemmae* de Sulpice, mais ajoute encore l'or et l'électrum pour mieux éblouir les yeux. En faisant donc la part du développement, on est tenté de conclure qu'Honorius, ou un autre compilateur qu'il peut avoir copié, a rapproché deux récits de Sulpice. Jean Beleth, ou quelque autre avant lui, a opéré la fusion, et c'est ainsi que les miracles du globe de feu et des pierres précieuses sont devenus la récompense du même acte de charité. En d'autres termes, qui ne se croirait autorisé à dire que la version de Jacques de Voragine s'est formée insensiblement au cours du XII⁰ siècle, et s'est précisée au siècle suivant ? Et pourtant on se tromperait, car nous la trouvons constituée, six siècles plus tôt, dans sa forme essentielle, beaucoup plus rapprochée de la Légende Dorée que du récit d'Honorius d'Autun.

Fortunat raconte trois fois, sans compter sa paraphrase métrique de Sulpice Sévère, l'histoire de la tunique donnée au pauvre et remplacée par un habit grossier, et chaque fois en y mêlant la vision d'Arborius. Nous trouvons un premier récit dans le petit poème de 24 vers intitulé *In cellulam S. Martini ubi pauperem vestivit* ; *rogante Gregorio episcopo* (²). On sait que Grégoire de Tours rebâtit sa cathédrale détruite par un incendie, et consacra le nouvel édifice en 590 (³). La *cellula* dont parle Sulpice Sévère, était attenante à l'église, *adhaerenti ad ecclesiam cellula* (⁴), sorte de petite sacristie où le saint attendait l'heure de l'office (⁵). C'est là qu'il se dépouilla de sa tunique. Nous ne savons si cette place fut englobée dans la nouvelle construction, ou simplement transformée en oratoire (⁶). Toujours est-il que Grégoire demanda à Fortunat quelques vers pour rappeler un des grands souvenirs qui se rattachaient à la cellule de Martin. Laissons pour le moment la question

---

(¹) *Dial.*, III, 10,6.
(²) *Carm.* I, 5.
(³) *Hist. Francorum*, X, 31.
(⁴) *Vita S. Martini*, 10,3 : cellula S. Martini ipsi ecclesiae contigua; *Hist. Francorum*, X, 31.
(⁵) *Dial.* II, 1,8.
(⁶) Un autre texte de Fortunat semble favoriser la première hypothèse, X, 6,1-4 : *Emicat altithroni cultu venerabile templum / egregium meritis, nobilis arcis apex / quo propria tunica dum operit Martinus egentem / gestorum serie fulgida signa dedit.* Leo, p. 234.

de savoir quelle fut exactement la destination de la pièce, dont nous donnons ici le texte :

> In cellulam (¹) S. Martini ubi pauperem
> vestivit. Rogante Gregorio episcopo.
>
> Qui celerare paras, iter huc deflecte, viator ;
>   hic locus orantem cautius ire docet.
> exul enim terris, caeli incola, saepe solebat
>   clausus Martinus hinc aperire polos ;
> 5 aede sub hac habitans heremi secreta tenebat,
>   per medios populos anachorita potens.
> hic se nudato tunica vestivit egenum :
>   dum tegit algentem, plus calet ipse fide.
> tum vili tunica vestitur et ipse sacerdos
> 10 processitque inopi tegmine summus honor ;
> qui tamen altaris sacra dum mysteria tractat,
>   signando calicem signa beata dedit :
> namque viri sacro de vertice flamma refulsit,
>   ignis et innocui surgit ad astra globus,
> 15 ac brevibus manicis, fieret ne iniuria dextrae,
>   texerunt gemmae qua caro nuda fuit ;
> brachia nobilium lapidum fulgore coruscant,
>   inque loco tunicae pulchra zmaragdus erat.
> quam bene mercatur cui, dum vestivit egenum
> 20 tegmine pro tunicae brachia gemma tegit.
> tu quoque qui caelis habitas, Martine precator
>   pro Fortunato fer pia verba Deo.
>
> Imperiis parere tuis, pie care sacerdos,
>   quantum posse valet, plus mihi velle placet.

Les vers 11-14 mettent en scène assez fidèlement le miracle qui s'accomplit à l'autel d'après le récit du Dialogue II, 2,1. Celui des pierres précieuses, réminiscence évidente de la vision d'Arborius (Dial. III, 10,6), est présenté comme s'accomplissant en même temps. Nous voyons paraître déjà les manches trop courtes, les bras nus et les pierreries envoyées du ciel pour les couvrir. Les deux récits de Sulpice ne sont pas seulement rapprochés, mais combinés en un seul.

Les deux autres versions se rencontrent dans un autre poème de Fortunat, pièce curieuse, qui a exercé la sagacité de plus d'un critique, et dont les allures sont vraiment étranges. C'est le n. VI du dixième livre, intitulé *Versus ad ecclesiam Toronicam quae per Gregorium episcopum renovata est*. La pièce, qui compte 132 vers, est bien longue

---

(¹) Nous adoptons provisoirement cette leçon, dont il sera question plus loin.

pour être regardée comme un morceau d'épigraphie, et telle que nous l'avons, elle ne peut avoir été conçue pour être gravée sur les murs de la cathédrale de Tours. Il n'est pas aisé de dire quelle fut sa véritable destination. Ce qui déroute d'abord, c'est sa composition. Presque tous les sujets y sont repris deux fois en d'autres termes, sans que l'on discerne d'abord le motif de ces répétitions. L'analyse du poème, telle que M. W. Meyer l'a présentée (¹), conduit à cette conclusion que nous avons, au lieu d'une seule pièce, deux compositions sur le même sujet mises bout à bout; et comme rien ne trahit la main de deux poètes, il faut dire que Fortunat, mécontent d'un premier jet a essayé une seconde rédaction, sans sacrifier l'autre. Dans le recueil de ses œuvres, elles se sont trouvées soudées ensemble. Le sujet développé dans l'une et dans l'autre se divise en deux parties : l'église et sa construction ; les miracles de Martin.

La première rédaction comprend les vers 1 à 78, dont les 24 premiers, à considérer l'ensemble, redisent la gloire de l'édifice et du bâtisseur. On croit y reconnaître trois essais différents qui se suivent sans interruption : *Emicat altithroni* (v. 1-12); *Fulgida praecipui* (v. 13-18); *Clara supercilio* (v. 19-24).

Les vers suivants racontent des principaux épisodes de la vie de S. Martin :

1º Le manteau divisé (v. 25-30) ; 2º Le lépreux guéri par un baiser (v. 31-36) ; 3º Deux résurrections (v. 37-42) ; 4º La chute du pin (v. 43-48) ; 5º Guérison d'une morsure de serpent (v. 49-54) ; 6º Les fausses reliques (v. 55-60) ; 7º Le serpent maudit (v. 61-66) ; 8º Guérison par le contact d'une lettre (v. 67-72). Les vers 73-78 sont comme un épilogue.

A partir du vers 79, nous revenons sur nos pas. D'abord, éloge de Grégoire et de son entreprise (v. 79-92), puis les traits de la vie du saint sous les rubriques que voici : *Leprosum purgavit* (v. 93-102) ; *Chlamys divisa* (v. 103-106) ; *Tunicam dedit* (v. 107-116) ; *Mortuos suscitavit* (v. 117-120) ; *Pinus excisa* (v. 121-124) ; *Idola prostrata* (v. 125-128) ; *Falsus martyr* (v. 129-132).

On constate que les numéros 5, 7, 8, ainsi que l'épilogue, sont omis dans la seconde rédaction. En revanche les distiques sur les idoles renversées n'ont pas de correspondant dans la première. Il n'en est pas tout à fait de même du titre *Tunicam dedit*. L'histoire de la

---

(¹) *Der Gelegenheitsdichter Venantius Fortunatus*, dans les *Abhandlungen der kön Gesellschaft der Wissenschaften zu Göttingen*, N. F., t. IV, n. 5, p. 64.

tunique ne fait point partie, dans le premier morceau, de la série des miracles ; mais elle est rappelée dès les premiers vers.

> Emicat altithroni cultu venerabile templum
> egregium meritis, nobilis arcis apex ;
> quo propria tunica dum operit Martinus egentem,
> gestorum serie fulgida signa dedit.
> 5 namque idem antistes sacra dum mysteria tractat,
> lumina gemmarum est visus habere manu,
> ac de veste fuit quantum sua dextera nuda
> tantum membra sibi gemma corusca tegit (¹).

Point de mention du globe de feu, mais des *lumina gemmarum*, qui n'éclatent pas seulement sur la main du saint mais lui font une manche étincelante.

Dans la nouvelle version nous lisons :

> 109 Denique cum tunicam sacer ipse dedisset egenti
> ac sibi pars tunicae reddita parva foret,
> quod non texerunt manicae per brachia curtae
> visa tegi gemmis est manus illa viri (²).

A prendre le texte à la lettre, il y aurait dans ces quatre vers une triple confusion, le mélange de trois épisodes distincts : l'histoire de la tunique (v. 109) ; le fait du manteau partagé (v. 110) ; le miracle des pierreries (v. 111, 112). Comme le poète venait de consacrer deux distiques à la *Chlamys divisa*, il est assez invraisemblable que les mots *pars tunicae reddita* lui soient suggérés par ce trait. Il faudrait donc traduire *pars tunicae* par « tunique » tout simplement.

Il est naturel de se demander comment Fortunat, mettant en vers la vie de S. Martin par Sulpice Sévère, a traité les deux épisodes que dans ses petits poèmes il fond partout en un seul. Comme il s'est donné pour règle de suivre son modèle pas à pas, il ne pouvait être amené à rapprocher des faits qui sont séparés dans les Dialogues par de longs récits. Et en effet, dans le livre III, 23-73, il raconte fidèlement l'histoire du pauvre et de la tunique, suivie de l'apparition du globe de feu. Au livre IV, 305-330, la vision d'Arborius est rapportée de même sans aucun lien apparent avec cet épisode. Il y a pourtant quelque chose de plus que dans le texte de Sévère, d'après lequel la main seule du saint est couverte de pierres précieuses. Comme la vie de S. Martin

---

(¹) Ed. Leo, p. 234.
(²) Ed. Leo, p. 238.

est antérieure aux poèmes, c'est ici la première fois qu'apparaît la manche de la tunique miraculeusement prolongée par un ornement qui voile la nudité du bras.

> 320
> Sic geminante fide iusti pia dextera fulsit
> inque loco manicae micuit translata zmaragdus.
> O Martine decens, lapidum velamine compte,
> quam nova palla tibi, cuius textura coruscans,
> trama topazos erat rutilans et stamen iaspis
> et tunicae insignes currunt pro vellere gemmae.

C'est en vain que l'on chercherait dans le passage de Sulpice Sévère et dans tout le contexte un mot pour justifier ce développement que l'on ne s'explique pas, s'il n'existe pas dans l'esprit du poète un lien entre le miracle des pierreries et le pauvre vêtement du saint. Comme le sujet le suggère si peu, il faut chercher ailleurs la source de ce rapprochement. Et où la trouver sinon dans une peinture où l'artiste aurait représenté dans une même scène le double miracle qui s'était accompli, à des jours différents, durant le saint sacrifice ? Pour marquer que le saint monte à l'autel revêtu d'un vêtement court et de qualité inférieure, il en a notablement raccourci les manches ; en même temps il a projeté sur les bras nus du pontife les rayons miraculeux qui avaient ébloui Arborius, et qui sortaient comme d'un gant de pierres précieuses dont on avait vu ses mains enveloppées. S'étant astreint à suivre servilement l'ordre de Sulpice Sévère, Fortunat a dû raconter en deux fois ce qui lui était apparu comme le double aspect d'un fait unique. Lorsqu'il est livré à sa propre inspiration, il décrit le tableau tel qu'il se présente à ses yeux. La peinture ou la mosaïque était sans doute placée sur les murs de la *cellula*, à propos de laquelle Fortunat a longuement décrit l'épisode de la vie du saint [1].

Cette poésie, faite certainement sur commande, fut-elle conçue comme une inscription destinée à faire valoir la représentation figurée dont elle s'inspirait ? Elle a été rangée, on le sait, parmi les textes épigraphiques [2]. Mais on a fait des objections, et au lieu d'une inscription, nous aurions ici simplement une pièce de circonstance, destinée à la lecture publique ou privée [3].

---

[1] M. H. Martin a signalé récemment différentes reproductions figurées du miracle et des « bonnettes » de S. Martin (voir C. ENLART, *Manuel d'Archéologie française*, t. III, p. 334). Nous ne connaissons ce travail que par une mention du procès-verbal d'une séance de la Société des Antiquaires de France, *Bulletin*, 1917, p. 204, que nous recevons au moment de mettre sous presse.
[2] LEBLANT, *Inscriptions chrétiennes de la Gaule*, n° 165.
[3] W. MEYER, t. c., p. 50.

Il faut pourtant avouer qu'elle a toutes les allures d'une inscription. Le début seul suffirait à lui assurer ce caractère :

Qui celerare paras, iter huc deflecte, viator.

Ce n'est pas ainsi qu'on s'adresse à un lecteur tranquillement assis à sa table ou à un auditoire écoutant un morceau d'apparat. Les deux derniers distiques (vv. 21-22, 23-24), qui n'ont point le caractère impersonnel des inscriptions monumentales, ne font point difficulté. Le dernier surtout, qui est une manière d'envoi à l'évêque Grégoire, n'est nullement partie intégrante de la pièce et devait tomber tout naturellement (¹). Le distique précédent, où Fortunat se recommande à S. Martin, peut se détacher de même. Toutefois, il convient de rappeler que la mention de l'auteur n'est pas sans exemple dans les inscriptions (²).

Il est assez curieux de constater que les éditeurs de Fortunat, y compris Leo, ont fait au titre de la pièce une retouche qui n'est suggérée par aucun manuscrit. Tous les témoins portent *in cellula* et non pas *in cellulam*. Cette dernière leçon, qui est celle de toutes les éditions, suppose que la poésie a été simplement inspirée par la cellule du saint ; l'autre indique nettement sa destination : l'inscription devait figurer sur la paroi.

Il n'y a pas lieu de se demander si Jean Beleth et Honorius d'Autun ont vu sur place la mosaïque avec l'inscription. Les nombreux incendies de la basilique et ses restaurations successives en avaient sans doute depuis longtemps effacé la trace. Ils ont pu lire le texte de Fortunat soit dans ses œuvres, soit, ce qui est plus vraisemblable, dans un de ces nombreux recueils renfermant les écrits de Sulpice Sévère avec des pièces diverses à la gloire de S. Martin. L'inscription de la *cellula* en faisait souvent partie.

H. Delehaye, S. J.

(¹) Les deux derniers vers manquent dans le manuscrit de Saint-Pétersbourg.
(²) Ainsi dans les inscriptions damasiennes.

Étude critique sur une source d'Anselme :
les Acta S. Theodardi

Au dire d'Anselme (¹), l'évêque Théodard fut assassiné dans la forêt de Bienwald, près de Spire, alors qu'il allait se plaindre au roi Childéric des spoliateurs de son église (668-669). Son successeur S. Lambert ramena à Liége sa dépouille mortelle.

Ces deux faits sont attestés par la plus ancienne biographie du martyr, utilisée par Anselme : les *Acta S. Theodardi*. Le premier éditeur des *Acta* (²), le bollandiste Limpens, estima qu'ils avaient été rédigés de très bonne heure, environ soixante ans après la mort du pontife ; mais le second éditeur, J. Demarteau, établit (³) que selon toute probabilité ils avaient été écrits par le chroniqueur Hariger. Si M. Demarteau n'a pas démontré irréfutablement sa thèse (⁴), au moins a-t-il prouvé que les *Acta S. Theodardi*, qui contiennent un vers d'Hucbald de S. Amand (⁵), datent du Xe siècle.

Quoiqu'il en soit, il y a lieu de contrôler l'exactitude des affirmations d'Anselme et du récit des *Acta*.

Reprenons les témoignages du meurtre dans l'ordre de leur apparition. Ils ne sont pas nombreux, et deux seulement, à l'exclusion de tous les autres, méritent l'examen. Le premier est un passage de la plus ancienne biographie de S. Lambert (⁶), reproduit par les remanieurs de celle-ci ; le second, c'est le texte même des *Acta S. Theodardi*, utilisé par tous les chroniqueurs (⁷).

(¹) Ed. Köpke, *SS.*, t. VII, p. 192.
(²) *AA. SS.*, septembre 10, t. III, p. 595 (éd. Palmé).
(³) *S. Théodard et S. Lambert*. Vies anciennes publiées par J. Demarteau, p. 7-21. Société des Bibliophiles liégeois, publ. 30. Liége, 1886-1890.
(⁴) Cf. *Analecta Bolland.*, t. XI, fasc. 1, p. 111 et la *Science catholique*, année 1891 : Bulletin Hagiographique, p. 16. Paris, Delhomme et Briquet.
(⁵) Vers 411. Cf. Demarteau, l. c. p. 9.
(⁶) Ed. ap. Demarteau, l. c. p. 150-174.
(⁷) Hariger. Gesta ep. leod. Vita S. Remacli, éd. *SS.*, VII, p. 182 (40) et 185 (40); Anselme, Gesta. ep. leod. *SS.*, VII, p. 192. Sigebert de Gembloux, Acta S. Theodardi éd. ap. *AA. SS.*, Sept. 10, t. III, p. 593-599. Sigeberti Chronica. *SS.*, VI, p. 325 ; Ekkehardi Chronicon, *SS.*, VI, p. 155. (Ces deux derniers d'après le premier Vita Lamberti même). Aeg. Aureav. Gesta episc. leod. éd. Heller, *SS.*, XXV, p. 37-38 ; Gesta episc. leod. abbreviata (Ms. 19627. Bibl. reg. Brux.) et d'après ceux-ci *La Chronique Liégeoise de 1402* éd. E. Bacha, et Mathias de Lewis *Chronicon*, éd. Bormans, Soc. des Bibl. liégeois. Cf. aussi *Vita Pippini ducis* (auct. XII); et Iocundi *Translatio S. Servatii*.

La plus ancienne biographie de S. Lambert contient cette phrase à laquelle se résume, pendant trois siècles, toute la littérature hagiographique consacrée à S. Théodard :

Interfecto autem prefato antistite Theodardo...

L'auteur anonyme du *Vita Lamberti* écrivait ces quelques mots ([1]), non pas au lendemain de l'événement qui nous occupe, mais, apparemment, soixante ans après ([2]). Son témoignage est unique ; il n'a été confirmé par personne. Ainsi, ouvrez le martyrologe de Beda ([3]), vous n'y trouverez pas le nom de Théodard ! Consultez Florus ([4]), Wandalbert ([5]), Adon de Vienne ([6]), Reginon de Prum ([7]), Raban Maur ([8]), ils l'ignorent tous ! Chose invraisemblable : tandis que les biographies de S. Lambert se multipliaient, il ne s'est pas trouvé un clerc pour rappeler la fin tragique de son prédécesseur. Les plus anciennes annales liégeoises ne lui consacrent pas une ligne. *Les Annales leodienses* ([9]), le *Chronicon leodiense breve* ([10]) n'en disent ni plus ni moins que les *Annales S. Jacobi leodiensis* ([11]). Il est vrai que les *Annales Laubienses* ([12]) notent son martyre: A° 656. *Sanctus Theodardus martiryzatur, cui succedit Sanctus Lambertus, filius Apri comitis*, mais elles copient ici, — les derniers mots le prouvent — le *Vita Lamberti* de Godescalc.

Ce sont, en effet, les *Vita Lamberti* du VIIIe siècle qui ont répandu la nouvelle du martyre de l'évêque. Je le répète, non pas au lendemain de sa mort, mais quelque soixante ans après. A défaut de tout autre témoignage, examinons donc celui du premier biographe de Saint Lambert.

Interfecto autem prefato antistite Theodardo..... Est-ce là l'indication d'un fait réel ou l'écho d'une croyance fabuleuse ? Il faut se le demander, car, s'il est possible que S. Théodard, sorti de son diocèse,

---

([1]) C'est la leçon du ms. 12598 de Paris, publié par M. Demarteau, l. c., p. 152. Elle se retrouve dans l'édition de Duchesne, Hist. franç. script., p. 674, *interfecto itaque prefato Theodardo* ; dans celle des Acta SS. ord. S. Benedicti, p. 70 : *interfecto itaque prefato antistite Theodardo* ; dans celle de Canisius, Antiq. lect., p. 174 : *interfecto autem predicto antistite Theodardo*.
([2]) Cf. G. Kurth. *Etude critique sur S. Lambert et son premier biographe.* Annales de l'Acad. d'Arch. de Belgique, t. XXXIII, 3e série, t. III. Anvers, 1876, p. 37.
([3]) Martyrologium Bedæ, ap. *AA. SS.* Mart. II.
([4]) Ibidem.
([5]) Ed. Dümmler, M. G. hist. Poetæ lat. œv. carol., II, p. 569-604.
([6]) Surius de prob. SS. hist. t. VII, p. 1083-1235.
([7]) *SS.*, I, p. 536-612.
([8]) Canisius Ant. lect. VI, p. 688.
([9]) *SS.*, IV, p. 9.
([10]) *SS.*, XVI, p. 601-3.
([11]) *SS.*, XVI, p. 635-638.
([12]) *SS.*, IV, p. 10.

ait été assassiné, il est possible aussi qu'il soit mort pendant un voyage ou un séjour en pays lointain. Dans ce dernier cas, l'imagination populaire, surprise de son décès inopiné, aurait dramatisé, par le martyre, sa disparition toute naturelle.

On n'a pas songé à la seconde éventualité. Le P. Limpens ([1]) et, après lui, M. Demarteau ([2]) ont fait de minutieuses recherches sur la date de l'événement, l'endroit du crime, le lieu de sépulture de la victime, sans que le moindre doute sur la réalité des faits ait surgi dans leur esprit. Peut-être ont-ils pensé que le doute était superflu devant l'impossibilité de connaître jamais la vérité ? Soit ! mais alors ils ont oublié qu'en science, le doute est la moitié du savoir, et qu'à défaut de certitude, la critique peut proposer le choix entre diverses probabilités.

Quelle est, au témoignage des sources, la plus vraisemblable des deux hypothèses en présence ? La valeur du premier *Vita Lamberti* le dira. L'auteur du premier *Vita Lamberti* — M. G. Kurth l'a prouvé ([3]) — n'était pas un habitant du pays de Liége. C'était un moine étranger, sans autre esprit qu'une grande dévotion, qui s'avisa quelque jour d'écrire un *Vita Lamberti*. Ne connaissant pas la vie de S. Lambert, il traça de lui un portrait banal d'après un modèle : le *Vita Eligii*. Arrivé au motif principal de son apologie, à l'histoire du meurtre, il la conta pour la plus grande édification de ses lecteurs, au mieux de son inspiration, en composant une narration très dramatique, en dehors de la vérité et même de la vraisemblance. Un exemple : personne n'a pu lui dire comment St Lambert passa la nuit du crime, ni quelles furent ses allées et venues pendant le sommeil de ses compagnons ; il les expose cependant en détail. Je ne m'attarderai pas à relever les faussetés de ce récit — M. Kurth en a signalé déjà ([4]) — et je dirai seulement, en passant, que loin d'être une preuve de véracité, la dénomination de tous les personnages de cette histoire trahit chez l'auteur un goût naturel de précision qui est sans rapport avec le souci de l'exactitude historique.

En vérité, il ne mérite pas créance. Ce qu'il sait, il l'arrange ; ce qu'il ne sait pas, il l'invente ; ce qu'il ne copie pas, il le demande à la tradition ou à sa fantaisie. Est-ce d'après la tradition qu'il fait mention, en passant, de l'assassinat de Théodard ? A-t-il noté un fait vrai ou une croyance fabuleuse ? Jamais on ne le saura. Mais comment ré-

---

[1] *AA. SS.*, sept. 10, t. III. Commentarius proevius, n. 27 et 28, p. 587.
[2] L. c., p. 25-34.
[3] L. c., p. 58-77.
[4] L. c., p. 101-102.

puter vraie son assertion douteuse, si la réalité même du fait est ébranlée par le silence de l'histoire ?

Une chose est admissible : c'est qu'à l'époque où fut écrit le *Vita Lamberti* — vers 730 — la tradition orale avait répandu la croyance du meurtre de S. Théodard. Notée par l'auteur du *Vita Lamberti*, elle passa dans toutes les recensions de celui-ci. Mais, ni le premier *Vita Lamberti*, ni celui de Godescalc, ni celui d'Etienne, ni le poème d'Hucbald, n'ont connaissance d'un prétendu voyage de leur héros à la recherche des restes de son prédécesseur.

Passons aux *Acta S. Theodardi*. Ici, éloignés d'au moins trois siècles de l'événement qui nous occupe, nous sommes en présence d'une relation invraisemblable, devant le récit d'un esprit exalté et crédule en mal d'invention. Je renvoie le lecteur, curieux d'histoires naïves, à l'analyse des *Acta S. Theodardi* de M. Demarteau, où il verra le discours de l'évêque à ses meurtriers, la réponse de ceux-ci, le miracle des cierges, celui de l'aveuglement subit de la femme avare, sa guérison instantanée, bref, toutes ces fables qui encadrent le récit même du meurtre, et, l'attention arrêtée sur ce dernier seul, je constate que dans l'hypothèse de la fausseté de toute cette narration, les circonstances de la mort du prétendu martyr ont une relation logique ; au contraire, elles sont inadmissibles si on ne met pas en doute la réalité de ces faits. Ainsi, d'après l'auteur des *Acta*, S. Théodard, décidé à chercher protection auprès du prince contre les spoliateurs de l'Eglise de Maestricht, se met en route, non avec une troupe imposante, comme la prudence la plus élémentaire l'imposait à un homme menacé, mais avec quelques compagnons. Sans défense, il est attaqué, en pleine forêt, par une bande de gens bien armés qui le tuent. On pense que les nombreux meurtriers ont fait disparaître avec lui les quelques hommes de sa suite, témoins de leur forfait ! Du tout ! Un de ses compagnons — l'indispensable acteur de la scène suivante — échappe à leurs coups.

Il recueille les membres épars du martyr et leur donne une sépulture providentielle. En effet, une femme frappée d'aveuglement en malmenant une pauvre servante, avait recouvré la vue devant le corps du glorieux martyr, et, par reconnaissance, elle donna au compagnon de S. Théodard le terrain nécessaire à son inhumation. Point n'est besoin de commentaires.

L'invraisemblance du récit apparaît manifeste lorsque le narrateur est dans l'obligation d'indiquer l'endroit où son héros a été assassiné. Ici, il est pris, par deux fois, en flagrant délit d'ignorance.

Il écrit d'abord : *Jam diocesis suæ vicum excesserat* (Theodardus) *et in pago Allie sede quem sic nomine dicunt, bonis adhuc proventibus gressum fixerat...*

Le pagus Allie sede n'a jamais existé nulle part. On le cherche vainement dans la région circonscrite entre Spire, Worms et Strasbourg, où, d'après les *Acta*, la nouvelle du martyre s'est répandue. Si ce pagus Allie sede n'est pas une invention, une appellation quelconque d'un pays lointain venue sous la plume de l'auteur au moment où il voulait préciser, on est en présence d'une faute de copiste. Mais non ! on constate que tous les manuscrits connus, celui de Namur (¹), ceux de Bruxelles (²), celui de Bois-le-Duc (³) présentent la même leçon.

C'est peut-être la traduction latine et bizarre d'un Alstette, Alstädte, Alstede ? Qui le dit ? et comment rendre vraisemblable qu'un Alstäde quelconque soit devenu en latin : Allie sede ?

On ne connaît pas, d'ailleurs, de pagus d'Alstädte. La splendide carte du pays de Spire, conservée à la Bibliothèque royale de Bruxelles, dans l'atlas du XVIᵉ siècle de Sgrooten, n° 21596, f. 32, indique sur la rive droite du Rhin, à quelques kilomètres de la ville de Spire, un hameau du nom d'Alstede qui ne figure plus sur les cartes modernes et n'est signalé dans aucun des grands dictionnaires de géographie ancienne de l'Allemagne.

Veut-on que cet Alstede soit l'Allie sede des *Acta S. Thodeardi* ? C'est impossible ! Nous cherchons non un hameau, mais un pagus, toute une région, située en dehors du diocèse de Liége. Voit-on que ce hameau disparu, situé d'ailleurs en dehors du territoire où il faut chercher le théâtre du crime, et certainement ignoré de l'auteur des *Acta*, ait donné son nom à un pays ?

On a conjecturé qu'Allie sede était une déformation d'Alsatia ou d'Elsatia (⁴) et Sigebert de Gembloux a proposé le premier cette variante (⁵). Ce n'est qu'une conjecture et elle est arbitraire. On s'explique mal que les copistes des *Acta* aient pu déformer en Allie sede le mot si clair et si simple d'Elsatia ou qu'Hariger lui-même (s'il est l'auteur de l'écrit) l'ait défiguré de si étrange façon. Quoi qu'il en soit, qu'Allie sede indique erronément une contrée connue, ou que le mot

---

(¹) Ms. de Namur (XIᵉ s.) éd. Demarteau. l. c., p. 40 : et in pago Allie sede quem sic nomine dicunt bonis adhuc proventibus.

(²) Ms. 9742 (XIIᵉ s.), fol. CXXXIIIᵉ (in fine) : et in pago allic sede (ic et c sont des corrections : le copiste du ms. ou un lecteur a gratté le texte primitif). Ms. 18018 (XIIᵉ s. catalogué par erreur sous le n° 18108 dans le catalogue des ms. de Bruxelles) fol. 81, 2ᵉ col. (in princ.) et in pago alie sedis ; le ms. 7483-86 (XIIIᵉ s.), fol. 197 (1. col.) : et pago alliesede.

(³) Ed. Limpens (XVIᵉ s.) l. c., p. 590 : et in pago alliesedem (alliesede habetur in codice nostro (dit-il, note n) etiam corrupte) quem sic nomine incolæ dicunt...

(⁴) Cf. Limpens l.c., Comment. prœv, n. 27, p. 357.

(⁵) Acta S. Theodardi auct. Sigeberto, éd. Limpens, p. 596. Iam diocesis suae terminos longe excesserat et in pago quam Alisatiam vulgo dicunt, bonis adhuc proventibus gressum fixerat... Aeg. Aureav, éd Heller. SS., T. XXV. p. 87, n. : et in pago Aliene sedis.

ait été inventé, un autre passage très curieux des *Acta S. Theodardi*, dissuadera de lui chercher quand même une signification.

Avant de raconter l'histoire de la translation des restes de son martyr, l'auteur s'est demandé où il devait fixer l'endroit de sa sépulture.

Il s'est trouvé dans un embarras suprême et a désigné cet endroit par une série de points de suspension.

Et juxta condictum matrisfamilias in hoc loco qui dicitur............ ei tumbam disponunt (¹).

Il n'y a pas à douter qu'Hariger — toujours s'il est l'auteur de l'écrit — se soit abstenu de désigner le lieu de sépulture du pontife, car Anselme, qui le copie, n'en fait pas davantage mention.

Les copistes des *Acta S. Theodardi*, étonnés de l'étrange ignorance de notre auteur, ont rempli le vide qu'il avait prudemment laissé et, sans chercher bien loin la solution de l'énigme, ils ont trouvé l'endroit incroyable *Nec* dans la déformation calligraphique du mot *ei*. Ils ont écrit, *in loco qui dicitur nec tumbam disponunt*. Sigebert de Gembloux s'est déclaré satisfait (²), mais d'autres, plus exigeants, ont froncé les sourcils devant cet endroit, et ils ont découvert un lieu de sépulture à S. Théodard à Heccumbam ou Hettumbam (³).

Nous arrivons à Anselme (⁴). Sa notice sur S. Théodard est un abrégé succinct des *Acta S. Theodardi*. Elle ne présenterait aucun intérêt si Anselme n'avait pas cherché à déterminer, après Sigebert et avant le P. Limpens et M. Demarteau, le théâtre du crime.

Il l'indique d'une façon formelle : In saltu quodam qui dicitur Biwalt, haut longe ab urbe Nemetensi, quæ usitato nomine Spira nunc dicitur .... trucidatur.

L'indication géographique est exacte : la forêt de Bienwald s'étendait en effet à gauche de Spire, entre le Queich et le Luther. Mais qu'on ne s'y trompe pas ! Anselme ne nous apprend rien de plus que les fabuleux *Acta S. Theodardi*, d'après lesquels (⁵) les villes de Spire, Worms, Strasbourg, auraient accueilli la première nouvelle du tragique événement. Le continuateur d'Hariger s'est demandé où placer la scène du crime, vaguement indiquée par les *Acta* dans le voisi-

---

(¹) Ms. de Namur, éd Demarteau, p. 44. Ms. 9742 Bibl. reg. Brux. fol. CXXXV : in loco qui dicitur itt ei tumbam disponunt ; Ms. 18018 Bibl. reg. Brux. fol. 82º (2 col.) in loco qui dicitur het tumbam disponunt : (pour ei tumbam disponunt). — Le Ms. 7483-86 de Bruxelles ne contient pas le passage ; il s'arrête à forcas petunt.

(²) Il écrit : in loco qui dicitur nec tumbam disponunt (Ed. Limpens, p. 598) ; cf. Acg. Aur., p. 38, n. 4, in loco qui dicitur nec tumbam disponit.

(³) Certains ms. de Gilles d'Orval, portent Heccumbam. Cf. Heller, p. 38, n. 4 ; les Gesta Abbreviata (Ms. 19627, Bibl. reg. Brux.) : heccumbam.

(⁴) Ed. Koepke. *SS*., T. VII, p. 292.

(⁵) C. 15, p. 44, éd. Demarteau.

nage de Spire, Worms et Strasbourg, et il a découvert la forêt de Bienwald située entre ces trois localités.

Elle s'imposait à son choix. Il l'a nommée par souci d'exactitude, mais il s'est bien gardé d'introduire dans son résumé le fameux *pagus Allie sede* des *Acta*, et de combler le vide qu'ils donnaient en sépulture au prétendu martyr.

Je ne m'arrête pas à l'amplification des *Acta* de Sigebert, et je passe à la translation des restes de S. Théodard à Liége.

Le voyage de S. Lambert à leur recherche est une pure invention de l'auteur des *Acta* (¹). Le *Vita Lamberti antiquor*, les *Vita* de Godescale, d'Etienne et d'Hucbald de S. Amand, n'en disent pas le moindre mot. Le *Vita Lamberti* de Nicolas (²) le mentionne d'après les *Acta S. Theodardi*. Il est probable qu'à l'époque où furent écrits ceux-ci, l'église de Liége se disait en possession des reliques de S. Théodard ; cependant on ne trouve aucune mention de son culte au pays de Liége avant le XIIe siècle et il n'en est aucune trace dans le pays de Spire (³). Anselme prétend (⁴) à vrai dire, que, malgré l'exhumation du saint, les gens de la province de Spire se rendaient annuellement en foule à

(¹) Chap. 16-18, p. 45-47, de l'éd. de M. Demarteau. Le fabuleux auteur des *Acta S. Theodardi* raconte que l'évêque de Worms, à la nouvelle du meurtre, se réjouit de ce qu'il s'était passé dans son diocèse. Il se rendit processionnellement au lieu du martyre dans l'intention d'enlever les précieuses reliques, mais, au moment où l'exhumation commençait, un formidable coup de tonnerre mit en fuite toute l'assemblée. C'est alors que S. Lambert, non encore évêque, se mit à la recherche des restes de son maître et les retrouva. Il en fit la demande aux gens du pays qui les lui refusèrent. Revenu à Maestricht, il se munit d'argent et de présents, retourna au tombeau de son prédécesseur, et, après un beau discours, obtint les chères dépouilles qu'il ramena à Liége. Ce résumé dispense de tout commentaire.

(²) C. 12 ap. *AA. SS.*, septemb. 17, V, p. 604, éd. Palmé.

(³) L'auteur de la vie de S. Odile (Vita Odiliæ, lib. III, de Triumpho S. Lamberti in Steppes *SS.*, XXV, p. 178 (25) et p. 186. Cf. Æg. Aur., III, 106, p. 128), écrit qu'en exécution de la sentence d'excommunication portée en 1212 contre le duc de Brabant, les reliques de S. Théodard et de S. Maldaberthe, conservées à l'Eglise de Liége, furent déposées à droite du crucifix descendu de son socle. Gilles d'Orval, dans une note des Gesta Abbreviata (*SS.*, XXV, p. 130) prétendit que Notger édifia à Thuin une église dédiée à la Vierge et à S. Théodard. Son affirmation est sujette à caution. L'église de S. Théodard à Thuin est citée par les Annales de Lobbes en 1229.

(⁴) A la demande du P. bollandiste, le P. Gamans d'Etlingen (Bade), se mit à la recherche de l'endroit où S. Théodard avait été assassiné. Ce brave homme découvrit dans la forêt de Bienwald près Landau sur la grande route, une petite chapelle rurale, sans dédicace, et il estima que c'était une chapelle commémorative du drame du VIIIe siècle. Il la désigna à son illustre correspondant comme étant élevée sur l'endroit probable où S. Théodard avait subi le martyre. De son côté, Limpens découvrit sur la carte de Matheus Peutterus, à deux milles allemands de Landau, un lieu dit *S. Didric*, et il estima qu'il fallait placer là même la petite chapelle votive, découverte par Gamans. S. Didrici ita nominatus, s'écrie t-il, a patrono suo, haud dubie S. Theodardo ! M. Demarteau poursuivant les recherches, plaça cette chapelle, sur la foi de M. Remling, auteur d'une histoire des évêques de Spire, parue en 1852, à l'entrée de Bienwald, dans la paroisse de Rulzheim, à gauche de la route qui se dirige vers Rheinzabern. Il découvrit aussi l'église paroissiale de Phorz, dédiée à S. Théodat, forme latine du nom de Théodore ! Que de conjectures et d'erreurs !!

l'endroit de la primitive sépulture, mais Anselme ne songe alors qu'à charmer la dévotion de ses lecteurs.

Je conclus. La notice d'Anselme sur l'évêque Théodard est fausse comme tout le récit des *Acta S. Theodardi* qu'elle reproduit. L'assassinat du prédécesseur de S. Lambert est un fait douteux ; la translation de ses restes à Liége, une invention.

Eugène BACHA.

Les Sources du Livre VI des Brabantsche Yeesten (de 1355 à 1406)

J'ai essayé dans un travail antérieur de déterminer la modeste place qu'occupe, comme historiographe brabançon et comme écrivain original, maître Edmond de Dynter, secrétaire des ducs de Brabant (¹) ; son rôle consista, on se le rappelle, à traduire en latin le livre VIIe de l'auteur anonyme des *Brabantsche Yeesten* auquel il avait fourni lui-même tous les éléments, beaucoup du moins, pour le récit des événements historiques du début du XVe siècle. Il est tout naturel de se demander à présent ce que ce mystérieux anonyme sait, Dynter n'étant plus là pour l'inspirer et le guider, des faits survenus en Brabant depuis la mort du duc Jean III (5 décembre 1355) jusqu'au décès de la duchesse Jeanne, le 1er décembre 1406 (²).

Ce règne de cinquante ans fut un des plus mouvementés que le Brabant ait traversé. Au dehors, ce sont les complications avec le comte de Flandre et le duc de Gueldre au sujet de conventions matrimoniales mal exécutées et d'ambitions personnelles inassouvies ; au dedans, c'est la guerre civile qui met aux prises au sein des villes le patriciat urbain ou les bourgeois enrichis et les corps de métiers ou les artisans en voie de le devenir. Le continuateur de Jean Boendale raconte ces événements, parfois tragiques, non sans doute avec le pittoresque que Froissart met à décrire la bataille de Bassweiler, mais avec le calme réalisme d'un chroniqueur zélé et, semble-t-il, peu passionné. Son histoire est avant tout, exception faite des révolutions démocratiques de Bruxelles et Louvain et d'autres incidents de même importance, une histoire militaire : les démêlés avec la Flandre embrassent 40 chapitres, ceux avec la Gueldre, les principautés de Liége et de Juliers pas moins de 43, soit réunis 83 sur un ensemble de 111 chapitres, dont quelques-uns sont pur remplissage. On devine dès lors qu'il ne faut point chercher dans les *Brabantsche Yeesten* une image complète des annales du duché ;

(¹) H. Nelis. *La chronique d'Edmond de Dynter et la continuation des Brabantsche Yeesten*, dans *Bull. Comm. roy. hist.*, t. LXXVI, (1907), p. 568-596.

(²) Le livre VI est publié dans *De Brabantsche Yeesten of Rymkronyk van Braband*. Ed. J.-Fr. Willems. Edition de la Commission royale d'histoire, t. II, Bruxelles (1843).

c'en est un côté seulement, le côté bataille, ou celui qui frappe davantage l'imagination d'un chroniqueur et celle du vulgaire; pour les composer, l'anonyme a fait appel à deux sources distinctes d'information : 1º les *sources diplomatiques*, 2º les *sources littéraires*, qui restent à déterminer.

§ I. — Sources diplomatiques

La nature des événements à raconter obligeait l'auteur à s'adresser fréquemment à des sources diplomatiques ; celles-ci étaient abondantes, puisqu'elles touchaient à des conflits entre voisins, et se trouvaient à la portée du narrateur, comme attaché à la cour ducale. La guerre de Wenceslas avec son oncle Louis de Male, par exemple, les disputes avec la Gueldre avaient amené une paperasserie volumineuse (traités, rapports, enquêtes) à la trésorerie des ducs de Brabant ; ces papiers sont conservés en partie aujourd'hui aux Archives du royaume à Bruxelles ([1]), papiers dont, par l'intermédiaire de de Dynter, le chroniqueur a eu facilement communication. Aucune source ne présentait des renseignements aussi positifs et aussi sûrs que celle-ci ; et c'est pour ce motif que l'auteur n'a pas hésité à l'exploiter chaque fois qu'il l'a pu. Le récit des expéditions militaires de Flandre et de Gueldre est encadré et entremêlé du texte paraphrasé de traités et de conventions avec le Brabant que le narrateur suit pas à pas. Le tableau suivant indique ce qu'il a emprunté aux sources diplomatiques ; en regard du chapitre de la chronique on trouvera l'indication du texte diplomatique que l'auteur a eu sous les yeux ; les sources d'information sont groupées d'après l'ordre des événements auxquels elles se rapportent.

I. *Démêlés du Brabant avec la Flandre.*

Chap. XI	= Butkens, *Trophées du Brabant*. t. 1, *Preuves*, p. 190-191.
Chap. XII	= J.-Fr. Willems. *Brab. Yeesten*. t. II. *Cod. dipl.*, p. 524-529.
Chap. XVII	= van Mieris. *Groot Charterboek*. t. III, p. 21 et 23.
Chap. XVIII	= J.-Fr. Willems, *Loc. cit.*, p. 543-546.
Chap. XIX	= *Ibidem*, p. 547-548.
Chap. XXIX	= *Ibidem*, p. 441-454.

([1]) Voyez les inventaires II à V de M. Alph. Verkooren, *Inventaire des chartes et cartulaires des duchés de Brabant et de Limbourg et des Pays d'Outre-Meuse*. Bruxelles, de 1911 à 1913. Beaucoup de chartes de la seconde moitié du XIVe siècle sont publiées par J.-Fr. Willems, *De Brab. Yeesten*, t. II (1843). *Codex diplomaticus*, p. 441-454 ; 473-474 ; 475 ; 475-476 ; 476 ; 478 ; 478-479 ; 479 ; 480-481 ; 481-482 ; 487 ; 488 ; 488-490 ; 490-491 ; 491-492 ; 493-495 ; 496 ; 497 ; 498 ; 498-499 ; 503-504 ; 506-510 ; 510-513 ; 514-515 ; 517-518 ; 519 ; 536 ; 541-542 ; 543-546 ; 548-554, etc.

Chap. XXX = *Ibidem.* p. 461-467.
Chap. XXXII = Butkens. *Ibid.*, t. I. *Pr.* p. 181-182.
Chap. XXXII = J.-Fr. Willems. *Brab. Yeesten*, t. II. p. 492-495.
Chap. XXXVI = *Ibidem.* t. I, p. 696.
Chap. XXXVII = Butkens. *Ibid.*, t. I, *Pr.* p. 541-542.
Chap. XXXVIII = J.-Fr. Willems. *Ibid.*, t. II. p. 523-524.
Chap. XL = Butkens. *Ibid.*, t. I. *Pr.* p. 141-142.

II. *Démêlés du Brabant avec la Gueldre et le Juliers.*

Chap. LI = Butkens. *Ibid.*, t. I. *Pr.* p. 573.
Chap. LXIX = J.-Fr. Willems. *Ibid.*, t. II. p. 632-633 (Une partie seulement du chapitre est fondée sur un texte diplomatique).
Chap. LXX = Butkens. *Ibid.*, t. I. *Pr.* p. 757.
Chap. LXXI = *Ibidem*, p. 157.
Chap. LXXV = van Mieris. *Groot Charterboek*. t. III, p. 152.
Chap. LXXVI = Nyhoff, *Gedenkwaardigheden*, t. III, p. 125. n° 119.
Chap. LXXVII = *Inconnu.*
Chap. LXXVIII = van Mieris. *Ibidem.* t. III. p. 452.
Chap. XCIV = J.-Fr. Willems. *Ibidem.* t. II. p. 689-691.
Chap. XCVIII = Butkens. *Ibidem*, t. I. *Pr.* p. 520.
Chap. XCIX = Nyhoff. *Ibidem.* t. III, p. 209, n° 217.

On voit quelle richesse d'informations le chroniqueur avait sous sa main pour étoffer son récit historique. Il ne cache d'ailleurs nullement ses nombreux emprunts, très visibles à la lecture ; c'est ainsi qu'à propos de la quittance, délivrée en juillet 1328 au duc de Brabant par Othon van Cuyck, seigneur de Héverlé, il note par ces vers sa présence dans la trésorerie ducale :

Vers 7770-7772 :
    Noch syn die brieven in werdichede.
    In vaster hoeden, si u bekant.
    Des hertogen ende tslants van Brabant [1].

A un autre endroit, parlant de l'accord entre Wenceslas de Brabant et les villes de son duché, l'anonyme remarque que la charte à laquelle il se réfère se trouve entre les mains du magistrat de Bruxelles :

Vers 6654-6656 :
    Des ghedragic tot den brieven.
    Die men te Bruessel onder die wet
    Vinden soude, ende elder met [2].

---

[1] La quittance originale n'existe plus aux Archives générales du royaume, mais il y a une copie vidimée. Cf. Alph. Verkooren, *Inv. chartes du Brabant*, t. I, p. 225, n° 314. Cf. *Brab. Yeesten*, t. II, p. 288.
[2] Cf. *Brab. Yeesten*, t. II (éd. J. Fr. Willems), p. 230.

L'anonyme a su tirer un judicieux parti de ces archives pour sa composition rythmique. Tantôt il copie littéralement sa source inspiratrice; tantôt, au contraire, il la résume; tantôt, enfin, il la paraphrase, suivant les nécessités du récit ; on comprend qu'il n'est pas possible de s'appesantir ici sur les différents modes d'utilisation et qu'on ne peut en signaler que les traits frappants.

Comme copies littérales de textes diplomatiques, il faut surtout citer, à titre d'exemple, l'accord conclu à Diest, le 6 février 1398, entre les villes brabançonnes et la principauté de Liége ; l'anonyme traduit fidèlement et en entier du français le texte diplomatique ([1]) ; il en est de même de l'accord du 16 juillet 1398, intervenu entre le duc de Gueldre, Guillaume, et l'évêque de Liége, Jean de Bavière ([2]).

Les relations entre le modèle et la chronique brabançonne sont si étroites dans le traité de l'empereur Charles et son frère, Wenceslas de Brabant, avec la duchesse Jeanne, de l'année 1357, que l'auteur s'est efforcé de donner en vers la date telle qu'elle se trouvait dans l'original. On jugera par spécimen de son savoir-faire, par le texte suivant :

Datum Bruxellae anno Domini M.CCC.LVI, secundum stilum et morem scribendi diocesis Cameracensis, feria secunda proxima ante dominicam Invocavit ([3]).	*Die brieve, gesegelt ende ghegeven Te Brussel in Ons Heren jaer XIIIIᵉ ses ende vijftich, naer Die costume blikelike Van den sticht van Camerike Des maendaegs voer, dat gijt wit, Als men singt Invocavit* ([4]).

A l'occasion, le chroniqueur ne craint pas d'utiliser, quelles que soient les difficultés d'adaptation, des pièces diplomatiques autres que des traités de paix, tels que des documents de nature financière. Il suffira de mentionner la traduction pour ainsi dire littérale, insérée au livre VIᵉ, chap. LXXIᵉ, de la quittance donnée au duc de Brabant, en juillet 1328, par Othon van Cuyck, sous le titre : *Hoe heer Otho van Cuijck quittancie gaf van den Vᵐ ponden swerte tournoise*. Les vers flamands méritent d'être mis en regard du texte original.

([1]) Le texte latin est dans NYHOFF, *Gedenkwaardigheden*, t. III, p. 209 ; Cf. *Brab. Yeesten* (éd. J. WILLEMS), t. II, p. 366-370, ch. XCIX, vers 10657-10776.
([2]) Texte dans J. WILLEMS, *Brab. Yeesten, Codex diplomaticus*, t. II, p. 689-691, n° CLIX et *Ibidem* (texte flamand), chap. XCIV, p. 351-357.
([3]) Texte latin dans BUTKENS, *Trophées de Brabant, Preuves*, t. I, p. 191.
([4]) *Brab. Yeesten*, t. II, p. 41. Vers 1164-1170.

Vers 7745-7772 :

Nos Otto, dominus de Kuyck et de Heverle, notum facimus universis quod nos de quinque millibus librarum grossorum nigrorum turonensium, grosso turonensi pro sedecim denariis computato, in quibus illustris princeps Johannes, Dei gratia Lotharingie,.................... dux, nobis tenebatur, ea de causa quod nos oppidum nostrum de Gravia, quod nostrum verum erat allodium, ipsi dedimus et in manus suas supportavimus, ipsum dominum nostrum ducem et suos heredes atque suos successores quitamus et quitos clamamus, per presentes, pro nobis, heredibus et successoribus nostris, recognoscentes nobis ab eodem domino nostro duce de prenominata pecunie summa integraliter esse satisfactum, harum testimonio literarum sigillo nostro sigillatarum. Datum Bruxelle die jovis post octavas Petri et Pauli apostolorum, anno Domini M° CCC° XXVIII°.

Die selve heere Otte, dats waerhede,
Van Cuijck ende van Heverle bede,
Heeft quittancie ghegeven
Van V dusent ponden vorscreven
Swerten tornoyse, in rekeninghe
Den ouden groten voor XVI penninge
Die hertoge Jan van Brabant
Hem sculdich was, mids dat hi dlant
Van den Grave ende die stat
Hem op hadde ghedragen, dat
Sijn eigen goet was, te voren,
Ende manscap hem daeraf gesworen
Ende van hem te lene ontfaen,
Als ghi voeren hebt verstaen.
Heer Otte van Cuijck, ghewarichlijc,
Heeft hem bekent, volcomentlijc,
Van der somme voer verhaelt
Ghenoegh ghedaen, ende wel betaelt,
Ende quitancie daer af gegeven,
Onder sinen segel ghescreven
Te Bruessel, in Ons Heeren jaer
XIII C XXVIII, naer
Die octave, doe ic ghewach,
Der heilegher apostelen dach
Sinte Pieters ende sinte Pauwels
(mede (¹).

Voilà un exemple d'exactitude servile. Mais l'anonyme n'a pas toujours ce scrupule et bien des fois il se borne à résumer brièvement les sources diplomatiques ; le chapitre XXXIII entre autres n'est que la paraphrase de la confirmation des privilèges de la ville de Malines, le 20 août 1356, par le comte de Flandre, Louis de Male. L'emprunt est mentionné par ces vers (3855-3856) :

Ghelijc dat met meer pointen, tswaer,
UTEN BRIEVEN MACH BLIKEN CLAER, (²).

A l'encontre de ce qu'il pratique ailleurs, le narrateur n'emprunte à son modèle que certains traits caractéristiques :

(¹) Cf. *Brab. Yeesten*, t. II, p. 267-268.
(²) *Ibidem*, p. 135.

*Item, soe geloven wi onsen goeden
lieden van onser vorscreven stad van
Mechline, dat waert soe dat enich heere
of iement anders oirloge beriede oft
scade dragen wilde onser voirscreven
stad, oft onsen lieden van Mechelen
vorscreven, om doccusoen dat si ons in
handen comen sijn, ende ons ontfaen
hebben als haren gerechten heere, dat
wi met al onser macht onser vorscreven
stad, ende onsen goeden lieden vors.
daer af behoeden ende bescharmen
sullen, ende onse vors. lieden daer
af ontheffen van scaden...* (²)

*Noch heeft hi hem belovet wel,
Ocht enich heere. of iemant el
Orloge beriede. ocht dade ghescien
Scade, uut ocsuine van dien.
Dat si hem comen waren in hant.
Hulde ghesworen, voer heere bekant.
Dat hise. met al sier macht voer al
Daer af behoeden. bescermen sal,
Ende daer af ontheffen, vore ende na.
Van allen scaden et cetera* (¹).

Par contre, quand le narrateur rapporte l'accord, conclu le 30 avril 1374, entre le duc Wenceslas et les villes de Brabant, complète-t-il la source qui lui a servi de guide, c'est-à-dire la teneur même de cette convention. Il insère les noms des députés liégeois omis dans l'acte, ainsi qu'il le laisse entendre par ces vers :

Vers 6543-6549 :
*Die copie van den accorde
Volght hier na, van worde te worde
Ende die ghene ghenoemt, bi namen.
Die daerom in Brabant quamen ;
Maer uut der prose. dat ghijt wet,
Soe hebbict in rime gheset
Die selve supstancien ende den sin* (³).

L'examen des sources diplomatiques ne peut être poussé plus loin ici ; il en ressort néanmoins clairement que l'auteur les a utilisées à pleines mains et cela en compulsant les archives de la trésorerie ducale de Brabant. Ces textes officiels ont été traduits soit en leur entier, soit en résumé ou extraits, soit encore en les complétant par des données plus précises. Ce sont là évidemment des gages précieux pour la sincérité de l'auteur, que nous n'avons pas à établir en ce moment.

§ 2. — SOURCES LITTÉRAIRES

Chartes et diplômes ne sont certes pas les seuls documents dont le chroniqueur s'est servi pour retracer un demi-siècle d'histoire militaire et diplomatique ; il lui fallait, en outre. pour donner à son travail

---

(¹) *Ibidem*, pp. 134-135.
(²) *Ibidem*, p. 494.
(³) *Ibidem*, p. 230 ; cf. aussi les vers 6862 à 6915.

les allures d'un récit suivi et vivant, des éléments narratifs d'une valeur éprouvée. Où donc a-t-il trouvé la substance de sa narration et quel parti en a-t-il tiré ?

Il est malaisé de donner une réponse entièrement satisfaisante à cette question. Qu'on songe d'abord à la pauvreté des annales brabançonnes de la seconde moitié du XIVe siècle, indigence contrastant singulièrement avec la richesse historiographique de la Flandre et surtout de la principauté de Liége à cette époque (¹) ; aussi le chroniqueur a-t-il dû être embarrassé dans le choix d'un guide bien au courant. Des renseignements, il n'en doit guère, à ce qu'il semble, aux chroniques contemporaines et brabançonnes du règne de Jeanne et de Wenceslas ; c'est ainsi qu'il n'a fait aucun emprunt, pour décrire la guerre de Flandre, soit au *Chronicon comitum Flandrensium* (1334-1356) (²), soit à la *Reimkronik von Flandern* (792-1405) (³) ; en ce qui concerne les difficultés de Wenceslas avec les ducs de Juliers et de Gueldre, il ignore la narration qu'en a faite le chroniqueur liégeois, Raoul de Rivo (1347-1389) (⁴). D'ailleurs, son exposé de ces événements étant plus développé que celui de ces auteurs, l'origine commune des sources de ceux-ci et de l'anonyme reste encore à établir.

On peut hasarder, il est vrai, quelques hypothèses, mais toutes présentent un côté faible. C'est ainsi, par exemple, qu'on supposerait que le chroniqueur anonyme a fait appel à la tradition orale (échos, racontars, etc.). Rien, au contraire, ne ressemble moins à une composition de seconde main que sa narration précise, pleine de détails typiques et circonstanciés; sans doute, il n'est pas douteux que le chroniqueur n'ait entendu raconter par d'anciens témoins les événements démagogiques de Bruxelles et de Louvain, voire même les conflits guerriers du Brabant ; mais il y a loin entre ces souvenirs locaux, vagues, déformés par le temps, l'imagination, l'impression d'un chacun, et l'exposé de faits rempli des mentions exactes de dates et de personnages qui y participèrent. Quant à croire que le chroniqueur, comme un autre Jean d'Outremeuse, ait payé d'audace et laissé libre bride à sa fantaisie, le caractère grave et peu imaginatif de notre anonyme exclut sans réserve cette idée. N'oublions pas, au surplus, qu'écrivant le VIe livre des *Brabantsche Yeesten* en 1432, l'auteur devait se trouver embarrassé pour recueillir des témoignages précis et abondants sur des événements se rapportant à cinquante ou soixante années

---

(¹) Cf. Alph. BAYOT et A. CAUCHIE, *Les Chroniques brabançonnes*. Bull. Comm. roy. hist., sér. V, t. 10 (1900), p. LXVI et suiv.
(²) Cf. Chanoine DE SMET, *Corpus chronicum Flandrensium*, t. I, p. 229 sq.
(³) Edition KANSLER, 1840.
(⁴) Cf. CHAPEAVILLE, *Gesta pontificum Tungrensium, Trajectensium et Leodiensium*, t. III, p. 1-17.

— 42 —

de distance au moins. L'apport de sources orales, en admettant qu'elles aient réellement été utilisées, a dû être, en fait, d'importance fort restreinte.

Aussi est-ce finalement ailleurs qu'il faut chercher les sources d'inspiration historique et cet ailleurs nous paraît être le dépôt où se conservaient les pièces administratives, de caractère narratif et de nature diplomatique, de la fin du XIVe siècle ou de l'époque même des événements qu'elles relatent.

Voici comment on peut se représenter la genèse de l'œuvre du continuateur de Jean Boendael. Ce chroniqueur anonyme remplissait un office à la cour des ducs de Brabant, sous Antoine de Bourgogne, Jean IV et Philippe-de-St-Pol (¹). Ses fonctions officielles et ses attaches personnelles avec des personnages influents, tels que de Dynter, l'avaient mis à même de mettre sur pied, en s'aidant copieusement de documents administratifs, l'histoire du duché pendant la première moitié du XVe siècle. Entre le poète-historien et le secrétaire-diplomate, Edmond de Dynter, il y eut une collaboration si intime qu'il est difficile de séparer leurs noms l'un de l'autre. Or, ce qui est vrai pour cette époque, semble l'être également pour le règne de Jeanne et de Wenceslas.

Les archives et la trésorerie ducales de Brabant possédaient, en effet, nombre de documents diplomatiques, tels que des mémoires et des enquêtes, où les événements politiques étaient relatés sommairement de façon à pouvoir servir, au besoin, de canevas, de schéma à un récit historique développé. Il suffira de citer, comme modèle typique de ce genre de documents, l'exposé fait, par ordre de Jeanne et Wenceslas, des efforts tentés à Louvain, de 1360 à 1383, pour y introduire une nouvelle constitution municipale. On remarquera, par les extraits suivants, le caractère à la fois narratif et administratif de cette pièce ; elle repose aujourd'hui aux Archives du royaume à Bruxelles (²) et a été éditée, en 1856, par A. Schayes.

« *reet (die hertoge) in sijn goede stad vorschreven* OMTRENT HALFE VASTENE *lestleden...* (³)
Ende oijc op dese selven tyt so was overdregen ende geconsenteert (⁴).
Ende eer die XVI die raminge consten geordineren ende geramen, so was onse lieve here, om nootsakenwille die hi te doin hadde, gereden in siner landen

---

(¹) Cf. *Brabantsche Yeesten*, t. III, éd. J.-H. BORMANS, Introduction.
(²) Fonds des cartulaires et manuscrits de la Chambre des comptes. Ancien carton n° 75.
(³) Cf. *Annales de l'Académie d'archéologie de Belgique*. t. XIII (1856), p. 165.
(⁴) *Ibidem*, p. 168.

van Luccemburg, so dat onse lieve vrouwe de hertoghinne, doen die XVI ens waren, OMTRENT TSINXEN LESTLEDEN (¹).

Voirt is te weten dat also soen als onse lieve here binnen lants comen was, selve reet tot Loven OPTEN SACREMENTS AVONST mit sinen goiden rade opte bourch ende ontboit aldair sine gemeijne stad van binnen raets ende van buten raets (²).

Hier na cort so geviel dat onse lieve here die herioge riden moeste in sinen lande van Luccemborch, als hi dede, ende oije onse lieve vrouwe die hertoghinne, mer eer sij reet, so ontboet sij bij haer tot Bruessel OPTEN DISENDACH VAN SENTE JANSDACH BAPTISTE lestleden haer goide stede van Bruessel, van Thienen, van Nijvelle... (³)

Ende binnen dien dat onse lieve here ende vrouwen die in hairen lande van Luccemborch waren, so geviel OP SINTE MARIEN MAGDALENEN DACH dat alrehande personen van den ambachten quamen op't raethuus te Loven ende versochten aen Wouteren van Netenen... (⁴)

Ende voirt ghinc die ghemeijnte DES ANDEREN DAEGHS maken ende setten van hoer selve hoetmanne... (⁵)

Ende eert hier toe quam, so was ons liefs heren raet ende oic dier goeden raet van der stad Brussele sieder HALF VASTENE hieraf te vele dachvarden te Loven (⁶).

...welke dachvaert onze lieve here hen consenteerde in de weke voir ONSER VROUWEN DACH HALF OECHST, toter Vueren, tot welker dachvaert... (⁷)

Si le chroniqueur n'a pas utilisé directement ce document administratif, on conçoit néanmoins quels renseignements précis cette catégorie de pièces lui fournissait. Souhaitons qu'un heureux hasard mette un jour entre les mains d'un chercheur érudit le dossier où l'anonyme est allé puiser le récit des événements démocratiques de Bruxelles et de Louvain.

En tout cas, il n'est pas douteux que l'auteur anonyme des *Brabantsche Yeesten* n'ait eu connaissance d'un modèle sur lequel il a brodé son récit historique. Parlant de la visite à Louvain du duc Wenceslas, le 25 janvier 1383, il dit nettement :

Vers 7295-7296 :
> *Maer hoe langhe hi (Wenceslas) daer bleef*
> *Mijn meester mi niet claer en schreef* (⁸).

(¹) *Ibidem*, p. 168, 169.
(²) *Ibidem*, p. 170.
(³) *Ibidem*, p. 171.
(⁴) *Ibidem*, p. 173.
(⁵) *Ibidem*, p. 174.
(⁶) *Ibidem*, p. 174.
(⁷) *Ibidem*, p. 174.
(⁸) *Brabantsche Yeesten*, t. II, p. 251.

Le maître auquel allusion est faite ici est ou bien un auteur dont le travail historique s'est perdu aujourd'hui sans laisser le moindre souvenir, ou bien un personnage lettré (*meester*), vivant à la cour, dont les notes, sous forme de rapports administratifs de ton officiel, tenues au jour le jour, ont servi de base à l'œuvre du continuateur de Boendale. Cette seconde hypothèse paraît la plus vraisemblable, dans l'état actuel de nos connaissances, et donne moins de prise à la critique.

Le seul chroniqueur contemporain dont les renseignements furent utiles à l'anonyme est Jean Froissart. Bien que les emprunts soient rares, ils ne sont pas moins évidents comme le montre le rapprochement ci-contre (sacre du roi de France à Reims, le 27 mai 1364) :

Froissart (1re rédaction) [1]

Je ne puis mies voes recorder les dons, les présens, les esbatemens et les reviaux qui furent fais, donnés et présentés à la nouvelleté dou roy, mes ni en vorray briefment passer.

Froissart (2e rédaction) [2]

Là furent li rois Pierres di Cipre, li dus d'Ango, li dus de Bourgogne, messires Wincelans de Behagne, dus de Lussembourch et de Braibant, oncles dudit roy, li contes d'Eu, li contes de Dammartin, li contes de Tankarville, li contes de Wedimont... li arcevesques de Roem, et tant de prélats et de signeurs que je ne les avoie jamais tous nommés...

Brab. Yeesten. Liv. VI. Vers 5139 : [3]

*Daer was van Cipers die coninc hoge
Ende van Anjou die hertoghe,
Ende van Burgoingen beide broeder
Des coninx van vader ende van moeder,
Die grave van d'Eu, een mechtich heere,
Die grave van Dampmertyn, ende meere
Van Tancarville, van Widemont
Graven beide, ende tier stont
Vele ander heeren ende prelate,
Die alle doch met groten state
Vergadert waren. Die eerbaerheit,
Dien cost, ende die solempniheit,
Die men daer dede, doer sconincs ere,
En bescrevic nemmermeere.*

---

[1] Kervyn de Lettenhove, Œuvres de J. Froissart, t. VII, p. 2.
[2] Ibidem, p. 2.
[3] Brabantsche Yeesten, t. II, p. 179.

A un autre endroit, on constate encore comment l'anonyme s'inspire de Froissart :

Froissart :	Brab. Yeesten. Vers 7511 :
...et disoit ainsi la duchesse (de Brabant) : « Ha! Dieu pardoinst par sa grâce à monseigneur mon mary : car, se il vesquist, ce duc (de Gueldre) ne osast penser à mettre hors telles paroles, mais pour ce que je suis une femme et que il me sent ja toute anchienne, il me veult assaillir et faire guerre » (¹).	...dese hertoge (van Gulick) ....maecte grote aensprake Op vrou Johannen, welke sake Hi mallicht wel hadde begeven. Hadde Wencelijn te live ghebleven ; Maer, doen aldus weduwe sat Vrou Johanne, meinde hi te bat Sinen wille te vordren op dlant. .... In haer camer sprac si met desen : « Nu eest tyt, also ic versta. Dat ic uut mier cameren ghae » (²).

* * *

En résumé, le rédacteur anonyme du livre sixième des *Brabantsche Yeesten*, attaché à la cour ducale de Brabant, a puisé à deux sources, en apparence distinctes, mais, en réalité, de nature fort semblable. Ce sont, d'abord, les documents diplomatiques qui lui ont fourni la trame solide de son récit, puis, des sources littéraires qu'on n'est pas encore parvenu à identifier jusqu'ici. Mais, comme aucune œuvre historique contemporaine ne se rapproche de celle de l'anonyme, on peut voir dans ces exposés le développement littéraire de notes prises au jour le jour sur des événements saillants et émanant d'un personnage de la cour.

En un mot, le fond historique du récit des années 1356 à 1406 serait une source officielle, des chartes et des rapports administratifs, documents que l'autorité ducale a bien voulu communiquer au littérateur brabançon. Celui-ci les présente sous le jour le plus favorable à ses maîtres, en encadrant, à l'occasion, sa narration de réflexions banales pour mieux masquer son pauvre talent de rimailleur, en continuateur incolore du secrétaire anversois, Jean Boendale.

Hubert NELIS.

Bruxelles, 2 juin 1917.

(¹) KERVYN DE LETTENHOVE. *Œuvres de Froissart*, t. XIII, p. 36.
(²) Cf. J.-Fr. WILLEMS, t. II, p. 259.

DE MAASGOUW (PAGUS MASAU)

Het is in den laatsten tijd meer gebleken hoe nuttig de studie der kerkelijke geschiedenis is om de wereldlijke instellingen en toestanden der Middeleeuwen op te helderen. Eene studie over het landdekenaat Eyck in 't bijzonder en over het aartsdiakenaat der Kempen in het algemeen leidde ons tot de ontdekking der oorspronkelijke grenzen der twee gouwen Mosau en Toxandrië die tot heden niet konden bepaald worden. Wij willen ons hier tot de Maasgouw beperken.

Wij staan hier tenandere voor geen uitzonderlijk feit ; J. Brassine (¹), in eene studie over het landdekenaat van den H. Remakel, kwam tot een soortgelijke ontdekking: de grenzen van het landdekenaat brachten hem ertoe de grenzen van het Karolingsch domein van Jupille terug te vinden. Na aangetoond te hebben dat de oorspronkelijke parochie Jupille zich uitstrekte over geheel het landdekenaat, voegt hij daaraan toe : « après avoir reconstitué la paroisse primitive de Jupille, j'avais été frappé de la grande ressemblance que son territoire présentait avec celui du baillage d'Amercœur, dont un record du 1ᵉʳ avril 1322 permet d'établir l'étendue. A part certaines localités dont je m'occuperai plus loin, les limites des deux circonscriptions coïncident exactement. Cette identité jette une vive lumière sur le passé de ce territoire et nous fait comprendre son histoire » (²). De schrijver toont dan verder aan hoe de grenzen van het landdekenaat en van de balie van Amercœur hun oorsprong gevonden hebben in een Karolingsch domein der IXᵉ eeuw : « En publiant le record du 1ᵉʳ avril 1322, dont je me suis servi plus haut, les éditeurs du *Cartulaire de l'église Saint-Lambert de Liége* (Bormans et Schoolmeesters) émettaient en note cette appréciation : *cet acte est très intéressant parce qu'il indique vraisemblablement les limites du domaine que les Carolingiens possédaient à Jupille.* L'étude de la paroisse primitive confirme pleinement cette hypothèse. C'est dans la villa que fut fondé l'oratoire qui servit de centre religieux à tous les habitants du domaine. Je viens de le montrer pour Jupille.

(¹) *Bulletin de la Société d'Art et d'Histoire du Diocèse de Liége*, t. XIV, 2ᵉ partie, p. 267 : *Les paroisses de l'ancien concile de Saint-Remacle.*
(²) *Ibid.*, p. 277.

Cette situation est générale. *L'unité des divisions territoriales et ecclésiastiques, voilà le fait normal, fréquent, que nous constatons »* (¹).

De grenzen der Romeinsche *civitates* als staatkundige indeeling werden overgenomen voor de bisdommen Trier, Keulen en Tongeren. Waarom zou die handelwijze ook later niet gevolgd zijn, bijzonder onder en na de regeering van Karel den Groote, toen Staat en Kerk zoo innig samengingen ? Het is juist in de IXe en X^e eeuw dat de landdekenaten en aartsdiakenaten ontstonden.

Geen wonder dan als we alleen in 't werk van L. Vanderkindere : *La Formation territoriale des principautés belges au Moyen-âge* (²) terloops vermeld vinden dat de *pagus Templutensis* ongeveer beantwoorde aan het oud dekenaat van Avesnes en dat de *pagus* Fanomartensis dezelfde grenzen had als het aartsdiakenaat van Valenciennes (³); zoo nog dat de *pagus Darnau* een zelfde gebied beslaat als de twee landdekenaten van Fleurus en Gembloux samen (⁴) en dat de grenzen van het landdekenaat van den H. Remakel dezelfde zijn als die der Luikergouw, gelijk deze vermeld staat in de deelingsakte van Meersen (870) (⁵).

Dat in de Maasgouw een zelfde toepassing mogelijk zij, zal dus geheel natuurlijk schijnen.

Inderdaad, als wij de kaart opmaakten van de zeven landdekenaten waaruit het aartsdiakenaat der Kempen is samengesteld, met name de landdekenaten van Susteren, Wassenberg, Eyck, Cuyck, Woensel, Beeringen en Hilvarenbeek, kwamen wij tot de eigenaardige ontdekking dat zij ingedeeld waren volgens de waterkommen, en dat met een groote nauwgezetheid. Voor de dekenaten van de Maasgouw vonden wij dat het Concilie van Wassenberg lag tusschen de *Niers* en de *Roer* met bijrivier de *Worm*; binnen het gebied liep de *Swalm*.

Het Concilie van Susteren bevatte de parochiën tusschen de *Roer* met haren bijloop de *Worm* ten Noorden en de *Geul* ten Zuiden, en werd doorsneden door de *Geleen*.

Het concilie van Eyck besloeg den linker Maasoever van Neerhaeren tot Kessel, of het geheele gebied besproeid door de *Ziepbeek*, de *Kigbeek*, de *Vrietsel*, de *Oeter* of *Boschbeek*, de *Itter*, de *Aa* of de *Neer*.

___

(¹) *Ibid.*, p. 285-286. — Imbart de la Tour, *Les paroisses rurales du IVe au XIe siècle*. Paris, Picard, 1900, pp. 119-120. — Zie nog van denzelfden schrijver : *Les paroisses primitives et les anciens domaines*, verschenen in : *Annales du XXe Congrès (Fédération Arch. et Histor. de Belgique)*, Gand, 1907, p. 235-238.
(²) Brussel, 1902.
(³) Vanderkendere, *Aang. werk*, d. II, bl. 60.
(⁴) *Ibid.*, bl. 108.
(⁵) *Ibid.*, bl. 159.

Het concilie van Cuyck lag op den linker Maasoever meer noordwaarts dan dat van Eyck, besproeid door de *Molenbeek* en westwaarts begrensd door de *Peel-moerassen* en den beneden loop der *Aa*.

Dat de Kerk ooit de waterloopen of waterkommen tot maatstaf harer bestuurlijke indeelingen zou genomen hebben, vindt men nergens geboekt ; voor de Staatsindeelingen en onderverdeelingen was dit oudtijds het algemeen gebruik. Het dringt zich bij gevolg van zelf op, dat aan de kerkelijke gebieden der landdekenaten vóórbestaande wereldlijke verdeelingen tot grondslag dienden en, wijl het hier de waterkommen geldt, zal men allereerst denken aan de *gouwen*.

Onder de regeering der Merovingers was geheel het land verdeeld in *pagi* = *gouwen*. Aan het hoofd van iedere gouw stond een graaf. Dit stelsel bleef ook onder de Karolingers voortbestaan, totdat het langzaam verviel door den loop zelf der dingen. Een gouw werd soms onderverdeeld in meerdere graafschappen, een machtige graaf wist een tweede, een derde, soms vele graafschappen tot zich te trekken. Was oorspronkelijk de gouw en het graafschap synoniem, dit was niet meer zoo van af het laatst der IXe eeuw, toen reeds begon de toestand te veranderen. De Maasgouw zelve werd alzoo onderverdeeld.

De Maasgouw wordt genoemd in menigvuldige oorkonden der VIIIe en IXe eeuw, doch hoever strekte zij zich uit ? Op die vraag bleef men het antwoord schuldig. Naar Noord en Zuid had men wel eenige gegevens, doch voor de Oost- en Westergrens steunde men op loutere gissingen.

Dr Schröder, in zijn werk *Deutsche Rechtsgeschichte* ([1]), geeft eene kaart van de Maasgouw of *pagus Mosanus*. Volgens deze kaart, die alleen grenslijnen geeft zonder plaatsnamen, zou de Maasgouw zich uitstrekken op den linker Maasoever van Stockheim tot de rivier Diese nabij 's Hertogenbosch, en op den rechter oever van de Geul tot de Roer. Beneden de Roer, van af Roermond tot boven Venlo, plaatst hij den pagus genaamd *Moilla*, die niet anders is dan de Molengouw of Beneden-Maasgouw.

Jos. Habets, in zijne *Geschiedenis van het Bisdom Roermond*, steunend op het traktaat van Meersen (870), geeft de meest juiste grenzen aan : « De Maasgouw, ook Masau, Mosau, Mosao, Maso, Mosagowi, Mosagao, Masaugo, pagus Mosanus, pagus Moselanus geheeten, strekte zich uit op den rechter oever dezer rivier, van Visé (Wezet) tot aan de uitwatering der Molenbeek bij Venlo, en op den linker oever van boven Maestricht tot in de omstreken van 's Hertogenbosch. Deze streek

---

([1]) Dr Rich. Schröder, *Deutsche Rechtsgeschichte*. Leipzig, 1898.

werd in 870 in Opper- en Neder-Maasgouw gescheiden ; zij grensde aan de gouw der Toxanders, *aan die van Ryen* (?), aan de Luikergouw (*pagus Luviensis*), de Akensche gouw (*comitatus Aquensis*), den pagus der Ardennen, de Molengouw en de Hattuargouw ([1]).

G.-J. de Corswarem ([2]) geeft nagenoeg dezelfde grenzen aan waar hij schrijft : « La partie du Limbourg Belge moderne près des rives du Jaer, depuis Roclenge jusqu'à Maestricht, avec la lisière fertile entre les bruyères et la Meuse... fit partie du Mosagauw.

La Roer d'un côté de la Meuse et la Neer de l'autre, formaient la ligne de séparation entre la partie haute, *Masau superior*, et la partie basse, *Masau subterior*.

Selon le P. Wastelain ([3]) et le baron de Villenfagne ([4]), le Masegouw s'étendait sur les deux bords de la Meuse, depuis Visé, — probablement depuis la Berwinne d'un côté de la Meuse et depuis le ruisseau de Grand-Aaz de l'autre, — jusqu'auprès de Bois-le-Duc. Dewez ([5]) dit la même chose et ajoute que le Masau avait pour limites au Nord, le Bétau ; à l'Est, le pays des Hattuaires et des Ripuaires ; au Midi, l'ancien pays de Liége, *Luvia*, et au Couchant, la Toxandrie. »

Dat deze oudere schrijvers slechts onbepaalde gegevens hebben, mag niemand verwonderen; de modernen overigens hebben de juiste oplossing nog niet gevonden, zoo, bij voorbeeld, tast L. Vanderkindere aangaande de Masau vrij wel in het duister: hij doet de Haspengouw tot aan de Maas reiken in de streek van Maeseyck ([6]); hij is klaarblijkelijk misleid door een onderdeel der Maasgouw, *Maselant* genaamd, dat later onder het graafschap Loon behoorde ; anderzijds plaatst hij Brée in Toxandrië ([7]) en doet hij de Luikergouw grenzen aan de Geul ([8]). Waar hij in het bijzonder over de Maasgouw handelt, geeft hij ten andere geene bepaalde grenzen aan.

De schrijvers die wij aanhaalden, hebben gepoogd de Noordelijke en Zuidelijke grens der Maasgouw te bepalen en komen daarin min of meer overeen ; de Corswarem alleen waagt het voor den linker Maasoever de Westelijke grens op te geven : *zoover de streek vrucht-*

([1]) Jos. Habets, *Geschiedenis van het bisdom Roermond*, 1e d. bl. 19. In de opgave van de aangrenzende gouwen begaat de schrijver verschillende missingen.
([2]) G.-J. de Corswarem, *Mémoire historique sur les anciennes limites et circonscriptions de la province du Limbourg*, p. 34-35.
([3]) Wastelain, *Description de la Gaule Belgique*, p. 216.
([4]) de Villenfagne, *Recherches sur l'histoire de la ci-devant principauté de Liége*, t. I, p. 207.
([5]) Dewez, *Abrégé de l'histoire belgique*, p. 586.
([6]) Vanderkindere, *Aang. werk*, 2e d., bl. 128.
([7]) *Ibid.*, bl. 125, 174, 323.
([8]) *Ibid.*, bl. 163.

baar is, hij bedoelt wellicht den leemgrond. Hoe deerlijk hij zich op dit punt vergiste zal verder blijken, want Wyshagen en Ellicum behoorden zelfs tot de Maasgouw.

Benevens de oorkonden waarin de Masau terloops wordt aangehaald, is de voornaamste basis waarop wij kunnen steunen, de deelingsakte van Meersen in 870. Men merke op dat er in dit traktaat gesproken wordt van *comitatus*, graafschappen, doch voor wie aandachtig wil toezien, bestaat er geen moeilijkheid om in den grond de oude *pagi* terug te vinden.

Bij de verdeeling der staten van Keizer Lotharius II kreeg Karel de Kale :

Comitatum Toxandrum. —
Masau superior de ista parte Mosae. —
Masau subterior quantum de ista parte est. —
Liugas quod de ista parte Mosae est et pertinet ad Vesatum. — (¹).

Lodewijk, de Duitscher, ontving : « comitatum Testrebant, Batua, Hattuarias, Masau subterior de ista parte, item Masau superior quod de ista parte est, Liugas quod de ista parte est, districtum Aquense, districtum Tectis, in Ribuarris comitatus quinque, Megenensium, etc.(²).

Het woord « comitatus » slaat op al de namen die volgen ; het gaat hier dus om een groot getal graafschappen waaronder het land verdeeld was. Deze graafschappen hadden toen tertijd hunne vaste grenzen, welke de opstellers niet noodig achtten nader te omschrijven.

Gelijk de grenzen der Luikergouw, van weerskanten de Maas gelegen, teruggevonden werden in het landdekenaat van den H. Remakel(³), zoo vinden wij niet minder klaar de geheele indeeling van het aartsdiakenaat der Kempen in de deelingsakte van 870 weer. De landdekenaten komen overeen met de comitatus of graafschappen van 870 ; dewijl nu, gelijk hooger is aangetoond, de dekenaten en bijgevolg de graafschappen nog overal natuurlijke grenzen hebben, waterloopen en scheidingslijnen van waterkommen, meenen wij ook te mogen besluiten dat wij te gelijk de grenzen der oude *pagi*, gouwen uit den Merovingschen tijd, terug gevonden hebben. Zichier de toepassing :

Op den linker Maasoever :

Comitatum Toxandrum : de landdekenaten van Beeringen, Woensel en Hilvarenbeek (⁴).

(¹) Miraeus, *Op. Dipl.*, t. 1, p. 238.
(²) Butkens, *Preuves*, p. 7.
(³) Zie Vanderkindere, *Aang. werk*, 2ᵉ d., bl. 159.
(⁴) Over Toxandrië zijn wij voornemens elders meer te geven.

Masau superior de ista parte Mosae : het landdekenaat Eyck.
Masau subterior quantum de ista parte est : het landdekenaat Cuyck.
Volgt dan het graafschap Luik: *Liugas*... quod *pertinet ad Vesatum*. Men merke op dat, volgens onze toepassing, tusschen het landdekenaat Eyck en het graafschap Luik eene leemte blijft van Reekheim tot boven Visé. De uitleg zal weldra volgen.

Op den rechter Maasoever :

Masau subterior de ista parte : het landdekenaat Wassenberg of de pagus Moilla (Molengouw).

Masau superior quod de ista parte est: het landdekenaat Susteren.

Volgt hier weer het graafschap Luik dat dus gedeeltelijk onder Karel den Kale en gedeeltelijk onder Lodewijk kwam te staan, gelijk het geval ook was met de Opper- en Neder-Maasgouw. De laatste kreeg in hun geheel gelijk ze vervolgens opgesomd worden : *districtum Aquense*. *districtum Tectis (of Trectis)*; deze twee, Aken en Maestricht (¹), vormen geen graafschap, doch ieder een afzonderlijk gebied: de term *districtum* zegt dit duidelijk. *Districtum Trectis* wordt onder de staten van Karel niet genoemd, de stad Maestricht ligt nochtans op den linker Maasoever, en waar het aan Lodewijk wordt toegeschreven wordt er niet bij vermeld, gelijk voor de Maasgouw en de Luikergouw : *quod de ista parte est*; er bestaat daarvoor maar één uitleg, namelijk dat de stad Maestricht met haar gebied op beide oevers aan Lodewijk toekwam. Hiervan vinden wij juist de bevestiging in de kerkelijke indeeling : het landdekenaat Maestricht strekte zich uit op beide oevers. De grenzen van dit dekenaat waren : Maestricht, Lanaeken, Gellick, Eygenbilsen, Veltwezelt, Rosmeer, Groote Spauwen, Vlytingen, Millen, Glons. Slins, Fexhe, Hermée, Oupeye, Visé, Daelhem, Cheratte, Cérexhe, Herve, Hodimont, Thimister, Montzen, Moresnet, Gemmenich, (Aken) (²), Bocholtz, Kerkrade, Simpelvelt, Wilre, Schin-op-Geul, Amby, Limmel, Maestricht. Al deze plaatsen lagen binnen het dekenaat. De Luihgau komt aldus juist tot nabij Visé : *quae pertinet ad Vesatum*.

Ook op het dekenaat van Maestricht is onze theorie van de waterloopen toepasselijk: genoemd concilie begon bij de kom van de rivier

---

(¹) VANDERKINDERE, *Aang. werk*, bl. 4 en 5, weerlegt de meening dat *Trectis* Theux zou zijn en dat men daarom *Tectis* zou moeten lezen.

(²) De stad Aken schijnt oorspronkelijk tot het aartsbisdom Keulen behoord te hebben. Althans is er vóór de tiende eeuw in de geschiedenis geen bewijs te vinden, dat de bisschop van Luik eenige macht over die stad, zij het ook alleen geestelijke heerschappij, hebbe uitgeoefend. De overgang tot Luik schijnt plaats gehad te hebben omstreeks het einde der tiende eeuw. Zie : Jos. HABETS, *Geschiedenis van het bisdom Roermond*, 1ᵉ d., bl. 415, nota 1.

Grand-Aaz (inbegrepen), die Hermée, Oupeye, Heure-le-Romain, Haccourt en Hermalle besproeit, tot en met de Molenbeek, die door Gellick, Eygenbilsen en Lanaeken vloeit ; rechts van de Maas omvatte het dekenaat al de parochiën besproeid door de Berwinne met hare bijloopen tot aan de Geul. Men kan dus met goeden grond het dekenaat van Maestricht met het *districtum Trectis* van 870 vereenzelvigen.

Dat wij hier geen bloote veronderstelling vooruit zetten, blijkt uit verschillende bijkomende beschouwingen ; hebben wij hooger verscheidene andere landdekenaten opgegeven wier grenzen met oude gouwen overeenstemmen, wij hebben ook meerdere gekende gouwen die juist haar grenzen aan de waterloopen ontleenen : zoo bij voorbeeld grensde de *pagus* van Brabant ten N. en ten W. aan de Schelde, ten Z. aan de Haine, ten O. aan het Kolenbosch en aan de Dyle (¹); de *pagus Cameracensis* (Kamerijk) had niet dan rivieren of scheidingslijnen van waterkommen tot grens (²), insgelijks de *pagus Hainoënsis* (Henegouw) (³). Het woord zelf *au* of *gouw* beteekent een gebied door de natuur afgebakend.

De grenzen die wij hebben aangegeven stemmen nauwkeurig overeen met de oude oorkonden waarin zekere plaatsen uit de Masau worden aangehaald ; deze zijn echter in zoo gering getal dat het nutteloos is ze als bewijs bij te brengen. Men raadplege de eene of andere verzameling van *diplomata*. De voornaamste plaatsen zijn : Wiettine (Buchten), Suestra (Susteren), Casallum (Kessenich), Eycke (Alden-Eyck), Marsna (Meersen), Echta (Echt), enz. Met deze enkele plaatsnamen kan men de grenzen der gouw niet terugvinden; voor ons is het voldoende dat ze binnen de hooger aangegeven grenzen vallen.

Eene treffende bevestiging van onze stelling vinden wij in eene bijdrage van A. Hansay, *La partie Lossaine des anciens comtés du Masau* (⁴), namelijk aangaande het deel van het graafschap Loon dat den naam van *Maasland* draagt. Baron C. de Borman (⁵) heeft er reeds op gewezen dat de Loonsche leenen uit het *Maeslant*, gelijk de naam zelf het zegt, gelegen zijn langs de Maas in de omstreken van Maeseyck, in het Noord-Oosten der provincie Limburg, en dat zij oorspronkelijk afhingen van eene bijzondere leenzaal die bestaan bleef tot den 11ᵉ september 1469, op welken datum de prinsbisschop Lodewijk van Bourbon, graaf van Loon, ze vereenigde met de leenzaal van Curingen. Het bes-

---

(¹) VANDERKINDERE. *Aang. werk*, 2ᵉ d., bl. 103, envg.
(²) *Ibid.*, bl. 48.
(³) *Ibid.*, bl. 60.
(⁴) Uitgegeven in de *Annales du XXIᵉ Congrès de la Fédération archéologique et historique de Belgique*, I. 139-145. Luik, 1909.
(⁵) C. DE BORMAN, *Livre des fiefs du comté de Looz sous Jean d'Arkel*, préface, pp. VIII et IX.

taan van deze leenzaal van het *Maeslant* liet hem toe te besluiten dat de streek die er van afhing niet altijd deel had uitgemaakt van het graafschap Loon en dat het er eerst mede vereenigd werd nadat het leenstelsel bepaald was vastgesteld.

Niemand zal betwijfelen of dit *Maeslant*, onderdeel van het graafschap Loon, ontleent zijn naam aan de oude Maasgouw, ook *Maeslant* genaamd, waarvan het deel uitmaakte. A. Hansay heeft uit de registers der leenzaal van Curingen de uitgestrektheid bepaald van dit Loonsch *Maeslant* ; Maaslandsche leenen waren gelegen onder de gemeenten Reckheim, Leuth, Mecswyck, Lanklaer, Stockheim, Dilsen, Rothem, Eelen, Maeseyck, Alden-Eyck, Heppeneert, Niel, Opoeteren, Neerglabbeek, Opitter, Tongerloo, Bree, Meeuwen, (Steyn, Urmond, Born, Pietersheim) (¹).

Welnu hier vinden wij juist weer de grenzen terug van de groote helft van het landdekenaat Eyck, genoemde plaatsen liggen alle binnen dit dekenaat en beslaan er geheel het zuidelijk deel van. Hoe aldus het dekenaat Eyck of de Opper-Maasgouw linker oever in onderdeelen uiteen viel ligt in het duister. Terwijl het zuidelijk deel onder Loon kwam vormden zich in het Noorden verschillende vrijheerlijkheden : Kessenich, Wessem, Horne, Kessel en Weert. De voornaamste dezer was Horne dat in latere eeuwen een graafschap werd, ook zijn vroegere naam herinnert aan de oude Maasgouw, in de oudste leenregisters wordt het land van Horne *Baronie van Maasland* geheeten (²). Zoo nog waar Willem, heer van Horne, aan Joanna van Heynsberg, zijne echtgenoote, zijne goederen in leeftocht geeft (20 mei 1374) zegt deze : *uit unsen lande van Horne dat geheiten is Maselant met namen in den dinckstoelen van Wessem, van Geistingen, van Heithusen, van Neer, van Haelen, van Beecden ende in allen dien dat binnen hoert* (³). Wellicht heeft de Opper-Maasgouw linker oever eens geheel onder Loon gehoord; de heeren van Horne waren immers verwanten en vassalen van Loon.

Rechts van de Maas was de Roer de scheidingslijn tusschen de deke-

---

(¹) De schrijver zegt bij vergissing Bilsen in plaats van Dilsen : *op 't Hullentak, Holentaxvelt, Holentaxguet* is gelegen onder Dilsen nabij de kanaalsbrug van Rothem. — Steyn, Born en Pietersheim, alle drie vrijheerlijkheden, kwamen afzonderlijk onder het graafschap Loon te hooren en werden bij het reeds bestaande *Maeslant* ingedeeld.

(²) Jos. HABETS, *Het Graafschap Horne*, in *Public. de la Soc. Hist. et Archéol. du Limbourg*, t. VIII, bl. 48, Het land van Horne bestond uit de dorpen Horne, Halen, Buggenum, Nunhem, Roggel, Heythuysen, Neer, Geistingen, Ophoven en Heel. De heer van Horne bezat de erfvoogdij over Thorn en Neeritter. De heerlijkheden Weert, Wessem, Breugel, Bouchout en Cortessem waren bijzondere eigendommen zonder rechtstreeksche betrekkingen met het land van Horne.

(³) WOLTERS, *Notice historique sur Hornes*, p. 235, of *Codex Diplomaticus Lossensis*, p. 386.

naten van Susteren en van Wassenberg of tusschen de Opper- en Neder-Maasgouw ; op het einde der XIe eeuw vinden wij dezelfde lijn nog terug als grens tusschen het graafschap van Gelder, dat geheel den pagus Moilla (Neder-Maasgouw), de Hattuargouw en meer andere bezittingen had aangeworven, en het graafschap Gulick ([1]).

Meer soortgelijke bewijzen zou men voor onze stelling kunnen aanhalen, bij voorbeeld de vele oorkonden waarin plaatsen uit naburige gouwen vermeld worden; dat zou ons hier te uitgebreid doen zijn ([2]).

Het gebied van Maestricht (districtum Trectis) levert eene bijzondere moeilijkheid op: hoorde het tot de Maasgouw of tot de gouw van Hasbanië ? De deelingsakte van 870 geeft hierover geen bescheid. Reeds omstreeks 9oo heerscht er in de oorkonden eene opvallende verwarring, men vindt de abdij van St-Servaas opvolgend vermeld : *in comitatu Maselant, in pago Maseland, in pago Hasbaniensi, in comitatu Hasbaniensi* ([3]). Onze meening is dat de streek van Maestricht oorspronkelijk tot de Maasgouw behoorde; doch daar dit gebied reeds vroeg een afzonderlijk distrikt uitmaakte, gescheiden van de graafschappen der Maasgouw, ging de herinnering aan de oude indeeling verloren; de meeste oorkonden echter plaatsen de stad Maestricht in de gouw of het graafschap van Maasland. Misschien ook komt de verwarring hieruit voort, dat het dekenaat van Maestricht te allen

---

([1]) VANDERKINDERE, *Aang. werk*, bl. 324.

([2]) Op de oude grenzen vindt men de plaatsnamen *Meer*, *Mark*, *Belle* (*Balium-Bailium*). In het noorden der provincie Antwerpen op de rivier *Mark* ligt het dorpje *Meir* met *Meersel* en *Meerle* (le, loo = bosch) op de grens der dekenaten *Hilvarenbeek* (Toxandrië) en Antwerpen (gouw van Ryen) ; de *Mark* ontspringt bij de grens. Tusschen de dekenaten Beeringen en Woensel vindt men op de grens de plaatsen *Meerhout*, *Merlaer*, *Bell* en *Baelen*. Op de grens van het dekenaat Maestricht *Fall-Mheer* ; tusschen de dekenaten Cuyck en Eyck (Opper- en Neder- Maasgouw) *Meerfell*, thans Nederweert geheeten. Voor de beteekenis van *Meer* = grens, zie VANDERKINDERE, *A. w.*, bl. 103, nota 2.

([3]) Diploma van Keizer Arnulphus, 889 : « abbatia S^{ti} Servatii, quae vocatur Trajecta, in comitatu Maselant nuncupato ». (MIRAEUS. *op. Dipl.*, 1, 250). Diploma van Koning Zwentibold, 13 mei 898 : « abbatia quae est in pago Maseland vocabulo Trajecto ». (BUTKENS, *Preuves*, p. 14) ; tweede diploma van denzelfden koning en van denzelfden dag : « abbatia S^{ti} Servatii Trajectensis monasterii in pago Hasbaniensi juxta Mosam et in comitatu Maseland » (*ibid.*, p. 14). Twee diploma's van Karel den Eenvoudige, het eerste van 13 Juni 919 zegt : « in comitatu Maselant » (BOUQUET, *Recueil*, IX, 541), het tweede van 9 Juli 919 zegt : « in comitatu Hasbacensi (*ibid.* 546) ; diploma van denzelfden koning van 927 : « abbatia S^{ti} Servatii, quae est constructa in Trajecto in comitatu Maselant. (BUTKENS, *Preuves*, p. 15). — Het dorp Epen binnen het dekenaat Maestricht wordt in diploma's vermeld in 1041 in de *Luigowe*, in 1056 in het *Maselant* en in 1075 in den *pagus Aquensis*. (VANDERKINDERE, *A. w.*, bl. 178-180). Te dien tijde schenen de oude grenzen geheel verloren, terwijl het gebruik de gouwen en graafschappen in de oorkonden te vermelden nog steeds in voege bleef.

tijde onder het aartsdiakenaat van Haspengouw heeft behoord, een feit van bijzondere beteekenis waarover wij echter in deze korte bijdrage niet verder kunnen uitweiden (¹).

H. Van de Weerd.

(¹) Gaarne hadden wij hierbij eene kleine landkaart gevoegd, aangevende de grenzen der dekenaten en de waterloopen; het beheer dezer uitgave vond er bezwaar in; tot onze spijt moeten wij ons bepalen met te verwijzen naar de bijdrage van Mgr. E. Schoolmeesters : *L'archidiaconé de Campine en* 1400, uitgegeven in *Analectes pour servir à l'histoire ecclésiastique de la Belgique*, 3ᵉ série, II (XXXII de toute la collection), 1906 ; daar vindt men de volledige lijst der parochiën van de landdekenaten uit de Maasgouw en uit Toxandrië.

L'ŒSLING

et ses rapports avec l'Ardenne

I. — L'Œsling grand-ducal

« Géologiquement et orographiquement », écrivait en 1885 le Dr J.-P. Glaesener, de Diekirch(¹), « le Grand-Duché de Luxembourg se divise en deux parties nettement distinctes, la partie Nord-Ouest, qu'on appelle l'*Ardenne* (*Œsling*), et la partie Sud-Est, communément nommée *le Bon Pays* (*Gutland*). La première, l'Ardenne, forme, avec 80.000 hectares de superficie, environ le tiers du pays ; elle se rattache à l'Ouest et au Nord à l'Ardenne belge et, par celle-ci, à l'Ardenne française, au Nord-Est à l'Eifel prussienne ; on ne peut même établir aucune délimitation naturelle et marquée entre cette dernière et l'Ardenne en général ».

La limite méridionale de l'Ardenne grand-ducale se dirige du Sud-Ouest vers le Nord-Est, par les localités de Roodt, Wahl, Feulen, Erpeldange, Bastendorf, Fouhren et Roth. Tout l'Oesling n'est composé que de terrains dévoniens : c'est, selon l'expression de Glaesener, « une terre antique et vénérable, une des premières émergées de l'Europe » ; elle se caractérise avant tout par l'existence des schistes : *Mat der Léh heert d' Iésleng ob*, dit le populaire (²).

A côté du nom officiel de l'Ardenne grand-ducale, *das Oesling*, que je trouve déjà employée en 1815 par D.-C. München, existe une forme dialectale, assez différemment notée par les auteurs : *Eeslek*, dans le Dictionnaire géographique du Luxembourg, de Vandermaelen (1838) ; *Esleng*, dans le *Lexicon der Luxemburger Umgangs sprache* de Gangler (1847) ; *Eeslick*, dans la *Frontière linguistique* de Kurth (1896) ; *d'Iésleng* (1898) ; *Eislek* ou *Eisselenk*, dans le *Wörterbuch der Luxemburgischen Mundart* (1906).

D'après München, l'Oesling de son temps (1815) formait une partie du grand territoire de l'Ardenne d'autrefois ; Vandermaelen écrivait

---

(¹) *Le Grand-Duché de Luxembourg historique et pittoresque*, p. 200.
(²) Note de l'éditeur de *D.-C. München's Versuch einer Geschichte des Herzogtums Lützelburg*, Luxbg., 1898-1901, p. 23.

en 1838 — un an avant le traité de séparation — « l'Ardenne, dans la langue du pays *Eeslek*, partie septentrionale du Luxembourg, comprend le quartier wallon et quelques cantons du quartier allemand ».

L'Oesling grand-ducal est cité dès le neuvième siècle : le 18 septembre 825, le monastère de Lorsch reçoit des biens sis *in pago Osninge, in villa Hemingestorph... et in Surire marca* (¹), c'est-à-dire à Hamiville ou Heisdorf (entre Bastogne et Clervaux), et à Surré, au S.-O. de Wiltz (²).

D'autre part, Césaire de Heisterbach mentionne en 1222 *Ardenna, id est Osclinc* (plus loin : *Oslihc*), *in qua terra jacet Alve et Hunlar et Vilantia* (³) ; or, si *Alve* (Alf) est sis dans la région de Prüm, et Villance dans l'Ardenne belge, *Hunlar* n'est autre que Holler, au N. de Clervaux. Se trouve également dans l'Oesling grand-ducal Esch-sur-Sûre, appelé *Esch in Oysning* dans un document de 1340.

Signalons encore qu'à Bettendorf, à l'E. de Diekirch, à la limite du terrain ardennais, existait un lieu dit *uff dem Eyselick* (1679), *uf dem Eysslick* (1715) ou *auff dem Eysselick* (1715) (⁴). D'autre part, à Consdorf, au S.-O. d'Echternach, un relevé de biens du XVIᵉ siècle parle *de prato im Oesslinck dicto Sliter, propre Constorf* (⁵). Enfin, notre Ardenne grand-ducale a laissé son nom à une famille *Oeslick*, qui figure au recensement de 1880 (⁶).

II. — L'Oesling belge

Mais le terme d'Osning ou d'Oesling n'est nullement, dans les documents, un monopole de la partie septentrionale du Grand-Duché : nous l'y rencontrons, également, appliqué à l'Ardenne actuellement belge.

Longlier-lez-Neufchâteau apparaît comme situé, en 946 *in Osninge*, en 982 *in pago Osning nominato*.

En 1222, nous l'avons vu, *Villance* (entre St-Hubert et Paliseul) est mentionné *in Ardenna, id est Osclinc*.

De 1346 à 1505, de nombreux textes placent dans l'*Oeszling* (*Oyslinck, Oesseling*, etc.) Salm, Rachamps (au Sud de Houffalize) et Laro-

---

(¹) *Cod. Laureshamensis abbatiae*, t. III, Mannheim, 1770, nº 3795.

(²) Piot n'a pas identifié *Hemingestorph*. Il ne peut cependant y avoir de doute, malgré l'éloignement de Lorsch : ce monastère a possédé d'autres biens dans le pays, et Heisdorf est connu par des graphies *Hemstorf* (1424-1539), *Hemsdorf* (1437), *Hembstorff* (1445), *Heymstorff* (1495, 1560), qui fournissent toutes les transitions désirables entre *Hemingestorph* et le nom actuel ; la forme française ne m'est connue qu'à partir de 1469 (*Hamyville*).

(³) Cf. Annexe, IX. C'est à cette annexe qu'il faut se référer, d'une façon générale, lorsque je n'indique pas ma source dans le texte de l'article même.

(⁴) Protocoles notariaux de Diekirch.

(⁵) *Publ. de la Sect. Histor. de l'Institut G.-D. de Lux.*, t. 52, p. 464.

(⁶) N. Muller, *Die Familien-Namen des Grossherz. Lux.*, 1886.

che. Au milieu du XVIᵉ siècle, Sébastien Münster appelle la région de Bastogne *das Oesling*.

III. — L'OESLING ALLEMAND

a) *A l'Ouest du Rhin*

Au Nord-Est du Grand-Duché et de l'Ardenne belge, le nom d'Oesling est resté attaché à une bande de territoire s'étendant des environs de Neuerbourg jusqu'au pays d'Eupen.

O. Beck, en décrivant, en 1868, l'arrondissement de Bitbourg (¹), distingue expressément de la région de Bitbourg même (le Bidgau) celle sise à l'Ouest de cette ville et dite *Isling, Oesling* ou *Eisling* : caractérisée par un climat plus rude, une fertilité moindre du sol; elle comprend les environs de Neuerbourg jusque Weidingen et Baustert à l'Est, Lahr au Sud et touche directement, à l'Ouest, à l'Oesling-grand-ducal. Vers le Nord, par la région de Dasbourg-Daleiden, elle se rattache au pays de St-Vith, également appelé *Eisling* ou *Oisling* par ses habitants (²).

Plus haut encore, le terme *der Eisling* s'applique, d'après Kaltenbach (³), à une région s'étendant au Nord jusque Simmerath et Montjoie, dont les montagnes sont surtout caractérisées par des schistes, de la terre glaise, de l'argile.

Si nous consultons les anciens textes, nous rencontrons à mainte reprise cette appellation ; ils nous obligent, même, à en élargir considérablement l'extension géographique.

Pour ce qui concerne le pays de Neuerbourg, tout d'abord, nous trouverons cette localité mentionnée, en 1298, comme sise *im Huyslinck* (variantes : *in me Huysslinck* et *Oyszlink*).

Pour la région sise plus au Nord, nous ne sommes pas moins documentés.

En 850, écrivent les *Annales Xantenses* (XIᵉ siècle), l'empereur Lothaire I et le roi Louis le Germanique s'entendaient si bien qu'ils chassèrent ensemble, de nombreux jours durant, *in Hosninge*. Les *Monumenta*, auxquels j'emprunte ce détail (⁴), voient dans l'*Hosninge* les *Osningi Montes in Westfalia*. Cependant, la multiplicité des anciens

---

(¹) *Beschreib. des Regbz. Trier*, I, 88. — BARSCH (*Eiflia illustr.*, I, 1ʳᵉ p., 1824, p. 22), suivant en ce le curé Schmitz, de Dockweiler, fait passer les limites de l'Eifel par « Butgenbach (Ardennen Welschland), Neuerburg (Oestling), Kylburg (Bitgau, Bikow) ».
(²) HECKING, *Geschichte der Stadt St-Vith*, 1875, p. 12.
(³) Rapp. par BARSCH, *Eifl. ill.*, III, 1ʳᵉ p., I, 1852, pp. 581-582.
(⁴) MGH, SS, II, p. 229.

textes qui nous parlent des chasses royales en Ardenne, au IXe siècle (en 802, 804, 809, 813, 819, etc.), et la circonstance que Lothaire et Louis étaient à Cologne vers la fin de juin 850 ([1]), me font admettre qu'il ne peut s'agir ici de la Westphalie, mais bien de l'Ardenne cisrhénane, où les palais royaux — les pavillons de chasse, devrions-nous plutôt dire — abondaient à l'époque carolingienne.

Trois siècles après, en mai 1131, le roi Lothaire confirme aux abbayes de Siegburg et de Brauweiler le droit d'usage dont elles jouissaient *in silva que dicitur Osninch*, pour leur cour de Pier (entre Juliers et Düren) ([2]). Dix ans plus tard, le roi Conrad II eut à intervenir, les moines de Brauweiler s'étant vu disputer les droits d'usage attribués à leur cour de Pier dans la même forêt dite *Osninch* : le 14 septembre 1141, il confirma à nouveau cette possession aux religieux ([3]).

La forêt d'Osning est mentionnée, vers la même époque, dans une notice d'un cartulaire du XIVe siècle, notice que L. Korth date d' « après 1075 », tandis que Knipping la place « vers 1200 » ([4]). Ce texte, dont l'importance avait été reconnue dès le XVIIe siècle par Gelenius, nous fait connaître le circuit du territoire de chasse de l'archevêque de Cologne *super silvam quae dicitur Osninc* ; ces limites passaient par *Cagun* (Geich ou Gehn, au N.-O. et au S.-E. de Zülpich), Roizheim près de l'Erft, Tondorf (au S.-O. de Münstereifel), Dalhem et Berk (au N.-E. et au N.-O. de Kronenburg), Wallerode (N.-E. de St-Vith), St-Vith, l'Amblève, Wirzfeld (S. de Montjoie), l'Urft et *Cagun* ; elles bornaient un territoire répondant à peu près à l'ancien décanat de Zülpich et, par conséquent, à l'ancien *Zülpichgau*.

Le même cartulaire rapporte également que l'empereur Henri avait donné à la cathédrale de Cologne le *bannus venacionis* (*wildban*) depuis la source de l'Erkensruhr (au S.-E. de Montjoie) jusqu'à son confluent avec la Ruhr (à Einruhr, entre Montjoie et Gemünd) et de là jusque Heimbach (sur la Ruhr, au N. de Gemünd) ; de plus, l'empereur avait octroyé à l'archevêché, en propriété, avec droit de chasse, la forêt s'étendant depuis le confluent de l'Erkensruhr et de la Ruhr jusqu'à celui de cette dernière rivière avec l'Urft (à quelques kilomètres en

---

([1]) Cf. R. PARISOT, *Le Royaume de Lorraine sous les Carolingiens* (1899, p. 4), qui rapporte le fait « à Osnigwald, en Westphalie ».

([2]) LACOMBLET, *Urkdb. des Niederrheins*, I, 1840, n° 310. Cette confirmation a fait l'objet de deux documents, identiques, un pour chacun des monastères.

([3]) *Ibidem*, n° 343.

([4]) KORTH, *Der älteste Kartular des Kölner Domstiftes*, dans *Westdeutsche Zeitschrift*, Ergzh. III, Trier, 1886, p. 195 : KNIPPING, *Die Regesten der Erzb. von Köln*, II, 1901, n° 1571.

aval d'Einruhr) (¹). Dans cette forêt, *in supradicta silva, scilicet Osninc*, les chasseurs devaient apporter la venaison aux forestiers de Hagestolde, qui la feraient parvenir à l'archevêque, à Cologne, Bonn, Neuss ou Aix.

A la même époque, le nom d'Oesling est encore appliqué à la région de Montjoie : vers 1200, le duc Waleran III de Limbourg et sa femme, fondant le couvent de Reichenstein (sur la Ruhr), lui donnent entre autres biens sis autour de Montjoie, des bois jusqu'à l'Oesling, *Oslingia* (²).

En 1222, nous avons vu Alf (au N.-O. de Prüm) mentionné *in Ardenna, id est Osclinc* ; au XIVᵉ siècle, Auw (à l'E. de St-Vith) est indiqué comme étant *im Oyslinck* (1342, 1381), *in Oesslinck* ou *in dem Oesslinck* (1399) (³) ; vers 1288-1290, van Maerlant place Prüm *in Osninc*.

A la même époque que van Maerlant, un autre flamand, Jean van Heelu, qui écrivait vers 1291-1292 (⁴), emploie le terme *Oesseline* ou *Oessenine*, pour désigner une région dont il appelle les habitants *die Oesseninghe, Oesselinge, Oesterlinge* ou *Oesseninge* ; seulement, il use de ces termes en poète, avec une précision toute relative.

Tantôt il oppose l'Oesling à la Hollande :

Al die Mase op ende neder
Van Oesseline tot Hollant weder (v. 2627-8) ;

tantôt aux pays de la Meuse et du Rhin :

Die Maseleren ende die Oesterlinge (v. 5649) ;
— *Dat sceen wel den Oesseningen*
Ende den coenen Moeseleren (v. 7090-1) ;
— *Die Moeseleren ende die Oesseninge* (v. 7145) ;
— *Overlendre ende Rineren,*
Oesseninge ende Moeseleren (v. 7299-300).

Ailleurs, parlant de la marche du duc de Brabant, en route de Dalhem vers Aywaille, le chroniqueur nous dit :

Alsoe reet in Oessenine
In't wilste lant van Almaengen
Dore wout ende door montaengen (v. 3502-4).

(¹) Cette donation fait l'objet d'un diplôme du 7 octobre 1069 : le roi Henri IV donne à l'archevêque Annon II *bannum unum quod vulgo Wildban dicitur*, dans un territoire partant du confluent du Heimbach et de la Ruhr, remontant celle-ci jusqu'à l'Erkensruhr, puis cette dernière jusqu'à une route (LACOMBLET, I, n° 212).
(²) Cf. SCHORN, *Eiflia sacra*, II, 1889, p. 425.
(³) BARSCH, *Eiflia ill.*, III, 2ᵉ p., 1, 1854, p. 194 ; Archives de Reinach, à Luxembourg, nᵒˢ 712 et 1002.
(⁴) Cf. WILLEMS, *Chronique de Jean van Heelu*, 1836.

Il comprend donc ici par Oesling l'ensemble de l'Ardenne boisée et montagneuse, aussi bien en terre allemande qu'en pays wallon. Il emploie aussi *Oessenine* et *Oesseninge* pour désigner le pays et les sujets du comte de Luxembourg ; par contre, il fait originaires de l'*Oessenine* les Scavedriesch et sire Gobbel de Huckelbach (v. 7157 et 7253), qui appartenaient au pays d'Outre-Meuse (¹).

De 1414 à 1501, les documents placent Schönberg (à l'E. de St-Vith) *im Oysling* (1414), *im Oissling* (1435, 1455, 1492, 1501), *im Oysseling* (1437) ou *im Oisling* (1490, 1492, 1496) (²). En 1762, je rencontre la mention de *Wirtzfelt im Osling*.

Vers 1730, — pour relever encore une mention de l'Oesling caractéristique pour le climat de la région, — le prieur du couvent de Reichenstein note qu'à la ferme de Reinartzhof (au N.-O. de Montjoie) on sonnait une cloche d'heure en heure, la nuit venue, en temps de brouillards et de neiges ; la mesure n'était pas inutile, car la ferme jalonnait le vrai passage de Montjoie et de l'*Oestlingen* vers Aix-la-Chapelle, et il s'agissait de préserver des dangers de la perfide fagne les voyageurs allant chercher le pont de la Vesdre (en aval de Röttgen) (³).

Ce qui a particulièrement contribué à assurer la conservation de cette antique dénomination dans la région de Montjoie et de Malmedy, c'est qu'elle a été donnée à une juridiction ecclésiastique : des deux chrétientés dont se composait le doyenné colonais de Zülpich, celles de Zülpich et de Malmedy, la dernière était habituellement appelée *Districtus Oistlingiae* ; longeant l'évêché de Liége, elle comprenait les paroisses d'Amel, Bellevaux, Büllingen, Büttgenbach, Conzen (dont fut détachée par la suite la cure de Kalterherberg), Malmedy, Montjoie, Recht, Simmerath et Weismes (⁴).

(¹) En 1312, Henri de *Houclebach* tenait du duc de Brabant une rente sur le tonlieu de Rolduc ; en 1290, Henri de Huckelbach scelle un acte avec Guillaume *de Holseit*, qui était, à ce que nous apprend son sceau, un *Scavend(rie)ze* ; en 1364, *Egidius dictus de Berghe prope Hukelebach* reçoit une rente du receveur de Maestricht ; en 1348, un Jakemin Scavedris était chanoine de St-Servais, en cette dernière ville (Cf. DE RAADT, *Sceaux armor.*, II, 98 et 126, III, 375 ; et GALESLOOT, *Livre des feudataires de Jean III*). Cf. au sujet du sens d'*Oessenine* chez van Heelu, les remarques de Wauters, dans ses recherches sur la géographie de la Belgique ancienne (dans la *Revue Trimestrielle*). VAN VELTHEM (*Voortzetting van den Spiegel Historiael*, éd. Van der Linden et de Vreese, I, 1906, passim) suit van Heelu dans l'emploi des termes *Oessenine* et *die Oseninge*.
De ces auteurs, le terme *Oesseninge* a passé dans une chronique française, mais bien certainement sans que le traducteur en ait compris le sens : dans son *Livre des Cronicques de Brabant*, achevé vers 1470, Jehan d'Enghien parle du secours reçu par le comte de Luxembourg, à la bataille de Woeringen, « de ceulx de son armée et des oessemuns » (Comm. R. d'Hist., 2ᵉ s., t. VIII, p. 384).

(²) BARSCH, *Op. cit.*, III, 1ʳᵉ p., 1852, pp. 42 et 43, et 2ᵉ p., 1, 1854, p. 200 ; GOERZ, *Reg. der Erzb. zu Trier*, 1861, pass. ; *Arch. de Clervaux*, n° 1451.

(³) SCHORN, *Eiflia sacra*, II, p. 450.

(⁴) Cf. BINTERIM et MOOREN, *Die Erzdiöcese Köln*, t. I, 1892, pass.

On le voit, nous devons assigner au terme Oesling une acception beaucoup plus large que celle qu'on lui donne encore de nos jours, en terre germanique : nous devons y comprendre, au moins, en dehors du Grand-Duché, une région allant au Nord jusqu'à Pier et embrassant une grande partie des arrondissements de Düren, Schleiden, Montjoie, Malmedy, Prüm et Bitbourg. Ce n'est pas tout, cependant, et un document de 1197 nous force à étendre ces limites jusqu'au Rhin, et même au-delà.

B) *A l'Est du Rhin*

Le 22 janvier 1197, Adolphe, archevêque de Cologne, fait savoir que son prédécesseur Philippe (1167-1191) avait acquis tous les alleux que le landgraf Louis (de Thuringe) possédait des deux côtés du Rhin, en aval de la forêt d'Osning, *in utraque parte Reni, a silva que vocatur Osnikke versus partes inferiores,* c'est-à-dire le château de Bielstein, celui de Wied et les deux forteresses de Windeck (¹). Or, ces quatre châteaux étaient sis à l'Est du Rhin, si bien que, malgré leur peu de clarté, les termes de cette charte nous obligent à chercher l'Osnikke au-delà du fleuve ; cela s'accorde, d'ailleurs, avec un relevé des acquisitions de l'archevêque Philippe de Heinsberg, qui mentionne, avec les quatre châteaux, *omne allodium a Marpurg usque ad Renum* (²).

De fait, nous trouvons au Nord de Marburg, près de Paderborn, le nom d'*Osning*, appliqué à une partie du Teutoburger Wald ; cette portion, plus communément appelée *Lippischer Wald*, s'étend dans la principauté de Lippe, sur une trentaine de kilomètres, au S.-O. de Detmold (³). Evidemment, cet Osning est situé à une grande distance de Marburg (environ 125 kilomètres à vol d'oiseau) et du Rhin (environ 170 kilomètres), mais des documents, nous révélant l'existence d'un Osning, aux XIIIe et XIVe siècles, à Matfeld près de Brilon, vont nous permettre de raccourcir considérablement ces distances.

D'autre part, dans son *Histoire d'Osnabrück* (⁴), Möser signale qu'*Ossning* et *Ossnegge* sont des appellations propres à plusieurs montagnes et bois du pays d'Osnabrück.

C'est ce que les textes mêmes vont nous confirmer.

(¹) LACOMBLET, I, n° 554 ; cf. KNIPPING, II, 1901, n° 1541.
(²) KNIPPING, *Ibid.*, n° 1386.
(³) Cf. les dictionnaires de Meyers et de Brockhaus. — Förstemann et Jellinghaus (*Altdt. Namenbuch*, II, 1re p., Bonn, 1913, col. 273) attribuent le nom d'Osning à la partie du Teutoburger Wald s'étendant de Halle à Oerlinghausen (à la hauteur de Bielefeld, donc).
(⁴) *Osnabrückische Geschichte*, éd. Abeken, 1re p., Berlin, 1843, p. 225.

Dans sa *Vita Karoli Imperatoris*, Eginhard nous apprend qu'en 783 Charlemagne infligea aux Saxons deux défaites près de la montagne *Osnengi*, dans les environs de Detmold et sur la Hase (qui arrose Osnabrück) ([1]).

En 965, Otton Ier donne à l'église épiscopale d'Osnabrück une forêt, *nemus vel forestum*, dont les limites sont décrites par le diplôme ; parmi ces limites, dont l'identification est assez malaisée, figurent : ...*Angare, Osning, Sinithi*... Cette libéralité est confirmée par Henri II, en 1002 et en 1023, par Conrad II, en 1028, et par Henri IV, en 1057 ([2]) : *Osning* s'y retrouve chaque fois, mentionné dans des conditions identiques.

Cette donation et sa confirmation ne permettent guère de situer avec précision cet Osning ; il en est autrement d'une libéralité de Henri II, accordant à l'évêché de Paderborn, en 1002, une forêt commençant au Lutterbach (affluent de l'Aa, au N.-E. de Bielefeld) et s'étendant par l'Osnig et le Sindfeld (au Sud de Paderborn) jusqu'à la route de Harhausen (près de Nieder-Marsberg, à l'Est de Brilon, province d'Arnsberg). Nous sommes ici en plein Teutoburger Wald.

Or, la vie de l'évêque de Paderborn, Meinwerc, écrite au milieu du XIIe siècle, rapporte la donation, à la même église, de la forêt allant de la rivière Dalke (au S. de Bielefeld), jusqu'à la route de Harhausen, en passant par l'Ardenne, c'est-à-dire l'Osnig (*per Ardennam id est Osnig*) et par le Sindfeld. Ces indications concordent avec les termes d'une donation semblable faite en 1001, par Otton III, et parlant, non pas de l'Osnig, mais bien de l'Ardenne : *de foresto quod... tendit per Ardennam et Sinede* ([3]).

La même synonymie est encore attestée par la suite.

Un bois près de Scherfelde (arrondissement de Warburg, à l'E. du Sindfeld et au S.-E. de Paderborn) est appelé *Osninc* en 1148 et en 1153, *Osininc* en 1184 ([4]): or, un document de 1323 stipule, à propos de la

---

([1]) *Semel juxta montem qui Osnengi dicitur, in loco Theotmelli nominato, et iterum apud Hasa fluvium* (MGH, SS, II, 447). Ce texte est de la fin du IXe siècle ; on connaît les variantes *Hosneggi* (XIe s.), *Osnigni* et *Osneggi* (XIIe s.).
Ekkehard (*Chronicon Universale*), copiant Einhard, écrit *Juxta montem qui Osneggi dicitur* (vers 1100 ; MGH, SS, VI, 161).

([2]) MGH, Dipl. Reg., I, 417 ; III, 9, 626 ; IV, 168. Möser, *Op. cit.*, IV, Urkd., p. 41.
La forêt faisant l'objet de cette donation est mentionnée, chose curieuse, en même temps que la forêt d'Aix-la-Chapelle, dans un diplôme de Charlemagne, par lequel, le 20 décembre 804, l'empereur accorde à l'église d'Osnabrück *quoddam nemus vel forestum infra haec loca situm :... Angeri, Osning, Sinethi... com... omni venatione quae sub banno usuali ad forestum deputatur, ad similitudinem foresti nostri Aquisgranum pertinentis, in silva Osning* (Möser, *loco cit.*, pp. 4 et 5). Seulement, il a été reconnu que ce diplôme est le produit d'une falsification ne remontant pas au delà du XIIe siècle (Cf. Böhmer, *Reg. Imperii, Die Reg. des Kaiserreichs, 751-918*, éd. Muhlbacher-Lechner, 1908, t. I, 3e p., n° 408).

([3]) La confirmation de cette donation, en 1003, par Henri II, porte également *per Ardennam*.

([4]) Cf. Förstemann, *loco cit.*, d'après Erhard, *Regesta Hist. Westfaliae*, II, n°s 268, 289 et 449, que je n'ai pu consulter.

vente d'un bien situé au même Scherfelde, le droit de couper du bois dans l'Ardenne, *in Ardenna*.

L'Osning de la région de Paderborn est encore signalé, à ma connaissance, jusqu'au XVe siècle : en 1217, la forêt *Osnync* est mentionnée dans un arbitrage intéressant les bourgeois de Paderborn ; en 1250, en 1313 et en 1338, sous les formes *Osnynge*, *Ostninge* et *Osningen*, apparaît une localité, appelée ensuite *Oestlingen*, actuellement Matfeld, dans l'arrondissement de Brilon, à quelques kilomètres à l'O. du Harhausen de 1002 ; enfin, *Oesling* est le nom encore porté en 1461 par une montagne près d'Iburg, au Sud d'Osnabrück.

* * *

A la lumière des indications qui précèdent, examinons quels rapports ont pu, dans le passé, rattacher l'*Eislek* grand-ducal, l'*Osning* des Ardennes belges, l'*Eisling* de la Prusse rhénane, l'*Osning* westphalien, à l'antique *Silva Arduenna*.

Ce problème a depuis longtemps exercé la sagacité des historiens et des érudits. Sans remonter aux théories émises dès le XVIIe et le XVIIIe siècle par les Wiltheim, les Crollius, les Kremer, voyons ce qu'en pensent les auteurs belges des quarante dernières années.

Dans ses *Pagi de la Belgique*, publiés en 1879 ([1]), Piot, se basant sur les deux mentions de Longlier au Xe siècle et sur la donation de « Hemmingestorff », est amené à créer un « petit pagus d'Osning », subdivision du pagus moyen d'Ivoix ; ce dernier, partie du grand pagus de Woivre, comprenait les paroisses des doyennés d'Ivoix et de Juvigny ([2]). En 1896, dans sa *Frontière linguistique* (pp. 397-398), Kurth signale qu'*Osning*, « placé par l'idiome germanique à côté d'Ardenne », est dans le Luxembourg allemand le nom de l'Ardenne, avec une prononciation régionale *Eeslick*, se rapportant à un haut-allemand *Oesling* ; s'en référant aux auteurs cités par Piot, il fait allusion à l'identité de sens d'Osning et d'Ardenne.

Dans sa *Toponymie Namuroise* (I, 1900, pp. 218-219), le chanoine Roland rapporte, mais sans trancher la question, l'opinion de Wiltheim, Besselius, Crollius et Beyer, qui admettaient la synonymie d'*Ardenne* et d'*Osning*, et celle de Piot (l'Osning constituant un petit pagus indépendant du pagus Arduennensis).

([1]) *Mém. cour. de l'Académie*, in-4°, t. 39.
([2]) Piot assignait donc à l'Osning (mais sous réserves) les limites suivantes : au N., le pagus des Ardennes ; au S., la Semois ; à l'E., le pagus d'Arlon ; à l'O., la Semois et le ruisseau dit *Ru des Aleines*.

Enfin, en 1902, Vanderkindere (*Formation territoriale des Principautés Belges*, t. II, p. 338) dit de la région septentrionale du comté d'Ivoix, correspondant primitivement aux doyennés d'Ivoix et de Juvigny : « elle paraît dans quelques textes avec le nom d'Osning, qui a peut-être été appliqué anciennement à l'Ardenne tout entière : *Ardenna id est Osnig*, dit l'auteur de la Vie de Meinwerk de Paderborn ».

Abordant à notre tour la question, et reprenant les termes mêmes de Vanderkindere, nous pourrons dire que « le nom d'Osning a *certainement* été appliqué, anciennement, à l'Ardenne tout entière ».

Absolument significatives à cet égard sont les équations *Ardenna id est Osnig*, de la *Vita Meinwerci* (milieu du XIIe siècle), et *Ardenna id est Osclinc*, de Césaire (1222). Leur juxtaposition suffirait déjà, dans le parallélisme parfait de leurs affirmations si catégoriques, pour justifier notre proposition.

Nous allons encore, cependant, montrer, par de nombreux exemples, que la synonymie des termes *Ardenna* et *Osning* était complète, incontestable, non seulement au XIIe et au XIIIe siècle, mais également pendant tout le moyen âge ; à toutes les régions où nous avons rencontré l'appellation d'Osning, nous trouvons également appliquée la dénomination d'Ardenne, quelquefois à propos d'une seule et même localité. Nous l'avons constaté pour l'*Osning* westphalien ; nous allons le vérifier également entre Meuse et Rhin.

C'est ainsi que, pour le territoire de l'Oesling grand-ducal, à côté de l'appellation *Esch in Oysning* appliquée à Esch-sur-Sûre en 1340, on peut signaler une charte de 927 plaçant ce château *in pago et comitatu Arduennense*, deux autres documents le situant *in Ardenna* en 1184 et vers 1220.

D'autre part, plusieurs localités de l'*Eisleck* sont attribuées à l'Ardenne par des textes du VIIIe au Xe siècle, pour ne citer que les plus anciens :

Binsfeld, *infra centina Belslango, infra vasta Ardinna*, en 770 ; *in provincia Arduenne*, vers 845 ;

Wilverwiltz, *in pago Ardinense*, en 776-785 ; *in pago Ardenninse*, en 793 ;

Consthum, *in pago Ardennense*, en 796 ; *in pago Ardinense*, en 804.

Buchenberg (près Heinerscheid), *in pago et comitatu Arduennense*, en 915 [1].

Ajoutons encore que la plus grande partie de notre Oesling dépen-

---

[1] *Mittelrh. Urkdb.*, I, 26 ; *Liber aureus Epternacensis*, pass. ; Chartes de Stavelot-Malmedy, I, p. 127.

dait, au point de vue spirituel, de l'archidiaconé d'Ardenne, au diocèse de Liége.

Si nous passons à l'Ardenne belge, mêmes constatations.

Longlier, placé par les chartes de 946 et de 982 *in Osninge* ou *in pago Osning*, est signalé *in Ardinna* (var. : *Ardenna*) *silva*, par Frédégaire et par les *Gesta Dagoberti* ; de plus, à une demi-lieue de Longlier se trouve Neufchâteau, attribué à l'Ardenne par des chartes de 1229 à 1302.

Villance, placé par Césaire *in Ardenna, id est Osclinc*, est indiqué « en Ardenne » par trois actes du IXe siècle.

De même, toute une série de documents nous permettent de juxtaposer aux mentions de Salm (1346-1505), Rachamps (1348) et Laroche (1386) en Oesling, d'autres, parallèles, de Salm (1249-1399), Rachamps (1088) et Laroche (à partir de 1196) en Ardenne.

Bastogne, que Sébastien Münster plaçait dans l'Oesling, était en Ardenne, d'après des textes de 887 et de 1412, formait le siége de la prévôté d'Ardenne, portait dès le XVIe siècle le surnom de *Paris-en-Ardenne*.

Des exemples analogues peuvent être produits pour les territoires allemands rattachés encore de nos jours à l'Oesling.

Neuerbourg, *im Huyslinck* en 1298, est placé dans l'Ardenne par des documents de 1266 à 1351, ce qui a fatalement provoqué des confusions entre ses seigneurs et ceux de Neufchâteau.

Prüm, que van Maerlant met *in Osninc* à la fin du XIIIe siècle, est signalé aux limites de l'Ardenne par des chartes de 762 à 868, dans l'Ardenne même par un diplôme de 814. Remarquons même, à ce propos, que les limites de l'Ardenne n'étaient pas très nettement fixées, car une charte de 1290 place *in Ardania* (¹) Schoenecken, situé à quelques kilomètres au S.-E. de Prüm et que les documents attribuent ordinairement à l'Eifel (²).

Gegen, à l'Est de Vianden, était *in pago Ardinense* en 784 ; Wallersheim, au S.-E. de Prüm, *in Arduenna* en 854 ; *Wisonbronna*, qui doit être le nom primitif de St-Vith ou de Neundorf, *in pago et comitatu Arduennense* en 915 ; « le terroir de la seigneurie de Dagsbourg (sur l'Our) est *Ardenne* ; la ville de St-Vit est assise *en Ardenne* », dit une description du comté de Vianden en 1621 (³).

(¹) Fahne, *Cod. diplom. Salmo-Reiffersch.*, p. 60.
(²) La même remarque peut se faire pour Schönberg, cité à la fois dans l'Eifel (1374-1484) et dans l'Oesling (1414-1501).
(³) *Mittelrh. Urkdb.*, I, 91, II, 5 ; *Chartes de Stavelot-Malmedy*, 1, p. 128 ; Chambre des Comptes de Brabant, reg. 45719².

Ajoutons encore que ce sont certainement les églises du *districtus Oistlingiae* du diocèse de Cologne — ou, au moins, une partie d'entre elles — qui sont désignées dans une charte de 1007, par laquelle l'archevêque de Cologne confirme aux religieux de Malmedy *decimas et capellas in saltu Arduennensi sitas, ad diocesim nostram respitientes, prebende vero fratrum Malmundariensium appendentes* ([1]).

Plus à l'Est, nous rencontrons par trois fois le terme Ardenne employé à propos de la région de Reifferscheid, Schleiden et Steinfeld, au centre de la *Silva Osninc* telle que nous l'avons vu délimitée vers 1200, pour établir le circuit de chasse de l'archevêque de Cologne ([2]) : en 1130, une charte parle de la donation, par le duc Waleran de Limbourg à l'abbaye de Steinfeld, d'un droit d'usage, tant dans la forêt appartenant au duc près du château de Reifferscheid que dans celle qu'il possède *in Arduenna* ([3]). D'autre part, par deux chartes conçues en termes identiques, le comte de Juliers octroie en 1237 au couvent du Salvatorsberg près d'Aix, et en 1261 au monastère de Burtscheid, pour leur ferme de Schleiden, *commodum silve que Arduennia* (var. : *Arduenna*) *nuncupatur, in quantum nostram jurisdictionem, que wiltban vulgariter vocata est, extendi contingit* ([4]).

Le terme Ardenne étant employé de façon non équivoque, pour désigner l'Osning cis-rhénan, nous pouvons encore étendre un peu vers l'Ouest les limites que nous avons déjà constatées à cette région, et y comprendre les environs immédiats d'Aix-la-Chapelle : en 821, l'abbaye de Cornelimünster, sur l'Inde, à 7 kilomètres au S.-E. d'Aix, est appelée par Louis le Pieux *monasterium nostrum quod dicitur Enda, constructum in silva nostra Arduenna* ; d'autre part, en 1072 et en 1076, Walhorn, entre Aix et Eupen, est indiqué comme sis *in pago Harduenne* ([5]).

* * *

Nous pouvons, pensons-nous, clôturer ici notre enquête ; nous en avons dit assez pour avoir le droit de conclure avec une certitude entière : *Osning* et *Ardenne* avaient, aussi bien pour les habitants de l'Oesling luxembourgeois, ceux de l'Ardenne belge et ceux de l'Oesling

---

([1]) *Chartes de Stavelot-Malmedy*, I, 203.
([2]) C'est certainement à la *Silva Osninc*, territoire de chasse des archevêques de Cologne, que fait allusion une chronique des abbés de St-Trond, nous montrant en août 1121 l'archevêque Frédéric *in Arduenna, ubi tunc forte per nemorosa oblectabatur* (MGH, SS, X, 303, rapp. par Knipping, II, n° 186).
([3]) Lacomblet, I, n° 308.
([4]) Lacomblet, II, n° 69, ad ann. 1217 ; Kremer, *Akad. Beitr. zur Gülch- und Bergischen Geschichte*, t. III, Mannheim, 1781, Urk., n° 95.
([5]) Lacomblet, I, n°s 41, 215 et 254.

allemand cis-rhénan que pour ceux de la région d'Osnabrück et de Paderborn, une signification absolument identique. *Osning* était pour ainsi dire seul employé dans les territoires de langue germanique, où l'appellation *Ardenne* ne se rencontrait — en dehors des textes latins — que très rarement (¹) ; par contre, il est inconnu aux anciens textes français.

De nos jours, *Oesling* a pris un sens spécial et désigne tout particulièrement, par opposition à l'Ardenne wallonne, la partie septentrionale du Grand-Duché, avec les régions immédiatement adjacentes de la Prusse, de Neuerbourg à St-Vith. Si l'on peut donc, aujourd'hui, parler sans pléonasme des « terrains incultes de l'Ardenne et de l'Oesling » (²), il n'en était pas de même autrefois ; l'une des appellations pouvait s'employer pour l'autre, et nous en avons même un exemple amusant : une charte latine de l'année 1298 parlant d'une vente faite par *Nicholaus dictus Hallere de Erdene*, un brave archiviste d'autrefois, confondant avec l'Ardenne le village d'Erden sur la Moselle, près de Wittlich, écrivit tout simplement au dos de la pièce, vers l'an 1400 : *Ein brief von Niclas genant Haller von Ossling* ! (³)

La synonymie complète d'*Osning* et d'*Ardenne* étant établie, nous pouvons délibérément — et ce sera là ma conclusion finale — rayer de la liste de nos pagi le « petit pagus d'Osning », créé de toutes pièces par Piot.

ANNEXE

Textes dont la juxtaposition prouve l'équivalence des termes *Ardenna* et *Osning*.

I. — BASTOGNE. 887 : « *In pago Hardunensi... Bastonica* » (LACOMBLET, I, n° 74).

1412 : *Bastoigne en Ardenne* (NEYEN, *Hist. de Bastogne*, p. 288). XVIᵉ siècle : « Das Eyfler Hantierung ist fast mit Rintvieh, Honig und Wachs. Das Vieh kompt fast *auss dem Land bei Bastenach heisst das Oesling*, von dem der gross Wald genannt *Ardenner Wald*, darin S. Rupprecht (= Huprecht) das gross Closter ligt » (Cosmographie de Séb. Münster, rapp. dans *Eiflia illustrata*, I, 1ʳᵉ p., 1824, p. 20).

II. — ESCH-SUR-SURE. 927 : « *In pago et comitatu Arduennense... Asko* ».
1184 : « Godefridus de Ascha castro *in Ardenna* ».
C. 1120 : « Juxta Esch *in Ardenna* ».

(¹) Cf. *Neuerburg in Ardennen*, en 1310 et en 1319 ; *Salmen in Ardennen*, en 1399 ; *zur Welschen Fels in Ardenen* (Laroche) en 1458.
(²) P. NOTHOMB, *L'Alliance Belgique-Luxembourg*, Bruxelles, 1919, p. 6.
(³) J. VANNÉRUS, *Les anciens Dynastes d'Esch-sur-la-Sûre*, p. 288.

1340 : « Esch *in Oysning* » (J. Vannérus, *Les Dynastes d'Esch-sur-Sûre*, passim).

III. — Laroche. 1196: « Comes de Rocha *in Ardenna* » (Chron. de Gislebert de Mons, éd. Vanderkindere, p. 77).

1274, 1275, 1317, etc. : « La Roiche *en Ardenne* ».

1386 : « Zer Veils *in Oisling* » (Verkooren, *Inv. des Chartes... du Luxembourg*, t. IV, 1917, n° 1385).

1458 : « Comes de Ruppe *in Ardana* ; Grave zur Welschen Fels *in Ardenen* » (Table chronol. de Würth-Paquet).

IV. — Longlier. 622-623: « *In Ardinna silva* usque Longolario pervenit (Chroniques de Frédégaire, à propos de Dagobert I). *In Ardennam silvam...* Longolarium usque pervenit » (*Gesta Dagoberti*, d'après le texte précédent ; MGH, SS Rer. Merov., II, 1888, pp. 312 et 405).

946 : « In villa Lunglier... *in Osninge*. ».

982 : « Lunglar... *in pago Osning nominato* » (MGH, Dipl., I, 159, II, 326).

V. — Neuerbourg. 1266: Cécile, « domina Castri Novi *in Ardennia* » (Goerz, *Mittelrh. Reg.*, III, n° 2202).

1332 : Ferry, seigneur du Neuf Château *en Ardenne* (*Archives de Clervaux*, n° 169).

1298 : « Her von der Nuwerburgk *im Huyslinck* » ; copies : *in me Huysslinck, Oyszlink* (Grimm, *Weisthümer*, II, p. 516).

1310, 1319 : Frédéric, « Her von der Neuerburg *in Ardennen* » (Arch. de Coblence, Himmerode, nos 781 et 851).

1351 : « Ferris, sire de Nuef Chaistel *en Ardenne* » (Table chron. de Würth-Paquet).

Chose curieuse, Neufchâteau, dans le Luxembourg belge, était aussi appelé en Ardenne : « 1229, Thiebaus, sires dou Nuef Chastel *en Ardenne* ; 1260, Th., dominus de Novo Castro *in Ardenna* » ; 1301, 1302, Thibaut de Mellier, « sires dou Nuef Chastcal (ou Nuef Chastel) *en Ardenne* (J. Vannérus, *Les Seigneurs de Mellier*..., dans les *Annales* de l'Institut arch. d'Arlon, t. 42, 1907). Il était donc facile de confondre Neuerbourg et Neufchâteau, et les auteurs ne s'en sont pas fait faute.

VI. — Prüm. 762-804 : « *Prumia... infra terminos Ardinne* ; 762, 777, 778 : infra terminos Bidense atque *Ardinne* ; 765 à 868 : *in finibus Ardinne* ; 814 : *in finem Hardinna* ; 834 : *in Harduenna* ; 842 . *in finibus Arduennae* » (*Mittelrh. Urkdb.*, I, pass.); IXe siècle : « Monasterium Proneae *in Arduenna* » (*Ann. Bertiniani*, à propos de la mort de l'empereur Lothaire, en 855 ; éd. G. Waitz, SS. Rer. German., 1883, p. 45).

c. 1288-1290 : « Tote Prunen in Osnine » (Jacob van Maerlant, *Spiegel Historiael*, éd. de Vries et Verwys, Leiden, 1863, III, p. 219).

VII. — Rachamps. 1088 : *In silva Ardennae...* Rachans » (Miraeus, I, 358).

1348 : « *In dem Oesseling...* zu Retschant » (Reg. d'Echternach ; Table chron. de Würth-Paquet).

VIII. — Salm. 1249 : « Saumes *en Ardenne* ; 1250, c. 1280, 1288 : de Salmis *in Ardenna* ; 1340 : Salme *en Ardenne* ; 1360 : Sayme *en Ardenne* », etc.

1341 : « comes Salmensis *in Ardenna* » ; le sceau porte : « Comitis de Salmis *in Ard.* ». XVIe siècle : « comitatus de Salmis *ad Arduennae silvam* ».

1346 : SALM dans l'*Oeszling* (doc. all.). 1366 : « Greve zu Salmen *in Oyslinck* ; 1373 : S. *in Oysling* ; 1383 : *in Osselingen, in Oislinck* ; 1402 : *in Oeslinck* ; 1413 : *im Osning* ; 1399 : « Greve tzo Salmen *in Ardennen* ».

1430 : « Salme *in Oesslinge* ; 1437, 1451 : *in Oislinck* ; 1451 : *in Usslingen* ; 1456 : *in Oyslinghe, in Oysslinghe, in Ouysslinghen* ; 1470 : *in Oysslinck* ; 1485 : *im Oiszlinge, Oizlinge. Oysling* ; 1486 : *in Oisslinge* ; 1490 : *in Oesslinck, Oeslinck* ; 1497, 1499 : *im Oissling, Oiszlinge* ; 1505 : *in Osslinck* ».

(Voir, pour ces mentions, mon *Histoire des Comtes de Salm*, dans le prochain volume des Annales de l'Institut archéologique d'Arlon).

IX. — VILLANCE. 839 : « Villam *in Arduenna* sitam, cujus vocabulum est Villantia ».

842 : « *In pago Arduennensi...* Villantia ».

865 : « *In comitatu Arduennensi...* Villantiam ; villam Vilanciam *in pago Arduennae* » (*Mittelrh. Urkdb.*, I, 74, 78, 106, 107).

1222 : « *In Ardenna, id est Osclinc*, in qua terra jacet Alve et Hunlar et Vilantia » (plus loin : *Oslihc*). (*Ibid.*, I, 144, 151).

X. — L'OSNING WESTPHALIEN : 965, 1002, 1023, 1028, 1057 : *Osning* (MGH, Dipl., I, 417, III, 9,626 ; IV, 168 ; Möser, *loc. cit.*).

1001, 1003. *De foresto quod incipit de Dellina* (var. *Delhna*) *flumine et tendit per Ardennam et Sinede* (var. *Sinedi*) *usque in viam quae ducit ad Herisiam* (var. *Herisiam*) (MGH., Dipl., II, 817, et III, 54).

1002. *Forestum quod incipit de Luthera flumine et tendit per Osnig et Sinidi usque in viam que ducit ad Horihusen* (MGH., Dipl., III, 20).

Milieu du XIIe siècle (Vita Meinwerci episcopi Patherbrunnensis, ad ann. 1001 et 1002) : *De foresto quod incipit de Delchana flumine et tendit per Ardennam — id est Osnig — et Sinethi usque ad viam quae ducit ad Herisi* ; var.: *per Osninge et Sinithe usque in viam quae ducit ad Horhusen* (MGH, SS, XI, 110 et 111).

1148, 1153 : *Osninc*. — 1184 : *Osininc* (ERHARD, *loco cit.*).

1217 : la forêt *Osnync* (KNIPPING, *Die Reg. der Erzb. von Köln*, III, 1909, n° 175).

1250 : *Osnynge* ; 1313 : *Ostninge* ; 1338 : *Osningen* (SEIBERTZ, Urkundenbuch zur Geschichte des Herzogthums Westfalen, I, 1839, n° 264, II, 1843, nos 556 et 665) = Oistlingen, ancien nom de Madfeld près Marsberg.

1323 : *Domus et area... sitae juxta theatrum in Scherve* (= Scherfelde)... *cum jure secandi ligna in Ardenna* (WIGAND, *Archiv für Gesch. Westphalens*, III, 1828, p. 99).

1461 : *Oesling*, désignation de la montagne d'Iburg (JELLINGHAUS, *Die Westphäl. Ortsnamen*, 1902, p. 82).

Jules VANNÉRUS.

Les églises primitives des villes et le problème des origines communales

La commune du moyen âge est-elle une production spontanée des facteurs économiques, des nécessités commerciales notamment, comme semblent l'admettre la plupart des historiens (¹), ou bien a-t-elle des racines dans le passé (²) ?

Le problème est d'autant plus obscur, que de l'aveu de Lamprecht lui-même, on se laisse, en cette matière, guider par des impressions plutôt que par des faits (³).

Je n'ai pas la prétention d'apporter la lumière où d'autres ont tâtonné dans la pénombre ; mais j'estime que toute indication, si minime fut-elle, qui peut contribuer à éclaircir la question, mérite d'être examinée. C'est à ce titre que j'attire l'attention des médiévistes sur un fait de l'histoire religieuse de nos provinces, qui, si je ne me trompe, a passé inaperçu jusqu'ici, et qui me paraît de nature à jeter un certain jour sur les origines de la ville brabançonne du moyen âge. Je veux parler de l'existence de deux églises primitives, domaniale l'une, libre l'autre.

En me servant du terme *église primitive* comme opposé à celui d'église d'origine historique ou connue, j'entends désigner les églises dont l'origine remonte si haut dans l'histoire religieuse des populations environnantes, qu'elle échappe à toute investigation et semble coïncider avec la première évangélisation de nos contrées. Grâce à la persistance des institutions ecclésiastiques, dont l'évolution fut plus lente et moins radicale que celle des institutions profanes, ces églises ont conservé pendant des siècles leurs caractères primitifs et sont demeurées comme

---

(¹) H. PIRENNE, *Origine des constitutions urbaines*, dans la *Revue Historique*, Paris, 1895, pp. 2-3. — LE MÊME, *Hist. de Belgique*, t. I, L. II, chap. I, § 1.

(²) C'est l'Altfreie Gemeinde qu'Arnold a défendu dans sa *Verfassungsgeschichte der deutschen Freistädte*, et dans sa *Geschichte des Eigenthums in den deutschen Städen*, Bâle, 1861, p. 10.

(³) K. LAMPRECHT, *Deutsches Wirtschaftsleben*, I, 2, p. 1152. Cf. L. VANDERKINDERE, *Liberté et propriété en Flandre du IXe au XIIe siècle*, BARB, 1906, p. 151, et *Choix d'études historiques*, Brux., p. 343.

autant de témoins contemporains, attestant à travers les âges, les conditions juridiques des populations du VIIIe et du IXe siècle, en faveur desquelles elles furent fondées.

Depuis les travaux d'Imbart de la Tour et de Thomas en France (¹), de Stutz en Allemagne (²), nous connaissons assez bien l'origine des paroisses rurales, c'est-à-dire de celles qui prirent naissance hors de la cité épiscopale (³). Nous savons que la plupart de ces églises, tant en Gaule qu'en Germanie, furent fondées dans les *villae* ou grandes exploitations agricoles. Les *villae*, avant l'introduction du christianisme, eurent leurs recoins sacrés, arbres objet d'un culte, ou petits sanctuaires domestiques, *sacella* élevés en l'honneur des divinités païennes. La conversion du propriétaire de la *villa* eut pour conséquence non la suppression du lieu du culte, mais sa consécration au Christ, à la Vierge, ou à quelque saint spécialement vénéré (⁴).

Lorsque dans la suite le clergé se multiplia dans les campagnes, les propriétaires eurent à cœur d'attacher à leur oratoire un prêtre, choisi souvent parmi les serfs du domaine. Ce fut la première ébauche de la paroisse. Toutefois, par son élévation au rang d'église baptismale, l'oratoire domestique ne perdit pas son caractère de propriété privée ; bien qu'elle fût devenue lieu destiné au culte public et soumise de ce chef au séniorat ecclésiastique de l'évêque diocésain, l'église, avec sa dotation et ses revenus, continue à faire partie du domaine, au même titre que les autres bâtiments de l'exploitation. Pendant de longues années, le propriétaire donne, vend ou lègue son église et en dispose de toute autre manière, comme il l'entend et en faveur de qui il lui semble bon, sous la seule réserve de conserver à l'édifice sa destination religieuse.

Au bout d'un certain temps, peut-être dans nos contrées vers l'an mille, la pleine et entière disposition de la *fabrica* et de la dotation en terres et immeubles de l'église domaniale échappa au seigneur terrien

---

(¹) Imbart de la Tour, *Les paroisses rurales du IVe au XIe siècle*, Paris, 1900. — P. Thomas, *Le droit de propriété des laïques sur les églises et le patronat laïque au Moyen-âge*, Paris, 1906.

(²) U. Stutz, *Geschichte des kirchlichen Beneficialwesens*, Berlin, 1890. — *Die Eigenkirche als Element des Mittelalterlich-germanischen Kirchenrechts*, Berlin 1895. — *Lehen und Pfrunde*, dans *Zeitschrift der Savignystiftung*, t. XXIII, pp. 213-243.

(³) On lira également avec intérêt et profit, un travail, vieilli sans doute mais trop négligé cependant, J.-J. Raepsaet, *Analyse historique et critique de l'origine et des progrès des droits des Belges et Gaulois*, notamment le chap. VII du 5e livre, t. V, des *Œuvres complètes*, éd. 1839, p. 64 et ss.

(⁴) H. Lesêtre, *La paroisse*, Paris, 1906, — a compté qu'il y a aujourd'hui en France seulement, 3675 églises paroissiales dédiées sous le vocable de Saint-Martin ; dans le diocèse actuel de Malines, 49 églises paroissiales sont également élevées en l'honneur du même saint.

et passa, sous l'influence des théories féodales, à l'évêque, comme suzerain de toute la propriété ecclésiastique de son diocèse, et au curé, comme investi du fief de l'église. Plus tard, grâce au courant nouveau de liberté communale, la propriété de l'église fut immobilisée au profit de la communauté des paroissiens, représentée par les *magistri fabricae*([1]); mais malgré cette émancipation, l'église d'origine domaniale conserve une note irrécusable de sa condition primitive, notamment la prérogative de désigner le curé que les héritiers du propriétaire de la *villa* ou leurs ayants-droit exerceront jusqu'au Concordat de 1802.

A côté des églises domaniales, et antérieurement à celles-ci, les évangélisateurs de la Gaule construisirent également des *oratoria* dans les *vici*, c'est-à-dire dans les bourgades disséminées aux carrefours des grandes routes ou près des passages sur les rivières, centres d'échanges, en même temps que refuges d'hommes libres.

L'église du *vicus* ne dépend plus d'un seigneur terrien, qui lui-même et ses successeurs exercent le droit de patronage, mais elle relève uniquement du clergé local et du haut *dominium*, ecclésiastique de l'évêque et temporel du prince, c'est-à-dire du roi ou de l'empereur.

A raison de sa situation privilégiée, l'église du *vicus* prit de bonne heure une importance plus grande que celle de la *villa*. Souvent elle devient la résidence d'un *archipresbyter*, qui y vit entouré de plusieurs clercs. La présence d'un clergé nombreux et surtout celle de l'*archipresbyter*, qui se perpétue aux siècles suivants dans le doyen de la Chrétienté, constituent un nouvel indice de l'église libre, et par conséquent d'une agglomération d'hommes libres à l'époque des origines chrétiennes de la localité.

Serait-ce donc téméraire, du moment que nous aurons établi l'existence soit d'une église d'origine domaniale, soit d'une église libre primitive, dans une localité donnée, de conclure à la présence soit d'une population domaniale, soit d'un *substratum* d'hommes libres, et cela longtemps avant la naissance de la vie communale ([2]) ?

Cette population libre devait être assez nombreuse et assez riche pour justifier la création d'une paroisse et en assurer l'existence matérielle. Aussi, nous pensons que le *vicus* de l'époque mérovingienne et carolingienne était plus qu' « un embarcadère pour marchandises, lieu

---

([1]) J. LAENEN, *Le patrimoine des églises paroissiales et les Provisores Fabricae*, dans *La vie diocésaine*, t. I, 1907.
IMBART DE LA TOUR, l. c., p. 9 et ss.
([2]) L'obligation de payer la dîme s'implanta définitivement dans les premières années du IX⁰ siècle. Les églises que nous trouvons en possession d'un district décimable ne peuvent donc guère être postérieures de beaucoup à cette date. Cf. J. LAENEN, *La dîme ecclésiastique dans le droit local du Brabant*, dans *La Vie diocésaine*, t. V, 1911, p. 57.

d'hivernage pour bâteaux et bâteliers », ou quelque demeure fortuite « d'une population flottante dépourvue de toute espèce de privilèges » (¹).

Avant de passer à l'examen de la condition juridique des premières églises des villes brabançonnes, il est un autre fait qui mérite d'arrêter notre attention : la multiplicité des très anciennes paroisses. La chose est surtout sensible, — pour nous en tenir aux seuls territoires du diocèse actuel de Malines, — dans la campagne brabançonne, pays de culture précoce. Là, les exemples foisonnent d'églises construites à quelques minutes l'une de l'autre et n'ayant chacune qu'une circonscription paroissiale très restreinte. Nous citerons au hasard de la plume, les paroisses de Neder- et d'Op-Dormael, réunies au XVIIIe siècle, de Vissenaeken Saint-Martin et Vissenaeken Saint-Hymelin, de Neder- et Over-Heembeek, de Steenockerzeel et Humelghem, de Berchem Saint-Laurent et Audenacken, de Neervelp et Opvelp, de Marbais et Marbisoux, de Zétrud et Lumay, de Geet et Betz, de Malèves Saint-Ulric, Malèves Sainte-Marie et Wastines, de Dion-le-Mont et Dion-le-Val, de Houtain-le-Mont et Houtain-le-Val. D'autres paroisses, très nombreuses encore, sont dans le même cas.

Il est évident que toutes ces églises, domaniales d'ailleurs, ne répondirent pas aux exigences religieuses d'une population encore très clairsemée au IXe siècle. Seulement, nous savons que, dès son introduction obligatoire, la dîme devait être payée au titre paroissial et nous n'ignorons pas non plus que le propriétaire de l'église domaniale ne tarda pas à mettre la main sur les deux tiers du revenu. On comprend dès lors pourquoi tout seigneur terrien, même le plus modeste possesseur d'une *villa* de quelques hectares, ait tenu à payer la dîme de ses terres à sa propre église, plutôt que de la porter, avec celle du travail de ses serfs, à l'oratoire de son voisin. En vain les évêques et les capitulaires essayèrent-ils d'entraver cette multiplication à outrance des églises les propriétaires obtinrent gain de cause et toute *villa*, si minime fût-elle, porta bientôt la dîme à son propre titre baptismal et finit par constituer une paroisse distincte.

Mais ce n'est pas seulement dans les campagnes que nous nous trouvons en présence d'églises multiples et ne répondant nullement aux besoins cultuels; dans les villes naissantes également, le même phénomène se produit. Là aussi, dès les origines, nous constatons l'existence

---

(¹) Cf. H. Pirenne, *Les villes flamandes avant le XIIe siècle* dans la *Revue de l'Est et du Nord*, 1895, t. V, pp. 9 et ss. Le même, *Les périodes de l'histoire sociale du Capitalisme*. BARB, 1914, p. 258 et ss. V. aussi A. Dopsch, *Die Wirtschaftsentwickelung der Karolingerzeit*, Weimar, 1913, t. II, p. 180 et ss. (cité par M. Pirenne).

de deux églises contiguës. Dès lors, les mêmes conclusions ne s'imposent-elles pas ? Nous le pensons et volontiers nous admettrions dans les bourgades qui, plus tard, donneront naissance aux villes d'Anvers, de Malines, de Louvain, de Tirlemont, de Bruxelles, de Diest, l'existence de deux domaines distincts ou plutôt, — et tel est bien le cas, — si ces églises se présentent l'une comme église libre, l'autre comme église domaniale, la juxtaposition de deux populations de condition juridique différente. Ce qui nous amène, en dernière analyse, en ce qui concerne l'origine des villes, à admettre que leur formation a été le résultat de la fusion de deux éléments, très anciens tous les deux, un élément libre, antérieur à l'époque de la renaissance commerciale, et un élément domanial.

Etablissons, dès lors, dans une rapide revue, la réalité du fait sur lequel se basent nos conclusions.

A Anvers, la coexistence et la condition juridique des deux églises est hors de doute. La première, l'église domaniale du Bourg, apparaît dès l'année 726 dans l'acte de donation qu'en firent, à Saint-Willibrord, un seigneur franc du nom de Rohingus et sa femme Bebelina. Le caractère domanial de cette église se manifeste non seulement par son emplacement, mais encore par le fait que Rohingus lui-même l'avait acquise, par voie d'échange, de l'abbé Firminus, et qu'il en disposa comme d'un bien patrimonial [1].

La seconde église, celle de Saint-Michel, s'élevait tout près de la première, à quelques pas des fossés qui séparaient le Bourg des habitations groupées au *werf*. La première mention de cette église se trouve dans un diplôme de Godefroid-le-Barbu, de l'année 1120 ou 1124 [2],

---

[1] On peut voir sur l'authenticité de cet acte, Longnon, *Atlas historique de France*, p. 126, note b, où l'auteur se base, pour en contester la valeur, sur la mention qui y est faite du pagus Renensium qui n'aurait été créé qu'en 868; — L. Vanderkindere, *Introduction à l'hist. des institutions de la Belgique au moyen-âge*, p. 153, n° 1, p. 202, n° 9, et p. 165, n° 1, où l'auteur penche pour la non-authenticité, et *Hist. de la formation territoriale des principautés belges*, t. II, p. 120, où il s'appuie sur le même texte pour prouver l'existence du *pagus Renensium* dès le VIIIe siècle; — L. Van der Essen, *Het ontstaan van Antwerpen*, p. 51 et ss., *De H. Willibrordus en zijne levensbeschrijvingen* dans *Geschiedkundige bladen*, t. I, p. 378, qui rejette l'authenticité de l'acte. — Le P. Poncelet, *Analecta bollandiana*, t. XXC, pp. 163-176, conclut que, si l'authenticité ne peut être admise sans conteste, il serait imprudent de ranger la donation parmi les actes apocryphes. Quoi qu'il en soit de l'authenticité de l'acte qui relate la donation, il semble certain qu'une donation ancienne ne peut être mise en doute. V. l'acte lui-même : MGH, XXIII, pp. 63-64. — Miraeus, t. I, p. 35, — Dierxens, *Antverpia Christo nascens et crescens*, Anvers, 1773, t. I, p. 35 et ss, — J. Stockmans, *Deurne en Borgerhout*, 1897, t. I, p. 60, avec reproduction d'une page du *Liber aureus Epternacensis* qui nous a conservé le document.

[2] Miraeus, t. I, p. 100, rapporte l'acte à l'année 1124 ; Dierxens, l. c., le date de 1120 ou 1124.

rappelant une donation antérieure faite par Godefroid-de-Bouillon au chapitre qu'il avait fondé ou organisé près de cette église.

Si l'église du Bourg se présente comme oratoire domanial, celle de Saint-Michel offre les caractères d'une église libre ou de *vicus*. Elle se trouve sous la protection immédiate des pouvoirs publics, de l'empereur et du duc, à la disposition d'un clergé local nombreux (¹) qui au XIIe siècle, la cède librement à Saint-Norbert et à ses compagnons. En ce qui concerne la collation de la charge pastorale, l'église dépend de l'évêque (²) ; enfin, elle donne naissance au doyenné de chrétienté d'Anvers, dont le ressort s'étendit sur toute la partie cambrésienne de la province actuelle.

A Malines, nous sommes en présence de l'église Saint-Rombaut et de celle de Notre-Dame.

L'église Saint-Rombaut, dont l'existence comme *abbatia* nous est attestée par un diplôme de l'empereur Charles-le-Simple de l'année 915, devint collégiale vers 975, lorsque Notger de Liége, propriétaire, au nom de son église, de l'antique *monasterium*, remplaça les moines par un collège de douze chanoines sous l'autorité d'un prévôt (³).

Le caractère domanial de cette église ne demande pas d'autre démonstration. Bâtie à l'intérieur de l'enclos de l'abbaye et formant corps avec elle, Saint-Rombaut ne possédait même pas le titre paroissial avant le XIIe siècle. Comme nous aurons l'occasion de le montrer ailleurs (⁴), lorsqu'en 1134, les chanoines de Malines acquirent de ceux de Cambrai l'*Altare* (⁵) de Malines (⁶), le titre presbytéral était attaché à l'église Notre-Dame au-delà Dyle.

Tandis que Saint-Rombaut est construit dans un bas-fond marécageux et sillonné de rivelets, l'église Notre-Dame s'élève dans la partie haute de la ville, sur les bords de la Dyle, le long de l'embranchement de la voie romaine qui, descendant d'Assche, y oblique vers Termonde. Au moment où, bien tardivement il est vrai, mention expresse de cette église est faite dans les documents, elle possède les prérogatives paroissiales (⁷) et les notes caractéristiques de son origine libre : l'adminis-

---

(¹) Les deux tiers de la dîme, c'est-à-dire la totalité à l'exception de la dîme pastorale, appartenaient du temps de Godefroid de Bouillon, au duc de Brabant qui les tenait en fief de l'empereur.
(²) P. Goetschalckx, *Oorkondenboek der Witheerenabdy van Sint-Michiels*, Eeckeren-Donck, 1906, p. 6.
(³) Miraeus, t. II, p. 805. — Cf. G. Kurth, *Notger de Liége*, t. I, p. 181.
(⁴) *Histoire de l'église métropolitaine de Saint-Rombaut*, Livre II, chap. III, § 1 (*Sous presse*).
(⁵) C'est-à-dire la charge pastorale avec les revenus y attachés, notamment la dîme curiale.
(⁶) Miraeus, t. II, p. 964.
(⁷) *Analectes pour servir à l'histoire ecclésiastique de la Belgique*, t. XII, p. 81.

tration de sa *dos*, sa dotation, par un collège de proviseurs (¹) et la dépendance directe de son titre presbytéral de l'évêque et du chapitre cathédral (²).

A Tirlemont, à l'intérieur de l'enceinte construite à la fin du XIIIᵉ ou dans les premières années du XIVᵉ siècle, nous relevons également deux églises très anciennes : celle de Saint-Martin (³) et celle de Saint-Germain.

La première s'élevait dans l'ancien territoire d'Avendoren, non loin de la gare. L'oratoire d'Avendoren est une ancienne église domaniale dont la collation appartint aux seigneurs de la localité et, à l'époque moderne, au prince d'Orange comme héritier des anciens propriétaires (⁴). Dès avant l'élargissement de l'enceinte, le hameau peut être considéré comme appartenant à l'agglomération tirlemontoise dont elle n'était séparée que par le marais où s'élève actuellement Notre-Dame du Lac, et à laquelle elle était reliée par une ancienne route romaine.

L'église Saint-Germain est bâtie au centre de la petite île formée par les deux bras de la Mène et qui forme le point de jonction des anciennes routes vers Tongres, vers Aerschot et vers Diest (⁵). L'église était déjà desservie par un clergé relativement nombreux, lorsque, entre les années 810 et 840, l'empereur Louis-le-Débonnaire en fit don au monastère de Saint-Germain à Paris (⁶). L'emplacement même de l'église, si favorable à l'éclosion d'un *vicus*, le fait qu'elle était à la disposition de l'autorité publique, de l'empereur, la présence d'un clergé nombreux, attestée par la donation du *claustrum*, constituent autant d'indices qui montrent que nous avons à faire à une église libre de *vicus*. Aussi,

---

(¹) MIRAEUS, t. III, p. 116.
(²) MIRAEUS, t. II, p. 964. — L.-A. WARNKÖNIG, *Flandrisches Staats-und Rechts Geschichte, bis zum Jahre 1305*, Tubingen, 1835-1842, t. III, p. 17. — A. VAN LOKEREN, *Chartes et documents de l'abbaye de Saint-Pierre à Gand*, Gand, 1868-1871, t. I, p. 113, signalent en 1102 le geste d'une dame appelée Alburge, d'origine libre, née à Machlinia, qui s'offrit en tributaire volontaire avec ses enfants à l'abbaye de Saint-Pierre du Mont Blandin, seulement il s'agit là probablement non pas de la ville de Malines mais de Machelen-lez-Deynze. Cf. *Hist. de l'église métropolitaine*, livre II, chap. III, § 1.
(³) L'église Saint-Martin conserva ses prérogatives paroissiales jusqu'au XVᵉ siècle ; au XVIIᵉ, elle fut réduite au rang de simple chapelle et démolie en 1816.
(⁴) A. WAUTERS, *Géographie et histoire des communes belges; ville de Tirlemont*, Bruxelles, 1874, p. 148.
(⁵) IBIDEM, p. 23.
(⁶) BCRH., 2 s., t. X, p. 372 et ss. — P. V. BETS, *Allerbelangrijkste ontdekking nopens den oorsprong en de beginselen der stad Thienen*, Louvain, 1883. Cette donation nous est connue par un diplôme de Charles-le-Chauve, du 20 avril 872, par lequel l'empereur confirme les possessions du célèbre monastère. « *In partibus quoque austrasiorum*, y lit-on, *in pago scilicet Hasbanio, villam vel abbatiam Thuinos dictam sicut in precepto a genitore nostro sibi concesso nobis ostenderunt, cum omnibus appendiciis suis, quicquid in presenti illuc prospicit vel de cetero adquirentur et claustrum quod est situm propre monasterium ipsius sancti...* »

lorsqu'au XIIe siècle, le seigneur local, Engelbert d'Avendoren, essaya de faire valoir un droit de patronage sur l'église, il reconnut bientôt ses torts et finit par faire cession de ses prétentions moyennant un cens ([1]).

Sans doute, au XIIe siècle également, nous ne savons à la suite de quelles circonstances, l'abbaye de Saint-Denis en Broqueroie près de Mons réclama la possession de la moitié de l'alleu de Tirlemont et de son église ([2]), et, en 1157, l'évêque Henri de Leyden céda la même église au chapitre de Saint-Jean à Liége ([3]), mais ces donations ultérieures faites par le prince ou, en vertu des théories féodales ([4]), par l'évêque n'empêchèrent pas le clergé local de conserver à l'église son antique caractère. La dîme, dans son ensemble, continue à appartenir au curé ([5]), et la fabrique ([6]) dispose des ressources nécessaires pour renouveler la construction ([7]) et pour enrichir le temple d'œuvres d'art dont les remarquables fonts baptismaux, datés de 1149, nous ont conservé un dernier mais remarquable souvenir.

Dans son *Histoire de la constitution de la ville de Louvain*, M. H. Van der Linden attribue la formation de la ville non au château comtal qui s'élevait primitivement dans la petite île formée par deux bras de la Dyle et dont l'église Notre-Dame aux Dominicains occupe actuellement l'emplacement, mais à l'église Saint-Pierre ([8]).

L'hypothèse peut être exacte en ce qui concerne ce que j'appellerais volontiers la seconde formation de la ville, c'est-à-dire son développement au XIIe siècle et l'évolution du droit urbain, mais elle me plaît

---

([1]) P. V. Bets, *Histoire de Tirlemont*, t. II, p. 6. — Wauters, l. c., p. 124. — C.-F. De Ridder, *Geschiedenis van de Collegiale kerk van den H. Germanus, Tirlemont*, 1906, p. 48.

([2]) Cette possession est confirmée à l'abbaye par bulle du pape Calixte II, de l'année 1119. *Annales du Cercle archéologique de Mons*, t. X, p. 119. — Wauters, l. c., p. 129. On n'oubliera pas que les intéressés demandèrent maintes fois aux souverains pontifes la confirmation de biens, sur lesquels ils élevaient bien des prétentions mais que, de fait, ils n'avaient jamais possédés. En réalité, l'abbaye ne possèda jamais l'église de Tirlemont *sine persona*, comme le dit la bulle.

([3]) Miraeus, t. III, p. 49. La donation ne sortit ses effets qu'après la cession volontaire que fit de son titre pastoral saint Albert de Louvain. — Miraeus, t. I, p. 190. A tort, les historiens de Tirlemont ont considéré l'acte de saint Albert de Louvain, comme celui de la fondation du chapitre de Saint-Germain, alors qu'il ne règle que l'attribution de six prébendes.

([4]) V. ci-dessus, p. 74 et 75.

([5]) La dîme, comme les novales, appartint plus tard au chapitre de Saint-Jean, par suite de l'incorporation du titre pastoral.

([6]) Dans le sens de fonds spécialement destiné à l'entretien des constructions et du *luminarium*. Nous n'entendons pas préjuger l'existence à cette époque d'une administration fabricienne laïque.

([7]) Le *Bulletin des métiers d'art*, t. V, pp. 9, 16, date, à tort, la construction des premières années du XIIIe siècle.

([8]) Gramaye, *Antiquitates Brabantinae, Lovanium*, p. 15. — Van Even, *Louvain monumental*, Louvain, p. 213.

moins si elle tend, comme le fait l'auteur, à exclure l'existence d'une *altfreie Gemeinde* (¹)

En effet, on peut admettre la fondation d'une abbaye dans un lieu désert, en plein dans un terrain marécageux même, comme celle de Saint-Rombaut, mais il n'en est pas de même d'une église paroissiale. Celle-ci suppose nécessairement une agglomération. Cette agglomération, M. Van der Linden l'admet d'ailleurs mais en ajoutant que la situation juridique de ses habitants n'est malheureusement pas connue.

Nous estimons que le caractère de l'église donne cette indication. L'église Saint-Pierre, d'abord, est une église très ancienne, comme le prouvent la possession d'une famille servile (²) et le fait qu'elle levait, au profit exclusif de son clergé, l'ensemble de la dîme dans tout le territoire louvaniste ; l'église ensuite se présente à nous avec tous les caractères distinctifs des églises de *vici*. Elles fut desservie primitivement par un archiprêtre qui lui légua le doyen de chrétienté de Louvain ; elle appartenait à un collège de clercs que Lambert-le-Barbu érigea en chapitre, vers 1040 (³) ; elle jouissait, enfin, d'une opulente dotation dont l'importance se manifeste par celle de la famille servile.

Une église de Bruxelles est citée pour la première fois (⁴) dans un document de l'empereur Othon Ier, daté de 966. On voit dans ce diplôme qu'un prêtre du nom de Regenwald avait donné à l'abbaye de Nivelles un héritage situé à *Bruxelles* sur la rivière Braine, comprenant l'église paroissiale, *ecclesiam matricem*, sept *mansi* ou fermes, un bois et des prés (⁵), mais il serait difficile de dire qu'il s'agit de l'église Saint-Michel, de celle du Bourg, ou même de tout autre oratoire.

Quoiqu'il en soit, à Bruxelles également existaient d'ancienne date deux églises, celles de Saint-Michel et celle de Saint-Géry. Cette dernière, que les historiens ont généralement considérée comme la plus ancienne paroisse et la paroisse-mère, faisait partie jadis des constructions du château, qui lui-même occupait l'emplacement actuel du couvent des Riches Claires, soit, comme à Louvain, un îlot formé par la bifurcation de la rivière (⁶).

(¹) H. Van der Linden. *Histoire de la constitution de Louvain*, Gand, 1892, p. 4. « Ce n'est pas à lui (au château) semble-t-il, qu'est due la formation de la ville. Ce qui est devenu le centre, c'est l'église Saint-Pierre ».

(²) Ibidem, p. 15, notes.

(³) Les Sinte-Petersmannen. Il est à noter que, d'après la législation carolingienne, toute église lors de sa fondation devait être dotée de terres et d'une maison d'habitation pour le prêtre. G.-F. Raepsaet, l. c., t. V, p. 72.

(⁴) Miraeus, t. I, p. 388.

(⁵) Nous faisons abstraction de la citation qui se rencontre dans la *Vita S. Vindiciani* : ce document n'a aucune autorité. Cf. L. Van der Essen, *Les vitae des saints mérovingiens*, Louvain, 1907, p. 278.

(⁶) Henne et Wauters, *Hist. de la ville de Bruxelles*, Bruxelles, 1895, t. I, p. 7.

Non loin de cette église domaniale était construite l'ancienne collégiale des Saints Michel-et-Gudule. Il y a quelques années, en 1906, l'archiviste de la ville de Bruxelles, M. G. Desmarez a montré que le document que l'on s'était plu jusque-là à considérer comme la charte originale de fondation de l'église par Lambert II, constitue non un acte authentique mais une simple notice, de rédaction postérieure, à laquelle le rédacteur a eu le tort de donner les apparences d'un diplôme véritable (¹). On peut admettre néanmoins que le souvenir des principaux faits insérés dans cette notice, la translation des reliques de Sainte-Gudule de l'église Saint-Géry à celle de Saint-Michel, l'organisation du clergé en chapitre, et la donation de cinq *mansi* et de sept bonniers, avait été conservé par les chanoines. Ces faits, du reste, n'infirment en rien l'existence antérieure de l'église, la présence de plusieurs clercs, ainsi que celle d'un archiprêtre qui, à Bruxelles comme ailleurs, se perpétue dans le doyen de chrétienté.

Nous constatons encore la double église primitive à Diest, ville qui devint plus tard le centre d'un doyenné de chrétienté et peut-être à Nivelles. A Diest, à côté de l'église Saint-Sulpice, dont les traditions locales font remonter l'origine à saint Remacle (²), nous trouvons l'église Notre-Dame du Château. Il est vrai, au XIIe siècle, le droit de patronage de Saint-Sulpice appartenait à la puissante maison des sires de Diest, qui le cédèrent à l'abbaye de Tongerloo en 1163, mais le duc de Brabant réclame toujours l'avouerie de l'église (³).

Quant à Nivelles, les circonstances difficiles dans lesquelles cette notice a dû être rédigée, nous ont empêché d'examiner de près la situation, mais différents indices semblent dire à première vue que l'église Notre-Dame, située au coin de la rue Saint-Paul et du marché au bétail, était bien dès l'origine une paroisse libre enclavée dans le vaste domaine de Sainte-Gertrude.

Les hommes libres dont nous venons de constater la présence à la fin du VIIIe ou au IXe siècle, ont-ils pu maintenir leur condition juridique, et celle-ci a-t-elle influé sur la genèse du droit urbain ?

Il n'y a pas de doute que dans certaines localités le seigneur voisin parvint à étendre son autorité aux dépens des hommes libres. Nous

---

(¹) G. Des Marez, *Le diplôme de fondation de l'église St-Michel et Gudule, à Bruxelles*, dans les *Annales de la Soc. d'archéol. de Bruxelles*, t. XXII, 1908, pp. 325-336.
(²) Cf. K.-J.-E. Raymaekers, *Het kerkelijk en liefdadig Diest*, Louvain, 1870, p. 21. Nous savons d'ailleurs par la plus ancienne *vita* de St-Remacle, qui date du IXe siècle, — Cf. G. Kurth, *La plus ancienne vita de St-Remacle*, B. C. R. H., 1878, — que le saint dédia plusieurs églises à Saint-Sulpice — AA. SS. B., t. V, p. 35.
(³) Raymaekers, l. c., p. 28.

avons vu qu'à Diest et à Tirlemont le propriétaire de l'église domaniale essaya, — à Diest il y réussit, — d'imposer son patronage à l'église libre. A Malines, également, le seigneur, l'évêque de Liége et son avoué firent accepter à la population de la rive gauche le payement d'un cens en reconnaissance du *dominium fundi*, mais il serait malaisé de se prononcer jusqu'où ce cens impliquait dans la seconde moitié du XIe siècle la perte de la liberté personnelle (¹).

Il y a lieu de faire observer, d'ailleurs, d'une part le caractère précaire des titres paroissiaux fondés dans les domaines de moindre importance et la stabilité de celui de l'église des *vici*. Tandis que, dès le Xe siècle déjà, nous assistons à la lente disparition de nombreuses paroisses domaniales, les églises libres se maintiennent, absorbent même le titre du domaine voisin et se développent pour donner naissance aux collégiales du XIe et du XIIe siècle.

Il serait difficile aussi de déterminer l'influence des *altfreie* dans l'évolution de la vie communale. Sans méconnaître l'importance du *jus mercatorum* dans la formation du droit urbain, on peut se demander si les anciennes assemblées des hommes libres n'eurent pas leur part dans l'élaboration du régime suivant.

Nous savons, en effet, que la vie paroissiale comportait certaines assemblées délibératives et judiciaires des paroissiens. Plusieurs indices tendent à montrer que le peuple avait voix dans la désignation du prêtre paroissial ; les paroissiens, en tous les cas, traitaient dans leurs assemblées des intérêts de leur église et ils prenaient une part active aux synodes judiciaires convoqués par le doyen de chrétienté.

Malgré tout l'intérêt que présente cette seconde face du problème, nous ne pouvons songer à l'examiner ici. D'ailleurs, nous n'avons nullement l'intention d'épuiser, en ces pages forcément limitées, un sujet trop vaste. Nous n'avons eu d'autre ambition, pour nous servir d'une expression toute familière, que celle d'attacher le grelot, en signalant un facteur que nous croyons nouveau et qui pourra peut-être contribuer à la solution d'un des problèmes les plus complexes et les plus épineux de l'histoire médiévale.

Chan. J. LAENEN.

(¹) La question du *dominium fundi* n'a pas encore été étudiée à Malines. Du reste, les documents, dont les plus anciens remontent à la seconde moitié du XIIIe siècle, permettraient bien, à partir de cette époque, de retracer le fractionnement successif de la propriété urbaine, mais ils ne sont guère assez anciens pour nous renseigner directement sur la situation des personnes et des terres au XIe siècle. V. toutefois notre *Histoire de l'église métropolitaine*, Livre II, chap. 1, § 1. (*Sous presse*).

Un appel à une croisade contre les Slaves adressé à l'évêque de Liége, au duc de Lotharingie et au comte de Flandre au commencement du XIIme siècle

On sait que l'Elbe et la Saale ont formé, jusqu'au milieu du XIIe siècle, la frontière entre l'Allemagne et les Slaves Occidentaux. Prisonnier de guerre à Iena en 1916, je cherchais à tuer le temps en m'initiant à l'histoire de ces populations anéanties, dont le souvenir se perpétue encore dans leur ancienne patrie par quantité de noms de lieux et la forme caractéristique des *runddörfer*. En feuilletant un jour à la Bibliothèque de l'Université les *Regesta Historiae Thuringiae* (¹), j'y rencontrai l'indication d'un curieux document du commencement du XIIe siècle qui me paraît n'avoir pas encore attiré jusqu'ici l'attention des historiens belges.

Ce texte est d'ailleurs connu depuis longtemps. Martène et Durand l'ont inséré dans le tome premier de leur *Amplissima Collectio* (²), d'après laquelle il a été reproduit plusieurs fois depuis lors par bon nombre d'érudits allemands (³). Le manuscrit qui a servi aux savants bénédictins existe encore. C'est un codex de la fin du XIIe siècle, provenant du monastère westphalien de Grafschaft, et appartenant aujourd'hui à la Bibliothèque de Darmstadt. En 1882, Wattenbach en a publié à nouveau les feuillets renfermant notre document (⁴), dont Martène et Durand avaient sauté quelques mots sans importance,

---

(¹) O. Dobenecker, *Regesta diplomatica necnon epistolaria historiae Thuringiae*, t. I, p. 222 (Iena, 1896).

(²) P. 625-627.

(³) Je citerai seulement ici le *Codex diplomaticus Saxoniae regiae*, t. II, I, p. 43 ; le *Mecklemburgisches Urkundenbuch*, t. X, p. 457 ; Heinemann, *Codex diplom. Anhalt.*, t. I, n° 172 ; G. Schmidt, *Urkundenbuch von Halberstadt*, t. I, n° 131.

(⁴) *Neues Archiv der Gesellschaft für ältere Deutsche Geschichtskunde*, t. VII, p. 624-625. Après Wattenbach, Brückner a réimprimé une fois de plus le texte, d'après le manuscrit, sans y apporter de changements. *Archiv für Slavische Philologie*, t. VI, p. 216 et suiv.

mais qui avaient sans doute scandalisé leur piété (¹). C'est à l'édition de Wattenbach que je me réfère dans les lignes suivantes.

Le contenu de la pièce qui nous occupe constitue un appel déclamatoire adressé par Adalgoz, archevêque de Magdebourg (1107-1119), Albuin, évêque de Mersebourg (1097-1112), Walram, évêque de Naumbourg (1089-1111), Herewig, évêque de Meissen (—), Hecilo, évêque de Havelberg (1096-1108), Hartbert, évêque de Brandebourg (1107-1122), les comtes Otto (de Ballenstedt), Wiprecht (de Groitzsch) et Louis (de Thuringe), à Réginard, évêque de Halberstadt (1107-1123), Erchanbert, abbé de Corvey (1106-1128), Henri, évêque de Paderborn (1087-1127), N., évêque de Minden (²), Frédéric, archevêque de Cologne (1100-1130), N., prévôt d'Aix-la-Chapelle (³), Otbert, évêque de Liége (1091-1119), Godefroid, duc de Lotharingie (1106-1140), Robert « très glorieux » (⁴), comte de Flandre (1093-1111), l'archidiacre Lambert Berchtold (Berichtoldus), prévôt « très honorable » (⁵) et Tanchrad, « philosophe illustre » (⁶), pour les exhorter à venir à la défense de l'Eglise désolée par les incursions des Slaves païens. Les atrocités attribuées à ceux-ci sont aussi horrifiques qu'il est possible. Ils décapitent des malheureux chrétiens et les immolent à leurs dieux. A d'autres, ils arrachent les entrailles, coupent les mains et les pieds, puis en ricanant ils engagent ces tristes victimes à appeler le Christ à leur aide. Ils ont recours aussi à la potence compliquée de divers supplices. Leur ingéniosité diabolique va jusqu'à arracher la peau du visage à des infortunés, pour se faire des masques grâce auxquels ils peuvent pénétrer dans le pays sans exciter de soupçons et y mettre en sûreté leur butin (⁷). Leur dieu s'appelle Pripegala. C'est une sorte de Priape

---

(¹) Voici ces deux passages se rapportant l'un et l'autre aux profanations du christianisme par les slaves païens : 1º « ...Christumque nostrum suggillantes... » ; 2º « Crateras (altarium) tenent humano sanguine plenas... » Si je relève ce détail, c'est qu'il me paraît caractéristique pour la méthode des anciens éditeurs ecclésiastiques. Si honnêtes qu'ils soient, ils se font scrupule de mettre sous les yeux du lecteur, quand elles ne leur semblent pas avoir d'importance historique, des expressions qui leur paraissent choquantes, tant comme chrétiens que comme honnêtes gens. J'ai montré jadis (*Galbert de Bruges*, p. XXIV) que Papebroch en avait agi ainsi à l'égard du texte de Galbert de Bruges. L'exemple de Martène et Durand confirme les quelques mots que j'avais dits à cet égard et qui soulevèrent alors une polémique assez vive.

(²) A l'époque de notre document, Gottschalk et Widelo se disputaient l'évêché.

(³) Le texte dit : N. Aquensi. Il n'est pas impossible que son auteur ait cru qu'il y avait un évêque à Aix. Mais il ne faut pas lui prêter gratuitement des inexactitudes.

(⁴) Ruodberto gloriossissimo Flandringensium comiti.

(⁵) Berichdoldo circumspectissimo preposito.

(⁶) Tanchrado insigni philosopho.

(⁷) WATTENBACH (*loc. cit.*) trouve ce détail un peu fort. Pourtant il croit pouvoir l'expliquer en rappelant qu'à la différence des Slaves, les Saxons portaient la chevelure longue. De là, la pratique du scalp servant au déguisement. Suivant la tournure de son esprit, chacun décidera si cette explication est ingénieuse, naïve ou comique.

ou de Belphégor, en l'honneur duquel ils célèbrent des orgies, lui offrant, dans les calices des autels profanés par eux, le sang de leurs victimes. « Agamus, inquiunt, diem leticie ! Victus est Christus : vicit Pripegala victoriosissimus ». Que les Saxons, les Franconiens, les Lotharingiens et les Flamands imitent donc une fois de plus l'exemple que les Français (*Galli*) viennent de leur donner (par la croisade). Que leur clergé exhorte le peuple à marcher au secours de l'Eglise si affreusement maltraitée par les Slaves, comme les Français viennent de marcher au secours de Jérusalem. Que des litanies se fassent entendre là où résonnent les chants abominables des sectateurs de Pripegala. Que les fidèles se rassasient enfin du sang des païens ! Déjà le roi de Danemark a promis son concours, et le roi d'Allemagne organise l'expédition projetée. Le rendez-vous général est fixé à Mersebourg, le samedi de la semaine des rogations. Que personne n'hésite ! La terre des païens est extraordinairement fertile. En répondant à l'appel qui leur est fait, les Saxons, les Franconiens, les Lotharingiens et les Flamands, *famosissimi et domitores mundi*, non seulement sauveront leurs âmes, mais pourront s'établir sur un sol fécond. Nul doute que Dieu ne leur accorde la même protection qu'il a étendue en Orient sur les Français.

Les dates extrêmes de l'épiscopat ou du règne des évêques et des princes cités au début de ce singulier factum, le placent, sans que l'on puisse préciser autrement, en 1107 ou 1108. Tous ceux qui l'ont étudié s'accordent au surplus à ne pas le considérer comme une pièce officielle. Il est certain que l'archevêque de Magdebourg et ses suffragants n'ont pu parler dans une forme aussi étrange aux personnages dont ils demandent le concours. Si le document avait été rédigé sur leur ordre et sous leur contrôle, l'archevêque de Cologne, le plus élevé des dignitaires auxquels il s'adresse, y figurerait sans nul doute à la première place, au lieu d'y occuper modestement la cinquième, et des N. ne remplaceraient pas dans l'adresse le nom de l'évêque de Minden et celui du prévôt d'Aix-la-Chapelle. On peut déjà conclure de cela que le texte n'est pas authentique, si l'on entend par authentique un acte qui se donne au lecteur pour ce qu'il est en réalité. Nous nous trouvons en présence tout au moins d'un faux formel, d'une supercherie littéraire.

Cela n'exclurait pas, à la rigueur, la véracité du contenu. On serait d'autant plus heureux de l'admettre que nos renseignements sur les Slaves occidentaux sont plus clairsemés et plus fragmentaires. Il faut cependant renoncer à cet espoir. Rien, en effet, n'est exact dans notre source. On ne sait rien d'une invasion des Slaves sur la frontière allemande en 1107-1108, rien de la participation du roi de Danemark et du roi des Romains, Henri V, à une expédition préparée contre eux à cette date. Le dieu Pripegala, et c'est vraiment dommage, n'a aucun titre qui lui permette de figurer dans la mythologie slave. Brückner a vainement essayé de l'y faire entrer. Avec une hardiesse digne d'un meilleur sort, il identifie Pripegala avec le nom d'homme Pribuhval, attesté en ancien serbe, et il affirme ensuite que Pripegala-Pribuhval est le surnom populaire d'une divinité *locale* dont nous ignorions avant lui l'existence (¹). Mais la distance est grande de Pripegala à Pribuhval, et surtout la terrible idole n'apparaît pas dans notre document comme une divinité *locale*, mais au contraire comme le dieu par excellence des païens des bords de l'Elbe et de la Saale, de Havelberg à Meissen.

Une pièce dans laquelle l'inexactitude du fond répond si parfaitement à l'étrangeté de la forme s'affirme à toute évidence comme une falsification. Il n'y faut voir, comme l'ont déjà dit Ad. Cohn (²) et plus récemment M. Hauck (³), qu'un simple exercice de style. Pourtant, en 1905, le professeur Tangl a repris la question et l'a résolue dans un sens tout différent (⁴). Pour lui, notre document est l'œuvre d'un clerc flamand établi dans la marche de Brandebourg. Profitant des préparatifs faits en Allemagne en 1108 pour une expédition *contre les Hongrois*, il a obtenu de l'archevêque de Magdebourg l'autorisation d'appeler des renforts à la rescousse. Il a naturellement pensé à ses compatriotes. En réalité, même, il ne pense qu'à eux. Les noms des évêques auxquels il s'adresse en apparence n'ont d'autre utilité que de montrer au messager qui portera la lettre en Flandre, le chemin qu'il doit suivre. Halberstadt, Corvey, Paderborn, Minden, Cologne, Aix-la-Chapelle et Liége s'échelonnent, en effet, le long de la route de la région de l'Elbe inférieur à celle de l'Escaut (⁵). Aux yeux de Tangl, la nationalité flamande de l'auteur ne peut laisser aucun doute. Elle se manifeste clairement et dans l'épitèthe de *gloriosissimus* qu'il donne au comte Robert, et dans celle plus ronflante encore de *domitores mundi* qu'il accole au nom de ses compatriotes. Ce qu'il attend d'eux, c'est beaucoup moins

---

(¹) A. Brückner, *Pripegala. Archiv für Slavische Philologie*, t. VI, p. 216-223.

(²) Ad. Cohn, *Beiträge zur älteren Deutschen Geschlechtskunde. Forschungen zur Deutschen Geschichte*, t. IX (1869), p. 529.

(³) *Kirchengeschichte Deutschlands*, t. IV (1903), p. 599 n. M. Hauck voit dans le texte une falsification rédigée vers 1147 pour servir à l'agitation qui précéda la croisade entreprise contre les Wendes en cette année.

(⁴) M. Tangl, *Der Aufruf der Bischöfe der Magdeburger Kirchenprovinz zur Hilfe gegen die Slaven aus dem Anfang des XII Jahrhunderts. Neues Archiv der Gesellschaft für ältere Deutsche Geschichtskunde*, t. XXX (1905), p. 183-191. M. Meyer von Knonay, *Jahrbücher von Heinrich IV und Heinrich V*, t. VI, p. 79 n., se rallie aux conclusions de Tangl.

(⁵) A vrai dire, la route ainsi marquée au messager oblige celui-ci à revenir sur ses pas, après être arrivé à Paderborn, pour passer par Minden. Mais évidemment il ne faut pas y regarder de si près. De même les gens du XIIᵉ siècle savaient tous que la route d'Aix-la-Chapelle vers la Flandre ne passait pas par Liége mais par Maestricht, et les médiévistes d'aujourd'hui ne l'ignorent pas davantage.

d'ailleurs une expédition militaire que la colonisation du pays, et de là l'éloge du sol slave par lequel il termine sa lettre.

Comment une vérité si simple avait-elle échappé jusqu'aujourd'hui à tous les regards ? C'est que l'on ne s'était pas avisé d'identifier les trois personnages dont les noms figurent à la fin de l'adresse. Ils ne sont autres, affirme Tangl, que Lambert archidiacre de Tournai (1100-1113), Bertulf prévôt de Bruges (1101-1127) (¹) et un certain Tancrad, qui figure comme témoin dans divers actes brugeois et tournaisiens de 1101 à 1112. La qualification d'*insignis philosophus* donnée à ce dernier prouve qu'il avait été le maître de notre rédacteur à l'époque où celui-ci n'avait pas encore quitté la Flandre pour les bords de l'Elbe.

Malheureusement, rien ne tient dans la démonstration de Tangl. Si, comme elle le veut, notre anonyme n'a écrit que pour attirer les Flamands vers la région slave, il s'est conduit à leur égard en véritable imposteur. Comment ! On prépare une guerre *contre les Hongrois*, et il en profite pour appeler les Flamands, par un mensonge insigne, à se ruer seuls sur les sectateurs de Pripegala ! Il fait faussement miroiter à leurs yeux l'appui du roi de Danemark et de Henri V ! Puis, quelle singulière façon que de convoquer des colonisateurs à un rendez-vous à jour fixe ! Et que dire de l'ingénieux procédé qui consiste à indiquer sa route à un messager envoyé au comte de Flandre, en introduisant dans l'adresse du message les noms des évêques par les villes desquels il doit passer ?

Sans doute, si les identifications des trois ecclésiastiques que Tangl se flatte d'avoir retrouvés sont exactes, l'origine flamande de notre auteur serait au moins admissible. Mais observons tout d'abord que ces ecclésiastiques sont cités sans la moindre qualification locale. Ensuite que le nom de Lambert est si généralement répandu qu'on n'en peut rien tirer de probable ; que le prévôt Berchtold n'est pas du tout le prévôt Bertulf(²), et que rien ne prouve enfin que le clerc Tancrad ait été un *insignis philosophus* ou même un simple maître d'école. Il y a sans doute entre les noms des trois Flamands et ceux des personnages cités dans l'adresse une singulière coïncidence. Mais une coïncidence n'est pas une preuve, et en présence des invraisemblances, des impossibilités morales et matérielles que soulève d'autre part la thèse de Tangl, force nous est bien d'attribuer celle-ci au hasard.

Mais que faites-vous, nous dira-t-on, du *gloriosissimus Flandrin-*

(¹) Je reproduis les dates données par Tangl. En réalité, Bertulf apparaît depuis 1093 comme prévôt de Bruges. Voy. mon édition de Galbert, p. 12 n.

(²) Les formes connues du nom de Bertulf sont : Bertolfus, Bertolphus, Bertulphus et Bertulfus. Voy. mon *Galbert*, loc. cit.

gensium comes, et des *Flandrigene famosissimi et domitores mundi* ? J'en tiens compte et j'en tire argument. J'observe en premier lieu que le prédicat de *domitores mundi* n'est pas appliqué aux seuls Flamands (¹), mais à tous ceux qui ont, lors de la première croisade, imité l'exemple des Français, c'est-à-dire à tout le moins aux Lotharingiens aussi bien qu'aux Flamands. Quant à l'épitèthe de *gloriosissimus* donnée à Robert de Jérusalem, elle s'explique le plus simplement du monde si l'on s'avise que justement ce prince est le seul des personnages cités dans la pièce qui ait pris part à cette croisade pour laquelle notre anonyme éprouve un si grand enthousiasme.

En voilà assez. Je conclus. Après l'article de Tangl comme avant lui, on n'hésitera pas à considérer notre document comme un exercice épistolaire sans signification historique. Il aura eu pour auteur un clerc quelconque des bords de l'Elbe ou de la Saale du commencement du XIIe siècle, qui se sera amusé à imaginer contre les Slaves païens une croisade analogue à celle qui venait d'arracher Jérusalem à l'Islam. Il savait naturellement que seuls parmi les populations comprises dans le royaume d'Allemagne (²), les Lotharingiens et les Flamands avaient pris part, à côté des Français, à cette guerre sacrée. Et c'est pourquoi, voulant les donner comme modèles aux Franconiens et aux Saxons, il leur décerne les plus brillantes épitèthes. Il est fort probable que lorsque, une quarantaine d'années plus tard, on prépara la grande expédition de 1147 contre les Slaves, le texte fut exhumé de l'oubli et répandu en Allemagne pour aiguillonner l'opinion. Il aura joué ainsi, malgré son inauthenticité, le même rôle d'*excitatorium* que la fameuse lettre d'Alexis Comnène à Robert le Frison avait joué, un demi-siècle plus tôt, lors de l'organisation de la première croisade (³).

Iena, Jour des Morts, 2 novembre 1916.

H. Pirenne.

(¹) Tangl fait observer que le prédicat, d'après la ponctuation du manuscrit, se rapporte aux seuls Flamands. En admettant que le fait soit exact, il ne prouve rien, puisque le manuscrit en question ne nous fournit qu'une copie de l'original disparu.

(²) La plus grande partie de la Flandre relevait sans doute du royaume de France. Mais la Flandre impériale se rattachait cependant en partie à l'Allemange.

(³) Voy. mon travail : *La lettre d'Alexis Comnène à Robert le Frison*. *Revue de l'Instruction publique*, t. L (1907), p. 217-227.

Les comtes de Flandre Robert I et Robert II et le surnom de Jérusalem

La Flandre a été gouvernée au XIe siècle et au commencement du XIIe par deux comtes du nom de Robert : Robert I qui régna de 1071 au 13 octobre 1093, et Robert II qui mourut le 5 octobre 1111. Le premier est connu sous le nom de Robert le Frison ; le second, sous celui de Robert de Jérusalem. En adoptant ces appellations, l'histoire n'a pas respecté les surnoms donnés à leurs princes par les contemporains ; le seul que ceux-ci aient dénommé Robert de Jérusalem, c'est Robert I.

* *
*

Pendant les dix premières années de son règne, Robert I ne reçoit ni ne se donne aucun surnom dans les chartes qui nous sont parvenues. Il s'y intitule ou y est qualifié de *comte* ou *marquis* soit *de Flandre*, soit *des Flamands* (¹) ; quelquefois on lui attribue le titre de *consul* (²) ; exceptionnellement, il se dit, en 1075, *seigneur de Forest* (³).

A partir de 1080, Robert I est surnommé *le Frison* (⁴). Il devait cela à son intervention dans les affaires de Frise à la suite de son mariage avec Gertrude de Saxe, veuve de Florent, comte de Frise. Ce surnom, annales et chroniqueurs contemporains ainsi que ceux du siècle suivant le lui ont soigneusement conservé. Citons : la *Flandria generosa* (⁵), les *Chroniques du monastère de Watines* (⁶), les annales d'Egmont(⁷),

---

(¹) 1071, Marchisio Flandriae, SERRURE, *Cart. de St-Bavon*, p. 21 ; 1072, Flandrensium comes, MIRAEUS-FOPPENS, II, 1311 ; 1072, comes Flandriae, MIRAEUS-FOPPENS, I, 68 ; 1072, Flandrigenarum marchio, MIRAEUS-FOPPENS, II, 951, etc.
(²) MIRAEUS-FOPPENS, I, 354. 1076, Robertus Flandrensium consul. DAMAY, *Sceaux de la Flandre*, Paris, I, 1873, p. 24, n° 134.
(³) Dominus de Silva. MIRAEUS-FOPPENS, II, 951. Il s'agit probablement de la seigneurie de Forest-lez-Anvaing (aujourd'hui arrondissement de Tournai).
(⁴) 1080, Friso. MIRAEUS-FOPPENS, II, 951 ; 1089 Friso. MIRAEUS-FOPPENS, I, 359, etc.
(⁵) Robertus denique cognomento Frisio. M. G. H. SS. IX, 323. 17.
(⁶) Friso. *Chronica monasterii Watinensis* (fin du XIe siècle). M. G. H. SS. XIV, p. 167, 32.
(⁷) Frisio. *Annales Egmundani* (commencement du XIIe siècle). M. G. H. SS. XVI, 452, 13.

Lambert d'Arde (¹), Hériman (²), Guillaume de Malmesbury (³), Simon de St-Bertin (⁴), Jean d'Ypres (⁵), Jean de Thilrode (⁶), etc., et de nombreuses notes généalogiques sur les comtes de Flandre (⁷).

Jean d'Ypres (⁸) et Jean de Thilrode (⁹) ont reporté le surnom de Frison sur Robert II. Ils distinguent Robert I le Frison et Robert II le Frison.

Si Robert I dut son premier surnom à l'aide qu'il prêta aux enfants du premier lit de sa femme, il en tira un second d'une particularité physique. Il portait la barbe, et, à l'imitation de son aïeul Baudouin Belle-Barbe, il fut appelé lui aussi *le Barbu* (¹⁰).

La mention la plus ancienne de cette appellation que nous ayons rencontrée se trouve dans la charte donnée en 1095 par la veuve de Robert Iᵉʳ, Gertrude de Saxe, pour la fondation d'une quinzième prébende dans l'église de Ste-Walburge à Furnes, pour le repos de son âme, et celui de celle de son mari, « le glorieux marquis *Robert le Barbu* » (¹¹). Cette qualification ne se perdit pas dans les traditions comtales car, lorsque Philippe d'Alsace, en 1177, confirma la dotation faite par Robert I au chapitre de Cassel, il appela son prédécesseur *Robert le Barbu* (¹²). Cette dénomination se retrouve également chez Lambert de St-Omer (¹³) (vers 1120), dans des additions aux généalogies des

---

(¹) Friso. LAMBERTI ARDENSIS, *Historia comitum Ghisnensium* (entre 1098 et 1103). M. G. H. SS., XXIV, 575, 3 ; 578, 24 et 29 ; 617, 34 ; 619, 19 ; 626, 15.

(²) Friso. HERIMANNI, *Liber de restauratione Sti-Martini Tornacensis* (1ʳᵉ moitié du XIIᵉ siècle). M. G. H. SS., XIV, 279, 44.

(³) Friso. Ex WILHELMI *Gestis regum Angliae* lib. II (1ʳᵉ moitié du XIIᵉ siècle). M. G. H. SS., X, p. 472, 46.

(⁴) Friso. SIMONIS *Gesta abbatum S. Bertini Sithiensium* lib. II (entre 1095 et 1123). M. G. H. SS., XIII, 656, 31 ; 659, 13.

(⁵) Friso. JOHANNIS LONGI, *Chronica S. Bertini* (milieu du XIIIᵉ siècle). M. G. H. SS., XXV, 52.

(⁶) Friso. JOHANNIS DE THILRODE, *Chronicon* (milieu du XIVᵉ siècle). M. G. H. SS., XXV, 582, 50.

(⁷) Frisio. *Genealogiae Aquicinctinae*. M. G. H. SS., XIV, 620 ; *Genealogiae comitum Flandriae*. M. G. H. SS., IX, p. 323, 20 ; *De genere comitum Flandrensium notae Parisienses*. M. G. H. SS., XIII, 258, 31. Friso, *Alia brevior genealogia forestariorum et comitum Flandriae*. J.-J. DE SMET. *Corpus chronicarum Flandriae*, I, p. 14, etc.

(⁸) Robertus Friso primus, Robertus Friso secundus. JOHANNIS LONGI, *Chronica S. Bertini*. M. G. H. SS., XXV, 52 ; Robertus Friso junior. *Ibid.*, 785, 32 et 41.

(⁹) Robertus Friso Junior. JOHANNIS DE THILRODE, *Chronicon*. M. G. H. SS., XXV, 50.

(¹⁰) Au sujet de cette épithète, M. H. Pirenne s'exprime de la manière suivante : « Certaines sources donnent à Robert le surnom de Barbu (*Barbatus*), appellation employée fréquemment au moyen-âge pour distinguer l'aîné de deux princes de même nom ». (*Biographie nationale*, XIX, 1907, col. 436). Cette explication ne paraît pas s'appliquer au cas de Robert I qui, on le verra plus loin par un portrait contemporain, portait la barbe.

(¹¹) Ob remedium animarum domini mei viri gloriosissimi marchionis Roberti Barbati, etc. MIRAEUS-FOPPENS, III, 20.

(¹²) En 1177. MIRAEUS-FOPPENS, II, 1182.

(¹³) 1092. Rodbertus comes Barbatus qui jacet in Cassel, obiit. LAMBERTUS AUDOMARENSIS, *Chronica* (vers 1120). M. G. H. SS., V, p. 66, 17 et 19.

comtes de Flandre du *Liber Floridus* de St-Bavon ([1]), et dans des intercalations du XIVe siècle de la chronique de Jean de Thilrode ([2]).

Sur le point de partir pour son voyage en Orient ([3]), Robert I associa son fils Robert II au gouvernement de la Flandre en 1086. A partir de ce moment, pour distinguer les deux princes, le père est désigné sous le nom de *l'aîné—senior*, et le fils sous celui de *le jeune—junior*.

Robert I lui-même se serait ([4]) donné cette appellation : dans une lettre écrite à son fils au sujet d'un différend survenu entre les monastères d'Elnon et de Hasnon, il s'intitule lui-même Robert l'aîné ([5]). Hériman ([6]) et Jean de Thilrode ([7]) emploient aussi à son sujet ce qualificatif, et on le retrouve dans les généalogies des comtes de Flandre. ([8])

A *senior* se rattache directement l'épithète de *major* donnée à Robert I par Simon de St-Bertin ([9]).

Plus difficile à expliquer est le nom de *Robertus junior* qu'attribuent à Robert I, sous la date de 1063, les annales d'Egmont. On pourrait à première vue croire se trouver en présence d'un lapsus de chroniqueur, mais voici le texte, il est formel : « 1063. Robert le Jeune, fils du comte Baudouin de Flandre, frère de Baudouin III, épousa la comtesse Gertrude, veuve du comte Florent » ([10]). C'est donc bien de Robert I qu'il s'agit. L'épithète qui lui est ici appliquée, pour inattendue qu'elle soit, puisque Robert I est le premier comte de Flandre de ce nom, peut néanmoins se justifier par des considérations généalogiques. La mère de Robert I, Adèle, était fille du roi de France Robert ; Robert I de Flandre reçut le nom que portait son grand-père, et, par rapport à celui-ci, il était naturellement *junior* ([11]).

([1]) Iste Robertus [Barbatus]. J.-J. DE SMET, *Corpus chron. Fl.*, I, p. 5. M; G. H. SS., IX, p. 311, 25.

([2]) Robertus [Barbatus] Friso, frater Balduini Montensis. JOHANNIS DE THILRODE, *Chronicon*. M. G. H. SS., XXV, 582, 50.

([3]) Sur ce voyage de Robert I en Orient, voy. H. PIRENNE, *A propos de la lettre d'Alexis Comnène à Robert le Frison, comte de Flandre* (*Revue de l'instruction publique en Belgique*, T. L. (1907), p. 217-227), qui a fixé définitivement la chronologie de la question.

([4]) Si le document est authentique, ce dont je doute, bien qu'il soit publié dans les M. G. H.

([5]) R[otbertus] Senior filio suo R[otberto] comiti salutem ! M. G. H. SS., XIV, 578,n° 6.

([6]) Quique de filia Roberti senioris comitis Flandrensis... fuerat genitus. HERIMANNI, *Liber de restauratione Sti Martini Tornacensis*, M. G. H. SS. XIV, p. 288, 16 et 289, 7.

([7]) Robertus Senior. JOHANNIS DE THILRODE. *Chronicon*. M. G. H. SS. XXV., 568, 35.

([8]) *Nomina comitum Flandriae*. J.-J. DE SMET. *Corp. Chron. Fland.*, I, p. 7.

([9]) Robertus maior. SIMONIS. *Gesta abbatum S. Bertini Sithiensium*. M. G. H. SS., XIII, p. 646, 24.

([10]) 1063. Rotbertus iunior, filius Balduini comitis Flandriae, frater Balduini tertii, Gertrudem comitissam relictam Florentii comitis sibi in matrimonium sociavit. *Annales Egmundani*. M. G. H. SS. XVI, p. 447, 31.

([11]) Balduinus Barbatus duxit filiam Gisleberti comitis, Odgivam, ex qua suscepit Balduinum Insulanum, qui duxit filiam Rodberti regis Francorum Adelam. Balduinus Insulanus geniut Balduinum Hasnoniensem et Robertum. J.-J. DE SMET. *Corp. Chron. Fland.*, I, p. 9-001. M. G. H. SS, IX, p. 306.

Le dernier surnom que prit Robert I est celui de *de Jérusalem* (¹). Je dis *que prit* à dessein : Robert I le fit inscrire sur sa monnaie après son retour de Palestine.

La trouvaille faite à Liesborn en Westphalie (²) en octobre 1904, a mis au jour, en effet, le denier suivant qui repose aujourd'hui à Berlin au Musée de l'empereur Frédéric, dans les médailliers du Cabinet des Médailles.

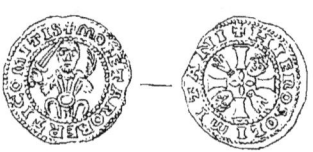

Denier de Robert-le-Frison
frappé après son retour d'Orient.

Entre deux cercles de grènetis, ϺONETA ROBERTI COϺITIS +. Le comte, vieux et barbu, la tête nue, vêtu d'une ample robe serrée à la taille, assis, tenant de la main droite une épée, et de la gauche une palme, R/. Entre deux cercles de grènetis HIEROSOLIϺITANI. Croix portant en abîme une rosette ; dans les cantons de celle-ci, deux mains et deux têtes opposées.

Argent. Diamètre 18 m/m. Poids 0 gr. 59. Seul exemplaire connu (³).

Monnaie du comte Robert de Jérusalem ! M. W. Engels, qui a publié la trouvaille, hypnotisé par le surnom, s'est empressé d'attribuer la pièce à Robert II. Toutefois on sent qu'il a quelque peu hésité : il fait remarquer que le comte est barbu, et que cet aspect ne rappelle guère que Robert I (⁴). Mais vite, il écarte ses doutes : « Evidemment, dit-il,

---

(¹) D'autres (sources) lui ont appliqué l'épithète de « Hierosolymitain » ce qui a eu pour résultat de le faire confondre parfois avec son fils Robert II dit de Jérusalem. H. PIRENNE. *Biographie nationale* XX, 1907, col. 436. Il n'y a d'exemple de cette confusion ni au XIᵉ siècle, ni au XIIᵉ. C'est seulement plus tard qu'elle s'est produite.

(²) W. ENGELS. *Der Fund von Liesborn in Westfalen. Zeitschrift für Numismatik.* T. XXV. 1906, p. 227-244. Cette trouvaille renfermait toute une série de monnaies de Flandre de la fin du XIᵉ siècle et du commencement du XIIᵉ inconnues jusqu'à ce jour. Lorsque ces pièces ont été publiées par M. Engels, elles m'ont paru tellement déroutantes, que ne pouvant me former une opinion à leur sujet, surtout au sujet de celle qui va nous occuper, je n'en ai pas fait mention dans la *Revue belge de Numismatique*, de peur d'énoncer un avis inexact. Plus tard, quand j'ai vu plus clair, divers travaux en cours m'ont empêché de reprendre la question. Je me propose d'y revenir prochainement et de soumettre la trouvaille à une nouvelle étude.

(³) J'ai examiné moi-même cette pièce au Cabinet des Médailles de Berlin, et je puis en certifier l'absolue authenticité.

(⁴) Es ist immerhin erwähnenswert dass nicht Robert II, sondern Robert I mehrmals als Barbatus bezeichnet wird (Pir., I, 3, 214, Anm.). *Zeitschrift für Numismatik.* T. XXV, 1906, p. 238, n° 2.

Robert I le Frison, par un voyage en Terre Sainte en 1083 (¹) a rendu encore plus célèbre son nom déjà connu, mais c'est seulement au profit de son fils que le nom « de Jérusalem » devint un surnom réel. Aux yeux des contemporains, celui-ci était un modèle de brillant prince croisé, et, en puissance ainsi que en considération, il dépassait en tout cas le chef de l'expédition, Godefroid, duc en nom de Basse-Lorraine. Raisons suffisantes pour créer une monnaie commémorative comme celle qui se trouve ici devant nous. » (²)

Ce sont là de fort mauvaises raisons pour donner ce denier à Robert II. M. Engels ne se base point sur les caractères intrinsèques de la pièce, sur lesquels nous reviendrons plus loin, mais sur le fait que le surnom « de Jérusalem » aurait été appliqué au seul Robert II.

Or, rien n'est moins exact. Jamais Robert II n'est désigné de la sorte par ses contemporains qui ne l'appellent que Robert le Jeune (³) ou Robert le Frison le jeune (⁴) ou Robert II tout court (⁵). Lui-même, sur le sceau qu'il employait après son retour de la croisade, se dit *Robertus iunior* (⁶). Il est par conséquent peu probable qu'il se soit intitulé « de Jérusalem » sur ses monnaies.

Il n'en est pas du tout de même de Robert I. Ce dernier, au retour de son pèlerinage armé aux Lieux Saints, a pris lui-même le titre de « de Jérusalem ». C'est ainsi que nous le trouvons qualifié par sa propre femme, Gertrude de Saxe, en 1095, dans le diplôme déjà cité plus haut où elle se dit femme de Robert-le-Barbu de Jérusalem (⁷). Un chroniqueur qui fut contemporain de Robert I, Simon de St-Bertin, attribue

---

(¹) 1083 pour 1086 ou 1087. En 1905, le travail de M. H. Pirenne n'avait pas encore paru.

(²) Zwar hat auch Robert I der Friese, durch eine nach dem heiligen Lande im Jahre 1083 seinen schon bekannten Namen noch berühmter gemacht ; doch erst bei seinem Sohne wurde der Name des « Jerusalemfahrers » zu einem ständigen Beiwort. Es galt seinen Zeitgenossen als das Musterbild eines glanzvollen Kreuzfahrerfürsten, und an Macht und Ansehen, übertraf er jedenfalls den Führer des Zuges, den Scheinherzog von Niederlothringen, Gottfried ; Anlass genug, eine Denkmünze zu schaffen, wie sie hier vorliegt. *Zeitschrift für Numismatik*, T. XXV, 1906, p. 239.

(³) 1088. Robertus comes iunior. MIRAEUS-FOPPENS, I, 74 ; 1095. marchione Flandrensium iuniore Roberto. MIRAEUS-FOPPENS, III, 20 ; etc. — Iunior Robertus, SIMONIS, *Gesta abbatum S. Bertini Sithiensium*, lib. II. M. G. H. SS., XIII, 647, 9 ; 648, 31 ; 650, 27 ; 651, 29 ; 652, 12 ; 658, 41 ; 659, 39. Robertus comes iunior. HERIMANNI. *Liber de restauratione Sti Martini Tornacensis*. M. G. H. SS., XIV, 289, 33 ; 300, 30. IIII Obitus Roberti comitis iunioris. *Annales Aquicinctini*. M. G. H. SS., XVI, 504, 7. Rotbertus iunior. *Annales Egmundani*. M. G. H. SS., XVI, 450, 61, etc.

(⁴) Robertus Friso junior. JOHANNIS DE THILRODE, *Chronicon*. M. G. H. SS., XXV, 50. JOHANNIS LONGI, *Chronica S. Bertini*. M. G. H. SS., 785, 32, 41.

(⁵) 1098. Roberto secundo Flandrorum comite.WARNKÖNIG. *Fl. Staatsverf.*,III, 2ᵉ part., p. 16 ; 1109, MIRAEUS-FOPPENS, IV, 507.

(⁶) 1109. Sigillum Rodberti comitis iunioris. G. DEMAY. *Inventaire des sceaux de la Flandre*. Paris, I, 1873, p. 24, n° 135.

(⁷) Robertus Barbatus Hierosolymitanus. MIRAEUS-FOPPENS, III, 20.

à son tour explicitement ce surnom à celui-ci : « En l'an du Christ 1071, écrit-il, Robert, fils du comte Baudouin de Lille, qui plus tard fut surnommé de Jérusalem, après avoir livré près de Cassel, à son neveu Arnoul, une bataille civile, dans laquelle celui-ci fut tué, écarta le frère de ce dernier tout autant que Richilde, la mère d'Arnoul, et, marqué des signes de la Victoire, s'empara de la souveraineté de toute la Flandre » (1).

Une chronique de l'abbaye de St-Bertin écrite à la fin du XIIIe siècle reprend à peu près la même expression. « Robert, qui reçut plus tard le surnom de Jérusalem » (2).

Enfin, Baudouin de Ninove signale sous la date erronée de 1094 la mort de « Robert, premier marquis de Flandre de ce nom, surnommé de Jérusalem » (3).

Les documents historiques sont donc d'accord pour faire attribuer notre monnaie à Robert I et non à Robert II. De plus, l'étude des caractères de la pièce elle-même, ce par quoi M. Engels eût dû commencer, vient étayer à son tour cette manière de voir.

Le type du droit de notre denier est extrêmement curieux : il représente un vieillard barbu, assis dans l'attitude des figures des sceaux dits de majesté ; il est, je pense, unique dans la numismatique belge. Cette représentation convient parfaitement à une monnaie du vieux marquis, tandis qu'elle ne s'expliquerait pas sur un denier appartenant à son fils (4).

Bien que notre monnaie procède d'un type sigillaire, ce n'est cependant pas à l'imitation de son sceau que Robert I l'a conçue : son seul sceau connu est équestre (5) ; il semble, d'ailleurs, que, à part Arnoul I, le Vieux (6), aucun comte de Flandre n'ait eu de sceau de majesté.

---

(1) Nec multo post tempore, anno videlicet Christi nativitatis 1071, Robertus, filius Balduini comitis Insulani, qui postea Iherosolimitanus dictus est, apud castrum Casletum, commissa pugna civili contra nepotem suum Arnulfum, Arnulfo occiso, fratre eius Balduino nichilominus cum matre Richilde eliminato, victricibus signis insignitus, monarchiam tocius Flandriae adeptus est. SIMONIS, *Gesta abbatum S. Bertini Sithiensium*, Lib. I. M. G. H. SS., XIII, p. 641, 5.

(2) Balduinus Insulanus genuit Balduinum Hasnoniensem et Rodbertum, cognomento postea Hierosolymitanum. (Ex codice Bertiniano sub finem saeculi XIII scripto). J.-J. DE SMET, *Corp. Chron. Fland.*, I, p. 9-10. M. G. H. SS., IX, p. 306.

(3) Anno MXCIV, Robertus primus hujus nominis Flandriae marchisius, cognomento Iherosolimitanus obit. *Chronicon Balduini Ninoviensis*. J.-J. DE SMET, *Corp. Chron. Fland.*, II, p. 691, 7. M. G. H. SS., XXV, p. 525, 28.

(4) M. ENGELS (*Zeitschrift für Numismatik*, T. XXV (1906) p. 239) a vu dans la main du revers le bras de St-Georges rapporté comme relique par Robert II. Il n'a pas expliqué la tête qui l'accompagne. Or, la tête et la main sont inséparables : ce sont tout simplement les organes du pouvoir : la tête qui ordonne, et la main qui exécute. Ce symbole est répété deux fois.

(5) O. VREDIUS. *Sigilla comitum Flandriae*, Bruges, 1639, p. 6. Il porte : Rodbertus Flandrentium comes. G. DEMAY. *Inventaire des sceaux de la Flandre*. Paris, I, 1873, p. 24, n° 134.

(6) O. VREDIUS. *Sigilla comitum Flandriae*. Bruges, 1639, p. 2.

Mais, depuis Othon III, les empereurs allemands avaient pris l'habitude de se faire graver sur leurs sceaux dans l'attitude assise (¹) ; Henri IV avait transporté cette figuration sur ses deniers frappés à Duisbourg (²), et ce sont ces derniers qui ont servi de prototype au comte de Flandre pour faire exécuter les siens. Naturellement, il a remplacé les attributs impériaux par l'épée et la palme ; aussi peut-on dire que cette représentation correspond au portrait que trace de lui Simon de St-Bertin quand il le peint « marqué des signes de la Victoire ».

En outre, n'eût-on pas l'effigie d'un vieillard barbu, le poids de ce denier — 0 gr. 59 — nous ferait pencher pour l'attribution de la pièce à Robert I. Les monnaies les plus lourdes de Robert II ne pèsent que 0 gr. 55, et d'autres descendent jusqu'à 0 gr. 50 (³).

Monnaie, chartes et chroniqueurs sont donc d'accord : pour les gens de la fin du XIᵉ siècle et ceux du XIIᵉ, seul Robert I fut Robert de Jérusalem.

Le voyage du vieux comte en Terre Sainte, à une époque où le cycle des croisades ne s'était pas encore déroulé, constituait un exploit à nul autre pareil, portant en soi la puissance de faire donner au pèlerin une épithète formée au moyen du nom de l'endroit où il s'était rendu. On conçoit aisément que le vieux marquis en ait tiré vanité, et que ses contemporains en aient été tout particulièrement impressionnés. Cela confinait au merveilleux, et le merveilleux ne tarda pas d'ailleurs à s'infiltrer dans les récits de ce voyage (⁴). C'est ainsi que le surnom de Jérusalem échut tout naturellement à Robert I.

Quant à Robert II, il accomplit son expédition en Palestine parmi

---

(¹) Le plus ancien sceau de majesté des empereurs allemands est celui d'Othon III, apposé à des actes de 997 et 998. O. Posse, *Die Siegel der deutschen Kaiser und Könige von Pippin bis Ludwig von Bayern*. Dresde, 1, 1909, pl. 1. A partir de ce moment, tous les empereurs possèdent des sceaux de majesté. Voy. tout particulièrement ceux de Henri IV, dans Posse, o. c., pl. XVI, 3 et 4.

(²) H. Dannenberg. *Die deutschen Münzen der Sächsischen und Fränkischen Kaiserzeit*. Berlin, 1876, I, n° 325 et 326 et p. 147. Planche, XIV, 325 ; III, pl, 326. Cf. H. Ph. Cappe. *Die Münzen der deutschen Kaiser und Könige des Mittelalters*. I. Dresde, 1848, pl. XIX, 310.

(³) Voy. R. Serrure. *Une page de l'histoire monétaire de la Flandre* (1070-1100). *Revue belge de Numismatique*, 1880, p. 195 et suiv. Les deniers de la trouvaille de Liesborn attribués à Robert II par M. Engels (*Zeitschrift für Numismatik*, T. XXV, 1906) p. 240, appartiennent encore à Robert I, ainsi que nous le montrerons ailleurs. On pourrait encore tirer argument de l'emploi de l'ω onciale à la fois sur la monnaie et sur le sceau de Robert I, tandis que le sceau de Robert II porte l'M capitale.

(⁴) Tel est par exemple l'épisode de la fermeture automatique des portes de la cité sainte à l'approche de Robert le Frison qui n'aurait pu entrer à Jérusalem qu'après avoir confessé ses fautes. Voy. E. Le Glay. *Histoire des comtes de Flandre jusqu'à l'avènement de la maison de Bourgogne*. Bruxelles, I, 1843, p. 215.

la foule des combattants de la première croisade. C'est pourquoi, bien qu'il eût brillé au premier rang, à ce moment sa conduite ne parut pas aussi extraordinaire que celle de son père. Mais, au cours des siècles, le voyage solitaire de Robert I sortit de la mémoire des hommes, tandis que les chroniqueurs, puis les historiens ne purent oublier la part brillante que Robert II avait prise à la conquête du tombeau du Christ; et c'est pourquoi celui-là se vit attribuer à tort par l'histoire le surnom de Jérusalem ([1]) qui, de son temps, avait été exclusivement réservé à son père.

Victor TOURNEUR.

Bruxelles.

([1]) C'est dans des généalogies des comtes de Flandre de la première moitié du XIVe siècle au plus tôt que l'on rencontre pour la première fois le surnom de *Hierosolymitanus* donné à Robert II. Voy. *De genere comitum flandrensium notae parisienses*. M. G. H. SS., XIII, 259, 5. A partir des chroniques de l'abbaye de Tronchiennes les mentions deviennent fréquentes (J.-J. DE SMET, *Corp. Chron. Fland.*, I, pp. 600, 601), et les historiens modernes ont tous suivi.

Notes sur la Cité de Liége au 12ᵉ siècle.

I. L'ÉCHEVINAGE DE LIÉGE DE 1175 A 1185.

En appendice à son livre *La Cité de Liége*, t. I, pp. 293-295, G. Kurth a publié une note intitulée : *L'échevinage de Liége en 1175-1176* (lisez *1185*). Pour cette période de dix années, M. de Borman ne trouvait à relever de façon absolument certaine que les noms de huit échevins ([1]). Ce nombre, G. Kurth a cru qu'il était possible de le porter à vingt-cinq ([2]). Et, pour ce faire, il s'appuie sur quatre diplômes que nous allons successivement examiner :

1. Gérard, comte de Looz, accorde en 1175, à la localité de Brusthem, les libertés dont jouissent les Liégeois ([3]). Cette charte a pour témoins les sept échevins de Brusthem (*scabini de Brustemie*) ; puis on lit : *Hujus facti fuerunt etiam testes probi et honesti viri cives Leodienses, hujus legis et libertatis dictatores et ordinatores* : *Theodricus advocatus, Jordanus et Libuinus, Libertus, Lambertus, Symon, Wericus, Nogerus, Bruno, Wernerus, Albertus*.

« Je crois », dit G. Kurth, « que personne ne me contredira si j'affirme que ces prud'hommes liégeois, qui ont rédigé la coutume de Liége à l'usage du comte de Looz, ne peuvent être que des échevins de Liége ».

Cette affirmation de l'éminent historien ne me paraît pas fondée. Certes, les Jourdain, Libuin, Lambert et Notger qui sont mentionnés en 1175, figurent en qualité d'échevins dans les chartes de 1176 dont je vais avoir à parler. Mais est-ce là une raison suffisante pour conclure que les dix témoins étaient tous échevins ? Non pas, car, si c'était le cas, pourquoi sont-ils désignés par la périphrase *probi et honesti viri cives Leodienses* et non pas seulement par les mots *scabini Leodienses*, ce par analogie avec les échevins de Brusthem qui, dans le même document, deux lignes plus haut, sont appelés *scabini de Brustemie* ?

([1]) *Les Echevins de la Souveraine Justice de Liége*, t. I, pp. 26 et 27.
([2]) G. Kurth écrit vingt-six par erreur. Il a porté, en effet, deux fois en compte, l'échevin Henri.
([3]) Piot, *Cartulaire de Saint Trond*, t. I, p. 122.

On m'objectera : si tous ces témoins ne sont pas des échevins, à quel titre interviennent-ils dans l'acte ?

A quoi je réponds avec Giry (¹) :

« En ce qui touche la juridiction gracieuse, les documents les plus anciens qui se soient conservés — et certains d'entre eux remontent au XIe siècle — montrent les actes reçus par des prud'hommes, des notables, des jurés, aussi souvent que par des magistrats ou échevins ; ceux-ci n'y interviennent pas en qualité de dépositaires d'une partie de l'autorité publique, mais comme témoins privilégiés ».

Je crois donc être en droit de dire que les *probi et honesti viri cives Leodienses* de la charte de Brusthem sont tout simplement des prud'hommes et que les quatre échevins de Liége qui figurent dans l'acte le font non pas à titre d'échevins mais à titre de témoins privilégiés.

2. Le second diplôme émane des échevins de Liége et est donné pour la léproserie communale de Cornillon. Il se rapporte à l'année 1176 (²). Il est émis par l'avoué Thierry, par le maïeur Henri et par les échevins Henri, Renier, Collard, Libuin, Jourdain.

3. Le troisième diplôme est, comme le précédent, émis en faveur de l'hospice de Cornillon, en la même année 1176. On y voit figurer le maïeur Renier et les échevins Hellin, Notger et Lambert (³).

4. Le quatrième diplôme est un acte de donation fait à Liége, en 1185, à la léproserie de Cornillon(⁴). « On y trouve comme témoins »,dit G. Kurth, « outre deux personnages qui doivent être les maîtres de la cité, et dix autres qui forment avec les deux maîtres le conseil communal, composé pour lors de douze jurés (veri jurati), quatorze personnages qui ne peuvent être que les quatorze échevins de Liége. Ce sont Alard, Alexandre, Hellin, Godin, Alard, Baudouin, Martin, Pierre, Roger d'Ile, Henri, Conon, Pierre, Etienne et Wéry. »

G. Kurth écrit, répétons-le : « Ces quatorze personnages ne peuvent être que les quatorze échevins de Liége ». Je réplique : La preuve est faite pour Henri et Hellin qui figurent en effet en qualité d'échevins dans les chartes précitées de 1176, mais j'ajoute : Est-ce bien en qualité d'échevins qu'ils interviennent dans l'acte ? n'est-ce pas plutôt en qualité de témoins privilégiés ? en d'autres termes, ces quatorze témoins sont-ils autre chose que quatorze prud'hommes, quatorze

---

(¹) *Manuel de diplomatique*, p. 852.
(²) Il porte dans Jean d'Outremeuse qui nous l'a conservé (*Le Myreur des Histors*, t. V, p. 346) la date fausse de 1258 ; M. de Borman a établi qu'il est en réalité de 1175 (*Ouv. cité*, t. I, p. 26).
(³) *Bulletin de l'Institut archéologique liégeois*, t. IX, 1868, p. 344.
(⁴) *Leodium*, 1907, p. 2.

testes probi et honesti viri comme ceux que nous avons vu figurer dans le diplôme précité de 1175 pour Brusthem ? Car, s'ils sont échevins, pourquoi sont-ils, dans l'acte, mentionnés après les jurés ? Le cas serait unique dans l'histoire de la diplomatique liégeoise : dans tous les actes émanés de la Cité, là où les échevins figurent concurremment avec les jurés, *toujours* en effet les échevins viennent en tête parmi les signataires (¹).

L'acte de 1185 étant le seul à faire exception, j'en conclus que les quatorze personnes qui interviennent à la suite des jurés ne sont pas le corps échevinal de la Cité et que si, pourtant, deux échevins y apparaissent, ce n'est pas officiellement à titre d'échevins, mais simplement à titre de témoins privilégiés comme ç'a été le cas dans la charte précitée de 1175.

J'ai terminé l'examen des quatre chartes. G. Kurth en combinant leurs listes de témoins, obtenait vingt-six (lisez vingt-cinq) noms d'échevins liégeois de 1175 à 1185 ; je rejette cette conclusion et je déclare que jusqu'à présent, pour cette période de dix ans, nous ne connaissons de façon certaine que les noms de huit échevins de Liége. Que les autres personnages relevés par l'auteur de *La Cité de Liége* soient des échevins, cela n'est pas du tout démontré et il y a même tout lieu de croire qu'il n'en est rien.

II. Quand et comment naquit la commune de Liége.

La commune de Liége existe, peut-on dire, du jour où, à l'administration de la ville par des échevins désignés par le prince-évêque, fut substituée une administration par des jurés agissant comme mandataires et représentants de la bourgeoisie.

Quand et comment se fit cette transformation, c'est ce que G. Kurth a essayé d'établir dans un des chapitres de sa *Cité de Liége* (²).

G. Kurth s'appuie sur des textes des années 1107 et 1119 pour établir qu'à cette époque, les échevins de Liége étaient seuls à administrer

---

(¹) G. Kurth, *La Cité de Liége*, t. 1, p. 98, écrit ce qui suit à propos des relations qui existèrent dès le début entre le Conseil communal de Liége et l'échevinage : « Enfin, bien qu'il ne soit pas douteux que le Conseil ait, dès l'origine, disposé souverainement dans les choses qui étaient de sa compétence, l'usage s'est maintenu de mentionner le maïeur et les échevins en tête de tous les documents émis par lui. Cette mention était en quelque sorte le sceau de la légalité apposé sur les actes du Conseil, et, pendant près de deux siècles, la formule consacrée dans le protocole fut la suivante : « *Le maïeur, les échevins, les maîtres, les jurés et toute la communauté de la Cité de Liége* ».

(²) *La Cité de Liége*, t. I, pp. 84 à 110.

la ville et qu'ainsi la Cité de Liége ne jouissait pas encore de l'autonomie (¹). Je me rallie à cette manière de voir.

Cette administration par les seuls échevins, ajoute-t-il, était encore un fait en 1176 car on voit les échevins, sans qu'il soit fait mention des jurés, donner un règlement à la léproserie de Cornillon qui était la propriété de la ville (²).

L'historien liégeois fait toutefois remarquer que, dans le règlement en question, à côté des échevins figurent d'autres bourgeois de Liége (*ceterique cives Leodienses*) et il conjecture que ces derniers interviennent en qualité d'assesseurs et nous révèlent, par leur présence, la situation intermédiaire par laquelle a passé la Cité en s'acheminant du régime scabinal à celui de l'autonomie communale. L'auteur estime en effet qu'un jour vint où les échevins s'adjoignirent des assesseurs choisis dans les principaux lignages de la ville. Et ils le firent, partie parce qu'ils se voyaient accablés par le poids des affaires communales qui venait alourdir leur tâche déjà pesante de rendre la justice à la ville et au pays, partie pour déférer aux vœux du patriciat qui aspirait à prendre part à la gestion des intérêts communs.

Mais il arriva que les bourgeois ne se contentèrent plus d'être représentés dans l'administration de leur ville par quelques prud'hommes que choisissaient les échevins ; ils voulurent y aller eux-mêmes en la personne de leurs mandataires, et alors le Conseil fut créé. C'est ce qui eut lieu entre les années 1176 et 1185, car c'est en 1185 que les jurés sont mentionnés à Liége pour la première fois. Ainsi s'exprime G. Kurth (³). Et, en même temps, il fait ressortir que cette transformation a dû se faire d'une façon pacifique car, « si la commune de Liége était née à la suite d'un mouvement révolutionnaire comme dans certaines villes de la France, ils (les chroniqueurs liégeois) l'auraient enregistré et, du même coup, nous connaîtrions la date et les causes de son origine » (⁴).

En résumé donc, pour G. Kurth, 1° la commune de Liége est née entre les années 1176 et 1185, plus exactement 1184 et 2° elle est née paci-

---

(¹) *Ibid.*, t. I, pp. 60 et 61.
(²) *Ibid.*, t. I, p. 92.
(³) *Ibid.*, t. I, pp. 90 à 92. L'auteur montre même que le Conseil devait exister en 1184 car, d'un passage de l'annaliste liégeois Lambert le Petit, il résulte qu'en cette année 1184 la ville de Liége fit la guerre contre les chevaliers de Dommartin, ce qui suppose que, dès lors, la ville était autonome. Et G. Kurth va jusqu'à ajouter : « On peut même se demander si ce n'est la nécessité de mener vigoureusement la guerre contre un redoutable adversaire féodal qui aura provoqué la naissance du nouvel organisme politique. » (*Ibid.*, t. I, pp. 93 à 94).
(⁴) *Ibid.*, t. I, pp. 99-100.

fiquement, par voie d'évolution lente ou, pour me servir des expressions mêmes de l'éminent historien, « la commune de Liége n'a été que l'éclosion, à un moment donné, d'une force qui germait déjà dans le régime scabinal » (¹).

Contrairement à cette manière de voir, j'estime : 1° que la commune a fait son apparition à Liége une bonne vingtaine d'années antérieurement à la date que G. Kurth a cru devoir assigner à cet événement, 2° qu'elle doit sa constitution à l'insurrection, en d'autres termes, qu'elle a vu le jour, sous la forme de la *commune jurée.* C'est ce que je vais tâcher d'établir :

Dois-je redire ce qu'est essentiellement la commune jurée du moyenâge ? « C'est avant tout », dit Esmein (²), « une association, sous la foi de serment, entre les habitants d'une ville pour se défendre mutuellement contre les aggressions et les oppressions ».

Or, que lisons-nous dans la Chronique de Gilles d'Orval ? Je traduis : En 1154, le prince-évêque Henri de Leyen, « avant de partir (avec Frédéric Barberousse) pour une seconde expédition en Italie, comme il fut toujours ami de la paix, groupa les bourgeois de tout l'évêché, tant à Liége que dans les autres villes, et les relia par des liens de paix et de justice afin que, si quelqu'un faisait tort à l'un d'eux dans sa personne ou dans ses biens, toute la Cité fût unanime à se lever contre le perturbateur (*praevaricatorem pacis*) » (³).

Le texte est parfaitement clair. Toute une cité qui se lève pour défendre l'un de ses membres, est-ce autre chose qu'une application de l'aide mutuelle caractéristique de la commune jurée (⁴) ? Et la commune jurée

---

(¹) *Ibid.*, t. I, p. 90.
(²) *Histoire élémentaire du droit français*, 1ʳᵉ édition, p. 296.
(³) Voir Gilles d'Orval dans *Monum. Germ. hist.*, SS. t. XXV, III, 33, p. 107 : « Episcopus Henricus in secunda expeditione ytalica, antequam proficisceretur, in omnibus negotiis suis pacis semper amator existens, totius episcopatus cives tam in Leodiensi civitate quam in aliis oppidis benigne convenit et in vinculo pacis et justitiæ eos confœderavit, ut si forte aliquis calumpniose corporis vel in rebus dampnum alicui intulisset, omnis civitas in praevaricatorem pacis unanimiter insurgeret ».
(⁴) WAUTERS, *Les libertés communales*, t. I, p. 487, a connu le texte de Gilles d'Orval, mais il n'a pas compris qu'il s'agissait essentiellement de la constitution d'une commune jurée. En effet, après avoir donné la traduction du texte en question, il écrit : « C'était en réalité organiser en fédération toute la population bourgeoise de l'évêché et habituer les villes à se concerter entre elles en cas d'événements importants ».

G. Kurth (*Ouv. cité*, t. I, pp. 81 et 82) a connu également ce texte et il en a pressenti l'intérêt, car il écrit : « A première vue, on est tenté de croire que ces paroles visent l'érection de la Cité en commune ». Mais l'historien liégeois ne s'est pas arrêté à cette interprétation et voici comment il paraphrase le texte de Gilles d'Orval : « Sur le point de partir avec Frédéric Barberousse pour l'expédition d'Italie (1154), il (Henri de Leyen) imagina de confier la sécurité du pays aux bourgeois de ses villes et principalement de Liége ». Or, c'est là manifestement un contre-sens : Il ne s'agit pas de la sécurité du pays, mais de la sécurité à assurer à chaque bourgeois *individuellement*, ce qui est bien différent.

ne pouvant pas s'entendre sans une réunion des magistrats qui la dirigent, l'existence d'un conseil communal est par là-même attestée.

Je tiens à prévenir une objection : Gilles d'Orval écrit cent ans presque après les événements qu'il vient de raconter. Ne les a-t-il pas imaginés, ou bien, au cas où il reproduirait une source aujourd'hui perdue, ne l'a-t-il pas altérée en la reproduisant ? Je ne le pense pas. Gilles d'Orval n'invente ni n'interprète ; il se borne à reproduire purement et simplement la source qu'il a eue sous les yeux (¹). Il en résulte que son témoignage, dans le cas qui nous occupe, n'en a que plus de valeur. J'ajoute que les institutions communales, on le sait depuis longtemps, sont choses qui l'intéressent trop peu pour qu'il ait pris la peine d'y mettre du sien.

Est-ce à dire maintenant que j'accepte purement et simplement le récit dont Gilles d'Orval s'est constitué le rapporteur ?

Reportons-nous au milieu du XIIe siècle. La justice est rendue dans les villes liégeoises par un tribunal d'échevins nommés à vie par le prince-évêque. Peut-on concevoir que celui-ci érige une commune jurée de son propre mouvement, le conçoit-on substituant librement à l'autorité publique dont il est le détenteur une autorité nouvelle, celle de bourgeois s'assurant une aide mutuelle ? Non, certes. Ce pouvoir nouveau est une création de la bourgeoisie, et si les sources disent que le prélat l'a instauré, il faut entendre simplement qu'il a cru ne pouvoir faire autrement que le ratifier.

J'admets donc que, dès 1154 au plus tard, la commune jurée fut proclamée à Liége et dans d'autres villes liégeoises, telles Huy et Dinant j'imagine. Mais il était difficile que le nouvel organisme politique fût viable. Instaurer la commune jurée, c'eût été, pour la Cité, non seulement mettre la main sur l'administration des affaires publiques, mais aussi attirer à elle la juridiction des échevins ; c'eût été réaliser un programme ultra-révolutionnaire. La commune jurée disparut à Liége (²) et dans les villes liégeoises ; pour nous en tenir à Liége, c'est ce qui ressort de la lecture d'un acte de l'année 1176 intéressant l'administration de la ville de Liége (³). Les jurés n'y sont plus mentionnés ; interviennent seuls les échevins et d'autres bour-

---

(¹) BALAU, Les sources de l'histoire de Liége au moyen-âge, pp. 453-454, se référant du reste à une note de G. Kurth.

(²) Au cours du XIIIe siècle, il fut fait de nouvelles tentatives pour instaurer à Liége la commune jurée. A la plus fameuse de ces tentatives, le nom de Henri de Dinant est resté attaché.

(³) Il y est question, en effet, d'un règlement accordé à la léproserie de Cornillon, propriété de la ville de Liége.

geois qu'avec G. Kurth je suis disposé à considérer comme des assesseurs des échevins (¹).

Mais la commune allait réapparaître entre les années 1176 et 1185, j'entends la commune pure et simple par opposition à la commune jurée (²). En 1185, en effet, une donation étant faite à la léproserie de Cornillon (³), le conseil communal appelé à la ratifier appose à l'acte le sceau de la Cité (⁴). Le document mentionne après la signature des intéressés la présence d'un certain nombre de témoins. Ce sont, d'abord un personnage du nom de Fulcaricus, puis Renier Surel et Henri Crikelhon, puis le maïeur Baudouin, puis des personnages qui sont qualifiés de jurés (*veri jurati*), puis enfin quatorze autres groupés deux par deux. Or, les jurés étant, on le sait, les mandataires et les représentants de la bourgeoisie, nous sommes en droit d'affirmer que la commune de Liége existait à nouveau dès 1185 au plus tard (⁵).

Que faut-il penser maintenant ? Cette nouvelle commune a-t-elle été, comme le croit G. Kurth, le point d'aboutissement d'une évolution pacifique (⁶), ou bien a-t-elle été, comme je le pense, la conséquence d'un mouvement insurrectionnel ?

Que les échevins interviennent ou non dans l'acte de 1185 (⁷), une chose est certaine, leur absence (⁸) d'une part ou, d'autre part, le fait qu'ils sont mentionnés à la fin de l'acte, après les jurés, ne peut s'expliquer que si l'on admet qu'ils ont été rejetés par ceux-ci à l'arrière-plan de la scène politique. En d'autres termes, j'estime que cette nouvelle commune fut, comme la première, instaurée sous la pression de l'émeute.

Il me reste à conclure : 1º La commune apparut à Liége pour la première fois en 1154 ; elle se présentait sous la forme de la commune jurée. Elle n'eut, semble-t-il, qu'une durée éphémère ; en tout cas, en 1176, elle n'existait plus ; mais elle devait renaître entre les années

---

(¹) Voir ci-dessus, p. 101 ; contrairement toutefois à l'opinion de G. Kurth, mais ceci est une parenthèse, je pense, que ce choix d'assesseurs par les échevins, a été moins libre qu'imposé par les circonstances.
(²) Le tribunal des échevins subsiste en effet et la commune se confine dans son rôle de corps administratif.
(³) *Leodium*, 1907, p. 2.
(⁴) « Ut autem hec traditio stabilis et inconvulsa permaneat, sigilli sui ymaginem civitas Leodiensis imprimere curavit ».
(⁵) Pour la date de 1184, voir ci-dessus p. 102, note 3.
(⁶) Voir ci-dessus, p. 103 et suiv.
(⁷) Sur cette question, voir ci-dessus p. 101 et suiv.
(⁸) J'entends leur absence en tant que corps officiel. Nous savons en effet, que le maïeur et deux échevins étaient intervenants dans l'acte de 1185. Je m'explique leur présence en admettant qu'un certain nombre des échevins avaient des sympathies pour le conseil de jurés nouvellement instauré. Ces sympathies se comprennent si l'on considère qu'échevins et jurés se recrutaient dans la même classe sociale, celle des patriciens et qu'ainsi, entre leurs familles, des liens de parenté avaient dû se nouer.

1176 et 1184 ou 1185, cette fois, il est vrai, non plus sous la forme de la commune jurée, mais sous la forme de commune pure et simple, c'est-à-dire se réservant l'autorité administrative et laissant aux échevins l'autorité judiciaire (¹).

2° Ces deux établissements d'une commune liégeoise autonome furent provoqués par un mouvement révolutionnaire.

J'arrive donc, et pour la date d'érection de la commune, et pour la façon dont les événements se sont passés, à des conclusions toutes différentes de celles de l'historien de la *Cité de Liége*.

A. HANSAY.
Conservateur des Archives de l'Etat à Hasselt.

(¹) Le fait que le maïeur et, pour le moins, deux échevins sont mentionnés dans l'acte de 1185 prouve que l'échevinage n'avait pas cessé d'exister.

LA BANLIEUE DE LIÉGE

Sous le régime princier, le Conseil de la Cité de Liége étendait sa sphère d'action en dehors du territoire urbain et des faubourgs. Sa juridiction administrative couvrait de sa vigilance tutélaire, ou intéressée parfois, une vaste *banlieue* ([1]).

La banlieue de Liége apparaît en germe dans la lettre du Commun Profit de l'an 1252 ([2]). Elle est indiquée aussi dans la Paix des Clercs de l'an 1287, laquelle spécifie que la *fermeté* sera levée «dedens la citeit de Liége et le ban d'Avroit, de Sain Loren, d'Ans et delle Boverie et de *Bernenkilhe* ([3]) et en aultres lieus se on les acquiert».

On le voit, si la banlieue était très limitée alors, on en prévoyait l'extension. En effet, elle s'accrut dans la suite, au fur et à mesure que la commune de Liége s'affermissait, à mesure surtout que son caractère et sa force démocratique se sont accentués. Lorsque la Lettre de Saint Jacques (1ᵉʳ juillet 1343) sera scellée, les chefs de la Cité auront eu soin de s'y faire octroyer le droit de recevoir, à titre de bourgeois, les habitants des villages environnants. Alors aussi, les libertés confirmées par Albert de Cuyck aux bourgeois de Liége seront étendues aux « suréans » de ces localités voisines. On comprend si, dès ce moment, pour augmenter son pouvoir et son prestige politique, basé d'ailleurs sur le nombre, la capitale s'efforça de développer le cercle de la banlieue. Quatre-vingts hameaux et villages y furent ainsi englobés. La Cité devenait, en somme, la maîtresse souveraine d'une fédération communale d'un territoire plus étendu que celui de Liége. Il y avait, dans ce fait, le principe d'une prépondérance dont les administrateurs liégeois prétendaient tirer parti, soit contre l'autorité princière, soit contre le chapitre cathédral, agissant souvent en lieu et place du chef de la principauté. Les représentants de la Cité, en agrandissant d'une façon continue la sphère de son influence et de sa puissance, créaient en sa faveur un véritable Etat dans l'Etat liégeois.

([1]) Sur l'origine du mot *ban*, qui est germanique, avec signification de « lien, association », d'où le terme *bond* en flamand, lire *Le Droit de banalité*, par l'abbé CEYSSENS, *Bull. de l'Institut archéologique liégeois*, t. XXV, p. 33.
([2]) *Cartulaire de l'église Saint-Lambert, à Liége*, t. II, p. 18.
([3]) Cette localité était aussi à la Boverie, à côté du biez des Polets.

H. Pirenne a saisi parfaitement l'importance de ce mouvement politique :

« Les deux maîtres de Liége », écrit-il, « si faibles dans la ville, se posent en face de l'évêque comme les chefs du pays... On les voit accorder des lettres de franchises aux communes rurales... Jusqu'au fond du comté de Looz, les gens s'inscrivent en foule sur les registres des métiers de la Cité, se rendant ainsi inviolables au lieu de leur domicile, et acquérant du même coup le droit de vote dans la capitale, où l'afflux continuel de ces étrangers communique à la vie politique un caractère de plus en plus agité » (¹).

Alarmé à juste raison, le chapitre de Saint-Lambert s'éleva à maintes reprises contre les agissements de l'administration urbaine qui tendaient à grossir sans cesse le nombre des bourgeois ruraux. Il mit en doute la légalité de semblables procédés. En 1616, il souleva le point de savoir si la banlieue ne relevait pas plutôt du corps capitulaire que de la Cité (²). Cependant, n'osant prendre une décision énergique, il protesta trois ans plus tard contre les corvées que les bourgmestres imposaient aux habitants de la banlieue (³) dans le but d'augmenter la force militaire de la capitale.

Longtemps, la question de la banlieue resta pour le chapitre cathédral un vrai cauchemar. Aussi, à peine Ferdinand de Bavière eût-il rétabli, en 1649, son autorité méconnue dans la Cité, que, le 19 novembre, il publia une ordonnance quant à l'enquête qui venait d'être entreprise « sur et au regard du district nommé banlieue ». Cette ordonnance portait que les officiers du prince seuls avaient la compétence voulue à cet effet (⁴). L'année suivante, le chapitre de Saint-Lambert, « considérant l'autorité absolue que le Conseil de la Cité avait usurpée sur la banlieue », en arriva à proposer la séparation radicale entre la Cité et la banlieue (⁵).

On n'osa point résoudre le problème en ce sens, quoique les droits de la Cité, en l'occurrence, comme les limites exactes de la banlieue, n'eussent jamais été définis. Ils émanaient seulement d'un usage traditionnel reconnu, nous l'avons vu, par la Lettre de Saint-Jacques, mais dont la portée n'a point été déterminée. Il n'en demeure pas moins patent qu'en suite d'une déclaration conciliante faite le 1ᵉʳ décembre

---

(¹) *Histoire de Belgique*, t. II, p. 255.
(²) *Cathédrale Saint-Lambert, Décrets et Ordonnances*, séance du 21 juin 1616.
(³) *Ibid.*, séance du 10 juillet 1619.
(⁴) *Recueil des Ordonnances de la principauté de Liége*, s. 2, t. II, p. 181.
(⁵) *Cathédrale St-Lambert, Décrets et Ordonnances*, séance du 18 mars 1650.

1663, par le prince Maximilien-Henri de Bavière, les chefs de la Cité affirmèrent « ne prétendre ni pour le présent et à l'avenir, aucun droit des armes dans la banlieue de la Cité, qu'ils reconnaissent appartenir exclusivement à Sa dite Altesse Sérénissime » (¹).

Il n'empêche que quelque douzaine d'années plus tard, par un retour des choses politiques, les maîtres de la commune de Liége n'en continuaient pas moins à s'arroger le pouvoir de requérir en matière de milice (²).

Les prétentions de la Cité, à cet égard, n'eurent plus une longue durée. Maximilien-Henri de Bavière, ayant de nouveau rétabli l'autorité princière dans la capitale en 1684, délimita, par son règlement du 29 novembre, les droits et les devoirs tant des habitants de la banlieue que de la Cité. Il y rappelle que les « surseans » de cette banlieue qui exercent une profession peuvent jouir des privilèges des métiers de la Cité, que les officiers de ces corporations sont admis à remplir leur mission dans toutes les communes de la banlieue, comme les bourgmestres et conseil de la Cité maintiennent dans celles-ci, en cas de conflit professionnel, le droit de revision.

Abordant le problème à un autre point de vue, le mandement porte :

« Considérant que d'ancienneté et au temps de la réforme de 1649, la banlieue a été unie à la Cité et franchise, au regard des charges et deniers publics et l'exécution d'iceux, nous avons bien voulu déclarer qu'il est de nos intentions comme du bien public qu'en ce regard, l'union soit entretenue et conservée conformément à la déclaration du feu prince Ferdinand... Et comme nous permettons que notre Cité fasse porter ses charges, tant anciennes que celles contractées pendant la guerre dernière, par toute la banlieue, aussi est-il de la justice qu'elle prenne à soi toutes les charges que la dite banlieue a contractées à l'occasion de la dite guerre. »

Le même règlement donnait à cet effet aux bourgmestres et conseil de la Cité les pouvoirs nécessaires pour répartir des impositions entre la Cité et la banlieue (³).

Et pourtant, même sous ce rapport, au commencement du XVIIIᵉ siècle, l'importance exacte des relations entre la Cité et la banlieue

---

(¹) *Recueil des Ordonnances*, s. 2, t. II, p. 181.
(²) Le 26 mai 1628, notamment, de la part de MM. les bourgmestres de la Cité, il fut «ordonné à ceux de Sclessin, Jemeppe, Tilleur, Grande et Petite Flémalle, Seraing, Ougrée et Ivoz, et tous autres villages circonvoisins dépendant du banlieu, qu'en cas d'allarme, ils ayent à prendre les armes, s'entresecourir les uns les autres, à peyne d'être responsable de tous dommages et intérests. Ordonnant de plus aux officiers des dits lieux de battre patrouille, faire bonne garde ». (*Recès du Conseil de la Cité*, reg. 1676-1678, f° 286).
(³) Articles 55 à 58.

paraissait ignorée. Le Conseil communal eut plusieurs fois à se préoccuper sérieusement de ce grave sujet. A raison des exactions et logements militaires qu'elles avaient à subir pendant la guerre qui débuta en 1672, entre les Français, d'une part, les Impériaux, les Espagnols et les Hollandais de l'autre, et se prolongea jusque dans le siècle suivant, plusieurs communautés de la banlieue se jugeaient en droit d'obliger la Cité à leur payer des indemnités de ces chefs. La capitale s'opposa à pareil dessein. Un procès s'ensuivit. Entamé en 1716, il ne prit fin qu'en 1739, par mode de transaction.

Les événements belliqueux de 1746 et de 1747, ayant provoqué également des réquisitions militaires, des logements et d'autres vexations du genre dans quelques villages des environs de Liége, ces villages recoururent à leur tour à l'intervention financière de la Cité. Celle-ci, le 6 novembre 1749, soumit le différend à une députation de conseillers de la ville qui déposèrent leur rapport le 26 janvier 1750. Ils exprimèrent l'avis que « les charges communes entre la Cité et la banlieue ne pouvant être confondues avec celles des villages et communautés particulières, non plus que les avantages particuliers de l'une et de l'autre, les debtes des communautés ne sont point les debtes de la ville et ainsi réciproquement, surtout en fait des charges accidentelles et généralement de tous les événements occasionnés par force majeure ou par quelque autre effet de pur hasard, principe applicable à la banlieue, qui l'avoue, comme à la ville capitale, puisque, nonobstant les avantages signalés dont les habitants de la banlieue jouissent en vertu de la société qu'ils ont, en certain aspect, avec la Cité, comme sont les immunités ou franchises de leurs maisons, l'idonéité aux Chambres et aux offices et charges municipales et les autres droits annexés à la bourgeoisie qui leur ont été communiqués. »

Les délégués ajoutèrent, avec justice, que la banlieue n'avait, de son côté, apporté aucun dédommagement aux malheureux Liégeois dont les maisons avaient été bombardées en 1691.

Le Conseil délibéra sur ces réclamations le 30 janvier. Partageant les idées de la commission, il fit ressortir que « l'union qu'il y a », disait-il, « entre la Cité et la banlieue n'est qu'une union distincte et séparée d'un corps à un autre corps, qui, partant, ne pouvait tout au plus opérer qu'à l'égard d'une espèce de communion personnelle et ne peut avoir l'effet d'obliger la Cité à aucun désintéressement des frais que les communautés du banlieu ont soufferts par le désastre de la dernière guerre, ni d'assujétir la Cité de concourir aux surcharges accidentelles, non plus qu'à tous autres événements occasionnés par force majeure ». Cependant, conformément aux conclusions de ses délégués, le Conseil voulait bien, par conciliation, intervenir « dans le logement et feux des gardes », mais non dans les dépenses pour rations militaires, etc. C'est dans ce sens qu'intervint un accord entre les parties au mois de février suivant (¹).

Cette importante affaire avait attiré l'attention générale sur les droits et l'étendue exacte de la banlieue. En mai 1752, un géomètre, Pierre-Jacques Rasquinet, voulut profiter de la situation. Prétendant être en état « de démontrer les limites de la banlieue », il offrait « de fournir tous les records des communautés depuis Vivegnis, Vottem, et de tous les villages, y compris celui de Xhendremael, par une carte figurative, au prix de 20 écus, ou par une géométrique, pour 40 écus. » Faisant montre de plus de malice encore il se déclarait prêt à procurer l'ensemble, à titre gratuit, à condition que le Conseil voulût lui octroyer... « la place de receveur du comptoir de Hermée », place qui était vacante. Se laissant prendre aux promesses lui faites, l'édilité n'hésita pas à faire ce singulier marché (²). Il n'en fallut pas moins que, deux mois plus tard, le Conseil, désireux de « reconnaître les limites de la franchise et de la banlieue mentionnées dans les anciens records », s'adressât officiellement aux Liégeois les plus érudits, espérant en obtenir aide et lumières en la matière (³).

Au moment où les armes républicaines de France s'emparèrent, pour la seconde fois de la principauté liégeoise, en 1794, les relations de la banlieue avec la Cité cessèrent administrativement parlant, mais toutes deux étaient appelées à subir le même sort. En effet, un arrêté des représentants du peuple, du *27 brumaire an III* (17 novembre 1794) étendit les limites de l'arrondissement de Liége au-delà de la Meuse, en y comprenant « la ville avec la banlieue ». Bientôt, l'administration d'arrondissement de Spa, ignorant ou feignant ignorer les noms des communes qui avaient fait partie de la banlieue, adressait à maintes de ces communes des arrêtés de réquisitions militaires, de sorte que ces localités avaient à supporter de doubles charges pécuniaires. Forte de ses droits, l'Administration d'arrondissement de Liége lança, le 7 *pluviose* (26 janvier 1795), un arrêté informant les villages de la banlieue de Liége qu'ils n'avaient pas à déférer aux exigences de l'Administration d'arrondissement de Spa. Cette décision ne fut pas sans surprendre l'Administration centrale d'Entre-Meuse-et-Rhin, qui avait son siège à Aix la Chapelle. Elle non plus ne connaissait les limites de

---

(¹) *Recès du Conseil*, reg. 1750, f° 4 v°, 7 v° et 22 v°.
(²) *Recès du Conseil*, reg. 1752-1753, f° 30.
(³) *Ibid.*, f° 56.

la banlieue. Le *16 pluviôse* (4 février 1795), elle pria l'Administration liégeoise de la renseigner, afin qu'elle pût signaler à celle de Spa les communes échappant à sa juridiction. Cette documentation ne manqua pas d'être produite, ce qui n'empêcha point l'Administration d'Arrondissement de Spa de continuer à frapper de réquisitions les communes de la banlieue de Liége. En l'occurrence, l'Administration d'arrondissement liégeoise prit un nouvel arrêté le *29 pluviôse* (18 février), interdisant aux communes susdites d'obtempérer aux injonctions de l'administration voisine et donnant derechef la nomenclature des villages compris dans la banlieue, lesquels devaient exécuter les demandes qui leur seront faites », spécifiait l'arrêté, « de par l'administration ou la municipalité de Liége (¹) ».

C'était un véritable parti-pris, à cette époque, pour les autorités, d'empiéter les unes sur les autres. L'Administration centrale, créée à Liége le 31 août 1795, remplaça l'Administration d'arrondissement. Est-il nécessaire de rappeler que, alors, la ville de Liége n'avait plus d'action politique légale à exercer sur la banlieue ? Cependant, la municipalité liégeoise n'en persistait pas moins à y faire percevoir les impôts qui existaient sous le régime princier. Des réclamations surgirent naturellement. Les agents des communes de la banlieue, pour prouver l'illégalité de la perception des taxes par Liége, fournissaient les arguments suivants :

1º Que la municipalité de notre ville n'a plus d'autorité dans leurs communes, soumises toutes à l'administration départementale; 2º que, suivant les lois, c'est aux cantons représentant les communes à subvenir à leurs dépenses locales ; 3º qu'aucune loi n'accorde à un canton le droit d'imposer un autre ; 4º que ces impôts sont pour l'utilité particulière de la ville de Liége ; 5º que celle-ci ne peut et ne doit avoir plus de droit hors de sa circonscription que n'en a le gouvernement de l'Ourthe dans les départements voisins, jadis assujettis aux impositions des ci-devant Etats de Liége (²). Ces communes finirent, cela va de soi, par avoir gain de cause.

Des menaces plus graves devaient ultérieurement s'amonceler contre elles et leur faire regretter, pendant quelque temps, les liens qui, jadis, les avaient rattachées à la capitale de la principauté.

C'était en 1809. Depuis des années, les autorités supérieures s'effrayaient de l'importance pour l'époque qu'avait prise l'ensemble de la

---

(¹) *Archives de l'Administration d'arrondissement de Liége, Circonscript. et délimitations de territoires*, liasse L.

(²) *Archives de l'Administration centrale*, id., id.

dette communale de Liége. Comme moyen de diminuer les charges de la ville, la municipalité ne songea à rien moins qu'à faire le partage de cette dette entre la ville et les communes rurales formant l'ancienne banlieue.

Le préfet ne cacha pas à la ville qu'elle rencontrerait beaucoup de résistance de la part des communes de la banlieue, attendu, disait-il, que la surcharge que ces communes éprouveraient en partageant la dette énorme de Liége, les mettrait réellement dans l'impossibilité de pouvoir acquitter elles-mêmes leur dette particulière qui s'élevait au total de fr. 786.286.41 c. Ce n'est pas à dire que le chef du département fût mal disposé envers la ville, au contraire. On constatera qu'il outrepassait la vérité quand il écrivait au maire :

« Je sais fort bien que la Ville de Liége a contracté sa dette par des emprunts faits successivement pour acquitter des prestations militaires, pour des dons gratuits accordés aux évêques-princes, pour la construction de l'Hôtel de Ville, de plusieurs ponts, des quais, des branches de chaussée à Bierset, à Jupille, etc., tous objets d'un intérêt absolument étranger aux communes du ressort de l'ancienne banlieue. Quand la ville était frappée de réquisitions, de prestations militaires, les communes rurales n'en étaient point pour cela exemptes ; elles ont été chargées en tout temps de logements militaires, et cette dernière charge n'a été partagée par la ville que depuis 1790 ([1]). »

Le préfet s'éloignait aussi quelque peu de la vérité en ajoutant :

« La ville et la banlieue avant 1790 étaient assujetties aux mêmes contributions et toutes se versaient dans la caisse de la ville dont le montant total s'élevait annuellement à fr. 340,360.86 c., y compris le droit de barrière, le poids de la ville, le soixantième, la gabelle sur les houilles voiturées, soit par terre, soit par la Meuse. Il conviendrait de savoir pour combien la ville, dans ses limites actuelles, entrait dans cette somme et par conséquent, combien rapportait la banlieue. »

Mais le litige resta longtemps pendant. Le gouvernement napoléonien disparut avant que l'affaire eût été élucidée. Celle-ci préoccupa plus que jamais les autorités, sous le régime hollandais. Les enquêtes à ce sujet étaient poursuivies en 1817. Le 29 septembre de cette dernière année, le sous-intendant de l'arrondissement de Liége résumait en ces termes les arguments que les localités de la banlieue invoquaient à l'appui de leur thèse. Nous ne les reproduisons que pour consigner

---

([1]) Nous avons montré que la Cité est intervenue à plusieurs reprises, au XVIIIe siècle, dans les frais de logements militaires imposés aux communes rurales. D'autre part, les routes de Bierset et de Jupille étaient certes en dehors de la Cité, contrairement aussi à ce qu'avançait le préfet du département.

les idées qui régnaient à cette époque rapprochée du régime princier, quant aux droits et aux devoirs anciens des deux parties.

1° Les communautés ou villages qui composaient la banlieue de Liége n'ont jamais contribué au paiement des dettes de la ville. Par contre, cette ville n'a concouru, en aucun temps, au support des dettes des communes rurales de la banlieue.

2° Si la ville de Liége a contracté des dettes dans le temps qui a précédé la dissolution de la banlieue, ces engagements ont été stipulés pour son concept et pour son utilité particulière, sans la participation des communes de la banlieue.

3° Dans les mêmes temps, les communes rurales ont dû prendre de pareils engagements, et faire différents emprunts pour faire face aux prestations de guerre, etc. ; elles n'ont, à ce sujet, recouru en aucune manière à l'intervention de la ville de Liége, et elles en supportent aujourd'hui encore le poids sans rien réclamer de cette dernière.

4° Si, par l'effet de la dissolution de la banlieue de Liége, la ville a été privée de la perception de quelques impôts, elle les a remplacés par l'introduction d'un octroi municipal qui frappe tous les habitants de la ci-devant banlieue.

5° Les localités qui formaient la banlieue étaient d'ailleurs des communautés différentes et entièrement séparées de la ville ; elles avaient leurs magistrats, leur police en particulier, et se trouvaient indépendantes de la communauté chef-lieu [1].

Nous n'avons pas à entrer dans les différentes phases de cette affaire financière. Disons seulement que le résultat final pour la ville de Liége a été de se trouver en présence d'une dette liquidée au capital de 3,387,532 fr. 36 cent., y compris les prestations militaires faites en 1814 et en 1815 aux troupes alliées. Cette épineuse question a été réglée définitivement par des arrêtés royaux du 29 janvier 1819, du 22 décembre 1820 et du 28 mars 1829.

A cette dernière date, la banlieue de Liége, comme telle, avait vécu d'une façon absolue.

Donnons, en terminant, la nomenclature des quarante-six villages de l'ancienne banlieue de Liége, avec leur population, telle qu'elle a été dressée par le préfet de l'Ourthe, le 16 décembre 1809 :

Beyne, 1312 — Cerexhe-Heuseux, 850 — Chênée, 1266 — Embourg, 537 — Evegnée, 203 — Fléron et la vouerie, 1002 — Grivegnée, 2213 — Jupille, 1494 — Magnée, 214 — Parfondvaux, 80 — Retinne, 499 — Romsée, 1204 — Saive, 762 — Tignée, 280 — Vaux-sous-Chèvremont,

---

[1] *Archives provinciales, Régime hollandais.*

1882 — Angleur, 832 — Boncelles, 614 — Flémalle-Grande, 1138 — Flémalle-Haute, 817 — Jemeppe, 1684 — Saint-Nicolas, 1061 — Ougrée, 1011 — Ramet-Ivoz, 938 — Seraing s/Meuse, 1955 — Tilleur, 496. — Ans et Glain, 2433 — Awans, 569 — Bierset, 252 — Grâce-Montegnée, 3326 — Hollogne-aux-Pierres, 724 — Loncin, 335 — Mons, 794 — Alleur, 443 — Fexhe lez Slins, 623 — Juprelle, 473 — Lantin, 326 — Milmort, 552 — Liers, 288 — Rocour, 371 — Slins, 730 — Voroux lez Liers, 251 — Votemme, 903 — Villers St-Siméon, 225 — Hermée, 507 — Oupeye, 488 — Vivegnis, 734.

La commune de Herstal, quoique enclavée, n'a pas toujours été comprise dans la banlieue. On a donné pour raison qu'elle ne releva du pays de Liége qu'à partir de l'année 1740. Cependant, une déclaration authentique des chefs de la Cité délivrée l'an 1570 porte que «la terre, haulteur et seigneurie de Herstal et les villages de Wandre et autres y appartenant sont gissans et scitués en banlieue de ceste dite Cité de Liége estans enclowez d'autres villages gissans par delà les dits villages de Herstal qui sont encour dudit banlieu de la dite Cité» ; et elle ajoutait que « les bourgeois natifs en ladite hauteur et seigneurie dedit Herstal et autres villages compris souh la banlieue de Liége sont aornés des privilèges, franchises et libertés d'icelle dite Cité» [1].

Théodore GOBERT.

---

[1] *Attestations de bourgeoisie de la Cité*, reg. 1564-1571, f° 226 v°-228.

Les châtelains de Franchimont

Des sources diplomatiques, la plus ancienne qui mentionne le château de Franchimont est le diplôme du 24 juillet 1155, par lequel le pape Adrien confirme les possessions de l'église de Liége (¹). La chronique de Gilles d'Orval (²) place vers la même époque des améliorations qu'y fit faire le prince-évêque Henri de Leyen (1146-1165).

Franchimont, au cours de ses annales, est une forteresse de l'église de Liége et une habitation seigneuriale de l'évêque.

Ancienne propriété des rois francs, le domaine épiscopal de Theux, appelé ensuite châtellenie et plus tard encore marquisat de Franchimont, était isolé du reste de la principauté, dont il constituait la « marche » vers l'Est. Cette situation appelait l'érection d'une forteresse. Quand, à partir des temps modernes, la position du château ne lui permet plus de jouer un rôle stratégique, son enceinte lui conserve une sécurité relative, suffisante pour assurer le libre exercice de la souveraineté au marquisat. Les gouverneurs, qui, à de rares exceptions, ont peu résidé à Franchimont, ne s'y arrêtent guère qu'en passant. A la fin de l'ancien régime, la vieille forteresse n'est plus qu'une prison (³).

Franchimont est une des douze résidences de l'évêque, où la coutume lui permet de réajourner ses plaids (⁴). Résidence du seigneur, il est le centre de l'autorité militaire, judiciaire et administrative, triple caractère qui se retrouve dans le chef du châtelain représentant le prince au pays des cinq bans.

Sigles : C.S.L. = BORMANS et SCHOOLMEESTERS, *Cartulaire de l'église Saint-Lambert de Liége.*
F.A.M. = E. PONCELET, *Le Livre des fiefs de l'église de Liége sous Adolphe de la Marck.*
C.C. = Conclusions capitulaires du chapitre cathédral de Saint-Lambert, aux Archives de l'Etat, à Liége.
C.T. = Cour de justice de Theux, aux Archives de l'Etat, à Liége.
E.L. = Souveraine justice des Echevins de Liége, aux Archives de l'Etat, à Liége.

(¹) *C.S.L.*, t. I, p. 75. Voir aussi p. 78.
(²) GILLES D'ORVAL, § 30, *S.S.M.G.H.*, t. XXV, p. 104.
(³) Voir PH. DE LIMBOURG, *Le château de Franchimont au XVIII⁰ siècle d'après des documents inédits*, dans le *Bulletin de la Société des Bibliophiles liégeois*, t. IX, pp. 105 et suiv.
(⁴) *Li patron del temporaliteit*, dans J. J. RAIKEM et M. L. POLAIN, *Coutumes du pays de Liége*, t. I, p. 323.

Les évêques inféodèrent la plupart, sinon la totalité, des nombreux châteaux que l'église de Liége possédait au moyen âge. Dans la suite, quand leur pouvoir se fut consolidé, ils instituèrent, à côté des châtelains féodaux, des officiers amovibles qui supplantèrent les premiers. C'est du moins ce que nous constatons à Franchimont dès les premiers châtelains que nous y rencontrons. Alors que les officiers du prince se succèdent, survivent les vestiges de la châtellenie féodale, réduite à la jouissance de droits utiles d'ailleurs appréciables. Le titulaire dispose encore de l'habitation du château ; il touche chaque année environ 40 muids d'avoine, dite waide-avoine, et environ 40 gros tournois sur certaines maisons du pays ressortissant ([1]). Le 24 juillet 1335, le fief fait l'objet d'un partage entre Colette de Lovegnees et Mahaut, sa femme, d'une part, Libert Libote de Lovegnees, leur fils, d'autre part ([2]). Devenu possesseur de la châtellenie, Libert la vend le 10 février 1336 ([3]) à Herman de Bergstraeten, châtelain amovible en fonctions dès 1324 ([4]), qui réunit ainsi dans son chef la charge temporaire et la tenure féodale. Au surplus, cette dernière allait s'abolir. Par testament, Herman la légua à l'évêque et à l'église de Liége, disposition qui s'accomplit en 1339 par l'intermédiaire de ses exécuteurs testamentaires ([5]). Nous sommes à l'époque des troubles qui signalent le règne d'Adolphe de la Marck. Franchimont a constitué un des principaux points d'appui du prince dans sa lutte contre la confédération des villes, et il semble qu'on puisse assigner à l'opération qui vient de se conclure la portée d'un acte politique.

Dès lors, jusqu'à la fin de l'ancien régime, le châtelain restera un haut officier amovible, nommé et révoqué par le prince ou par le chapitre cathédral *sede vacante*. Seule l'engagère du pays de Franchimont à la famille de la Marck (1477-1504) constitue une parenthèse.

En vertu de la première paix des XXII, les châtelains des forteresses devaient être gens de « bonne estat, delle nation de pays », possessionnés et apparentés dans la principauté de façon à rendre leur responsabilité effective ([6]). La paix de Saint-Jacques (1487) ne se montra pas plus exigeante ([7]). Aussi trouvons-nous, au moyen âge et au début de l'ère moderne, succédant à des représentants de l'ancienne chevalerie et

---

([1]) *C.S.L.*, t. III, p. 481.
([2]) *Ibid.*, pp. 480 à 482. Nous trouvons Colette de Louveigné à Franchimont, présent à des reliefs, en 1317, 1318 et 1323 (*F.A.M.*, pp. 203, 206, 268).
([3]) *Ibid.*, pp. 482 et 483.
([4]) *F.A.M.*, p. 58.
([5]) *C.S.L.*, t. III, pp. 561 à 563.
([6]) S. Bormans, *Recueil des ordonnances de la principauté de Liége*, 1re série, p. 330. La formule ancienne est reproduite dans le Record donné par les Echevins de Liége le 9 juin 1458, publié dans le Recueil de Louvrex, t. II, p. 48.
([7]) *Ibid.*, p. 707.

à de hauts dignitaires de l'entourage épiscopal, des châtelains appartenant à la petite noblesse rurale et au modeste patriciat scabinal des communautés franchimontoises. C'est en 1587 que l'interprétation donnée aux termes des anciennes paix par Ernest de Bavière les précise dans un sens restrictif, réservant les grandes charges aux « gentilshommes natifs de père et de grand-père », et bien plus tard encore, en 1707, que les membres de l'état noble réussissent à faire formuler par diplôme impérial leur privilège exclusif de remplir les hautes dignités du pays [1].

Parallèlement à cette évolution, se produira une innovation toute protocolaire qui, sans modifier la charge dans son essence ni dans ses attributions, décorera vers la moitié du XVIe siècle le châtelain du titre de gouverneur du marquisat de Franchimont [2]. A la qualification d'officier prise par le châtelain en matière judiciaire se substitue celle de souverain officier.

La commission du titulaire devait être renouvelée par le chapitre à chaque vacance du siège, et par le nouveau prince après son avènement [3]. A son entrée en fonctions et à chaque renouvellement, le châtelain, en réunion du chapitre, jurait de remettre au chef de l'état la forteresse dont la garde lui était confiée. Il prêtait en outre le serment exigé par la paix de Fexhe de traiter par loi et jugement les sujets du pays, ce serment engageant sa responsabilité civile [4]. L'ancienne formule était brève et conçue en des termes généraux. La défiance du chapitre l'amena à préciser les engagements de ses officiers ; la formule imposée en 1639 à Ferdinand de Lynden comporte dix-sept points détaillés, qui n'ajoutent d'ailleurs rien aux principes généraux que nous venons d'exposer.

Les fonctions du châtelain étaient d'ordre militaire et judiciaire, subsidiairement d'ordre administratif.

Le châtelain est le chef militaire du territoire soumis à sa juridiction. Il assure la défense de la forteresse, sa mission primitive, en y plaçant un personnel salarié dont l'importance variera souvent, et en recou-

---

[1] Cf. BARON DE VILLENFAGNE, *Recherches historiques, sur l'ordre équestre de la Principauté de Liége*, pp. 10 à 13, et pp. 32 à 34 ; et BARON MISSON, *Notice sur l'ancien état noble de la principauté de Liége et du comté de Looz*, pp. 18 et 40.

[2] Un des premiers exemples se trouve dans un mandement adressé le 9 mai 1547 par Georges d'Autriche à Henry Conrard « gouverneur et chastellain de nre chasteau et pays de Franchimont » (Conseil privé, reg. 3, f° 86). Dans la seconde moitié du XVIe siècle, le châtelain se qualifie souvent capitaine, bailli, haut ou souverain officier du pays et marquisat de Franchimont. Robert de Lynden est le premier qui ait pris régulièrement le titre de gouverneur.

[3] Le candidat devait fournir la caution de trois ou quatre fidei-jusseurs, possédant un revenu de 20 marcs et des terres de douze bonniers (XVIe siècle).

[4] Article 5 de la paix de Fexhe, dans *Recueil des ordonnances*, cit. p. 156.

rant aux milices franchimontoises. Il prend le commandement de ces milices lorsque l'évêque les convoque pour la défense du pays (¹). Aux temps modernes, quand elles seront organisées pour former le régiment franchimontois, le gouverneur prendra le titre de capitaine, puis de colonel du régiment, avec, comme lieutenant-colonel, son lieutenant-gouverneur. En vertu du règlement militaire de 1587, le gouverneur avait le droit de présentation des officiers, le prince s'en réservant la nomination. En pratique, cette dernière fut toujours faite par le gouverneur, auquel elle fut formellement attribuée par le règlement du 4 avril 1709.

En matière de justice, le châtelain nommé par le prince a supplanté le haut-avoué de Franchimont, avec lequel il restera en conflit jusqu'à la fin de l'ancien régime au sujet des émoluments et même de certains droits de leurs charges respectives.

Haut justicier, seul il exerce la haute justice criminelle dans la châtellenie. Il représente le prince, veille au maintien de ses droits régaliens. Il fait les fonctions de chef de justice et celles d'officier de police judiciaire. Au moyen âge, il remplit lui-même ce rôle ou le fait exercer par un lieutenant. A l'époque moderne, il a, en outre, un ou plusieurs agents ou mambours d'office, chargés de poursuivre en son nom et, à moins de stipulation contraire, sous sa responsabilité et à ses frais (²). Il veille à l'exécution des sentences et à l'application des peines. Au châtelain compétent la publication des édits du prince, les vérifications des poids et mesures, la visitation des individus tués ou noyés, la surveillance des bois et des rivières. Il peut établir des forestiers pour assurer le maintien de l'ordre dans les campagnes et sur la voie publique. C'est à lui qu'incombe la poursuite des infractions forestières, et que les forestiers, héréditaires et autres, sont tenus de rapporter les infractions qu'ils ont constatées. Toutefois, en cette matière, son autorité sera amoindrie au XVIIe siècle par la nomination d'agents dépendant de la Chambre des comptes (³).

Soit seul, soit concurremment avec le receveur du prince, le châtelain administre les biens de la mense épiscopale. Il procède aux ventes,

---

(¹) Arg. du *Patron del Temporaliteit*, p. 285. Cf. *Chronique de Jean de Stavelot*, pp. 539, 540 et 569. Pour l'époque moderne, les archives des anciennes communautés fournissent de nombreux exemples.

(²) Le châtelain avait le droit d'exercer en personne l'office de mayeur de Theux. Au XVIIe siècle, les gouverneurs de Lynden obtinrent le droit de conférer les charges d'échevins quand le prince n'y pourvoyait pas lui-même. La nomination du lieutenant-gouverneur était parfois faite par le prince, qui se réservait toujours un contrôle sur le choix fait par son officier.

(³) Consulter sur la mission des officiers, E. POULLET, *Essai sur l'histoire du droit criminel dans l'ancienne principauté de Liége*. Les détails que je donne sont tirés des records et des jugements de l'ancienne cour de Theux.

aux accensements de biens-fonds, et, en général, à tout acte intéressant ces propriétés. Il assure le respect des droits de l'évêque et du chapitre en matière de banalités : moulins, brasseries, boulangeries. Il préside à l'administration des forêts, importante et hérissée de difficultés en ce territoire où les bois et les landes couvrent la majeure partie du sol, et où l'économie forestière est sans cesse contrariée par les droits d'usage, réels ou prétendus, des régnicoles et des habitants des pays voisins. Toutefois, dès le XVIe siècle, un partage se fait dans la régie de ces biens, le gouverneur conservant les attributions de police, tandis que l'administration proprement dite passe aux agents de la Chambre des comptes.

Au moyen âge, l'administration des communautés franchimontoises est aux mains de l'échevinage. Elle ne comporte guère que des actes de police et, par là, dépend du châtelain. Dès la fin du XVe siècle et pendant le siècle suivant, s'organisent des institutions communales distinctes des cours de justice. Le gouverneur n'y trouve pas de place, sinon à Theux, où il participe, jusqu'à la révolution, à la nomination des bourgmestres, et à Verviers, où il a, vers la fin du XVIIe siècle, voix dans les élections et dans les délibérations municipales. Toutefois, sa qualité de représentant du souverain, jointe à sa haute compétence en matière de justice, lui permet d'intervenir dans la plupart des actes de la vie communale, et lui confère un droit de surveillance qui constitue une véritable tutelle administrative.

Les émoluments du châtelain varièrent souvent.

Quand la châtellenie féodale eut fait retour à l'évêque, son officier eut la jouissance du château. Il devait abandonner une salle à la cour de justice de Theux et, à partir de 1756, deux chambres au lieutenant-gouverneur [1]. Le châtelain disposait du produit des jardins et des prés dépendant de la forteresse. Les frais nécessités par l'entretien de l'édifice lui étaient remboursés par le receveur ou par la Chambre des comptes.

Sous l'engagère des la Marck, le châtelain Thomson percevait un gage annuel de 100 florins [2].

La commission octroyée en 1505 à Robert de Boulant lui accordait 32 muids 4 setiers de mouture sur le moulin banal de Theux, et 25 muids d'avoine pour la nourriture de ses chevaux. Il touchait 90 poêles et 150 florins sur la forge du prince, et retenait pour lui les profits de la venne que l'évêque possédait sur l'Amblève, non loin de Remouchamps. Le dixième denier des compositions et des amendes dépassant

---

[1] *Recueil des ordonnances*, cit., 3e série, 2e vol., p. 408.
[2] *E.L., Jugements et sentences*, reg. 2, fo 141.

3 florins lui revenait, excepté celles provenant des forêts, dont, en vertu de son serment, l'officier ne pouvait tirer profit. Par contre, il devait entretenir au château une garnison de douze personnes ([1]).

En 1559, Henri Conrard reçoit 400 postulats Erardus, 15 muids de mouture sur le moulin de Theux, 10 muids d'avoine, 20 *faz* de foin, une robe aux couleurs du prince pour lui et une pour son serviteur, et le troisième denier des amendes ([2]).

Dès le milieu du XVIIe siècle, le comte de Lynden recevait 600 florins comme gouverneur et comme haut-gruyer, outre les droits compétant aux baillis et hauts officiers, dont le plus lucratif était le droit aux amendes supérieures à trois florins Brabant. Il faut y ajouter les droits de chasse et de pêche, le bois de chauffage, maints menus droits à charge des communautés, et les donatifs gracieux dont ces dernières ne se montrèrent jamais avares.

Les Franchimontois firent, en général, bon ménage avec leurs châtelains et gouverneurs. Ceux-ci, tout en accomplissant strictement leurs devoirs de justiciers et de chefs militaires, prirent à cœur les intérêts des populations qui leur étaient confiées. Aux époques troublées, et notamment au cours de l'atroce dix-septième siècle, ils se dépensèrent sans compter pour atténuer les désastres qui fondirent sur le marquisat. Mais s'il leur arrivait d'outrepasser les bornes d'une autorité déjà considérable, un prompt et efficace recours au tribunal des XXII leur rappelait qu'ils avaient affaire à une population ayant le culte de l'indépendance et de la liberté.

*　*　*

1254. GILBERT. (Abbaye de Robermont, chartes originales).
1288 (avril) ([3]). GUILLAUME DE SLINS, bailli du chapitre de Saint-Lambert. (*Cartulaire de Beaurepart*, f⁰ 75 v⁰).
1289 (2 octobre). STASSART DE HERSTAL. (Cuvelier, *Cartulaire du Val-Benoît*, p. 277 ; Jules de Saint-Génois, *Inventaire analytique des chartes des comtes de Flandre*, p. 175, n⁰ 598).
1313 (18 novembre). NICOLAS. (*F.A.M.*, p. 5) ([4]).
1314. SIMON DE WITHEM, dit LE POLAIN DE JULÉMONT. (*F.A.M.*, pp. 8 et 148).

([1]) Conseil privé, *Dépêches*, reg. 2, f⁰ 235 v⁰.

([2]) Ibid., reg. 4 f⁰ 35. Voir, à la date du 19 juillet 1544, des conditions un peu différentes faites au même. Ibid. reg. 1, f⁰ 104, et f⁰ 110 v⁰.

([3]) Je mentionne les dates extrêmes où les documents nous montrent le titulaire en fonction.

([4]) « *Nicolao castellano de Franchimont* » pourrait être la traduction du nom de Colette de Louveigné, ou peut-être encore ce Nicolas de Jevoumont présent le 3 juillet 1318 au relief de la foresterie de Franchimont. (*F.A.M.*, p. 214).

1324-1333. Herman de Bergstraeten. (*F.A.M.*, pp. 58 et 70 ; *C.S.L.*, III, pp. 417 et 483) (¹).

1345-1357. Arnold de Charneux. (*C.S.L.*, IV, pp. 33 et 207 ; Raikem et Polain, *Coutumes du Pays de Liége*, I, p. 147).

1360 (17 septembre). R. de Berghes. (Cour féodale de Liége, reg. 40, f⁰ 463).

1370-1372. Antoine del Wetringhe. (*C.T.*, rég. Bannissements 1597-160.; Cour féodale, reg. 41, fol. 42 et 64).

1384 (5 décembre). Thiry de Moillant. (Cour du ban de Herve, reg. 4130, f⁰ 26.)

1388. Jean de Rode, dit Manhereit. (*E.L.*, Grand Greffe, reg. 69, record du 25 juin 1388).

1399. Jean de Rosmel . (*Miroir des Nobles de Hesbaye*, édit. de Borman, I, p. 300, note 3).

1403 (20 novembre) -1407. Adam de Dammartin, dit d'Oupey. (Prévôté, liber cartarum, p. 67 ; *Chronique de Jean de Stavelot*, p. 108).

1425. Alexandre de Rosmel. (*E.L.*, Œuvres, reg. 5, f⁰ 131).

1430. Henry de Gronsfeld, reçu le 23 avril. (*C.C.*, reg. 109, f⁰ 135 v⁰).

? Thierry de Corswarem (Le Fort, 1ʳᵉ partie, VI, p. 26) (²).

1435-1446. Henry Grégoire de Sart. (*E.L.*, Œuvres, reg. 8, f⁰ 29, 176 ; Cour féodale, reg. 47, f⁰ 11 v⁰ ; *Chronique de Jean de Stavelot*, pp. 460, 539, 540, 542, 548, 554).

1446-1457 et 1460-1463. Henry Grégoire de Sart, fils du précédent. (*C.C.* ; *C.T.*, passim ; *Chronique d'Adrien d'Oudenbosch*, édit. de Borman, p. 81).

1457-1460. Guillaume de Momalle. (C. de Borman, *Les Echevins de la Souveraine justice de Liége*, t. II, p. 61 ; *E.L.*, Œuvres, reg. 28, f⁰ 212 v⁰ ; — *C.T.*, reg. 210).

1463-1465. Christian del Biest. (*Adrien d'Oudenbosch*, cit., p. 94, note *a* ; *C.T.*, reg. 210, passim.) (³).

1469 (?) -1473. Jacques de Morialmé. (*C.T.*, reg. 210).

1473-1477. Jean de Rosmel. (*C.T.*, passim. : 30 août 1473 ; 2 août 1476 et 21 janvier 1477).

1477-1480. Jean Thomson. Nommé par le prince, il est en fonctions le 13 avril 1477 (*C.T.*). Il est continué par Guillaume de la Marck, qu'il suit dans sa révolte.

1480-1482. Guillaume de Sombreffe, admis au serment le 14 octobre. (*C.C.*) (⁴).

(¹) J'omets dans cette liste les châtelains féodaux dont j'ai parlé plus haut. Herman de Bergstraeten, qui mourut le 19 avril 1338, acquit la châtellenie héréditaire le 10 février 1336.

(²) Le Fort donne la date de 1437, qui semble manifestement erronée.

(³) Christian del Biest, chanoine de Saint-Lambert, se fit remplacer par Jean de la Roche, seigneur de Beausaint, un de ces gentilshommes révolutionnaires dont Adrien d'Oudenbosch nous raconte les turbulents exploits.

(⁴) Le 2 septembre 1481, Guy de Moepertingen, dit de Cannes, demanda à Louis de Bourbon de relever le fort et le château de Franchimont. Le prince ayant accueilli sa demande, Guy se présenta au chapitre, le 6, avec les lettres l'admettant au serment. (*C.C.*, reg. 109, p. 55). Il s'agit ici d'une substitution de Guy de Cannes à Guillaume de la Marck dans son engagère.

1482-1496. Jean Thomson. Réintégré par Guillaume de la Marck après le meurtre de Louis de Bourbon, il garde ses fonctions, après la mort du Mambour à la Barbe, sous Jean de la Marck, puis, de 1487 à 1492, sous Robert de la Marck, auquel l'engagère a été cédée. Après avoir dégagé la châtellenie, Jean de la Marck maintint Thomson jusqu'en 1496. Il mit ensuite à Franchimont un simple lieutenant, le receveur Hanus Malherbe.

1505-1506. Robert de Boulant, seigneur de Montjardin, nommé le 10 avril 1505. (Conseil privé, dépêches, reg. 2, f° 235).

1506-1516. Englebert de Presseux. Nommé le 16 mai 1506. (*C.C.* ; *CT.*, Œuvres, reg. 1515-1524, p. 24 v°, acte du 9 janvier 1516).

1516-1519. Mathy d'Oneux. Cité le 22 novembre 1517. (*C.T.*, Convenances, testaments, etc., 1522-1537, f° 14).

1519-1540 ?. Englebert de Presseux. Il est de nouveau en fonctions le 12 janvier 1519, encore le 23 novembre 1540, mais plus le 12 février 1543 (*C.T.*, Œuvres, *passim.*).

154.-1565. Henry Conrard de Loen dé Brus. Sa commission fut renouvelée une première fois le 19 juillet 1544. (Conseil privé, reg. 1, f° 104 et 110 v°).

1565-1568. Henri d'Oupie. Entra en fonctions peu après la Noël 1565. (Le Fort, 3ᵉ partie, v° Oupie).

1568-1573. Jean d'Awans, dit de Loncin, mort à Spa le 19 août 1573.

1573-1578. Henry d'Eynatten. Nommé le 30 août 1573. (*C.C.*).

1578. Jean de Presseux. Châtelain intérimaire, nommé le 12 janvier. (Conseil privé, reg. 9, f° 184).

1578-1610. Robert de Lynden. Nommé capitaine du pays de Franchimont le 26 avril 1577, il devint châtelain le 18 février 1578 (*C.C.*), et mourut en 1610.

1603-1639. Charles-Ernest baron de Lynden. Nommé coadjuteur de son père le 6 août 1603 (*C.C.*), confirmé et admis à prêter serment comme châtelain le 20 juillet 1607 (*C.C.*).

1636-1674. Ferdinand baron de Lynden. Succéda à son père le 5 juin 1639 (*C.C.*), et mourut le 6 mai 1674.

1672-1687. Ferdinand-Maximilien-Henry comte d'Aspremont-Lynden, nommé coadjuteur de son père avec droit de succession le 21 juin 1672 (*C.C.*), il céda sa charge à son frère en juillet 1687.

1687-1705. Charles-Ernest-François comte d'Aspremont-Lynden. Mort le 21 novembre 1705.

1706-1763. Ferdinand-Gobert-Charles comte d'Aspremont-Lynden. Nommé gouverneur le 6 mai 1706, il prit possession du marquisat en 1708, ayant, en 1709, comme tuteur J. R. de Goer de Herve, président du Conseil ordinaire. Sa vie se passa à guerroyer en Italie et en Autriche. Il reposa son office en 1763.

1763-1795. François-Maximilien-Joseph comte d'Aspremont-Lynden de Barvaux ; nommé le 26 février 1763, il prêta serment le 28 et resta en fonctions jusqu'à la révolution.

Chev. Ph. de Limbourg.

Les Seigneurs de Chokier

Parmi les fiefs qui relevaient de la cour féodale de l'avouerie de Hesbaye, il n'en était pas de plus important que celui de Chokier. Il comprenait « toute la terre, haulteur et seignourie de Chockier avec les cens, rentes, cappons, brassennes, mollins, passaiges, eawes, pesseries et autres appartenances et appendices a ladite hauteur, commenchant a mostier dudit Chockier et durant jusques a rieu de Framezee » (¹). A ce domaine était uni le droit de collation de deux églises paroissiales en la cité de Liége, celles de Sainte-Catherine et de Saint-Georges. La série des possesseurs de cette terre n'a pas été dressée jusqu'ici. La reconstituer nous fournit l'occasion de rappeler le souvenir de quelques membres des principaux lignages liégeois, et d'utiliser les travaux érudits du baron de Borman.

M. A. de Ryckel, exposant brièvement l'histoire de Chokier, dit ne pas savoir comment ce fief passa, à la fin du XVIᵉ siècle et au commencement du XVIIᵉ, à l'Italien Jean-Jacques Barbiano de Belgioso puis à Paul, baron de Berlo (²). Quelques documents exhumés de la poussière des archives nous permettront de résoudre ce petit problème et nous amèneront à exposer un drame de famille qui ne nous semble pas dénué d'intérêt.

I. Le premier seigneur de Chokier authentiquement connu est *Jean, châtelain de Hozémont*. Fils d'Otton de Hozémont (³), mort en 1253, et de dame Sophie, petit-fils de Wéry de Fontaine (⁴), arrière-petit-fils de Gérard de Rulant ou de Hozémont et de la fille aînée d'Otton de Lexhy (⁵), il avait probablement succédé à ses aïeux dans la possession de la seigneurie.

Quoi qu'il en soit, Jean le Chastelain, encore mineur en 1253, au moment du décès de son père, était maréchal d'armes du Pays de Liége

---

(¹) *Reg. de la cour féod. de Hesbaye*, passim. Sur le château, voir SAUMERY, *Délices du Pays de Liége*, t. I, p. 345.
(²) *Les communes de la province de Liége*, p. 140, 141.
(³) Otton de Hozémont avait acquis la terre de Hozémont de son oncle, Guillaume de Rouveroy (HEMRICOURT, *Œuvres*, édition de Borman, t. I, p. 247).
(⁴) *Ibid.*, t. I, p. 246.
(⁵) *Ibid.*, t. I, p. 239.

vers 1290 (¹). Il prit part aux luttes entre Awans et Waroux ; au cours des hostilités, sa forteresse de Hozémont fut emportée et rasée en 1298. Il mourut le 17 juin 1303 et fut inhumé dans l'église de Chokier. Sa veuve, Ermentrude, vivait encore en 1319 (²).

II. Leur fils aîné, *Jean, sire de Hozémont et de Chokier*, cité de 1311 à 1317, eut, au témoignage de Hemricourt (³), deux filles dont l'aînée épousa

III. *Jean Surlet*, et lui apporta la terre de Chokier (⁴). Ce Jean Surlet était fils de Jean de Lardier, chevalier, échevin de Liége et de Marie delle Change, dame d'Ochain. Il devint bailli de Hesbaye et mourut en 1347 (⁵).

IV. Son fils unique, *Adam Surlet*, seigneur de Hozémont et de Chokier, était écuyer en 1353, chevalier en 1364 (⁶). Il eut pour femme Agnès, fille de Radoux le Blavier, échevin de Liége. « Ces époux », dit le chroniqueur, « mirent ensemble grans hiretages qu'ils ont petitement governeit » (⁷). En 1368, ils durent aliéner leur seigneurie de Chokier ; ils la vendirent (⁸) à

V. *Eustache Chabot*, échevin de Liége, qui mourut le 10 mai 1374 (⁹).

VI. *André Chabot*, son fils, fit relief de Chokier le 22 juillet 1375 (¹⁰). Il ne conserva pas la seigneurie, car son beau-frère,

VII. *Jean Surlet* (fils de l'ancien propriétaire, Adam Surlet), qui avait épousé Marie Chabot (fille d'Eustache), la lui contesta en vertu de son contrat de mariage et obtint gain de cause. Ce Jean Surlet n'eut qu'un fils, Adam, qui mourut avant lui, et dont le testament fut annulé (¹¹). Devenu veuf, Jean Surlet entra dans les ordres. Il laissa Chokier à son neveu et homonyme, fils de son frère Radoux Surlet et de Marie du Château de Jemeppe.

(¹) E. PONCELET, *Les Maréchaux d'armée de l'évêché de Liége*, dans *Bull. de l'Inst. arch. liég.*, t. XXXII, p. 181.
(²) HEMRICOURT, t. I, p. 247.
(³) *Ibid.*, t. I, p. 248.
(⁴) Le témoignage de Hemricourt est contredit par une charte de la cour allodiale de Liége de 1333 (PONCELET, *Chartes de St-Pierre*, p. 38). D'après cet acte, Jean Surlet aurait épousé la fille de Gérard de Hozémont, fils de Jean. Il serait devenu le neveu par alliance de celui-ci, et non son gendre.
(⁵) HEMRICOURT, t. I, p. 89, 248 ; DE BORMAN, *Les Echevins de Liége*, t. I, p. 159.
(⁶) HEMRICOURT, t. I, p. 89.
(⁷) *Ibid.*, t. I, p. 90.
(⁸) Acte du 13 juillet 1368 (*Reg. de la cour féodale de Hesbaye* 1350-1463, f. 45, aux Archives de l'Etat).
(⁹) DE BORMAN, *Les Echevins de Liége*, t. I, p. 223.
(¹⁰) *Reg. de la cour féodale de Hesbaye* 1368-1469, f. 26.
(¹¹) *Ibid.*, f. 54.

VIII. *Jean Surlet* eut d'abord à repousser les prétentions d'Eustache Chabot, fils d'André (¹). Il fit relief de Chokier le 18 novembre 1409 et le renouvela de main à bouche le 14 décembre 1410 (²) et le 2 juillet 1426. Il était chanoine de Saint-Martin, fut admis au chapitre de Saint-Lambert en 1429, devint prévôt de Maeseyck et mourut le 12 mars 1446 (³). Il avait amélioré le fief : il y avait construit « depuis naguère une neufve maison » et y avait fait planter des vignes (⁴). Dans son testament, considérant que ses biens « ont esté de grand longtemps à nostre lignée de Surlet », il institua pour principal légataire son « *cousin* »

IX. *Fastré Baré Surlet* (⁵) qui releva Chokier le 23 mai 1446, bien qu'un parent plus proche du défunt, Alexandre de Seraing, chevalier, se fût présenté à la cour féodale de Hesbaye pour faire hommage du fief(⁶).

Fastré Baré Surlet fut tué à la bataille de Brusthem. Ses biens ayant été confisqués, Charles le Téméraire en gratifia son féal Antoine de Rolin, seigneur d'Aymeries, tandis que l'évêque de Liége conférait Chokier à Jean de Berlo, beau-frère de Fastré Baré Surlet. Mais ces attributions restèrent sans effet. La veuve de Surlet, Marie de la Chaussée de Jeneffe, s'étant remariée à Philippe de Jauche, seigneur de Mastaing, « elle reçut tout et ne perdit rien, ni son fils » (⁷). Ce dernier, Henri Surlet, mourut avant sa mère, sans laisser d'hoir de sa femme, Josette de Berlo.

(¹) *Reg. de la cour féodale de Hesbaye* 1368-1469, f. 54 v°.
(²) *Ibid.*, f. 57.
(³) DE BORMAN, *Les Surlet*, dans *Leodium* 1912, p. 29.
(⁴) *Reg. de la cour féod. de Hesbaye* 1368-1469, f. 34 v°.
(⁵) Le tableau suivant indique la parenté entre Jean Surlet (VIII) et Fastré Baré Surlet (IX) :

```
                    Jean de Lardier
                    époux de Marie d'Ochain
        ┌───────────────────────┴───────────────────────┐
   Jean Surlet (III)                              Thibaut de Lardier
        │                                                │
   Adam Surlet (IV)                              Fastré Baré de Lardier
   époux d'Agnès le Blavier                      époux d'Ide de Lavoir
        ┌──────────────┴──────────────┐                  │
  Jean Surlet (VII)           Radoux Surlet        Jean Surlet
  époux de Marie              époux de Marie       époux de dame Oude
  Chabot                      du Château de Jemeppe       │
                                     │              Fastré Baré Surlet
                              Jean Surlet (VIII)   époux d'Isabeau d'Arendael
                              chanoine 1446               │
                                                   Fastré Baré Surlet (IX)
                                                   légataire de Jean Surlet
                                                   chanoine
```

(⁶) *Leodium* 1912, p. 39.
(⁷) JEAN DE HAYNIN, *Mémoires*, t. I, p. 254-255 (édition des Bibliophiles liégeois). Le 10 août 1477, elle céda ses droits sur Chockier à Guillaume de la Marck, fils de l'avoué de Hesbaye. (*Reg. de la cour féod. de Hesbaye* 1481-1518, f. 1 v°).

X. *Jean Surlet*, frère de Fastré, chanoine de Liége et prévôt de Tongres, devint maître de Chokier « en vertu du testament de son *oncle* Jehan » qui avait voulu que le fief restât dans son lignage. Il le releva le 12 avril 1481 (¹) et le transporta le même jour à son frère,

XI. *Guillaume Surlet*, écuyer, qui fit hommage aussitôt. En 1494, on voulut exiger de lui un nouveau relief, mais une sentence arbitrale décida que celui qu'il avait fait était suffisant (²).

XII. *Fastré Baré Surlet*, fils de Guillaume et de Catherine Godeschal, releva le 19 mars 1518, par décès de son père (³).

XIII. *Everard de Floyon, dit Berlaimont*, mari de Catherine, fille unique de Fastré Baré Surlet, hérita du domaine de Chokier et fit relief le 12 mars 1533 (⁴).

XIV. *Georges de Berlaimont*, grand bailli de Moha, son fils, releva le 29 janvier 1564 (⁵). Il épousa Marie de Senzeille qui ne lui donna pas d'enfant. Par son testament du 21 janvier 1576 (⁶), il institua sa femme légataire de tous ses biens, notamment de la seigneurie de Chokier et « aussi de toutes collations de cures, chapelles et aultels qui me peuvent appartenir ». Georges de Berlaimont ayant été blessé accidentellement d'un coup de feu près de l'abbaye de Flône le 24 février 1582 et étant mort le surlendemain (⁷), sa veuve,

XV. *Marie de Senzeille*, fit relief le 24 avril 1582 (⁸). Bientôt elle convola en deuxièmes noces avec Paul de Stor d'Ostrath. Les deux époux, après avoir fait un testament conjonctif par lequel ils se laissaient réciproquement tous leurs biens, en firent un second le 12 juin 1592 : comme ils n'avaient pas d'hoir, ils instituaient pour héritier universel un jeune enfant, Paul de Berlo, leur neveu (⁹), pour lequel ils éprouvaient la plus vive affection, qu'ils avaient pour ainsi dire adopté, et qui vivait habituellement sous leur toit.

Paul de Stor étant mort en 1594, Marie de Senzeille prit un troisième mari, Jean-Jacques Barbiano comte de Belgioso, (fin janvier 1596). Ce seigneur, issu d'une noble famille milanaise, avait suivi la carrière des armes. Après avoir guerroyé brillamment en Hongrie dans les armées impériales, il avait mis son épée au service de l'Espagne et avait

---

(¹) *Reg. de la cour féod. de Hesbaye* 1481-1518, f. 1.
(²) *Ibid.*, f. 33.
(³) *Ibid.* f. 73.
(⁴) *Reg. de la cour féod. de Hesbaye* 1524-1546, f. 2.
(⁵) *Reg. de la cour féod. de Hesbaye* 1560-1566, f. 69.
(⁶) Approuvé le 24 avril 1582 (*Reg. de la cour féod. de Hesbaye* 1574-1602, f. 80).
(⁷) *Conseil Provincial de Namur : Enquêtes*, 10 septembre 1609 (Archives de l'Etat à Namur). — *Echevins de Liège : Cris du Péron* 1581-1583 : Cri du 28 février 1582.
(⁸) *Reg. de la cour féod. de Hesbaye* 1574-1602, f. 90.
(⁹) Fils de Denis de Berlo, seigneur de Brus, et d'Andriette de Senzeille, né à Liège, dans les cloîtres de Saint-Jean (DE BORMAN, *Les Echevins de Liége*, t. II, p. 443).

été envoyé dans les Pays-Bas en qualité de commissaire général de la cavalerie. Sa bravoure lui avait valu les plus hautes récompenses ; en 1607, la naturalisation liégeoise lui fut accordée (¹). Ce vaillant homme de guerre semble avoir été le type accompli du soudard. D'après les documents que nous utilisons, il aurait été violent, emporté, parfois cruel, souvent fantasque. Tantôt, il est le protecteur généreux d'un couvent (²) ; tantôt il est poursuivi comme fauteur d'un complot hérétique (³). On cite de lui des traits qui peignent son caractère extravagant : s'étant épris d'une dame, « il en vint à telle fureur « qu'il se coupa un doigt de la main qu'il lui envoya en témoignage de « sa violente et désespérée amour » (⁴). A tout propos, il tire sa dague du fourreau et en menace ses serviteurs. Un de ceux-ci, ayant renversé par mégarde le perchoir d'un perroquet, est bâtonné jusqu'à ce que mort s'ensuive. Un jour, Belgioso tue de sa main un soldat, coupable d'une légère incorrection ; à une femme qui lui reproche de tenir une concubine, il répond qu'il la ferait périr s'il ne prenait pitié de son sexe. Il fait attacher à une colonne un huissier qui lui signifie un acte de procédure, ordonne de le battre de verges, de lui arracher la barbe, de lui amputer une oreille ; il l'aurait traité plus cruellement encore si des amis n'étaient intervenus (⁵).

Tant que l'âge le lui permit, il alla de garnison en garnison, de camp en camp, aujourd'hui à Bruxelles ou à Diest, demain à Calais, à Renti, à Reinsberg ; lorsque l'heure sonna pour lui de prendre sa retraite, il continua de s'entourer d'officiers et de soldats, anciens compagnons de luttes et d'aventures, spadassins émérites qui lui constituaient une garde prétorienne.

Avec un tel naturel, disposant de forces qui lui assuraient l'impunité, le comte inspirait une terreur universelle : plusieurs de ses adversaires n'osaient poursuivre des procès qu'ils lui avaient intentés.

En se mariant, Belgioso avait eu pour guide l'intérêt plus que l'amour. En effet, Marie de Senzeille n'était pas douée des dons de

---

(¹) *Archives de la Cathédrale : Résolutions capitulaires*, Reg. n° 124, f. 222 v°. — Michelant, éditeur du *Voyage de Bergeron en Ardennes* (p. 481), dit que la cour d'Espagne nomma le comte de Belgioso conseiller d'Etat, gouverneur de Namur et du pays d'Entre-Sambre-et-Meuse. Nous ne savons où il a puisé ce renseignement. Le comte de Belgioso ne figure pas dans la liste des gouverneurs de Namur publiée dans les *Ann. de la Soc. Archéol. de Namur*, t. X, p. 350. En fait, Belgioso fut grand bailli d'Entre-Sambre-et-Meuse.
(²) STÉPHANI, *Mém. pour l'hist. monastique du Pays de Liége*, t. II, p. 18.
(³) DARIS, *Hist. du diocèse de Liége au XVIIe siècle*, t. II, p. 15.
(⁴) BERGERON, *Voyage en Ardennes en 1619*, p. 157.
(⁵) Ces détails et le récit qui suit sont tirés des sources suivantes : Cour de Wetzlaer, Procès n° 776 (Beljoyeuse contre de Berlo) ; Conseil provincial de Namur, Enquête du 10 septembre 1609 ; et surtout d'un mémoire imprimé : *Apologie et deffence du Sr comte Francisque de Belle-Joyeuse contre le manifeste ou prétendues sentences du seigneur Paul de Berloz*. S. l., 1638, in-4°, de 69 pages. M. de Theux, dans sa *Bibliographie liégeoise*, date par erreur cet opuscule de 1678 (col. 297).

9

la nature ; elle n'était plus jeune et ne s'exprimait qu'en bégayant. Mais elle était riche : elle possédait des biens patrimoniaux gisant surtout au comté de Namur ; elle avait recueilli l'opulent héritage de son premier mari, notamment le castel de Chokier ; en outre, elle disposait de sa part dans la communauté qui avait existé entre elle et Paul de Stor. L'astucieux Italien entreprit de capter cette fortune. Il employa d'abord les moyens de douceur et de persuasion pour amener sa femme à lui faire une donation en règle. Ayant échoué, il fit appel aux menaces et à la violence. Marie de Senzeille finit par céder : elle consentit à signer, le 9 juillet 1597 ([1]), un acte de donation réciproque : son mari lui avait laissé ignorer qu'il n'était pas libre de disposer de ses propriétés, celles-ci étant assujetties à un fidéicommis perpétuel. D'ailleurs, il s'aperçut bientôt que la pièce qu'il avait extorquée était entachée de nullité : la coutume liégeoise ne reconnaissait pas la validité des donations entre époux. Il voulut donc se pourvoir d'un titre incontestable. Il commença par enlever à sa femme l'enfant qu'elle avait élevé, en faveur duquel elle avait testé, le petit Paul de Berlo, alors âgé d'environ onze ans, en l'envoyant en Italie, sous prétexte de lui faire donner une éducation conforme à son rang. En réalité, il espérait que l'absence de ce neveu atténuerait l'amour que lui portait sa tante et faciliterait la réussite de ses desseins.

Renouvelant ses instances, ses menées doleuses, au besoin ses sévices, il amena la malheureuse Marie de Senzeille à faire un nouveau testament, tel qu'il le désirait. Le cupide semblait avoir atteint son but : il était l'héritier présomptif de Chokier et de toute la fortune de son épouse. Celle-ci, cependant, regrettait l'acte qu'elle avait posé : ceux qui l'approchaient pouvaient l'entendre dire qu'elle avait modifié à son corps défendant les dispositions suprêmes prises avec Paul de Stor et qui restaient l'expression sincère de sa volonté. Mais l'effroi que lui inspirait son mari l'empêchait de réparer le mal qu'elle était consciente d'avoir fait.

Belgioso suivait le cours de sa carrière militaire. Tandis qu'il était en campagne, sa femme résidait au château de Chokier. Un jour, en 1602, il vint l'y trouver et il lui annonça qu'il avait décidé de la prendre avec lui, à Diest, où il tenait garnison. Dès le lendemain, elle dut l'accompagner. A peine arrivée, elle eut à subir la plus sévère séquestration. Elle fut enfermée dans une maison étroitement gardée par un poste de *bravi* italiens, tout dévoués à leur maître. Elle vivait dans une chambre dont les fenêtres étaient garnies de forts barreaux de fer. Elle ne pouvait

---

([1]) *Reg. de la cour féod. de Hesbaye* 1574-1602, f. 268 v°.

communiquer qu'avec une domestique bossue, Marguerite Marcelin, dite la Gobette ; il lui était interdit d'écrire aux membres de sa famille restés au comté de Namur, ou de recevoir aucune correspondance ; on ne lui permettait pas même d'accomplir ses devoirs religieux, et le dimanche, elle ne pouvait pas se rendre à l'église pour y entendre la messe. On lui mesurait chichement une nourriture vulgaire, à laquelle certains soupçonnaient qu'une dose de poison avait été parfois ajoutée.

Dans de telles conditions, la santé de Marie de Senzeille ne tarda pas à s'altérer gravement. L'infortunée sentait que le terme de ses souffrances approchait ; elle désirait ardemment révoquer les actes qu'elle avait été contrainte de souscrire et assurer sa succession à Paul de Berlo, l'héritier de son choix. Hélas ! elle ne pouvait avoir aucun rapport avec l'extérieur ; jamais un notaire ou un homme de loi n'eût été admis à franchir le seuil de sa prison ; on n'avait laissé à sa disposition ni encre, ni papier : on avait voulu la mettre dans l'impossibilité de rédiger un testament olographe.

Elle prit enfin une résolution énergique ; elle se fit une piqûre profonde, et au moyen du sang qui en découlait, elle parvint à tracer quelques mots sur un feuillet de parchemin détaché de son livre d'heures : elle affirmait que les dispositions prises en faveur de son époux avaient été extorquées et que son intention formelle était de maintenir, en toutes ses parties, le testament qu'elle avait fait conjointement avec Paul de Stor. Elle supplia la Gobette, sa camériste, de garder ce document avec le plus grand soin et de le remettre à sa sœur, Madame de Berlo, qui ferait valoir les droits de son fils.

Cependant l'état de Marie de Senzeille s'aggravait : il était visible que la malheureuse n'avait plus que peu de temps à vivre. A ce moment, quelques personnes devaient être admises au chevet de la moribonde ; un prêtre fut appelé pour la confesser. Mais toujours des soldats, le capitaine Jean Chabot, le lieutenant Barthélemy de Médicis, assistaient aux entretiens des visiteurs avec la patiente. Souvent Belgioso lui-même était présent à ces entrevues. Dans ce cas, il affectait hypocritement une profonde affection, il se faisait doux et prévenant, et comptant sur la frayeur qu'il inspirait, il demandait à sa femme si elle n'avait rien à ajouter à ses dispositions dernières. Marie de Senzeille, rendue plus audacieuse par l'approche de la mort, osa lui répondre : « Vous savez comment vous m'avez traitée ». Aussitôt, son indigne mari l'interrompit en lui couvrant la figure d'un oreiller, et fit sortir les témoins, ne laissant pour veiller l'agonisante que deux de ses farouches mercenaires. La pauvre femme mourut ainsi, privée de tous soins.

XVI. *Jean-Jacques Barbiano, comte de Belgioso*, s'autorisant des actes authentiques qu'il détenait, se fit envoyer en possession des biens de la défunte, et releva Chokier le 24 octobre 1602. Bientôt il épousa en secondes noces Anne de Poitiers.

Cependant, quelque temps après le décès de sa tante, Paul de Berlo était rentré d'Italie. A peine de retour au pays, il fut assigné par le comte de Belgioso devant l'official de Liége pour avoir à déclarer s'il entendait émettre quelques prétentions à la succession de la défunte. Ce jeune homme, cet adolescent, ne s'étant jamais occupé d'affaires sérieuses, ne connaissant pas les droits qui lui compétaient, ne pouvait guère compter sur l'aide de ses parents, qui tremblaient devant le terrible Italien. Résisterait-il à son puissant adversaire ? Ferait-il valoir le testament fait en sa faveur par Marie de Senzeille et par Paul de Stor ? Contesterait-il la valeur des actes ultérieurs, entachés de dol et de violence ? De toutes parts, on lui représentait le comte et ses féroces satellites comme capables de tout ; on lui citait les atrocités dont ils étaient coutumiers ; on lui disait qu'ils ne reculeraient pas devant un meurtre, auquel leur puissance assurerait l'impunité.

Paul de Berlo fut trop heureux d'accepter une transaction léonine : le comte de Belgioso lui abandonnait quelques propriétés sises au comté de Namur : la cense de Soumoy et des cens et rentes à Biesme-la-Colonaise ; moyennant ces légères concessions, Berlo renonçait à tous biens, meubles, immeubles, censaux, féodaux, allodiaux, provenant tant de Marie de Senzeille que de Paul de Stor (¹).

C'est ainsi que l'usurpateur put jouir pendant toute sa vie de Chokier et y établir une garnison de soudards qu'il continua d'entretenir, même après sa retraite de l'armée, et à la tête de laquelle il préposa un de ses plus farouches compatriotes, Gabriel Campi (²).

Belgioso étant mort (³), sa veuve, Anne de Poitiers fit relief de l'usufruit de la seigneurie de Chokier le 27 mai 1632 (⁴) mais y renonça le 31 du même mois en faveur de

XVII. *Ludovic Barbiano de Belgioso*, neveu et héritier fidéicommissaire du comte, qui fit hommage le 12 décembre 1632 (⁵) et mourut sans descendance l'année suivante.

(¹) Transaction du 21 juillet 1616, réalisée aux Echevins de Liége le 30 du même mois (*Greffe Stéphani*, Reg. n° 746).
(²) Gabriel Campi servait aussi d'agent informateur au service d'Espagne (Lonchay, *La Principauté de Liége au XVIIe et au XVIIIe siècle*, p. 66, note ; Cfr. *BCRH.*, 2e sér., t. III, p. 157, 169, etc.).
(³) Il était décédé en 1626.
(⁴) *Reg. de la cour féod. de Hesbaye* 1632-1649, f. 14 v°, 15.
(⁵) *Ibid.*, f. 19.

XVIII. *Francisque Barbiano de Belgioso,* son frère et successeur, releva le 12 décembre 1633 (¹).

Cependant, au cours des derniers temps, Paul de Berlo avait réuni des preuves manifestes des procédés illicites au moyen desquels il avait été privé de son héritage. Il n'avait pu les faire valoir : pas un témoin n'eût eu l'audace de déposer des faits qu'il connaissait ; pas un procureur ou un avocat ne se fût avisé de plaider contre le redoutable possesseur de Chokier et de porter contre lui une accusation formelle. Mais quand Jean-Jacques de Belgioso fut décédé, quand la terreur universelle qu'il inspirait fut écartée, les langues se délièrent. La femme qui avait assisté Marie de Senzeille à ses derniers moments, et qui s'était tue depuis lors, exhiba tout à coup le parchemin sur lequel, vingt-cinq ans auparavant, la défunte avait tracé avec son sang l'expression de ses ultimes volontés et stigmatisé les sévices dont elle avait été l'objet. Paul de Berlo assigna devant l'official Anne de Poitiers, veuve et usufruitière et Ludovic de Belgioso, neveu et héritier du comte, et demanda à recouvrer son légitime héritage. Les faits qu'il avançait ayant été déclarés irrelevants et non pertinents, il se pourvut en appel devant le nonce apostolique, puis devant le Souverain Pontife.

Le tribunal de la Rote ordonna une enquête devant l'évêque de Namur ; celui-ci ayant été récusé, le suffragant de Liége entendit les dépositions de nombreux témoins. Enfin, après mille incidents de procédure, la cour de Rome décida, le 7 juillet 1636, que Paul de Berlo devait être envoyé en possession réelle et actuelle de Chokier et des autres biens dépendant de la succession de sa tante. Cette sentence ne termina pas le débat : les défendeurs condamnés recoururent à la cour impériale de Spire. Ils soutenaient que l'official d'abord saisi et les juges ecclésiastiques à qui la cause avait été déférée en appel étaient incompétents en matière de fiefs et que dès lors la cassation de leur décision s'imposait. On leur répondit victorieusement qu'il s'agissait en l'espèce de l'examen de la validité ou de la non-validité d'un testament, procès dont l'official avait qualité pour connaître. Après de longues et fastidieuses procédures, le bon droit de Paul de Berlo fut enfin proclamé définitivement.

XIX. *Paul de Berlo* fit relief de la seigneurie de Chokier devant la cour féodale de Hesbaye le 10 décembre 1639 (²). Depuis quelques années, la guerre sévissait. En dépit de sa neutralité, la principauté de Liége était sans cesse parcourue par les belligérants. Français et Hollandais, Espagnols et Impériaux l'envahissaient tour à tour, la

---

(¹) *Reg. de la cour féod. de Hesbaye* 1632-1649, f. 64.
(²) *Ibid.*, f. 95 v°.

traversaient en tous sens, y établissaient leurs quartiers d'hiver. Il avait fallu prendre des mesures pour empêcher, dans les limites du possible, les exactions des partis qui battaient la campagne. Les garnisons des villes fortes avaient été renforcées. Chokier, admirablement situé pour défendre la vallée de la Meuse, était occupé, au nom de Francisque de Belgioso, par des hommes d'armes italiens commandés par Gabriel Campi ; à plusieurs reprises, les Etats de Liége leur adjoignirent des détachements à leur solde. Ainsi, le 21 janvier 1639, ils avaient résolu d'introduire à Chokier « quelque nombre de gens de guerre » et leur avaient donné pour chef Barthélemy Radoux et le 6 avril suivant, ils avaient chargé des experts de s'assurer si la place était « tenable et défendable contre le canon » (1).

Quand Paul de Berlo voulut faire exécuter les arrêts qu'il avait obtenus, l'officier de la cour féodale de Hesbaye se transporta dans une ferme dépendant du fief, et de là, dépêcha un de ses huissiers pour sommer les détenteurs du château d'y recevoir le véritable maître. Le capitaine Radoux sortit, déclara qu'il était préposé par les Etats à la garde de la forteresse, qu'il ne la quitterait pas sans un ordre formel de ses commettants, et qu'en attendant, il ferait déguerpir du territoire de la seigneurie tous ceux qui s'aviseraient d'y pénétrer, fussent-ils membres de la cour féodale de Hesbaye. Et passant de la menace aux actes, il chargea les suppôts de justice, à la tête de quelques cavaliers (2). Quant à Campi, il proclamait audacieusement qu'étant aux gages de M. de Belgioso, il ne reconnaissait d'autre seigneur que lui. Ce ne fut qu'après mille démarches auprès de toutes les autorités et après un véritable siège, que force finit par rester au droit et que Paul de Berlo put entrer en jouissance paisible de son bien (1).

XX. *Jean, baron de Berlo*, son fils, releva le 3 février 1660 (4). Il épousa sa parente, Anne-Marguerite-Ursule de Berlo-Hozémont. Il fut créé comte en 1668 et mourut le 5 mars 1685. Sa veuve jouit de l'usufruit de Chokier jusqu'à son décès, arrivé le 1er mai 1700.

XXI. *Jean-Alphonse, comte de Berlo*, époux de Marie-Agnès-Mechtilde Roist de Werts, ne jouit pas longtemps de la pleine propriété de Chokier car il mourut moins de deux ans après sa mère, le 10 mars 1702.

---

(1) *Etats de Liége* : *Recès de l'Etat primaire* 1639-1640, f. 13, 73.
(2) *Reg. de la cour féod. de Hesbaye* 1632-1649, f. 160.
(3) *Etats de Liége* : *Recès de l'Etat primaire* 1639-1640, f. 109 v⁰. *Archives de la Cathédrale* : *Résolutions capitulaires*, reg. n⁰ 147, f. 171, 175, 191, 238. Le 8 août 1640, Ferdinand de Bavière ordonna de mettre Paul de Berlo en possession du château par la force armée, « et même par l'emploi du canon, si la chose est nécessaire » (*Archives du château de Bolland*, copie notariée).
(4) *Reg. de la cour féod. de Hesbaye* 1649-1669, f. 82.

XXII. *Ferdinand-Marie, comte de Berlo*, fils aîné, devint seigneur de Chokier. Il fut reçu grand mayeur de Liége en janvier 1715 et trépassa le 17 mars de la même année, n'ayant eu que la nue-propriété du fief de Chokier. Sa femme, Anne-Henriette, baronne de Wassenaer, ne lui avait pas donné d'héritier. La seigneurie passa donc à son frère

XXIII. *Maximilien-Henri, comte de Berlo et de Hozémont*, qui mourut le 29 avril 1759.

XXIV. *Jean-Amour, comte de Berlo et de Hozémont*, fils de Maximilien-Henri et de sa seconde femme, Anne-Louise de Haudion de Wyneghem, releva Chokier le 6 août 1759 (¹). Il se maria trois fois, mais ne laissa aucun hoir de ses trois unions. Il testa le 30 novembre 1781 et sa troisième épouse, Louise de Bergh de Trips, releva l'usufruit de la seigneurie le 17 décembre 1781.

XXV. *Marie-Ferdinande-Madeleine, comtesse de Berlo et de Hozémont*, sœur du précédent, fit relief de Chokier le 20 décembre 1781 (²). Elle avait été admise au chapitre noble de Nivelle dès le 12 juillet 1739.

Elle testa, le 8 fructidor an VIII (30 août 1800) et institua comme héritier universel son cousin, issu de germains :

XXVI. *Marie-Jean-Népomucène-Amour-Aloïs (dit Jean-Louis), comte de Berlo-Suys*, fils de Marie-Léopold-Jacques-François-Joseph, comte de Berlo-Suys et de Marie-Victoire de Ledebur de Püritz. Chokier était alors grevé de plusieurs dettes hypothécaires, anciennes ou récentes. Un des créanciers,

XXVII. *Antoine-François-Joseph Defays*, rentier à Liége, poursuivit le propriétaire en remboursement de ce qui lui était dû. Le château, avec des terres en dépendant, lui fut adjugé, devant le tribunal de Liége, le 24 août 1812 (³). Le 30 août 1813, Defays subrogea en tous ses droits

XXVIII. *Louis-Emmanuel-Claude Regnault*, officier pensionné au service de la France (⁴). Celui-ci vendit le domaine de Chokier, le 25 septembre 1816 (⁵), à

XXIX. *Louis-Henri, comte Loison*, général français, qui, après avoir pris part aux guerres de l'Empire, était, au moment de l'acquisition,

---

(¹) Il fit un nouveau relief de main à bouche le 8 mai 1781.
(²) Nouveau relief le 3 juillet 1786. Le cousin germain de Jean-Amour et de Marie-Ferdinande-Madeleine de Berlo, Marie-Léopold-Jacques-François-Joseph comte de Berlo-Suys, fit aussi relief le 17 décembre 1781.
(³) Jugement d'adjudication du 24 août 1812 et ordre qui s'ensuivit, aux archives du Tribunal de première instance, à Liége.
(⁴) *Protocole du notaire Libert Boulanger.*
(⁵) *Ibid.*

lieutenant-général des armées de S. M. Très Chrétienne et gouverneur du château de Saint-Cloud. Sa fille unique,

XXX. *Françoise-Marie-Louise, comtesse Loison,* épouse d'Alexandre-Nicolas baron de Serdobin, lui succéda ([1]). Elle fut interdite en 1866 et ses tuteurs exposèrent aux enchères publiques le château de Chokier et ses dépendances, qui passèrent le 13 novembre 1867 à

XXXI. *MM. de Clercx de Waroux.*

L. LAHAYE.

([1]) *Protocole du notaire Libert Boulanger,* acte du 3 janvier 1821.

Les églises paroissiales de Hotton-Melreux

La religion prêchée en Palestine par le Christ était, contrairement à toutes celles existant alors, non pas une religion réservée aux seuls citoyens d'un même État, mais une religion internationale dont le domaine de propagation ne devait avoir pour limites que celles des terres habitées. Les apôtres, après la mort du Christ, prêchèrent la Bonne Nouvelle et, profitant d'une part de ce que l'empire romain étendait sa domination sur de vastes territoires divisés en provinces, traversés par d'excellentes routes et bien organisés au point de vue administratif, d'autre part de ce que des colonies juives s'étaient formées à Rome, la capitale, et un peu partout, saint Pierre et ses successeurs envoyèrent du centre de l'empire des missionnaires pour amener à la foi non seulement les Israélites et les Latins, mais encore les romanisés et même des peuples à peine connus, établis au-delà des frontières de l'empire.

Chaque localité de quelque importance dans cet immense état romain eut bientôt sa petite communauté chrétienne. Les empereurs persécutèrent les chrétiens et, de Néron au commencement du IVe siècle, très souvent, le sang d'un nombre très considérable de martyrs coula, sans cependant que ces persécutions aient pu détruire la nouvelle religion : bien au contraire, car le nombre des adeptes du Christ alla en augmentant. L'édit de Milan, promulgué en 313 par l'empereur Constantin, donna enfin à l'église chrétienne la liberté qu'elle revendiquait et permit aux chrétiens d'exercer librement leur culte.

L'évangélisation de nos régions ne date pas, semble-t-il, du premier siècle, quoique l'on ne puisse douter qu'avant le commencement du deuxième siècle, le sud de la Gaule, notamment Narbonne et Marseille, n'ait déjà été évangélisé ; il est probable que, peu de temps après, des soldats chrétiens apportèrent, les premiers peut-être, les idées chrétiennes dans notre pays et les répandirent par prosélytisme.

On ne possède que peu de détails précis et authentiques sur les progrès du christianisme dans nos régions pendant les premiers siècles ; on sait cependant : *a)* que, d'après le pape Innocent I, il n'y avait pas, au commencement du IIe siècle, d'église en Italie et dans les Gaules qui n'eût pour fondateur un évêque constitué par saint Pierre ou ses successeurs ; b) qu'au témoignage de saint Irénée de Lyon, les églises de Germanie, au IIe siècle, n'avaient pas d'autres lois, ni d'autre enseignement, que celles des Ibères, des Celtes, des Grecs et des Asiatiques ; c) que, d'après le même saint Irénée, Trèves et Cologne possédaient à la fin du IIe siècle des communautés chrétiennes ; d) qu'un détachement de 50 soldats chrétiens souffrit le martyre à Cologne en 303 ; e) que l'organisation épiscopale à Trèves date au moins de la fin du IIIe siècle et que celle de Tongres et de Cologne remonte au moins au commencement du IVe siècle. Au moment où fut publié l'édit de Milan (313), la Bonne Nouvelle avait, sans aucun doute, déjà été apportée aux habitants de l'Ardenne et de la Famenne, régions que deux voies romaines, de Carignan à Zülpich et d'Arlon à Tongres, traversaient : les premières bases de la christianisation avaient été jetées et, sous le régime créé par l'édit de Constantin, un nouvel essor fut donné à l'évangélisation de ces contrées, au IVe siècle. C'est de cette époque que, selon nous, date la première église chrétienne de Hotton-Melreux.

L'invasion des Barbares, puis la conquête de notre pays par les Francs, au milieu du Ve siècle, les incursions des pirates normands, ce sont là autant d'événements qui eurent pour conséquence la destruction, en plusieurs endroits, des résultats de cette évangélisation, sans cependant, pensons-nous, avoir rejeté dans le paganisme ou l'idolâtrie toute la population de l'Ardenne. Néanmoins, les missionnaires des VIIe et VIIIe siècles, saint Remacle, saint Bérégise, saint Lambert et saint Hubert travaillèrent toute leur vie à la christianisation de nos populations. A la fin du VIIIe siècle, l'Ardenne était, dans toute son étendue, devenue chrétienne.

Sous la domination romaine, Hotton-Melreux faisait partie de la civitas Tungrorum ; l'episcopus, ou chef du diocèse, s'établit à Tongres et son diocèse eut la même étendue que l'état de Tongres. Hotton-Melreux était donc du diocèse de Tongres, lequel devint dans la suite diocèse de Maestricht, puis de Liége. Ce diocèse se divisa, probablement vers le IXe siècle, en archidiaconés dont les limites furent sensiblement les mêmes que celles des pagi, anciennes divisions territoriales : Hotton-Melreux ressortit à l'archidiaconé de Famenne. Et quand cet archidiaconé fut divisé en conciles ou doyennés, Hotton-Melreux fut rattaché au doyenné d'Ouffet.

Les villages de Hotton et de Melreux, ainsi que celui aujourd'hui disparu de Heblon, existaient déjà à l'époque belgo-romaine et formaient, au IVe siècle, trois agglomérations assez considérables, toutes trois sur la rive droite de l'Ourthe, égrenées à deux kilomètres l'une de l'autre ; Hotton se trouvait entre Heblon et Melreux, au pied d'un éperon rocheux dit « Thier Château » qui servit aux néolithiques et aux Celtes de refuge et de forteresse naturelle, aux Belgo-romains de camp fortifié.

Entre Hotton et Melreux, au lieu dit : Vî Mosty, on a découvert des substructions qui datent de l'époque belgo-romaine, donc antérieures au Ve siècle; elles me paraissent avoir appartenu à la première église chrétienne de l'agglomération Heblon-Hotton-Melreux ; les squelettes qu'on y a déterrés sont ceux de chrétiens de cette paroisse.

Aucun document historique n'est venu jusqu'ici étayer cette hypothèse, mais voici sur quels arguments je la base.

D'abord un argument tiré de la toponymie. Ces substructions, certainement de l'époque belgo-romaine, sont situées au lieu dit : Vî Mosty ou Vieux Moutier. Mosty dérive du latin monasterium ; un mosty, un moutier, c'est une communauté religieuse chrétienne, une église, un édifice réservé au culte chrétien. Le vocable Mosty ne s'applique jamais à un ancien temple ayant servi au culte payen, à moins qu'il n'ait été désaffecté et consacré au culte chrétien. Cet endroit s'appelle Vî Mosty, vieux, par opposition à une église plus récente, celle de Melreux, citée dès 1190, ou peut-être aussi — mais avec moins de vraisemblance, car le Vî Mosty est sur la section de Melreux, — par opposition à la chapelle de Hotton citée dès 1366, mais dont l'existence à la fin du XIIe siècle paraît évidente. De ce vocable : Vî Mosty, que nous livre la toponymie actuelle et dont la première mention dans les documents est de 1543, on peut conclure qu'il a existé en cet endroit une église très ancienne, dénommée vieille à partir de l'année, antérieure à 1190, où une autre fut construite.

Ensuite un argument tiré de la tradition. Jacques Honay, vicaire de Hotton en 1712, rapporte : « Impossible de déterminer l'époque de l'érection de la paroisse de Melreux au moyen d'un document authentique, car les documents ont disparu au cours des siècles à cause de la fréquence des guerres et du manque de soin des anciens curés. Mais des amateurs de choses anciennes déclarent que l'église de Melreux fut autrefois une église collégiale, c'est-à-dire qu'il y était attaché un collège de chanoines. Tel est l'avis, ajoute-t-il, de l'abbé Dawan, naguère curé de Petit-Han et official du Condroz, homme très versé dans l'étude des choses anciennes, qui affirme l'avoir vu lui-même et l'avoir annoté dans de vieux documents de son lieu d'origine». — Il est certain qu'en 1190, Melreux ne possédait pas d'église collégiale, et il est très probable que la première église, celle située en Vî Mosty, n'était pas non plus collégiale. Mais la tradition s'explique si l'on sait que les plus anciennes paroisses avaient des territoires très étendus (au

XVe siècle encore, la paroisse de Melreux avait une longueur de près de 20 kilomètres à vol d'oiseau) ; que des chapelles situées dans des villages éloignés en faisaient partie (un document de 1190 signale que plusieurs chapelles dépendaient de Melreux) ; et que pour administrer des territoires aussi vastes un seul prêtre ne pouvait suffire (aujourd'hui 7 curés et 2 vicaires desservent le territoire de l'ancienne paroisse de Melreux). — Le curé du Vî Mosty avait sans doute avec lui deux, trois, peut-être quatre chapelains qui l'aidaient et se rendaient, le dimanche, le plus souvent à cheval, dans les villages éloignés. Curé et chapelains vivaient ensemble formant une petite communauté religieuse, augmentée peut-être de quelques laïcs servant de domestiques ou de valets ; cette communauté habitait un presbytère assez spacieux près de l'église. La tradition a conservé le souvenir de cette communauté religieuse et l'aura dénommée église collégiale.

Enfin, un dernier argument est fourni par les travaux de feu l'abbé Sulbout, curé de Strainchamps, sur l'origine des édifices chrétiens dans le Luxembourg. Il a fouillé une série de substructions de l'époque belgo-romaine, substructions qui ont servi de base à des « cellac », à des basiliques ou à des églises chrétiennes, et dont plusieurs se trouvaient dans des endroits qui s'appellent aujourd'hui encore Mosty. — Une cella chez les chrétiens des premiers siècles est un petit édifice construit dans un cimetière et servant de lieu de réunion pour y prier et pour y célébrer les offices religieux ; le vocable cella fut remplacé par celui de basilique qui s'appliquait alors à un édifice plus important, puis par celui de monasterium, demeure commune, qui a donné mosty : sur le territoire de la commune d'On, il a retrouvé trois de ces édifices en lieux dits : Mousty en Javingle, Mousty du Ban et Moustafa.

Nous pouvons donc conclure, avec beaucoup de vraisemblance, que la première église de l'agglomération belgo-romaine composée des trois villages de Heblon, Hotton et Melreux, a été construite dès avant la fin du IVe siècle entre les villages actuels de Hotton et de Melreux ; près d'elle étaient un cimetière et une maison pastorale.

De cette première église, il ne reste plus aujourd'hui que des substructions cachées sous des champs cultivés. Ces substructions étaient plus apparentes en 1850, car le juge Geubel, qui croyait y voir les restes d'un temple romain, écrivait à cette époque : « Pour niveler le terrain (en Vî Mosty), on a dû enlever des pans de murs entiers sans pouvoir briser cette composition de petits cailloux et de ciment gris, de chaux et de pierre brisée, enduit à l'intérieur d'un ciment rouge de tuile pilée et de chaux très adhérent ; le sol y est couvert de débris de tuiles et de grosses ardoises rouges ». En 1890, un habitant de Hotton écrivait : « La pioche a mis à jour au Vieux Moustier, il y a environ 30 ans, les fondements d'une ancienne construction. L'emplacement de forme rectangulaire peut mesurer un demi-hectare. Le fond était divisé en compartiments de chacun six pieds carrés et pavé en ciment. Le long des murs de fondation étaient fixés, par d'énormes clous, des tuyaux soudés qui en faisaient le tour. On y a trouvé des ossements humains, entre autres un squelette assez bien conservé et enseveli sous un tas de pierres. On y a aussi découvert un puits qui n'a pas été exploré ».

Combien de temps dura cette première église ? Il n'est guère possible de le dire, mais il est certain cependant qu'elle n'existait plus en 1190 ou du moins ne servait plus, à cette date, d'église paroissiale.

La deuxième église paroissiale de Hotton-Melreux fut construite à environ 600 mètres en aval de la première, à l'emplacement qu'occupe l'église actuelle, la troisième, dont on admire la justesse des proportions, l'élégance et surtout le beau clocher qui rappelle la tour de la cathédrale Saint-Paul de Liége.

La construction de cette deuxième église eut lieu entre 1100 et 1190. Une chartre de 1190 la mentionne pour la première fois. Elle était dédiée à saint Pierre, tout comme, sans doute, la première établie en Vî Mosty, mais aussi à sainte Catherine, vierge et martyre, laquelle mourut pour la foi en 307 à Alexandrie ; or la dévotion à sainte Catherine fut rapportée d'Orient par les croisés et ne se répandit en Occident que dans les premières années du XIIe siècle.

Il est très probable qu'elle fut élevée par un des comtes de Montaigu, seigneurs de Hotton-Melreux, — soit par Conon qui prit part à la première croisade, soit par son fils Lambert, ou par son petit-fils Godefroid — aidé peut-être par d'autres seigneurs. En conséquence des frais que leur occasionna l'édification de cette église paroissiale, ces seigneurs conservèrent le droit de présenter à l'évêque un curé de leur choix et le droit de lever la dîme dans toute l'étendue de la paroisse : ils étaient patrons, collateurs et décimateurs. En effet, les patrons et décimateurs de l'église de Melreux étaient, au XIVe siècle : d'abord l'abbaye de Saint-Hubert, pour quatre douzièmes, qui tenait ses droits d'une donation lui faite, vers 1190, par Wéry de Walcourt, comte de Montaigu, donation confirmée en 1240 par Gilles de Rochefort, comte de Montaigu, seigneur de Hotton, et par Robert de Torote, évêque de Liége ; ensuite l'abbaye du Val-Saint-Lambert, pour quatre douzièmes, qui, fondée par Gilles, comte de Montaigu, tenait ses droits d'une donation lui faite, en 1229, par André de Hody et ses fils Thierry et Jean, lesquels les possédaient en fief de Fastré chevalier de Hemricourt, donation confirmée en 1230 par Jean, élu de Liége, en 1238 par le doyen du concile d'Ouffet et en 1265 par sentence arbitrale du chevalier Renier de Barnage de Fontaines ; enfin les quatre derniers douzièmes étaient partagés entre le prieuré du Val des Ecoliers, un membre de la famille de Bomal et le seigneur de Hotton, comme avoué de Melreux.

Les curés connus de cette deuxième église furent : sire Nicolas Hérot, cité en 1504 ; sire Louis d'Orchimont, cité en 1538 ; sire Henry de Jemelle, de 1569 à 1587 ; sire Lambert d'Oppagne, de 1587 à 1614 ; sire Michel Florhenge de Rendeux, de 1614 à 1666 ; sire Lambert Warlet, de 1666 à 1681 ; sire Guillaume Collart qui construisit l'église actuelle.

La deuxième église paroissiale de Hotton-Melreux ne subsista que cinq siècles environ ; elle ne devait pas être un monument architectural : elle avait une tour surmontée d'un clocher, ne possédait qu'une nef, renfermait trois autels : le maitre-autel, celui de Saint-Jean et de Saint-Gérard, dit bénéfice de Strée, du côté de l'Evangile, celui de Sainte-Croix et de Sainte-Barbe, du côté de l'Epitre ; une chapelle dédiée d'abord à sainte Catherine puis à Notre-Dame du Rosaire était attenante à l'église et s'ouvrait sur la nef. Quelques pierres tombales s'y trouvaient : notamment, devant le crucifix dans la grande nef, celle de Jean de Waha, seigneur de Hives et de Maboge, décédé le 9 septembre 1563, et, à d'autres endroits, celles de Charles-Antoine Lardenois de Ville, chanoine de Huy, de Marie-Marguerite Wilmez, épouse de François Chavée, capitaine d'une compagnie d'arquebusiers à cheval au service de S. M. Catholique, de Jean Batter d'Ortho, vicaire de Hotton, et de Michel Florhenge de Rendeux, curé de Melreux.

La tour de la deuxième église tomba une première fois en ruines en 1630, par vieillesse et caducité, raconte le curé Michel de Rendeux, ce qui me coûta, ajoute-t-il, une infinité de fâcheries, peines et dépenses avant de pouvoir obliger les patrons et collateurs à faire leur devoir. Pour la Saint-Martin 1630, la tour fut réparée et quelques travaux urgents furent faits à l'église elle-même. Quarante ans plus tard, en 1670, la même tour était de nouveau en ruines et il fallut la reconstruire en entier : ce fut l'œuvre du curé Lambert Warlet. L'église elle-même devenait vétuste : le toit avait besoin de réparations continuelles, les chenaux étaient quasi toujours troués et, en 1691, elle fut frappée deux fois par la foudre ; sa reconstruction fut l'œuvre du curé Guillaume Collart.

L'église actuelle de Melreux, la troisième, se compose de deux parties construites à des dates différentes : la tour est de 1671, la nef et le chœur sont de 1699. Pour construire la tour, il fallut 1700 charretées de pierres,

400 muids de chaux, 120 charretées de sable, 250 charretées de bois, 2300 livres de fer, 35.000 ardoises, 72 livres de bronze, un ducat d'or pour dorer le coq ; les dépenses totales s'élevèrent, sans compter les corvées faites par les paroissiens, à environ 5.500 francs.

La construction de la nouvelle église demanda quatre mois de travail intense : la première pierre fut posée le 19 mai 1699, en grande solennité, et le 14 septembre suivant le gros ouvrage était terminé ; cependant tout l'hiver fut encore employé à placer le pavement, les lambris et le mobilier. Le maître-autel, artistiquement construit en bois et orné de sculptures, coûta 200 impériaux qui furent donnés par les paroissiens ; 50 impériaux furent dépensés pour des peintures et des sculptures, notamment pour celles des anges et des niches de saints. Le grand tableau du maître-autel, que l'on attribue au peintre liégeois Riga, et qui représente le Christ en croix, fut procuré par le P. Hubert Bernier, supérieur des Jésuites de Marche ; un peintre liégeois, Lambotte, décora en imitation de marbre, et releva par des dorures, le maître-autel construit avec beaucoup d'élégance. Enfin, la consécration eut lieu le 20 août 1710 par le suffragant de l'évêque de Liége.

Entre autres décorations faites avant la Révolution française, il faut citer : l'ornementation du plafond au moyen de sujets, de torsades, de cordons, de fleurons, etc., en stuc, ouvrage de style Louis XV, qui donne à la nef et au chœur une beauté toute spéciale (coût : 367 écus) ; le placement de deux monuments dans le chœur : l'un, bas-relief, représente un évêque agenouillé à côté de son patron et une inscription rappelle que Jean-Ernest de Löwenstein, comte de Rochefort et de Montaigu, seigneur de Hotton, mourut le 26 juillet 1731 ; l'autre, une table en marbre, perpétue le souvenir de la donation faite, en 1710, à l'église de Melreux par J.-B. de Bussy, légat du pape, d'une statue en argent contenant dans une boîte en or une relique du prince des apôtres, pièce d'orfèvrerie de très grande valeur artistique, travail délicat exécuté au marteau par un artiste d'Augsbourg et représentant saint Pierre assis et bénissant, conservé aujourd'hui encore dans le trésor de l'église de Melreux.

Les curés de cette troisième église, jusque la Révolution, furent : Guillaume Collart (1681-1717) ; Jean Gaspard le Cuvelier (1721-1742) ; Marc Antoine Pierlot (1742-1759) ; Henry Debatty (1760-1783) ; Henry Lembrée, nommé en 1784.

La paroisse de Melreux comprenait, au XVe siècle, Melreux, Biron, Hotton, Heblon et Werpin sur la rive droite de l'Ourthe, Hampteau, Menil, Hamoul, Waharday, Chéoux, Rendeux-Sainte-Marie, Rendeux-Saint-Lambert, Ronzon, Hodister et Gênes sur la rive gauche. A la fin de l'ancien régime, seuls en dépendaient encore : Melreux, Hotton, Werpin, Menil et Hampteau (en partie).

Hotton possédait, depuis 1366 au moins, et probablement depuis la fin du XIIe siècle, une chapelle dédiée à saint Nicolas et desservie presque toujours par le vicaire-marguillier de Melreux, lequel prenait alors le titre de vicaire de Hotton. Cette chapelle fut désaffectée lors de la construction de l'église paroissiale actuelle de Hotton et vendue en 1845 ; elle sert aujourd'hui de maison d'habitation et de forge. Une deuxième chapelle fut construite à Hotton, sous l'invocation de Notre-Dame de Consolation, vers 1740, en suite du testament de Joseph d'Engreux, décédé à Padoue le 27 septembre 1730 ; elle est actuellement désaffectée. Ni l'une, ni l'autre de ces chapelles ne servirent d'église paroissiale : Hotton fut de la paroisse de Melreux jusqu'en 1842.

Heblon ne paraît pas avoir possédé de chapelle ni d'église ; ce village d'ailleurs a disparu vers le XVe siècle.

Werpin, qui semble-t-il, n'existait pas avant le XVe siècle, prit de l'importance à la suite de la disparition de Heblon ; une chapelle dédiée à sainte Anne, à saint Jean Evangéliste et à saint Nicolas y fut érigée en 1503 par Henry de Werpin et par Bernard-Nicolas de Hampteau ; elle eut, jusqu'à la fin de l'ancien régime, des bénéficiers qui devaient y dire ou y faire dire la messe plusieurs fois par semaine. Elle a été remplacée par la chapelle actuelle.

Hampteau, vers le milieu du XVe siècle, fut divisé, au point de vue religieux, en deux parties ; une moitié fut rattachée à l'église paroissiale de Rendeux-Sainte-Marie, créée vers 1450 ; l'autre moitié resta de la paroisse de Melreux sous tout l'ancien régime et une chapelle y fut construite, entre 1712 et 1726, par les habitants sur un terrain donné dans ce but par Nicolas-Grégoire de Fronville et Anne-Marie Petithan, en 1712 ; elle fut desservie par des vicaires nommés par le curé de Melreux ; cette chapelle, dédiée à saint Michel, n'existe plus.

Quant aux autres villages qui faisaient au XIVe siècle partie de la paroisse de Melreux, ils s'en détachèrent successivement : la paroisse de Rendeux-Sainte-Marie, constituée vers le milieu du XVe siècle, comprit Ronzon et Waharday, outre la moitié de Hampteau ; à celle de Rendeux-Saint-Lambert, érigée sensiblement à la même époque, fut rattachée Chéoux ; Biron eut sa chapelle particulière au moins à partir du commencement du XVIIe siècle, de même que Hodister. Mais pendant un certain temps le curé de Melreux conserva le droit de nommer le chapelain, le vicaire ou le curé de ces chapelles et églises.

Aujourd'hui, la paroisse de Melreux ne comprend plus que Melreux et Werpin ; ce dernier village possède une chapelle desservie par un vicaire.

Hotton (Noël 1918).

Joseph HALKIN.

SOURCES :

a) Manuscrites :

Archives de l'abbaye du Val-Saint-Lambert, aux Archives de l'Etat, à Liége.
Archives de l'abbaye de Saint-Hubert, aux Archives de l'Etat, à Arlon.
Archives paroissiales de Melreux, au presbytère de Melreux.
Archives de la Cour de justice de Hotton, aux Archives de l'Etat, à Arlon.

b) Imprimées :

PIRENNE, *Histoire de Belgique.* t. I, Bruxelles.
DEMARTEAU, *L'Ardenne belgo-romaine,* Liége.
DUBOIS, *Le Luxembourg sous les Romains,* Namur.
DE LEUZE, *Notice sur Hotton* dans les *Communes luxembourgeoises,* t. V.
MOLLE, *Notice sur l'église de Melreux.*
GEUBEL, *Notices et rapports.*

Une paix de familles dans le Namurois au XIVme siècle

Malgré l'intervention du pouvoir central sous forme de capitulaires au IXe siècle, et celle de l'Eglise qui, deux siècles plus tard, institue les Trèves-Dieu, l'usage traditionnel de la vengeance et de la guerre privée de famille à famille, pour punir un meurtre ou une injure, s'est maintenu dans nos provinces jusqu'à la fin du Moyen âge. Dans les pays où le développement intense de la vie économique amena la création de puissantes communes, la notion de la paix, nécessaire aux transactions commerciales, s'étendit rapidement et contribua à la suppression de la coutume barbare des guerres privées. Plus tard, le gouvernement central chercha lui-même à refréner ces luttes et à soumettre les conflits entre familles à des juridictions ordinaires établies par lui. Mais, pendant plusieurs siècles encore, l'usage des guerres de familles persista dans le Namurois, pays essentiellement agricole, où l'esprit féodal avait pris profondément racine par la multiplicité des domaines et où l'autorité des princes n'était pas suffisamment puissante pour assurer le maintien de la paix publique. Les familles nobles, voire même de simples bourgeois, continuent jusqu'en plein XVe siècle à exercer leur droit de vengeance pour tout acte qui leur paraît être une injustice, une atteinte à leur droit ou à leur honneur [1]. De là naissent des guerres privées qui parfois durent plusieurs années et entraînent avec elles des destructions, des meurtres et des ruines. La possession d'une terre ou d'une seigneurie, la réparation d'une injure, l'assassinat d'un membre de la famille, telles sont les principales causes de ces conflits sanglants qui éclatèrent dans le Namurois jusqu'au-delà du XVe siècle [2].

---

[1] Voyez l'étude de L. WODON, *Le droit de vengeance dans le comté de Namur* (XIVe et XVe siècles), dans les *Annales de la Faculté de philosophie et lettres* de Bruxelles, t. 1, pp. 119 et suiv. (Bruxelles, 1890).
[2] Nous citerons entre autres les luttes dans la famille de Longchamps en 1330 et en 1372 (BROUWERS, *Chartes du comté de Namur*, II, p. 216 et suiv. ; et PIOT, *Inventaire des Chartes du comté de Namur*, n° 1020) ; celles des fils de Jacques de Bertinchamps en 1369 (PIOT, *Op. cit.*, n° 1000) ; les querelles entre Wauthier de Senzeilles et le seigneur d'Agimont en 1373 (BORGNET, *Chartes namuroises de Lille*, p. 48).

Vers 1380, une querelle de ce genre surgit entre la famille du seigneur de Thynes et un seigneur de grand nom, célébré par Froissart, dont il fut pendant plusieurs années le protecteur attitré, Gui de Châtillon, comte de Blois et seigneur de Chimay.

* * *

Thynes est un joli village situé non loin de Dinant, à l'extrémité de la vallée de Leffe. L'ancienne église paroissiale dont il ne reste plus qu'une crypte, datait du XIe siècle (¹). C'est à cette époque également qu'apparaît le premier nom connu d'une famille de Thynes : dans les diplômes de 1018 et de 1033, par lesquels les empereurs Henri III et Conrad confirment les propriétés de l'abbaye de Florennes, est cité un Robert de *Thienes* qui avait donné à ces religieux des biens situés à Romerée (²). La seigneurie de Thynes, qui relève de la principauté de Liége, figure parmi les possessions énumérées dans l'acte accordé par l'empereur Frédéric Barberousse au chapitre Saint-Lambert : *castrum de Tienes cum omnibus appenditiis suis* (³).

A partir de cette époque, les propriétaires de cette localité sont fréquemment cités dans les chartes liégeoises et namuroises. Au XIVe siècle, Thynes passe aux mains de la famille de Faux : le 22 septembre 1315, Jean de Faux relève de l'évêque de Liége le château et la terre de Thynes (⁴) qui, à sa mort, échurent à son neveu Thierry de Faux, désigné comme seigneur en 1334 et 1338. D'après Jacques de Hemricourt, ce Thierry de Faux, qui épousa la fille de Jean de Chantraine près de Warnant, mourut un peu avant 1340, laissant quatre filles : l'aînée épousa Arnoul de Looz d'Agimont, fils de Jean III de Looz, seigneur d'Agimont (⁵). Par ce mariage, la seigneurie de Thynes passa à la famille d'Agimont. Arnoul de Looz mourut peu après (1370), laissant deux enfants vivants : Jean d'Agimont et Marguerite.

Jean d'Agimont qui devint seigneur de Sugny-le-Petit, hérita des seigneuries de Thynes et de Faux : il fit relief de la première devant la

---

(¹) *Annales de la Société archéologique de Namur*, XX, p. 1 et suiv.
(²) Dom U. Berlière, *Documents inédits*, 1, pp. 8 et 13.
(³) Bormans et Schoolmeesters, *Cartulaire du chapitre Saint-Lambert de Liége*, I, p. 78. Il faut probablement voir ici le château dont des ruines, connues sous le nom de *Blocus*, existaient encore au XVIIIe siècle (Saumery, *Les Délices du Pays de Liége*, III, p. 92).
(⁴) Poncelet, *Le livre des fiefs de l'église de Liége*, p. 33.
(⁵) Au sujet de la famille d'Agimont, voyez Roland, *La seigneurie d'Agimont*, dans les *Annales de la Société archéologique de Namur*, t. XVI. — Au sujet des seigneurs de Faux et de Thynes, cf. une note du même auteur dans les mêmes *Annales*, t. XXIV, pp. 394 et suiv.

cour féodale de Liége le 2 septembre 1373 (¹). Ce personnage semble avoir voulu jouer un rôle dans la querelle assoupie entre le comte de Namur et le duc de Brabant, Wenceslas de Luxembourg ; il appartenait à une famille (²) qui s'était toujours montrée fidèle aux anciens maîtres de la prévôté de Poilvache. Rien d'étonnant dès lors dans son intervention en 1373 au sujet de cette terre. Mais le conflit n'éclata pas : le duc Wenceslas fit démentir par une lettre les propos que lui avait attribués Jean d'Agimont, et celui-ci fut même obligé à faire une déclaration solennelle à ce sujet (³).

Il eut une autre querelle avec les gens du comte de Namur : le 4 octobre 1373, il se présenta devant le Souverain Bailliage de Namur et demanda à pouvoir transporter la seigneurie de Faux à sa mère, Marie de Thynes ; la cour s'y refusa, exigeant selon la coutume le consentement préalable du comte de Namur ; « et sur che euist li dis messire Jehans de volontei sens le gre de no dit seigneur le conte ou de nouz pris un festu et getteit a terre pardevant nous, disant que tout son dit fief entierement il gettoit a nos pies pour aoeus et ou nom de la dite dame ». Les hommes de fief jugèrent que Jean d'Agimont devait rester l'homme du comte de Namur et continuer à jouir toute sa vie des revenus de la moitié de la seigneurie de Faux (⁴).

Ce personnage apparaît encore dans une charte du 10 mars 1375 : il s'engage à exécuter aux Pâques fleuries les voyages et pèlerinages, entre autres celui de Saint-Nicolas de Bar, auxquels il s'est obligé envers Catherine de Savoie, comtesse de Namur, et son fils Guillaume (⁵). L'acte ne dit pas pour quel motif Jean d'Agimont devait se soumettre à de telles obligations ; est-ce à la suite d'un homicide ? Est-ce pour quelque acte contraire à la loi féodale ?

C'est le dernier document où Jean d'Agimont soit cité comme vivant. Nous ne retrouvons son nom qu'en 1389, et à cette date il est signalé comme ayant été tué dans une querelle avec Gui de Châtillon, gendre du comte de Namur.

Quand ce seigneur disparut-il ? Vraisemblablement peu avant 1379. Le 18 mars 1379, c'est son beau-père, Guillaume Proest de Melin, qui est cité comme seigneur de Thynes et de Faux : ce personnage fut

---

(¹) *Bulletin de l'Institut archéologique liégeois*, X, p. 433.
(²) Sur la querelle de Poilvache, cf. l'art. de L. LAHAYE dans les *Annales archéologiques de Namur*, t. XXI, p. 151.
(³) PIOT, *Op. cit.*, n° 1037, p. 431.
(⁴) Original aux Archives du Royaume à Bruxelles, *Chartes des comtes de Namur*, n° 1038.
(⁵) *Ibidem*, n° 1057.

échevin de Liége depuis 1365 jusqu'à sa mort en 1388 (¹). De son mariage avec Marguerite de Thynes, il laissait un fils, Guillaume, qui atteignit sa majorité en 1390 et devint seigneur de Thynes et de Faux.

* * *

Le 4 février 1389, Robert de Namur, seigneur de Beaufort, Jean de Condé, sire de Morialmé, Jean, sire de Lor, et Thierry de Senzeilles faisaient connaître une sentence arbitrale intervenue entre le comte de Blois et les parents de Jean d'Agimont, au sujet de la mort de ce dernier. Comment et dans quelles circonstances le fait s'était-il passé ? Les documents ne nous l'apprennent pas. Est-ce à la suite d'une querelle ou d'une simple joute ? Nous l'ignorons ; mais ce que l'on peut dire, c'est que Gui de Châtillon et Jean d'Agimont devaient se connaître et s'être rencontrés dans leurs expéditions.

Gui de Châtillon était fils de Louis Ier, comte de Blois, et de Jeanne de Hainaut, dame de Beaumont et de Chimay (²). Après avoir passé plusieurs années de sa jeunesse en Angleterre, où il fut un des otages donnés aux Anglais pour la délivrance du roi de France Jean Ier, en 1360, il était allé guerroyer dans les rangs des chevaliers de l'Ordre Teutonique en 1367. De 1370 à 1373, on le trouve dans l'armée des ducs d'Anjou et de Berry, en expédition en Guyenne. Par contrat passé le 22 août 1374, il épouse Marie, fille de Guillaume Ier, comte de Namur. A partir de cette époque, Gui de Blois est fréquemment cité dans les chartes comme résidant dans le Hainaut ou dans le Namurois : en 1375, il est à Viesville ; en 1376 et en 1379, il séjourne à Beaumont. Plusieurs de ces documents font mention des conflits que le seigneur de Chimay eut avec ses voisins. En 1376, c'est avec le duc Albert de Bavière, administrateur du comté de Hainaut ; il a fabriqué de la monnaie dans son château de Fumay, fief hennuyer, et le duc fait saisir les outils et lui interdit d'exercer ce droit (³). Trois ans plus tard, il est en guerre ouverte avec la ville de Thuin dont plusieurs bourgeois tombent victimes de ses attaques (⁴). Et après cette date, le comte de Blois disparaît pendant plusieurs années de nos provinces : on le retrouve en 1381 voyageant dans l'Ile de France, en 1382 guerroyant en Flandre et assistant à la bataille de Roosebeke. On peut donc sup-

---

(¹) C. DE BORMAN, *Les Echevins de la Souveraine justice de Liége*, I, p. 213.
(²) Sur ce personnage, les chroniques de Froissart, qui fut son chapelain, donnent de copieux renseignements qui ont été rassemblés dans HAGEMANS, *Histoire de Chimay*, pp. 156 et suiv. Cet auteur publie le contrat de mariage de Gui de Blois de 1374 (p. 554).
(³) DEVILLERS, *Cartulaire des comtes de Hainaut*, II, pp. 252 et 253.
(⁴) *Ibidem*, II, p. 280.

poser que c'est peu avant 1379 que, au cours d'une chevauchée, il fut cause de la mort de Jean d'Agimont ; ce fait devait susciter la guerre entre les deux familles. Cette querelle se termina par la sentence arbitrale du 4 février 1389, que nous publions en annexe.

Comme dans la plupart des documents de l'espèce, l'on trouve une amende *profitable* ou pécuniaire et une amende *honorable* (¹). Les quatre arbitres furent Robert de Namur, seigneur de Beaufort et Thierry de Senzeilles, agissant pour le comte de Blois, Jean de Condé et Jean sire de Lor, représentants de la famille de Thynes, c'est-à-dire Marguerite et son fils Guillaume Proest. En vertu de cette sentence, le comte s'engageait à fonder un autel d'une valeur de 40 francs d'or en l'église de Thynes, et en plus à verser une somme de 1.000 francs d'or pour le rachat de quatre voyages d'outre-mer à effectuer par deux chevaliers et deux écuyers.

La première de ces conditions fut entièrement exécutée : le 19 février 1390, une somme de 600 francs fut consignée dans les mains des échevins de la Haute Cour de Dinant, qui la remirent à Guillaume Proest, devenu majeur, le 21 décembre suivant (²). L'autel fondé dans l'église de Thynes, d'après la sentence, devait être à la collation du seigneur de Thynes ou de son plus proche parent du côté de la famille d'Agimont. Les archives de la cure de Thynes de la fin du XVe et du commencement du XVIe siècle nous font connaître que les seigneurs conféraient le personnat de cette église, mais il n'y a nulle part trace de l'autel fondé en vertu de la sentence arbitrale de 1389, pour la réparation de la mort de Jean d'Agimont.

DD. Brouwers.

Nicole Moreau, abbé de Leffe, vidime la sentence arbitrale intervenue le 4 février 1389 entre les parents de Jean d'Agimont d'une part et le comte de Blois d'autre part au sujet des indemnités à payer par ce dernier à l'occasion de la mort de Jean d'Agimont.

1390, 7 septembre.

Original sur parchemin, sceau disparu, *Cure de Thynes*, Fonds des cures et bénéfices, aux Archives de l'Etat, à Namur.

Nous Nicole Moreauz (³), par le souffranche de Dieu, abbes del englise Nostre Dame de Leffe, del ordene de Premostreit, faisons savoir a tous ceauz qui ces presentes lettres veront et oront, que nous avons veuues,

---

(¹) Cf. à ce sujet Ch. Petit-Dutaillis, *Le droit de vengeance dans les Pays-Bas au XVe siècle* (Paris, 1908), surtout pp. 42 et suiv. — Voyez aussi l'accord conclu au sujet du meurtre d'Arnould de Glymes en 1345 (Piot, *Op. cit.*, p. 211).

(²) Devillers, *Op. cit.*, II, pp. 458 et 477.

(³) Nicolas Moreau fut abbé de Leffe de 1382 à 1395 (Dom Berlière, *Monasticon belge*, I, p. 127).

tenues et liettes de mot à mot une lettres escript sur parchemin nient canchies, nient abrascees et nient viciies, mais sennes et entiers auz queile astoient appendus les sayels de nobles sangnours et puissans monseigneur Guys de Castelhon, conte de Blois, sires d'Avesnes, de Beaulmont, de Sconechove et del Ghode, monseigneur Robier de Namur (¹), sire de Beaufort sur Muese et de Ronay en Flandre, sangnours Jehans de Condé (²), sires de Morialmeit et de Bailluel, Johans, sires de Lor (³), Thieris sires de Seinseilhe (⁴), Robier de Bethune, visconte de Meaux et sires de Venduel (⁵), et Jehan sire de Hangeste (⁶), ensi que de la premiere fache ilh apparoit, del queil la tenure s'ensiet de mot a mot et est teil :

Robier de Namur, sires de Beaulfort sur Moese et de Ronay en Flandre, Johan de Condé, sire de Morialmeit et de Balluel, Johans, sire de Lor, et Thieris, sire de Seinselhe, à tous ceauz qui ces presentes lettres verront et oront, salut avoec connissanche de veriteit. Comme guerre, debat et contention ait esteit entre les proismes et amis de monseigneur Johan d'Agimont jadit d'une part et hault noble et puissant monseigneur le conte de Blois, ses proismes et amis d'autre part, al cause et ocquison del mort dou jadit monseigneur Johan d'Agimont, pour laquelle guerre appaisier et metre a de fin, les proismes et amis charnels dou jadit monseigneur Johan d'Agimont pour et ou nom de Wilhame, fil monseigneur Wilhame Proost, jadit chevalier, de noble dame Margarite, dame de Thienes en Condroz, sereur germaine dou jadit monseigneur Johan d'Agimont, enfant desseagiet comme chief del dit guerre, et li dis conte de Blois pour sa partie se fuissent mis en l'ordinanche, c'est assavoir de nous Robier de Namur et Thieri, sires de Seinselhe, pour le partie dou dit monseigneur le conte de Blois, et pour le partie de dis proisme et amis dou jadit monseigneur Johan d'Agimont, pour et ou nom dou dit enfant comme dit est, de nous les dis seigneurs de Morialmeit et de Lor, sour les offres que li dis contes de Blois avoit fait offrier en nom d'amende del dit mort pour oultre avant ordineir ensi que ilh nous sembleroit boin, lesqueilles offres furent teiles : c'est assavoir que li dis monseigneur de Blois fist offrire de fondeir une alteit a Thienes en Condros del valeur de trent frans d'or hiretables par an ; item trois voes d'oultre mer, c'est assavoir d'un chevalier et de dois escuyer generals homme sens male ocquison et a surplus en l'ordinanche de nous les quatre apaiseteurs desus dis, savoir faisons que nous li desus dis quatre apaiseteurs, par le vertu dou pooir a nous donneit des dites partiies, avons tout d'un commont acord dit et prononchiet, disons et prononchons que bonne pais soit entre les dites parties, leur proismes et amis charnels d'une partie et d'aultre, et tous aultres a cuy ce poroit tochier pour cause dou dit fait, parmy les amendes et condition chi apres declarees : promirement nous disons et prononchons que li dis alteit offert de trent frans par an soit de quarante frans, pour lesquels quarante frans acquerir li dis conte de Blois fache metre le somme

---

(¹) Robert de Namur, seigneur de Beaufort et de Renaix, fils du comte Jean Ier de Namur.

(²) Jean de Condé, sire de Morialmé et de Beloeil.

(³) Jean, sire de Lor (département de l'Aisne), gouverneur de Mouzon en 1384.

(⁴) Thierry, sire de Senzeilles, déjà cité en 1374 (PIOT, *Inventaire des chartes des comtes de Namur*, p. 312).

(⁵) Robert de Béthune, seigneur de Vendeuil et vicomte de Meaux, mort en 1408.

(⁶) Jean, sire de Hangest en Picardie, mort à la bataille d'Azincourt en 1415.

de siex cens frans en le vilh de Dynant en le main dou maieur et esqueviens del dit vilhe, en le presence d'un qui aura puissanche de part les dis amis dou dit enfant pour donnier cognissanche que le somme des dis siex cens frans soit mise en main de justice et que le dit somme soit paye comme dit, ou aultre or ou manoye avalhant dedens le iour des Brandons c'on dist le grant quaresme prochainement venant (¹), dou queil ateit le patronaige serra et apartendra avoecques le donation des maintenant et a tous iour a celuy qui est a presens sires de Thienes, et de hoir en hoir apres son trespa perpetuelement a plus prochain hoir dou dit signeur de Thiene dou coste d'Agimont. Item nous disons et prononchons que tant que des trois voes d'oultre meir offerts comme dit est chi desus, il en soyent quatre voes d'oultre meir de deuz chevalier et de deux escuyer, lesqueilles quatre voes nous disons qu'ilh soient rachatees del somme de mil frans d'or de Franche ou aultre or ou manoy qui les valh par le dit monsieur de Blois ou ses commis, a payer a deux paiemens, c'est assavoir chincq cens frans dedens le jour del Assumption Nostre Dame my aoust prochainement venant, et les autres chincq cens frans dedens le iour des Brandons c'on dist le grant quaresme tantost apres ensuivant (²); et seront et soient fay les dis deux paiemens en le dite vilhe de Dynant en le manier et tout ensi que deviseit est des siex cens frans desus dis, les queis mil frans seront convertis pour le remede de ame dou jadis mon signeur Johan d'Agimont ou en l'acroisement dou dit alte, par li conseil et ordinanche de nous les dis signeurs de Morialmeit et de Lor et dou signeur de Faingnuelles (³) dou costei dou jadit monseigneur Johan d'Agimont de part le pere, et de monseigneur Willeme Hiernut, sires de Wennees (⁴), Gile de Jambline (⁵) et Johan Hustin de Nanines (⁶) dou costei de par le meire, lequeil pais nous disons que li amis dou dit enfant desseagiet qui chi dessous sont nomees fachent et seront tenus de fair leur poair que li enfans desseaigies tenrat le dit pais dedans demy an apres chu qu'il sera venus en caige parfait; et ou cas que ilh venus en caige ne vorat dedens le dit terme tenir le dit pais, nous disons que toutes les dites sommes de florins revingnent au profit quittement et ligement dou dit monseigneur de Blois ou de celluy qui de li aroit cause. Tout chu que dit est chi deseur, nous li quatre appaiseteurs descurdis eniondons au dites parties et a chascunne d'elles par le pooir a nous donceit comme dit est, a tenir et acomplir sens enfraindre, sour tels creans que fait en ont et si haut que paix port.

En tesmangne de ce, nous li quatre appaiseteurs desus nommeis avons fait metre et aprendre nostres propres sayels a ces presentes lettres et en plus grande seurteit, nous, par le pooir a nous donneit des dittes parties, comme dit est, avons requiez et requerons au dit monseigneur le conte

---

(¹) Cette date correspond au 7 mars 1389.
(²) Respectivement le 15 août 1389 et le 20 février 1390.
(³) Le seigneur de Fagnolles était Jacques, fils de Hughes IV de Fagnolles, chevalier, et cité avec sa mère en 1357.
(⁴) Guillaume Hiernut, sire de Wagnée, cousin germain de Jean d'Agimont : sa mère était la sœur de Marie de Faux qui avait épousé Arnould d'Agimont.
(⁵) Gilles de Jamblinne était le petit-fils de Gilles de Faux, dit de Jamblinne, cité dans les actes de 1315 à 1324.
(⁶) Jean Hustin de Naninnes descendait par sa mère du même Gilles de Faux, cité dans la note précédente.

de Blois et au amis charnels dou jadit monseigneur Johan d'Agimont qui chi desous sont nommeis que en ratefiant et confermant toutes les couses deseurdictes est vrays, vuelhant faire metre et appendre leur sayel avec les nostres a ces presentes lettres. Et nous Guys de Castilhon, conte de Bloys, sires d'Avesnes, de Beaulmont, de Scoenhove et de le Ghode, pour nostre partie de tous nostres proismes et amis et de tous aultres a cuy ce fait puit tochier depart nous, et nous Jacques, sires de Fangnuelles et de Wieges, Jehans de la Marcke, sires d'Arberghe (¹), Ernoul, sires de Bollan et dou Chastial Thieri (²), Robier de Bethune, visconte de Meaux et sires de Venduel, Johans, sires de Hangest, Johans sires de Wesemale, Thieri de Rochefort sires d'Aixhe (³), Wilheme Hiernut, sires de Wennees, Gilhe de Jamblinc et Johans Hustins de Nanines pour le partie dou dit enfant decaigiet prometons et avons en convent loialment en bonne foy delle dite pais en le manier que ordineit est chi deseur bien tenir et acomplir pour nous, pour tous nous proismes et amis selonc le fourme et tenure chi desseur escript, et ycelle leons, greons, ratiffions, confermons et approvons. En tesmain de che nous les dites parties avons fait metre et appendre nostres seyauls avoec les sayels des dis appaiseteurs a cest presentes lettres dont il sont deux parelhe l'un a l'autre ; s'en at chascune de nous les dites parties l'une, qui furent faites et donnees le quart jour dou moy de feverier l'an de grasce mil trois cens quatre vins et noef seleine l'usage et acostume del dioceys de Liege.

En tesmoingnage des queils coses toutes et singuliers, nous Nicole, abbes deseurdis, avons a cesti presente lettre donnee par copie fait appendre nostre propre sayel sour l'an de grasce mil trois cens quatre vins et diex, le septemme jour dou mois de septembre.

(¹) Jean de la Marck, seigneur d'Aremberg, petit-fils par sa mère de Louis d'Agimont, seigneur de Warcq.
(²) Ernoul, sire de Boulan et de Château-Thierry, petit-fils de Jacques d'Agimont, seigneur de Château-Thierry ; celui-ci était, comme Jean III de Looz, seigneur d'Agimont, seigneur de Warcq, et Arnould d'Agimont, seigneur de Thynes et de Faux, fils de Jean II de Looz, seigneur d'Agimont et de Warcq.
(³) Thierry de Rochefort, seigneur d'Ayshove, arrière-petit-fils de Jean III de Looz, seigneur d'Agimont et de Walhain. (*Annales de la Société archéologique de Namur*, XX. p. 399).

La promotion d'Arnold de Tuldel comme abbé d'Averbode en 1368

Les circonstances dans lesquelles se passait une élection abbatiale chez les Prémontrés, au courant du XIIIme et du XIVme siècle, sont généralement peu connues. Nous possédons, il est vrai, le texte des statuts ainsi que certains formulaires faisant loi en cette matière (¹). Mais les documents plus objectifs, tels que comptes-rendus ou bulles papales, délivrées à ce sujet, sont relativement rares. Ils ne font leur apparition que vers la seconde moitié du XIVme siècle.

Le premier abbé d'Averbode, dont l'élection nous soit renseignée d'une façon plus précise, est Arnold de Tuldel. Son prédécesseur, Henri de Wincksele, mourut le 19 juillet 1368, après une administration trop courte pour faire époque (²).

Le chapitre conventuel prévint aussitôt l'abbé de Saint-Michel à Anvers, alors Martin Loys (³), pour qu'en sa qualité de père-abbé d'Averbode, il fixât le jour de l'élection du nouveau prélat. Après s'être entendu avec ses collègues de la province, Martin Loys notifia aux religieux qu'il viendrait recueillir les suffrages le 26 juillet.

Le jour convenu, après avoir chanté la messe solennelle du Saint Esprit, les chanoines se rendirent à la salle capitulaire afin d'y remplir les formalités prescrites par les constitutions norbertines. Martin Loys présidait l'assemblée ; à ses côtés, on remarquait l'abbé Etienne du Parc (⁴), récemment promu, par provision pontificale, au généralat

---

(¹) Les statuts que l'on observait à cette époque furent publiés par LEPAIGE dans la *Bibliotheca Praemonstratensis* (Paris, 1633), pp. 784 à 840. Ils avaient été codifiés, au chapitre général de 1290, par l'abbé de Prémontré, Guillaume de Louvignies. Un formulaire, en usage au cours du 14me siècle, se trouve aux Archives d'Averbode, IVme section, reg. n° 116.

(²) Henri de Winksele fut élu abbé d'Averbode au mois de mars 1360 : voyez BORMANS, *Cartulaire de Saint Lambert*, tom. IV, p. 311. La date de son décès est indiquée dans le compte-rendu de l'élection du prélat de Tuldel, cfr. annexe I du présent article.

(³) Martin Loys ou de Léau gouverna le monastère de Saint-Michel à Anvers de 1354 à 1372. HUGO, *Sacri ac Canonici ordinis Praemonstratensis Annales* (Nancy, 1734), t. II, col. 78-79.

(⁴) Etienne, d'abord abbé de S. Marien d'Auxerre, fut élu prélat du Parc par décision pontificale, en 1361, et gouverna ce monastère jusqu'au 20 mai 1368. A cette date, il fut promu par le pape comme 31me abbé-général de l'ordre. Il mourut le 10 septembre 1368. RAPH. VAN WAEFELGHEM, *Le catalogue des abbés du Parc* (Analectes de l'ordre de Prémontré, mars 1911, pp. 78-79).

de l'ordre, ainsi que Raoul (¹), Gilles (²) et Jean (³), respectivement abbés de Grimberghen, de Tongerloo et d'Heylissem.

L'élection se fit par compromis. Cette façon de se mettre d'accord sur le choix d'un candidat passait par trois degrés. Le père-abbé s'étant retiré momentanément du chapitre, la communauté choisissait dans son sein deux religieux de confiance qui, à leur tour, désignaient cinq compromissaires. Après avoir juré devant le père-abbé d'agir consciencieusement, ces derniers entraient dans une salle secrète et déterminaient la personne du futur supérieur. Alors le père-abbé et sa suite pénétraient dans le conclave, où un notaire actait les déclarations des compromissaires. Tous rentraient enfin au chapitre et le résultat des délibérations était transmis à la communauté (⁴).

Dans l'élection de 1368, les deux délégués du couvent furent Godefroid de Hasselt, curé de Wesemael, autrefois prévôt de Keyserbosch, et Arnold de Tuldel, curé à Zolder ; les cinq compromissaires choisis par ceux-ci : Francon de Leau, curé de Baelen ; Henri, curé de Tessenderloo ; Anselme, maître-fermier du Mont-Saint-Jean ; Guillaume dit Montfort, curé de Blerick, et Henri, maître-fermier de Stercsel (⁵).

Les compromissaires arrêtèrent leur choix sur la personne d'Arnold de Tuldel. Ils croyaient ainsi répondre aux vues de la communauté qui, sans aucun doute, avait témoigné de sa confiance à l'égard du curé de Zolder en le chargeant de désigner les compromissaires. L'élu consentit à sa promotion et fut immédiatement confirmé par le père-abbé. Conduit à l'église au chant du *Te Deum*, il prit possession de la stalle prélatice et tous les religieux vinrent y renouveler entre ses mains leur vœu d'obéissance. Ainsi le voulaient les constitutions norbertines alors en usage (⁶).

Arnold de Tuldel était, sans doute, originaire du hameau de ce nom, situé près d'Hilvarenbeek, dans le Brabant septentrional. Aux dires de Boterdael, chroniqueur d'Averbode au XVIIIᵉ siècle, il appartenait à la noble lignée des barons de Tulden et Romersdorf, portant

---

(¹) La liste des abbés de Grimberghen dressée par Hugo, o.c., tom. I, col. 775, et par Lenaerts, *L'abbaye de Grimberghen*, p. 39, ne mentionne pas cet abbé, du moins à la date où il paraît ici. Ce n'est du reste pas la seule lacune qu'offrent ces catalogues.

(²) Gilles de Hildernisse, chanoine de Saint-Michel à Anvers, devint abbé de Tongerloo en 1366 et mourut probablement le 12 juin 1377. Van Spilbeek, *De abdij van Tongerloo* (Lierre 1888), pp. 97-98.

(³) Probablement Jean de Hollenjoul, 14ᵐᵉ abbé, d'après Hugo, o.c., tom. I, col. 813. Les dates de son abbatiat sont incertaines.

(⁴) Au sujet de ce cérémonial, cfr. les statuts de 1290, dist. 4, cap. VII : *De electione et translatione abbatum*, Lepaige, o. c. pp. 821 (marquée fautivement 803) -823, ainsi que le formulaire d'Averbode cité plus haut, fol. 7 v-8 ; 12 v et suiv.

(⁵) Les listes curiales de cette époque n'ayant pas encore été étudiées au point de vue critique, il est impossible de dresser le *curriculum vitae* de ces différents personnages.

(⁶) Tous ces détails se retrouvent dans le compte-rendu de l'élection publié en annexe I.

comme eux le blason « d'or à trois mottes de sable » avec la devise « faire et taire »(¹). Les documents ne permettent pas de vérifier cette assertion. Il eut pour père Jean de Tuldel qui, d'après le même historiographe, exploitait une ferme du monastère à l'endroit précité. Sa mère Catherine avait deux autres fils, Jean et Pierre, ainsi qu'une fille, dont le nom nous échappe (²).

L'année de la naissance d'Arnold ainsi que celle de son entrée en religion sont inconnues. On sait qu'il desservait la cure de Zolder en 1368 lorsqu'on lui mit en main le bâton abbatial. A supposer qu'il eût gouverné cette paroisse pendant une dizaine d'années, en tenant compte aussi de l'âge requis pour l'ordination, on serait amené à le faire naître vers 1328.

A peine installé comme chef de son monastère, Arnold apprit que le pape Urbain V s'était réservé, du vivant de son prédécesseur, la collation du siège abbatial d'Averbode. Son élection était donc invalide. Voulant prévenir l'écartement fâcheux qui ne tarderait pas à lui échoir, Arnold s'adressa directement à la curie romaine. Il fit exposer au pape, dans un consistoire, que le choix de sa personne, fait dans l'ignorance des dispositions pontificales, avait été approuvé par le père-abbé d'Averbode et qu'en conséquence il avait occupé le siège abbatial. Vu les suites désastreuses d'une nouvelle vacance, il suppliait le pape de régulariser sa situation en le confirmant dans l'exercice de sa charge. Rome se laissa dire et, après information sommaire sur les qualités du candidat, ratifia sa promotion comme prélat d'Averbode (³).

D'après l'archiviste Die Voecht, les doutes qui pesaient sur la légitimité de l'abbé Arnold suscitèrent des troubles à l'intérieur du monastère. En apprenant la nouvelle de la réserve pontificale, un des religieux, Otton S'Groote de Saint-Trond, se serait posé en compétiteur d'Arnold et, à l'effet de rendre sa gestion impossible, aurait enlevé furtivement plusieurs titres de propriété ainsi que des livres censiers et des rouleaux de fermage. Ce ne serait qu'après la réponse favorable

---

(¹) La chronique de BOTERDAEL porte comme titre : *Averbodium, antiquissima Taxandriae abbatia, ejusdem origo et progressus chronologice deductus.* (Archives d'Averbode, 1, reg. 172). La notice consacrée à Arnold de Tuldel y occupe les pages 219 à 230.

(²) Ces détails sont empruntés au nécrologe conventuel qui porte, au 4 janvier, sous la rubrique des bienfaiteurs, la mémoire suivante : *Commemoratio Johannis de Tuldel ac Katherine uxoris ejus, necnon Johannis et Petri filiorum eorumdem, pro quorum anniversario faciendo dominus Arnoldus, abbas huyus monasterii, predictorum Johannis et Katherine filius, subvenit gratiose conventui de centum modiis siliginis et promisit conventus ista die semper cantare vigilias et die crastina facere officium pro animabus predictorum, videlicet Johannis patris et Katherine matris et Johannis et Petri fratrum ejus* (main du 14ᵐᵉ siècle). Archives d'Averbode, sect. 1, reg. n° 107.

(³) Voyez la bulle pontificale à l'annexe 11.

du pape, et encore moyennant l'assurance d'obtenir la desservance d'une cure que le grincheux aurait consenti à restituer les titres enlevés et à ne plus inquiéter son abbé (¹).

Ce récit demande à être rectifié.

Le document, dans lequel Die Voecht puisa ses arguments, se trouve en annexe à cet article. Il en ressort qu'après une insurrection passablement violente contre son abbé, Otton 'S Groote se réconcilia avec lui, le 30 juillet 1369. Otton promit, devant notaire et fidéjusseurs, de restituer certaines pièces administratives enlevées par lui, et reconnut que le monastère n'avait contracté aucune dette à son égard. Il attestait que dans le cas où on le préposerait à la cure de Brusthem, qui allait devenir vacante, il saurait se suffire des revenus dont avait joui son prédécesseur et se tiendrait toujours prêt à résigner son bénéfice sur l'injonction du prélat.

A tout prendre, il semble probable que le motif de la querelle d'Otton 'S Groote fut d'ordre bénéficial — peut-être même simplement financier. Je ne vois pas de raison pour en faire une brigue à la prélature (²).

Mis enfin en possession pacifique de sa charge, le nouvel abbé prit à cœur la prospérité économique et spirituelle de son établissement. Les détails abondent au sujet de ses travaux dans ce double domaine. Nous n'avons pas à nous en occuper ici.

Arnold de Tuldel mourut, le 3 mars 1394, après avoir gouverné son monastère pendant près de vingt-cinq ans.

Plac. Lefèvre, O. Praem.

(¹) Die Voecht. *Chronicon abbatiae Averbodiensis*. Arch. d'Averb., 1, reg. 136, fol. 191.
(²) Voyez annexe III. Qu' Otton 'S Groote fut, de fait, curé à Brusthem, cela ressort à l'évidence d'une convention conclue après sa mort, entre son frère Michel 'S Groote et l'abbé de Tuldel, le 9 juin 1389 (Archives Génér. du Royaume à Bruxelles, Etabliss. Relig., reg. 2018, fol. 48). Puisque le nécrologe d'Averbode marque son décès au 23 mai, il n'est pas impossible qu'il soit mort la même année.

ANNEXES

I.

1368, 26 juillet. — Compte-rendu de l'élection d'Arnold Tuldel.

In nomine Domini, Amen. Nos Martinus, divina permissione abbas monasterii Sancti Michaelis Antwerpiensis, ordinis Premonstratensis, Cameracensis dyocesis, ad perpetuam universorum tam presentium quam futurorum notitiam volumus pervenire, quod bone memorie domino Heinrico dicto de Winkeselle, abbate monasterii Sancti Johannis Averbodiensis, Leodiensis dyocesis, viam universe carnis ingresso, et corpore ejusdem in dicto monasterio tradito ecclesiastice sepulture secundum quod decuit, qui decessit anno a nativitate domini M° CCC° LXVIII°, secundum stilum curie Leodiensis, mense julii, diem prefixerimus Priori et conventui ecclesie Averbodiensis feriam quartam, hora prime, videlicet diem crastinam Sancti Jacobi apostoli, mensis julii diem vicesimam sextam, ad procedendum in negocio electionis de futuro pastore ecclesie predicte, citatis prius ad hoc peremptorie et personaliter et omnibus qui debuerunt et potuerunt interesse, cum illa clausula sive venerint sive non, nos nichilominus in negocio hujusmodi electionis procederemus, secundum Deum et ordinis nostri instituta ac etiam jura prout moris est. Tandem, ipsa feria prefixa, Priore totoque conventu, in capitulo ejusdem loci, seu loco capitulari coram nobis ad procedendum in dicto negotio comparentibus, invocata prius Spiritus Sancti gratia, proposuimus eis, secundum statuta ordinis nostri predicti, formas electionum, videlicet Spiritus Sancti et compromissi. Ita quod Prior et conventus antedicti in duas personas, videlicet fratres Godefridum dictum de Hasselt, investitum seu rectorem ecclesie de Wesemale et Arnoldum dictum de Tuldel, investitum seu rectorem ecclesie de Zuelre, presbyteros ejusdem ecclesie Averbodiensis concanonicos, tanquam consenciosos, bonos et fidelissimos viros omnes unanimiter compromiserunt, ipsis eorum vices totaliter in premissis committentes et plenam eorum potestatem, auctoritatem et licentiam dantes; qui vocati et constricti juramento corporali, tactis sacrosanctis ewangeliis sub stola, ut ipsi eligerent quinque fratres monasterii Averbodiensis concanonicos fidelissimos, bonorum nominis et fame existentes, et hoc sub juramento, ut dictum est, qui eligerent pastorem ejusdem ecclesie Averbodiensis, quem pro bono statu ipsius monasterii seu ecclesie, in spiritualibus et temporalibus viderint, noverint et decreverint meliorem. Tandem quinque fratribus ejusdem monasterii Averbodiensis, per dictos duos electos, coram nobis et nostris fratribus infrascriptis comparentibus, in capitulo seu loco capitulari predicto, videlicet fratribus Francone, investito seu rectore ecclesie de Baelne, Heinrico, investito seu rectore ecclesie de Tessenderloe, Ancelmo, magistro Montis Sancti Johannis, Willelmo, investito seu rectore ecclesie de Blere, dicto de Monfort, ac Heinrico, magistro de Stereselle, canonicis ejusdem monasterii Averbodiensis, constricti eciam per nos sub juramento predicto sub stola, ut ipsi eligerent unum bonum virum fidelissimum in futurum ejusdem monasterii pastorem. moribus, sanctitate et vita decoratum quem pro bono statu ejusdem monasterii seu ecclesie Averbodiensis, in spiritualibus et temporalibus viderint, noverint et decreverint meliorem et utiliorem. Qui quinque fratres electi conclusi per nos in conclavi prout moris est, per horarum spacia, in ipso conclavi, in presentia nostra et confratrum nostrorum, Stephani quondam Parchensis, nunc Premonstratensis, Radulphi Grimbergensis, Egidii Tongherloensis ac Johannis Helechinensis monasteriorum abbates, in dicta electione concordes constiterunt. Tandem dictis V electoribus, post magnam et sollicitam examinationem, in capitulo seu loco capitulari predicto, coram nobis comparentibus, ipsius monasterii Averbodiensis pastorem et abbatem in scriptis nominaverunt eligendo, et elegerunt nominando ac eorum electionem publicarunt in hunc modum: « In nomine Domini. Amen. Ego frater Franco de Leuwis, investitus seu rector ecclesie de Baelne ac canonicus hujus ecclesie Averbodiensis, nomine meo ac nomine coelectorum, meorum videlicet fratrum (¹) Heinrici, investiti seu rectoris de Tessenderloe, Ancelmi, magistri Montis Sancti Johannis, Willelmi, investiti seu rectoris ecclesie de Blere, dicti de Montfort, et Heinrici, magistri de Steresclle, ac nomine tocius conventus hujus ecclesie Averbodiensis, a quo recepimus potestatem eligendi abbatem, in ecclesia ista, mediantibus duobus fratribus nostris, videlicet Godefrido dicto de Hasselt, investito seu rectore de Wesemale et Arnoldo dicto de Truelle, investito seu rectore ecclesie de Zuerle, a dicto conventu specialiter deputatis ad nos, tanquam compromissarios, propter hoc specialiter eligendos, eligo et nomino in abbatem et pastorem hujus ecclesie Averbodiensis, virum providum et honestum, prefatum fratrem Arnoldum dictum de Truelle, investitum seu rectorem ecclesie de Zuerle, presbyterum, concanonicum et expresse professum hujus ecclesie Averbodiensis cujus electionem, rite et canonice, secundum consuetudines et statuta nostri Premonstratensis ordinis celebratam, a vobis Pater Reverende, domine Abbas Sancti Mychaelis Antwerpiensis, prout vobis incumbit, auctoritate paterna, nomine quo supra, peto humiliter confirmari ». In qua electione totus conventus Averbodiensis et dictus frater Arnoldus consencierunt. Nos vero, freti consilio fratrum nostrorum predictorum, dictam electionem, tanquam rite et canonice factam et celebratam, secundum statuta et consuetudines nostri ordinis, tanquam Paterabbas, confirmavimus et confirmamus, in nomine Patris et Filii et Spiritus Sancti, sperantes firmiter eumdem dominum Arnoldum, dictum de Truelle in abbatem, ut prefertur, electum, moribus et vita, in spiritualibus et temporalibus approbatum et multipliciter commendatum, sibi et dicto monasterio multum posse proficere. Quam electionem et confirmationem totus conventus ejusdem loci gratanter acceptavit et comprobavit, et ipsum dominum Arnoldum statim levaverunt et, psallentibus et cantantibus altis vocibus *Te Deum laudamus* et ad ecclesiam ducentes, januis apertis et campanis pulsatis, dictum negocium cleri et populi multitudini ibidem publicando.

In quorum omnium testimonium, presentem electionem et nostram confirmationem predictas ac omnia et singula prenotata, per Johannem dictum de Herke, clericum, notarium publicum scribamque nostrum infrascriptum,

---

(¹) Le texte porte fautivement *fratrem*.

publicari mandavimus, et in hanc formam redegi, ac nostri sigilli appensione muniri, requirentes nostros confratres predictos et rogantes, ut presentes una cum nostro sigillo signoque notarii subscripti, sua velint apponere sigilla in testimonium veritatis premissorum.

Acta fuerunt hec ac lecta fuit et publicata dicta electio et confirmatio, facta in capitulo seu loco capitulari monasterii Averbodiensis predicto, sub anno Domini a nativitate M° CCC° LXVIII°, indictione sexta, pontificatus Sanctissimi in X° Patris ac Domini nostri Urbani, digna Dei providentia Pape V¹ anno VI^to, mensis julii predicti die XXVI^a, presentibus ibidem discretis viris et honestis, fratre Johanne, preposito de Gempe, ordinis Premonstratensis, magistro Everaerdo dicto de Tundeken, canonico ecclesie beate Marie Aquensis, Johanne dicto de Molle ac Johanne dicto Gilys, testibus, Leodiensis diocesis, ad premissa testificanda vocatis specialiter et rogatis. Et nos Stephanus, quondam Parchensis, nunc Premonstratensis, Radulphus Grimbergensis, Egidius Tongherloensis, et Johannes Helechiaensis monasteriorum abbates, quia premissis omnibus et singulis una cum dicto nostro Patre-abbate, notario etiam publico et testibus predictis presentes interfuimus, preapposito sigillo dicti nostri Patris-abbatis et ad ipsius requestam et rogatum, sigilla nostra presenti instrumento apponi fecimus, in veritatis testimonium omnium et singulorum premissorum. Utor ego, Stephanus predictus, in regimine ecclesie sigillo monasterii Parchensis.

Original disparu.
Copie du XVe siècle : Arch. d'Averbode. IVe section, reg. n° 116, fol. 24-25.

II

1368, 15 novembre. — Bulle du pape Urbain V confirmant l'élection d'Arnold de Tuldel comme abbé d'Averbode.

Urbanus episcopus servus servorum Dei, dilectis filiis conventui monasterii Averbodiensis, Premonstratensis ordinis, Leodiensis diocesis, salutem et apostolicam benedictionem. Inter solicitudines varias que nobis ex injuncte servitutis incumbunt officio, illa maxime pulsat et excitat mentem nostram ut circa ecclesias et monasteria omnia solerciam adhibentes, ipsorum utilitatibus intendamus, in eo maxime ut illis que suis sunt viduata pastoribus, tales in ministros preficere studeamus per quorum regimina ecclesie et monasterio ipsa feliciter valeant gubernari. Dudum siquidem, quondam Henrico, abbate vestri monasterii, regimini dicti monasterii presidente, nos cupientes eidem vestro monasterio, cum vacaret, per apostolice sedis providenciam de persona ydonea provideri, provisionem ejusdem monasterii ordinationi et dispositioni nostre duximus ea vice specialiter reservandam, decernendo ex tunc irritum et inane si secus super hiis per quoscumque, quavis auctoritate, scienter vel ignoranter contingeret attemptari. Postmodum vero dicto vestro monasterio per obitum dicti Henrici, qui extra Romanam curiam diem clausit extremum, vacante, prior claustralis et vos, hujusmodi reservationis et decreti forsan ignari, dilectum filium Arnaldum, canonicum ejusdem vestri monasterii, ordinem Premonstratensem expresse professum et in sacerdocio constitutum, in vestrum et dicti monasterii abbatem, licet de facto per formam compromissi concorditer elegistis, dictusque Arnaldus, reservationis et decreti predictorum similiter inscius, electioni hujusmodi de se facte illius sibi presentato decreto consensit, illamque a dilecto filio Martino, abbate Antwerpiensi, dicti ordinis, Cameracensis diocesis, patre abbate dicti Sancti Johannis Averbodiensis monasteriorum, cum ad abbatem dicti monasterii Antwerpiensis qui est pro tempore, tam ex institutis ipsius ordinis per sedem ipsam ex certa scientia approbatis, quam etiam de antiqua et approbata et hactenus pacifice observata consuetudine, confirmatio electionis abbatis dicti monasterii Sancti Johannis pertineat, reservationem et decretum predicta etiam ignorante, obtinuit confirmari. Eciam de facto et demum reservatione et decreto predictis ad ejusdem Arnaldi deductis noticiam, dictus Arnaldus hujusmodi electionis et confirmationis negocium proponi fecit in consistorio coram nobis. Nos igitur electionem et confirmationem predictas, utpote post et contra reservacionem et decretum predicta attemptatas, irritas prout erant et inanes reputantes et ad provisionem ejusdem monasterii Sancti Johannis celerem et felicem, de qua nullus preter nos ea vice se intromittere potuerat neque poterat, reservatione et decreto obsistentibus supradictis, ne ipsum monasterium longe vacationis subjaceret incommodis, paternis et solicitis studiis intendentes, post deliberationem quam de preficiendo eidem monasterio Sancti Johannis personam utilem et etiam fructuosam habuimus cum fratribus nostris diligentem, demum ad dictum Arnaldum, cui de religionis zelo, litterarum sciencia, honestate morum et vite, spiritualium providentia et temporalium circumspectione et aliarum multiplicium virtutum meritis apud nos laudabilia testimonia perhibentur, direximus oculos nostre mentis. Quibus omnibus, necnon dicti prioris et vestrorum conventus ipsum eligentium concordi voluntate attenta meditatione pensatis, de persona prefati Arnaldi prefato monasterio de dictorum fratrum consilio, auctoritate apostolica, providimus, ipsumque illi preficimus in abbatem, curam et administrationem ipsius monasterii sibi in spiritualibus et temporalibus plenarie committendo, in Illo qui dat gratias et largitur premia, confidentes quod dextera Domini sibi assistente propitia, ipsum monasterium sub regiminis sui cura grata, auctore Domino, suscipiet incrementa. Quodcirca discretioni vestre per apostolica scripta mandamus quatenus eumdem Arnaldum abbatem tamquam patrem et pastorem animarum vestrarum grato admittentes honore, ac exhibentes sibi obedienciam et reverenciam debitam et devotam, ejus salubria monita et mandata suscipiatis humiliter et efficaciter adimplere curetis. Alioquin sentenciam quam idem abbas rite tulerit in rebelles ratam habebimus et faciemus, auctore Domino, usque ad satisfactionem condignam inviolabiliter observari. Datum Rome apud Sanctum Petrum XVII kalendas decembris, pontificatus nostri anno septimo.

Original perdu.

Copie notariée du XVIe siècle: Arch. d'Averbode, 1re section,

reg. n° 303, 1 rect. et vers.

III

1369, 30 juillet. — Composition entre l'abbé d'Averbode, Arnold de Tuldel, et Otton 'S Groote.

In nomine Domini, Amen. Universis et singulis ad quorum noticiam hoc presens publicum instrumentum pervenerit pateat manifeste quod anno a nativitate ejusdem Domini millesimo trecentesimo sexagesimo nono, indictione septima, mensis julii die penultima, hora diei vel circiter ejusdem vespertina, pontificatus sanctissimi in Christo patris ac domini nostri, domini Urbani digna Dei providentia pape quinti anno septimo, in mei notarii publici testiumque subscriptorum ad hoc specialiter vocatorum et rogatorum presencia, propter hoc personaliter constituti venerabilis vir et religiosus dominus Arnoldus abbas monasterii Sancti Johannis Baptiste Averbodiensis, ordinis Premonstratensis, Leodiensis dyocesis, ex una parte, et discretus vir ac honestus frater Otto de Sancto Trudone, canonicus regularis prefati monasterii Averbodiensis, ejusdem ordinis presbyter et Leodiensis dyocesis, parte ex altera. Prefatus frater Otto canonicus, libera voluntate et non coactus, promisit stipulacione sollempni ac eciam fide sua super hoc prestita corporali in manus mei notarii infrascripti, vice et nomine dicti domini... abbatis stipulantis et dictam promissionem recipientis, quod ipse frater Otto reddet, tradet et deliberabit sine dilacione aliqua omnia et singula instrumenta, litteras, cartas, rotulas censuales, cyrographos ac universa alia et singula ad ipsum monasterium Averbodiensem spectancia seu pertinencia seu ipsum monasterium Averbodiense, qualitercumque hoc fuerit, tangencia que ipse dominus Otto obtinuit seu obtinere potuit hactenus, sigillis quibuscumque sigillata vel non sigillata aut quacumque alia firmitate et munimine roborata; et abbati et suo monasterio pretactis totis suis viribus et corde in consiliis et auxiliis dandis seu prestandis, in publico et occulto, directe et indirecte, semper debeat assistere; ac eciam in eventu si dictus frater Otto habere et addipiscere posset seu habere et addipiscere contigeret ecclesiam de Brusthem, quod erit contentus semper cum hiis seu illis cum quibus frater Johannes de Hugardis, investitus seu rector ecclesie de Brusthem predicte, fuit contentus; et quod nihil ulterius seu amplius petere et exigere debeat a domino... abbate et suo monasterio memoratis, et quod non intromittet se de aliquo bono seu de aliquibus bonis ad dictum dominum... abbatem seu ejus monasterium Averbodiensem qualitercumque spectanti vel spectantibus, nisi primitus licencia a dicto abbate habita et obtenta; ac eciam in eventu quo dictus frater Otto habuerit et adeptus fuerit ecclesiam de Brusthem predictam et quo dictus abbas seu alter qui pro tempore ejusdem monasterii abbas fuerit videret ipsius monasterii uberiorem et utiliorem fore profectum quod dictus dominus Otto dictam ecclesiam de Brusthem resignaret, ipse dominus Otto dictam ecclesiam resignabit et se nudum de eadem faciet, ad jussum et voluntatem sui abbatis memorati; necnon quod dictus dominus Otto se de beneficiis in ecclesia jamdicta situatis conferendis nullatenus debeat intromittere, sed jus patronatus eorumdem beneficiorum eidem domino... abbati, utpote vero patrono eorumdem, salvum et illesum dimittere. Insuper sepedictus frater

Otto recognovit et confessus fuit publice et expresse quod sepedictus dominus... abbas et ejus monasterium non essent sibi in aliquo debito obligati, et ex habundanti prefatum monasterium et abbatem memoratum de omnibus et singulis debitis, promissionibus et obligationibus, sibi sub quibuscumque verborum modo et forma factis quitavit et quitos clamavit expresse; et si aliqua gravamina, dampna et expensa ex parte dicti domini Ottonis prefato domino abbati seu suo monasterio evenire contingeret in futurum, ab omnibus et singulis talibus gravaminibus, dampnis et expensis predictis, dominum abbatem et suum monasterium predictos relevare et indempnes tenere repromisit. Et predicta omnia universa et singula tenere, servare, attendere, complere et contra non venire, dictus dominus Otto eidem venerabili viro domino... abbati antedicto ac michi notario prelibato stipulanti et recipienti ad opus dicti abbatis et sui monasterii, pro se et suis, per stipulationem sollempnem et validam, et sub obligatione ac ypotheca omnium bonorum suorum et jurium tam presentium et futurorum repromisit et in verbo sacerdotii, manu sua dextera super pectus suum posita, et in ordinis sui fidelitate juravit. Et ad majorem certitudinem premissorum firmiter et inviolabiliter tenendorum adimplendorum et observandorum, discretos viros Johannem dictum de Mera de Testelt et Johannem dictum Oulrede ad hoc presentes suos fecit et constituit fidejussores. Quibus sic rite peractis prout licuit, prefati Johannes dictus de Mera et Johannes dictus Oulrede, de libera voluntate et non coacti, pro premissis omnibus et singulis firmiter tenendis et inviolabiliter observandis fidejubuerunt et se fidejussores pro dicto domino Ottone erga dictum dominum abbatem et suum monasterium constituerunt, conditione tali apposita in premissis si dictus dominus Otto in premissis seu in aliquo premissorum, quod absit, negligens inventus fuerit et remissus, id prefati Johannes et Johannes pro dicto domino Ottone fideliter et legitime adimplere, facere et perficere promiserunt, promittentes, fide ab ipsis et a quolibet ipsorum loco juramenti interposita corporali in manus mei notarii predicti quod contra premissa et eorum aliqua, per se, alium vel alios, non venient neque venire procurabunt in futurum, omnibus et singulis cavillationibus et allegationibus et exceptionibus premissis obviantibus penitus ammotis et exclusis. Acta sunt hec in opido Dystensi, in camera domus dicti venerabilis viri domini... abbatis, site in vico dicto Sculenbrocch, anno, indictione, mense, die, hora et pontificatu predictis, presentibus ibidem discretis viris et honestis, Ywano dicto de Welde clerico, Mychaele coco ac aliis testibus Leodiensis dyocesis ad premissa testificanda vocatis specialiter et rogatis.

Et ego Johannes dictus de Herke, Leodiensis dyocesis, sacra imperiali publicus et curie Leodiensis auctoritate notarius, quia premissis omnibus et singulis una cum dictis testibus presens vocatus interfui, ea vidi et audivi que fideliter, propria manu, conscripsi et in hanc formam publicam redegi signoque meo solito et consueto hic me subscribendo signavi rogatus et requisitus in veritatis testimonio premissorum. Constat michi de superscriptionibus, non vitio sed ex inadvertencia factis, quas in eorum locis approbo Datum ut supra. Signum Johannis de Herke.

Seing du notaire à gauche, en bas.

Original : *Chartier d'Averbode n⁰ 949.*

Le droit de bourgeoisie de Bocholt et la créance Bormans sur cette commune

Pour s'assurer une protection efficace dans le danger et pour jouir des franchises accordées aux villes, les communes rurales cherchaient à y acquérir le droit de bourgeoisie, moyennant certaines obligations financières et militaires.

Ce système de protection était très répandu en Campine (¹).

Ce fut surtout à la ville de Hasselt que les villages s'adressèrent ; plusieurs y obtinrent le droit de bourgeoisie dans les premières années du XVe siècle (²). Parmi toutes les communes qui acquirent cette situation privilégiée, celle de Bocholt est la première en date et la moins connue. Tous ceux qui ont écrit sur l'histoire de Hasselt et abordé cette question, ignorent en effet que c'est la seule localité qui acquit le droit de bourgeoisie au XIVe siècle, notamment dès 1388 (³).

Ni GERAETS ni VAN NEUSS ne citent Bocholt dans l'énumération des communes auxquelles ce droit fut octroyé (⁴). Pourtant ce dernier, dans son *Analyse d'un ancien registre aux Ordonnances des Magistrats de Hasselt*, avait signalé précédemment l'acte concédant le droit de bourgeoisie aux habitants de Bocholt, mais avec une erreur de date, provoquée par une lecture hâtive du document (⁵). Cette erreur de Van Neuss eut des suites fâcheuses pour un autre historien limbourgeois (⁶).

En réalité, la commune de Bocholt acquit le droit de bourgeoisie

---

(¹) Cfr. *De Maasgouw*, I (1879), p. 83 ; *Bulletin des Mélophiles* (BMH), XXIII (1886), p. 84 et XXXIII (1896), p. 21 n. 1 ; *L'Ancien Pays de Looz* (APL), VI (1902), p. 58.

(²) Au commencement du XVe siècle, Hasselt accorda successivement le droit de bourgeoisie à Neeroeteren et à Grand-Brogel en 1402, à Meeuwen en 1422, à Heusden en 1423, enfin à Houthaelen et à Zolder en 1429.

(³) MAAS, P.-J., *Une sortie armée des habitants de Hasselt en 1441*, dans l'APL, VI (1902), p. 58, affirme bien que le droit de bourgeoisie fut accordé « vers la fin du 14e siècle », mais il ne connaît aucun cas remontant à cette époque.

(⁴) Dans BMH, XXIII, p. 34 et XXVIII (1892), p. 103.—Dans une énumération postérieure (XXXII, p. 21 n. 1) figure enfin le nom de Bocholt, mais avec une erreur de deux siècles, quant à l'époque de l'obtention de ce droit.

(⁵) BMH, IV (1867), p. 90.— Comme on verra plus loin, Van Neuss a pris pour la date de la concession du droit de bourgeoisie à Bocholt celle du transfert partiel à Henri Bormans de la rente sur cette commune.

(⁶) Dans un article cité plus haut, M. P.-J. Maas expose une contestation de limites à Hasselt, le 19 décembre 1388, comme le prouve l'acte d'octroi dont nous reproduirons intégralement le texte intéressant (¹). Ce droit fut accordé aux conditions suivantes :

1º en cas de guerre, à la demande du magistrat de Hasselt, la commune fournira 50 hommes armés, diversement équipés ;

2º elle versera une somme de 300 florins de Hollande, en deux termes ;

3º elle servira à la ville une rente annuelle et héréditaire de 20 florins ou 15 vieux écus.

Ces conditions — sensiblement plus élevées que celles imposées dans la suite aux autres communes — furent acceptées par ceux de Bocholt. Plus tard cependant, elles suscitèrent de nombreuses difficultés. Tel fut surtout le cas pour la rente de 20 florins, qui eut toute une histoire, que nous allons raconter brièvement.

* * *

Le premier payement de la rente se fit à la Chandeleur 1389. Depuis lors jusqu'au milieu du XVᵉ siècle, la ville toucha intégralement le produit de la rente, mais le 3 septembre 1456, elle céda 3 florins au recteur de l'autel des Saints-Georges et Sébastien, dans l'église paroissiale de Hasselt. Le même jour (²), les 17 florins restants furent aliénés par la ville au profit de maître Henri Bormans « *den eirsaemen onsen sunderlinghen lieven medeportere Meester Henrick Bormans* ». La ville

---

surgie en 1441 entre les habitants de *Drie Eygen* (Kessenich, Neeritter, Thorn) et ceux du pays de *Overheyde* (Tongerloo, Brée, Bocholt, Beeck).

Se basant sur la fausse indication de date donnée par Van Neuss, il ajoute qu' « on sollicita l'appui de Hasselt et comme, seul de toute la contrée, le village de Neeroeteren se trouva à cette époque sous la protection de cette ville..., nous pensons que ce fut cette commune qui provoqua l'intervention de la capitale du pays de Looz ». APL, VI, p. 58 et p. 59.

Poussé peut-être par le patriotisme de clocher, l'historien de Neeroeteren a émis une hypothèse dont il reconnaît lui-même la faiblesse, puisque « Neeroeteren n'était pas directement intéressé dans l'affaire » (p. 59). Elle est renversée par le fait que Bocholt possédait depuis longtemps le droit de bourgeoisie à cette époque. Nous ferons même remarquer que cette dernière commune était directement intéressée dans l'affaire, puisqu'elle faisait partie du pays de Overheyde.

D'ailleurs, M. Maas se contredit d'une façon vraiment inconcevable, quand il prétend que Neeroeteren avait seul le droit de bourgeoisie en 1441, alors qu'il affirme lui-même, à la même page de son article, dans la première colonne, que deux communes, Neeroeteren ET Grand-Brogel, avaient ce droit en 1402, donc près de quarante années plus tôt.

(¹) Pièces justificatives, nº 1.

(²) Et non dix ans plus tard, comme le secrétaire communal l'a inscrit erronément dans le registre aux ordonnances. (Pièces justificatives, nº 2). Le fait de deux actes analogues conclus *jour pour jour* à dix ans d'intervalle (3 septembre 1456 et 3 septembre 1466) peut déjà sembler étrange ; d'ailleurs l'erreur est prouvée surabondamment par l'acte original de 1524, qui fournit la date exacte (Pièces justificatives, nº 3) et par le fait que maître Henri Bormans mourut dès 1457, ce qui rend impossible la date donnée par l'*Ordonnantieboek*. Cfr. DE BORMAN, C., *Livre d'or*, p. 27 et la preuve: note 3. — La date exacte figure dans le *Rentboek* 1483-1493, fol. 4 vº.

se réservait le droit de rachat, moyennant 340 florins du Rhin, somme versée par maître Henri pour l'acquisition de la rente. Elle se réservait également les prestations militaires, imposées aux habitants de Bocholt par l'acte d'octroi de 1388, et formellement stipulées à nouveau dans la lettre de rente de 1456 ([1]). A cette époque, maître Henri était marié en secondes noces à Elisabeth van Elsrack. Il mourut sans descendants en 1457. Sa veuve épousa Jean Duyfkens, et lui apporta en dot la rente de 17 florins sur Bocholt. De là, près d'un demi-siècle de contestations et de procès. En effet « la jouissance de cette rente fut contestée à Jean Duyfkens par Léonard Hoels, époux de Gertrude Bormans, héritière particlle de Henri. Le débat, porté successivement devant les échevins de Bocholt et ceux de la haute justice de Vliermael, ne se termina que le 4 décembre 1498, par une sentence de la salle de Curange déboutant les demandeurs » ([2]).

De Jean Duyfkens, la rente passa aux mains de sa fille Gertrude, mariée à Frédéric van Rijckel, drossard de Peer ([3]).

La commune de Bocholt s'adressa à ce dernier et obtint de lui le rachat de la rente, pour une somme qui n'est pas stipulée.

Aussitôt la ville de Hasselt protesta contre ce rachat dont elle seule avait le droit, comme l'acte de constitution de la rente le proclamait formellement.

En conséquence, elle leva la somme nécessaire et força ceux de Bocholt à reprendre de sa part l'argent qu'ils avaient versé à Frédéric van Rijckel, et à remettre au magistrat de Hasselt l'acte qu'ils avaient racheté sans en avoir le droit.

Le 19 décembre 1524, la ville revend la rente de 17 florins à maître Georges Kangieters, plombier, et à son épouse Claire van Elsrack, pour la somme de 510 florins du Rhin, avec droit de rachat. Lors de la restitution, la ville pourra retenir sur le capital à rembourser une somme de 40 florins, offerts gracieusement par Joris et son épouse. A la même occasion, elle devra verser 100 florins à la fabrique de l'église Saint-Quentin, dont Joris est marguillier. L'acte auquel nous empruntons ces détails, renferme encore cette stipulation naïve, mentionnée par deux fois, que si les époux Kangieters versent eux-mêmes à la fabrique d'église les cent florins qui lui sont réservés, celle-ci ne pourra plus les réclamer lors du rachat éventuel de la rente ([4]).

Il en fut réellement ainsi : au mois d'août 1532, les magistrats de

---

([1]) Pièces justificatives, n° 2.
([2]) (DE BORMAN, C.), *Le Livre d'or de la famille de Borman*, p. 27-28. Liége, 1906.
([3]) Pièces justificatives, n° 3.
([4]) *Ibidem.* — L'analyse donnée ci-dessus nous dispense de reproduire aux annexes le texte intégral de ce document prolixe.

Hasselt déclarent que maître Kangieters a employé cent florins à l'achat de vêtements sacerdotaux destinés à l'église paroissiale et que, par conséquent, cette somme ne pourra plus être réclamée par la fabrique d'église en cas de rachat de la rente (¹).

Le transport de la créance, opéré par la ville, fut reconnu le 28 avril 1525, devant les échevins de Hasselt, par Jean Leyssen, de Bocholt, agissant au nom de sa commune (²).

De nouvelles difficultés surgirent, provoquées par l'évaluation des monnaies que Jean Leyssen proposait (³), et par les prétentions du nouveau rentier, qui réclamait deux années d'intérêt. Les magistrats prirent fait et cause pour Georges Kangieters (⁴) et le représentèrent dans le procès qui s'ensuivit (⁵) et ne se termina qu'en 1530, par une sentence de la salle de Curange, rendue en leur faveur (⁶).

L'arrêt de la cour seigneuriale se basait sur « une convention monétaire internationale du XIIIᵉ siècle, conclue sous saint Louis » que les Hasseltois avaient invoquée — ou inventée — pour justifier leurs prétentions (⁷). Il ne fut pas avantageux pour la commune de Bocholt (⁸).

(¹) Transfixe original sur parchemin, aux archives de la ville.

(²) Echevins de Hasselt, droit de Looz, Rôles 1525-34, fol. 5 v°.

(³) Pourtant cette évaluation était conforme à la réduction des monnaies publiée en 1512, exception faite pour l'angelot, estimé 3 florins, alors que l'ordonnance d'Evrard de la Marck ne lui attribue qu'une valeur de 2 fl. 16 ½. Cfr. DARIS, J., Réduction de la monnaie sous Evrard de la Marck, dans ses Notices, XVII, p. 86. Liége, 1899.

(⁴) « XII may aº vors. (1525) die burgemeesters sijn te vreden in naeme der stat so wes Joris doet tegen die van Boucholt in deser zaken van machten ind werden te halden ». Echevins de Hasselt, droit de Looz : Rôles 1525-1534, fol. 5 v°.

(⁵) Il commença en 1526 (voir le compte communal ou Bouwmeester de 1525-26, fol. 21). Les frais étaient à charge de la ville ; les présents et régals y tenaient, comme toujours, une large part, témoin l'extrait suivant : « Item den here van Berle den die zaecke van der stat portgelde op die van Bouchout gecommitteirt es, geschenct bij beveel der burgemeesters om corts uutrichtsel te hebben 2 ellen bellaerts laken ende daer voer betaelt 5 Rg. Den selven noch doen hij inder zaelen tot Curingen ter genachten quaem van des hij mett sijnre geselscappen inden Helme verteirt heeft tot Hasselt, betaelt aen Mr. Jan Beckers 8 g. 7 st. br. ; tsamen — 17 Rg. 10 ½ st. Bouwmeester, 1528-29, fol. 18.

(⁶) On en retrouve l'écho dans les comptes de la ville : la transcription de la sentence qui donnait gain de cause aux bourgmestres et le régal offert par eux à cette occasion, coûtent 6 ½ fl. environ. Ibidem, 1529-30, fol. 18, v°.

(⁷) Le 8 mars 1530 — « Inder zaken tusschen Jan Leyssen in name der ondersaten van Bouckholt ansetter, ten eenre, ende den burgemeisteren, gesuoeren ende raedt der stat Hasselt ten ander zijden, is overmits joncker Wilhelm, here tot Berloe, met gevolgh der mannen, geweesen dat die van Bouckholt sijn schuldich te betaelen, drie ongers gulden ducaten voer vier gulden off die werde daer voer, aengemerckt dat die van Hasselt in hoven vermet voergesat hebben een valuatie gemaeckt bij tijden van sint Loys, als koninck van Vranckrick, met congregatie van Coninck van Engelant, Ytaliaenschen ende Duytschen natie, met concordantie der selver munte, van eenen valoer, nemlick die Ytaliaenschen den ducat, die Engelschen den halven nobel, die Duitschen den ungersgulden ducaten, ende daer nae de Koninck van Franckrick, den alden schilt, alle van eenen werden ». Salle de Curange, Rôles 1515-1536, f° 81 v° et Echevins de Hasselt, droit de Looz, Rôles 1525-1534, fol. 61.

(⁸) En effet, dans l'acte de constitution de la rente, les 20 florins sont évalués à raison

Georges Kangieters ne jouit pas longtemps de la rente : par son testament du 28 février 1539, il légua celle-ci, avec plusieurs autres, à différentes œuvres pieuses et charitables instituées par lui et son épouse (¹). La gestion financière incombait aux marguilliers de Saint-Quentin et aux receveurs des pauvres, qui ne connurent de ce chef aucune difficulté, pendant près d'un siècle.

Malheureusement, de nouveaux démêlés surgirent, provoqués cette fois par les obligations militaires imposées à la commune de Bocholt.

* *

En échange du droit de cité que la ville de Hasselt leur avait octroyé, les habitants de Bocholt s'étaient astreints à certaines charges militaires.

Celles-ci étaient expressément stipulées dans l'accord de 1388; elles furent renouvelées en 1456 et en 1524 (²). Il semblait donc que le doute ne fût pas possible à ce sujet, d'autant plus que la même obligation incombait à toutes les communes rurales qui avaient obtenu le droit de bourgeoisie.

D'ailleurs, cette obligation avait été reconnue implicitement, à deux reprises différentes, par les habitants de Bocholt.

Au mois de décembre 1576, la ville de Hasselt avait appelé aux armes toutes les communes auxquelles elle avait accordé le droit de bourgeoisie. Bocholt seul ne répondit pas à cet appel.

Pour racheter sa faute, la commune coupable « composa » peu de temps après avec le magistrat de Hasselt, moyennant une somme de 40 florins (³).

Quelques années plus tard, à la suite de la même négligence, le village de Bocholt conclut un nouvel accord avec sa protectrice, mais cette fois la somme versée s'élève à 100 florins (⁴).

---

de 3 vieux écus pour 4 florins, ou 3/4 vieil écu par florin. D'après la prétendue convention, le vieil écu vaut le ducat de Hongrie, et la commune de Bocholt est condamnée à payer en cette monnaie et dans la même proportion de 4 : 3. Pour 17 florins, il faudrait dans ce cas $\frac{17 \times 3}{4}$ = 12 3/4 ducats de Hongrie. Or, même après le décri de 1512, le ducat hongrois valait encore 39 patars : les 17 florins de la rente, évalués d'après ce taux et payés dans cette monnaie, rapportent après la conversion 25 florins au rentier.

(¹) Le texte de ce testament est conservé dans les *Acta fundationum ecclesiae Hasselensis*, fol. 80. (Archives paroissiales).

(²) Pièces justificatives, nos 1, 2, 3.

(³) Item ontfangen van de gemeente van Bouchout van dat sij in decembri aº 1576 als porters deser stadt ingeboden waren om hier die wacht helpen te halden, volgende honne brieven van honne portscap, daer van die selve aen onse heren burgemeesteren voor dese reise gecomponeert hebben ende betaelt 40 guld. brab. om daer mede ander kuerlingen daer vor op te nemen ». *Bouwmeester*, 1576-77, fol. 9.

(⁴) *Bouwmeester*, 1594-95, p. 14.

Malgré cela, en 1622, les habitants de Bocholt se rendirent coupables d'un nouveau refus d'obéissance (¹). Bien plus, ils osèrent adresser une supplique au prince-évêque de Liége, demandant la suppression des charges militaires qu'ils appelaient indues, et révoquant en doute le droit de Hasselt à réclamer cette redevance. La supplique débutait par des considérations pathétiques qui méritent d'être lues (²).

Emu par ces sollicitations, Ferdinand de Bavière fit parvenir aux magistrats de Hasselt une copie de cette supplique, les priant d'envoyer au Conseil Privé, endéans les huit jours, les documents sur lesquels ils fondaient leurs exigences (³).

Nous ignorons si les magistrats répondirent à la lettre épiscopale dans le délai voulu ; nous savons que, sur leurs ordres, une enquête fut ouverte qui donna un résultat inattendu.

Ayant oublié — ou ignorant — les deux copies de l'accord primitif qui se trouvaient dans leurs archives, les magistrats firent prendre une nouvelle copie, d'où ils conclurent que les obligations militaires de Bocholt ne semblaient pas démontrées clairement.

Pour éviter les frais d'un procès, ils émirent l'avis d'accepter les propositions faites par la commune de Bocholt, qui voulait renoncer à ses prérogatives et offrait une somme de 1.200 florins pour se libérer de toutes ses charges, tant financières que militaires (⁴). Le 7 février 1624, les métiers acceptèrent unanimement l'accord projeté ; le lendemain, celui-ci fut ratifié par le prince-évêque (⁵). Il fut définitivement conclu le 29 février et copieusement arrosé tant à l'hôtel de ville (⁶) qu'à l'auberge du *Scherpesteen* (⁷), tenue vers cette époque par Gilles van Vinckenroy, l'ami de Vondel.

Ainsi finirent les démêlés séculaires entre Hasselt et Bocholt.

Jean GESSLER.

(¹) Item aen Jan van Beverst ryebode van dat hij die dorpen den twelfsten octobris 1622 heeft opgeboden om te comen wacht doen, namelijck Heusden, Zuylre, Houthaelen, Meuwen, Grootenbruegel ende Bouckholt, die allen gepareert hebben behalven Bouckholt, gevaceert twee dagen is 8 gl. *Bouwmeester*, 1621-22, p. 46.

(²) Pièces justificatives, n° 4.

(³) Cfr. VAN NEUSS, H., *Lettres des princes-évêques de Liége au magistrat de Hasselt*, 2e partie, BMH, XXVIII (1892), p. 117, n° 235.

(⁴) Pièces justificatives, n° 5.

(⁵) Original sur parchemin, aux archives communales.

(⁶) « Item aen seven potten meyen bijde heeren verdroncken opt stadthuys op het accordt met die van Bouckholt, luyt cedule ——— 4 gl. 4 st. » *Bouwmeester*, 1623-24, p. 95.

(⁷) « Den 29e februari (1624) die borgermeesters met die gemeynte van Bouckholt tracterende verteirt 10 q. wyns is ——— 8 g. 10 st. » *Ibidem*, p. 105.

PIÈCES JUSTIFICATIVES

I

Octroi du droit de bourgeoisie à la commune de Bocholt

19 décembre 1388

Die van Boucholt portscap

Allen den ghenen die desen brieff sullen sien oft hoeren lesen, Johan Ghybels, Johan Wendelen, scepenen, Jacob van der Nedermoelen, Naebe vander Schueren, Jacob op gheen Hoeve, Peter Tielkens, Johan Stincks (¹), Johan Hineder ende Henrick Heynrix (¹), ingeseiten des dorps van Bouckhouts, kennisse der waerheyt met groeten.

Want ons die stat van Hasselt ontfaen heeft, ende onse ganse dorp vuers, in haere portscap ende vrijheit, ende ons gheloeft heeft vrij ende loss te hauden van allen ongelde, gelijck haeren uutgeseiten porteren, gelijck sij ons des haer brieve ende ziegele verleent heet, hier om doen wij te weeten allen luyden dat wij voer ons ende onse durp vuers, partye makende, der stat van Hasselt hebben geloeft ende geloeven overmits desen tegenwordighen letteren in gueden trouwen te dienst te senden uut den dorp vuers, als die stat heervaert vaeren sall ende te doende hebben sall, ende die stat ons dat cont doet, vijffindtwintich man met voetboeghen ende vijffindtwintich man te perde, met pansieren, oft vijffindtwintich met pieeken, ende daer aff sall die stat haeren koer hebben, dats te weeten vanden pansieren oft vanden pieeken.

Vort sullen wij der stat vuers, geven ende betalen te hulpen tot haeren vesten drij hondertich nuwe hollants gulden, vanden wellighen wij der stat vuers, betaelen sullen te Paeschen neistkoemende onderhalff hondertich gulden, ende die ander anderhalff hondertich gulden sullen wij betalen te kersmesse neistkoemende over een jaer.

Vort sullen wij der stat vuers, jaerlix ende erffelix betalen van onser portscap twintich gulden, drij aude schilde voer vier gulden gereikent, oft valeur daer aeff, te onser vrouwen lichtmesse, wellighe tijt ende talinghe derre twintich gulden iersten aengaan sall van onser vrouwen lichtmesse daeghe neist toekomende over een jaer, ende also erffelick vortaen van jaer te jaer.

Vort gevielt dat wij in eynich van desen poenten vuers, versuymelick weren, soe bidden wij allen heeren, geestelick ende werelick, dat sij ons bedwenghen die poenten vuers, te voldoen op allen steiden met beheltenisse ons lijffs ende onser guede, ende daer toe obligeren wij der stat vuers, onss, onse gerven ende nacoemelinghen, dat sij ons mach hauden ende aenspreicken op allen steiden, tott derre volcoemelick gulden vuers, te doen, verthyende allen exceptien, beschuddenisse, manscap, argelisten ende nuwe vonde die der stat vuers, onstaede ende ons staede doen muchten.

(¹) Dans le registre aux rentes, ces deux noms sont orthographiés respectivement *Slericks* et *Honines*.

In orkonde der waerheit hebben wij, scepenen vuers., voer onse medescepenen, voer ons ende voer die guede knaepen vuers. ende te beiden van hon, onsen gemeynen zieghel ons (¹) scepenstoels aen desen brieff doen hanghen.

Gegeven inden jaere ons Heren dusentich drijhondertich tachtentich ende acht, negenthien daighe in decembri.

Original perdu : copies dans le *Rentboeck* I, fol. 61 v°, et dans l'*Ordonnantieboeck* I, fol. 62 (voir n° 2).

II

La créance de Henri Bormans

3 septembre 1456

Der brieff op dien van Boucholt van XVII gulden

Allen den ghenen die desen tegewordighe letteren sullen sien of hoeren lesen, Burgemeestere, gesworen, raet, ende ganse gemeyn portere ende ingeseten der stat van Hasselt, groitte in onsen lieven Here Jhesum met kennisse der waerheit.

Alsoe dan onse lieve getruwe ende zeer beminde der onderseite des goets durps van Boucholt bij onsen lieven alderen ende voervaderen in onser portscap ende bewaerenisse ontfangen geweist sijn, ende des jaerlix ende erffelix aen ons gehalden sijn van der sommen van twintich schilscher gulden in allen den manieren, ende gelyck der brieff den wij van den selven onsen medeportere beziegelt hebben in onsen groeten comme liggende, ende daer van d'inhalt in desen tegewordighen litteren in besloeten dat cleerlicken inhilt, van wellich twintich gulden vurs. wij te voer jaeren den rectoer van Sint-Joris ende van Sint-Sebastiaens elter, inder hoeger kereken van Hasselt staende, overgewijst hebben drij der selver guldenen, na inhalt der brieven daer op gemaiet, ende in onsen orber dan comen ende bleven sijn seventhien gulden als vurs. sijn, ende want wij dan tot onsen behoeven ende noetsaecken nae dat op dese tijt bij ons geleghen es, gheyne naiere nocht orbelicher en weiten aen te gaen, soe doen wij kont ende belijen dat wij die selve **XVII** schilsche gulden wael ende wettelich vercocht hebben den eirsaemen onsen sunderlinghen lieven medeportere Meester Henrick Bormans opten taeldach, ende met allen den recht dat wij totter selver jaergulden hebben, nae inhalt des vurs. brieffs hier nae volgende van worde te worde.

(*Suit la copie de l'acte d'octroi de* 1388, *reproduit sous le* n° 1).

In desen onderscheydende ende tonswert behaldende alle alsullige diensten van wapenen als die selve onse medeportere van Boueckholt aen ons gehalden syn tallen tijden sich noet gebuert nae tenuere des brieffs vurs., sonder hier bij sijn verlicht oft ons verlaet te werden in eynigher manieren.

Ende geloeven aentreffende die selve jairgulde den vurs. meester Henrick ende synen gherven den hee dat gonnende wordt totter betalinghen ter tijt des noet gebuert, ende wij daer van werden versoicht, getrouwe hulpen

---

(¹) Au lieu de *ons*, le registre aux Ordonnances donne la leçon *ende*, manifestement fautive.

ende bijstant te doene met allen behoerlichen weighen, ghelyck oft die jaergulde noch aen ons queme sonder eynich weygeren. Ende in desen verordent ende ondersproeck dat wij ende onse nakoemelinghen ten ewighen daeghen die selve vurs. XVII schilsche gulden met allen den recht dat wij se tot deser tijt toe gehadt hebben, quyten ende lossen ende tonswert weder trecken ende hebben moeghen, overmits den selven meester Henrick oft synen vurs. gherven daer voer talende ende leggende die somme van drijhondert ende XL rinsgulden oft die werde daer van in anderen gueden loeffelicken gelde.

Ende des orkonde der waerheit hebben wij, burgemeesters, raet ende ganse gemeynte vuerg. onsen groeten ziegel hier onder aen doen hanghen, inden jaer ons heren dusent vierhondert ende sessindtsesstich (¹), in septembri geheiten ivenemaendt des derden daichs.

Original perdu ; copie mal datée dans l'Ordonnantieboeck I, fol. 62, et dans le Rentboeck I, fol. 4, avec la date exacte.

III

Rachat et cession de la rente sur Bocholt

19 décembre 1524

Extract uytten rentbrieff noopende portgelt tusschen Bocholtz ende Hasselt

Allen den geenen die desen openen brieff sullen sien ofte hooren leesen; burgemeesteren, gesworen ende raede der stadt Hasselt, eresdom van Ludick, ende wij guberneerders, meesters, ende gemeyn ambachtsluyde der twelf ambachten der selver stadt, te weete smeede, beckers, brauwers, vleeshouwers, kremers, bontwereckers, lakenmakers, vollers, scheerders, vetters, schoenmakers ende stroydeckers, ende voorts die gantsche gemeynte, poortere ende ingesetene der voors. stadt Hasselt, groute in Godt almachtich met kennisse der waerheyt.

Doen condt ende kennelyck alsoo dat inden jaer ons Heeren een duysent vier hondert ses en vyeftich in septembri des derden daeghs, onse alders ende voorvaeders vanden twintich gulden, dry aude schilden voer vier gulden gereeckent, oft die valeur daer aff erfvelycker renten vanden poortgelde der gemeynten ende ondersaeten des goits dorp van Bouchout aen ons gehalden naer inhaldt der briefven, daervan den rectoer van sint Joris ende sint Sebastiaen elter inder hooger kereken van Hasselt staende, oovergewijst syen dry derselver gulden naer inhaldt der briefven daer op gemaekt, ende voorts 't ooverdeel beloopende seefventhyen guldens als voors. inder voors. stadt behoeft gebleven, in noodtsaken der voors. stadt vercoocht hebben meester Hendrick Bormans zaliger memorien, beheltelyck die stadt ten euwigen daegen haer quytinge etc., ende Frederyck van Ryckel, nu ter tijdt drossardt tot Peer, bij oorsaccken synre wettige huysvrouwen Geertruden Duefkens totter successien gecoemen, helder der briefven ende ontfanger der voors. renten is geweest, ende die ondersaeten van Bockout, hen der quytinge onderwendende, den voors. Fredericken die voors. renthe

---

(¹) Lisez 1456, comme nous l'avons prouvé précédemment.

afgequeten hadden, t'welck hen niet en behoorde, dan jaerlyx int erfvelyck te betaelen naer inhaldt heurs verscrivinge, ind ons alleen die quytinge behoorde aen Frederycken vuers, daer onse briefve stondt : wyr, niet willende onterft zijn, hebben hierom financie maeckende, penningen opbracht ende dyen van Bochout met recht zoo verre geport, dat zij hon uytgelachde penningen, aen (¹) Frederycken uytgelacht, van (¹) ons wederom ontfangen hadden, ende onse zegelen ind briefven sy van Frederijeken hadden, wederom in onse handen gelevert, int present notaris ende gethuygen daer van versocht syende ; ende want wij dan tot onsen behoefven ende noodsaeeken, nae dat op dese tydt bij ons gelegen is, geen naerder oft oirbelycker en weeten aen te gaen, zoo gestaen wij voorts, ende belieden die selve seefventhyen gulden wederom versatt ende wael ende wettelycken vercocht te hebben den eersaemen onsen sunderlingen lieven meportere Joris Kangieters inder tydt kerckmeester der hooger kercke van sint Quintens binnen Hasselt, om ende voor die somme van vyefhondert ende thyen rinsgulden.... deselve Joris dese rente ende jaergulde te hebben opden taeldaegh ende met allen den recht dat wij totter selve jaergulden hebben nae inhalt des brieffs ende verschrivinge derre van Bochout, van woorde te woorde naervolgende...

(*Suivent la copie de l'acte d'octroi de* 1388 *et les conditions du paiement de la rente et du rachat éventuel pour la somme versée par les rentiers actuels et après leur mort seulement, ainsi que des stipulations en faveur de la fabrique d'église de St-Quentin et de la ville de Hasselt.*)

In oirconde der waerheyt, ende om meerder vasticheyt ende in ghetuygenisse alle dingen, soo hebben die kerckmeesteren, geswooren ende raedt, der vuers. stadt Hasselt ziegel, ende wy, guberneerders, meesters ende gemeyn ambachtsluyden der twelf ambachten der selver stadt soo booven geruert staen, der ambachten zegelen bij der vuers. stadt ziegel met onser alre weeten, wille, gewulge en consent hier onder aengehangen, inden jaer der gebuerten ons Heeren Jesu Christi duysent vyffhondert ende vier en twintich, des negentyensten dach der maendt decembri.

(Original sur parchemin aux archives communales. Copies dans le *Rentboeck*, I, fol. 61 et dans le *Registre aux recès* de Bocholt, n° 16, fol. 211 (archives de l'Etat).

IV

Supplique de la commune de Bocholt
au prince-évêque Ferdinand de Bavière

10 novembre 1622

Serenissime Princeps.

Consules et magistratus oppidi vestri Hasselensis binis successive litteris officiatos ac totam communitatem dominii de Bocholtz monuerunt et evocarunt ut armis instructi bonis et sufficientibus, indilate ad dictum oppidum comparerent illud ipsum defensum, et conservatum, ac etiam excubias in

---

(¹) Le texte porte : « *van* Frederycken uytgelacht, *aen* ons wederom ontfangen... », ce qui est manifestement une erreur du copiste.

eodem acturi ; protestantes contra dictam communitatem, accusantesque ejusdem infidelitatem, et de habendo regressu ad cogendum, juxta privilegia, etc. (videantur adjunctae litterae). Istud hactenus fuit inauditum communitati, essetque onus insuetum et insolitum, trahens secum non solum incommoditatem et periculum, sed etiam totius communitatis, longo sex et amplius miliaribus a dicto oppido distantis, ruinam involveret, incolasque ejusdem ab aris et focis, uxore et liberis, hisce periculosis temporibus avocaret, eosdemque indefensos, et militum latronumque depredationibus et violentiis exponeret, et ex consequenti, totum dominium denudaret et destrueret.

Quod cum foret irrationabile, ac omnibus juribus etiam naturali equitati repugnans, pro parte officiatorum et totius dictae communitatis de Bocholtz humillime instatur, ut dictis consulibus hasselensibus mandetur, ut ab hujusmodi indebitis evocationibus verius inquictationibus desistant, iisdemque perpetuum silentium imponatur, vel saltem privilegia, si quae habeant, originalia, seu in authentica forma, exhibeant et reproducant, idque infra terminum limitandum, interimque cum praecepto de non attentando. Quod faciendo etc.

Signatum pro supplicantibus :

LOEFFVELT.

(Copie sur papier, aux archives communales).

V

Accord entre Hasselt et Bocholt

7 février 1624

Accordt te maecken met die gemeynte van Bouckholt

Ten selven dage ende vergaderinge der Ambachten, alsoe die gemeynte van Bouckholt wilde ontkennen sculdich te syn van met geweyr, geboden synde, hier te comen waken, hebbende duer Robeert Siegers copye onser brieven geeregen, die welcke sulcke servituyt nyet claerlyck en scenen mede brengen, die welcke die selve gemeynte verseeyden reysen geboden synde, met behoorlijck geweyr ende getal hebben onderhouden, ende om hine inde costen van processen te eviteren, hebben der stadt gepresenteert twelff hondert gulden eens, tot redemtie van sekere twintich rinsgulden jaerlyx, waer van die vier weirdich sijn drije alde seilden, ende om die voirs. servituyt geheel ontslagen te syn, des soude die selve gemeynte renuntieren ende affstaen van hunne porterscap deser stadt Hasselt ende van alle vryeheyt van accysen, uutvaert ende andersints gelijck sy ende ieder van hun als porters gehadt ende genoten hebben, hebben die voirs. Borgemeesters etc. den selven Ambachten, het voirs. hun voergehouden ende daer over geinformeert hebbende, gevraecht oft hun beliefde datmen inde voirs. saecke met die van Bouckholt soude vortvaren ende met hun accorderen, oft nyet. Waer op alle ende ieder besunder der twelff Ambachten voirs. hebben geantwordt : ja, ende dat hun sulcks wel lieff is.

(*Ordonnantieboek Hasselt*, II, fol. 82.)

Quelques notes sur la Virga Iesse de Hasselt

Une confrérie six fois séculaire, où se fit constamment inscrire l'élite des habitants de la ville de Hasselt, possédant une statue réputée miraculeuse, occupant une place d'honneur parmi les institutions de bienfaisance, mérite certes d'être connue et étudiée.

Telle est la confrérie de la Vierge de Hasselt dite *Confrérie de Virga Iesse*.

Au XVIIe siècle, elle eut son historien, le père franciscain Henri Jonghen. Son ouvrage sortit des presses de Bellerus à Anvers, en 1660. Il porte le titre : Marianum Hasletum sive historia perantiquae miraculosae Imaginis et Capellae necnon Fraternitatis insignis B. Mariae, apud Hasceletenses, collectore F. Henrico Jonghen, Ordinis FF. Minorum Provinciae Germaniae Inferioris, S. Theol. Lectore Jubilato, nunc in conventu Montis-Lucis Dioecesis Leodiensis. Ce volume, devenu une rareté bibliographique, retrace les origines de la confrérie, passe en revue les bienfaits répandus par elle à Hasselt, décrit ses solennités et les faveurs qu'elle a obtenues de l'autorité ecclésiastique, et signale quelques grâces insignes accordées aux fidèles honorant la statue miraculeuse (¹). Mais la critique historique n'était pas en 1660 ce qu'elle est aujourd'hui ; on pourra en juger par ce qui suit. L'auteur raconte sérieusement qu'à une époque très reculée, il existait, dans la forêt de coudriers à laquelle Hasselt doit son nom, une chapelle construite au pied d'une tour de guet imaginaire ; cette chapelle aurait abrité la statue actuelle (datant du XIVe siècle !) et grâce aux innombrables pèlerins qui venaient l'honorer, se seraient élevées « plusieurs et de riches habitations » noyau de la ville actuelle (!). Dans les archives, il n'a rien trouvé pour corroborer tout cela, ajoute-t-il ; c'est la tradition et elle suffit pour établir

---

(¹) L'année même de la publication du *Marianum* en parut un remaniement en flamand par le Père Vale. Ces deux ouvrages eurent leur histoire : tous les exemplaires durent être retirés par ordre du magistrat de Hasselt, à cause d'une phrase relative à la bruyère contestée par la Ville à la commune de Zonhoven. De l'édition flamande il n'existe plus que deux exemplaires : un chez les PP. Récollets, l'autre dans ma bibliothèque. On peut consulter à ce sujet un article romantique du Dr Bamps dans le *Bulletin des Mélophiles de Hasselt*, tome XXII, p. 23.

une certitude humaine, comme la tradition universelle de l'Église suffit pour établir la certitude divine (!). Il finit par raconter que d'après cette tradition et des documents (non produits), la renommée de la chapelle attirait des processions de France et de beaucoup plus loin, ce que confirment les visites des grands personnages... au XVIIe siècle.

On comprendra que l'œuvre d'un auteur qui se permet de telles fantaisies historiques est à reviser. Nous allons le faire pour quelques points spéciaux.

* * *

Les Origines. — Le plus ancien document faisant mention d'une association en l'honneur de la Vierge à Hasselt date de 1308. L'original en est perdu ; nous n'en connaissons qu'un extrait, inséré dans le Registre I de la confrérie ([1]). En 1308 donc, Ida Tant, béguine à Hasselt ([2]), lègue par testament à la « Gholda Sancte Marie de Hasselt » c'est-à-dire à l'association ([3]) de Sainte-Marie de Hasselt cinq sous tournois noirs et six deniers, dont la presque totalité est hypothéquée sur une pièce de terre située près des fossés de la ville, à condition que la dite Gholda continue à exister (hoc tamen modo si dicta Gholda felicem processum et stabilitatem perpetuam habuerit) ; sinon, ce que la testatrice n'espère pas, la somme léguée passera à la mense du St-Esprit.

Ce texte est important : il prouve qu'en 1308 l'association ou confrérie en était à ses débuts. Elle ne constituait alors qu'un noyau de personnes qui s'étaient placées sous la protection spéciale de la Vierge dans le but de s'occuper d'œuvres pies dont la nature est indiquée par le fait que le legs devrait retourner à la mense du St-Esprit, c'est-à-dire à subvenir aux besoins des pauvres. Ceci ressortira clairement de l'approbation donnée à la confrérie, qui lui vaut une érection canonique et en assurera l'existence.

([1]) Ce registre in-f° de 766 pages, véritable cartulaire, date du XVIIe siècle. Il commence par un *Compendium archiviorum* allant jusqu'à 1693 (pp. 1-26). Les pages 32 à 527 sont consacrées aux documents allant jusqu'à 1838, les confrères ayant continué le registre jusqu'à cette dernière date. En 1691, à cinq endroits, il a été authentiqué par les échevins de Hasselt ; l'attestation du 18 août est munie du sceau scabinal. Les pages 528 à 700 sont restées en blanc ; celles numérotées 701 à 766 sont consacrées à de nouveaux documents, des listes de fondations, des poésies de circonstance, des recès et une table.

([2]) Elle était probablement fille de Henri Tant cité comme échevin de la Ville en 1280 (Franquinet, *Oorkonden der Predikheeren Maastricht*), dont le testament de 1295 repose encore aux archives de la ville. Ce dernier a été publié dans le *Bulletin des Mélophiles de Hasselt* (tom. X, p. 64).

([3]) Le terme *Gholda, gulda, gholde* est déjà employé en 1171 pour désigner une congrégration ou confrérie « Fraternitas b. Marie que vulgo gulde vocatur ». En 1295, nous trouvons : « Gulda S. Eucharii ». (Piot, *Cart. de St-Trond*, I, 117 et 398).

Cette approbation date du 22 avril 1314, six ans après le testament d'Ida Tant. Le document original existe encore ; Jonghen l'a vu, mais en 1660 il avait souffert et l'auteur de *Marianum* ne le déchiffra pas entièrement. Nous avons réussi à combler plusieurs lacunes et le republions :

Adulfus, Dei gracia Leodiensis episcopus, universis Christi fidelibus nostre dioecesis salutem sempiternam. Ad honorem Dei genitricis virginis Marie omnibus vere penitentibus et confessis qui ad fraternitatem gloriose virginis Marie de novo assumptam in Hasselt nostre dioecesis, de consensu venerabilis investiti prout ab eo accepimus, ob peccatorum suorum remissionem pias eleemosynas et grata caritatis subsidia contulerint et transmiserint pro sustentatione pauperum in dicto loco degentium et (per manus ?) provisorum (atque ?) venerabilis investitique loci inter dictos pauperes et pro cujusvis indigentia convertenda, singulis eorum... de omnipotentis Dei misericordia, dicte Dei genitricis Marie, Petri et Pauli apostolorum ac beati Lamberti martiris et omnium sanctorum meritis et intercessionibus... quadraginta dies indulgentie nostra auctoritate ordinaria indulgemus et relaxamus, eandem fraternitatem quantum in nobis est et possumus eadem auctoritate nostra approbantes et etiam confirmantes, jure tamen parochiali in omnibus et per omnia semper salvo. Datum anno domini m°ccc°xiiij°, feria secunda post dominicam *Misericordia*.

De ce document résulte clairement que la confrérie avait été érigée du consentement du curé ; qu'elle se proposait un but charitable : distribuer des aumônes aux pauvres de la paroisse, sous le contrôle des proviseurs et du curé ; et que, de fait, elle est érigée nouvellement et canoniquement en 1314.

L'historien de 1660 transcrivant cet acte souligne les mots *de novo assumptam* : y attachait-il une signification particulière ? Il faut le croire, car si, à la page 2 de son ouvrage, il accepte la légendaire existence d'une chapelle et des pèlerinages « d'un temps très reculé », et aux pages 36 et 37, l'existence de la statue trouvée là par les Franciscains, il fallait bien avoir l'air de faire dire à l'évêque Adolphe de La Marck que la confrérie n'en était pas à sa première approbation, mais que l'acte de 1314 ne constituait qu'un renouvellement. Un traducteur de 1867 identifie également les mots *de novo* avec l'expression flamande *opnieuw* pour faire croire à une ré-érection. Or *de novo* dans tous les documents de l'époque signifie *nouvellement*, en flamand *onlangs* [1].

---

[1] Citons p. e. un acte de 1365 des archives de Virga Iesse : « *Capella de Hasselt de novo constructa* » désignant la chapelle de la Vierge nouvellement érigée ; de même un autre des mêmes archives de 1367 : « *Altare de novo fundandum* » l'autel nouvellement à ériger.

La confrérie proprement dite date donc de 1314 et se trouve sous la direction du curé de la paroisse qui, conjointement avec certains « proviseurs », règle les charités à faire. De quoi il faut inférer aussi que, si les confrères tenaient des réunions régulières, ils le faisaient à l'église paroissiale comme cela se pratiquait ailleurs, notamment à Léau.

De 1314 à 1334, nous ne connaissons rien de la confrérie en dehors de quelques libéralités faites pour entretenir ses œuvres de charité, mais elles prouvent que petit à petit elle accomplissait, selon l'expression du testament d'Ida Tant, son *felicem processum et stabilitatem*.

La Chapelle. — En l'année 1334 se passe un événement de la plus haute importance pour la confrérie de la Vierge : la fondation d'une chapelle pour abriter l'association et ses œuvres. Le fondateur fut un prêtre hasseltois, Renier Bantsoyn ([1]). L'acte original de fondation repose aux archives de la confrérie ([2]). En voici l'analyse :

Renier Bantsoyn, mû par son zèle pour la religion, du consentement de l'évêque Adolphe de la Marck, de l'archidiacre Percheval de Careto, d'Agnès de Guygoven abbesse de Herckenrode ([3]), de Jean, curé de Hasselt, et du comte Louis de Looz, fonde et dote de ses biens propres et sur un fonds lui appartenant, en l'honneur de la Vierge, de la Ste-Croix et de plusieurs Saints, une chapelle avec bénéfice perpétuel. Le patronat du bénéfice, et des autres qui pourraient être fondés dans la chapelle, appartiendra au curé de la paroisse qui désignera, sur la présentation du comte et de ses successeurs, les personnes aptes à nommer par l'évêque. Le premier bénéficier sera Renier, le fondateur. La chapelle aura son propre cimetière où pourront être ensevelies les personnes qui y éliront leur sépulture. Le recteur du bénéfice et ceux des bénéfices qui seront éventuellement fondés dans la chapelle pourront y célébrer les offices divins et ensevelir les morts, sauf le droit du curé. Aux quatre grandes fêtes de l'année et les jours où le curé aura à célébrer des mariages ou à procéder à des enterrements, on ne pourra, dans la chapelle, après la messe matutinale, célébrer une autre messe si ce n'est après la messe dite par le curé à l'église paroissiale lors de ces mariages ou de ces enterrements, excepté le jour de la dédicace de la chapelle et les fêtes de la Vierge et des autres Saints

---

([1]) On trouve le nom orthographié Bandson, Baintsoen, Baintsoyn. En 1307 un Renier Bandson, qui pourrait être le père du fondateur, possède une maison à Hasselt « juxta forum ».

([2]) Il fut édité par van Neuss (*Bull. des Mélophiles*, t. XXXV, p. 200) d'après une mauvaise copie. Jonghen en donne deux extraits : le commencement et la fin, et un résumé insignifiant.

([3]) Depuis 1218, l'abbaye était grande décimatrice de Hasselt.

en l'honneur desquels la chapelle est fondée, jours où l'on pourra y célébrer les offices divins et autres en l'honneur de la Vierge. Quant aux offrandes faites à l'autel principal ou aux autres autels qui seront éventuellement fondés dans la chapelle, elles iront dans leur entièreté au bénéficier de chaque autel. Des autres offrandes, la fabrique de la chapelle aura deux parts, le recteur la troisième. En compensation de ces offrandes faites au profit du recteur, celui-ci payera au curé tous les ans, le jour de la dédicace de la chapelle, trente gros tournois anciens ou la valeur équivalente. Le recteur de la chapelle et ceux qu'il aura désignés comme membres de la fabrique pourront réédifier, amplifier et diminuer la chapelle et le cimetière, nonobstant contradiction ou opposition du curé. L'évêque confirme la fondation et y append son sceau ; l'archidiacre, l'abbesse, le curé et le comte approuvent l'acte et scellent avec l'évêque. L'acte est daté : Anno a nativitate domini millesimo trecentesimo trigesimo quarto in festo beati Petri ad vincula, videlicet prima die mensis augusti.

Des sceaux, le seul conservé est celui de l'abbesse. Il la représente debout tenant de la main droite la crosse, de la gauche un livre ; dans le champ, à droite une fleur de lys, à gauche une rose. Légende :

.IGILLV - ABBATIS.. - DE - HER...RO...

Nous n'avons trouvé aucun détail sur les travaux de construction de la chapelle, qui, à part quelques restaurations au XVIIe siècle, a existé jusqu'en 1727. En 1343 l'archidiacre Jean de Nuceriis, ratifiant pour autant que besoin la fondation de Bantsoyn, insinue que la chapelle est en bonne voie de construction. Seulement les ressources pour l'achèvement définitif semblent avoir fait défaut ; il existe un document intéressant de 1345 où le curé de Hasselt, les chapelains et les recteurs de l'église de St-Quentin, l'écoutête et les échevins de la ville déclarent que « la chapelle nouvellement construite ne possède pas suffisamment de ressources si les fidèles ne la soutiennent et ne l'aident à pourvoir à ses œuvres de charité ». Ils envoient un quêteur muni de cette attestation pour recueillir des aumônes [1].

Quel aspect présentait l'antique chapelle ? Il existe un drapelet de pèlerinage de la Vierge de Hasselt, gravé par l'orfèvre Sigers vers 1666. L'avers donne une vue de Hasselt ; la chapelle y est figurée avec une tour carrée surmontée d'une haute flèche, et pour autant qu'on puisse en juger par le fragment de la chapelle même y figuré, celle-ci devait être assez large pour être divisée en trois nefs sous un toit unique.

---

[1] Le même fait se présente pour la chapelle des Clercs à Liége. Ici c'est l'évêque Englebert de la Marck qui, en 1361, autorise des collectes.

Le revers du drapelet confirme cette dernière opinion, car il présente une vue intérieure où l'on aperçoit des colonnes munies de chapiteaux à feuillage. Les fenêtres sont divisées en deux compartiments par un montant central s'évasant en deux arcs et surmonté d'un compartiment muni d'un trilobe. L'autel de la Vierge figuré sur ce revers n'a pas de tabernacle, mais abrite la statue miraculeuse sous un dais soutenu par des colonnes. L'absence de tabernacle indique un autel latéral, ce qui est conforme aux prescriptions liturgiques. D'ailleurs l'existence d'un maître-autel, d'autels latéraux et de colonnes est confirmée par le document de visite de la chapelle du 1er octobre 1726, mentionnant le maître-autel, un « second autel érigé contre la colonne du collatéral pour la statue miraculeuse de la Vierge » et d'un « troisième autel dans le collatéral du côté de l'épitre » ([1]).

L'antique chapelle fut démolie, après que, le 22 janvier 1727, une partie de la haute maçonnerie de la tour se fut détachée et, étant tombée à travers le toit, eut menacé de percer la voûte de la nef. On y célébra pour la dernière fois les offices de la confrérie le 2 février suivant, et la statue miraculeuse fut transportée dans l'église des Augustins. Le 2 juillet suivant eut lieu la pose de la première pierre de la nouvelle chapelle ; les travaux de maçonnerie étaient achevés le 23 octobre 1728. Cette date est inscrite au haut de la tour. Les années 1729 à 1731 furent consacrées à la construction des charpentes, au pavement en dallages et à l'achèvement du toit ; on plaça enfin les vitraux incolores existant encore, et dont un seul fut orné des armoiries du sieur Van Beeck de Breda qui avait fait don de six grandes caisses de vitrage.

La consécration du nouveau temple de la Vierge et des trois autels eut lieu le 8 septembre 1731 ; ce fut le suffragant J.-B. Gillis qui procéda à la solennité. Après la cérémonie, la statue miraculeuse fut réintégrée sur l'autel latéral.

La Capella Clericorum. — Le registre de la confrérie porte le titre : *Registrum insignis et perantiquae confraternitatis Marianae oppidi Hasselensis in capella Clericorum ;* et divers intitulés emploient les expressions: Capella vulgo Clericorum de Hasselt nuncupata — Onse Lieve Vrouwe genaemt Clercken Capelle (Notre-Dame appelée Chapelle des Clercs). Il faut chercher l'origine de cette dénomination dans les statuts donnés à la confrérie le 12 juillet 1348 par Engelbert de la Marck, qui l'assimile en quelque sorte à des institutions existant ailleurs au pays de Liége.

([1]) Ma collection.

Une charte donnée à la ville de Tirlemont en 1291 mentionne déjà les *clerici uxorati*. Ils chantaient l'office de la Vierge à toutes ses fêtes et tous les vendredis de l'année. C'est la *Fraternitas Clericorum* qui érige la chapelle, actuellement église de Notre-Dame. A Léau, la *humilis Clericorum fraternitas* existe depuis 1290 et dès 1297 elle possède une chapelle propre. A Bois-le-Duc, dès 1317, existe l'*illustre confrérie de Notre-Dame* composée de Clerici et de Scolares, et les membres sont tenus à des offices déterminés. A Liége nous trouvons la chapelle des Clercs ; on a voulu y voir la chapelle érigée en vertu de la Paix des Douze ; en réalité c'est la chapelle de la confrérie de la Vierge érigée peu avant 1336 et approuvée cette année-là par Adolphe de la Marck. Dans un document épiscopal, elle porte le titre de *Capella confraternitatis Clericorum*, et les clercs étaient également tenus à réciter à certains jours l'office de la Vierge.

Ces institutions ont sans doute donné l'idée de la *Capella Clericorum* à Hasselt. Le but premier de la Confrérie de Hasselt avait été d'honorer la Vierge par des œuvres de charité ; les confrères étaient des ecclésiastiques et des laïcs, *clerici et laïci* ; d'après les statuts de 1348, comme dans les confréries nommées ci-dessus, ils auront également à vaquer au chant de l'office de la Vierge, et seront organisés en une véritable association de clercs de Notre-Dame. « gebruederen gemeynlik Clercken ende leken » comme les appelle un document de 1483. En même temps, les statuts de 1348 règlent l'administration définitive de la confrérie telle qu'elle a existé jusqu'à la Révolution française.

Voici une analyse de ce document intéressant sur lequel Jonghen n'a pas suffisamment insisté :

Les vendredis de chaque semaine, les confrères seront tenus de chanter les vêpres de l'office de la Vierge, sous peine d'un denier liégeois ; tous les samedis, ils assisteront à la messe chantée en l'honneur de la Vierge, ainsi qu'aux vêpres et aux messes à ses jours de fête. Chaque année, le dimanche après la Saint-Jean-Baptiste, ils chanteront les vigiles et la messe des morts sous peine de deux deniers liégeois pour chaque obligation non remplie. A la mort d'un confrère, chaque confrère prêtre dira une trentaine, chaque confrère clerc les Psaumes de la Pénitence, chaque confrère laïc l'office de la Vierge. A la mort d'un confrère prêtre, les autres prêtres porteront le cercueil; à la mort d'un autre, les confrères non-prêtres seront tenus de même. A son décès, chaque confrère léguera à la Confrérie au moins cinq sous liégeois. Le premier lundi de chaque mois, les confrères chanteront une messe spéciale pour les défunts de la Confrérie ; les manquants paieront un denier liégeois d'amende.

Quant à l'administration et à la direction, tous les ans deux confrères désigneront le doyen, deux procuratores et quatre conseillers chargés de régir la Confrérie. Les procuratores sont préposés aux biens, aux amendes et aux convocations. A sa réception, chaque confrère paiera un droit d'entrée de dix sous liégeois. Les prêtres seront reçus par le doyen, les procuratores et les conseillers ; les autres confrères par le doyen ou un des procuratores assistés de deux confrères. Le nouveau confrère jurera d'observer les statuts et ordonnances de la confrérie et de travailler à sa prospérité. Le confrère qui n'observerait notoirement pas son serment sera d'abord averti trois fois, à distance d'un jour entre chaque avertissement. S'il ne s'amende pas devant les confrères il sera exclu. Les confrères se réuniront chaque année un jour de l'octave de St-Jean-Baptiste. Dans cette réunion on établira les comptes et le doyen et les dignitaires résigneront leur office et remettront les clefs. Après quoi, deux confrères désignés par le doyen et les deux procuratores sortants éliront le doyen, deux procuratores et quatre conseillers pour l'année qui commence. A la mort d'un des sept dignitaires, les deux confrères désigneront son remplaçant, ainsi qu'au cas où l'un des sept serait exclu pour cause d'indignité. En cas de discorde les sept établiront la paix et leur décision devra être acceptée par tous. Les confrères qui ne répondront pas à une convocation paieront un denier liégeois d'amende. Le recteur de la chapelle jurera de remplir scrupuleusement son office. S'il arrivait qu'un confrère fût réduit à la misère, la Confrérie lui viendra en aide, afin que, pour l'honneur de la Confrérie, il ne soit pas obligé de mendier. L'argent des amendes sera converti au bien de la Confrérie.

Ces statuts si intéressants furent confirmés par Erard de la Marck le 24 avril 1527.

Dans plusieurs confréries établies dans les *Capellae Clericorum*, les membres portaient un costume spécial rappelant le costume ecclésiastique. A Hasselt, nous trouvons seulement que les confrères usaient du rochet. Ainsi en 1558, un recès porte que celui qui arrive aux offices sans rochet perdra sa présence; en 1637, il est stipulé que le confrère qui n'assistera pas en rochet à la procession sera puni d'une amende d'un patacon ; s'il récidive, deux patacons; s'il récidive une troisième fois, il sera exclu ; l'en 1648, cette amende est portée à un demi-ryxdaler ; en 1682, à un ryxdaler. Un tableau votif existant à l'église Notre-Dame représente les confrères agenouillés au pied de la Vierge. Tous portent un rochet riche et tiennent à la main la verge rouge. Les prêtres ont le bonnet carré ; les laïcs ont la tête couverte d'une grande perruque.

La statue miraculeuse. — Celui qui visite l'église actuelle de Notre-Dame à Hasselt aperçoit la Vierge Virga Iesse sous la forme d'un triangle d'étoffe d'où émergent la tête de la Vierge et celle de l'Enfant Jésus, ainsi que la main droite de la première et la main gauche du second. C'est ainsi qu'elle est figurée sur sa plus ancienne représentation, la gravure du Marianum de 1660 dessinée par Fruytiers et gravée par Bouttats. Cet affublement semble dater du commencement du XVIIe siècle, l'époque malheureuse où l'on se mit à habiller (?) nos antiques Madones, et, pour les habiller, à les mutiler ignominieusement. On ne saurait assez regretter ce vandalisme.

A Hasselt, l'affublement cache une superbe œuvre d'art taillée dans un bloc de chêne d'un mètre de haut. La statue de la Vierge est d'une allure superbe : la Mère de Dieu porte son Enfant sur le bras gauche. Ce qui frappe en elle, c'est la pose si naturelle et si noble avec un tour de hanche sans exagération, l'attitude de modeste majesté. Les plis des vêtements sont sobres et bien étudiés, l'inclinaison de la tête dénote un sentiment exquis : c'est une mère qui porte son enfant avec aisance et le regarde d'un air de bonheur respectueux. La tête est ornée d'une couronne fleuronnée, taillée dans la masse du bois. Vraiment la belle œuvre peut soutenir la comparaison avec toutes celles que nous connaissons de cette époque. Elle a conservé sa polychromie originale, sobre mais pourtant assez riche et digne de la statuaire. La robe de la Vierge est d'un bleu exquis ; elle est retenue par une mince ceinture de bleu pâle. Sur la robe est ajusté un manteau simple d'un jaune doré, avec doublure rouge ; il est orné d'un semis de disques d'or encadrés de noir. La tête est couverte d'un voile blanc qui descend sur les épaules, entoure la gorge et les couvre modestement. Les cheveux sont dorés. Sur le voile est posée une couronne d'or composée d'un bandeau et de fleurons en trèfles ; le bandeau est garni de verroteries. La chaussure est d'un rouge vif avec glacis d'or. L'Enfant Jésus a été outrageusement maltraité par les vandales pour y appliquer ce qu'on appelle une robe ; mais on distingue parfaitement encore que la robe sculptée était polychromée de deux couleurs différentes comme celle des petits pages du moyen âge : elle est mi-parti or et brun, avec un semis de petites quatrefeuilles bleues bordées d'argent. La chevelure est crépue et dorée. Les bras, à voir les attaches et le mouvement, étaient étendus ; la main droite faisait probablement le geste de bénir, la gauche portait un objet quelconque. L'expression de la figure mérite d'être signalée : elle est celle d'un enfant sérieux.

Il est très facile, d'après ces données, de reconstituer la statue primitive.

Quant à l'époque à laquelle elle remonte, il n'y a pas à hésiter : elle porte tous les caractères des Vierges du XIVᵉ siècle, et on ne risque pas de se tromper en disant que l'on peut la dater entre l'érection de la confrérie en 1314 et la construction de la première chapelle en 1334.

La Vierge miraculeuse est honorée sous le vocable *Virga Iesse*. Quelle est l'origine de cette dénomination ? Sous la gravure de Fruytiers est inscrite l'invocation : *Virga Iesse ora pro nobis*, et le Marianum nous apprend que déjà en 1660 les confrères assistant à la procession de la Vierge portaient à la main une verge rouge et chantaient la strophe : *Virga Iesse floruit*, etc. Cependant dans les documents et dans le registre de la confrérie, le nom de Virga Iesse n'apparaît nulle part.

L'Abbé Polyd. Daniëls.

Quatre actes relatifs à Montenaken (1476)

La bibliothèque Bodleyenne à Oxford possède quatre actes originaux sur parchemin concernant la vente d'une pièce de terre sise à Montenaken au profit de l'église paroissiale et d'une chapelle de la Vierge dans la même localité (¹).

Cette vente eut lieu en 1476, c'est-à-dire onze ans après le sac et l'incendie de l'église par les troupes bourguignonnes, faits rappelés par le premier de ces documents (7 mai 1476), dans les termes suivants : *post devastacionem et combustionem ecclesie... ville de Montenaken jamdudum in guerris civitatis et patriarum leodiensium et comitatus Lossensis illorumque adherentium proch dolor novissime habitis combuste et igne concremate* (²). Afin de contribuer à la réparation de ce désastre, une habitante de la localité, Marie Sweers, légua un bonnier de terre, dont le produit de la vente devait être affecté à la restauration de l'église et en même temps à l'édification d'une nouvelle chapelle de la Vierge (*nova capella beate et gloriose Virginis Marie*) (³).

Voici de quelle manière il fut procédé à l'exécution de ce legs :

1. *1476, 7 mai.* — L'archidiacre de Hesbaye informe les prêtres, clercs et notaires de son ressort que Libert Johannis, curé et mambour de l'église de Montenaken, et Libert Laduyns, mambour de cette même église, ainsi que Nicolas Motten et Walter Snyders, mambours de la

---

(¹) Ces pièces proviennent de W.-D. Macray et ne portaient pas encore de cote au moment où j'en ai reçu communication.

(²) La chronique d'Adrien d'Oudenbosch (éd. C. de Borman, p. 126) mentionne que la bataille de Montenaken (20 octobre 1465) fut précédée de l'incendie des villages avoisinants (*combustis villagiis circumquaque*) et suivie le lendemain, de celui du village et de l'église de Montenaken (*in crastino combusserunt villam cum ecclesia, et omnibus pertinentiis suis*). — Theodoricus Pauli (*Historia de cladibus Leodiensium*, publiée dans les *Documents relatifs aux troubles du pays de Liége*, éd. de Ram, p. 193, ajoute quelques détails : *praefati capitanei* (ducis Burgundiac) *redeuntes munitam ecclesiam de Montenaken, exportato humillime et reverenter corpore Christi cum reliquiis sanctorum cum omnibus in ea existentibus, conflagraverunt et ecclesiam funditus destruxerunt*. — Jean de Haynin (*Mémoires*, éd. D. Brouwers, pp. 120 et 124) confirme ces données. Ce fut le jour après la bataille que les Bourguignons pillèrent le village et y « boutèrent le feu », et que la « ville », comme il dit, fut « toute arse et destruite, et eglise et tout ».

(³) Cette chapelle, mentionnée dans un pouillé du XVIIIᵉ siècle sous le nom de *Capella nova Mariae*, a été rebâtie en 1856 (Brassinne, *Analecta Leodiensia*, Liége, 1907, p. 58, n.1).

nouvelle chapelle de la Vierge, lui ont fait connaître le legs dont ces deux sanctuaires sont appelés à bénéficier. Ce legs fait par feu Marie Sweers, habitante de la localité, consiste dans le produit d'un bonnier de terre arable sis dans le district de Montenaken ou environ, près des terres du sire Guillaume de Xhendremael (*Xhindelmale*), chevalier de la seigneurie de Viernay (*Vineret*) et châtelain ou *borchgreve* de la dite localité, d'une part, et des biens de Libert Ladayns, d'autre part. L'archidiacre prescrit aux destinataires de faire la proclamation de la vente de cette terre trois dimanches de suite, lors de la grand'messe, et annonce que la vente aura lieu le vendredi qui suivra la dernière proclamation, et ce à l'heure de prime. L'acte, rédigé en latin comme les deux suivants, est signé *pro domino vicario Ch. Spirine* ([1]).

2. *1476, 9 juin*. — Le curé de Montenaken fait savoir à l'archidiacre de Hesbaye que les trois proclamations prescrites en vue de la vente en question ont été faites et que le 14 juin (vendredi après la Fête-Dieu) a été fixé pour entendre ceux qui auraient à objecter au sujet de l'objet des dites proclamations.

Le clerc Ch. Spirine, au nom du juge, inscrivit le 14 juin suivant sur le dos de cet acte qu'il serait procédé à l'exécution de ce rescrit le vendredi après la Saint-Jean, c'est-à-dire le 28 juin.

3. *1476, 28 juin*. — L'archidiacre de Hesbaye déclare que, après l'accomplissement des formalités requises, la vente du bonnier de terre spécifié dans les lettres proclamatoires annexées au présent acte, a eu lieu ce jour même au profit de Mathias dit Mathys, habitant de Montenaken, qui acquittera, outre le cens foncier et les frais des lettres proclamatoires, la somme de 28 florins du Rhin, de la valeur de 20 sous (*stuivers*) de Flandre. L'archidiacre charge le mayeur et les échevins de la justice séculière de Montenaken et les autres juges dont ressort la terre en question, d'en investir le dit Mathias conformément aux lois, usages et coutumes.

L'acte est signé deux fois par le même clerc Ch. Spirine : d'abord au nom du vicaire épiscopal, puis au nom du juge. Le sceau de la cour archidiaconale qui y était appendu, a disparu ([2]).

([1]) L'acte du 7 mai 1476 mentionne en outre sur le dos : *Wint Mr Jan De Klerck*, note identique à celle qui se trouve sur le dos du dernier acte et qui semble avoir été ajoutée au XVIe siècle. — De plus, le premier acte porte sur le dos l'indication suivante : *Pollant Anthenis synd(ic)us monasterii op Steynart Trudonensis*.

([2]) Une inscription placée en 1527 sur le dos de cet acte par une sœur du couvent du Steynart à Saint-Trond nous apprend que le bonnier dont il s'agit et qui provenait de *Thys Mathys* (voir note 4 de la page suivante) était affermé à cette époque à un certain Henri Baten.

4. *1476, 17 juillet.* — Le mayeur et les échevins du Ban et de la Haute Justice de Montenaken déclarent que Cloes Wilmotten (¹) de Montenaken et Wouter Snyers, mambours de la chapelle de Notre-Dame (*monboren Onser Vrouwen in die Capelle*), d'une part, Librecht Jannes(²), curé de la paroisse de Montenaken et mambour de Saint-Martin, d'autre part, ont comparu devant eux ainsi que Mathys Boesman (³). Les trois premiers comparants attestent avoir vendu à celui-ci un bonnier de terre sis entre le bois de Jan Domens Lombaert de Tirlemont, d'un côté, le bien de Coenraet Berwouts, d'un autre côté, et celui du dit Mathys Boesman du troisième côté, bonnier qui avait été légué par feue Marie Sweers à Notre-Dame et à Saint-Martin en vue de le vendre et d'affecter le produit de la vente à la construction de la chapelle et de l'église susdites. Les mambours de celles-ci transportent le bien entre les mains du mayeur en faveur dudit Mathys Boesman, qui en est investi (⁴).

Cet acte est rédigé en flamand. Le sceau, en cire verte, des mayeur et échevins de Montenaken y est encore appendu, à peine endommagé.

Sur le dos, on lit entre autres : *Wint Jan De Klerck in XX* (=1520 ?).

On aura remarqué que le bonnier de terre vendu à Mathys Boesman n'est pas situé de la même manière dans le dernier acte que dans le premier. Y a-t-il eu substitution dans l'intervalle ? Il se pourrait que Libert Laduyns, qui, d'après le premier acte, possédait une terre voisine de celle qu'il s'agissait de vendre, ait profité de l'occasion pour procéder à un échange. En tout cas, il ne figure pas parmi les comparants qui se présentèrent le 17 juillet devant les mayeur et échevins de Montenaken (⁵). Il se pourrait aussi qu'un acte mentionne les propriétaires fonciers, et que l'autre fournisse les noms des tenanciers.

H. Vander Linden.

(¹) Cloes Wilmotten figure dans le premier et le troisième acte sous le nom de Nicolaus Motten.
(²) Les actes précédents, rédigés en latin, portent Johannis.
(³) Les actes précédents portent Mathias Mathys et le présent acte le nomme dans la suite Mathys Boesmans.
(⁴) Ce dernier acte (17 juillet) est résumé, mais d'une manière défectueuse, dans le *Manuel regisler der Zusteren op Steynart* (Saint-Trond), dont on trouvera un extrait dans A. Kempeneers, *De oude vrijheid Montenaken*, t.I, pp.316-317. Ce registre ajoute que Mathys Mathys légua (6 janvier 1486) le bien en question, ainsi que plusieurs autres au couvent des sœurs du Steynart à Saint-Trond au profit de sa fille Gertrude, religieuse au dit couvent.
(⁵) Il se trouve encore mentionné parmi les tenanciers (*laten*) de la cour censale de Roest sous Montenaken, en 1496, sous le nom de Libr. Ladduns et à côté de Mattys Boesmans et de Claes Wilmotten. (A. Kempeneers, *De oude vrijheid Montenaken*, t. II, p. 148).

L'Enseignement à la Faculté de droit canonique de Louvain au début de son existence

La faculté de droit canonique fut érigée à Louvain par la bulle de fondation de l'université, du 9 décembre 1425. Elle y occupa la première place, jusqu'à l'établissement de la faculté de théologie, en 1432, et c'est à ce titre qu'un professeur de droit canonique, Nicolas de Prum ou de Winringen, prononça le discours d'inauguration de l'université, le 7 septembre 1426 [1]. Nous voudrions exposer, en peu de mots, quelles furent, au début de son existence, les méthodes d'enseignement de la faculté et les conditions d'admission aux grades académiques.

I. — Les Méthodes d'enseignement.

I. Le commencement du XVe siècle ne fut pas une époque de splendeur pour l'enseignement du droit canonique. Cela tenait, d'abord à l'affaiblissement général des études théologiques et juridiques au XIVe siècle ; ensuite aux circonstances extérieures défavorables : le schisme d'Occident (1378-1417), les querelles suscitées par le concile de Bâle (1433-1449) ; enfin aussi, à l'absence de toute œuvre législative nouvelle, que cependant les circonstances auraient exigée impérieusement et que ne purent pas réaliser les conciles réformateurs du XVe siècle. Les anciennes collections canoniques : le Décret de Gratien, les Décrétales de Grégoire IX, le Sexte et les Clémentines formaient l'objet de l'enseignement canonique à Louvain, comme d'ailleurs dans toutes les autres universités [2].

Le haut moyen âge avait vu une efflorescence remarquable de collec-

---

[1] Voir E. Reusens, *Documents relatifs à l'histoire de l'université de Louvain*, I, p. 5 et 73. Louvain, 1893-1902.
[2] Nous ne parlons pas des deux dernières collections du *Corpus Juri canonici*, les *Extravagantes* de Jean XXII, collection de vingt constitutions de ce pape, appelée de ce nom parce qu'elle est postérieure (*vagans extra*) aux collections officielles du droit canonique, et les *Extravagantes communes*, comprenant soixante-dix constitutions de divers papes, jusqu'au pontificat de Sixte IV (1471-1484), que l'on copiait communément dans les manuscrits des Décrétales. Ces collections ne furent disposées dans la forme où nous les possédons aujourd'hui qu'en 1500, par un canoniste français, Jean Chappuis, et ne faisaient pas l'objet d'un enseignement spécial.

tions canoniques, parmi lesquelles le *Décret de Gratien*, composé vers 1140, avait marqué une étape décisive. L'œuvre du moine Bolonais, le fondateur de la science canonique, avait fait oublier toutes les collections antérieures. Bien qu'il n'eût jamais reçu aucune consécration officielle de l'autorité ecclésiastique, dans toutes les universités, le Décret fit l'objet de l'enseignement, et cela même à une époque où il ne représentait plus qu'un droit qui avait cessé d'être en vigueur. Il représentait, il est vrai, la tradition, la coutume ancienne et aurait pu offrir de grandes ressources pour l'étude de l'histoire du droit canonique, si on avait songé à l'utiliser à cet effet. Mais ce point de vue était complètement négligé, dans un enseignement qui dura longtemps encore pendant l'époque moderne.

Toutes les compilations postérieures à Gratien, qu'elles aient été faites par des particuliers ou par les souverains pontifes eux-mêmes, furent abrogées et oubliées, lorsque, en 1234, le pape Grégoire IX donna force de loi à la collection élaborée par saint Raymond de Pennafort et connue sous le nom de *Décrétales de Grégoire IX*. Celles-ci furent complétées en 1298, par Boniface VIII, qui publia le *Sexte* ou *Sixième livre des Décrétales*, et, en 1317, par Jean XXII, qui promulgua l'œuvre canonique de son prédécesseur Clément V, connue sous le nom de *Clémentines* ([1]). Ces trois collections formaient le code officiel de la législation canonique, et les deux dernières étaient encore régulièrement désignées comme étant le droit nouveau, *Jura nova*, à une époque où elles étaient déjà vieilles de plus d'un siècle ([2]).

II. Les universités du moyen âge avaient un caractère beaucoup plus international que de nos jours. Maîtres et étudiants allaient facilement et fréquemment de l'une à l'autre : les grades, régulièrement conquis dans un *studium generale privilegiatum*, étaient, le plus souvent, reconnus par les autres et le licencié pouvait user partout de la *licentia docendi*. La ville de Louvain, qui nommait les professeurs, avait fait les efforts les plus louables pour réunir, de partout, un corps professoral de premier ordre. Elle avait, jusque deux fois, fait des tentatives demeurées vaines auprès de Nicolas de Cusa, le futur cardinal et le grand réformateur de l'Allemagne, qui était docteur en droit canonique de Padoue. Des trois premiers professeurs nommés en 1426, le premier,

---

([1]) Voir F. LAURIN, *Introductio in Corpus Juris canonici*. Fribourg en Brisgau, 1889.
([2]) Telle est la dénomination que leur donnent les *Statuta collegii utriusque Juris studii Lovaniensis* de 1431, *De licentiandis*, n° 4, dans MOLANUS, *Historiae Lovaniensium libri XIV*, éd. P. F. X. DE RAM, Appendix, *Codex veterum statutorum Academiae Lovaniensis*, II, p. 1059. Bruxelles, 1861.

Nicolas de Prum ou de Winringen (1426-1432) était docteur de Cologne, le second, Henri de Mera ou van der Meeren (1426-1437), avait étudié à Cologne, mais principalement à Bologne; le troisième, Raoul de Beeringen (1426-1429 ; 1440-1459), avait pris le grade de licencié en droit canonique à Heidelberg. Jean de Platea ou de Lyra, qui fut nommé trois ans plus tard (1428-1432), avait étudié à Cologne. Parmi leurs successeurs, Arnold Reysenalde (1430-1434 ; 1437-1440) avait été étudiant à Bologne, à Cologne, à Heidelberg et à Louvain ; Jean Amours, religieux bénédictin de Vlierbeek (1432-1435), était ancien élève de Louvain ; Louis de Garsiis (1435-1438) était docteur de Bologne ; Jean Snavel (1435-1440), après avoir fréquenté l'université d'Erfurt, avait été promu licencié en droit canonique à Pavie ; enfin Guillaume Bont ou Custodis (1438-1454), utriusque juris doctor, l'auteur du *Quodlibetum de usuris*, présenté à la faculté des arts en 1451, était maître ès arts de Paris ([1]).

De toutes ces universités, celle de Cologne avait eu la plus grande influence sur la faculté naissante de Louvain. D'ailleurs, l'internationalisation dans l'enseignement canonique, au lieu de favoriser le progrès des études par l'influence d'éléments étrangers venus de toute part, avait amené, dans les méthodes, une grande uniformité et de la routine.

III. Au témoignage de Valère André ([2]), l'enseignement canonique à Louvain, après les tâtonnements inévitables du début, était réparti entre trois professeurs ordinaires et deux professeurs extraordinaires. Il était complété par les leçons des bacheliers, par des exercices de discussions (*disputationes*) et des répétitions (*repetitiones*).

Des professeurs ordinaires, le *primarius canonum* enseignait, tous les matins pendant deux heures, de sept à neuf, les Décrétales de Grégoire IX; l'*ordinarius horis pomeridianis* interprétait, tous les jours l'après-midi, le Sexte et les Clémentines ; l'*ordinarius Decretorum* expliquait le Décret de Gratien aux jours *non legibiles*, ceux auxquels les leçons étaient officiellement suspendues : les dimanches et jours de fête et les autres jours fériés déterminés au calendrier académique. Les professeurs extraordinaires donnaient leurs cours pendant les vacances et s'attachaient à l'explication de l'un ou l'autre titre des Décrétales, à leur choix.

([1]) Voir E. REUSENS, *Documents relatifs à l'histoire de l'université de Louvain*, II (*Analectes pour servir à l'histoire ecclésiastique de la Belgique*, XXX, 1903), p. 136, 139 et 170-178.
([2]) Valère ANDRÉ, *Fasti academici studii generalis Lovaniensis*, 2e édit., p. 154-157. Louvain, 1650.

La méthode d'enseignement était avant tout exégétique et avait pour objet les différents chapitres des Décrétales et les canons du Décret de Gratien. Le professeur indiquait d'abord le sujet ou la matière du chapitre ou du canon, le plus souvent sous forme d'exemple (*casus*), puis il lisait le texte, interprétait celui-ci par la Glose et les opinions des auteurs qu'il discutait. Le texte, la Glose, les commentateurs, tel était l'objet de son enseignement. L'emploi exclusif de cette méthode eût rendu impossible tout exposé systématique du droit et toute vue d'ensemble sur la matière. Car, si les livres et les titres des Décrétales présentaient un certain ordre logique, sujet d'ailleurs à beaucoup de critiques, les chapitres des différents titres étaient classés chronologiquement, suivant les dates où les Décrétales avaient été portées par les papes ou les conciles. Les *Summae titulorum*, des résumés où les canonistes avaient groupé la matière des différents titres dans un ordre logique, remédiaient à cet inconvénient. A l'université de Louvain, on se servait de la *Summa super rubricis Decretalium* de Goffredus de Trano, l'ouvrage canonique le plus répandu du moyen âge, rédigé entre 1241 et 1243 [1].

La méthode que nous venons d'indiquer avait l'avantage de familiariser l'étudiant avec les sources du droit canonique ; mais elle exigeait un temps considérable, dont une partie était consacrée à des questions présentant parfois peu d'utilité. De plus, il était illogique d'attribuer à un professeur l'explication des Décrétales de Grégoire IX, à un autre celle du Sexte et des Clémentines : il eût fallu, comme le fit en 1617 la *Visite* d'Albert et d'Isabelle [2], interpréter, en même temps que les Décrétales de Grégoire IX, les passages correspondants des deux autres collections. Enfin le Décret de Gratien n'aurait pas dû faire l'objet d'une interprétation suivie ; un exposé sommaire eût été suffisant et préférable.

Les bacheliers en droit canonique donnaient également des cours,

---

[1] Voir les *Statuta collegii utriusque Juris studii Lovaniensis. De examine baccalaureatus, Juramenta intrantium*, n. 7 ; *De licentiandis*, n. 24, dans MOLANUS, *Historiae Lovaniensium*, II, p. 1057 et 1061. Comparez G. KAUFMANN, *Die Geschichte der deutschen Universitäten*, II, p. 346-347. Stuttgart, 1888-1896. — Sur Goffredus de Trano voir SCHULTE, *Die Geschichte der Quellen und Literatur des canonischen Rechts*, II, p. 88. Stuttgart, 1875-1880. — La Bibliothèque royale de Bruxelles possède un commentaire manuscrit sur le II⁰ livre des Décrétales de Grégoire IX, par le professeurs de Louvain, Guillaume Bont (*Catalogue des manuscrits de la Bibliothèque royale de Belgique*, IV, par J. VAN DEN GHEYN, n⁰ 2597 et n⁰ 2598, p. 57. Bruxelles, 1904), quelques opuscules canoniques de Raoul de Beeringen (*Ibidem*, n⁰ 2614, p. 64-65), et un incunable : *Libellus dans modum legendi utriusque juris tam canonici quam civilis, per* EGIDIUM VAN DER HEERSTRAETEN, Louvain, 1478. (*Ibidem*, n⁰ 2634, p. 72).

[2] *Visitatio almae universitatis studii generalis oppidi Lovaniensis*, art. 80 et 81, dans MOLANUS, *Historiae Lovaniensium*, II, p. 963.

pendant les vacances et aux jours *non legibiles* : c'était une condition de leur admission à la licence. A Louvain, leur enseignement n'avait pas la même importance qu'à Paris, où l'explication des Décrétales était réservée aux bacheliers et celle du Décret de Gratien attribuée aux docteurs (¹). N'ayant pas encore la *licentia docendi*, le bachelier était tenu à des règles spéciales. Ses cours devaient être autorisés par les professeurs de la faculté et ne pouvaient être fréquentés que par les étudiants que ceux-ci désignaient ; ils ne pouvaient pas être dictés, et n'avaient pour objet que l'interprétation du texte et de la Glose, d'après les opinions communément reçues. Les bacheliers devaient donc éviter les questions controversées et s'abstenir de donner leurs vues personnelles (²).

IV. L'enseignement des professeurs aurait laissé les étudiants trop passifs et n'aurait exigé d'eux qu'un effort très considérable de mémoire, s'il n'avait été complété par des discussions et des répétitions.

Les *disputationes* ou exercices de discussions consistaient dans la soutenance d'une ou de deux thèses ou conclusions, dont on venait, le plus souvent sans aucune conviction, contester l'exactitude. Les bacheliers qui aspiraient à la licence étaient tenus d'assister à ces discussions et d'y présenter des objections (³). Elles supposaient chez le défendant un examen plus réfléchi de la question et lui permettaient, par d'habiles distinctions, de montrer l'étendue de ses connaissances et la subtilité de son esprit ; mais elles étaient beaucoup trop formalistes et trop scolastiques, à Louvain comme ailleurs, et ne donnaient pas tout le résultat qu'on aurait pu en espérer.

La *repetitio*, qu'on exigeait des candidats à la licence, consistait dans la lecture et l'exposé d'un texte de droit, suivis d'une discussion, sous la présidence et la direction du professeur qui patronnait le récipiendaire(⁴). Le professeur lui-même et tous les étudiants présents, à l'exclu-

---

(¹) G. PÉRIES, *La Faculté de droit dans l'ancienne université de Paris*, p. 113 et ss. Paris, 1890.

(²) *Statuta collegii utriusque Juris studii Lovaniensis, De licentiandis*, n. 3, dans MOLANUS, *o. c.* II, p. 1059. — Un statut de 1452 n'obligeait plus les bacheliers qu'à interpréter quelques titres des Décrétales, *diebus illegibilibus*. MOLANUS, *o. c.*, II, p. 1065, n. 9.

(³) *Statuta collegii utriusque Juris studii Lovaniensis, De licentiandis*, n. 3, dans MOLANUS, II, p. 1059.

(⁴) La Bibliothèque royale de Bruxelles possède le texte manuscrit de la *Repetitio Arnoldi Nepotis de Leodio* (et non *de Rodio*), *bacalarii in jure canonico facta Lovanii pro gradu licentie in eodem adipiscendo anno Domini* 1457. Nous en extrayons le passage suivant : « Repetiturus igitur exercitii causa ac me informationis gratia (sic) C[aput] Si situatum in tytulo de peculio clericorum (chapitre 3, *Si quis sane, de Peculio clericorum*, Décrétales de Grégoire IX, livre III, titre 25), quatuor per ordinem sum facturus : primo namque praefatum caput quo ad textualia legam ; 2⁰ Glo[sas] et materiam earundem per opposion des docteurs, pouvaient argumenter contre le *repetens*. Cette épreuve pouvait être remplacée par une *responsio*, dans laquelle le futur licencié donnait une solution aux doutes (*dubia*) que les auditeurs lui présentaient (¹). On entendait cependant aussi par répétition, une leçon solennelle sur une matière déterminée. C'est ainsi qu'un docteur promu à l'étranger, était tenu de faire soit une *repetitio*, soit une *disputatio*, avant d'être admis au *Collegium utriusque Juris* de l'université de Louvain (²).

II. — La Collation des Grades Académiques.

I. Les grades académiques étaient fort recherchés au moyen âge par les ecclésiastiques, qui formaient la très grande part des étudiants en droit canonique. La législation générale de l'Eglise, ainsi que des privilèges spéciaux accordés aux universités, permettaient aux ecclésiastiques pourvus de bénéfices d'en percevoir les revenus, sans observer la loi de la résidence : le pape Martin V en avait décidé ainsi pour Louvain, le 9 décembre 1425 (³). Cela permettait aux étudiants de supporter plus facilement les frais assez considérables des études. Parmi ceux qui se consacraient à Louvain au droit canonique, plusieurs étaient déjà pourvus de bénéfices ecclésiastiques, un plus grand nombre en sollicitaient du Saint-Siège, dans le *Rotulus* envoyé au pape Nicolas V en 1449 (⁴). Beaucoup de bénéfices, et les plus importants, comme les canonicats dans plusieurs églises cathédrales, ne pouvaient être conférés qu'à des nobles ou à des licenciés et des docteurs : c'était le cas à Liége. Enfin les *viri literati* obtenaient plus facilement la dispense, pour cumuler des bénéfices incompatibles (⁵). Cette pratique avait des inconvénients très réels, mais elle favorisait la fréquentation des universités. Les études canoniques, en particulier, présentaient une grande utilité : la législation de l'Eglise était très compliquée, les

---

sitiones et con [venti] ones expediam; 3° posterius ad argumenta mihi objicienda respondebo ; 4° gratiarum actiones refundam ». *Catalogue des manuscrits de la Bibliothèque royale de Belgique*, IV, n° 2614, p. 64.

(¹) *Ibidem*, n. 5-6. Voir G. Kaufmann, *Die Geschichte der deutschen Universitäten*, II, p. 287.

(²) *Statuta collegii utriusque Juris studii Lovaniensis, De recipiendis ad collegium*, n. 4, dans Molanus, o. c., II, p. 1053. Voir Pèries, *La faculté de droit dans l'ancienne université de Paris*, p. 35.

(³) E. Reusens, *Documents relatifs à l'histoire de l'université de Louvain*, 1, p. 10. Voir aussi chap. 4 et 12, Décrétales de Grégoire IX, livre III, titre 4 ; chap. 34, livre I, titre 6.

(⁴) *Rotulus ou liste de professeurs et de suppôts de l'université de Louvain demandant des bénéfices au Saint-Siège en 1449*, dans les *Analectes pour servir à l'histoire ecclésiastique de la Belgique*, 1896, XXVI, p. 298 et ss.

(⁵) Chap. 18, Décrétales de Grégoire IX, livre III, titre 5.

tribunaux ecclésiastiques avaient une compétence très étendue et ils étaient très nombreux : tribunaux de l'official, des archidiacres, des religieux et des chapitres exempts, des juges conservateurs, etc. ; les privilèges de tout genre étaient innombrables. Il fallait donc des canonistes avertis pour l'administration des diocèses, des juges et des avocats habiles pour les tribunaux, des juristes prudents pour donner des avis, des *responsa* ou *consilia* (¹). Aussi à Louvain, les étudiants en droit canonique furent-ils assez nombreux, dès le début. Le *Rotulus* de 1449 comprenait les noms de cinq licenciés et de treize bacheliers en droit canonique et de deux bacheliers *utriusque juris* ; trois cent soixante-et-un étudiants furent immatriculés en droit canonique du mois d'août 1453 au mois d'août 1464 (²), sans compter ceux qui se consacrèrent à cette étude après avoir suivi à Louvain d'autres cours.

II. Les examens se faisaient devant le *Collegium utriusque juris studii Lovaniensis*, mais seuls les professeurs nommés par la ville semblent avoir eu droit de suffrage ; les autres docteurs admis au Collège participaient uniquement à certains émoluments (³). Tous s'engageaient par serment à ne pas agréer les candidats qui seraient refusés dans les autres universités comme peu recommandables par leur science, par leur moralité ou par leur train de vie (⁴). Professeurs de droit canon et de droit civil, c'est-à-dire de droit romain, participaient donc au même titre aux examens en Décrets, comme on s'exprimait alors. Pour les « actes » en droit canonique, les docteurs ès lois étaient réputés docteurs en Décrets, et réciproquement, pour les « actes » en droit romain ; car, disent les statuts de 1431, il n'y a aucune oppo-

---

(¹) Sur les nombreuses difficultés que l'administration d'un diocèse présentait à la fin du moyen âge, voir notre *Etude sur les conflits de juridiction dans le diocèse de Liége, à l'époque d'Erard de la Marck*. Louvain, 1900.

(²) *Matricule de l'université de Louvain*, 1453-1485 (Archives générales du Royaume, à Bruxelles, Fonds de l'université de Louvain, n. 39). Nous ne possédons pas de renseignements suffisants sur les inscriptions en droit canonique pendant l'époque antérieure ; de plus, comme seule la première inscription est renseignée dans la matricule, nous ignorons combien d'étudiants d'autres facultés, par exemple de la faculté des arts, passaient à la faculté de droit canonique et combien de temps les étudiants canonistes demeuraient en fait dans celle-ci. Il ne fallait cependant pas être maître ès arts pour prendre les grades en droit canonique.

(³) *Statuta collegii utriusque Juris* cités, *De examine baccalaureatus*, n. 8 ; *Additiones anno* 1452, n. 6 ; *Statuta anni* 1455, n. 1, dans MOLANUS, o. c., II, p. 1056, 1065 et 1066. Voir aussi Valère ANDRÉ, *Fasti academici*, p. 148. — Le *collegium utriusque Juris* comprenait les docteurs en droit canonique ou en droit civil admis au collège par les deux tiers de ses membres. Cfr. *Statuta Collegii Juris* cités, *De recipiendis ad collegium*, dans MOLANUS, o. c., II, p. 1052-1053. Un statut de 1452 excluait du collège les docteurs promus dans une université étrangère, à moins qu'ils n'eussent été nommés par la ville à une chaire ordinaire. Cfr. *Additiones ad statuta anno* 1452, 1°, dans MOLANUS, o. c., II, p. 1064.

(⁴) *Statuta* cités, *De recipiendis ad collegium*, n. 8, dans MOLANUS, o. c., II, p. 1053

sition entre le droit canon et le droit civil, et l'un ne saurait se passer de l'autre (¹). D'ailleurs, en vertu d'un privilège de Martin V, du 9 décembre 1425, et conformément à une pratique qui tendait à devenir générale, à Louvain tous les ecclésiastiques pouvaient se consacrer à l'étude du droit romain et souvent ils prirent les grades dans les deux droits (²).

III. L'épreuve du baccalauréat, le premier des grades académiques auquel on n'était admis qu'après trois années d'études canoniques, comprenait trois actes : la *praesentatio*, l'*examen privatum*, l'*inceptio*.

Le candidat devait être *présenté* à l'examen par un des professeurs de la faculté de droit canonique : celui-ci s'adressait au prieur ou président du *Collegium utriusque Juris*, lui faisait rapport sur l'examen préalable qu'il avait fait subir à l'étudiant, et l'informait si le récipiendaire remplissait toutes les conditions prescrites par les règlements pour être admis aux épreuves. L'*examen* qui suivait était *privé*, parce qu'il se passait devant les seuls professeurs ou régents du Collège. La détermination de la matière qu'il comportait (*assignatio puncti*) se faisait par un procédé entièrement abandonné aujourd'hui. Dans une réunion des régents du Collège, le prieur ouvrait au hasard les Décrétales et passait à un des docteurs présents le livre ouvert : celui-ci, au folio ouvert devant lui, ou bien au folio qui précédait ou suivait immédiatement, choisissait un chapitre. Le jour même de l'examen, on communiquait le *punctum* au récipiendaire, qui devait, de mémoire, donner la teneur et en indiquer l'objet : *debet libro clauso et mentetenus recitare capitulum..... solemniter cum tota materia vel ejus majori parte* (³). Enfin le candidat répondait aux deux objections que chacun des docteurs présents devait lui présenter. Après cette épreuve subie avec succès, le docteur qui avait fait la *praesentatio* du candidat, le proclamait bachelier (*pronuntiatio baccalaurei*). Le baccalauréat n'était pas un grade académique au sens strict du mot et pour ce motif, l'intervention du chancelier de l'université n'était pas requise ; il était plutôt une condition préalable à la licence, le grade académique par excellence. Enfin, dans la quinzaine qui suivait son admission, le bachelier faisait son *inceptio* : c'était une leçon solennelle sur une Décrétale qui lui

---

(¹) *Ibidem, De statutis ordinandis*, n. 2, dans Molanus, *o. c.*, II. p. 1052.
(²) E. Reusens, *Documents relatifs à l'histoire de l'université de Louvain*. I, p. 15. Le droit canonique interdisait cette étude à certaines catégories de clercs. Voir chap. 3 et 10, Décrétales de Grégoire IX, livre III, titre 50 ; chap. 1, Sexte. livre III, titre 24.
(³) *Statuta collegii utriusque Juris, Juramenta intrantium ad examen baccalaureatus*, n. 7, dans Molanus, *o. c.*, II, p. 1057.

avait été assignée, précédée d'une *arenga*, un discours, probablement à la louange du droit canonique. Au jour de son *inceptio*, le bachelier fêtait sa promotion, mais il devait s'engager, par serment, à ne pas dépenser à cette occasion plus de dix couronnes, sans une autorisation spéciale du Collège ou de la faculté (¹).

IV. Après trois nouvelles années d'études canoniques, le bachelier pouvait se présenter à l'examen de la licence, s'il avait donné les cours que les règlements lui imposaient, participé aux discussions et répétitions et fait lui-même une répétition en présence de tous les docteurs du Collège. Les épreuves comprenaient deux actes : la *praesentatio* par un des professeurs avec l'examen préalable, comme pour le baccalauréat, et un *examen*. Mais cet examen était plus solennel ; il ne se passait plus devant les seuls professeurs, mais devant tous les docteurs du Collège, non plus dans un local voisin de l'école de droit, mais à Saint-Pierre et dans les chambres réservées aux chanoines de cette église ; l'*assignatio punctorum* était précédée d'une messe en l'honneur de l'Esprit Saint, à laquelle les docteurs étaient invités. L'examen était aussi plus difficile : il portait à la fois sur un canon du Décret de Gratien et sur un chapitre des Décrétales, déterminés d'après le procédé en usage pour les bacheliers ; au simple exposé du texte, le licencié devait ajouter la Glose et la doctrine des commentateurs, ainsi que le sommaire de la Distinction ou de la Cause du Décret de Gratien, d'où le canon était pris, et le résumé, d'après Goffredus de Trano, du titre des Décrétales où le chapitre avait été puisé. Enfin le candidat devait répondre à toutes les questions et objections des docteurs présents. S'il réussissait cette épreuve, le chancelier de l'université (c'était le prévôt, et en son absence, le doyen du chapitre de l'église Saint-Pierre de Louvain), ou son délégué le promouvait au grade de licencié en droit canonique. La cérémonie se terminait par une réception, où le nouveau licencié offrait du vin de Malvoisie et de Muscat, des bonbons épicés et de l'hypocras (²).

V. La licence n'accordait pas seulement la *venia legendi*, mais aussi la *licentia doctorandi*. Le doctorat n'exigeait qu'une épreuve que tout licencié pouvait subir avec succès ; mais ne prenait habituellement

---

(¹) Ibidem, *De examine baccalaureatus, Juramenta intrantium ad examen baccalaureatus, Additiones ad statuta anno 1452*, n. 5, 6, et 10, dans MOLANUS, o. c., II, p. 1056, 1057 et 1065.

(²) Ibidem, *De licentiandis seu praesentandis ad examen licentiae, Additiones ad statuta anno 1452*, n. 2, 3, 8, 13, 14, *Statuta facta anno 1457*, n. 3, 4, dans MOLANUS, o. c., II, p. 1059, 1065, 1068.

ce grade, que celui qui aspirait à l'enseignement universitaire (¹). Une promotion doctorale était d'ailleurs une cérémonie très coûteuse. Le candidat avait régulièrement comme *praesentans* le docteur qui l'avait présenté à la licence. La veille du jour de la promotion, il allait inviter tous les docteurs du Collège et tous les personnages qu'il désirait voir assister à la cérémonie et le lendemain, *in die festi sui conventus*, il se rendait solennellement à l'église Saint-Pierre, avec une suite honorable, mais sans instruments de musique. Au pied d'une chaire érigée pour la circonstance à l'entrée de l'église, il faisait son *inceptio* : il exposait les parties les plus notables d'une Décrétale et répondait à l'unique objection qu'un des docteurs lui proposait. Ensuite, le Collège des deux droits admettait le candidat *quoad insignia*, et après un discours latin, probablement en l'honneur du récipiendaire, le chancelier de l'université faisait monter le *doctorizandus* dans la chaire, au pied de laquelle il avait fait son *inceptio*. Le *doctor novellus* — car c'est ainsi que les statuts l'appellent depuis ce moment — dans une *arenga* faisait l'éloge de la faculté et de l'université et demandait au docteur *praesentans* les insignes du doctorat. Celui-ci lui remettait un livre fermé d'abord, puis ouvert, l'anneau et la barrette et lui donnait le baiser de paix et la bénédiction. Enfin le docteur revêtait le capuce doctoral doublé de vair (²). Un banquet (³), auquel la ville contribuait parfois par de nombreuses mesures de vin (⁴), terminait la cérémonie. Le docteur s'était engagé, déjà lors de sa licence, à ne pas dépenser pour les fêtes de son doctorat, plus de trois mille tournois d'argent (⁵).

VI. Bacheliers et licenciés devaient prêter deux serments, l'un avant l'examen, l'autre avant la promotion. Le premier avait trait à l'examen lui-même : les récipiendaires juraient qu'ils remplissaient les conditions d'admissibilité aux épreuves, qu'ils n'avaient pas tâché de corrompre les examinateurs, qu'ils ne leur en voudraient pas s'ils échouaient, qu'ils garderaient le silence sur tout ce qui se passerait à l'examen, *sive solutiosa sive non*. Par le second serment, ils s'engageaient au respect, à l'obéissance et à la déférence envers le Collège et la faculté ; ils déclaraient avoir acquitté, les bacheliers, les quatre

---

(¹) Valère ANDRÉ, *Fasti academici*, p. 169 et ss., donne la liste des promotions doctorales de 1430 à 1646.
(²) *Statuta collegii utriusque Juris, De doctorizandis*, dans MOLANUS. o. c., II, p. 1063.
(³) *Ibidem*, n. 7 : « et tunc in suo festo, solemnem collationem cum associantibus facere debeat ». C'est ainsi du moins que nous comprenons ce texte.
(⁴) E. REUSENS, *Documents relatifs à l'histoire de l'université de Louvain*, II (*Analectes*, XXX), p. 145 et ss.
(⁵) *Statuta collegii utriusque Juris, De licentiandis*, n. 29, sexto. Voir chap. 2, Clémentines, livre V, titre 1. MOLANUS, o. c., II, p. 1063.

bourses (¹), les licenciés, les trois bourses imposées en faveur de la faculté ; enfin les bacheliers juraient de ne pas recommencer l'épreuve du baccalauréat devant une autre université, les licenciés, de ne prendre le doctorat qu'à Louvain (²). Les universités refusaient parfois de reconnaître les diplômes conférés par d'autres *studia privilegiata*, soit à raison du nombre trop restreint des professeurs ou de la durée trop courte des études, soit sous d'autres prétextes. Grâce à leur serment, les bacheliers avaient tout intérêt à n'admettre aucun doute sur la valeur du grade conquis à Louvain. Aucun serment n'était prescrit pour les docteurs.

VII. Outre les bourses en faveur de la faculté et les dépenses pour les festivités, dont nous avons déjà parlé, les examens entraînaient d'autres frais. Le bachelier payait aux professeurs 3 florins du Rhin ou, s'ils étaient plus de cinq, à chacun un florin de Bavière (³) ; en outre, comme *propina* ou pourboire, il devait fournir une mesure de vin de Rhin ou de Beaune, une mesure de vin du pays, deux quarts d'une boisson importée de l'étranger et une livre de confitures; enfin, depuis 1452, il devait donner au bedeau de la faculté un griffon (⁴). Le licencié payait aux docteurs du Collège six écus anciens ou neuf florins du Rhin ou, si plus de six docteurs assistaient à l'examen, il payait à chacun un écu ancien ; de plus il donnait à chaque docteur présent et au chancelier deux cierges de trois livres chacun, une livre de confitures et deux quarts de vin de Malvoisie de bonne qualité, au prieur du Collège des docteurs, deux quarts de vin de Malvoisie. Au bedeau et au notaire du Collège, il devait un florin du Rhin, et à celui qui avait préparé le local de l'examen, une mesure de vin de Rhin. Comme *propina*, il offrait deux livres de confitures, deux quarts de vin de Malvoisie, deux quarts de vin du Rhin et deux quarts de vin du pays (⁵). Le docteur payait aux membres du Collège dix écus anciens ; au docteur qui le présentait, il fournissait un manteau et un capuce doublés de vair et d'autres étoffes, mais si ses revenus n'atteignaient pas cent couronnes, il lui payait vingt-cinq florins du Rhin. Le bedeau

---

(¹) Une bourse équivalait aux dépenses d'un étudiant pendant une semaine. Voir A. Van Hove, *Actes de l'université de Louvain*, II, p. 75, note 1. Bruxelles, 1917.

(²) *Statuta collegii utriusque Juris, Juramenta intrantium ad examen baccalaureatus, De licentiandis*, dans Molanus, *o. c.*, II, p. 1057 et 1061-1063.

(³) En 1452, les trois florins du Rhin furent remplacés par cinq florins de Bavière, *Additiones ad statuta*, anno 1452, n. 7, dans Molanus, *o. c.*, II, p. 1065.

(⁴) *Statuta collegii utriusque Juris, De examine baccalaureatus*, n. 9 et 10, *Additiones ad statuta*, anno 1452, n. 12, dans Molanus, *o. c.*, II, p. 1057 et 1066.

(⁵) *Ibidem, De licentiandis*, n. 8-15, dans Molanus, *o. c.*, II, p. 1060.

recevait six griffons ou des vêtements, le chancelier deux écus anciens de France et une barrette en étoffe écarlate et chacun des docteurs du Collège une barrette, également en étoffe écarlate (¹).

A. Van Hove.

(¹) *Ibidem, De doctorizandis*, n. 2-6, dans Molanus, *o. c.*, II, p. 1063 et 1064.

A propos du " Privilegium nominandi „ de Louvain

Au temporel, la grande préoccupation du clergé, avant la révolution française, provenait de la nécessité dans laquelle il se trouvait de pourvoir à sa subsistance. Les hauts dignitaires ecclésiastiques ne manquaient pas de ressources, mais la situation des petits curés et des chapelains résidants était quelquefois précaire. Réduits à la portion congrue et bien souvent obligés d'attendre un supplément de secours de la charité de leurs ouailles, ils voyaient le gros des revenus de leurs bénéfices s'en aller dans les poches de quelques rentiers lointains. Parmi ceux-ci, les suppôts des universités, qui incontestablement procuraient à l'Église un haut degré de prestige et de gloire, étaient les plus intéressants. De tout temps, les papes leur avaient accordé des faveurs bénéficiales considérables, que les hautes écoles, afin d'attirer le plus grand nombre possible d'étudiants, s'efforçaient à toute occasion de faire amplifier par mille sortes de facilités nouvelles.

L'université de Louvain, à cet égard, était aussi désireuse de prérogatives que les autres. Sixte IV, le 28 avril 1483, lui avait permis de nommer dans toute l'étendue des Pays-Bas à un certain nombre de bénéfices : aux bénéfices qui relevaient des prélats individuellement, l'université pouvait nommer deux fois durant la vie d'un même collateur ; à ceux qui relevaient collectivement de certains corps constitués, tels que les chapitres, elle pouvait nommer une fois en dix ans. Le 19 septembre 1513, Léon X accorda le même privilège à la faculté des arts. Neuf ans plus tard, le 9 février 1522, un ancien professeur de Louvain fut élu au souverain pontificat. L'université et la faculté n'eurent rien de plus pressé, l'une et l'autre, que de lui envoyer des négociateurs afin d'obtenir toute une série d'améliorations dans l'organisation des pouvoirs dont elles jouissaient. Adrien VI prêta à leurs requêtes une attention favorable le 16 juin 1523, mais il mourut avant d'avoir pu expédier la bulle dans laquelle étaient consignées ses faveurs. Ce fut son successeur Clément VII qui les fit parvenir, en les renouvelant, aux députés de Louvain au mois de décembre de la même année.

Le texte de ces différents documents était connu ; ce qui ne l'était pas, c'était le texte de la supplique que la faculté des arts avait adressée à Adrien VI. Nous l'avons retrouvé, il y a quelques années, dans le ms Gesuitico 1038 de la bibliothèque Victor-Emmanuel à Rome. Nous avons publié la première, qui a trait à l'organisation intérieure de la faculté des arts, dans le tome II des *Mélanges Moeller* (¹) ; nous sommes heureux de donner ici, en hommage au savant baron de Borman, le texte de la seconde. Elle est purement canonique. Quinze demandes différentes y sont formulées, se rapportant à peu près exclusivement à des questions de formule. Ce n'est un secret pour personne combien le style de la chancellerie pontificale était minutieux, ni combien l'absence d'un mot ou d'un membre de phrase pouvait causer d'embarras sans fin et de procès inextricables. La faculté des arts désirait créer des situations claires et nettes. De là son insistance à propos de détails qui nous paraissent, à quatre siècles de distance, bien infimes et bien filandreux. Ils étaient alors d'importance à peu près primordiale.

Voici le texte de la supplique. Nous le donnerons sans longs commentaires, nous contentant d'intercaler, en tête de chacun des quinze points qu'il expose, un résumé concis en français.

Haec sunt dubia circa privilegium nominationis, eidem facultati concessum, quorum ipsa facultas declarationem a Sanctissimo petit.

1. *Il est nécessaire de renouveler le privilège de nomination, parce qu'il est à craindre qu'il n'ait été abrogé par certaines révocations de faveurs faites par les papes.*

In primis quia nonnulli revocant in dubium propter certas regulas cancellarie a felicis recordationis Leone X, pontifice maximo, editas, et precipue propter regulam editam die xxviii mensis junii anno incarnationis dominice M.D.XVIII, quod nominatio facultatis una cum declaratione per predictum Leonem facta esset revocata, restricta vel suspensa, propterea quod in ea revocantur quelibet declarationes et meritis attestationes etc., dignetur S. D. N. Adrianus VI, patronus et impetrator dicti privilegii, confirmare idem privilegium suum una cum ejus declaratione et confirmando de novo concedat, adjiciendo clausulas opportunas et derogatorias pregnantissimas et preservativas ut non facile revocari possit, cum protestatione de non revocando ipsum, causa concessionis attenta, que est favorabilissima, quoniam sine studio artium non vigebat facultas theologie per quam confutantur hereses que jam, proh dolor! mirum in modum invadunt terras multas,

---

(¹) *Les ambitions de la faculté des arts de Louvain au début du XVIe siècle*, ouv. cité, pp. 56 et suiv. Par une distraction singulière nous avons épilogué longuement, à la page 64, sur l'indication : *pontificatus sui anno primo*, que porte la faveur d'Adrien VI. Elle est absolument exacte. Nous avions perdu de vue que le couronnement d'Adrien VI — car c'est du jour de leur couronnement que les papes datent leurs actes — avait eu lieu de longs mois après son élection, à cause de son séjour en Espagne.

quibus si non obtinetur per Sanctissimum D. N. et principes terrarum prebendo doctis assistentiam, qui quod in se est fecerunt, actum erit in magna parte de ecclesia romana et obedientia que summo presuli debetur per Christi fideles.

> 2. *La bulle Léonine, qui accorde le privilège de nomination à la faculté des arts, ayant de fréquents renvois à la bulle Sixtine qui avait antérieurement accordé la même faveur à l'université, il faudrait être dispensé, à cause de la longueur des textes, d'insérer la bulle Sixtine dans les actes de nomination.*

Item quia Leonina bulla frequentius est relativa et primum quantum ad beneficia acceptanda, item quantum ad executores, et valde difficile est in una carta inserere Leoninam et Sixtinam propter prolixitatem, dignetur Sanctissimus D. N. declarare quatenus magistris nominatis per facultatem artium, tam ad majorem taxam quam ad minorem, provideri possit in vim solius Leonine et processus desuper fulminandi.

> 3. *Il faudrait explicitement stipuler que celui qui a été nommé à un bénéfice par la faculté des arts, peut remettre l'acceptation à un mois à compter depuis le jour où il a été informé de la vacance.*

Item quia Leonina non habet expresse clausulam mensis licet forte ex cauda satis elici possit, pro securiori impetretur hec clausula : ipseque nominatus per se vel procuratorem suum ad id ab eo specialiter constitutum infra unius mensis spatium postquam illi vel ejus legitimo procuratori de hujusmodi vacatione constiterit, quodcumque beneficium cum cura vel sine cura clerico seculari in titulum conferri etc., etiam si canonicatus et prebenda, administratio in collegiata aut scolastria, matricularia sive custodia in parrochiali ecclesia sive capella ac curata et electiva, etiam si dignitas, personatus aut prebenda vel canonicatus in ecclesia cathedrali foret, dispositioni Sedis apostolice etc., cujus fructus etc., quovis mense etc., acceptare possit, declarando irritum et inane si secus scienter vel ignoranter attemptatum fuerit, inhibendo singulis collatoribus, collatricibus et aliis delegatis apostolicis ne de hujusmodi beneficio seu officio etc. disponant ante acceptationem hujusmodi, sic tamen quod ubi beneficium etiam vacaverit post mensem a tempore notitie habite in loco beneficii, ipse nominatus beneficium sic vacans etiam acceptare possit.

> 4. *Il est indispensable de faire mention des exécuteurs qui ont à veiller à la mise en pratique du privilège, si l'on veut écarter, comme il a été dit déjà, l'obligation de recourir constamment à la bulle Sixtine.*

Item ubi in bulla dicitur quod nominatus per facultatem artium possit sibi facere provideri ab executoribus in litteris Sixti contentis, exprimantur illi executores, alias semper esset habendus recursus ad Sixtinam ad effectum ut executoribus constaret de sua facultate ; et sunt : abbas sancte Gertrudis intra et Parcensis extra muros oppidi Lovaniensis et decanus sancte Gudile

Bruxellensis ; et adjungatur quod stetur Leonine quantum ad provisiones faciendas per executores et subexecutores in vim clausule ceterum, quasi Sixtina foret de verbo ad verbum inserta aut, si fieri possit, impetretur quod capi possit quilibet in dignitate ecclesiastica constitutus pro executore et quilibet notarius pro subexecutore, et quod etiam executores et subexecutores possint dare corporalem possessionem, irrequisitis ordinariis collatoribus.

> 5. *La faculté désire que les « jeunes » maîtres ès arts soient mis, sauf quant à la valeur des bénéfices à obtenir, sur le même rang que les « anciens ». Etaient qualifiés d'anciens, selon le texte des bulles, ceux qui avaient été lecteurs pendant six ans, ou qui avaient été jugés aptes à enseigner la logique et la physique, ou qui jouissaient de leur grade depuis neuf ans.*

Item quia in Leonina distinguuntur magistri certo modo qualificati ab aliis junioribus et apparet quod primi habent multas prerogativas quas non habent juniores, conformentur propterea juniores omnibus aliis, salvo quod possint dumtaxat acceptare beneficia valoris xxx florenorum aureorum renensium secundum communem extimationem et hoc oneribus deductis, sic quod non teneantur juvenes magistri suam nominationem insinuare collatoribus et quod possit bis fieri nominatio ad minorem taxam vita aut prelatura alicujus durante et semel sub capitulis in decem annis. Item quod iidem juniores magistri nominari possint sub quocumque collatore habente collationem qualemcumque beneficiorum. Insuper quod ipsi juniores possint simul habere nominationem universitatis et facultatis artium et utraque uti quemadmodum expresse habetur de nominatis ad majorem taxam.

> 6. *La faculté désire que la copie authentiquée du privilège ait la même valeur juridique que l'original.*

Item quia periculosum foret bullas originales deferri ad diversa loca in quibus forte nominati illis indigerent, bonum esset quod staretur transumptis per notarium subsignatis et sigillo alicujus in dignitate constituti sigillatis et quod decerneretur illis transumptis sicut originalibus standum esse.

> 7. *La faculté désire qu'il soit permis à ses protégés de cumuler divers bénéfices jusqu'à concurrence d'un revenu maximum déterminé.*

Item impetretur quod nominatus possit secundo aut tertio aut totiens nominari donec octuaginta florenos aureos de Camera habeat in beneficiis aut veris redditibus, oneribus deductis, et nominatus ad minorem taxam totiens nominari possit donec quadraginta florenos aureos de Camera habeat, similiter oneribus deductis.

> 8. *Il est utile de mentionner les charges qui entrent en ligne de compte pour calculer la valeur réelle des revenus d'un bénéfice.*

Item quia dubium esset que onera debeant deduci, fiat declaratio quod omnia illa onera veniunt deducenda minuuntia fructus percipiendos in absentia, non solum perpetua vel realia, sed etiam pensio et quecumque alia que minuunt valorem fructuum in loco studii ; item dum valor grossorum fructuum non excedat summam sexaginta ducatorum quoad majorem taxam aut xxx aureorum renensium quantum ad minorem taxam, tale beneficium acceptari possit per nominationem facultatis artium.

> 9. *La faculté désire qu'il soit dérogé aux alternatives prévues par d'autres documents pontificaux. On appelait alternatives des bénéfices dont les revenus allaient alternativement à différents titulaires.*

Item quod alternative, similiter Eugeniane, quantum ad beneficia illa minutiora, et concordatis Germanie nationis, similiter privilegiis universitatis Parisiensis et aliorum quorumcumque generalium studiorum sufficienter derogetur.

> 10. *Que celui qui est inapte à occuper un bénéfice au moment de sa désignation, ne soit pas exclu, pourvu qu'il soit devenu apte au moment de la vacance.*

Item si nominatus sit minorennis tempore nominationis, ubi tamen tempore vacationis beneficii sit major aut cum eo sit legitime dispensatum, possit curam acceptare ; similiter si sit illegitimus tempore nominationis et priusquam acceptet beneficium sit cum eo legitime dispensatum, quod acceptare possit beneficium sine nova nominatione previa.

> 11. *Que le décès d'un collateur n'infirme point une nomination faite et ne nécessite pas un acte nouveau.*

Item quod decedente collatore sub quo facta est nominatio que nondum sortita est effectum, eadem nominatio maneat valida sub successore absque nova nominatione quam aliqui putant debere fieri de persona prius nominata.

> 12. *La faculté désire que ses protégés aient le pas sur les candidats qui ont été munis par ailleurs d'une expectative quelconque.*

Item impetretur quod nominati per facultatem artium preferantur omnibus habentibus gratias expectativas, etiam in forma pauperum (¹) et familiaribus antiquis et descriptis necnon continuis commensalibus summi pontificis et aliis quibuscumque qualitercumque qualificatis.

> 13. *La faculté désire que ses suppôts ne soient point justiciables de juridictions étrangères.*

Item impetretur quod non possimus trahi, sed bene trahere, cum dero-

---

(¹) Sur la question assez peu claire de la *forma pauperum*, voir notre introduction aux *Suppliques d'Urbain V* (*Analecta vaticano-belgica*, t. VII). Rome, 1914.

gatione sufficienti capitulorum Leodiensis, Antverpiensis et aliorum quorumcumque capitulorum, prelatorum et oppidorum, et quod illis derogari non possit nisi de verbo ad verbum de illis fieret mentio specialis aut nisi servetur aliqua alia solemnitas quantumcumque insolita et inconsueta, habendo omnia talia pro expressis.

14. *La faculté désire la faveur du « motu proprio ».*

Item haec omnia concedantur motu proprio ex certa scientia et potestatis plenitudine et in vim pacti, cum clausulis opportunis, fortioribus, efficatioribus et pregnatissimis.

15. *La faculté demande d'être dispensée d'insérer in extenso les actes de nomination émanant d'elle dans la bulle pontificale qui lui sera octroyée.*

Item quod in processibus fulminatis non erit necesse inserere totas bullas quia hoc longum et tediosum foret, sed sufficit ponere quod notorium esse dinoscitur ex quo jam satis constat de privilegio ipsi facultati concesso.

La bulle de Clément VII qui contient la réponse d'Adrien VI à toutes ces questions a été souvent publiée (¹) : il suffit d'y jeter un regard pour s'assurer de la bienveillance avec laquelle l'ancien professeur de la haute école brabançonne les accueillit. Les plus importantes furent celles concernant le cumul, celle qui visait la mise sur le même pied des *juniores* et des *seniores*, et celle qui traitait de la préférence à accorder aux expectants de Louvain. Ces trois-là étaient d'ordre réel ; les autres étaient plutôt d'ordre formel, ne regardant que le style et la composition des lettres de provision.

A. Fierens.

(¹) Voir les références dans notre étude des *Mélanges Moeller*, loc. cit.

Un Évêque lettré au XVIe siècle
LÆVINUS TORRENTIUS
Vicaire-général de Liége, puis évêque d'Anvers
1525-1595

Liévin Van der Beken, dont le nom, suivant l'usage du temps, fut latinisé, mérite l'attention par le rôle qu'il a joué, mais davantage par le caractère et les idées qu'il représente en cette période troublée (¹).

Nous ne nous proposons pas de refaire sa biographie, d'examiner ses missions, d'étudier en lui l'administrateur ; après avoir marqué seulement la place qu'il occupe dans la hiérarchie et la vie publique, nous tâcherons de dégager la personnalité complexe de cet évêque humaniste, qui fut très épris de lettres et en même temps très zélé pasteur. Nous essayons une physionomie ; une vraie biographie excéderait d'ailleurs ici notre cadre.

Né à Gand le 8 mars 1525, il devint étudiant clerc à l'Université de Louvain, s'y appliqua à la philosophie et au droit et y noua des amitiés durables. Signalons en passant qu'il y prit part à la célèbre défense de la ville par les étudiants contre la troupe de Martin van Rossem et célébra cet épisode par un poème (²). Il ne prit à Louvain que la licence *utriusque juris*, puis se rendit à Bologne où il reçut le bonnet de docteur. De là il se rendit à Rome où il séjourna et se fit aussi dans le monde ecclésiastique des relations qui furent pour lui plus tard de précieux appuis. A Louvain, il s'était lié notamment avec un des futurs

---

(¹) Sources générales : PAQUOT. *Hist. littéraire des Pays-Bas*, t. II, p. 92.
CHEV. DE THEUX DE MONTJARDIN, *Le chapitre de St-Lambert à Liége*. Bruxelles, 1871. t. III, p. 124 et les sources qu'il cite.
P. F. X. DE RAM. *Synopsis actorum Ecclesiae Antverpiensis*. Bruxelles, 1856, p. 34.
FOPPENS. *Historia Episcopatus Antverpientis*. Bruxelles, 1717, p. 65.
Publication de nombreuses correspondances avec notices aux *Bulletins de la Commission royale d'histoire*, 1re, 2e, et 3e série (v. Tables). Notice générale au t. XVI, p. 100.
ED. REUSENS. Publ. de quelques correspondances. Ibid., 3e série. Ces correspondances sont presque toutes extraites du volume qui porte le n° 13704 des manuscrits de la Bibliothèque royale à Bruxelles, et qui constitue la source principale pour l'étude de la personnalité de T. C'est une sorte de *Copie de lettres* de l'auteur.

(²) Elégie anonyme sur le siège de Louvain : *Gebro-Gallorum grassatio*. Anvers, 1542. Il y a beaucoup de relations de ce siège fameux auquel toute la population, avec les étudiants, participèrent. Cf. entre autres le catalogue de la collection Van Hulthem, à la Bibliothèque royale de Bruxelles, Nos 26167 et suivants.

maîtres les plus respectés de la théologie et du droit, Jean Vandville, successivement professeur aux facultés de Louvain et de Douai, puis évêque de Tournai. A Rome, il connut et garda ensuite comme protecteurs et correspondants (¹) les cardinaux Madruzzi, Sirlet, Paleote, Carafa, Borromée, Baronius, et, sans doute, le futur nonce de Belgique, J.-B. Bonhomi, avec qui, plus tard, souvent il eut à combiner ses efforts. Retour de Rome, il s'établit à Liége où il devint le conseiller du prince-évêque Robert de Berghes ; il le resta et fut vicaire général sous Gérard de Groesbeek et Ernest de Bavière, bien que son influence fût assez combattue. Il avait été investi de l'archidiaconé du Brabant qui, avant l'érection en 1559, des nouveaux sièges épiscopaux, dépendait en partie de la juridiction de Liége. Le rôle de T. à Liége fut actif. C'est une période critique de notre histoire religieuse : l'Eglise, devant le danger de l'hérésie menaçante, procédait au grand œuvre de consolidation dont le concile de Trente donna le programme (²). T. s'attacha à son application; un synode diocésain en régla l'exécution et il eut à le faire mettre en pratique. Inutile de dire qu'il y rencontra des difficultés; mais, fidèle à sa mission, il s'entendit avec le nonce Bonhomi et resta en contact avec l'autorité romaine. Très pénétré de la haute pensée de son devoir, l'homme d'église zélé et consciencieux se révèle ici à chaque pas. Une affaire délicate l'avait appelé à Rome lors de la création des nouveaux sièges par la bulle de 1559. Les anciens diocèses se trouvaient ainsi démembrés et appauvris ; Liége était dans ce cas. Il fut chargé des intérêts de l'évêché ; question délicate, répétons-le, car l'intérêt général de l'action religieuse était bien servi par la multiplication des sièges épiscopaux (³). T. s'acquitta loyalement d'une mission où il échoua d'ailleurs, tandis que plus tard, en 1570, la création du siège à Luxembourg fut momentanément écartée (⁴).

On a cru qu'en 1560, T. s'était, à Rome, laissé séduire et avait défendu mollement le diocèse, par la promesse d'un siège épiscopal dans les nouveaux diocèses. Sa correspondance réfute pareil grief ; au surplus, la cause était supérieure à sa personne ! D'ailleurs ce ne fut que longtemps après, et sans joie, qu'il monta au siège d'Anvers. A Liége, cepen-

---

(¹) Lettre à Ernest de Bavière. *B. C. R. H.*, 3ᵉ série, t. IV, lettre 1.
(²) Lettres au nonce Bonhomi, évêque de Verceil (1583-1587). *B. C. R. H.*, 3ᵉ série, t. VI. Au nonce O. Mirto Frangipani, évêque de Tricarico (1587-1594). Ibid., t. X. Au cardinal Caraffa (1583-1590). Ibid., t. XI. A Vendville, évêque de Tournai. Ibid., t. IV.
(³) Sur l'affaire des évêchés: corr. avec Stravius (1583-1592), *B. C. R. H.*, 2ᵉ série, t. VII ; avec Fonck, du conseil de Flandre à Madrid, Ibid., 3ᵉ série, t. II ; P. de Ram. Notice générale, *B. C. R. H.*, t. XVI, p. 100.
(⁴) Sur le cas du Luxembourg, cf. les instructions de Fonck, chargé de l'affaire par le duc d'Albe. *B. C. R. H.*, 3ᵉ série, t. VIII, p. 331.

dant, sa situation était difficile, non seulement comme l'est celle de tout agent de réforme, mais par la personne même d'Ernest de Bavière qui, à de sérieuses qualités princières, joignait des défauts auxquels T. ne crut pas pouvoir ménager sa désapprobation (¹).

En 1586, par obéissance en quelque sorte, pleinement conscient des difficultés qui l'attendaient, il fut promu au siège d'Anvers (²). Il y fut en butte à des hostilités douloureuses : non seulement le voisinage de la région hollandaise occupée par des protestants rendait la situation très pénible dans la ville et la région frontière ou occupée, mais le chapitre fit une opposition incessante à son autorité, opposition de privilèges déjà soutenue contre la juridiction précédente, alors celle de l'évêché de Cambrai, aggravée maintenant par les mesures nouvelles et conduite par le doyen du chapitre, Roger de Tassis. Ces conflits furent déférés en cour de Rome ; la correspondance de l'évêque est remplie des détails de cette lutte fatigante qui usait ses forces ; il en appela à ses patrons romains, notamment au cardinal Caraffa, qui fut son fidèle protecteur après la mort de Bonhomi. Nous n'avons pas à analyser ici ces conflits ; nous les signalons comme preuve de son activité et aussi de son zèle quand il croyait son devoir engagé (³). Cette sollicitude de sa charge dans le courant quotidien d'affaires pénibles n'empêchait pas T. d'avoir l'œil aux affaires générales du temps. Les intérêts religieux étaient si mêlés à la politique, les questions d'enseignement étaient si agitées, l'humanisme tenait une telle place dans les esprits, qu'un prélat averti ne pouvait s'en abstraire en théorie, ni s'en abstenir en pratique.

A ces divers points de vue, il est intéressant de considérer sa personnalité; c'est le moyen de fixer sa physionomie dans ce monde troublé. A la veille de sa mort, et après des hésitations dont le dernier mot nous

---

(¹) Lettres à Ernest de Bavière (1583-1587). *B. C. R. H.*, 3ᵉ série, t. IV. — LONCHAY. *Les Souverains des Pays-Bas et la principauté de Liége au XVIᵉ siècle. Mém. Acad. roy. Belg.*, in-8°, 1887, p. 132.

(²) En 1586 seulement, et non sans que cette charge lui parût fort lourde, toute sa correspondance en témoigne. « Obsequiendum est tamen, écrit-il à Stravius, agent de l'évêché de Liége à Rome, ..ne privatis commodis posthabuisse rempublicam videamur. Deum spero propitium cujus sanctissimae Ecclesiae servitio quicquid vitae superest lubens impendam » (9. sept. 1586). *B. C. R. H.*, 3ᵉ série, t. VIII.

Déjà auparavant, il avait été signalé pour un siège épiscopal, notamment par Granvelle pour le siège de Gand, mais seulement après Viglius et Fonck ; il le qualifie « hombre docto, versado en negocios el que los de la Yglesia de Liége y aca en Roma y en Liége come chancelor y primero consejero del obispo los ha tractado con mucha prudencia ». *Correspond. de Philippe II.* Ed. Gachard, t. IV, p. 234. Le siège de Gand resta alors inoccupé jusqu'en 1588.

(³) Cf. entre autres DE RAM, *Synopsis*, p. 37. Pièce aux archives Borghèse, citées par Pasture. *B. C. R. H.*, 1910, p. 140.

échappe encore, il fut promu au siège archiépiscopal de Malines dont il n'eut pas le temps de prendre l'administration (¹).

* * *

Au milieu des préoccupations graves de sa charge, T. n'en resta pas moins un ami des lettres et des études ; écrivain, philologue, poète, il fut aussi un mécène généreux. Il est intéressant de saisir cette physionomie d'homme de lettres et d'humaniste, dont la pensée religieuse et le devoir pastoral tempèrent les goûts profanes. T. a dans le monde des lettres de son temps une brillante renommée, qu'expriment en termes hyperboliques les *éloges* usités dans le style de l'époque, surtout dans cette société spéciale des humanistes où l'appui et l'éloge mutuel rivalisaient à qui mieux mieux dans une confraternité flatteuse (²).

T. avait, dès sa jeunesse, cultivé les lettres ; nous savons peu de choses de ses études à Louvain, mais il dut y fréquenter les maîtres de l'époque et ses essais poétiques le classent dès lors dans l'histoire. Ce qu'il a publié du genre tient en un petit volume (³), et s'il y a dans le nombre de ses pièces des frivolités que lui-même, plus tard, eût voulu voir disparaître (⁴), il y en a d'autres qui appartiennent à la période la plus avancée de sa carrière ; il trouve jusqu'à la fin un délassement à cultiver les muses, et des poésies religieuses, et même quelques autres sortent de la plume du vieil évêque. Il demeure un fervent des lettres, non seulement par ses épanchements poétiques, mais par ses études de philologie antique ; sans doute, absorbé par les soucis et les labeurs de sa charge pastorale, dont il ne veut pas négliger les devoirs (⁵), il laissera dans le tiroir des travaux presque achevés ; il en publie encore, notamment son commentaire des *Cesars* de Suétone (⁶), mais il enfouit son

---

(¹) Correspondance au sujet de sa nomination et de celle du cardinal Alen au siège de Malines, 1593. *B. C. R. H.*, t. VII, p. 326. Qu'on le desservit à Madrid, cela paraît résulter de l'attitude de Fonck. *B. R. C. H.*, 3ᵉ série. t. II. GAZET, *Hist. ecclésiastique des Pays-Bas*, p. 319, 353.

(²) Quelques-uns de ces éloges se trouvent en tête de l'édition posthume de ses commentaires sur Horace. Cf. les remarques de Paquot et du chevalier de Theux. Ouvrages cités.

(³) Une collection des *Poemata* parut sous son nom chez Plantin, d'abord en 1572, in-4°, ne contenant que 4 poèmes ; puis en 1575, 1579. Une édition de Plantin, 1594, porte *Poemata sacra*.

(⁴) Lettre à J. Lipse, 7 juillet 1585 : « ...qui tractandis nugis plurimo labore usque adeo nihil egi, ut si quid extat, abolitum esse velim ».

(⁵) En 1584, il prépare son commentaire de Suetone. mais il sera court : « Et his temporibus nostris agere quam scribere satius est ». *B. C. R. H.*, 2ᵉ série, t. XI, p. 105. A Liége, il avait le « litterarum otium », mais il prévoyait bien qu'autre serait sa situation à Anvers. L. à Montanus, 11 janvier 1586. *B. C. R. H.*, 3ᵉ série, t. VII. Il écrit à Lipse « ...cum per aetatem, tum per occupationes longe maximas gravissimasque. his deliciis frui amplius non possum, août 1591. (BURMANN. *Sylloge epistolarum.*, t. I. p, 477).

(⁶) Les éditions sont faites chez Plantin, dont il fut l'ami et le protecteur. Sur les éditions plantiniennes. Cf. A. DE BACKER et C. RUELENS, *Annales plantiniennes*, 1ᵉ partie, Bruxelles, 1865, p. 180. *B. C. R. H.*, t. XI, p. 105. Lettre à Lipse. oct. 1592, BURMANN, t. I., p. 482.

commentaire sur les œuvres d'Horace, qui ne verra le jour qu'après lui(¹). Au surplus, il ne se fait pas scrupule de se divertir parfois l'esprit par le délassement poétique (²) ; il reste ami des lettres, de la science et de ceux qui les cultivent (³). Les souvenirs antiques, comme chez les humanistes en général, se mêlent parfois étrangement aux pensées religieuses, et dans les réflexions sur la mort, par cet évêque, un homme de nos jours lit avec surprise une citation d'Horace à côté de textes liturgiques ; cette lettre est adressée à Dominique Lampson (⁴) ; la citation, surtout avec précaution, s'explique sans doute, car Lampson, secrétaire des actes de l'évêché de Liége, est lui-même artiste, poète, peintre, et correspondant de Juste Lipse.

Juste Lipse ; on sait le rayonnement littéraire de cette personnalité et sa correspondance si large avec les intellectuels de son temps (⁵) ; on sait aussi, et à cet égard on ne peut plus guère différer, que son caractère et sa doctrine furent aussi médiocres que furent brillantes ses qualités littéraires. Philosophe de peu d'envergure, trempe d'âme bienveillante, mais cachant mal sous une sérénité étudiée un désir intense, d'ailleurs avoué, de tranquillité et de paix, il tomba dans bien des faiblesses. T. fut de ses correspondants, et profitant de son très réel ascendant littéraire, il chercha, avec ménagement mais avec franchise à le maintenir ou à le ramener dans l'orthodoxie. Mais comme bien d'autres, cette influence, qui fut d'ailleurs couronnée de succès, s'exerce en douceur, en tenant compte de la faiblesse de ce caractère hésitant et craintif. Bien intéressante, même en dehors de son côté religieux, l'étude psychologique de cette âme du pauvre grand lettré ! T. y a travaillé comme d'autres prêtres du temps, chacun selon sa manière particulière, mais avec la même touchante et sympathique sollicitude, Scribani, Lessius, A. Del Rio, Oran, le pape Paul V lui-même. Lipse qui

---

(¹) Q. Horatii Flacci cum erudito L. T. commentario, nunc primum in lucem edito. Item Petri Nannici Alcmarii in Artem poeticam. Antverpiae. Ex offic. Plantin. apud J. Moretum, in-4°, 1608.
L'avis de l'éditeur explique que T. n'avait pas voulu le publier, mais que les Jésuites l'ont retrouvé dans sa bibliothèque et exhumé.

(²) Cf. Sa lettre à son ami Roland de Lannoy, 5 février 1588 ; il lui reproche de ne pas oser confier ses « Nugae » au papier, comme si, même en des temps troublés, on ne pouvait se divertir un peu ; lui-même le fait. Mscr. de lettre cité à la note 1, f° 199.

(³) Plantin, le grand éditeur ; des savants comme Arcas Montanus dont il soigna les publications, notamment pour la célèbre *Bible polyglotte*. De même le cardinal Baronius, B. C. R. H., 2ᵉ série, t. XI, p. 90, etc.

(⁴) Lettre à Lampson à propos de la mort du chancelier de l'évêché, 1588. Mscrt. cité fol. 198 v°.

(⁵) Lipse a publié lui-même plusieurs centaines de ses lettres, même de nature fort intime ; on les trouve dans les diverses éditions de ses œuvres. D'autres ont été publiées dans le *Sylloge epistolarum* de Burmann, et d'autres encore en petits fragments plus tard Mieux que par ses livres, on l'y peut connaître, bien que, certes, il songe aussi au lecteur

fut on ne sait trop quoi, sous l'influence des ambiances, des craintes, des intérêts peut-être, à Halle puis à Leiden, rentra enfin dans son pays et se rattacha à la vérité catholique, après un temps trop long où on discute son attitude douteuse et où lui-même semble se mal connaître. T. fut un des premiers à qui il fit part de sa résolution, de son retour, catégorique et définitif, dit-il, et rien ne peut nous surprendre dans cette primeur qu'il lui réserve, vu leurs relations et leur situation respective. Tout humaniste était initié plus ou moins à la philosophie antique ; T. aussi la connaissait, mais, homme d'église très religieux, y apportait ses réserves. Dans ses rapports avec Lipse, ses remarques devaient nécessairement porter sur le néo-stoïcisme dont Lipse était le défenseur attitré, sur Sénêque, dont il faisait son maître. Bien que le célèbre maître de la philologie eût publié un manuel de philosophie stoïcienne, on voit souvent dans son traité *De la Constance* l'expression la plus adéquate de sa théorie morale. C'est de l'envoi dont l'auteur lui fait l'hommage que T. prend texte, dans une lettre remarquable du 5 avril 1584, pour lui reprocher son attachement excessif aux stoïciens, dont la doctrine, si vaine en présence de celle de Jésus-Christ, ne peut résoudre les difficultés de la vie. Il l'engage, puisqu'il est fidèle à la vraie Religion, à refaire un autre traité de la constance sur une base plus religieuse, après l'écrit, très élégant sans doute, mais trop humain et trop profane qu'il vient de produire. Lipse répondit en termes pleins de bonne volonté chrétienne, car, à cette date, il avait repris ouvertement la vie catholique à Louvain ; mais avait-il bien compris ? Sans doute, sa réponse et bien des passages de ses lettres disent sa foi religieuse à cette époque, mais par ailleurs, quelles réminiscences stoïciennes ! Quand, dans les derniers temps de sa vie, le Pape Paul V lui écrit une lettre pleine de bienveillance, le vague de la pensée du lettré apparaît. Dans un opuscule célèbre, il avait loué les splendeurs de la Rome ancienne ; le Pontife le convie à consacrer aussi sa plume à celles de la Cité chrétienne. Lipse comprit-il encore, malgré une bonne volonté que la maladie d'ailleurs paralysait? L'œuvre elle-même, que suscita celle de Stapleton, permet déjà d'en douter, bien qu'à la dernière heure ce fut la foi chrétienne qui domina sa pensée devant la mort, au témoignage d'un de ses apologistes. Le stoïcisme essentiellement humain, drapé dans l'orgueil de la vie, est bien différent du christianisme qui est en Dieu. Le stoïcien, par la vertu, prétend s'égaler à Dieu, voire le surpasser, au lieu d'y voir un don et un mérite, et la voie qui mène à Lui. Lipse en fait le reproche au Portique, mais sa pensée demeure inconséquente et vague [1].

---

[1] Nous avons déjà effleuré ce problème dans notre étude sur *Machiavel aux Pays-Bas*

Cette action de notre prélat caractérise bien sa personnalité, à la fois très amie des lettres, mais très soucieuse des charges spirituelles. Elle fut, dans son œuvre près de Lipse, parallèle et sans doute combinée avec celle des Jésuites qui, avec tant de délicatesse, opéraient le travail de son retour sincère et filial à l'Eglise. T. en effet était très lié avec les religieux de la Société de Jésus ; il les approuvait et les appréciait comme maîtres de la jeunesse et leur donna dans des circonstances graves et difficiles l'appui de son autorité et de sa fortune. Ce fut par son neveu, Charles Scribani, fils de sa sœur, et lui-même membre de l'ordre, écrivain, directeur spirituel et administrateur apprécié et influent, que T. fut mis en relation avec le chef et le vrai organisateur de la province Flandro-Belge, Charles Manare, et peut-être avec le célèbre théologien Léonard Leys (Lessius), dont Scribani fut l'élève (²). Bien

---

(Mélanges Ch. Moeller, Louvain, 1914), à propos de *sa politique*. Il ne peut être question d'aborder ici incidemment l'histoire ou la psychologie morale de Lipse, si intéressant que soit le problème. L'ensemble des lettres échangées entre le célèbre philologue et les conseillers spirituels que nous citons en fournit de précieux éléments, mais il faut y joindre bien d'autres fragments de sa correspondance et de ses livres. Lipse le déclare souvent, il cherche et désire *la paix*, il a un tempérament non combatif, la lutte lui est très pénible, et il l'adapte aux ambiances avec trop de facilité. Aussi s'abandonne-t-il à des concessions au moins extérieures qui font croire à son apostasie ; il avoue cela, surtout à la fin de sa vie, tout en affirmant qu'il demeura toujours au fond fidèle à la religion. Mais cette faiblesse est l'excuse dont se servent ceux qui connaissent cette âme pusillanime. Scribani, qui sous un pseudonyme a écrit le *Lipsii defensio posthuma*, plaide les circonstances atténuantes de sa faiblesse. Beaucoup ont cru à son infidélité réelle ; il la nie et Torrentius lui déclare qu'il n'a jamais douté de lui, mais l'engage vivement à se déclarer et à savoir enfin montrer qu'il est pour la vérité. Les aveux de Lipse, reconnaissant sa propre faiblesse, sont touchants, mais ne prouvent-ils pas cette faiblesse même quand on le voit si peu manifester ses convictions doctrinales dans les écrits scientifiques. Sans doute il écrivit, après son retour à Louvain, des livres de piété, mais quand on lui demande une manifestation de sa plume à la hauteur de son talent, c'est à dire une œuvre *chrétienne* animée de l'esprit chrétien, qui puisse être placée à côté de ses écrits stoïciens et de ses éloges de l'antiquité, sa bonne volonté demeure sans acte et ses intentions sans suite. Sans doute son biographe nous dit qu'aux dernières heures, il écarta les vaines consolations du stoïcisme pour invoquer le Dieu vivant, mais si même il en fut ainsi, on peut se demander s'il a bien compris l'essentielle différence de la vertu stoïque, de la sérénité philosophique de Sénèque qu'il admire tant, et de la vertu d'amour divin et fraternel apportée au monde par Jésus-Christ. Et, si cela paraît parfois dans des passages de ses écrits, combien peu il sut obéir à cette conviction et la défendre !
Pour ces points divers : les lettres citées ; celle de Torrentius à propos du stoïcisme, dans le *B. C. R. H.*, t. VI. La réponse de Lipse dans ses lettres (Miscellanea, I, Ep. 97). Les lettres au sujet de son *retour* en 1591, dont il annonce d'abord la nouvelle à notre prélat, et celles de ce dernier, dans Burmann. *Sylloge*, t. I, p. 474, sq. La lettre du Pape Paul V au sujet du « De Magnetudine romana » de 1606 (Burmann, *Sylloge*, t. II, p. 175) et la réponse de Lipse (Opera Miscell. cent. V. Ep. 98). Dans une lettre à Torrentius il reconnaît bien l'insuffisance de la vertu stoïcienne, la nécessité de la force chrétienne (Miscell. I, Ep. 97) mais que de fois il revient à sa « constance ». Dans ce traité même, sans doute, il dira avec St-Augustin que la vertu « Dea non est sed donum Dei » mais a-t-il compris toute la portée du reproche qu'il leur fait, d'égaler le sage à Dieu, ce qui met l'orgueil rationnel au lieu de la charité en Dieu. En tout cas, il n'y paraît guère.

(²) Voir les notices que nous avons données sur Scribani, dans la *Biographie Nationale*, et sur Lessius dans la *Revue néo-scolastique de philosophie* et la *Revue d'histoire ecclésiastique de Louvain*, 1912.

que T. et Scribani diffèrent de manière, ils sont à tous égards apparentés, ils sont de la même famille et par le sang et par les sentiments. En ce qui concerne spécialement l'enseignement, on peut précisément dans une lettre de T. à S. cueillir quelques notes suggestives (¹). L'évêque aime les Jésuites éducateurs ; il le dit en termes instructifs en recommandant à son neveu un jeune homme distingué, Charles de Lalaing, auquel il s'intéresse, qu'il faut préparer à un rôle social digne de son rang et de ses qualités. Pour cela, il ne faut pas l'ennuyer de disputes aristotéliques, mais des lectures des *Offices*, des historiens, — peu de poètes, le temps manquera — mais des extraits sur les vertus et les vices, tout ce trésor des lettres qui forment l'homme. Quant à l'éducation religieuse, il se confie à leur compétence éprouvée : « Literæ quæ nos humaniores efficere solent, pietatis vero studium vobis qui optimi ejus præceptores estis, relinquo ; videmus enim quantum progressum faciunt qui vestræ disciplinæ se crediderunt ». C'est bien l'éducation religieuse à côté de la formation par les humanités.

T. est donc l'ami de la Compagnie et il le manifeste spécialement dans une circonstance qui a laissé des traces nombreuses dans l'histoire de l'enseignement. Il s'agit de l'enseignement supérieur que l'Ordre chercha à créer de divers côtés, et qui souleva, entre lui et l'Université de Louvain, un conflit prolongé et célèbre. Ce conflit, il ne peut entrer dans notre cadre de l'examiner ici ; rappelons seulement les traits essentiels (²). Les Jésuites avaient le désir de donner aux jeunes gens de leur scolasticat un enseignement supérieur correspondant à des cours universitaires. En 1585 avaient été inaugurés au collège de Louvain des cours de théologie ouverts aussi à des auditeurs du dehors, et où enseignaient les maîtres Hamel et Leys (Lessius) ; ce dernier y jouit d'une renommée et d'une autorité très étendues. Il eut un conflit de doctrines avec la faculté de théologie de l'Université au sujet de certaines propositions qui furent incriminées comme suspectes d'erreurs, alors récemment condamnées et qui avaient fort troublé la faculté. Ce débat fut vif, long,

---

(¹) Il y a plusieurs lettres à Scribani dans le recueil manuscrit cité. Elles sont inédites Celle dont nous donnons un extrait est du 5 cal. jun. 1585 (f° 80).

(²) Voir les sources dans nos notices citées ci-dessus. P. de Ram en a groupé les éléments dans la *Synopsis Ecclesiae Antverpiensis*. Il y a une foule de documents aux archives du royaume, fonds des archives jésuitiques, carton 12, Collège de Louvain, qui contient les lettres de Torrentius et du P. Manare ; le n° 985 Historia Collegii Lovaniensis (Province Flandro-Belge) f° 89, etc. Au manuscrit souvent cité de la Bibliothèque royale il y a bien des lettres de l'évêque d'Anvers où il déplore le conflit entre hommes de telle valeur et appelle l'aide de Rome, fol. 216 et suiv. passim.

A ce même collège de Louvain fit ses débuts un controversiste célèbre de l'Ordre, le futur cardinal Robert Bellarmin. Voir une lettre de Bellarmin ap. VERNULACUS. *Academia Lovan*. p. 137.

orageux. L'évêque d'Anvers y intervint pour l'apaiser et Rome ordonna de cesser cette dispute. Mais la question de l'enseignement lui-même allait donner naissance à un conflit plus élargi et prolongé, au nom du monopole académique et de ses privilèges. Lessius en particulier avait donné un avis motivé en sa qualité de maître des études, et montré l'avantage procuré par l'enseignement vivant, actif, fréquenté du collège. T. sans doute pressé par son neveu, mais surtout par son attachement et l'estime pour l'Ordre, se décida à contribuer efficacement par son influence et par son aide financière à l'extension du collège louvaniste. Ancien élève de Louvain lui-même, ami de plusieurs de ses maîtres, T. chercha à réaliser son projet d'accord avec la faculté ; il s'adressa à elle ; dans son sein, il y avait d'ailleurs des partisans connus du droit d'enseignement des Jésuites, tels les théologiens Ruard Tapper et Thomas Stapleton, qui jouissaient d'une grande influence. Mais l'espoir de régler ce point rapidement et à l'amiable fut néanmoins déçu. Les facultés redoutaient dans le nouvel enseignement une concurrence désastreuse, contraire à leurs privilèges, dès qu'il admettait d'autres auditeurs que les scolastiques de la Compagnie, surtout si l'Ordre prétendait conférer des grades scientifiques. L'évêque eut à ce sujet une correspondance nourrie, notamment avec le professeur de Cuyck, futur évêque de Ruremonde, chancelier de l'Université ; il se plaint de la lenteur de cette affaire [1], étant désireux de réaliser son projet de doter les nouveaux cours et estimant qu'il faut donner de son vivant plutôt qu'à sa mort [2]. Mais la question était trop agitée ; l'Université, tant au point de vue de ses privilèges que de la diminution de ses revenus, y attachait trop d'importance ; elle avait émis des avis trop nets pour changer d'attitude. L'évêque, secondant le vif désir du provincial Manare qui y tenait beaucoup, signa le 1er février 1595 la fondation et la dotation du Collège [3]; elle était de 24.000 florins avec une riche bibliothèque estimée à 30.000 flor. et d'autres libéralités [4]. Cet acte

---

[1] Dans une lettre à Lipse notamment, du 1er juillet 1594, il se plaint des obstacles que rencontrent ses projets (BURMANN, *Sylloge*, t. I, p. 486. Il avait annoncé ses intentions à l'Université par une lettre que publie Valère André, *Fasti academici*, p. 379 ; l'Université y répondit (Ibid. 379). L'évêque écrit à Lipse disant qu'il ne répond pas à celle-ci, préférant le faire par ses actes.

[2] Cf. Lettres à H. de Cuyck, passim aux sources citées. En février 1594, il lui écrit « Nec longiorem feram moram, sepulcro proximus, nec donum pro domo quod donatur a mortuo ». Arch. Roy. Fonds Jesuit. Carton 12.

[3] Le texte de l'acte de donation est daté du 1er février 1595. Bibli. roy. mscr. 16590. P. DE RAM, *Synopsis*, cite et déclare posséder l'acte d'acceptation du général de l'Ordre, Claude Aquaviva, en date du 18 mars. *Synopsis*, p. 40.

[4] Le mscrt n° 3974-5, de la Bibl. roy. à Bruxelles, renferme un catalogue de la bibliothèque de Torrentius. Il est dressé par ordre de matières, et divisé d'après les langues : latin, grec, hébreu, flamand, français, italien, espagnol. Les langues anciennes dominent de loin ; il n'y a que deux vol. en hébreu et très peu en flamand. Ce catalogue prouve la variété des connaissances du prélat.

fut loin de terminer le conflit, au contraire, puisqu'il donnait au collège une vie matérielle plus assurée. Louvain lutta longtemps contre cet enseignement, comme il défendit ses privilèges contre les universités étrangères, contre Douai même, sa fille, et contre les tentatives de Tournai et d'Aix-la-Chapelle. La lutte se prolongea dans la principauté de Liége où les Jésuites espérèrent pouvoir reprendre les projets enrayés à Louvain par une décision de Clément VIII (¹). L'évêque d'Anvers mourut avant la fin de cette controverse qui entravait ses intentions en limitant sans le supprimer, le programme des cours du collège pour concilier les privilèges, les intérêts des études avec ceux de la paix et de la concorde.

L'enseignement supérieur n'était pas la seule préoccupation du prélat. Il favorisa la création des collèges ou maisons d'éducation des Jésuites. On n'en peut douter, bien qu'à Anvers, la grande expansion du collège date du rectorat de Scribani, quelques années plus tard, avec le concours du nouvel évêque, Jean Lemire (Miraeus). Dans son diocèse, l'enseignement primaire attira aussi l'attention de T. et spécialement sa sollicitude épiscopale : ce fut l'occasion d'un des gros conflits avec son chapitre, dont nous n'avons pas trouvé la fin, bien que sur son appel Rome eût, une première fois, reconnu ses droits. Il prétendait exercer sur les écolâtres et les maîtres d'école le contrôle spirituel ; c'était là, à son avis, un des devoirs essentiels de sa charge ; il se plaint vivement que l'on défère au pouvoir civil, au Conseil de Brabant, des points importants de droit ecclésiastique. Cette revendication des droits sur l'enseignement, son contrôle spirituel, il estime en conscience ne pouvoir l'abdiquer. « Nec salva conscientia possum negligere, cum ab institutione juventutis magna ex parte dependeat reipublicæ salus ». C'est ainsi notamment qu'il répond à une citation à comparaître en arbitrage au Conseil de Brabant, dans une série de lettres à J.-B. Maes, avocat fiscal. Elles prouvent, ce qui ne peut se contester, la conscience qu'il apportait à l'exercice de sa difficile mission épiscopale (²).

Au surplus sa pensée religieuse est attestée par bien des actes de sa carrière et des traits de ses écrits sacerdotaux. En politique, bien que défenseur résolu de la vérité, il n'était pas en général partisan de la

---

(¹) On trouve le texte des actes de Clément VIII dans les *Fastes de Valère André*, p. 385. Mais le conflit n'en fut pas terminé. On possède aux Arch. roy. (conseil des finances, cour brûlée, liasse 209) en date du 19 avril 1626, une déclaration signée du provincial de Flandre, Florent de Montmorency, munie du sceau de la Société, disant qu'elle ne veut pas enseigner la philosophie et la théologie, en pays de par deça, *in ordine ad gradus*.

(²) Lettres du 27 mars et 14 juin 1589, ms. cité, f° 281, 286. « Displicere, ut de re ecclesiastica, de functione episcopali coram judice non ecclesiastico contendam ». L. du 10 juin 1589 au nonce (*B. C. R. H.*, 3ᵉ série, t. X) dans le même sens « Multis edoctus exemplis quam sit perniciosum nobis alio quam ad S. Sedem confugere ». Ibid. L. du 28 oct. 1589.

manière forte introduite par le duc d'Albe et il parut de ce chef suspect de tiédeur aux royalistes outranciers (¹). Mais nous devons écarter cette partie de l'étude de notre prélat qui nécessiterait un développement trop large pour le cadre de ce recueil. Nous la reprendrons et la compléterons dans une publication plus étendue, tel est du moins notre projet (²). Constatons seulement ici combien domine dans sa pensée l'intérêt du relèvement social, du salut religieux, que perdent trop de vue à son gré les hommes de combat politiques (³), et il redoute les effets déplorables que causent les désordres de la soldatesque qui s'acharne sur le pays(⁴). Ces maux sont, à ses yeux, produits par les fautes ; il espère le retour à Dieu pour obtenir sa clémence et sa miséricorde (⁵). Et là, comme en bien des passages de sa correspondance, à Lipse, à Lampson, à son cher Roland Lannoy, se révèle l'âme sacerdotale, que l'on ne peut, malgré certaines réserves sur ses écrits (⁶), méconnaître dans l'ensemble de sa carrière. Sa devise portait : *Deum Sequere*. S'il a commis des erreurs, des fautes, il ne fut ni un ambitieux ni un vénal ; le zèle religieux s'est affirmé dans sa vie et a paru en termes touchants dans ses lettres intimes. (⁷)

(¹) Il fut délégué de l'évêché de Liége près de don Juan d'Autriche pour la ratification de la Pacification de Gand. STRADA, *De Bello Belgico*. Lib. IX au 17 février 1577. FOPPENS, *Hist. Episcop. Antverp.*, p. 66. Voir ses lettres à Arcas Montanus (1584-95) *B. C. R. H.*, 2ᵉ série, t. VII, et à Fonck (1583-85), Ibid., 3ᵉ série, t. II. Ce dernier, attaché au ministère ou chancellerie belge à Madrid paraît bien l'avoir desservi. L'évêque lui écrit. (loc. cit. p. 32-34) qu'il faut protéger la religion mais qu'il est nécessaire aussi de supporter certains maux. Cette lettre est à lire. Il n'entra au Conseil d'Etat qu'en 1594 et il prit la parole dans la réunion des notables appelés pour donner leur avis à l'archiduc Ernest sur les remèdes à la situation et dont les conclusions exposent les griefs nationaux. Cf. les pièces dans GACHARD, *Les Etats Généraux de 1600*, p. 415 à 450.

(²) Nous y expliquerons, comme nous le croyons exact, sa poésie sur la mort du Taciturne ; elle exige des remarques qui nous entraîneraient ici au-delà de nos limites.

(³) L. à Lampson prid. kal. jun. 1588. Mscr. cité fº 220. La préoccupation religieuse se manifeste dans l'œuvre d'application du Concile de Trente, l'institution du catéchisme dans les paroisses d'Anvers, les statuts diocésains, etc., etc. Voir les histoires citées du diocèse ; et P. de RAM, *Synodicum Belgium*, t. I, p. 456. DIERXSENS, *Antverpia Christo nascens et crescens*, t. VI, p. 275, etc.

(⁴) Lettres à Fonck (1583), à Montanus (1592). Loc. sup. cit. : Tot vultures ad unum cadaver. La série des lettres à Montanus est remarquable à cet égard.

(⁵) L. à Lipse, oct. 1591. (BURMANN, *Sylloge*, t. 1, p. 479). Dabit Deus meliora et ut nos ad Illum conversi fuerimus, sic Ipse convertetur in nos et salvi erimus, non aliunde quam ex malis moribus et scelerum magnitudine affligimur, quod ipsa poenae quam patimur ratio manifestum facit... hinc fundi nostri calamitas : danda tamen opera ut Deum nobis propitium, a quo solo omne bonum.

(⁶) Les *Nugae* par exemple, de ses poésies qu'il faut attribuer à l'influence de cette époque littéraire qui connut tant d'abus de ce genre et que lui-même a regrettés. A la fin de sa vie, sa muse devient comme exclusivement religieuse, il y trouve sa joie à chanter Dieu et les esprits célestes. (L. à Graphiarius ap. MATTHAEUS, *Sylloge epistolarum*, Ed. 1740, p. 241).

(⁷) L. à Lipse citée ci-dessus, à R. Lannoy, mscr. cité, fº 308, etc. A Lipse : « Deo placer bonum est, hic finis, haec meta, hic terminus est quo tendimus, diverticula omnia proetereunda quo citius perveniamus ». Et sa lettre émouvante à Lannoy, gravement malade, lui montrant le but : « quid est quod tantopere mortem formidemus, quae nisi intervenerit, salvi esse non possumus neque ad metam quam in hoc cursu proponimus pertingere. Firma itaque animum ut coepisti et in ipso ad metam flexus, fortiter age... ».

Si T. a eu en son temps une auréole littéraire, exaltée comme toujours par la confraternité des lettres, s'il a sacrifié aux muses, il faut reconnaître que ces faiblesses se rachètent par son zèle pour le salut des âmes, et son action loyale et désintéressée pour le bien général, même s'il s'est trompé çà et là dans le choix des moyens, au milieu de ces époques si troublées. Il figure donc à bon droit avec honneur dans la galerie des prélats et des lettrés du pays.

V. Brants. [1]

---

[1] L'auteur étant décédé, les éditeurs ont cru devoir publier ce mémoire tel qu'il leur a été livré. Le regretté V. Brants y aurait sans doute supprimé quelques incorrections de rédaction.

Les sœurs recluses de Diest

Documents concernant l'ermitage de l'église Notre-Dame à Diest.

Une des formes les plus caractéristiques sous lesquelles se manifesta la vitalité religieuse du moyen âge, fut l'existence des ermitages et recluseries (¹).

Des âmes de dévouement consacraient leur vie au Seigneur et se retiraient dans la solitude, où elles se vouaient à la prière et aux œuvres de miséricorde.

Dans nos régions, les ermitages étaient nombreux, mais, comme on l'a fait remarquer (²), ils semblent s'être concentrés de préférence dans la Wallonie, tandis qu'au pays flamand se manifesta surtout la forme spéciale des recluseries.

La Belgique ne connut ni reclus ni recluse avant le VIIe siècle. Vers 650, sainte Landrade vivait, dit-on, en cellule, et embaumait du parfum de ses vertus les solitudes de Munsterbilsen. L'institution cependant ne fleurit en Europe qu'à partir du XIIe siècle. Au XVe, les recluseries étaient nombreuses, surtout dans le pays de Liége.

Cette institution se trouve décrite chez Cruls, et il n'entre pas dans notre plan de nous étendre à ce sujet. Nous nous contenterons de donner une esquisse de l'historique de l'ermitage de l'église Notre-Dame à Diest, comme préliminaire à la publication des documents très suggestifs qui y ont trait.

(¹) *Bibliographie* : A) *Générale* :
A. DE RIDDER, *Notes et documents relatifs aux ermitages anciennement adossés aux églises*, dans les *Analectes pour servir à l'histoire ecclésiastique de la Belgique*, 1868, t. V, p. 205 et suiv. ; J. CRULS, *Le Saint Sacrement et l'église Saint-Martin*, avec une première notice sur les recluseries au moyen âge. Liége, 1881, p. 179 et sv. ; G. BOULMONT, *Nos anciens ermitages*. Bruxelles, 1893 ; J. DEMARTEAU, *La bienheureuse Eve de Saint-Martin*. Liége, 1896.

B) *Particulière pour l'ermitage de Diest* :
A. SANDERUS, *Chorographia sacra Brabantiae*. La Haye, 1726, t. I, p. 328 et sv. ; G. VAN HERDEGOM, *Diva Virgo Candida*. Bruxelles, 1650, p. 314 ; J. E. RAYMAEKERS, *Kerkelijk en liefdadig Diest*. Louvain, 1870, p. 183 ; W. VAN SPILBEECK, *De abdij van Tongerloo*. Lierre, 1888, p. 44 et sv.

(²) G. BOULMONT, *o. c.*, p. 107.

Depuis la fin du XVe siècle, la ville de Diest avait son ermitage : nos documents en font foi. L'obituaire de l'abbaye Notre-Dame de Tongerloo consacre, au 6 mai, la mémoire d'une sœur Ide, recluse de Diest : *Ida, reclusa de Dyst* (¹), mais rien ne vient préciser cette mention succincte, et bien qu'elle remonte au delà de 1400, nous ne savons si l'on peut en conclure à l'existence d'une recluserie au XIVe siècle à Diest.

L'ermitage de Diest se trouvait au cimetière de l'église paroissiale de Notre-Dame et un texte, rapporté par Raymackers (²), nous apprend que la cellule était adossée au mur de l'édifice.

Les documents dont nous disposons nous présentent les noms d'une série de sœurs recluses.

Marguerite van den Bosch apparaît la première dans des actes non datés, où elle émet ses vœux de profession et de reclusion. Le 16 juin 1473, elle obtient une fraternité de prières et mérites avec l'ordre des Prêcheurs. De même, une lettre, en date du 20 mai 1486, octroie des indulgences et des faveurs quant à la confession à Marguerite van den Bosch et à sa servante *Marie Ghiels*.

Un acte non daté, censé se passer sous Jean de Hornes, évêque de Liége, accorde à Marie Ghiels le droit d'occuper la cellule à la mort de Marguerite van den Bosch, et allègue, comme titre à la possession, les services fidèles de la première.

L'acte ne fut pas validé, et le 1er août 1496, Marie Ghiels obtient, comme recluse, la participation aux prières et mérites des Carmes.

Une concession d'indulgences du 7 avril 1515, cite, à côté de Marie Ghiels, une autre *Marie Ghiels* qui, le 20 avril de l'année suivante, fait sa profession religieuse : celle-ci est native de Balen-sur-Nèthe.

Le 21 août 1541, une autre *Marie Ghiels*, née à Balen, est enfermée dans la cellule, et le 20 décembre 1545, Arnould Streyters, abbé de Tongerloo, dispose de l'ermitage en faveur d'*Anne van den Plasse*, qui émet profession selon les constitutions de l'ordre de Prémontré, et qui, deux ans plus tard, le 18 janvier 1547, fait son vœu de reclusion.

C'est ici que se clôt la série des sœurs recluses de Diest. Les horreurs des iconoclastes vinrent jeter le deuil sur la ville de Diest et y anéantir l'asile de sainteté et d'abnégation. Ce fut en 1580.

Nous aurions voulu ajouter à cet exposé succinct quelques considé-

---

(¹) W. Van Spilbeeck, *Necrologium ecclesiae B. M. V. de Tongerloo*. Tongerloo, 1902.
(²) Raymaekers, *o. c.*, p. 183, en note.

rations sur la profession religieuse des sœurs recluses. Nous sommes forcé de nous borner.

Les sœurs faisaient leurs vœux de religion d'après la règle des Dominicains, et la dernière d'après les constitutions de l'Ordre de Prémontré (¹). Les anciens auteurs font confusion entre la profession religieuse et le vœu de reclusion. C'est cependant chose bien distincte, et nous voyons même comment une religieuse, qui a fait profession, doit encore passer par un stage d'épreuve de deux ans, avant de pouvoir émettre le vœu de reclusion et être enfermée pour la vie.

L'évêque de Liége, comme autorité ecclésiastique, et l'abbé de Tongerloo, *persona* de Diest, disposaient de l'ermitage et en concédaient la possession aux âmes éprises de cette vie austère.

Nous ne pouvons clore cette brève notice sans attirer l'attention sur les pièces qui décrivent l'acte solennel de la reclusion. Nulle part nous n'avons trouvé des documents aussi suggestifs : ceux que nous éditons présentent un tableau saisissant des cérémonies à la fois grandioses et lugubres, dans lesquelles ces personnes disaient adieu au monde pour devenir des « empierrées ».

A. ERENS.

(¹) Certains auteurs font mention de la règle franciscaine, mais nos documents ne peuvent les appuyer.

I.

Formule de la profession religieuse de Marguerite van den Bosch, d'après la règle du tiers-ordre de St Dominique.

Ic su(ster) margareta vanden bochs (*sic*) doe professie ende / gelove gehorsamheyt god ende sinte marie ende sinte / domi(nicus) u broeder peter... ymans indie sta... van meester / leenaert van proesen generael vicarius vande preker order / ende s(ye)n naco(melingen) na die regle van sinte augustyn / ende .... vander preker order dat ic u ghehorsam / sal syn ende uwe nacomelingen totter doot toe.

Acte sur papier (¹).

II.

Formule du vœu de reclusion de Marguerite van den Bosch.

Ic suster margareta vanden bochs gheloef stantachticheyt / ende besloeten te syn in onser vrouwen cluys te deyst v / meester jan van duffel (²) meester inder godheyt ende proest / van sinte plisseskerk (³) indie stad van onsen vader / ende heere her loduwyck biscop van luydick (⁴) dat ic u ende uwen nacomelingen der in sal ghehorsam syn.

Acte se trouvant au dos de la pièce précédente.

III.

Concession d'indulgences en faveur des recluses de Diest.

16 juin 1473.

Devote et in dei (*sic*) filie carissime sorori margarete vanden bossche recluse in reclusorio ecclesie beate marie in dyest leodiensis diocesis ordinis predicatorum Fr marcialis / auribelli de avinione sacre theologie professor ac tocius prefati ordinis predicatorum humilis magister et servus salutem in domino ihesu et spiritualem consolationem...

Acte sur parchemin, muni d'un sceau de cire rouge sur cordelettes de chanvre. Le sceau est de forme ogivale, représente un dominicain agenouillé devant une croix et porte les fragments d'inscription : RDINIS PREDICAT. ⁊· FR. S. MART...

(¹) Le texte entre parenthèses est illisible et a été suppléé.
(²) Jean de Duffel, prémontré de Tongerloo, docteur en théologie, fut nommé prévôt de Diest en 1473, après avoir été prieur à l'abbaye. Il mourut le 21 mars 1487.
(³) L'église de Saint-Sulpice.
(⁴) Louis de Bourbon, évêque de Liége de 1466 à 1482.

IV.

*Concession d'indulgences en faveur des recluses de Diest,
Marguerite Van den Bosch et Marie Ghiels.*

20 mars 1486.

Datum... die vicesima Mensis marcij Anno domini. M. cccc. lxxxvi.

> Acte imprimé sur parchemin et muni jadis
> d'un sceau en cire rouge sur queue double.

V.

*Jean de Hornes, évêque de Liége,
assure la succession de la cellule de Diest à Marie Ghiels.*

(J)ohannes (¹) de hoerne dei et apostolice sedis gratia episcopus leodiensis devote nobis in xhristo dilecta maria giel de balen nostre leodiensis diocesis salutem in domino cinceram cum utique / prout fide dignorum accepimus relatione tu dei ferre ac religionis amore accensa sorori margarete vanden bosch professe quidem ordinis predicatorum ac vitam / in cella seu in inclusorio juxta cepta cemeterij ecclesie parochialis nostre domine opidi diestensis leodiensis diochesis more procuratricis ac famule domestice pluribus retropro / tractis annis continuis fideliter ac laudabiliter obsecuta es et servivisti ac adeo et in tantum quod divina in te habundante gratia meritisque tuis ac vita et conver / satione id exposcentibus ordinem predicatorum videlicet almi confessoris sancti dominici in et ad manus fidelium nostrorum fratris nicolaij zas tunc prioris / monasterij et conventus ordinis predicatorum opidi lovaniensis leodiensis diocesis ac prepositi ecclesie nostre collegiate sancti sulpitij opidi diestensis publice et / expresse professa es sub cuius religionis habitu ac in dicta cella hactenus vitam duxisti desiderasque in antea illic dictam religionem posse continuare / Et quia times cum dicta margareta diem sue vite clauserit extremum ex dicto inclusorio seu cella posse expelli Nobis humiliter supplicasti ut tibi / desuper de remedio pranderemus opportuno Nos igitur devotioni tue inclinati ac tuo laudabili proposito annuentes ut antedictos ordinem et religionem / animo quietiori ac liberiori perficere ac observare possis tibi tenore presentium indulgemus quatenus si prenominatam sororem margaretam modernam / inclusam decedere contingat te in vita superstite remanente ipsa defuncta tu cellam et inclusorium huiusmodi intrare et ibidem permanere ac bona inibi / existentia eciam si ad nostram spectaverint dispositionem quoniam quidem illa opera laboribus et sollicitationibus tuis conquesita sunt libere ac licite / apprehendere Illisque quamdiu in humanis egeris uti ac te inibi in locum prefate sororis margarete sub habitu et regula consuetis Curati tamen et parochia / renuente consensu recipi ponique et induci facere absque alicuius alterius impetratione mandari posses et valeas Quocirca dilecto nobis in xristo / preposito ecclesie nostre collegiate et parochialis sancti sulpitii

---

(¹) Jean de Hornes, évêque de Liége, + 19 déc. 1505.

opidi diestensi dicte nostre diochesis cui est prenarrata ecclesia nostre domine subiecta / pro tempore existenti auctoritate nostra ordinaria tenore presentium committimus et mandamus Teque in domino exhortamur quatenus prelibata sorore / margareta defuncta eandem sororem mariam ut a mundialibus segregata conspectibus in spiritus fervore vitam ducat solitariam ac altissimo tanto / ferventius quanto abstractius inhereat in cella seu inclusorio huiusmodi in locum dicte sororis margarite sub habito et regula consuetis statum et incontinenti / huiusmodi revoluto si eandem mariam inibi laudabilis vite et conversationis religiose probaveris Ipsaque profiteri professionemque facere petierit de illorum / quorum interest seu intererit consensu et beneplacito ipsam sepedictam mariam recludas professionem quoque ac vota consueta ab eadem cum solempnitatibus / consuetis suscipias Cetera vero omnia alia et singula circa hec necessaria solita et fieri requisita exercendo In quorum premissorum veritatis testimonium sigillum / nostrum ad causas presentibus duximus apponendum Datum Anno a nativitate domini millesimo...

Acte sur parchemin, auquel manquent les signes de validation.

VI.

Jean de Nussia, provincial des Carmes, concède la Fraternité à la recluse Marie Ghiels.

Malines, le 1er août 1496.

Datum in nostro conventu Machliniensi sub sigillo nostri / provincialatus officii presentibus appenso die vero prima mensis augusti anno domini m⁰ cccc⁰ nonagesimosexto.

Acte sur parchemin muni d'un sceau plaqué en cire rouge.

VII.

Concession d'indulgences à Marie Ghiels et à une autre Marie Ghiels.

7 avril 1515.

VIII

Formule de profession de Marie Ghiels d'après le tiers-ordre de St Dominique.

Diest, le 20 avril 1516.

Ter eeren gods almechtich des vaders des sooens ende des heylich gheests / ende der heyligher marie ende sinte dominicus Ick suster / mariken ghiels voor u broeder henrick van hoehstraten ghesonden van / den prior der predikaren bijnnen loeven als vicarius der susteren / vander penitentie sinte dominicus doen professie ende ghelove dat ick / voordaen sal leven nae die forme ende reghele der selver orden vander / penitentie sinte dominicus totter doot toe.

M. PRIEM.

Anno millesimo quingentesimo decimo sexto / vicesimo die mensis aprilis in presentia dni prepositi et mamburnorum ecclesie beate virginis.

Acte sur papier.

VIII.

Acte notarial de la reclusion de Marie Ghiels.
20 avril 1516.

In nomine domini Amen per hoc presens publicum instrumentum cunctis pateat evidenter et sit notum quod anno / a nativitate eiusdem domini millesimo quingentesimo decimosexto Indictione quarta mensis aprilis die / vicesima hora decima ante meridiem vel circiter pontificatus sanctissimi in christo patris et domini nostri / domini leonis divina providencia huius nominis pape decimi Anno suo quarto in mei notarij publici et / testium subscriptorum ad hoc vocatorum specialiter et rogatorum presencia personaliter constitute honorabiles et discrete persone videlicet dominus Johannes de aggere (¹) presbyter et protunc prepositus collegiate ecclesie / sancti sulpitij opidi diestensis Necnon henricus reyneri Johannes de hamalia bartholomeus / cleynaerts alias de beecka incole ac cives eiusdem opidi diestensis tanquam mamburni ecclesie nostre domine / in iamdicto opido diestensi situate ex una necnon maria ghiels filia legitima walteri ghiels et quondam heylwigis haegmans / in villa de balen commorans partibus ex altera Quequidem jamdicta maria humiliter petijt ac desideravit / a iamdicto preposito et mamburnis sibi faveri et graciose prestari locum reclusorij seu inhabitacionis / supra cimiterium prefate eclesie beate marie situatum quem de consensu alterius marie dicte ghiels protunc / sororis incluse inhabitavit Cuius quidem prefate marie peticionem conveniens benigne attendens antefatus dominus / prepositus et mamburni exiguum super hac peticione concilium mutuo tenuerunt quo facto idem dominus / prepositus nomine ipsius et eorundem mamburnorum pretactorum sibi marie repondit in hec verba Nos quidem / tibi favemus et inquantum nostram concernit iurisdictionem seu potestatem tibi damus et concedimus / pretactum locum reclusiorij seu inhabitacionis a nobis ut prefertur expetitum post decessum prefate marie / sororis incluse et quamdiu vixeris in humanis posse inhabitare ac eundem libere possidere tali tamen condicione / adiecta si et inquantum deinceps bonam laudabilemque vitam duxeris sic quod de te nulle querele ac mali / rumores ad aures nostras perveniant Quibus peractis venerabilis dominus henricus de hoechstraten / frater conventus primi ordinis sancti dominici in opido lovaniensi situatam parvam coram omnibus astantibus / fecit collacionem Et sic depost antenominata maria suam fecit professionem ac solempniter vovit ad dei / omnipotentis honorem coram iamdicto domino et fratre henrico decetero observare terciam regulam predicti patris / sancti dominici et hoc juxta tenorem et forman in quadam papiri cedula descriptam quam idem dominus / ac fracter henricus eiusdem marie manibus tradidit alta voce perlegendam

---

(¹) Jean de Aggere (ou Van den Dyck) né à Hoogeloon, chanoine prémontré de Tongerloo, bachelier en théologie, prévôt de Saint-Sulpice en 1504, + 17 mai 1530.

super quibus omnibus et singulis / premissis antedicta maria pecijt sibi fieri a me notario publico subscripto si opus fuerit instrumentum / unum publicum seu plura publica instrumenta Acta fuerunt hec in prescripto loco reclusorij seu inhabitacionis / prefate sororis marie incluse presentibus ibidem unameeum honestis et discretis viris iohanne reyners burgimagistro prefati opidi diestensis necnon mathia ghiels protunc in opido lovaniensi commorante leodiensis dyocesis / testibus fide dignis ad premissa testificanda vocatis pariter et rogatis.

Et ego goeswinus de reese presbyter leodiensis dyocesis sacra apostolica auctoritate notarius...

Acte sur parchemin muni du signe notarial.

IX.

Acte notarial relatant la profession de reclusion de Marie Ghiels.

Diest, le 21 août 1541.

In nomine domini Amen Tenore presentis publici Instrumenti cunctis pateat evidenter et sit notum quod anno a nativitate eiusdem domini millesimo quingentesimo / quadragesimoprimo indictione decimaquarta mensis vero augusti die vigesimaprima circiter horam undecimam ante meridiem Pontificatus sanctissimi in christo patris et domini nostri domini pauli / illius nominis pape tercij anno suo septimo in mei notarij publici testiumque infrascriptorum ad hoc vocatorum specialiter et rogatorum presentia personaliter constitutis in summo choro ecclesie / nostre domine opidi diestensis leodiensis diocesis honorabili viro religioso domino ac Magistro Emberto de Arendonck (1) presbytere canonico regulari ecclesie beate marie virginis tongerlensis ordinis premonstratensis preposito / ecclesie collegiate et parrochialis sancti sulpitij dicti opidi diestensis ex una necnon sorore maria ghiels de balen dicte leodiensis diocesis Religiosa professa tercie regule ordinis sancti dominici incola et inhabitatrice / inclusorij in cymiterio prefate ecclesie nostre domine diestensis siti partibus ex altera Quibus sic ut premittitur comparentibus iamdicti videlicet dominus et magister Embertus prepositus pro parte prefate / sororis marie ghiels requisitus ab eadem sorore maria in pretacto inclusorio perpetuo degendi sancte inclusionis votum recipere eidemque sanctimoniale velum inducere : Soror Maria ghiels autem (prius / tamen per dictum dominum prepositum ex huiusmodi inclusorio cum ardente candela cerea quam ipsa suis gestabat manibus post processionem decantatis responsorio Regnum mundi et deinde antiphona Veni / sancte spiritus etc. usque ad summum altare pretacti chori nostre domine deducta) huiusmodi sancte inclusionis votum emittere et sanctemoniale velum recipere parata ultiori probationis anno (quem integraliter / compleverat) per expresse renuncians, ut hincinde et respective dixerunt et asseruerunt, auspicata per dictum dominum prepositum missa de sancto spiritu, cum organis solempniter decantata, huiusmodi / missam ad offer-

---

(1) Embert Nivelaer, né à Arendonck, licencié en sciences médicales, prémontré de Tongerloo et prieur de l'abbaye, puis curé de Westerloo. En 1541, il fut nommé prévôt de Saint-Sulpice, et en 1553, élu prélat d'Heylissem. + 15 juin 1557.

torium usque absolvit, Quo facto supra cathedram ante cornu pretacti summi altaris collocatus sedens prefatus prepositus, ex dicta sorore Maria interrogavit, quidnam peteret, eadem / sorore maria theuthonico idiomate ad hoc respondente, Ic begeere te leven ende te sterven inder cluisen, Atque ulterius habita per dictum dominum prepositum contione ad eandem sororem Mariam, includi / petentem, de difficultate et periculo vite solitarie atque mundana morte tandem ex commissione et de mandato suorum superiorum videlicet Reverendissimi domini leodiensis episcopi et Reverendi patris domini Abbatis / Tongerlensis sui prelati (ut asseruit) dictorum suorum nomine superiorum professionem et sancte inclusionis votum, prout et quemadmodum in quadam papyrea cedula theuthonico idiomate conscripta continebatur, / ac ipsa soror Maria ex huiusmodi papyrea cedula legebat, de et ab eadem sorore Maria recepit sub hac verborum forma / Ic suster Mariken ghiels van balen religiose ende geprofessede om te leven totder doet toe in ghehoersaemheyt van mynen oversten ende in reynicheit, nae den regule ende forme der ordinen van penitencie sinte dominicus, gelove god ende maria der moeder goids ende allen goids heyligen / ende u broeder Embrecht van Arendonck proest der collegiate kercken van sinte plissen tot diest als commissarius daertoe gestelt van synen oversten tot der doot toe te blyven gesloten in die cluyse van deser kercken onser vrouwen tot diest, ende nimmermeer te gaen van deser gevvyder plaetsen gelykerwys dat by myn vorsaten tot noch toe onderhouden es geweest ende dair nyet vut te gaen sonder / speciael consent van mynen oversten, ten vvaer in sonderlingen noot van brande, van foertsen, ende vande oerloghe, huiusmodique professione et voto sic (ut prefertur) per dictam sororem Mariam emissis, predictus / dominus prepositus nigri coloris sanctimoniali velum capiti dicte sororis marie induxit, atque in signum quod iam mortua foret huic mundo pretactam candelam ceream quam ipsa attulit ardentem, extinxit / seu efflavit, Atque ulterius eandem ad cornu predicti altaris deduxit, atque postquam eadem soror maria apertissime declarasset quod ad omnia hec non vi, dolo, metu, seu aliqua sinistra machinatione fuerit / vel sit inducta, seducta, sive coacta, sed mature deliberata, ad et supra crucem quam propria manu pinxit ipsa maria soror Maria in huiusmodi professionis et emissionis voti cedula papyrea / solempne iuramentum prestitit in hunc vel similem modum : Van allen sgheens dat ic hier ghelooft hebbe ende ghelove dat zal te houden totter doot toe ende nimmermeer affgaen, zoe help my god ende / alle zyn heyligen, Processo insuper per dictum dominum prepositum in pretacte misse officio usque ad sacram communionem, etiam sacrosanctum eucharistie sacramentum pretacte sorori Marie administravit / Et tandem finita missa huiusmodi eandem sororem Mariam modo premisso velatam cum pretacta candela cerea extincta, quam suis ipsa deferebat manibus rursus ad dictum reclusorij locum (inibi eandem / iuxta professionem per eam coram domino preposito factam recludendam) deduxit, De et super omnibus et singulis premissis prefatus dominus Embertus prepositus et soror Maria ghiels hincinde / et respective sibi a me notario publico infrascripto unum vel plura publicum seu publica fieri confici atque tradi petierunt instrumentum et instrumenta, Acta fuerunt et sunt hec in summo choro / pretacte ecclesie nostre domine opidi diestensis antedicti, sub anno, indictione, mense, die, hora et pontificatu prescriptis, Presentibus ibidem honorabilibus et discretis viris domino / ac magistro Johanne de hamalia prebytero Magistro Remegio venerabilis curie leodiensis causarum procuratore et henrico vekens matriculario dicte ecclesie nostre domine diestensis clericis leodiensis diocesis aliisque quamplurimis tanquam testibus ad premissa / testificandum vocatis specialiter atque rogatis.

Et ego henricus Mannaerts ex Quaetmechelen patrie lossensis leodiensis diocesis clericus eiusdem diocesis leodiensis publicus sacris apostolica et imperiali auctoritatibus necnon / venerabilis curie leodiensis juratus notarius....

Acte sur parchemin muni du signe du notaire.

X.

Arnould Streyters, abbé de Tongerloo, admet comme recluse Anne van den Plasse.

20 décembre 1545.

Arnoldus Streyters permissione divina abbas monasterij beate marie virginis in / Tongerlo ordinis premonstratensis cameracensis diocesis universis presentes visuris lecturis pariter / et legi audituris salutem in domino sinceram... ad cellam seu inclusorium infra cepta cimiterij ecclesie nostre / domine opidi diestensis leodiensis diocesis constitutam et de presenti vacuam et inhabitatrice carentem cujus / siquidem celle seu inclusorij et eiusdem inhabitatricis collacio provisio nominatio et commoda / dispositio ad nos ratione nostre abbatialis dignitatis et iuris nostri patronatus spectare et / pertinere dignoscuntur devotam nobis in xristo dilectam annam vanden plasse ex peelt diocesis / leodiensis quondam beginam beginagij opidi diestensis personam ad huiusmodi cellam seu inclusiorium inhabitandam ac / religionem nostri ordinis premonstratensis profitendam prout relatione honorabilium virorum dominorum / Emberti niveler prepositi sancti sulpitij et nicholai de asch([1]) investiti dicti beginagij diestensis / percepimus ydoneam et qualificatam nominamus deputamus et ordinamus ac eidem anne / dictam cellam seu inclusorium annuendam duximus prout nominamus deputamus et / ordinamus ac annuimus in dei nomine et per presentes in cuius rei testimonium Sigillum nostrum ad causas presentibus nostris litteris duximus apponendum datum anno a nativitate / domini millesimo quingentesimo quadragesimoquinto mensis decembris die vicesima.

Acte sur parchemin muni du sceau abbatial
ad causas, pendant sur queue double.

XI.

Formule de profession religieuse d'Anne van den Plasse.
Témoignage notarial de la profession.

Diest, le 18 janvier 1547.

Ick suster anna ghelove metter / hulpe gods eewighe reinicheyt / dervinghe eyghes goets ende ghehorsamheit / u vader embrecht nivelaer proest

---

([1]) Au sujet de Nicolas Van Esch, voir A. JANSSEN, *Het leven van der Eerwaerdighen Vaeder Mynheer Nicolaus Van Esch of Esschius, eertijds Pastoir van het Begynhoff van Diest, genaemt St-Catharinen-hoff*. Louvain, 1713.

van / sint sulpilis tot diest ende uwen nacomelinge / die witteliek in ghestelt sullen warden / na sinte augustyns reghel.

+ (Une croix tient lieu de signature).

(*Au verso*).

Acta fuerunt et sunt hec retroscripta in choro capelle dive virginis / opidi diestensis leodiensis diocesis tempore divinorum ante meridiem inter / decimam et undecimam vel circiter anno a nativitate domini millesimo quingentesimo / quadragesimoseptimo stilo leodiensis mensis januarij die decimaoctava / presentibus ibidem providis et discretis dominis bartholomeo walbodius / cappellano ecclesie collegiate divi Sulpitij et dionisio torkens servitor pretacte capelle presbyteris testibus ad retroscripta vocatis specialiter atque rogatis.

ludovicus iudovici prebyter necnon ad retrotacta / notarius per consilium brabantie admissus et approbatus.

Acte sur papier, portant au verso le signe notarial.

XII.

Acte notarial faisant foi de la profession et de la relusion d'Anne van den Plasse.

Diest, le 18 janvier 1547.

Inden naem ons heeren amen by desen tsegenwoerdigen openbaren instrumente sy condt ende kenlyck eenen yeghlyken die dit selve / sullen sien oft hooren lesen dat in den jaere der geboerten ons liefs heeren jhesu christi doemen screef duysent vijfhondert ende sevenenveertig der / vijfster indicten des achthienste daegs der maent januarij tisschen tien ende elf vuren voer middage oft daeromtrent der pontificatien ons alder / heylichstevaders in gode ende heeren heeren pauli byder godlyker voersienicheit die derde paus van dien name in synen dertiensten iaere / voer myn Eerwerdighe Embert nivelaer prister ende proest der collegiater kercken van sinter plissis binnen der stadt diest / tot des ondergescreven is commissaris bijden alder Eerwerdichsten heere ende bisscop van ludick vut cracht van brieven van commissien daer / op verleent ende in presentien van mij notaris ende der getuigen hier ondergescreven heeft haer verthoent ende is gecompareert Anna vanden / plasse van peelt nu een iaer ende meer geleden van mijnen Eerwerdinge heer ende prelaet van tongerloo om inder cluysen ende cellen opten / kerckhoff van onser lieven vrouwen kercken tot diest besloten ende haer woonstadt aldaer te hebben geordineert ende genomineert ende / achtervolgens den selven ende den brieven van comittimus voers. doen ter tyt om aldaer inne besloten te worden ende den reghel van sinte / augustyn der orden van premonstryt te profiteren ende assumeren geaccepteert, gecleet ende gehabitueert nu ter tyt haer proefiaer / gehadt hebben, heeft ootmoedelyck met bogende knijen begeert bij mijnen Eerwerdighen heer proest commissaris haer professie te doenen die welke Anna daertoe ontfangen is ende heeft daer toe gedaen alle geloeften ende solempniteyten daer toe dienende lesende daertoe / op dat heyliche evangelie christi dese woerden oft in effect dier dier gelycken hier nae volgende, Ick suster anna gelove metter hulpe / gods eevvighe reinicheyt dervinghe eyghes goets ende ghehorsamheyt v vader Embert nivelaer proest van sinte plissis tot diest / ende uvven nacomelinge die vvittelyck in ghestelt sullen woerden nae Sinte Augustyns reghel welcke gedaen synde de voers. mynen / heer de commissaris heeft die voers. Anna in haer voers. celle ende cluyse geleyt ende aldaer gesloten onder den ordenen ende zeghel voers. al achter / volgen der voers. brieven van committimus des Eervverdichs heren ende bisscop van ludick van welcke dingen die voers. heer Embert / proest heeft begeert van mij notaris ondergescreven een of meer instrument oft instrumenten gemaect te worden Dese dingen sijn gesciet / binnen der kercken van onser lieven vrouwen voers. ten iaer indictien maent dage ende pausdom als boven waer bij (¹) ende tsegen woerdig waren / Eersame ende discrete heren bartholomeus walbodius ende dyonisius torkens pristeren ende ingeseten der stadt diest als getuygen daer / toe geroepen sonderlinge ende gebeden.

Acte sur parchemin, muni du signe notarial.

XIII.

Cérémonial de la reclusion.

Dit behoert men te doemen aende die men klusen / sal soo sal doverste comen mit goeden lieden ende salse / wtter cluse leyden mit eender bernende kerse in / haer hant tot ten hogen outer ende daer sal (²) liggen op een / blau sargie mit cussen daer sal se op liggen totter / offertorien toe soe sal haer overste vragen wat si / begeert soe sal se antwoerden Ic begere te leven / ende te sterven inder cluse soe saé die overste daer op / antwoerden soe moet gi hier geloven op u ewige / ver domenisse ut deser cluse nyet te gane om leven / noch om sterven wt genomen dese iij poenten noet van / viere ende forsse daer u eere aen lagen ende distruccie / van orloogen ende nochtans moet gi oec houden gene / datt gi voer in u proffessie geloeft heebt ende dan sal / hi haer die swerte viele op haer hoeft settene ende dan / salse een cruys machen opten outaer ende cussen datte / ende dan salse weder gaen leggen op haer staet daer / si te voren gelegen heft ende na dat die priester dat / heilich sacrament genut heeft soe sal hi haer oec / dat sacrament geven ende sal (³) die misse wt es / soe sal hii haer die wasse kerse die sie daer in die / kerke gebracht hadde weder in haer hant geven nyet / berende ende seggen haer Alsoe dese kerse doot es / soo moet gi der werelt doot ende leiende alsoe inder / cluse benetense God al mechticht ende synder liever / moeder.

Acte sur papier.

(¹) Ce mot se trouve en interligne.
(²) Le texte original porte *las*.
(³) Pour *als*.

Iets over de stichting te Loon, van het klooster der Brigittijnen, in het Nieuwland.

Wie de stichting van het klooster der Brigittijnen te Loon leest in de Geschiedenis van Loon door den Z. E. heer professor Daris, is van meening dat de burgerij met vreugde de komst dezer paters begroette. En in hoeverre nogtans zou hij zich vergissen! Want nagenoeg bloedige tooneelen vergezelden zijne inrichting. De bedelende orders van den omtrek: Minderbroeders en Capucienen van St-Truiden, Augustynerpaters van Hasselt, Carmelieten van Thienen en Predikheeren van Maestricht hadden vruchtelooze pogingen aangewend om haar vóór te komen; zij hadden smeekschriften en vertoogbrieven gestuurd, een aan den magistraat van Loon, een aan het Eerw. kapittel der Kollegiale kerk Sint Odulfus, in deze gemeente, een aan zijne Doorluchtige Hoogheid Ferdinand van Beieren, prins-bisschop van Luik. Niets had geholpen, omdat de invloed van Rijkaard Pauwels-Strauven, den ontwerper van deze stichting, zoowel bij den prins-bisschop als te Loon, overmachtig was.

Immers deze Rijkaard — door zijne familie — was een Loonaar. Sedert tal van jaren bekleedden zijne bloedverwanten, te Loon, de hoogste zoo stedelijke als geestelijke bedieningen; zijn broeder Joris, drie jaren jonger als hij, stond in groot aanzien in het aartsbisdom Keulen, alwaar ook hij de verheven functie van suffragant uitoefende; Bartel Strauven, een zijner neven, bevond zich, op dat oogenblik, als plebaan, aan het hoofd der parochie Tongeren.

Dank zij de tusschenkomst van al deze waardigheidsbekleeders, was Rijkaard erin gelukt, den 3 December 1643, de goedkeuring te bekomen van zijn geliefkoosd ontwerp.

Voorloopig vestigden de paters zich in een huis, gelegen op den Abeel en toehoorende aan den oud-burgemeester Mathewis Nijs en zijne huisvrouw Margareta Schobben. En tot het vervullen van hunnen eeredienst schonk het kollegiaal kapittel hun hut gebruik der kapel van St-Nikolaas, in de hoofdkerk. Zij verkregen bovendien van zekere Nolle, van Luik, rector van het altaar der H. Maria-Magdalena, in de kerk van het begijnhof van Graeth, de bediening van dit altaar.

Twee jaren verliepen, toen de paters onverwachts, door het afsterven van Mathewis Nijs, op het punt waren zich zonder dak te bevinden. Alsdan drong Rijkaard Pauwels-Strauven bij de regeering van Loon aan om hen eene standvastige verblijfplaats te verschaffen.

In de Nederstraat lag het *Mans- en Kleinvrouwskens Gasthuis*, in de XIV^{de} eeuw gesticht door zekere Johanna-Yda, weduwe van Librecht Fastraats, van Loon, toen te Luik gevestigd. Voor het oogenblik was het « kleijnvrouwkens gasthuijs » slechts bewoond door twee oûwe vrouwkens, in stede der zeven begijnen voor dewelke het oorspronkelijk gesticht geweest was. Dit goed paalde, langs de achterzijde, aan de dekenij en aan het huis van den scholaster ; zijdewaarts, aan de papenstraat en aan de gasthuissteeg ; langs de overzijde, aan de herberg « in den Valk ». Aan dit goed was een hof gehecht van tien roeden, onder den naam van gasthuishof, in dewelke de schutterskamer hare ramen had. Daarenboven bevonden zich aldaar nog twee huiskens, dienstig voor de pelgrims en de zieken.

Bernard Vaes en Antoon Petry, burgemeesters aangesteld bij de kiezing van 5 Juni 1645, riepen den 25 Februari van het volgend jaar de zeven ambachten bijeen op het stadhuis en stelden voor van aan de paters Brigittijnen het gasthuis der Nederstraat tijdelijk af te staan met zijne inkomsten, bedragende 21 gulden en 2 ½ mudden rogge, voor welke vergunning de begiftigden zouden gehouden zijn wekelijks eene misse te lezen tot het inzicht, en der stichters, en der poorters van Loon.

Het *Smedersambacht* onthield zich; de *schoenmakers* stemden tegen het voorstel ; de *brouwers* stonden de vergunning toe, onder voorbehoud « dat de magistraat hun de voorwaarden, verder aan de paters op te leggen, zou onderwerpen » ; de *beenhouwers*, de *lakenmakers*, de *kremers* keurden het voorstel onvoorwaardelijk goed ; eindelijk de *bakkers* stelden als conditie « dat de Brigittijnen zouden moeten school halden tot stichting der jonckheijt ».

Ingevolge voorgaande « passaeten der ambachten » werd, op 2 Maart, door de gemeenteoverheid den kloosterlingen een verdrag voorgelegd : de Brigittijnen zouden aan de schutterskamer de gepaste vrijheid laten voor hare schietoefeningen, zoo lang zij met haar geen akkoord bekomen hadden voor het verplaatsen der ramen ; zy mochten hun vruchtgebruik noch verkoopen noch verruilen noch aan anderen overzetten, zonder uitdrukkelijke toestemming van Schout, burgemeesters, schepenen, raad en gemeentenaren ; de gasthuismeesters mochten in 't gasthuis blijven wonen tot dat de paters voor hen twee nieuwe huiskens in baksteen zouden gebouwd hebben op eene plaats aan te duiden door het bestuur der stad ; de paters zouden in staan, in naam en plaats der gasthuismeesters, voor alle dienstbaarheden, de landtaks en het bondergeld op dit goed gelegd of te leggen ».

De besprekingen over dit gewichtig vraagstuk waren niet afgelopen toen de jaarlijksche kiezing een einde stelde aan het gezag van den regeerenden magistraat. Den 10 Juni 1646 werden twee nieuwe burgemeesters gekozen, Geurdt Pauli en Antoon Petry, en deze kregen de overeenkomst door den nieuwen raad niet goedgekeurd dan met eene kleine meerderheid en slechts den 23 November. De ambachten wachtten nog twee dagen langer vooraleer door hunne toestemming dit alles te bekrachtigen.

De Brigittijnen verlieten dan het huis van den Abeel en, reeds het jaar nadien, begonnen den bouw van het klooster dat heden nog bestaat en waaraan zij zeventien jaren besteedden. Ondertusschen bewoonden zij het mansgasthuis, alwaar zij eene school voor de kinderen der stad openden in 1647. Geurdt Pauli ([1]) en Otto van Halle ([2]), die bij de kiezing van 9 Juni, dit jaar, den sleutel magistraal bekomen hadden, namen hen aan als onderwijzers den 27 September.

De verstandhouding tusschen de schutterskamer en de paters liep weldra op krukken. Bij het begin der maand Mei 1649 wendden de Brigittijnen zich tot de regeerende burgemeesters Otto van Halle en Pieter Timmermans ([3]), om tot het volledig bezit te geraken ook van het vrouwkensgasthuis der Nederstraat. Den 9 Mei werden de ambachten bijéén geroepen om daarover te beraadslagen.

De *dekens der beenhouwers*, Frans Lochtenberg en Jan Schoenaers, spraken nog al hevig tegen het voorstel en deden door hun ambacht besluiten « die vrouwengasthuizen niet te kunnen weggeven aan die Brigittijnen, ten seij die vrouwen eertsmaal verstorven seijn ende alsdan sullen sien wat sij doen sullen ». De meerderheid der ambachten stemde nogtans in eenen tegenovergestelden zin en het vrouwkensgasthuis werd insgelijks aan de paters afgestaan.

Eene geheime gisting bestond reeds onder de burgerij ten aanzien van de paters. De ontevredenen werden gestookt bijzonder door de leden der schuttersgilde. De verbitterdsten van allen waren Frans Lochtenberg, Jacob Cassen, Warniers ([4]) en de jonkheer Jacob d'Awans.

([1]) Geurt Pauli was burgemeester in 1639, 1640, 1642, 1646, 1647, 1670.

([2]) Otto van Halle woonde in de Korte Straat ; werd burgemeester in 1604, 1605, 1614, 1615, 1618, 1619, 1620, 1622, 1623, 1647, 1648. Maria van Halle was gehuwd met Schepen Guilliam van Manshoven. De vader van Otto van Halle was heelmeester te Loon en heette ook Otto.

([3]) Pieter Timmermans woonde in de Steenderstraat. Hij was peijmeester in 1647 en in 1650.

([4]) Warniers was huisschilder van beroep.

Deze hadden, op keurdag van 1649, den uitslag der gemeentever kiezingen naar hunnen zin weten te draaien : ten herberge van Lochtenberg was door hen aan de leden der ambachten volop te drinken gegeven geweest om hen te doen stemmen voor Hendrik van Entbroek, 63 jaren en Willem Nijs, nauwelijks 26 jaren oud.

Eenige dagen daarna, des zondags 27 Juni, hadden er nachtelijke betoogingen plaats tegen de paters Brigittijnen. Het krakeel had feitelijk voor oorsprong en beweegreden de vergunning tot verblij in de stad aan deze paters.

In den namiddag van den 27 Juni had zekere Jacob Minnen den jonkheer Jacob d'Awans (¹) op de kamer der handbogen uitgenoodigd op zijne kolve. Na deze kolve waren er ettelijke kruiken bier ten beste gegeven geworden.

Terwijl men aldaar zoo aan 't drinken was, ontstond er twist tusschen Mathewis Cleinjans, oud-burgemeester der jaren 1637 en 1640, en een anderen schutter, Hendrik Berckenbosch, rakende de Brigittijnen. Deze laatste beweerde dat men de paters — die toch maar vreemdelingen waren — moest buiten de stad drijven. Andere schutters deelden zijne meening. Peter Eyben, de speelman, voegde er zelfs bij dat Marten Noelmans, de burgemeester die de vergunning tot verblijf geteekend had, verdiende dat men hem de hand afkapte. De trommelslager der kamer, Jan Peters, bijgenaamd Bornjan, dronken zijnde, schreeuwde dat men de paters maar moest afbranden, uitmoorden en doodslaan. Anderen riepen « dat het in Loon niet meer goed zoude gaan vooraleer men er eenigen om den hals zou gebracht hebben », zonder nogtans nadere aanduiding.

Door dit gekijf langzamerhand opgewonden liepen zekere gezellen der handbogen van de kamer af, spoedden zich huiswaarts en kwamen kort daarna op de markt terug, gewapend met bloote rapieren of « hengers » waarmede zij over de straten sleurden om lawaai te veroorzaken. De kuiper Willem Schuurmans en Jacob Cassen onderscheidden zich in dit spel.

Eensklaps vatte Jan Peters zijnen trommel en begon alarm te slaan voor « den Engel » (²), waar Mathewis Cleinjans, de gehate aan-

---

(¹) In 't begin der XVIᵉ eeuw woonde er in Hex eene familie Scotte. Jonkheer Johan Scotte stierf in 1641. Hij was in eerste huwelijk verbonden geweest met Maria Stravius, in tweede echt met Maria van Arnheim. Uit zijn eerste huwelijk sproten 4 kinderen : Jan-Baptist, Karel. Aldegundis en Amelius. Aldegundis trad in echt met Jacob D'Awans. Deze was dus een aangetrouwde neef der familie Stravius van Loon. Er was een Alexander D'Awans koor-kannunik te Loon van 1654-1678. Christiaan D'Awans werd burgemeester in 1653 en burgemeester het volgend jaar.

(²) Het huis « de Engel » is heden de woning van M. Ferd. Priemen, op de markt. De Engel was, op het oogenblik der feiten, bewoond door Willem van Intbrouck.

hanger der paters, zich bevond. Het duurde niet lang of er kwam een nieuwsgierige hoop volk aangeloopen om te vernemen wat er gaande was. Het kon alsdan 5 of 6 uur van den namiddag zijn.

Bornjan, voortgaande met alarm te slaan, zakte af naar den Abeel, gevolgd door de samengeschoolde menigte. Een groep, zoo vrouwen als mannen, vormde zich daar en trok, tusschen 6 en 7 uur 's avonds, naar de Wellerpoort (¹), voorafgegaan door den trommelslager. Van daar ging zij, langs de wallen, naar de Graetherpoort.

In die groep bemerkte men als belhamels Willem Schuurmans, Jan en Mathys Jamart, Jacob Cassen, Hendrik Berckenbosch en zijne vrouw, Jacob Berckenbosch (²) en zijne vrouw, Willem van Linter, Dierik van Haren, alias Godgaf, Jan van Haren bijgenaamd kleine Jan en, natuurlijk, jonkheer D'Awans. Men hoorde hen in 't voorbijgaan roepen « Balt zal men nieuws zien !... Wij zullen ze wel anders leeren !... »

Behalve Schuurmans en Cassen was nochtans niemand gewapend.

Vóór de herberg van Herman Noulanders (³) den kuiper gekomen, buiten Graetherpoort, hielden de ruststoorders stil en jonkheer D'Awans bood zich aan, om een gelag te betalen. Daar zaten alsdan rustig eene pint te drinken, Claes van Haeren (⁴) en Ardt Loffveldt (⁵) van Loon, de Eerw. heer pastoor van Gothem, Pieter Groven, van Hendricken, Jan Vroninex, van Graeth, Geurdt van Haeren, van Voordt, en meer anderen, die hen poogden te bedaren.

De rumoermakers bleven er zwalgen en tieren tot na tien uur 's nachts. Hun gesprek verried hunne gemoedsgesteltenis : zij trachtten elkander aan te wakkeren om nog dienzelfden nacht te plunderen en te branden, zelfs te moorden... Indien zij hiervoor in nood geraakten, dan zou jonkheer D'Awans hen wel bijstaan en redden.

Verwittigd door het voortdurend op — en afgeloop van het volk en vermoedende dat men iets smeedde tegen de algemeene veiligheid, had de burgemeester Willem Nijs, om verder kwaad te verhoeden, de Weller — en Graetherpoorten gesloten. Hij begaf zich daarna, voorzien van de sleutels, naar het huis van den scholtus Willem van

---

(¹) Loon bezat 4 poorten. Als de bruggen opgehaald waren, kon niemand binnen noch buiten de stad geraken, zonder tusschenkomst der wacht.

(²) Jacob Berckenbosch was alsdan 50 jaren oud, 't geen bewijst dat het hier niet alleen te doen was met losbollen spel.

(³) Herman Naulanders was gehuwd met Maria van Heer.

(⁴) Niklaas van Haeren was landmeter en schrynwerker van beroep.

(⁵) De familie de Loeffveldt was alsdan eene der aanzienlijkste van Loon. Joannes-Erasmus de Loffelt was luitenant-drossaard. Hij droeg voor wapen een gulden veld met een natuurlijk koolblad (d'or à la feuille de choux de sinople).

Gutschoven (¹)! Hij was vergezeld van zijnen halven broeder, schepen Geerdt Saintelet en van Hendrik Cleinjans, zoon van den oud-burgemeester Mathewis Cleinjans (²).

Het sluiten der poorten moest de oproerlingen die binnen de stad gebleven waren fel hinderen, want reeds rond negen uren 's avonds kwamen een twaalftal personen vóór de herberg « den Engel » betoogen. Zij dachten dat burgemeester Nijs er was en hitsten elkander op om hem de sleutels der poorten af te nemen en de stadsingangen te bemeesteren.

Toen de woelmakers, bij Naulanders, gewaar werden dat de stadspoorten gesloten waren, begonnen zij te vloeken en te bannen en maakten een oorverdoovend getier. De vrouw van Jacob Berckenbosch bood zich aan om te trachten de Graetherpoort te doen openen. Zij vroeg aan den waard Naulanders eenen hamer, ging daarmede op de poort slaan zoo hard zij maar kon, roepende dat zij wilde binnen de stad zijn. Doch niets verroerde. Onverrichter zake keerde zij bij Naulanders terug.

Alsdan steeg de toorn der betoogers ten top. Er werd besloten dat men de stadspoorten onmiddelijk zou bestormen en ze met geweld doen openen. Elkeen wapende zich met hetgeen hem eerst onder de hand viel. Naulanders gaf aan jonkheer D'Awans een vuurroer, ook een aan Dierik van Haeren en een aan Willem van Linter. Jan Jamart kreeg een sabel, ook « zijdegeweer » geheeten. Anderen grepen stokken, rieken, enz.

Aldus uitgedost rukten zij, onder het geroffel des trommels, stedewaarts. Aan Graetherpoort hieven zij een hevig tumult aan, roepende « A l'arme ! A l'arme !..., laat ons aanvallen !... Nu is 't tijd... Doet de poort open of wij slaan haar stuk !... » En onder deze verschillige bedreigingen sloegen Willem van Linter, Jacob Cassen en Willem Schuurmans met hunne wapens op de steenen, al schreeuwende : « Eer het morgen is moeten wij nog moorden en plunderen en branden !... » Zelfs werden twee of drie schoten tegen de stadspoort gelost, doch zonder uitwerksel.

De vrouwliên, in al dat geraas, toonden zich nog het meest opgewonden. « Laat ons de poorten opbruijen » huilden zij ; wij zullen het huis plunderen waar de sleutels zijn... » Anderen riepen : « Breken wij de poorten open ; wij zullen hier handelen gelijk de Grignoux te Luik met de Chiroux !... »

(¹) De schout Gutschoven woonde op den Abeel, naast *den Zwaan*.

(²) Mathewis Cleinjans was peijmeester geweest in 1636, na de functie bekleed te hebben van armenmeester in 1616. Hij was burgemeester in de jaren 1637 en 1640. Hendrik Cleinjans was nu pas 21 jaren oud ; in 1673 werd hij burgemeester.

Daar de ruststoorders er niet in gelukten de Graetherpoort te doen zwichten, trokken zij terug naar de herberg van Naulanders, begonnen er op nieuw te drinken en kwamen dan (¹) af en toe, hun leelijk spel aan de poort hernieuwen. Dit ging gepaard met zoodanig geweld en lawaai, dat de onderzaten van het naburig dorp Hendrieken, met hunne geweren tot nabij de stad kwamen geloopen, in de meening dat Loon in nood verkeerde.

Een der bengels stelde eindelijk voor van eene poging te doen bij Wellerpoort. De bende spoedde er zich henen onder het spottend geroep van « Chiroux !... Chiroux !... »

Nauwelijks waren ze weg of Naulanders sloot haastig zijne deur, wierp ook een vuurroer op zijne schouder, zeggende « Ik ga helpen die paters — die verraders voor wien al deze ruzie bestaat — de stad uitjagen !... » En Jan van Haeren of Kleine Jan, die achtergebleven was en hem vergezelde, voegde erbij : « Wij zullen nu wel meester worden. Ik wil ook mêedoen en plunderen met de anderen ». En hij vervolgde : « Er is een verrader, een dieff ende schelm in die stadt ; dien wil ik helpen doodslaan binnen acht dagen tijdts ». Aan Naulanders die hem naar den naam van dien persoon vroeg, antwoordde hij dat hij hem nooit zou noemen.

Aan de Wellerpoort wisten de oproerlingen eene plank los te breken en alzoo binnen te geraken met den eenen vóór, den anderen na, er onder door te kruipen. Jonkheer D'Awans sloop er den derden door, gewapend met zijn geweer en riep alsdan : Wij zullen er maar op schieten.

Zoodra dat allen op die wijze buiten den weet van den magistraat en ook van hunne eigene aanhangers binnen de stad gedrongen waren, deed Dierik van Haeren nogmaals den trommel slaan en men toog naar den Abeel om geraas te gaan maken vóór de woning van den Schout. Men zou dan verder verzinnen volgens de omstandigheden.

Als voorwacht dezer bende sprongen en dansten Jan Jamart en Jacob Cassen, beide hunne bloote degens rondzwaaiend. Op de Abeelplaats, ontwaarden zij dadelijk den schout Gutschoven en den burgemeester Nijs. Deze laatsten gingen recht op hen af en vroegen hun waar zij met al dat lawaai heen wilden. Waarop de twee janhagels antwoordden : Dat heeft ons niemand te vragen ; wij mogen immers gaan waar het ons lust... » en, de punt hunner degens vooruit stekende, voegden zij erbij « dat gaat er door ! »

Maar de vertegenwoordigers der wet lieten zich door deze onbe-

---

(¹) De zoogenaamde *Chiroux* waren de partijgangers van het regelmatig gezag, terwijl de *Grignoux* de beknibbelaars waren der regeering, de bestrijders der wettige overheid.

schofte taal niet onthutsen. Integendeel ; geholpen door Hendrik Cleinjans en door schepen Saintelet, die ook bij gekomen waren, ontwapenden zij in eenen oogwenk de twee belhamels, doch niet zonder moeite noch gevaar.

Ondertusschen, hadden ook de anderen den Abeel bereikt en, op 't oogenblik dat Jamart en Cassen van hunne degens beroofd werden, viel Dierik van Haeren, alias Godgaaf (¹), op den burgemeester Nijs aan hem toesnauwende : Het zijn hondsvotten, die ons buiten sluiten!... en dit zeggende legde hij hem zijn vuurroer op de borst met opgeheven snaphaan, gereed om te schieten. En bij dit bedreigend gebaar eischte hij dadelijk de sleutels der stadspoort.

Willem Nijs was nauwelijks sedert een veertiental dagen vereerd met den sleutel magistraal. Nu zag hij tegenover zich woelen en schuifelen en dreigen diezelfde mannen die, twee weken vroeger, hem ophemelden en tegen wil en dank aan het hoofd van den magistraat begeerden, misschien in de hoop dat zij van hem hunnen speelbal en den uitvoerder hunner geheime inzichten zouden maken. In hunne teleurgestelde verlangens wilden zij hun wederspannig werktuig vernietigen.

Zich in doodsgevaar wanend en om verdere ongelukken te vermijden wierp de burgemeester Nijs de sleutels toe aan de vrouw van den portier (²). Hij vermaande nogtans Dierik van zich stil te houden met zijn wapen, daar hij zelf, anders, zou gebruik maken van zijne pistool. Hierop antwoordde Van Haeren barsch, terwijl hij zijne wambuis ter zijde schoof en zijn bloot lijf liet zien : « Daar ! schiet dan Roos !... » Doch eenige vrouwliën trokken Dierik weg. Maar van Haeren rukte zich uit hunne handen los en ging spottend staan voor burgemeester Van Entbroeck, die juist op dat oogenblik naar de Abeelplaats gesneld kwam en riep dan tot zijne makkers : « Laat ons den sleutel van de kerk gaan ontrukken aan den koster Peter Cox en de klokken luiden om de geheele stad met haren omtrek te doen ontwaken ». Jan Peters schreeuwde insgelijks dat men al de klokken (³) te gelijk moest doen kleppen. En beiden hielden den gek met burgemeester Van Entbroeck die hun dat verbood.

Middelerwijl, had Willem Schuurmans ook Geerdt Saintelet bedreigd

---

(¹) Een HS van 1625 vermeldt als burgemeester, in 1624, Willem van Haeren, Godgaff sone. Diezelfde Willem wordt nog herkozen tot dit ambt in 1625, 1626, 1627, 1628, 1631, '1632, 1636.

(²) Loijs Peters was alsdan de portier van Wellerpoort en Willem Hamonts die van Grathempoort. Zij ontvingen daarvoor een jaarloon van 3 tot 5 gulden en, elk jaar, een paar schoenen.

(³) Toen hingen er vijf klokken in den toren der kollegiale kerk.En in den stadhuistoren hangt, sedert 1514, de Noodklok genaamd « Odilia ».

met zijnen degen. Hij sprak van niets minder dan van den deken te steken « dat hem de darmen zouden op de voeten vallen ». Maar Saintelet randde den deugniet zelf aan en ontrukte hem het wapen, zeggende : « dat is mijns vaders degen, en gij zoudt er mij mede durven bedreigen of slaan ?... » Vol woede trok Schuurmans zijn broodmes en stak naar Saintelet doch, zijn doel missend, raakte hij Margareta Schobben, de weduwe van Mathewis Nijs, die daar nabij stond met haren zwager den burgemeester en met haren broeder. Het mes doorboorde haren rok en haar hemd en 't mag een wonder heeten dat het lemmer uitschampte tegen haar lichaam zonder haar erg te kwetsen.

Schout, burgemeesters, schepenen en burgers die deze droevige tooneelen bijwoonden deden vruchtelooze pogingen om de opgewonden bengels tot bedaren te brengen. Deze laatsten waanden zich ondersteund door jonkheer D'Awans die als de ziel scheen van den opstand. Maar D'Awans, inziende dat de zaak eene al te erge wending nam, was heimelijk tot den kant der regeering geslopen. Hij vatte voet bij Willem Nijs en Saintelet en deed alsof hij de oorzaak dezer samenscholing niet kende. Maar men had hem gewapend gezien met een vuurroer, men had hem tot een groep nieuwsgierigen hooren « Qui vive ! » roepen onder het uiten van allerhande bedreigingen. Eidoch ! hij merkte gauw op dat burgemeester noch schepen zich door zulke huichelarij lieten beetnemen en jonkheer D'Awans maakte zich, voorzichtigheidshalve, uit de voeten.

Met hem verloren de woestaards weldra allen moed. Nijs, Saintelet en Cleinjans gelukten er alsdan in ongedeerd te geraken tot in « den Engel » alwaar zij tot 's anderendaags 's morgens verbleven, om gereed te zijn tegen alle verdere verwikkelingen. Maar het duurde nog een geheelen tijd vooraleer alles stil werd.

Het onderzoek over deze baldadigheden die eene treurige opschudding teweeg gebracht hadden onder de steeds rustige bevolking van Loon, zou niet zoo spoedig geëindigd zijn. En nogtans deed de luitenant — drossaard Joannes — Erasmus de Loffveldt, namens Geerdt de Horion (¹), heer van Gothem en Colonster, hoogen drossaard van het graafschap Loon, nog dienzelven morgen eene klacht geworden aan « het hof der schepenen van het hooggericht Loon (²) en buiten-

---

(¹) Het kasteel van Horion bevond zich op eenige honderde stappen van het slot van Vreunt en hoorde toe aan de stam van Hozémont uit dewelke de tak der Horion 's gesproten is. Na 1555 was dit kasteel — bij huwelijksgift — overgegaan aan de familie Hoen de Cartils. Zie WOLTERS, *Rummen*, bl. 144.

(²) Het hof der schepenen te Loon was op dat oogenblik samengesteld uit den schout Gutschoven en de schepenen Chiney, Vrancken, Saintelet, Vandersmissen, Arnold Pauli-Stravius, B. Schellinex en Driesmans.

bank Graeth », in dezer voege : « Daar het niet alleen bij die geschreven rechten onder swaere poenen is verboden andere persoenen gewaltelijk op te loopen met messen, sackpistollen oft andersints te steecken ende quetsen, sulcke oploopers te courageeren, daer raedt ende daed toe te geven, maer principalijck is bij jurismandaeten van Z. Doorl. Hoogh. den prince deses landts straffelijck verboeden het gebruijck van messen ende sackpistolle.

Daer het bovendien onder strenge broecken (¹) is verboeden van het volk te wapen te heyschen, zonder 't bijwezen of het bevel der heeren burgemeesters, geswoeren ende raedt, ende poorters door daden ofte woorden tot opstand te willen verwekken.

De beclaegden hieronder genoemd zijn daerover naer onze criminelijck bequaem gestraft te worden, overmits dat een ijder aen dusdanige straffen onderworpen zijn die welcke in turba strijdbaer ofte ruststoorder geweest zijn, waerover naer recht als lantrecht voorscreven geclaegden sigh behoeven te purgeren ende schoon te maecken en met contrarie bewijsen hunne onnoselhijt behoeven te verthonen en hen ontschuldigen, anders bij fout van dije, sustineert hij sijn versoecken van poene en amenden als boven, concluderende versoeckt de voorscreven Erensfeste heer claeger die bedaeghden te worden gecondemneert in rigueur van recht ende lantrecht ende in die costen, implorerende daertoe Ued. nobel officie ».

De magistraat der stad ontving vooreerst — naar gewoonte — de « artikelen van onderzoek » ten einde na te vorschen of de vóórrechten en vrijdommen der stad door voormeld onderzoek niet gekrenkt werden. Zoo ja, dan moest de regeering der stad de toelating tot het ondervragen der getuigen weigeren.

In tegenwoordig geval, gaf zij een toestemmend advies : « Die voorscreven articulen gecommuniceert ende inspectie gegeven aen die heeren borgemeesters der voorscreven stadt, hebben gedeclareert die articulen niet te concerneren der stadt privilegiën ende daerom het examineren der getuijghen niet te willen beletten, begeerende van die Heeren schepenen in faveur van justitie hen te employeren ».

Op, 2, 3 en 9 Juli 1649, deed de luitenant-drossaerd door het hof der schepenen twee en twintig getuigen afhooren over deze feiten. Den 16 Juli verklaarde het hof « apprehensibel » Jan Peters, trommelslager, Jacob Cassen, de kuiper Willem Schuurmans, Dierik Vanhaeren, Jan Jamart zoon van Marcellis en al de andere mededaders. De

---

(¹) Marcellis Jamart was peijmeester geweest in 1638 en in 1639.

Yzere boden van het hof voerden onmiddelijk dat vonnis uit en de betichten werden in het gevang opgesloten, in afwachting dat de zaak haren gewonen traagzamen gang zou gaan. De stad had zich groote onkosten te getroosten om haar door te drijven vôôr de gerechtshoven, waarvan getuigt de gemeenterekening van 1649-1650.

H. Henrotay.

2 Maart 1919.

Un recours des protestants d'Aix-la-Chapelle aux Etats-généraux des Provinces unies, en 1661.

Nous avons eu plus d'une fois l'occasion de signaler le rôle de protection assumé, pendant le XVIIe et le XVIIIe siècle, par les Etats-généraux des Pays-Bas à l'égard des protestants demeurés dans nos provinces (¹).

Quelques documents, découverts au cours d'une exploration des archives de Bruxelles (²) et de La Haye (³), montrent que les dirigeants de la République s'étaient également constitués les défenseurs de leurs coreligionnaires habitant les terres impériales situées près des frontières néerlandaises.

Le 11 mars 1661, les bourgmestre, échevins et conseillers du siège d'Aix-la-Chapelle adressèrent au marquis de Caracena (⁴), gouverneur général des Pays-Bas, une requête sollicitant l'intervention du roi d'Espagne, en sa qualité de duc de Brabant et de Limbourg, protecteur des droits, franchises et privilèges de la ville libre et impériale (⁵).

Le Magistrat expose que ses administrés ont été de tout temps profondément attachés à la religion catholique, apostolique et romaine, et qu'ils ont résisté avec la plus persévérante énergie à toutes les tentatives faites par les réformés pour établir leur culte dans la ville ; à plus d'une reprise, des sentences impériales ont d'ailleurs approuvé leur conduite.

Lorsque, au commencement du XVIIe siècle, les sectaires sont par-

---

(¹) *Les garnisons de la Barrière dans les Pays-Bas autrichiens*, pp. 55, 64-78. — *Les églises protestantes du duché de Limbourg pendant le XVIIIe siècle*, pp. 105-190. — *Une page de l'histoire religieuse de la Flandre au XVIIIe siècle. — Le Protestantisme à Doulieu-Estaires, passim. — Le Protestantisme à Tournai pendant le XVIIIe siècle*, pp. 123-126, 223-229. — *Les Pays-Bas espagnols et la République des Provinces-Unies, depuis la Paix de Munster jusqu'au traité d'Utrecht*, pp. 58, 220-245.
(²) Archives du Conseil d'Etat.
(³) Papiers des Etats-généraux.
(⁴) Don Luis de Benavides Carillo y Toledo, marquis de Fromista et de Caracena. Il fut successivement général de cavalerie, gouverneur du Milanais, puis des Pays-Bas, de 1659 à 1664. Il fut ensuite chargé du commandement de l'armée d'Estremadure contre le Portugal, et il venait d'être appelé au poste de président du Conseil suprême de Flandre à Madrid, lorsqu'il mourut, le 6 janvier 1668 (voir GACHARD, *Biographie nationale*, t. III, pp. 298-304).
(⁵) Annexe I.

venus à s'emparer d'Aix, ils ont proclamé la liberté religieuse, non sans commettre de blâmables excès ; mais cette innovation a été formellement condamnée par l'empereur. Les archiducs Albert et Isabelle ont été chargés de faire respecter les volontés impériales, et leurs troupes, sous le commandement de Spinola, se sont acquittées de cette mission (1).

A la suite de l'intervention, les commissaires impériaux, d'accord avec les archiducs, publièrent un placard faisant défense à tout pasteur protestant de séjourner à Aix-la-Chapelle durant plus de trois fois vingt-quatre heures ; et cette interdiction a été maintenue depuis un demi-siècle.

Mais récemment, quelques prédicants se sont fixés dans la ville et même ont pratiqué « soub main » les exercices de leur culte. La Régence les a fait expulser, conformément aux lois.

Alors les Etats-généraux des Provinces-Unies sont intervenus.

Dans une dépêche du 4 février 1661, dont une copie est jointe (2), les Etats rappellent que, de tout temps, ils ont témoigné aux habitants d'Aix une amitié sincère et fidèle, et qu'au milieu des troubles et des guerres qui ont désolé le pays pendant de longues années, la République a observé à l'égard du Saint-Empire une scrupuleuse neutralité. Ils ont donc appris avec un pénible étonnement que, cédant aux instances du clergé, l'administration communale a chassé de la ville Jean Vanison, serviteur de la parole de Dieu à l'église réformée de Vaals, ainsi qu'un autre pasteur qui habitait chez ses parents, sous la sauvegarde du gouvernement hollandais.

Cette mesure rigoureuse a excité à un haut degré le mécontentement des Etats ; aussi requièrent-ils les bourgmestre et échevins de rapporter leur décision, et d'autoriser les deux ministres à reprendre leur résidence, en promettant de ne plus leur créer de difficultés à l'avenir.

La dépêche hollandaise se terminait par une menace peu déguisée : si cet espoir devait être déçu, on aviserait à d'autres moyens d'action.

---

(1) Voir dans GACHARD, *La Bibliothèque nationale à Paris*, t. I, pp. 413-415, la lettre écrite, de Mariemont, le 23 novembre 1611, par l'archiduc Albert à la reine Marie de Médicis. Il la prie d'ordonner à ses ambassadeurs à Aix-la-Chapelle de concourir à l'exécution du mandement impérial contre les hérétiques de cette ville, dont l'électeur de Cologne et lui sont chargés.

Voir aussi la lettre du même à la même, datée de Mariemont, 28 novembre 1611. L'archiduc insiste auprès de la reine afin qu'elle recommande bien sérieusement à ses ambassadeurs que « non seulement ils n'empêchent pas la publication et impression du mandement impérial rendu sur les affaires d'Aix-la-Chapelle, mais encore qu'ils y tiennent la main ». Sur les relations de l'archiduc avec l'empire, voir : V. BRANTS, *La Belgique au XVIIe siècle. Albert et Isabelle. Etudes d'histoire politique et sociale*, pp. 21-22. Voir aussi C. RAHLENBECK, *Les Pays d'Outre-Meuse*, pp. 217-219.

(2) Annexe II.

Le 11 mars, le Magistrat d'Aix-la-Chapelle répondit (¹) qu'il avait agi dans la plénitude de son droit. Il ne s'était pas attendu à recevoir d'un gouvernement étranger un avertissement conçu en termes comminatoires, au sujet d'une mesure d'ordre intérieur, alors que la ville ne relève que de l'autorité impériale. Quant au fond, le Magistrat s'est conformé aux dispositions des lois du Saint Empire et aux stipulations du dernier traité de Munster. Il compte que les autorités hollandaises ne persévéreront pas dans leur attitude peu bienveillante, et que les relations des deux pays pourront se poursuivre dans un esprit de bon voisinage et de courtoise neutralité. L'affaire fut mise en délibération aux Etats-généraux, dans leurs séances tenues les 16, 21, 25 et 26 mars 1661.

Nous voyons dans les procès-verbaux (²) que l'assemblée avait reçu une requête des réformés d'Aix, Borcette, Vaals, Rolduc, etc., sollicitant pour leur culte la protection de la République, le jour même où lui fut communiquée la réponse du magistrat d'Aix-la-Chapelle que nous venons de résumer. Les deux pièces furent renvoyées aux soins du comité chargé de traiter avec l'ambassadeur d'Espagne les affaires des Pays d'Outre-Meuse.

Nous avons vu plus haut que la Régence d'Aix-la-Chapelle avait pris son recours auprès du gouverneur espagnol des Pays-Bas « afin de divertir les Etats-généraux de leurs dites menaces par tel moyen comme elle trouvera convenir ». Cet appel fut entendu.

Dès le 1ᵉʳ avril 1661, Caracena prescrivit au ministre d'Espagne (³) accrédité à La Haye d'intervenir activement dans le conflit. Le gouverneur des Pays-Bas déclarait « inouye » la prétention, manifestée par les Etats-généraux, de s'immiscer dans une affaire d'ordre intérieur, alors que les bourgmestre et échevins avaient simplement fait appliquer les lois établies (⁴).

L'agent espagnol à La Haye recevait pour instructions de se mettre d'accord avec le représentant de l'empereur auprès de la République, afin d'agir de concert avec lui, et de faire comprendre aux Etats-généraux combien leur prétention était insoutenable.

Un billet du roi Philippe IV, daté du 24 décembre 1661, approuva pleinement la conduite de Caracena (⁵).

(¹) Annexes III et III *bis*.
(²) Annexe IV.
(³) Don Estevan de Gamarra y Contreras, ancien officier, qui avait succédé à Antoine Brun dans la légation de La Haye (Voir H. Lonchay, *La rivalité de la France et de l'Espagne aux Pays-Bas*, pp. 201-202).
(⁴) Annexe V.
(⁵) Annexe VI.

Il semble bien que le Résident d'Espagne n'ait pas donné suite aux ordres reçus. Au moins les archives de La Haye ne fournissent-elles pas de trace de son intervention dans cette affaire. La seule indication que nous ayons trouvée, est un passage du « besoigné » (¹) de la délégation envoyée par les Etats-généraux à Aix-la-Chapelle, en 1663.

Il est question des doléances que font entendre les protestants de Vaals au sujet des persécutions, « swarc en onbetamelijcke persecutien », que subissent leurs coreligionnaires aixois par le fait du Magistrat. Dans cet exposé de griefs revient notamment le fait du prédicant de Vaals, expulsé d'Aix en 1661. On continue à lui interdire de passer la nuit dans la ville, ce qui est pour lui une gêne réelle, vu qu'il n'y a pas moyen de trouver une habitation convenable à Vaals même.

On se plaint aussi de ce que les portes de la ville d'Aix soient tenues fermées durant toute la matinée du dimanche, ce qui empêche les réformés de se rendre à Vaals, pour y entendre la parole de Dieu.

Le Magistrat, interpellé par les députés hollandais, se borna à répondre que ces faits, étant d'ordre spirituel, ne relevaient pas de sa juridiction : ils étaient de la compétence d'un tribunal spécial nommé le *Sent-Gericht*, corps mixte composé de délégués du Chapitre de Notre-Dame, et de laïques choisis dans le sein du Magistrat.

Il promettait cependant ses bons offices en vue d'aplanir le différend à la satisfaction de tous. Mais les choses en restèrent probablement là ; les archives sont muettes sur ce point.

(¹) Annexe VII.

ANNEXES

I. Le Magistrat d'Aix-la-Chapelle au Gouverneur général des Pays-Bas.

1661. 11 mars.

Monseigneur,

C'est a regret que nos lettres se doibvent rendre plaintifves a V^{re} Exc^{ce}, d'un subject neantmoins fort considerable pour sa dangereuse consequence. C'est une chose notoire que ceste ville d'Aix-la-Chappelle a de tout temps temoigne une affection particuliere pour y conserver inviolablement la vraye foy Catholicqs, Apostolics et Romaine, privativement de toutes aultres sectes, et cela d'un zele digne a une affaire de tant d'importance. Ce qu'ayant donne lieu bien souvent du subiect de jalousie aux pretendus Reformez, iceux ont tache par diverses fois de donner des alarmes a ce saint dessein par des emotions tumultuaires, iacoit qu'a la fin a leur confusion et repentir a tard.

La premiere fut en l'an 1581 : et icelle s'estant vuidee en n^{re} faveur par sentence definitifve (¹) de Sa Ma^{te} Imp^{le}, le 17 d'aoust l'an 1593, et partie contraire condannee de casser et annuller touts attentas et nouveautez par eulx pour lors icy introduites tant en matiere de la religion que de la police avec interdiction bien severe de plus rien attenter, icelle n'y a voulu entendre que par une reduction violente arrivee l'an 1598.

La seconde emotion semblable la premiere commença à s'allumer l'an 1608 : et vint a la fin un embrasement tel qu'en l'an 1611 les dits Reformez se rendirent par armes et conspirations intestines maistres absolus de toute la ville du regime d'icelle, et de plus, du libre exercice de leur Religion, et cela avec des exces et violences telles que les chronicques en estantes remplies nous relevent de leur recit et la notoriété des preuves.

Dont que finalement n^e les ayant sceu remettre a la raison toutes les monitions de Sadite Ma^{te} et par ordre ses comminations et censures, mesme point le decret du ban d'Empire, Leurs Alt^{zes} les archiducs Albert et Isabelle de haulte memoire les ont a la requisition de sadite Ma^{te} : Imp : reduit a leur devoir par les armes soub la conduite de feu le Marquis Spinola l'an 1614 : Ores a cette reduction furent publiez par ordre des commissaires tant Imperiaux que de Leurs dites Altezes divers ar̄les concernants tant le spirituel que le temporel, et fut le premier : que nul Ministre ou Predicant de ladite pretendue Religion reformee n'auroit a s'arrester pour le futur dans la ville ny contree d'Aix oultre trois jours ; conform a quel ar̄le nous avions desia donne auparavant desdits troubles un reversal a Leur dites Altezes en l'an 1599, le 6e iour de Decembre pour a ce moyen obtenir, comme effect nous avons obtenu, la confirmation de nos privileges et concordats

---

(¹) « Sentence imperiale rendue a pleine cognoissance de cause dez l'an 1593 ». (Lettre écrite, de Mariemont, le 23 novembre 1611, par l'archiduc Albert à la reine Marie de Médicis, reproduite dans GACHARD, *La Bibliothèque nationale à Paris*, I, 414).

faits avec la maison de Bourgogne Ducs de Braibant et de Limbourg. Et comme depuis nous avons continuellement veille a une solide observance du susdit iusque a la que tout nouvellement sur l'avis que nous eusmes que quelques desdits predicants tenoient leur domicile en cette ville, mesme que leurs exercices s'y glissoient soub main, nous les avons mande dehors ; Les Estats Generaux des provinces unies nous viennent a donner la dessus la lettre icy jointe, les menaces y reprinses semblants par icelles nous vouloir donner la loy directement et contraire a l'intention de Leur respective Ma^{tez}, Imp. et Catholicqs comme duc de Braibant, ensemble contraventoire a une dite obligation et reversal.

C'est pourquoy que tant en consideration de cest leur interest particulier, qu'aussy que les Ducs de Braibant et Limbourg sont notoirement les protecteurs de nos droicts, franchises et privileges, Nous venons très humblement supplier V^{re} Exc^{ce} de vouloir divertir les dits Estats Generaux des effects de leurs dites menaces par tel moyen comme elle trouvera convenir. Ce sera la grace que nous esperons d'un protecteur a qui nous prions Dieu vouloir donner longue et prospere regence, Estants, Monseigneur, De V^{re} Ex^{ce} les tres humbles et tres fidels serviteurs.

Les Bourguemaistre, Eschevins et Conseil du Siege Royal et libre ville imperiale d'Aix-la-Chapelle.

D'Aix-la-Chapelle le 11 du mars 1661.

(*Archives du Royaume à Bruxelles. Conseil d'Etat*, carton 150).

II. Les Etats-généraux des Provinces Unies au Magistrat d'Aix-la-Chapelle.

1661. 4 février.

Annexe à la dépêche du Magistrat d'Aix-la-Chapelle en date du 11 mars 1661.

Edele, Eerweerdighe, Hooggeleerde, Wijse, Voorsichtige, besonders gunstige goede vrienden.

Wij hadden veel vertrouwen dat V. Z. altijt in versche memorie ende gedachtenisse souden hebben behouden gehad de goede vrientschap, ende neutraliteijt, die wij doorgaens met het D. Roomsche Rijck, ende de leden van dien hebben gecontinueert, ende onderhouden, ende insonderheit de goede affectie ende genegentheit, die wij onder anderen bij gevolge, in alle voorvallende occasien selfs in het grootste van de nederlantsche Troublen, ende oorlogen, ten beste van V. Z. stadt, ende derselver ingesetenen, hebben gedragen, ende metter daet betoont ende bewesen, gelijck veele personen daervan genoechsame getuygenisse connen geven.

Maar wy worden boven vermelde bericht dat V. Z. dus alles ongeacht, nu onlangs, ter instantie van de Geestlicheit, ende insonderheit op het ernstig aenhouden van den Parochiaen aldaer, niet aldaer Johan Vanison bediener des goddelicken woorts in de gereformeerde kerken tot Vaals, in den lande van s'Hertogenraedt, ende daeromtrent, nemaer oock den duijtschen Prædicant bij sijne ouders woonende, beijde onder onse sauveguarde wesende, gelast hebben uijt hare stadt te vertrecken, sulen dat wij niet hebben connen, noch willen onderlaeten ons misnoegen daerover mits desen te betoonen oock inscrerende de redenen in onse missieve van den 12 januarij 1649 gealleguoert, gelijck subiect concernerende, goet gevonden V. Z. seer vrient = nabuijr = ende toch ernstelijck te versoeken ende vermanen, dat deselve de voors. hare bovengemelde aenstonts willen intrecken, casseeren, ende annulleeren, ende dienvolgens gedoogen dat de voornoembte Predicanten van de gereformeerde Religie, met hare huysvrouwen ende familien binnen de voors. V. V. T. Stadt wederom voortaen soo als tot nochtoe is geschiet, vrij, onbecommert, ende sonder eenige de minste verhinderinge ofte empeschement resideren, ende hare woonplaetsen continueren, vastelijck vertrouwende dat V. Z. aen dese onse goede meeninge ende intentie, soo wel zullen defereren, als wij van derselver discretie ende bescheidenheit sijn verwachtende. Dan bij onverhoopte onstentenisse van dien, willen wij, V. Z., van nu af niet veronthouden dat wij genootsaeckt sullen werden, op andere middelen bedacht te sijn, geconsidereert ons dese saecke ten hoochsten ernstich, ende of de voors. gheestelijckheit ende d'andere V. Z. ingesetenen daermede alsdan souden sijn gedient, ende of niet beter en ware dat alle verwideringe voorgecomen, ende, in plaetse van dien, de oude geobserveerde onderlinge vrient = ende nabuijschap, oock goede correspondentie, meer ende meer voort geplant wierde, ten beste van weder. ingesetenen, ende benefitie van de algemeene commertie, ende trafficq, gelijck wij daertoe van desen zijde t'eenemael genegen sijn, willen wij V. Z. gewoonliche vrijheijt bevoolen laten te considereeren, ende metten eersten hierop derselver rescriptie verwachten, om te weten waertoe ons ter eene ofte ter andere zijde te verlaten, waermede eindigende, ende V. T. t'geene voors. is, met den gevolge van dien naer behooren te considereren, ten hochsten recommanderende V. T. in D. protectie.

Inde Hage der 4 february 1661.

J. Schuldenborch.

V. T. Gunstige goede vrienden.

De Staten Generaal der Vereenichde Nederlande ; Ter ordonnantie van deselve Muijsch.

Superscriptie : Edele, Ehrenweerde, Hoochgeleerde, wijse ende voorsichtige burgemeesteren, scepenen ende Raedt des Coninchlichen ende vrije Rijcx stadt Aachen, onse besonders gunstige goede vrienden.

Receptœ, 18 februarij 1661.

(*Archives du Royaume à Bruxelles. Conseil d'Etat*, carton 150).

III. Le Magistrat d'Aix-la-Chapelle aux Etats-généraux de la République des Provinces-Unies.

26 martii 1661.

Hoch Mogende Herren,

Was dieselbe am 4ten negst abgeflossenen monats Februarij ahn uns wegen einigen von uns ausgewiesenen Prædicanten haben glangen lassen, solches ist uns zu recht behändigt worden. Nuhn hätten wir uns zwarn nicht versehen, hoffens auch nicht umb dieselbe verschuldt zu haben, dasz in einer sachen, die polizey unserer Statt, so der Röm : Kayserl : May^t und dem H : Römischen Reich allein underworffen betreffendt, Eure Hochmogende sich gegen uns also betrählich solten haben vernehmen lassen. Gleich wie wir nun nit ermessen können ichtwas verübet zu haben, warzu wir nicht nach inhalt des H : Römischen Reichs Constitutionen und jüngsten Münsterischen friedenschlusz befügt und berechtigt sein, unsern Actiones auch gegen die jenige welche sich darüber beschwerdt zu sein befinden wollen vor Gott, der Röm : Kais : May^t und dem Reich, vor welcher also unser eintziger Obrigkeitt wir diesfals allein zu besprechen sindt, gnugsamb zu beantwortten getrauen. Des leben wir der starcker zuverlässiger Hoffnung Eure Hochmogende werden uns diesfals ferner mit Unfreundtschafft nicht zumuthen, warfür uns auff solchen unverhofften fall die Kays : May^t, das Reich auch andere Cronen und Fürsten deren protection und Confoederation wir die Ehr haben zu genieszen, auch den Münsterischen und Osnabrügischen friedenschlus, denn dieses Eure Hochmog : zumuthen zu wieder zu handt haben, gegen ein ander vast verbunden haben, uns dargegen zu retten hätten, in welcher extremität Eure Hochelbog : uns verhoffentlich nicht instürtzen werden, welche mehr nicht verlangen als mit denselben alle gute Nachbarschaft und des H : Reichs neutralitet immerzu zu continuiren, der gantzlicher zuversicht, Eure Hochmog : werden solchen sich hingegen mit uns zu pflegen nicht zuwieder sein lassen, welche wir hiermit Gottes getreuen schutz fleiszigh empfelen.

Eure Hoch Mog : dienstbereitwilligste Burgermeistern, Scheffen und Rhatt des Konigl : Stuls und freyer Reichs Statt Aach.

Den 11 Martij 166.

(Adresse) Denen Hoch Mogenden Herrn Herrn Generall Staaten der Vereinichten Niederländischen Provincien & c : 's Gravenhaage.

(*Archives du Royaume à La Haye. Staten Generaal*).

III*bis*. Traduction néerlandaise de la pièce précédente.

Translact uijt Hoochd^ts

Hooch moogende Heeren,

Wat deselve op den 4e Februarii lestleden wegen eenige bij ons uytgewesene Predicanten aen ons hebben laten gelangen sulex is ons te recht behandicht.

Wij hadden nu wel niet verwacht, vertrouwent ooch om de selve niet verdient te hebben, dat Uwe Hoog Moo. in een saecke, de policie van onse stadt betreffende, dewelcke alleen den Roomschen Kayserlichen May^t ende het Heyl. Room^e Rijck is onderworpen, sich soo commiratoirlijck tegens ons soude hebben laten vernemen.

Gelijck wij nu niet connen bedenken yetwes gedaen te hebben waertoe wij niet naer inhout van de constitutien des heyl. Room en Rijex ende vant jongste munstersche vredens besluit soude bevocht ende gerechtigt sijn. Vertrouwe ooch onse actiones tegens diegenege dewelcke sich aengaende vermeende beswaert te vinden voor Godt, voor de Roomsche Kayserlijcke Majesteyt ende voort Rijck, voor welcke wij als onse eenige overicheyt alleen in dit cas te bespreeken sijn, genoechsam te verantwoorden.

Soo hebbe wij het vaste ende toeverlatich vertrouwen Uwe Hoo Moo sullen ons deswegen met onvriendschap niets meer aenmoeden waertegens ons op sulck een onverwachten vall de Kayserl. Mayest., het Ryck, mitsgaders andere croonen ende fursten, welcher protectie ende confoederatie wij d'eere hebben te genieten, ons souden moeten redderen, ende dat wij malkanderen vastelick verbonden hebben, om het munstersche ende Osnabrugische vredens besluyt te hanthaven, welche dit Uwer Hoo. Moo. aenmoeden te weder is, ofte tegen gaet, in welche extremiteyten Uwe Hoo. Moo. ons verhopentlich niet sullen willen storten, als dewelcke niets meer wenschen, dan met deselve alle goede nabuyrschap ende des Heyl. Roome Rijcx neutraliteyt altijt te continueren, vastelich vertrouwende dat Uwe Hoo Moo haer niet sullen laten te weder sijn, om die wederom met ons te onderhouden, dewelcke wij midts desen de getrouwe beschermiinge Godes bevelen.

Uwe Hooch Moogh Dienstbereijtwilligste.

Burgemeesters, schepenen ende Raedt des Conincklicken Stoels ende Vryer Rycx Stadt Aacken, etc.

Der 11 Martii 1661.

IV. Résolution des États-généraux, arrêtée à la séance du 26 mars 1661.

Folio 160 verso.

Uittreksel uit de Resolutien van de Staten Generaal der Vereenigde Nederlanden van het jaar 1661.

Sabbathi den 26e Martz 1661.

De resolutien gisteren genomen sijn gelesen enz. Folio 161 verso.

Is ter vergaderinge gelesen de requeste van die van de gereformeerde religie ende gemeenten van Aecken, Bortsched ende lande van Limborch, tsamen tot Vaels, Lande van 's Hertogenrade, vergaderende, daerbij deselve aen hare Ho. Mo. recommanderen de opsichte ende protectie over haren Godtsdienst. Waerop gedelibereert sijnde, is goetgevonden ende verstaen dat de voorschreve requeste gestelt sal werden in handen van de heeren Huyghens ende andere hare Ho. Mo. gedeputeerden totte conferentien metten heer ambassadeur van Spaigne, over de saecken van de landen van Overmaze, om te visiteren, examineren ende daervan rapport te doen.

Ontfangen een missive van Burgermeesteren, schepenen ende Raedt des Conincklicken Stoels, ende vrije rijcxstadt Aachen, geschreven aldaer den elffden deses, stile loci, houdende responsive op hare Ho. Mo. brieff van den vierden February lestleden, nieuwen stijl, raeckende de twee predicante bij haer uytgeweten. Waerop gedelibereert sijnde, is goetgevonden ende verstaen, dat de voorschreve missive gestelt sal werden in handen van de heeren van Raesfelt ende andere hare Ho. Mo. gedeputeerden totte saechen van de landen van Overmaze om te visiteren, examineren, ende daer van rapport te doen.

Ontfangen twee missiven enz.

(Archives du Royaume à La Haye. Resolutien van de Hoogmogende Heeren Staten generaal der Vereenigde Nederlandsche Provincien).

V. Instructions du Gouverneur général, Marquis de Caracena, à don Estevan de Gamara, Ambassadeur d'Espagne auprès de la République des Provinces-Unies.

1661, 1 avril.

Monsieur,

Les Bourguemaistres, Eschevins et Conseil de la ville Imperiale d'Aix-la-Chapelle nous ont remontre qu'aiants faict sortir de leur ville quelques Predicants qui faisoient profession et exercice de la Religion pretendue reformee, les Estats des Provinces Unies leur auroient monstre le ressentiment qu'Ilz en ont par la lettre cy joincte, soubs pretexte de ce qu'ils auroient prins lesdicts Predicants soubs leur protection, et comme c'est une chose inouye que de vouloir sur ce fondement troubler le regime et police d'une ville Imperiale et libre, et violer l'ordre y estably au nom de l'Empereur et du Sainct Empire par feu l'Archiducq Albert comme executeur du ban imperial, et que le Roy en qualite de Ducq de Brabant et Limbourg est protecteur des droits, franchises, privileges et usages de la dicte ville, et partant oblige de les y maintenir ensemble la Religion romaine, Nous vous faisons la presente afin que vous rendiez les debvoirs necessaires vers lesdicts Estats pour divertir les effects des menaces contenues es dictes lettres, et qu'afin Ilz laissent ledict magistrat dans l'exercice libre des hauteurs et juridictions dont il a de tout temps jouy en suite de ses privileges et concordats, a quoi pouvant beaucoup contribuer l'authorite de l'agent de l'Empereur vers lesdicts Estats, vous luy communiquerez la presente et agirez de concert en ceste rencontre comme le service de Dieu et de Sa Ma^{te} demande, soit separement ou conjointement comme trouveres estre plus a propos, et quand a ce que les dits Estats allegueront qu'ils sont en neutralite et bonne amitie avec l'Empire, vous leurs responderes que la police de n'admettre le sejour des Predicans d'autre religion que de l'Eglise catholique et romaine outre trois jours aiant este establie passe si long temps et des l'an 1618 ainsi que les dits d'Aix vous pourront monstrer par les titres et documens qu'ils en ont, sans qu'il y ait eu contredit de l'empire ny d'aulcun autre, ils ne peuvent a present se servir de ce pretexte pour introduire cette nouveaute dans l'estat d'autruy, joint que ce reglement de police n'est fait en haine ny a l'exclusion de leurs predicans en particulier ains de tous en general et aussi bien de ceux de l'empire que des leurs, tellement qu'il seroit bien estrange et repugnant a toute apparence de raison que leurs predicans estrangers auroient en ce regard plus de privilege que ceux de l'Empire mesme dans une ville imperiale et libre.

A tout, Monsieur, nostre seigneur Dieu vous ait en sa saincte et digne garde.

De Bruxelles le premier jour du mois d'april seize cents soixante un.

Votre bien affectionne a vous faire service.

A Monsieur l'Ambassadeur Don Estevan de Gamarra.

(*Archives du Royaume à Bruxelles. Conseil d'Etat*, carton 150).

VI. Billet du Roi d'Espagne Philippe IV au marquis de Caracena, touchant l'affaire des prédicants d'Aix-la-Chapelle.

El Rey.
Marques de Caracena, Pariente Gentilhombre de mi Camara, de mi Consejo de Estado, mi Gou^{or} y Cappa Gen. en interim de mis Payses Vajos de flond .

Apruevo os la forma enque hizisteis informar à mi Embaxador en Holanda de lo que havia passado en la villa de Aix sobre hechar della à un Predicante de los Estados Generales, deque me dais quenta encarta de 11 de mayo passado remitiendo me la Consulta que esse Consejo de Estado (¹) os hizo en la materia ; vos le escrivireis continue en las mismas diligencias, como se fia desu prudencia advertiendo le no se governe por las instructiones que le diere el Magistrado de a quella villa, y que, por ser de Imperio, corra enesto de conformidad con el Ministro de su Mag Cesarea.

De Madrid, 21 de Deciembre 1661.

Yo El Rey.
Gregorio de Sapia.
Al Marques de Caracena, etc.

Le Roi.
Marquis de Caracena, gentilhomme de ma Chambre, de mon Conseil d'Etat, mon Gouverneur et Capitaine général ad interim de mes Pays-Bas de Flandre.

J'approuve la manière dont vous avez informé mon ambassadeur en Hollande de ce qui s'était passé à Aix, à l'occasion de l'expulsion d'un prédicant des Etats Généraux, expulsion dont vous me rendez compte dans votre lettre du 11 mai dernier, en y joignant la consulte du Conseil d'Etat de pardelà à ce sujet. Vous lui écrirez qu'il doit continuer à montrer la même activité, comme on l'attend de sa prudence, et l'avertirez qu'il n'a pas à se conformer aux instructions que lui donnerait le Magistrat de cette ville, mais que, celle-ci étant une ville impériale, il doit agir de concert avec le Ministre de Sa Majesté Impériale.

De Madrid, 21 décembre 1661.

Moi le Roi.
Grégoire de Sapia.
Au Marquis de Caracena, etc.
Reçue à Bruxelles, le 7 janvier 1662.

(Original aux *Archives du Royaume à Bruxelles. Conseil d'Etat*, carton 150).

VII. Besoigné de la délégation envoyée à Aix-la-Chapelle, en 1663, par les Etats-généraux des Provinces-Unies.

(Juli 1663).

Fol. 31. In margine : Conferentie mette magistraet van Aecken.

. . . .

Fol. 32. Bij welcke occasie wij Haer E. bekent gemaeckt hebben de remonstrantie en de clachten, ons twee à drie tagen te vooren van de predicant ende kerckenraedt tot Vaels, mitsgaders de inwoonderen van de gerefor-

---

(¹) C'est-à-dire le Conseil d'Etat de Bruxelles, par opposition au Conseil d'Etat de Madrid, que le Roi eût appelé : *este* consejo.

meerde religie binnen Aecken voorgecomen over de sware ende onbetamelijcke persecutien, die haer nu eenigen tijt herwaerts ende insonderheyt tzedert de verdeelinge van de drie landen van Overmaes waren aengedaen, bestaende voor 't meerendeel in de navolgende poincten :

Ende voor eerst, dat nu eenige weynige jaeren herwaerts den predicant van Vaels aengeseyt ende verbooden is geworden van in de voorsstadt domicilium langer te houden, ofte oock daer binnen meer te mogen vernachten, hetwelcke den voornoemden predicant seer moeyelijck ende becommerlijck valt, doordien geen huys off wooninge in den dorpe van Vaels te becomen was.

Ten anderen, dat men de poorten van de stadt den geheelen voormiddach des Sondachs geslooten hielde, sonder dat die van de gereformeerde religie, om hare godtsdienst tot Vaels te gaen oeffenen, met wagen, kar off peert daer buyten konnen geraecken.

Ten derden, enz.

Fol. 33. Op alle het welcke Haer E. niet anders en repliceerde als dat dese poincten voor 't meerendeel ecclesiasticq ende geestelijck ende dienvolgens buyten hare dispositie waren, maer ter judicature ende oordeel van seecker gericht, genaemt het Sent-gericht, welck gericht bestaet in..... geestelijcke ende....... wereltlycke persoonen, waervan den presbiter ofte proffian vulgo genaemt, sijnde de eerste in ordre altijt, compt ende gestelt wert uyt het capittel van de Lieve Vrouwe, ende de andere geestelijcke pastooren van de stadt.

De wereltlijcke sijn ende worden gecooren uyt het lidt van de magistraet, als breder bij de chronicque van Aecken is te sien ; doch namen aan het eene ende het andere aen de heeren hare comittenten te rapporteren, ende ons bij de naeste conferentie, soo veel in haer is, te doen hebben alle contentement ende vergenoegen.

(*Archives du Royaume à La Haye. Resolutien van de Hoogmogende Heeren Staten generaal der Vereenigde Nederlandsche Provincien*).

Eugène Hubert.

Eene bladzijde uit de economische geschiedenis van Limburg in de 17ᵉ en de 18ᵉ eeuw

Nooit is de belangrijkheid van het economische vraagstuk door eenieder, arm en rijk, beter begrepen geweest dan in de benarde dagen, welke wij gedurende deze oorlogsjaren hebben doorgemaakt. De wetenschap der economie heeft zeker een der belangrijkste bladzijden te schrijven van hare geschiedenis, waarvan het nawoord over den heropbouw van de maatschappelijke toestanden niet het minst belangrijk zal zijn.

Intusschen willen wij een kijkje nemen in de geschiedenis van het economische leven van onze gouw een eeuw of twee geleden. Toen leefde men ook in oorlogstijden, hetzij dat wij er zelf ingewikkeld waren, hetzij dat onze gouw te lijden had van de doortrekkende troepen.

Weliswaar betreffen onze inlichtingen alleen het noorder gedeelte onzer provincie, de Kempen en het zuid-oostelijk gedeelte (de streek van Tongeren), maar wij meenen dat het in de andere gedeelten onzer gouw nagenoeg zal geweest zijn gelijk daar.

Niets is zoo koud als cijfers, zegt men. Dat is waar. In cijfers is weinig poëzie ! Maar toch niets is er ook welsprekender dan cijfers, en door die koude boekstaven wordt ons een heel drama verteld van het wee en 't lijden van een volk, gelijk ze ons tevens van hun voorspoed en welstand vertellen. Wanneer onze nakomelingen later zullen in de statistieken lezen, dat een zak tarwe b. v. in 1917 verkocht werd aan 1000 tot 1200 frank, zal men te recht besluiten tot de schaarschheid van dit product, de groote welstand bij eenigen en de armoede van de meesten, en ook dat er een soort van menschen moest bestaan zonder geweten en zonder hart, het verachtelijke soort der woekeraars.

Uit de lijsten der verhandelde waren en hunne koopprijzen, haalt men veel gegevens over de levenswijze der volkeren, hunne betrekking met elkander, hun staat van welvaart enz., en daarom heeft elke bladzijde over dit punt zijne waarde.

Onze inlichtingen zijn getrokken uit de gemeente- en kerkregisters van de dorpen Exel, Kleine-Brogel en Millen.

Daghuren. — Wanneer wij de daghuren der XVIIe en XVIIIe eeuw beschouwen, bemerken wij onmiddellijk dat zij zeer laag staan, waaruit wij dan seffens het besluit trekken, dat de waren van levensonderhoud aan kleinen prijs moesten zijn. Inderdaad dat was zoo.

Te Millen won in 1726 een timmerman ongeveer een gulden per dag. « 21 Jan. 1726 Len. Ramackers timmerman 3 dachuren en een half ... gewerkt ... samen 3 gulden » ([1]). In de Kempen was het eveneens gesteld. Een kerkregister van Exel vermeldt in 1744 de daghuur van een timmerman, die wellicht zelfs wat meer was dan een gewoon stielman en betaald werd 1 gl. 10 stuiver op zijnen kost « om aen 't beelt van O. L. V. hangende in de midden van de Kerk... gouden straelen, roosen, een engel en vleugels » hersteld de hebben.

Een leiëndekker, een man die gewoonlijk een hooger daghuur trekt om wille van het gevaarlijke van den stiel, staat aangeschreven in 't register te Kleine-Brogel als verdiend hebbende 40 st. daags ten jare 1782, en een metser 35 st. daags.

In 1785 was het nog erger gesteld. Te K. B. had een man 17 dagen aan de uurplaat der torenklok gewerkt, en wanneer het avond geworden was had hij 25 st. verdiend.

In 1791 werd den man te K. B. die op de schans de boomen gesnoeid had en nieuwe geplant, voor 3 1/2 dag werkens 3-3-0 betaald, dat is 18 st. per dag. Dienzelfden werkman, met naam J. Vaesen, treffen we in 1819 aan als werkende in den hof van den pastoor, en die uitbetaald krijgt 1 gl. 10 st. voor anderhalven dag arbeid, daarbuiten genoot hij wellicht ook den kost.

Toen gelijk nu won de vrouw steeds minder dan de man : dat zelfde jaar verdiende « Marie Koolen voor 3 1/2 dag gewerkt te hebben in den hof van den pastoor 15 st. daghs ».

De gemeente K.B. betaalt in 1747 aan den boer voor een dag met kar en paard te varen, 5 gl.

In 1754 (te K. B.) was « Geeraerd Leen met zijn kaer en paerd naar Luik en Maeseijck geweest, uyt vier dagen en een halven : 18 gl. »

Het zal dan ook niemand opvallen indien de ambten in verhouding met de daghuren staan. De schoolmeester trok te K. B. in 1746, 60 gl., en van 1753 tot 1771 jaarlijks 80 gl. voor 11 maanden school te doen, maar in 1771 gaf hij maar 9 maanden les en zag daarom zijn bezoldiging vallen tot 70 gl. In 't naburig dorp Exel, veel grooter van bevolking, was de bezoldiging van den onderwijzer omstreeks diezelfde jaren 150 gulden.

([1]) Renten Regist. van past. Lib. Froidmont.

Eene wedde van 100 gl. was een niet te versmaden buitenkansje waar veel om gedaan en geloopen werd. In 1774 was men te Exel overgegaan tot het plaatsen van een orgel in de kerk en thans moest er voor een orgelist gezorgd worden. Een wedstrijd werd uitgeschreven. Per plakkaat werd dit aangekondigd te Tongeren en te Hasselt. Verscheidene liefhebbers boden zich aan ; een examinator werd ontboden uit Bree, en de gelukkige uitverkoorne zou jaarlijks als vast loon 100 gl. optrekken. Wel is waar kwamen daar bij de winsten van jaargetijden en begrafenissen, doch deze zullen gewis niet hoog geloopen hebben wijl het honorarium van den pastoor alsdan slechts eenige stuivers voor een jaargetijde bedroeg. Ziehier desaangaande eenige inlichtingen : In 1647 ontving de priester voor een jaargetijde 10 st.; te K. B. in 1694 legateert priester Joh. Moonen 100 florijn voor een anniversarium waarop den pastoor 25 st. wordt toegewezen.

In 1751 betaalde de gemeente K. B. « aen den pastoor om missen te doen wegens uyt vrees van den buyckloop » 8 gl. voor 8 missen, terwijl de koster 10 stuiver ontving.

De arme blaasbalgtrapper kon zich een gansch jaar moeimaken te Exel in 1776 om 7 gl. 5 st. te verdienen.

Eetwaren. — Indien de verdiensten klein waren, zoo waren de eetwaren en de kleedingstukken eveneens goedkoop.

Het brood werd te K. B. in 1792 verkocht aan 1 st. 3/4 ; de boter betaalde men er in 1748 een halven gulden het pond en in 1795 zelfs nog een weinig minder. In Haspengouw was in 1615 de boter aan 6 1/2 st. het pond. Drie eeuw later, in 1918, kon men deze waar zich aanschaffen aan 30 tot 40 fr. den kilo ! Waarlijk, 't was voor niets !

De eiërs betaalde men te Millen in 1729 het viertel 12 st. 20 oortjes. En in 1918 een viertel aan 33 fr. !

Het vleesch hield maat met de andere waren. In de Kempen (K. B.) gold in 1746 een kieken 15 st., in 1747, 10 st., terwijl men er een haas kocht voor 1 gl. 10 st.

In Haspengouw (Millen) gaf men voor eene vette gans 12 st. in 't jaar 1724, en het volgende jaar bood men ze te koop aan 15 st.

Pastoor L. Froidmont van Millen was een man die zich niet gemakkelijk liet beet nemen, naar blijkt uit zijn zeer nauwkeurig gehouden renteboek, waar in hij zijne inkomsten, die veelal in natura geleverd werden, aanteekende, en alwaar hij op datum van 6 October 1724 zeer leuk schrijft : « ontvangen van Jan de Verre zijn dochter 2 paer kieken, daer was een slecht mede. Schoon kieken worden alsdan de coppel ad 10 st. gecocht ». In 1725 voldoet men hem voor zekere rente met eene « hinne ad 7 st. », terwijl in 1722 « 'n paer haenen » voor 8 st. geboekt staan.

Het rindvleesch zal ook niet duur geweest zijn, dewijl men in de Kempen (K. B.) een stier aan 98 gl., eene vaars aan 54 gl., kocht in 1795.

Een lam was er niet meer dan 2 gl. 10 oord waard, In Haspengouw kocht men « een vetten hamel » voor 6 gl. ten jare 1721.

Liefhebbers van zwijnenvleesch mochten naar de Kempen gaan om goedkoop fijne kempische hespen te koopen; zij waren er te krijgen in 1748 (helaas, waarom nu niet meer !) aan 5 gl. voor een hesp. Er zijn hespen en hespen, zult ge zeggen, dikke en dunne. Welnu, de rekening van 1747 geeft het gewicht er bij aan : « een hesp van 6 pond, 2-8-0 ». Gelooft ge het nu ?

Indien de kempische boer zijne hespen aan zulken spotprijs moest leveren, de haspegouwsche kon in 1720 zijne baggen niet hooger verkoopen dan 4 gl., een scheuteling moest hij afstaan aan 7 schilling en een bruling kont ge koopen voor 7 gl.

Pastoor Froidmont teekent aan ten jare 1719 een vet kalf ontvangen te hebben in ruil voor 5 vat luiker maat spelt en 2 paar kiekens.

In de Kempen schommelden de prijzen der schapen rond 1794 tusschen de 8 en de 9 gulden, of iets meer, terwijl de prijs der koeien alsdan er van 70 tot 96 gulden verliep.

In 1750 zou men goedkoop een middagmaal hebben kunnen gereed maken, doch helaas, een pintje bier, dat er gewis bij van pas komt, zou merkelijk den prijs doen stijgen hebben, want « een pint bier » staat in 't register van K. B. voor 9 st. aangeschreven. Doch in 1774 kon men te Exel een « pot bier » bestellen, en de waard zou niet meer dan 3 st. hebben doen betalen. Verkoost gij Diester bier, echt oud Diester, dan kont gij met « 2 potten Diester bier » te Exel uw dorst lesschen voor 7 stuivers.

In 1794 werd te K. B. eene halve ton bier betaald 5-5-0. Merkelijke afslag dus.

De brandewijn staat te Exel in de rekening vermeld : « een glas brandewijn, 0-1-0 ».

Vergelijkt men daar tegen de prijzen van den wijn, dan zijn deze betrekkelijk veel lager dan van het bier, want in 1775 worden « vier boutillen wijn » te Exel gekocht voor 3 gl. en in 1795 gaf de gemeenteontvanger voor 6 flesschen wijn 9 gl.

* * *

Het is misschien wel eens heel aardig te vernemen hoe men in 't begin der XVIIe eeuw in eene gewone boerenfamilie bruiloft vierde, dat hangt immers kort samen met het artikel mondbehoeften. Welnu, een huwelijkscontract verleden voor pastoor a Palude van Millen, tevens notaris publicus, op 12 Januari 1606, zal ons daarover inlichten.

De moeder der bruid verbindt zich als bruidschat mede te geven aan hare dochter, zekere Marie Vos van Nederheim, « een vuylen of die weerde daarvan te weten 22 dalders » en verder in te staan voor de helft der onkosten van het bruiloftsfeest. Wat zulke helft is weten we uit hetgeen waartoe de ouders van den bruidegom zich verbinden, die aan hunnen zoon, Jan Donders van Fall Meer, ook een veulen of de waarde er van in geld zullen mede geven en dan verder de helft der bruiloftsuitgaven zullen bekostigen, die bestaat in : « eene halve mud tarwe, een malder rogge, een bruylinge, en een hamel. Item nog 6 tonnen bier ». Weliswaar was het bier toen bijlange zoo duur niet als honderd jaar later, daar het in 1604 te St-Truiden 5 oord den pot kostte (¹). Maar toch 6 tonnen, dat kon er door !

Logies. — Het reizen in vorige eeuwen viel wel lastig ; slechte wegen en weinige vervoermiddelen. Doch indien ge ergens pleisteren moest, zelfs voor verscheidene dagen, het hoefde u niet af te schrikken voor wat de onkosten van logies betrof, want in 1750 kont ge een dag eten en slapen in eene stille kempische herberg voor 9 st. en 5 oort. Haddet gij echter uwe reis 3 jaar vroeger ondernomen, dan haddet gij, te K. B. althans, 10 st. moeten uit uw geldbeugel halen, ten minste indien men u niet meer aanrekende als de soldaten die men te dien tijde aldaar in te kwartieren kreeg en voor wier logiesonkosten de gemeente moest instaan, die ons deze inlichtingen van logies door hare rekeningen verstrekt.

Kleedingstukken. — Het spijt me aangaande dit artikel niet meer opgaven gevonden te hebben. Ik vond alleen in het rekenboek van Exel de navolgende inlichtingen : in 1774 wordt voor den gemeentebode een paar schoen gekocht en dit staat geboekt voor 3 gl. 10 oort. In 1788 wordt den armenjager een paar verschaft voor 4 gl.

Een paar kousen werd in 1774 gekocht en betaald aan 1 gl. 7 oort. De man kreeg daarbij ook nog een halsdoek aan 14 oortjes, en nu, warm ingedoffeld en wel geschoeid, kon hij de velden afloopen om de dieven te speuren.

(¹) Suppliques aux Abbés de St-Trond, door Simenon, p. 115.

Gelukkige gemeenten die in 1918 geene schoenen behoefden te bezorgen aan hunnen veldwachter, want !...

Vuur en Licht. — In de Kempen is het artikel kool niet erg bekommerend voor een huisgezin. Het hout is er overvloedig en goedkoop ; 't is er toch zoo gezellig rond den open haard met zijne hoog opflakkerende vlammen, krinkkronkelende de breede schouw in. Maar in de school, ziet ge, dat ware lastiger geweest, ...en dan de schoolbengels hadden niet graag dat de schoolmeester zooveel stokken bij de hand had ! Daar stookte men dus kool. Van daar dat de rekening van Exel in 1777 mededeelt : « kool gehaelt voor het schoollokaal te verwarmen en daarvoor 23 st. de 100 pond ». Den 2 Jan. 1793 liet K. B. voor de aldaar ingekwartierde soldaten halen « 800 pont kolen voor de corte garde (corps de garde) à 24 st. per pont ».

In de wereld is het een immer wederkeeren en herbeginnen derzelfde zaken. In 1748 was het oorlogstijd lijk in 1914-18. Toen lijk nu zullen de menschen menigmaal vroeg naar bed getrokken zijn om vuur en licht de sparen. Toen lijk nu zullen ze geklaagd hebben over duurte van petrole en carbid... verschooning ! neen, dat kende men toen niet, maar wel vetkaarsen. Maar goedkoop waren ze in 1748 toch ook niet ! « Een pont kaarsen » te K. B. gekocht, werd betaald tegen den prijs van 10 gulden. De kempische boer echter heeft er weinig nood aan, zijn flakkerende haard verspreidt genoeg licht in het vertrek, zoodat de huisgenooten hunne bezigheden kunnen verrichten. Op een stok hout kwam het niet aan, want in 1796 betaalde men voor 26 mutsaarden 1 gl. 6 st.

Veldvruchten. — Op 5 Februari a⁰ 1817 schreef een pastoor van Millen de volgende nota : ... omnia cara erant ad vivendum ut mensura frumenti Mosatrajectensis ad 8 flor. siliginis ad 7 flor. et avenae ad 2 fl. » Arme stumperd die schreef : alles is duur om te leven, de tarwe, Maastrichter maat, aan 8 flor. het koren aan 7 flor. en de haver aan 2 flor. » De brave man dacht met weemoed terug op de goede tijden van weleer. 't Is niet onmogelijk dat menigeen onzer tijdgenooten soortgelijke nota ergens heeft neergeschreven.

In 1794 was het graan ook zeer duur, 12 gl. de mud. Maar klimt men hooger op, dan vindt men het vat koren (te K. B.) aan 2 gl. 5 st. en het brood aan 1 fl. het pond.

Te Millen geeft het register van 1647 de breuk op van het koren, die gesteld was op 2 fl. 10 st. bb., het vat spelt op 9 fl.

De haver werd in de Kempen in 1747 aan 12 gl. de mud, en in 1795 16 gl. verkocht.

Voor het hooi werd in 1748 te K. B. 2 gl. 10 st. de 100 pond gevraagd. Dezelfde prijs komt voor in 1794.

Stroo kocht de gemeente, voor de fourragie der soldatenpaarden, 2180 pond aan 21 gl. 16 st.

Voor de jaren 1775 tot 1784 licht ons de volgende breuktabel in nopens het koren en de gerst. Deze tabel vonden wij in een privaat registertje van kapelaan Dewaleff van Millen.

TONGERSCHE EFFRACTIEN

	Koren	Spelt
1775 vat	1-18-0	0-19-0
76 »	1-8-0	0-16-0
77 »	1-11-0	0-19-0
78 »	1-18-0	1-0-0
79 »	1-11-2	0-16-0
80 »	2-5-2	1-5-0
81 »	1-19-0	1-4-0
82 »	1-18-0	1-1-2
83 »	2-8-0	1-4-0
84 »	2-5-2	1-8-0

* * *

In 1778, zou de gemeente Exel overgaan tot het beplanten der « Groenplaats » en liet deswege jonge lindeboomen komen uit Holland, te weten van Sautoir achter Bergijck. Zij deed er een aankoop van 51 linden, welke zij betaalde 4 gerande ducaten of 36 gulden. Eene tweede bestelling van 60 boomen betaalde zij 35 gulden 5 st.

Bouwmaterialen. — Wordt veel gebouwd, teeken van welvaart. Van daar het fransche spreekwoord : Quand la bâtisse marche, tout marche ; en het duitsche gezegde : Wenn die Könige bauen haben die Kärner zu thun.

Was er middel om op 't laatst der XVIIIe eeuw veel te bouwen ? Althans ziehier eenige prijzen van bouwbenoodigdheden welke de rekeningen van Exel en Kleine Brogel ons doen kennen.

In 1775 deed de eerste dier gemeenten zich 600 steenen leveren voor een klein reparatiewerk, die geboekt staan voor 28 st. het honderd.

In 1784 kocht K. B. te Peer plaveiën om de school te bevloeren, welke zij 32 st. moest betalen.

Toen in 1782 de toren er moest hersteld worden, ging men te Luik voorraad opdoen van nagels, die men 6 1/2 st. het pond moest betalen, latnagels 4 st. het pond, terwijl men te Peer 7 st. het pond betaalde voor leinagels. Het lood stond aan 6 st. het pond.

Geleschte kalk werd tegen 5 st. den emmer in rekening gebracht.

Without betaalde men 1 st. den voet, eikenhout 3 st. den voet, raamhout 6 st. en kwartierhout 4 1/2 st. den voet.

Haar in de boter deugt niet, maar haar in de kalk is eene noodzakelijkheid. Deze betaalde men in 1783 2 st. het pond. Eindelijk, om tot in de kleinste bijzonderheid af de dalen, zwartsel werd in 1792 verkocht aan 6 st. het pond.

In 1780 was de « schel » of 't bedeklokje gebarsten te K. B.; de klokgieter ontving 1 gl. per pond voor het brons, en 3 st. per pond voor de moeite van het hergieten. Welke de oorzaak van het barsten geweest was, weet ik niet. Misschien had de koster de klok niet goed gesmeerd! Nochtans men weigerde hem het smeer niet, want in 1787 betaalde de gemeente 1/4 pond zeep voor 't « trumken » te smeeren 1 st. 2 oord, en een halve kan smeerolie werd hem verschaft voor 16 st.

Kroos van geld. — Na dit overzicht der prijzen der verschillende waren, kan men er uit afleiden de grootere waarde van het geld, daar men met eene kleine hoeveelheid ervan eene groote hoeveelheid waren kon koopen. Daarom stelde de geldbezitter zich tevreden met een geringen interest, of beter, met een kroos dat ons gering schijnt.

De gemeente K. B., welke rond de jaren 1750 in geldnood verkeerde, leende bij hare eigene ingezetenen ([1]). Het getal personen die geld verschoten is vrij groot betrekkelijk de bevolking van het dorpje. Deze leening geschiedde aan 2 %. In 1751 was de gemeente 419 gl. kroos verschuldigd voor de opgehaalde kapitalen.

Rond het einde der XVIII[e] eeuw gaat zij nogmaals te leen bij hare inwoners, doch nu zien wij haar 2 1/2 en 3 % betalen.

Eenige jaren later, in 1818, ging de gemeente over tot de verdeeling der schatting; de aanslag werd navolgender wijze gedaan: 24 st. per boender land, 8 st. per boender heide en 2 gl. per hoofd. Dat alles bracht aan de gemeente 749 gl. 6 st. 1 oord op.

* * *

Nu eene laatste vraag. Welke zou de koopwaarde van den grond wel

---

([1]) Het register geeft de naamlijst der personen met de som die eenieder leende. Deze aanduidingen kunnen stof leveren voor eene belangrijke studie over de welvaart der ingezetenen des dorps.

geweest zijn rond het midden der 18ᵉ eeuw ? Weliswaar een enkele verkooping levert geen vasten grondslag voor algemeene besluittrekkingen, maar toch is het eene aanwijzing. Deze levert ons het familieregister van secretaris J. M. Clercx. Het goed Hobos, gelegen op het grondgebied van Overpelt, op de grenscheiding van Exel, werd door Clercx aangekocht in 1769. Het bestond uit een huis, akkerlanden, « heydthoeven » (?) en beemden : te zamen groot circa 17 boenders en werd door den kooper betaald 1800 florijn. Welk goed de kooper verhuurde aan 15 pattacons ; in 1776 verhuurde hij het opnieuw aan 9 pattacons.

* * *

Laten wij hier onze studie eindigen. Het is een steentje, heel klein steentje van de bouwstof waarmede een meer bedrevene hand een geheel kan optimmeren : eene economische studie ver de maatschappelijke verhoudingen onze provincie tijdens de XVIIᵉ en XVIIIᵉ eeuwen.

Osw. ROBYNS, pr.

Millen, 25 Februari 1919.

BRONNEN VAN DEZE STUDIE

Register der costerije van Millen, 1775-1778.
Registrum baptisatorum eccᵃᵉ de Millen, 1668-1691.
Reg. Eccl. par. de Millen, 1615 (einde ontbreekt).
Reg. Solutiones redituum en sensuum spectantium ad pastorem de Millen, 1647-1661.
Reg. der pachten en tousten van Lib. Froidmont, 1717-1774.
Doop, trouw, sterfregister van Clijnen Brogel, 1672-1743.
Reg. des dorps Cleijne Breugel behelsende de rekeningen, 1746-1819.
Gemeynts Regiester begonst in den jaere, 1775-1794.
Register der Kercke en de fabricke van Exel, 1736-1803.
Familieregister van J. M. Clercx, senior, « gemaekt in den jaer ons heere Jesu Christi, 1764 ».
Suppliques adressées aux Abbés de St-Trond, par G. Simenon. Bruxelles, 1904.

Une alerte nocturne à l'Abbaye de Tongerloo
(16 Août 1702)

La Belgique, l'éternelle terre d'occupation étrangère, qui allait bientôt échapper à jamais au sceptre de la maison d'Espagne, se trouvait sous la garde des troupes de Louis XIV, en attendant que le sort des armes et les calculs intéressés de la diplomatie européenne la fissent passer sous la domination autrichienne.

Tout ce que l'ambition du Roi-Soleil, l'obstination de l'empereur d'Autriche, la souplesse politique de l'Electeur de Bavière, Maximilien, gouverneur de la Belgique, pouvaient imaginer de force et de ruse, allait être mis en œuvre pour s'assurer la vaste succession de Charles II d'Espagne. Les compétitions de ces trois prétendants au trône de la péninsule amenèrent la désastreuse guerre de la succession d'Espagne, qui, pendant onze ans, fit fondre sur la Belgique les pires calamités et aboutit au démembrement des immenses territoires qui formaient l'apanage de la couronne d'Espagne (¹).

Au début du conflit, rien n'était, en droit, changé pour la Belgique. Celle-ci continuait à dépendre de l'Espagne. Seulement, à la branche espagnole de la maison d'Autriche avait succédé la maison de Bourbon, et l'on ne tarda pas à s'apercevoir que le changement de dynastie avait amené un changement de régime qui n'était pas pour plaire aux populations de nos provinces.

Le 4 février 1701, par ordre du jeune roi d'Espagne, Philippe V, alors encore chancelant sur un trône nouvellement acquis et âprement disputé, les villes des Pays-Bas espagnols occupées par les troupes hollandaises (villes *de la barrière*) avaient été ouvertes aux Français.

Quelques semaines plus tard, le 9 mars, le gouverneur Maximilien s'était uni à la France par un traité secret, et à peine Philippe V eut-il été inauguré à Bruxelles, comme duc de Brabant et de Limbourg (²),

---

(¹) La paix d'Utrecht (1712) et la paix de Rastadt (1714) attribuèrent, notamment, l'Espagne au petit-fils de Louis XIV, Philippe V; la Sicile, au duc de Savoie; la Belgique, la Lombardie et le royaume de Naples, à l'empereur Charles VI.

(²) Le 19 février 1702. — L'abbé de Tongerloo, avec neuf autres prélats, l'évêque d'Anvers et l'archevêque de Malines, assistèrent à cette inauguration, à Bruxelles. Voir la description qu'en fait GACHARD, *Histoire de la Belgique au commencement du XVIIIe siècle*, p. 42-48. Bruxelles, 1880.

qu'il enjoignit à toutes les autorités civiles et militaires du pays « d'obéir et exécuter, faire obéir et exécuter, tout ce que le roi Très Chrétien (Louis XIV) disposerait et ordonnerait dans toutes les affaires de guerre, justice, police et finances, sans aucune exception ni réserve (¹) ».

Ainsi donc, l'Espagne continuait à posséder la Belgique, mais sous la protection des bataillons français. Dès lors, il était clair pour tous que, sous le nom de son petit-fils, c'était bien Louis XIV qui gouvernait nos provinces.

Si l'Europe s'alarmait des empiètements de la France et de la quasi-vassalité à laquelle elle voulait réduire l'Espagne (²), les habitants de nos provinces ne semblent pas avoir tout d'abord éprouvé une répugnance spéciale pour l'une ou l'autre domination. Bien plus, un grand nombre d'esprits judicieux se réjouissaient d'une situation qui, unissant les intérêts de la France et de l'Espagne, éloignait les causes de conflits dont notre pays avait trop souvent pâti, et semblait devoir conjurer le danger du démembrement de la monarchie (³).

Si la Belgique témoigna bientôt une certaine aversion pour le changement de dynastie, la cause en fut surtout au fait que le gouvernement de Philippe V, sous la tutelle de la France, se calqua sur les institutions du cabinet de Versailles et se rendit bientôt impopulaire, par des mesures vexatoires, prises à l'encontre des anciens privilèges.

Il faut y ajouter les inconvénients qui résultèrent du manque d'homogénéité des troupes, dans lesquelles Belges, Espagnols et Français se trouvaient parfois mêlés. De plus, les soldats étaient irrégulièrement payés : de là des rapines, des actes de violence, dont se rendirent particulièrement coupables les soudards des troupes irrégulières, appliqués surtout à la guerre d'embuscades, et connus sous le nom de *partisans*.

L'incident que nous allons rapporter est un épisode de ces scènes de brigandage. Nous verrons, du reste, qu'il fut énergiquement réprimé et puni avec la dernière sévérité.

Il nous paraît préférable de laisser ici la parole à l'un des témoins oculaires de l'aventure, qui, encore sous le coup de l'émotion causée par la brusque agression des partisans, le meurtre de trois domestiques de l'abbaye, le désarroi jeté dans la communauté par cet incident

---

(¹) Diplôme du 2 juin 1702. *Ibid.*
(²) Dès le mois de mai 1702, l'Angleterre et la Hollande déclarèrent la guerre à la France.
(³) « Le seul esprit qui régnât partout (à Bruxelles), étoit la crainte du démembrement de la monarchie, et pour la conserver tout entière, l'on ne se seroit pas seulement fait françois, comme cela eut lieu, mais turc, je crois, si l'on avoit cru que le Turc eût pu nous maintenir. On haïssoit la France, mais que faire ? ». *Mémoires du Feld-Maréchal Comte de Merode-Westerloo*, t. 1, p. 171. Bruxelles, 1890.

tragique, fait un récit très animé de l'événement. En lisant cette narration, que nous nous reprocherions d'altérer en voulant le corriger, on se représente l'émoi causé par cette attaque nocturne, on croit entendre le tocsin de l'abbaye auquel répondent les cloches des paroisses environnantes, on assiste aux pourparlers pleins d'angoisse entre le moine affolé, courageux pourtant, et les partisans, peu rassurés par l'arrivée de deux à trois mille paysans, armés de fusils, qui accourent de toutes parts, dans les ténèbres de la nuit, pour porter secours aux religieux et réduisent à l'impuissance un certain nombre d'agresseurs.

Cet écrit est la minute d'une lettre écrite par l'un des supérieurs de l'abbaye, prélat, prieur ou proviseur — il n'y a pas de signature, — deux jours après l'événement, et adressée probablement au maréchal de Boufflers. Cette lettre, croyons-nous, ne fut pas envoyée. En effet, le jour même où elle fut écrite, les mesures prises par l'autorité militaire pour réprimer l'attentat, durent être connues des religieux, ainsi que l'atteste une seconde pièce, celle-ci déjà éditée mais que nous croyons devoir encore reproduire ici parce qu'elle nous fait connaître l'épilogue de cette affaire et nous apprend le châtiment des coupables, dont plusieurs furent pendus à Diest tandis que le reste de la compagnie (environ cinquante hommes), fut mis en prison.

H. LAMY.

I.

Tongerloo, le 18me d'Aoust 1702.

Monsigr,

L'affection que Votre Excellence at touiour tesmoigné pour notre maison m'at donné l'hardiesse de vous marquer par cette, une triste tragédie qui at esté jouée dans notre maison par une partie d'environ soixante hommes, dans laquelle on at tuéz trois de notres domestiques.

L'affaire se passoit de la maniere suivante. Avanthier au soir, le quart après huict heures, comme nous fumes a table, un partisan nommé Lepine et un sous-partisant avec deux autres soldats sont venu se saisir de notre porte, non obstant la resistence que l'eur faisoit le portier, qu'ils jettoirent par terre en luy donnant plusieurs bourrades, et comme quelques de nos domestiques venoient des prieres ordinaires, qui avoient dû passer la premiere place, ils commençoient a crier : a moy, a moy ! et tout aussi tost, ils dechargerent trois coups en prennant chacun l'eur homme et en tuerent trois de nos domestiques ; deux restirent sur la place, et l'autre mourut quelques heures apres ([1]).

Le quatrieme auroit esté aussi tué si il n'eut sauté dessus le fusil de celuy qui luy vouloit donner le coup, apres quoy le partisan fit aussy tost prendre poste dans la maison par la partie qui luy suivit et ainsi il s'est rendu maitre de la primiere bascourt. L'allarme fut aussy tost par toutte la maison, et nous sauttant de table ne sçavions faire autre chose dans cette confusion que de tacher de nous maintenir dans la deuxieme bascourt, fermant la porte qui separe l'une de l'autre, et de tirer la cloche pour nous garantir contre ses insultants et assassins, lesquels nous tenions pour des merodeurs qui quelques jours au paravant avoient faits plusieurs assauts sur l'abbaye de Postel et pilié quelques eglises en passant, dont les paysans en ont tués quelques uns et fait prisonniers iusques au nombre de vingtquattre, les quelles ils ont amenés à Herentals.

Quelques de nos valets, au nombre de neuf ou dix, estant venu aus armes, je prie l'hardiesse d'aller voire quelles gens c'estoient et ils se déclaroient franchois, nous laissant voire un pasport signé de Monsr le chevalier de Sesancourt, un nom à touts les autres incognu. Je prioit incontinent le partisan de vouloir nous rendre la porte et de se tenir avec ses gens entre les deux portes, que je luy fourniroit a boire et manger, avec de la paille pour coucher,

---

([1]) Le nécrologe de l'abbaye de Tongerloo nous a conservé les noms des trois victimes : Grégoire Adriaensen, tonnelier ; Jean Daems, jardinier, et Adrien Cools, cocher (16 août). *Commemoratio... Gregorii Adriaensen, doliarii nostri, Joannis Daems, hortulani, et Adriani Cools, aurigae, qui turbae militum pioedonum circa vesperam vi et armata manu portas monasterii invadentium vere fideles famuli sese opponentes, ab iisdem misere trucidati sunt.* — W. Van Spilbeeck, *Necrologium Ecclesiae B. M. V. de Tongerloo*, p. 160. Tongerloo, 1902.

de surplus que, pour l'eur seureté je m'en irois hors de la maison avec un autre compagnion pour empecher l'advenue des paysans sur le son de notre cloche, que je fit retenir aussitost qu'il m'estoit possible. Mais il me refusa absolument de quitter la maison, ce que me donnoit soubçon qu'il avoit conceu un mal dessein sur nous. Les paroisses d'alentour estant allarmez par nos cloches, chacun fit tirer la sienne et accourrurent avec l eur fusils au nombre de deux ou trois milles et se postèrent devant notre porte, entrant par une barquette, tant qu'on mit la maison en seureté.

Au point du jour, je fit scavoir au partisan qu'il voudroit tenir ses gens dessoubs la porte où ils avoient dormi, craigniant que le primier qui auroit sorti, auroit esté tué aupres les autres que les paysans commençoient à voire. Je fit tout mon possible en courant d'une cotés et d'autre, pour empecher que les paysans n'aurient pas tirés sur eux. Tout a un coup, la partie, se levant, se mit en posture avec l'eurs armes a feu par dessoubs la porte, et le partisans en sortoit, à ce qu'il me sembloit pour me venir parler. Je m'allois a luy, le priant pour l'amour de Dieu qu'il vouloit faire metre les armes en bas a ses gens, luy demontrant le danger où ils estoient exposés, qu'il n'avoit pas autre moyen pour échapper, ni par dehors ni par dedans, et que s'il vouloit le faire, je me mettrois au milieu de sa partie, afin que les paysans ne tirassent pas sur eux. Mais toutes mes prieres furent inutiles. Je n'eu pour réponse que des menaces qu'il feroit venir de l'armée deux mill soldats.

Les paysans estant partout dans les fenetres et portes, voyant qu'ils ne vouloient pas mettre les armes en bas, sur deux coups qui furent tirés, je ne scais, ou par la partie, ou par les paysans en dehors de la maison, tout aussi tost, avant meme que je sceu me retirer dans la porte, ils firent tous feu sur la partie, a laquelle j'accourus tout aussi tost même entre les coups, les priant derechef de mettre les armes en bas, ce qu'ils firent apres avoir tirees quelques coups. Et je me postis avec quelques de mes valees pour les deffendre contre les paysans qui accourrurent à eux, ce que je fis avec un si bon succes que pas un coup ne fut plus tiree sur eux. Je tenois la porte fermée contre les paisants qui estoient dehors, iusqu'a ce que je les avois fait mener dans un lieu seur.

Le feu des paisants n'at durés qu'environt un Pater, et ils en ont blesses environ dix, entre les quelles fut le partisan ; personne n'at été tues sur la place. Une partie envoyee par Monsr de Paratte, Brigadier general de les Armes du Roy, à l'instance de nos amis, est venu environs les neuf heures en notre secour et les at amenez touts a Diest, excepté un que on ne jugoit capable par ses blessures d'estre transporté, et qu'il est mort ce matin (1).

Monsiegnieur, voila comme l'affaire est passé et en cas de besoing nous les ferons verifier par tous ceux qu'ils ont esté présent. Je en fais juge Votre

---

(1) C'était un lorrain. Il s'appelait Samuel Condé. Avant de mourir, il témoigna un grand repentir et reçut les derniers Sacrements. On lui donna la sépulture chrétienne au cimetière de Tongerloo. Ces détails nous sont connus, grâce à un registre paroissial conservé aux Archives de la maison communale de Tongerloo et dont M. le Secrétaire Jos. Meir, avec sa serviabilité habituelle, a bien voulu nous donner communication. C'est un registre de baptêmes, commençant en 1664, mais, sur le premier feuillet, qui avait été laissé en blanc, on a écrit : *Memoria defunctorum et sepultorum in parochia Tonger, loensi, quorum non habet dicta parochia obligationem servandi funeralia, utpote peregrinorum*

Signeurie, a qui je m'adresse pour avoir justice d'une action si noire, afin que personne n'ose suivre un si mal exemple. Pour ma conduite en cette action, je ne veu pas produire autres tesmoins que les soldats memes de la partie. Si l'eur commission estoit bonne, j'en doubte fort, voyant que le second partisan n'at pas osé se fier aux trouppes venu de Diest, comme encor plusieurs autres qu'ils se sont sauves hors l'Arrest, et apres que les trouppes de Diest estoient arrivees. Nos valees ont attrappé deux qui sont mis en sureté et j'en donneray parte a Monsr de Paratte. De surplus, la commission n'estoit que pour cinquante hommes, et la partie estoit environ de soixante. Tousiours je scais bien que l'intention de generaux n'est pas que l'eurs trouppes commandees forceront de maisons religieuses de la sorte, en tuant a l'entrée des domestiques qu'ils rencontrent, qu'ils ont dipouliés incontinent. Je ne scais aussy ce que veut dire que le partisan a demandé a nos valets si nous estumes sauvegardees, ayant auparavant parfaitement s'informé a Oistel (= Oosterloo ?) combien de domestiques et religieuses estoient dans notre maison. Je ne les veu pas pourtant charger qu'en regard de ce qu'ils ont passez dans notre maison, je laisse dire aux autres ce qu'ils ont a leur charge, dont ont me vient faire de plaintes. Je prie Votre Grandeur de ne pas prendre en mal part que je viens charger d'une si longue narrée. Je l'ay jugé nécessaire pour vous donner parfaitte connoissance de cette affaire. Si j'aurois osé quitter la maison, j'aurois venu expressement a l'armee pour faire mes plaintes, et a mesme temp demander secours de Votre Grandeur, laquelle at eu la bonté de prendre notre maison en protections.

Esperant que Votre discretion ne manquera pas en cas de besoing de en donner part a Monseigneur le Ducq de Bourgoigne et generaux, et je demeure, Monsignieur, Votre tres humble et tres obeyssant serviteur.

Copie manuscrite conservée aux Archives de l'abbaye de Tongerloo.

II.

Executie gedaen opden lasarijen bergh door de franschen 21 augusti 1702.

Executions faite du nome l'espine, commandant un party de l'armee de monseigneur le duc de bourgonne, lequel party fut arrete a l'abbaije de Tonguerlo ; comme aussy des només La Roche soldat de la comp^e de la mirsille du regiment d'infenterie du Roy, sans quartier soldat de la comp^e de monbion, du second bataillon d'orleants, stephe, soldat de la comp^e de la lieutenence collonnelle de magaloty, delaume cavallier de la comp^e de

---

casu extraordinario ibidem mortuorum, et ex mera misericordia ibidem gratis sepulturam obtinentium. Deux défunts seulement y sont inscrits. Le second est celui qui nous occupe en ce moment. 1702 — 17 Augusti. Sepultus Samuel Conde, Lotharingus, eques carbinarius in exercitu Regis christianissimi, qui cum pedestri turma predonica, ductore quodam Lepin violente portam primam monasterii occupante et tres fidelissimos famulos absque armis innocue resistentes occidente, a succurrentibus armatis vicinis rusticis letaliter lesus hic detentus, multum penitens et plene administratus, postera die sic mortuus est, christianam misericorditer obtinuit sepulturam. Sed partisanus Lepin cum pluribus ex suis lesis Disthemium vectus, ibidem sententia Mareschalis D. Boufler et assensu Ducis Burgundie, ob pessimam hanc et criminalem actionem in patibulo vitam finivit.

dur et du regiment de chartre, lesquels dits soldats et cavalliers et partisant ont este pendus hors de la ville de Diest le 21 aoust 1702, conformement à la lettre que monsieur de paratte auroit receu de monseig. le marechal de boufflers, dont la copie est au fuillet de l'autre part, estoit signe venier capitaine et ayde maior au second bataillon de santerre faissant la charge de maior de cette place.

Lettre escrite par monseigneur le marechal duc de boufflers, au coup de Riethoven, le 18 aoust 1702 a trois heures apres midi.

A monsieur de paratte, Brigadier generaal des armées du Roy et commandant pour sa majesté à Diest.

J'ay receu, monsieur, la lettre que vous avez pris la peine de m'escrire le 17 de ce mois, par laquelle vous me marques l'action indigne et criminelle du partisan nommé l'espine. J'ay eu l'honneur d'en rendre conte a monseigneur le duc de Bourgogne, qui ma ordonné de vous mander que vous ne devez manquer de faire pendre sans aucun retardement le dit nomme l'espine et le sous partisan, et outre cela six des soldats, cavaliers, dragons, carabiniers, ou autres du dit party, en sorte qu'il y en ait huict de pendus, cet a dire le nomme l'espine, le sous partisan par preference aux autres, et six autres du dit party, lesquels vous ferez tirer au billet entr'eux ; s'il y en a quelques uns que vous jugiez plus criminels que les autres, vous les ferez pendre aussy par preference, sans les faire tirer avec les autres et ils seront compris dans le nombre de six quy doivent estre pendus outre le nomme l'espine et le sous partisan.

Si cette execution peut se faire a l'abbaye de tongerloo, cela sera d'un plus grand exemple pour le pays : si vous y trouvez de la difficulté, vous la ferez faire au plus tot a Diest, et vous en ferez avertir les religieux de tongerloo, afin qu'ils donnent ordre a leurs habitans et autres que vous et eux iugerez a propos de se rendre a Diest, pour estre tesmoins de la ditte execution, et de la justice qu'on leur rend, vous ferez rester s'il vous plaist en prison le reste du dit party iusques a nouvel ordre. Je vous prie encore de ne point differer a faire faire la ditte execution, signé le marechal duc de boufflers, conforme a l'original qui est en nos mains, signé Paratte.

Registre du grand pensionnaire de Diest, Godefroid-Jean van Zurpele (Reg. D, fol. 184), conservé au château de Veerle par M. le baron de Zérézo de Tejada. Edité dans le Messager des Sciences historiques de Belgique, *année 1888, p. 483-484.*

Les dessous d'une élection épiscopale

Comment le comte Georges-Louis de Berghes devint évêque de Liége, le 7 février 1724

Joseph-Clément de Bavière, archevêque de Cologne et prince-évêque de Liége de 1694 à 1723, eut un règne extrêmement agité. Rompant avec la politique séculaire de neutralité observée par ses prédécesseurs, il prit parti pour la France, lors de la guerre de Succession d'Espagne, fut mis au ban de l'Empire et expulsé de la principauté depuis 1702 jusqu'en 1715. Après sa restauration, il se rendit impopulaire dans le pays de Liége, par ses manières hautaines et cavalières à l'égard des Etats, par ses refus persistants de résider dans la Cité au moins quelques mois de l'année, et par ses demandes réitérées de subsides. Il avait ainsi créé beaucoup de mécontents et son impopularité avait favorisé la constitution d'un parti national, déterminé à écarter désormais du siège épiscopal tout souverain étranger, et particulièrement tout membre de cette maison de Bavière qui s'habituait un peu trop à considérer l'évêché de Liége comme un fief héréditaire.

Cette réaction nationale dominait surtout parmi les chanoines gradués de Saint-Lambert et était conduite, peut-être avec des visées personnelles intéressées, par le grand-prévôt Maximilien-Henri de Poitiers, ancien chancelier de Joseph-Clément, et par le grand-doyen François-Lambert de Sélys. La maison de Bavière avait surtout conservé ses fidèles parmi les familles nobles qui occupaient, dans le pays, les charges lucratives de l'Etat ou, à Bonn, des services de cour non moins avantageux. Les chefs du parti bavarois étaient Charles-Jean-Jacques baron de Glimes de Brabant, conseiller d'Etat et ministre de Joseph-Clément à Bonn, et Guillaume-Dominique d'Oyembrugge, comte de Duras et baron de Roost, diplomate auquel le prince avait souvent confié d'importantes négociations, et alors chef de l'Etat noble.

Depuis longtemps, la santé de Joseph-Clément était très précaire. Son état s'aggrava beaucoup en septembre 1723 et sa fin apparut imminente. Son entourage résolut d'employer sans tarder les moyens d'action efficaces que lui assurait encore la possession du pouvoir, pour obtenir du chapitre la nomination d'un coadjuteur pris dans la maison de

Bavière : le candidat proposé était le prince Clément-Auguste, né à Bruxelles le 16 août 1700. Fils de l'ancien gouverneur des Pays-Bas Maximilien-Emmanuel de Bavière, il était évêque de Munster et de Paderborn, coadjuteur de son oncle, l'archevêque de Cologne, depuis le 9 mai 1722, et venait d'obtenir une prébende au chapitre de Saint-Lambert le 9 avril de cette même année. Le baron de Glimes reçut la mission de se rendre à Liége pour rallier le chapitre à cette nomination.

Il devait démontrer aux Liégeois la nécessité de se donner un prince d'une maison souveraine afin de mettre le territoire à l'abri des invasions et des conquêtes des puissances voisines, insister sur les éminents services rendus par la maison de Bavière, « reconnue par l'Eglise comme la colonne de la Foi et le plus ferme soutien de la Religion», réfuter enfin les griefs de ceux qui rendaient la politique de Joseph-Clément responsable des malheurs subis par le pays durant les dernières guerres. Il dénoncerait les ambitions personnelles du grand-prévôt et du grand-doyen qui caressaient l'espoir d'arriver au trône épiscopal, le premier grâce à l'appui de la France, le second par l'influence de la Hollande. Le succès du comte de Poitiers mettrait fatalement le pays de Liége en conflit avec l'Empire et serait regardé comme un triomphe personnel pour sa sœur, la comtesse de Saint-Maurice, dont les intrigues étaient déjà si mal notées. Quant au doyen de Sélys, il était dominé par « l'esprit altier et aigre » de monsieur Duchateau, ancien bourgmestre de Liége et secrétaire de l'Etat noble, et son avènement, secondé par la diplomatie des Provinces unies protestantes, ouvrirait les portes à l'hérésie dans un pays qui, depuis des siècles, avait conservé, grâce à la maison de Bavière, la religion pure et inaltérée. Ces instructions prescrivaient encore au baron de Glimes « d'éviter d'acheter des suffrages directement ou indirectement, car le prince, ayant une extrême délicatesse, avait en horreur la simonie ». Mais il était autorisé à « donner des assurances positives de sa reconnaissance envers ceux qui, par leurs suffrages et leurs bons offices, coopéreraient au succès de cette négociation ». On lui recommandait enfin de prendre comme collaborateurs et conseillers, le baron de Roost et le conseiller privé de Louvrex, échevin de la haute justice de Liége.

De Glimes arriva dans la Cité le 12 septembre et s'installa pompeusement au palais épiscopal. Le baron de Roost l'y rencontra le lendemain et il fut convenu que celui-ci ne serait pas accrédité comme délégué du prince et agirait en simple particulier, pour ne pas perdre la confiance que plusieurs tréfonciers avaient en lui. C'est par le mémorial tenu au jour le jour par ce personnage que nous sont révélés tous les incidents qui marquèrent cette élection épiscopale dont nous allons faire le récit.

Dès le lendemain de son arrivée, le baron de Glimes commença ses visites auprès de chaque tréfoncier, à qui il remit des lettres de l'électeur de Cologne, de l'électeur de Bavière et du prince de Munster. Comme c'était la coutume, aucun chanoine ne prit d'engagement formel lors de ce premier contact. Mais par d'autres voies, on sut que l'on pouvait déjà compter sur les voix de Jean-Louis d'Oyembrugge de Duras, baron d'Elderen, archidiacre d'Ardenne et frère du baron de Roost, de Jean-Alexis de Glimes, archidiacre de Famenne, frère du ministre, du chancelier Henri de La Naye, du baron Adolphe de Cortembach, des comtes Amour-Benjamin de Berlo et Nicolas de Marnix tout récemment parvenus au chapitre et dont le dernier n'avait pas encore fait résidence, et de Jean-François Stoupy, professeur de théologie de Louvain, le seul chanoine gradué qui resta fidèle à la maison de Bavière. On fut, par contre, averti de l'opposition opiniâtre du grand-prévôt et du grand-doyen ainsi que du comte de Rougrave, dont l'admission au chapitre, en 1708, avait été fort disputée parce qu'il passait alors pour une créature de Joseph-Clément. Ces défections navraient le fidèle et parfait courtisan qu'était le baron de Roost. « On ne peut pas trouver mauvais que ces messieurs et autres se déclarèrent contre le prince et se plaignirent du gouvernement de l'électeur, chacun étant le maître de sa volonté. Mais il fut ridicule et honteux au grand-prévôt et à Monsieur de Rougrave de parler comme ils le firent de l'électeur et de son gouvernement, eux que ce grand prince avait enrichi et comblé de grâces et de bienfaits de même que leur famille, les ayant pour ainsi dire tirés de la crasse et de la misère. Et je me souviens d'avoir demandé et obtenu la prébende de la cathédrale qu'a Monsieur de Rougrave, dans le tems qu'il n'était qu'un pauvre garçon des Ardennes, nullement gentilhomme et qui se serait estimé heureux si, au lieu d'une prébende de la cathédrale, il avait plu à l'électeur de lui en donner une de la moindre collégiale. Enfin, les discours de ces deux fameux et insignes ingrats furent désapprouvés même par leurs meilleurs amis ».

Mais avant de briguer les suffrages des tréfonciers liégeois, le prince de Munster devait obtenir du pape un bref d'éligibilité par lequel le Saint-Siège annonçait qu'il ne formulerait aucune objection canonique à son élection au siège de Liége. Partisans et adversaires du prince intriguèrent activement à Rome et à Vienne, les uns pour hâter, les autres pour arrêter l'envoi de cette pièce essentielle. Le pape avait déclaré qu'il accorderait le bref dès que l'empereur lui témoignerait que la chose lui serait agréable. Mais d'autres prétendants encore inconnus travaillaient l'entourage de l'Empereur de complicité, disait-on, avec le premier ministre du prince de Munster, le baron de Plettenberg, qui poussait son souverain à abandonner l'affaire de Liége pour postuler plutôt l'évêché de Hildesheim. Un frère d'un valet de chambre de l'Impératrice, nommé Stotzy, venait d'apporter à Liége une missive de l'Empereur dans laquelle ce monarque déclarait « fort platement qu'il laissait la liberté à un chacun de la négociation et qu'il ne s'intéressait pas du tout en faveur du prince de Munster ».

Pour stimuler cette tiédeur, le baron de Glimes pressa l'électeur de Bavière de déléguer au plus vite à Vienne un autre baron de Plettenberg, parent de son premier ministre. Le duc d'Orléans et le duc de Lorraine employaient, par contre, le grand crédit dont ils jouissaient à Vienne en faveur du prince Henri-Oswald de la Tour d'Auvergne, archevêque de Tours, admis au chapitre de Saint-Lambert depuis le 5 septembre 1716, qui n'attendait que la mort de Joseph-Clément pour postuler le siège épiscopal de Liége. Celle-ci survint brusquement le 12 novembre, avant que le neveu de l'évêque eût pu s'assurer, par la coadjutorerie, la succession de son oncle. Malgré le zèle de ses partisans, il n'avait pas encore réussi à obtenir de Rome le bref d'éligibilité.

Ce décès modifiait radicalement la situation. La souveraineté passait au chapitre et surtout à ses chefs qui s'étaient déjà signalés comme d'irréductibles adversaires de la maison de Bavière. D'autres candidatures étrangères qui, jusqu'alors, avaient défendu leurs ambitions d'une manière occulte en retardant la nomination d'un coadjuteur, allaient surgir au grand jour. Le baron de Glimes perdait enfin sa qualité de représentant du pouvoir souverain et on le vit, le matin du 14 novembre, quitter le palais épiscopal avec tout son équipage pour se loger chez le sieur Honradt, directeur de la poste de feu Son Altesse, tandis que le chapitre, solennellement assemblé après matines, prenait possession de la demeure épiscopale et inaugurait ainsi sa régence. Il semblait pourtant au baron de Roost que la candidature de Clément-Auguste de Bavière devenait plus sympathique à certains tréfonciers depuis la mort de son vénéré maître. Le comte Ferdinand-Maximilien de Berlo, archidiacre de Campine et évêque de Namur, et Jean-Herman de Stockhem, archidiacre de Brabant lui avaient déjà envoyé leur adhésion. D'autres tréfonciers avaient mieux accueilli les agents du prince de Munster dans les visites de convenance que ceux-ci avaient immédiatement renouvelées auprès de chaque chanoine résident de Saint-Lambert pour notifier sa candidature à la succession de Joseph-Clément. « Nous avons lieu d'être contents de nos visites qui nous ont donné sujet d'espérer et de nous apercevoir que ce qui rendait la plupart de ces messieurs si froids et taciturnes était la répugnance qu'ils avaient pour une coadjutorerie qui leur aurait ôté les plaisirs et les avantages d'une régence ». Le baron de Roost conservait donc l'espoir que l'hostilité que, dès le début, il avait dû noter contre son maître, ne s'adressait pas à la personne de celui-ci, mais s'expliquait par la ferme décision des chanoines de ne plus admettre de coadjuteurs. Il est incontestable que les interrègnes exercés par le chapitre de Saint-Lambert fortifiaient les prétentions de cette assemblée au condominium, ou partage du pouvoir souverain avec l'évêque, contre lesquelles les deux Etats séculiers s'étaient élevés si souvent. Mais de Roost ne réfléchissait pas que ceux des tréfonciers qui obéissaient à ces égoïstes intérêts de caste devaient aussi être tentés d'écarter les jeunes candidats vraisemblablement destinés à de longs règnes qui espaceraient trop ces profitables vacances de siège.

Au reste, des groupes nombreux de chanoines continuaient à préconiser la nomination d'un prince choisi parmi la noblesse liégeoise. Certains d'entre eux mirent même en avant le nom du frère du baron de Roost, l'archidiacre d'Elderen. Le dévoué partisan de Clément de Bavière en fut confidentiellement averti, le 21 novembre, par le comte de Berghes, le futur vainqueur de l'élection, et par le chanoine de Charneux. Mais il ne se laissa pas tenter par ce qui n'était peut-être qu'une habile manœuvre de ses adversaires et démontra longuement à ses interlocuteurs, « par les raisons les plus fortes et les plus solides, qu'il n'y avait au monde que Son Altesse Sérénissime Electorale de Cologne qui pût sauver le pays des malheurs dont il était menacé ». En temps de guerre, l'argument du danger extérieur était irrésistible et avait souvent déterminé les tréfonciers à se donner, malgré eux, un souverain assez fort pour faire respecter la neutralité du pays. Mais en ce moment l'Europe jouissait d'une paix durable et les dangers annoncés par de Roost n'effrayaient plus personne.

Le grand-prévôt, chef du parti français au chapitre, restait l'adversaire le plus dangereux de la maison de Bavière. On attribuait son hostilité non seulement à son ambition personnelle, mais aussi à l'inimitié privée qu'il nourrissait contre le baron de Glimes. Le prince de Munster en fut informé et, dans l'espoir de désarmer l'opposition de ce membre éminent du chapitre, il n'hésita pas à retirer au baron de Glimes sa délégation officielle et à le remplacer par son premier ministre, le baron de Plettenberg. Bien plus, il écrivit au grand-prévôt une lettre dans laquelle il critiquait la politique de son oncle, et qui fit une pénible impression auprès de ses courtisans, qui blâmèrent ce désaveu « écrit en termes peu convenables et très rampants pour un aussi grand prince, et qui fait peu d'honneur à la précieuse mémoire de feu Son Altesse, mon cher et auguste maître ».

Le baron de Plettenberg arriva à Liége le 29 novembre, et s'installa chez monsieur de Ramioulle. Quelques jours plus tard, le 5 décembre, le prince d'Auvergne vint en personne défendre sa candidature dans la Cité et fit sa première résidence au chapitre. C'est lui qui célébra pompeusement la messe de Noël à la Cathédrale en robe d'archevêque, et il assista assidument aux séances capitulaires jusqu'après l'élection. Dans une séance tenue le 20 décembre, les chanoines venaient de fixer celle-ci au 7 février. Mais dès le début de sa campagne, le prince français vit ses chances fort compromises, car son plus puissant protecteur, le duc d'Orléans, mourut le lendemain même de son arrivée à Liége. Il n'eut plus alors comme soutien que le grand-prévôt, et c'était pour lui un répondant suspect, puisque celui-ci était soupçonné d'intriguer pour lui-même en vue de succéder à Joseph-Clément de Bavière.

La célébration des funérailles du défunt prince à la Cathédrale, à la collégiale de St-Martin et à l'église des Jésuites anglais suspendit, du 12 au 16 décembre, les menées des quémandeurs de suffrages. Deux bonnes nouvelles reçues le 17 décembre vinrent ranimer, au lendemain de cette trêve, le zèle des partisans de la maison de Bavière : le bref d'éligibilité était enfin accordé au prince de Munster et des informations envoyées de Vienne et de Hollande donnèrent l'assurance presque certaine « que l'Empereur allait se prononcer en faveur de Clément-Auguste ». Or la protection impériale ne pouvait manquer d'attirer dans le camp de l'électeur un des membres les plus influents du chapitre, Berthold de Wanzoulle, abbé d'Amay, un des plus habiles diplomates de la principauté, qui séjournait à ce moment en mission dans la capitale autrichienne. Outre son grand prestige personnel, il était, avec monsieur Duchateau, le conseiller le plus écouté du grand-doyen de Sélys. Par lui on arriverait peut-être à rompre l'alliance que les deux grands dignitaires du chapitre avaient conclue pour exclure la maison de Bavière. Cet espoir fut éphémère et monsieur Duchateau, qui avait consenti à faire les premières ouvertures auprès de son ami, fut très vertement reçu quand il vint lui proposer de violer les engagements qui liaient le grand-doyen au grand-prévôt.

Le prince de Munster n'attendait que le bref d'éligibilité pour venir à Liége défendre en personne sa candidature. Dans ce but, le ministre de Glimes conclut en son nom l'achat de l'hôtel de Lorraine, situé sur la place Verte, où avait logé six ans auparavant le czar Pierre le Grand avant de visiter Spa. « Cet achat fut, écrit de Roost, une terrible nouvelle pour le parti contraire aux intérêts de ce grand prince ». Dix jours après, Clément-Auguste faisait son entrée solennelle à Liége, la veille du jour de l'an. L'arrivée de ce puissant prince d'Empire fit sensation. Le bourgmestre et le conseil de la Cité l'attendaient à une lieue de la ville et l'escortèrent, au bruit du canon et aux acclamations de la foule, jusqu'à son hôtel, gardé par une compagnie de cinquante hommes avec un drapeau. A peine arrivé, il apprit qu'un autre prince du Saint-Empire, Chrétien-Auguste, duc de Saxe, chanoine de Saint-Lambert depuis le 23 mai 1692, cardinal depuis le 17 mai 1710, briguait aussi la succession de Joseph-Clément. Il apportait un bref d'éligibilité du défunt pape et s'était fait précéder à Liége par son ministre, Monsieur de Kiou, pour se recommander aux tréfonciers. Lui-même ne se montra à Liége que quelques jours avant l'élection. Qu'allait faire l'Empereur en présence de cette nouvelle compétition ? Il était à craindre qu'il n'osât prendre parti entre ces deux grands princes allemands qui convoitaient le siège épiscopal de Liége, et cette neutralité ne pouvait que profiter au parti national liégeois. Les barons de Glimes et de Roost multiplièrent néanmoins les démarches pour gagner à leur cause les divers chefs de groupes du chapitre. Ils intriguaient surtout auprès de la famille de Liboy, dont quatre frères possédaient alors des prébendes de la Cathédrale et dont l'un, grand vicaire et suffragant de l'évêque, était une des fortes autorités du chapitre, et auprès du groupe des chanoines jansénistes, appelés « petits collets », qui reconnaissaient pour chef le chanoine de Stoupy. L'argument dont ils se servaient le plus souvent était celui-ci : « Beaucoup de vos collègues se sont engagés et deux ou trois voix seulement nous manquent pour faire élire le prince de Munster. Si vous voulez figurer en bonne place sur la liste de ceux auxquels le futur évêque doit de la reconnaissance, hâtez-vous d'adhérer à nous pendant que votre voix peut encore nous être utile ». Mais les tréfonciers, qui se laissaient impressionner par cette manœuvre, ne s'engageaient que conditionnellement « pour autant que leur voix pût être décisive pour le prince ». Or, une seule réunion avec leurs collègues suffisait pour leur dévoiler le « bluff » des agents électoraux de la maison de Bavière. Ces réunions clandestines que les chanoines tenaient tantôt chez l'un, tantôt chez l'autre, à toute heure de jour et de nuit, épiés par les agents secrets des candidats et en se cachant comme des conspirateurs, inquiétaient beaucoup le baron de Roost. De mauvais augure aussi était la manière dont était composée la Commission chargée de rédiger les points de la capitulation à proposer au futur prince. Elle siégeait chez l'official Michel Clercx et comprenait, outre l'official et son frère Mathias Clercx, écolâtre, le grand-doyen, l'abbé d'Amay, M. de Liverlo, Paul de Glimes, prévôt de Saint-Aubain à Namur, et François de Stembert, abbé de Visé. Aucun partisan avéré de la maison de Bavière n'y avait été accueilli, alors que les adeptes les plus intransigeants du parti national et les défenseurs les plus jaloux des prérogatives du chapitre y avaient une place prépondérante. La capitulation qu'ils rédigèrent est d'ailleurs celle qui brida le plus le pouvoir souverain de l'évêque.

Ainsi, plus la date fatale de l'élection approchait et plus le succès devenait douteux pour le prince de Munster. Ses partisans n'en continuèrent pas moins à lui faire une cour assidue. « L'électeur est certainement ce qu'on appelle un prince parfait en tout.» Et le baron de Roost cite dévotement comme une soirée mémorable celle où il fut admis à jouer un « tokadille » avec Son Altesse Sérénissime Electorale.

Le 23 janvier, arriva, vers le soir, à Liége le comte de Couffeteinne, ministre de l'Empereur, chargé par son maître d'assister à l'élection du nouveau prince-évêque. Il remit à chaque tréfoncier une lettre circulaire signée de l'Empereur dans laquelle celui-ci, «sans s'intéresser pour personne, demandait simplement que l'élection se fît canoniquement et que l'élu fût un bon et fidèle sujet de l'Empire ». C'était la déclaration de neutralité que laissait prévoir la compétition du cardinal de Saxe, protégé par l'abbé d'Amay. Dès ce moment, la partie eût été désespérée sans les dissensions qui menacèrent un instant de disloquer le parti national. Celui-ci avait aisément réalisé l'accord sur la question de principe : l'éviction de la maison de Bavière; mais il n'était pas aussi facile de s'unir sur la personne du candidat proposé pour succéder au défunt prince, et les ambitions longuement préparées se combattaient âprement. Le parti bavarois pouvait habilement tirer profit de ces querelles. Le grand-prévôt lui-même, alarmé par l'arrivée du ministre impérial et par les intrigues de l'abbé d'Amay en faveur du cardinal de Saxe, fit des avances à l'archidiacre d'Elderen et au baron de Hoenfeldt, connus comme deux dévoués partisans de l'électeur. Il proposait une entente à l'élection et fixa dans ce but une entrevue pour le 28 janvier. Mais, dans l'intervalle, le parti national s'était ressaisi, les conférences des chanoines se multipliaient et un accord fut enfin trouvé en choisissant un personnage également sympathique à tous, qui s'était tenu à l'écart de toute compétition, et que toléraient plus facilement les prétendants plus notables qui s'étaient mutuellement fait échec.

Cet accord fut conclu le 4 février et immédiatement porté à la connaissance de Clément-Auguste et de ses fidèles, par une délégation composée de l'écolâtre Clerex et du chanoine de Goer de Herve. Ils vinrent signifier que 35 chanoines, réunis chez l'official, s'étaient mis d'accord sur un nom qu'on ne pouvait encore révéler. La partie était perdue et le prince de Munster rendit aussitôt à ses fidèles la liberté de leur suffrage. Mais aucun de ceux-ci ne voulut rompre les engagements qui les liaient à la maison de Bavière : ils annoncèrent que, «quoi qu'il pût arriver, ils feraient faire l'élection par la voie du scrutin et donneraient leur voix à Son Altesse. Rien au monde n'a été si touchant ni si brillant que de voir ce grand prince, avec ses manières aussi gracieuses que majestueuses, entouré de ceux de son parti ». Le lendemain, les trois prétendants étrangers se rendirent des visites de consolations « qui donnèrent lieu à bien des réflexions ».

Une majorité étant acquise au premier vote, la séance électorale du 7 février n'était plus qu'une solennelle formalité. La coutume était alors d'élire par acclamation et sans scrutin le candidat assuré d'avance d'une imposante majorité. Mais fidèles à leur promesse, les partisans de la maison de Bavière réclamèrent le vote par appel nominal lorsque fut révélé le nom du candidat national, le comte Georges-Louis de Berghes, alors âgé de 62 ans, et qu'on eut proposé la voie du Saint-Esprit et de l'acclamation. Ratifiant l'élection officieuse mais beaucoup plus décisive du 4 février précédent, le chapitre se choisit ce gentilhomme liégeois comme prince-évêque par 35 voix contre 14 accordées à Clément-Auguste de Bavière.

Voici, d'après le baron de Roost, les noms des cinquante chanoines qui participèrent à l'élection. Votèrent pour le comte de Berghes les 35 chanoines suivants : le grand-doyen de Sélys ; le grand-prévôt Max. de Pottiers; le cardinal de Saxe ; le prince d'Auvergne ; l'official Michel Clercx ; son frère Mathias, l'écolâtre et son neveu Michel Clercx ; l'archidiacre J.-H. de Stockhem ; Berthold de Wanzoulle, abbé d'Amay ; l'archidiacre Adrien-François de Berlaymont ; Etienne-François de Stembert, abbé de Visé ; le prévôt Paul-Gilles de Glimes ; Fabien-Erard de Schell ; le suffragant Louis-François de Rossius de Liboy et ses trois frères, Pierre, François et Charles; François-Lambert de Liverlo ; Philippe de Rougrave ; Martin van Velden ; Pierre de Bounam ; Pierre-Ernest de Charneux ; le chantre Lambert de Stockhem , Fr. de Hinnisdael, seigneur de Betho ; le comte Max. de Pottiers; François-Vincent du Moulin ; Jean-Baptiste de Cartier ; Jean-Ferdinand van der Heyden à Blisia ; Bertrand-Denis de Goer de Herve ; Ignace de la Hamaide ; Henri-Léonard de Charles ; Jean-Pierre de Rosen ; Maximilien de Horion ; Arnold-Bernard de Woot de Tinlot.

Votèrent pour le prince Clément-Auguste : Ferdinand de Berlo, évêque de Namur ; l'archidiacre Jean-Louis d'Oyembrugge de Duras, baron d'Elderen ; l'archidiacre Jean-Alexis de Glimes ; le chancelier Henri de LaNaye ; le baron Damien-Louis de Hohenfeldt ; le comte Amour-Benjamin de Berlo ; le baron Adolphe de Cortembach ; le comte Nicolas de Marnix ; le comte Jean-Arnold de Leerodt ; le baron Antoine d'Ingelheim ; le baron Charles-Ernest de Breidbach ; Jean-François Stoupy ; Bertrand de La Naye ; Nicolas-François de Bonhomme.

Le comte de Berghes s'abstint. Quant à l'Électeur, il ne parut même pas à la séance. Deux autres chanoines étaient absents : le comte Guillaume de Nesselrode, retenu à Vienne par ses fonctions de membre du Conseil aulique, et Pierre-Guillaume de Méan.

L'échec subi par la maison de Bavière était mortifiant non seulement à cause de la grosse majorité qui s'était ralliée autour de son rival, mais aussi à cause de la qualité des votants. Car, en dépit des affirmations du baron de Roost, le « brillant » parti de l'électeur n'avait été soutenu par aucun des grands dignitaires du chapitre, et il avait fallu, pour faire nombre, faire venir à la hâte d'Allemagne, les jeunes barons allemands auxquels la faveur de Joseph-Clément avait récemment assuré une prébende de Saint-Lambert. Pour démontrer à la Cour de Bonn que les chances de l'électeur étaient néanmoins restées jusqu'au bout très grandes et qu'il ne fallait pas incriminer ceux qui avaient conseillé de persister jusqu'au bout dans cette désagréable aventure et conduit la campagne électorale, le baron de Roost imagine, avec quelques « si », de consolantes modifications de scrutin : « si les trois Clercx et l'archidiacre de Stockhem, qui s'étaient engagés à nous, à condition que leurs voix puissent être utiles ; si messieurs de Horion, de Tinlot et de Rosen, qui s'étaient de même engagés au baron de Plettenberg, si le prévôt de Glimes et ses amis de Schell, Bounam et de Cartier, nous avaient accordé leurs voix, le parti de l'électeur l'emportait par 25 suffrages contre 23 ! ».

Le chef de l'Etat noble aurait pu imaginer une quatrième supposition : « si le défunt prince avait gardé dans la Cité plus de sympathie », car tout son zèle et son dévouement de fidèle courtisan n'avait pu faire oublier à Liége les lourdes fautes du règne qui venait de finir. Désormais chef d'un parti vaincu, le baron de Roost souffrit tous les déboires et toutes les déceptions de ceux qui tombent du sommet des honneurs dans une minorité impuissante. En novembre 1724, les chanoines de Saint-Lambert lui infligeaient un nouvel échec sensible en préférant l'abbé d'Amay à son frère l'archidiacre d'Elderen comme grand-prévôt du chapitre. Pendant quelques années encore, ainsi qu'en témoigne la correspondance qu'il continue avec son ami de Glimes retourné à Bonn, il conserva la même attitude dédaigneuse et boudeuse à l'égard du gouvernement de Georges-Louis de Berghes. Puis la guerre vint de nouveau désoler l'Europe, la neutralité liégeoise fut de nouveau menacée et on commença à regretter les puissantes influences qu'un prince d'Empire aurait employées pour la protection du pays. Le parti de Bavière revint ainsi en faveur et prit sa revanche à l'élection épiscopale du 23 janvier 1744, qui porta pour la dernière fois un duc de

Bavière sur le trône épiscopal de Liége dans la personne de Jean-Théodore. La baron de Roost avait eu la consolation de constater les premiers indices de ce revirement dans l'élection de son frère comme grand-doyen le 7 avril 1729, mais il n'assista pas au dernier triomphe de sa cause : il mourut en effet en décembre 1735.

Emile FAIRON.

Une apostille et un mémoire du Prince-Évêque Georges-Louis de Berghes

« Le style c'est l'homme », a-t-on dit : aussi croyons-nous que les quelques lignes que nous transcrirons ci-après, en diront plus que ne le feraient les travaux de nombreux biographes du caractère et du tempérament de l'excellent administrateur, ennemi de l'éclat, du faste et des dépenses excessives, que fut le prince-évêque Georges-Louis de Berghes [1].

Comme les Etats de Liége tardaient de mettre la main à l'œuvre pour la construction de la chaussée de Liége à Hasselt et vers la Hollande, décrétée cependant depuis 1712, le magistrat de la Cité demanda au Prince, le 28 mars 1739, l'autorisation de construire à ses frais la chaussée dans la banlieue de Liége, moyennant l'autorisation de percevoir un droit de *tol*. Les Etats protestèrent [2], alléguant qu'ayant acheté à grands frais les terrains nécessaires, « ils ont non seulement un droit acquis qui ne peut leur être ôté, mais même exclusif du magistrat qui n'a en rien contribué à ces dépenses ». Le magistrat, disaient-ils encore, « ne butte ici à rien moins qu'à entrer dans les droits et les travaux d'autrui à un titre purement lucratif pour lui, puisqu'il est évident que si on lui accordait comme il le demande les revenus d'une moitié de la première barrière, l'Etat ne peut manquer d'y être considérablement lésé, rien que par la raison qui se fait sentir d'abord, savoir que la Cité n'ayant qu'une petite partie de chaussée à faire, il lui en coûtera fort peu pour la construire, et elle en tirerait par la faveur de cette première barrière un profit très considérable ».

Le prince-évêque proposa une solution transactionnelle et apostilla le document de la façon suivante :

J'ai lu en la présence des Députés de mes estats le présent mémoire et les pièces jointes et je n'y ai vu que les mêmes raisons alléguées depuis longtemps ; et pour finir une bonne fois cette affaire, je crois d'avoir trouvé un expédient pour terminer le tout au contentement des parties : voici ce

---

[1] Daris. *Histoire du Diocèse et de la Principauté de Liège 1724-1852*, t. I, p. 133 ; Georges-Louis de Berghes était né le 5 septembre 1662 d'Eugène, comte de Berghes et de Florence-Marguerite, comtesse de Renesse. Chanoine de St-Lambert le 17 septembre 1695, élu le 7 février 1724, ordonné prêtre le 17 décembre 1724, il reçut la consécration épiscopale le 31 décembre 1724 et mourut le 6 décembre 1743.

[2] *Remontrance des Etats*, 23 avril 1739.

que j'ai imaginé uniquement pour éviter la discorde entre mes estats, chose qui pourroit estre préjudiciable au pays car la concorde convient pour le repos public. Il s'agit donc que la Cité fera à ses frais le tiers de la chaussée sur le banlieue et mes estats les deux tiers et tireront aussi les deux tiers du revenant bon et la Cité un tiers, il me parait que cette modification est assez juste pour l'accepter, sinon il fault compter que je n'ai rien dit (1).

Fait à Seraing ce 26 d'avril de 1739.

Le mémoire suivant, sans date, est encore plus caractéristique :

Mémoire pour mes estats au sujet de la chaussée de Hasselt.

Le véritable intérest que je prends à tout ce qui peut être avantageux à mon pays et à mes estats m'oblige à faire resouvenir du désordre qu'il y a eu lorsque l'on a fait la chaussée de St-Trond et pour ne plus donner dans des inconvéniens, je crois qu'il sera utile et nécessaire de prendre des mesures justes pour éviter les erreurs qui se sont glissées, lorsque l'on a construit cette chaussée.

Il fault avant tout réformer toute prévention et tout patronage, sans cela tout ira encore de travers et la chaussée que l'on va faire sera exposée aux mêmes inconvéniens que du passé.

Pour prévenir tout ça, si c'estait à moi d'avoir la direction de cet ouvrage, voici comment je m'y prenderois : premièrement, je prenderois un bon inspecteur à qui je donnerois un gage bien plus considérable que ce que l'on donne ici ordinairement. Après ça, j'enverrois un bon connaisseur dans le pays de Berg acheter 24 bons chevaux entiers, je ferois faire douze bons tombereaux, je prenderois douze bons charretiers à qui je donnerois par jour douze eschalins. On sait assez ce que doit coûter par jour la nourriture de 24 chevaux.

Avec cet attelage, je fais compte qu'ils poarront mener toutes les pierres et tout le gravier nécessaires et par ce moyen-ci pouvoir soulager l'estat pour plus de 20 mille escus pour le total de la chaussée.

Je mets cela en fait et suis en état de le prouver démonstrativement, s'il en était question.

Au reste c'est un avis salutaire que je donne à mes estats, si cela est de leur goût, j'en serois ravi, sinon qu'ils le fassent *more antiquo* s'ils aiment à estre trompés. Il convient avant tout de s'accommoder avec les Hollandais et cela se doit faire avant de mettre la main à l'œuvre.

Dixi, comme on dit en ce pays, *salvo meliori*.

Georges-Louis.

N'avions-nous pas raison de dire que ces deux pages dépeignent tout l'homme ?

Robert ULENS.

---

(1) La Cité renonça à ses prétentions moyennant abandon par les Etats d'une somme de 30.000 florins Brabant, convention ratifiée à l'Etat primaire le 16 avril 1740.

Un médecin limbourgeois, magistrat d'Anvers

Vers le milieu du XVIIIe siècle naissait, à Maeseyck, en terre limbourgeoise, Jean-Henri Matthei ou Matthey, fils de Théodore Matthey et de Marie-Elisabeth Garré. Le 1er mai 1742, il fut baptisé dans l'église paroissiale de Sainte-Catherine, ayant pour parrain Jean Matthey, représenté par le chanoine Gérard Deswert, et pour marraine Anne-Marie Matthey. Cet acte religieux fut consigné dans les registres baptismaux en ces termes :

1742 Prima Maij. Joannes Henricus fil. legt. Theodori Matthei Mariae Elizabeth Garré coniugum. Susc. D. canonicus Gerardus Deswert noe Jois Matthei et Anna Maria Matthei.

Les parents du nouveau-né appartenaient à une famille distinguée. Plusieurs de ses membres, par leurs fonctions, se consacrèrent au service de leur cité. Parmi ceux-ci, il suffira de citer un des derniers, le maire Nicolas Matthei qui, sous le régime français, présida aux destinées de sa ville natale ; il est aussi l'auteur, croit-on, d'un opuscule dans lequel il décrit l'attaque qu'eut à subir Maeseyck en 1740, en pleine période de paix, de la part des troupes prussiennes.

Les parents de J.-H. Matthey, Théodore Matthey et Marie-Elisabeth Garré, s'étaient unis en légitime mariage à Maeseyck, le 8 octobre 1738. La famille Matthey usait d'un blason sur lequel était figuré un cœur couronné. Ces armoiries se retrouvaient notamment sur une pierre tombale dans l'église de Maeseyck. Les couleurs ou émaux ne nous en sont pas connus [1].

Après avoir terminé ses études inférieures, J.-H. Matthey se consacra à la carrière médicale. Dès qu'il eut acquis les connaissances nécessaires, il s'engagea dans l'armée autrichienne et fut envoyé en garnison à Anvers.

Sans doute désireux de se perfectionner encore dans son art, il se rendit à Louvain pour y suivre les cours de l'université.

A l'issue de ceux-ci, il réussit, en 1776, à passer les examens requis pour obtenir le grade de licencié en médecine. Dans une publication

---

[1] Nous sommes redevables de ces renseignements à M. Charles Gessler, architecte communal à Maeseyck.

datant de cette époque, nous trouvons la mention suivante : *Sedert onse voorgaende, hebben in de universiteijt deser stad den graed van licentie bekomen de naervolgende, te weten : 13 augusti 1776 d'heer Joannes-Henricus Matthey, gebortig van Maseyk, in de medecynen* (¹).

Muni de ce diplôme, Matthey revint à Anvers, où il se fixa définitivement. Dans les publications locales qui renseignent le nom et l'adresse des principaux habitants de la ville, nous relevons à diverses reprises, de 1786 à 1796, sur la liste des médecins, *licentiaeten in de medecynen*, celui de Matthey. Il y figure parfois avec la qualité de chirurgien, *M. Mathey in de heelkunde*, parfois avec celle de professeur de chirurgie, *professor van 't heelkundige college*. Quant à son adresse, elle fut longtemps au canal des Récollets, *op de minderbroeders ruy* et plus tard, *bij de vier winden*, qualification populaire sous laquelle l'entrée de la même rue était connue (²).

Nous venons de voir Matthey portant le titre de professeur de chirurgie. Ce fut en effet le 7 mars 1786 qu'il fut nommé en cette qualité au *Collegium medicum antverpiense* (³). Il se montra plein d'activité et fit preuve d'aptitudes remarquables dans l'exercice de ces fonctions. Son enseignement eut un fort grand succès. Il se préoccupa aussi d'y apporter toutes les améliorations possibles ; c'est ainsi qu'en 1793, avec son collègue, le professeur Le Roy, il proposa aux autorités communales de créer des prix dans le but de stimuler le zèle des élèves. Il signa cette requête en énumérant tous ses titres scientifiques : *J.-H. Matthey, lic. in de medecynen, stads gezworen doctor, professor in de heelkundige ziekdekunde, geneesmiddels ende bijzondere operatien, lid van verscheyde genees en natuurkundige genootschappen*. Cette demande n'eut malheureusement pas de succès. Cet échec toutefois ne le découragea pas, et la même année, il adressait aux magistrats communaux une nouvelle requête. Cette fois, il se plaignait de la pénurie de cadavres mis à sa disposition pour ses leçons de chirurgie ; il insistait ensuite, dans l'intérêt de son enseignement et dans celui des malades en général, sur l'avantage qui pourrait résulter de leçons pratiques données à l'hôpital même.

Peu après, il revenait encore sur ce dernier point et il faisait valoir la grande utilité qu'il y aurait à créer des relations directes et fréquentes entre l'école de chirurgie et l'hôpital civil.

(¹) *Wekelijks nieuws uyt Loven mede beschrijving dier stad*, 1776, VIII, 103.
(²) *Gerieflijke nieuws jaers gifte ofte almanach voor 't schriekeljaer ons Heere MDCCLXXXVI.*
(³) Broeckx, *Histoire du Collegium medicum antverpiense*.

Toutes ces tentatives de réformes devaient rester vaines, et peu après, le *Collegium medicum* disparaissait, emporté par le mouvement révolutionnaire de la fin du XVIII° siècle.

On voit, par les titres que Matthey étale complaisamment, qu'il avait également obtenu la place de médecin de la ville.

Lorsqu'un peu plus tard, il se jeta tête baissée dans la politique, il n'abandonna pas, d'abord, ses travaux professionnels. C'est ainsi qu'usant de l'influence qu'il possédait sur les autorités républicaines, il obtint, en 1794, que les réquisitions des chevaux des médecins fussent laissées sans suite. L'année suivante, il s'associa à de nombreuses demandes adressées aux autorités dans le but d'obtenir la reconstitution de l'école de médecine, l'amélioration du régime des hôpitaux, l'augmentation du nombre de médecins. Dès qu'il fit lui-même partie de la municipalité, il intervint énergiquement pour réprimer la résistance qui s'était fait jour parmi les médecins de l'hôpital qui refusaient de continuer leur service pendant une épidémie de typhus ; il menaça de les remplacer d'office. En même temps il intervenait activement dans les discussions que provoquait la proposition de limiter le nombre des pharmacies.

Frappé de l'insuffisance des secours donnés aux noyés qu'on retirait fréquemment de l'Escaut ou des fossés des remparts, il résolut de provoquer sur cette question une étude approfondie. Dans ce but, il publia une dissertation qui porte pour titre ([1]) :

De behulpzaeme hand aen de verdronken toegebragt, ofte karde verhandeling over de verdronken, in de welke men aenwijst de waere oorzaek van hunne dood, ende de bekwaemste hulpmiddelen om hun van eene schijnlijke dood te redden. Zeer dienstig voor alle slag van menschen, ende voor die, dewelke van de verdronken aen de justitie moeten rapport maeken ten hoogsten noodzaekelijk. Bijeenverzaemt door J.-H. Matthey, M^r chirurgijn. T' Antwerpen bij J.-G. De Marcour, S. A.

Ce traité, qui vit le jour en 1771, forme un volume in-8° de 102 pages. Il fut accueilli avec faveur, et le Dr Broeckx, qui l'analyse longuement, est d'avis « que cette dissertation constitue une œuvre remarquable, qui démontre les talents et le jugement pratique de son auteur. Si aucun historien de la médecine, ajoute-t-il, ne fait connaître le nom de Matthey, si aucun médecin légiste n'en parle, nous croyons qu'il faut attribuer cet oubli à ce que, ignorant le flamand, ils n'ont pu apprécier l'œuvre de notre compatriote ».

([1]) C. BROECKX. *Notice sur Jean-Henri Matthey, docteur en médecine.*

Quelques années plus tard, en 1795, Matthey publia encore une note dans laquelle il étudiait la dyssenterie, qui régnait alors d'une manière épidémique.

Matthey avait autant de pratique que de science ; sa valeur professionnelle fut rapidement appréciée et il s'acquit bientôt une nombreuse et brillante clientèle. Des cures heureuses consacrèrent cette vogue ; aussi, en maintes circonstances, ses clients reconnaissants eurent-ils à cœur de lui prouver leur gratitude ; c'est ainsi, pour ne citer qu'un exemple, que le baron van de Werve et de Schilde, dont il avait guéri la femme, lui fit don d'un carosse attelé de deux chevaux de prix. Sa réputation se répandit rapidement hors d'Anvers ; il était appelé en consultation aussi bien à l'intérieur du pays qu'à l'étranger.

Cette brillante situation devait cependant avoir un terme. La politique devait la modifier complètement. Déjà en 1789, Matthey s'était attiré l'animosité populaire en prenant ouvertement parti pour la cause autrichienne. Plus tard, lors de l'occupation française, il se laissa gagner par les idées nouvelles et se déclara partisan des théories que les républicains propagèrent dans nos provinces à la fin du XVIIIe siècle.

Sa ferveur de néophyte le poussa bientôt aux extrêmes. Il prit rang dans ce groupe très restreint d'Anversois qui se mirent au service des conquérants et qui consentirent à les aider dans leur œuvre néfaste.

Lorsqu'il fut question de la réorganisation du pouvoir municipal, il consentit dès les premières élections à se laisser porter sur la liste des candidats. Et c'est ainsi que le 11 floréal an III (30 avril 1795), il fut élu membre de la municipalité. Celle-ci eut quelque peine à se compléter par suite de la difficulté de faire accepter leurs fonctions par divers conseillers, qui avaient été portés sur la liste plus ou moins à leur insu. Toutefois, elle fut définitivement constituée le 21 octobre. Dès lors, Matthey prit une part prépondérante à ses travaux. Placé à la tête du comité de police, des hôpitaux et des prisons, il s'occupa activement de l'organisation des services sanitaires et des établissements hospitaliers. Quand Jean-Baptiste de Haan, qui avait été désigné en 1795 pour remplir les fonctions de maire, décéda peu de temps après, Matthey consentit à accepter sa succession.

Dès lors, il s'associa à toutes les mesures extrêmes que l'administration municipale décréta ; il présida à toutes les persécutions et à toutes les vexations qui accablèrent à cette époque la population anversoise ; il fit partie du groupe clairsemé de citoyens qui consentit à pactiser avec l'ennemi et à l'aider dans l'exécution des spoliations de tous genres qui se succédaient alors sans répit.

C'est ainsi que nous le voyons signer les considérants particulièrement violents qui parsèment la proclamation décrétant la réquisition de toutes les espèces d'or ou d'argent, de tous les objets précieux, des menus métaux appartenant au clergé et aux ordres religieux. D'autre part, il dirigea l'évacuation forcée du couvent des carmes déchaussés.

Son zèle lui valut l'approbation du fameux Dargonne, commissaire de la République, et celui-ci, dans le rapport confidentiel qu'il adressa le 25 fructidor an III au gouvernement, appréciant la valeur administrative des divers officiers municipaux, inscrivit à côté du nom de Matthey une courte mention ainsi conçue : « Magistrat plein de capacité, mais malade ».

Sa participation aux fêtes de la République n'était pas moins active. C'est ainsi que le 10 août 1795 une manifestation fut organisée par les autorités françaises avec le concours de la municipalité pour célébrer l'ouverture de l'Escaut. Depuis trois ans déjà, la liberté du fleuve avait été proclamée, mais jusque là les conséquences de ce changement de régime n'avaient guère été sensibles. On espérait, par l'éclat d'une manifestation grandiose, provoquer un mouvement d'enthousiasme et stimuler le zèle du négoce anversois. Toutefois, s'il faut en croire le témoignage des contemporains, ce but fut manqué. La solennité fut purement officielle et la population, dont la participation fut fort maigre, ne répondit que froidement à l'invitation des autorités. Un témoin véridique, Goetsbloets, qui chaque jour consignait le récit des événements en une chronique curieusement illustrée, nous fait connaître les détails de la cérémonie. Les précieux volumes qui renferment ces annotations prises au jour le jour, existent encore ; leur documentation aussi bien que leur illustration constituent pour l'histoire anversoise des dernières années du XVIIIe siècle une source précieuse et inépuisable (¹).

Ils nous apprennent que sur les quais s'étaient réunies toutes les autorités locales pour y souhaiter la bienvenue aux représentants du peuple Ramel et Lefebvre. Ceux-ci avaient pris passage sur un petit bateau abondamment pavoisé. Ils abordèrent à la Tête de grue, et Lefebvre, se découvrant, poussa les cris de « Vive la Nation ! Vive la République !... ». Cette acclamation n'eut guère d'écho, et ce fut au milieu de l'inattention générale que fut donnée lecture du décret de la Convention proclamant la liberté de la navigation sous la protection de la République et l'obligation pour tous les vaisseaux de naviguer

---

(¹) Bibliothèque royale de Belgique. Section des manuscrits, n° 1492.

sous pavillon français. Matthey prit alors la parole et, en un long discours, s'efforça d'exprimer la reconnaissance de la population anversoise ; il termina sa harangue en émettant un vœu en faveur de la réunion de nos provinces à la France.

Un mois plus tard, le 7 septembre, nouvelle manifestation dite patriotique. Il s'agissait, cette fois, de procéder solennellement à la destruction de tous les insignes de la « tyrannie » amoncelés sur un bûcher : des blasons, des couronnes, des motifs d'ornementation religieux ou héraldiques, brutalement arrachés à des monuments ou à des œuvres d'art, devaient être livrés au feu. Ce fut encore une fois à Matthey qu'échut le rôle de faire valoir la partie symbolique de cet autodafé et d'exalter la victoire de l'esprit nouveau sur le régime ancien, dont toute trace devait dorénavant disparaître.

Dès lors les mesures répressives se succèdent, les exactions sont à l'ordre du jour, les persécutions se multiplient. En sa qualité de chef de la municipalité, Matthey présidait à toutes, et son zèle républicain ne connut plus de mesure.

Peu après, sans doute pour des motifs de santé, il abandonna ces fonctions trop absorbantes et fut par contre nommé, en 1796, président du tribunal civil du département des Deux-Nèthes.

Toutefois l'exaltation de ses sentiments politiques et le rôle actif qu'il joua lors de l'exécution de toutes les mesures prises par l'administration républicaine, lui avaient aliéné cette sympathie publique dont il avait si largement joui dans la première période de son existence. Sa clientèle, si nombreuse et si choisie, l'abandonna. Il fut en butte à la haine populaire ; celle-ci se manifestait à chaque instant avec une brutale franchise. Une chanson satirique vit le jour à cette époque et se distribua clandestinement avec un vif succès. Tous les membres de la municipalité y étaient tour à tour pris à parti et fustigés sans pitié. Matthey, qui y est affublé du surnom de *een clysterii buys van Masijck*, y est attaqué non seulement en qualité de membre de la municipalité, mais y voit l'insulte déversée jusque sur sa vie privée.

Cette animosité qui ne manquait aucune occasion de se manifester, l'abandon de ses anciens amis et surtout les déboires qu'il éprouva dans sa vie professionnelle, devaient affecter Matthey d'une manière sensible. Un revirement se fit dans ses idées ; son ardeur républicaine s'éteignit et peu à peu, il revint aux idées et aux opinions qu'il avait professées dans sa jeunesse et dans la première partie de sa vie publique. Comme on l'apprit plus tard, il se réconcilia secrètement avec l'Eglise et dès lors il s'approchait chaque mois des Sacrements.

Mais sa santé déjà débile n'avait pu résister à cette succession d'émotions diverses. Le 13 fructidor an IV (29 août 1796), il se disposait à se rendre en Flandre pour aller opérer une femme malade. Au moment où il montait sur le bateau pour traverser l'Escaut, il se sentit indisposé. Sentant toute la gravité de sa situation, il supplia qu'on allât lui chercher un prêtre. Quelques instants après, il s'affaissa. Il était mort.

Ce décès produisit une grande émotion à Anvers. Les autorités républicaines résolurent de donner aux funérailles du défunt une grande solennité. D'autre part, sa famille exigea la participation du clergé à cette cérémonie et s'efforça même de lui donner une allure religieuse qui, certes, ne devait pas cadrer avec les idées alors régnantes dans les sphères officielles.

Ce fut au 2 septembre à 4 heures de l'après-midi que cette manifestation fut fixée. A l'heure indiquée, toutes les autorités se réunirent à la mortuaire. C'est alors que se produisit un incident passablement burlesque. Une contestation assez vive surgit entre les juges du tribunal civil pour savoir s'il convenait de déposer sur le cercueil le chapeau de cérémonie du défunt orné des trois plumes tricolores. Il fallut, après qu'une décision affirmative fut intervenue, envoyer en hâte un messager au tribunal pour en rapporter le couvre-chef officiel. Dès lors, le cortège put se mettre en marche et se diriger vers l'église Saint-Georges ; derrière le corps s'avançaient la plupart des médecins et chirurgiens de la ville, puis suivaient les représentants des divers couvents et maisons religieuses, représentés chacun par deux de leurs membres.

En cours de route se produisit un nouvel incident. Tout à coup, surgit aux côtés du corbillard un jeune homme tenant en main une figurine, représentant un petit diable, qu'il s'efforça de déposer sur le cercueil. Cette scène provoqua pas mal de commentaires dans la foule qui encombrait les rues par où devait passer le cortège funèbre. A la porte de l'église, le corps fut reçu par un groupe de dix-huit pensionnaires de l'orphelinat municipal portant des flambeaux. Dans le temple même, se trouvaient réunies toutes les autorités civiles et l'état-major de la garnison de la place. Après le service, le cortège se reforma et gagna le cimetière communal, en dehors de la porte Kronenburg, où eut lieu l'inhumation.

Les sœurs du défunt firent célébrer pour le repos de son âme un grand nombre de messes dans tous les couvents de la ville. Chez les dominicains notamment, celles-ci se succédèrent sans interruption pendant quinze jours à partir du dimanche 4 septembre.

Dans sa chronique manuscrite, Goetsbloets a inséré un fort curieux dessin colorié de grand format représentant d'une manière très typique tous les détails de l'enterrement de Matthey. On y voit représentés tous les participants civils et religieux, dont les costumes sont reproduits avec une minutie fidèle. Il n'a garde d'oublier le claque empanaché posé sur le cercueil, ni le jouvenceau qui gambade à côté du char funèbre en brandissant le diablotin. Des carosses de deuil suivent le corbillard, les employés des pompes funèbres en costume de deuil l'entourent, tandis que les autorités civiles et militaires se pressent en rangs serrés à la suite de la famille.

Le magistrat républicain avait au préalable fait procéder à l'autopsie du corps du défunt. Les chirurgiens de la ville constatèrent que le décès s'était produit par suite d'un arrêt du sang, *eenen stilstand van bloed.*

Il semble que le revirement qui s'était produit pendant les derniers temps dans les idées du défunt avait quelque peu adouci la violente répulsion qu'avaient provoquée dans la population l'intransigeance de ses sentiments républicains et sa complicité dans toutes les mesures de persécution prises par les sans-culottes.

On se rappelait son indéniable science professionnelle, les cures heureuses qu'ils avait effectuées, les soins charitables qu'il avait prodigués à tant de malades indigents, sa participation aux travaux de toutes les sociétés scientifiques locales.

Goetsbloets lui-même rend justice au défunt en des termes qu'on ne se serait pas attendu à rencontrer sous sa plume, après les critiques acerbes qu'il lui avait prodiguées. Voici comment il s'exprime en sa chronique :

Aldus is overleden den wijd beroemden en overtreffenden heel en geneesmeester, alle andere in deze kunst weyt overtreffende en hier om grootelijks geagt. Lid van verscheyde geleerde genoodschappen, professor der ontleedkunde, door een haestige en onvoorzienige dood aen het menschdom onttrokken, het volk in zijne menschlievende behulpzamhyd t' allertijde den kragdaedigsten onderstand hebben gevonden.

A l'occasion de ce décès, il fut publié un souvenir mortuaire sous forme de pièce de vers. On y déplore la perte subite de Matthey et on y célèbre ses qualités. Ce petit opuscule est trop long pour que nous le reproduisions ici. Bornons-nous à en citer le titre :

Lijk-zang
ter gedagtenisse van den aflijvigen
mede borger
Joannes-Henricus Matthey
licentiaet der medicynen

*mede lid van verscheyde genoodschappen, professor op
het collegium chirurgicum deezer stad, etc., etc.
overleden den 30 Augustus 1796.*

*Semper honos, nomenque tuum, laudesque manebunt.
Uw' eer, uw' naem, uw' lof, zal altijdduerend blijven.*

Une vignette représentant un monument funéraire au pied duquel s'affaisse en pleurant un génie, souligne et termine cette pièce de circonstance.

Matthey, malgré ses mérites, malgré le rôle actif qu'il avait joué, fut vite oublié. Dès le mois de septembre 1796, Dargonne faisait afficher un avis annonçant que la place de professeur d'anatomie et de physiologie qu'occupait le défunt était vacante, et invitant les candidats à se faire connaître.

Vers la même époque, les journaux locaux reproduisaient à diverses reprises un avis pour engager tous ceux qui auraient quelque réclamation à produire contre la succession de Matthey, de s'adresser ou d'envoyer leurs comptes à Charles d'Or, avocat, membre du tribunal criminel du département des Deux-Nèthes, nommé administrateur de la succession, habitant à Anvers, rue d'Aremberg.

Le lundi 12 décembre, eut lieu la mise aux enchères de la bibliothèque du défunt. Cette vente publique fut organisée par un nommé Nolte, dans la salle du vieux Serment de l'Arc, au *Gasthuys bemde* (rue Léopold actuelle). Le catalogue, qui fut imprimé chez Hubert Bincken et qui était également obtenable chez des libraires à Bruxelles, Louvain, Malines, Lierre et Gand, annonçait en détail les nombreux volumes qui formaient *De schoone en groote versamelinge van medicynsche en chirurgynsche boeken naergelaeten bij wijlen J. H. Matthey, licentiaet in de medicynen, hoogleeraer der pathologie in de schoole dezer stad, lid der beroemste academien van Europa.*

Il subsiste un souvenir du docteur Matthey. C'est un portrait qui lui fut offert par son ami Charles d'Or. L'œuvre, qui n'est pas signée, forme une composition dans le goût de l'époque. Une femme casquée et habillée à l'antique, sans doute Minerve, et un petit génie, de part et d'autre, soutiennent un cadre dans lequel Matthey est représenté dans sa bibliothèque. Il y figure en buste, de face, vêtu d'un habit bleu, la tête couverte d'une perruque poudrée, ayant autour du cou l'insigne de ses fonctions, une cravate tricolore à laquelle est suspendue une médaille. Plus bas, dissimulé sur la base monumentale contre laquelle s'appuie Minerve, s'aperçoit un second cadre dans lequel apparaît, esquissé en grisaille, le portrait du donateur. Une inscription peinte sur un listel précise la dédicace ; la voici : *Au génie de J. H.. Mathey, l'amitié reconnaissante. Charles d'Or.*

Cette œuvre, est intéressante. Le buste de Matthey fut copié d'après ce tableau ; reproduit sans encadrement, il fut placé en tête de la notice biographique que le docteur Broeckx fit paraître en 1855. Le tableau fait aujourd'hui partie de nos collections.

Fernand DONNET.

MÉMOIRES

relatifs à l'organisation d'une armée nationale et à l'établissement du service personnel en Belgique en 1792.

Des événements récents ont, une fois de plus, montré le danger qu'il y avait pour la Belgique à ne pas consacrer à l'organisation de sa défense toutes les ressources en hommes et en argent dont elle pouvait disposer. Si nous avions pu grouper sur la Meuse, le 2 août 1914, une armée de 700.000 hommes, il n'est pas douteux que l'Allemagne aurait dû modifier son plan de campagne et que nos provinces n'auraient pas connu les horreurs et les désastres de l'invasion.

Cependant, depuis des années, les esprits éclairés n'avaient rien épargné pour signaler le péril et pour demander une sérieuse réorganisation de nos forces. Hélas ! la réforme qu'ils parvinrent enfin à faire triompher arriva trop tard pour donner tous les résultats qu'on était en droit d'en attendre. Néanmoins, si l'armée belge se couvrit de gloire en arrêtant pendant deux mois un adversaire formidable, c'est avant tout à l'établissement du service personnel et général que nous le devons.

Depuis longtemps déjà, une élite de patriotes avait compris la nécessité pour notre pays d'être à même de sauvegarder, par ses propres forces, son indépendance et ses libertés; aussi nous a-t-il paru intéressant de publier des documents que le hasard de nos recherches nous a fait découvrir, concernant un projet d'organisation d'une armée nationale et l'établissement du service personnel en Belgique, à la veille de la première invasion française ([1]).

Nous ignorons qui est l'auteur de ce mémoire. Le fait qu'il se trouve dans un recueil de documents pour l'histoire de Malines nous fait croire qu'il doit être attribué à un habitant de cette ville et les détails techniques d'organisation militaire qu'il donne font supposer qu'il est dû à la plume d'un officier de nos anciens régiments nationaux. On sait que Malines était, sous l'ancien régime, le siège d'importants établissements militaires, notamment du magasin général de l'artillerie

---

([1]) *Bibliothèque royale de Bruxelles*, sect. des manuscrits, n° 13.003 (5485 du catalogue VAN DEN GHEYN). *Documents pour l'histoire de Malines*.

et de la fonderie de canons, et que la plus grande partie du fameux régiment des Dragons de La Tour y tenait garnison. Les sentiments conservateurs et austrophiles de l'auteur confirment notre hypothèse, le corps d'officiers de nos régiments nationaux étant presque tout entier resté fidèle à l'Autriche malgré les troubles de la Révolution brabançonne.

La date de ce document anonyme peut être précisée. Il est postérieur à la constitution de la Convention nationale (20 septembre 1792) et antérieur à la bataille de Jemappes (7 novembre 1792). Il a donc été écrit sous la menace de l'invasion, décidée dans les premiers jours d'octobre, lorsque le Comité exécutif eut approuvé les plans de Dumouriez relatifs à la conquête de la Belgique.

La marche rapide des événements empêcha ce projet d'être pris en considération par les autorités compétentes ou d'exercer une influence quelconque sur l'opinion. Nous avons cependant cru qu'il ne fallait pas laisser dans l'oubli les idées excellentes de ce précurseur inconnu qui, l'un des premiers, comprit que seul le développement de nos forces militaires nationales constituait une garantie sérieuse contre les vues ambitieuses de nos puissants voisins.

Ch. Terlinden.

I.

Projet d'un armement pour les provinces Belgiques de 90.000 hommes, dont 30.000 hommes de troupes soldées et 60.000 hommes auxiliaires et destinés à l'être s'ils étoient employés aux armées.

Il est inutile, je crois, d'entrer dans de grands détails sur tous les motifs qui doivent déterminer cette mesure indispensable ; le salut des provinces Belgiques en dépend et celui de l'Europe entière en doit être le résultat. Il suffit que les Belges se pénètrent bien de la vérité des dangers qui les menacent pour les surmonter par leurs efforts. Qu'ils se disent surtout qu'aïant toujours combattu pour conserver une constitution qui fait leur bonheur et continuer à vivre sous les lois d'un souverain qu'ils chérissent autant qu'ils le respectent, il faut que cette volonté, qui est dans tous nos cœurs, soit exprimée énergiquement, que nous sentions enfin qu'un sacrifice momentané et léger n'est rien en comparaison de la certitude d'être privés de notre liberté et de nos propriétés, si nos provinces sont envahies. Qu'il n'est plus pour nous que cette option de défendre ce que nous possédons ou d'en être à jamais dépouillés par un peuple dévastateur dont le sisthème trop connu permet tous les crimes et ne rapporte plus rien. Pourrions-nous, connaissant tout ce que nous avons à craindre, hésiter un instant de renouveler le serment que nous avons tous fait de conserver nos lois ? Non, les Belges font à François, leur Souverain, celui de n'avoir jamais que lui pour chef; qu'il parle, et leurs cœurs et leurs bras voleront vers lui pour l'entourer de leur amour et partager ses périls. Que les Français sachent que la valeur calculée est plus sure de vaincre qu'une impétuosité d'audace et qu'ils ont dans la Belgique autant d'ennemis à combattre que les provinces contiennent d'habitans.

Mon projet simple ne demande dans son exécution qu'à être secondé par le zèle général, les Etats pourraient le modifier ou l'étendre à leur gré et des proclamations faites par le souverain ou par eux instruiroient les Belges de ce qu'ils ont à faire pour se garantir et sauver l'Europe.

Fournir à ce souverain un secours de 30.000 hommes effectifs, organisés en armée ; avoir en réserve le double de ce nombre, destiné à agir si l'ennemi menaçait d'une invasion plus réelle et épargner aux troupes alliées tout service étranger à celui des camps, est ce que je vais montrer praticable aisément.

Les 30.000 hommes effectifs paraissent au premier apperçu l'objet le plus difficile à remplir; mais pénétré de l'idée du besoin (chose facile à faire en disant aux Belges la vérité), on trouvera en eux cette unanime valeur qui les distingua toujours, et, quoique devenus paisibles par l'accroissement de leurs richesses, ils n'en sont que plus disposés à être belliqueux pour les conserver. Le bonheur dont ils jouiroient si, aïant vaincu leurs ennemis, ils pouvoient vivre à l'ombre de leurs lois et gouvernés par un souverain comme le leur, ne sont-ils pas des véhicules assés puissans pour en déterminer aux sacrifices qu'ils veuillent faire ?

Je propose pour avoir 30.000 hommes de suitte : 1° d'exiger que, comme dans les tems anciens, tous les possesseurs des fiefs fournissent leur contingent et que les propriétaires principaux se mettent à la tête de leurs vassaux. L'ancienne chevalerie qui fut l'école de l'honneur l'était aussi de la bravoure et du courage, la noblesse s'acquite à ces deux titres ; que peuvent faire mieux ceux qui la possèdent pour prouver son utilité et faire taire la calomnie que de se montrer dignes de l'avoir méritée et ceux qui la désirent, pour l'obtenir ?

2° Les corps ecclésiastiques fourniroient aussi pour leurs fiefs mais, en outre, ils seroient tenus de contribuer à raison de leurs richesses, de manière que le clergé en général donnerait, pour chaque millier de florins de revenu connu, un fantassin tout équipé et, par chaque 10.000 florins, un cavalier monté et équipé.

3° Le clergé et les fieffés aïant fourni leur contingent, il serait fait pour le reste de la levée une répartition sur la population en général, depuis l'âge de 18 ans jusqu'à l'âge de 40 inclusivement, dans les célibataires seulement. Si le zèle ne suffisoit pas pour remplir le nombre déterminé, le hazard du sort décideroit le choix. Les possesseurs des fiefs, étant requis de marcher ou de se faire remplacer, seroient exempts de ce tirage.

4° Chaque homme dont le sort auroit décidé l'état s'étant soumis, pour cette fois seulement, à cette espèce d'obligation, seroit libre de se faire remplacer si ses facultés le lui permettoient.

5° Chaque province formeroit une légion portant son nom et n'étant composée que de gens tirés de son sein.

6° Chaque légion seroit composée d'un nombre déterminé de bataillons et il seroit joint deux divisions de cavalerie, deux compagnies d'artillerie et une ou deux de chasseurs.

7º Chaque légion auroit un chef autant que possible de la province même d'où elle seroit ; les Etats présenteroient trois sujets pour chaque place et le souverain feroit un choix parmi eux.

8º Moitié des officiers seroient à la nomination de Sa Majesté ; il lui seroit demandé de choisir de préférence parmi les gens du pays déjà attachés à son service, et le reste à celle des Etats, suivant le même mode que pour les chefs principaux, de manière que lorsque le Souverain auroit nommé dans un bataillon le Lᵗ colonel, les Etats nommeroit le major, ensuite le Souverain celui qui suit et ainsi jusqu'au dernier grade.

9º La composition des bataillons et des divisions de cavallerie sera la même que dans tout le reste de l'armée.

10º Il sera demandé à Sa Majesté de fournir dans le premier moment un nombre de bas officiers destinés à former l'instruction et servir d'encadrement, ils seront surnuméraires dans les corps de nouvelle levée, y exerçant les fonctions de leur grade.

11. Les Etats seroient libres de nommer au tiers des emplois qu'ils ont à leur disposition des officiers français émigrés dont le talent et la conduite ne peuvent qu'être utiles, cette mesure même seroit d'autant plus sage que n'aïant pour objet que de rentrer dans leurs pays, comme le corps d'armée n'a pour but d'existence que la durée de la guerre, une fois finie ils n'auroient plus rien à réclamer.

12º Les appointemens et grades d'officiers seroient les mêmes que dans l'armée impériale.

13º La paye du soldat seroit de cinq sols de Brabant par jour, franc et net de toute retenue, non compris le pain. Les retenues ordinaires feroient une masse séparée.

14º La paye du cavalier seroit de 7 sols, de même exempte de retenue. Les divisions de cavalerie s'appelleroient dragons de telle ou telle province.

15º L'engagement seroit pour la durée de la guerre. Le licensement auroit lieu du jour de la ratification du traité de paix et chaque individu recevroit pour indemnité à cette époque trois mois de gratification.

16º Il seroit accordé motié de la paye, sa vie durante, à chaque soldat estropié et elle seroit donnée pendant 20 ans à sa famille s'il était tué.

17º Tous les hopitaux pour les corps d'armées seront établis dans des maisons religieuses et seront à la charge générale du clergé sous la surveillance des Etats.

18º Les chevaux nécessaires pour les charois et l'artillerie seroient fournis par le pays, d'après une estimation faite par les Etats. Chaque fermier recevroit un dédomagement pour la privation qu'il éprouveroit et une indemnité pour les pertes. Ce moïen éviteroit une mise première considérable.

19º Toutes les denrées de premières nécessités pour l'armée seroient reçues dans des dépôts établis à cet effet et contées en diminution de l'imposition qui seroit établie.

20º Les fonds nécessaires pour l'entretien de ce corps armé seroient levés sur le crédit des trois ordres réunis d'abord et répartis ensuite à raison des facultées connues ; l'intérêt en seroit païé à cinq pour cent et, afin de rendre cet emprunt moins onéreux au pays il pourroit être établi en forme de Tontine, de manière que l'intérêt absorberoit le capital.

21º Chaque province ou État divers pourroit faire son emprunt particulier.

22º Une commission administrative, nommée par les différens Etats et qui résideroit à Bruxelles, seroit chargée de la besoigne générale.

23º L'estimation de la dépense seroit faite d'après la comparaison des objets semblables, puisque le plan d'organisation et de dépense est calqué sur celui des armées impériales.

24º La discipline de ces corps seroit douce mais très exacte.

25º L'intérêt général étant la base de cet armement, on doit croire que le zèle et la bonne volonté la seconderoit et que l'économie la plus stricte y seroit emploïée.

26º Le Souverain fourniroit l'armement et disposeroit en campagne de l'emploi de ce corps qui, n'étant pas destiné à quitter le pays, ne seroit tenu à suivre les armées qu'autant qu'elles resteroient dans le pays ou qu'elles se porteroient en avant.

27º Des proclamations faites par le Souverain et les Etats précéderoient et fixeroient le mode de cette levée ; un tems très court seroit accordé pour son exécution ; les hommes que le sort ou le zèle destineroient à remplir cet objet seroient de suitte envoïés dans des lieux destinés à ce rassemblement, afin d'y être exercés d'abord aux devoirs qu'ils auroient à remplir.

Tels seroient les moïens praticables à emploier pour se procurer et avoir en peu de tems un corps d'armée organisé de 30.000 hommes.

Les 60.000 hommes de réserve ne seroient destinés à marcher que dans une nécessité extrême, mais ils seroient désignés d'avance et choisis dans le rassemblement qui auroit été fait pour fournir à la première levée. Le sort décideroit de même de l'époque à laquelle ils devroient être incorporés, car, jusque là, ils ne seroient que de réserve et devant fournir au remplacement du premier contingent.

Ces hommes ne seroient soldés qu'autant qu'ils seroient en activité ; les officiers seroient nommés par arrondissement et tenus à rassembler et exercer leurs escouades les dimanches et fêtes.

Toutes les villes et magasins de l'intérieur seront gardés par les volontaires de ces lieux mêmes. Ce service plus facile exempteroit du sort pour les autres dans la proportion de la motié du nombre ; c'est à dire qu'une ville qui auroit 1.200 habitans qui devroient fournir au premier contingent, ne fournira qu'à raison de motié de ce nombre.

Les volontaires ou hommes désignés pour la réserve seront païés double toutes les fois qu'ils sortiront de leurs foyers pour quelque service quelconque ; il leur sera aussi fourni les chariots nécessaires au transport de leurs équipages. Cette double paye leur tiendra lieu de pain et de fourniture. Ils seront vêtus de leurs habillemens et distingués par leurs armes et une cocarde noire.

On voit que par ce moïen toutes les classes de la société contribueroient de toutes leurs facultées à remplir un devoir devenu général et que l'homme indigent trouveroit facilement à remplacer ceux qui pourroient estimer ses sacrifices. Cette volonté constante d'opinions suffiroient pour en imposer à un ennemi féroce et sanguinaire et il sentiroit qu'on ne peut réduire ni intimider un peuple brave et religieux attaché à ses principes.

L'exemple des Belges seroit suivi par toutes les contrées qui les environnent et en imposeroit à tous les factieux du monde. Armés pour les combattre, attentifs à déjouer leurs complots, nous rejéterions de notre sein quiconque partageroit leurs infames principes ; par nos efforts notre religion sainte seroit conservée, les trônes rassurés, les propriétés respectées et le crime écrasé.

Belges ! c'est à nous à qui ce bonheur est réservé ! Il suffit de le vouloir, et tout ce qui est déjà malheureux par la crainte cessera de l'être en se livrant à un espoir que nous réaliserons !

Volons aux pieds de notre souverain lui payer le tribut de notre reconnaissance par l'hommage de notre dévouement. Qu'il accepte nos offres ! Satisfaits d'être guidés par lui et de partager les périls auxquels il s'expose pour nous procurer le repos et le bonheur, nous ferons le sien en le chérissant comme le meilleur des pères et des souverains.

Bibl. royale de Bruxelles,
(Msc. 13.003, f. 86-91, minute).

II.

Mémoire relatif au service personnel.

Déjà depuis longtems l'anarchie qui désole la France est devenue un despotisme qui dispose de la vie et de la fortune de tous les François.

Les dangers personnels des membres de la Convention républicaine leur ont fait emploïer tous les moïens imaginables pour lasser la constance des puissances coalisées, les épuiser d'hommes et d'argent et les amener ainsi à un arrangement quelconque, à la faveur duquel ils puissent continuer à exercer leurs exécrables vexations sur les habitans de ce malheureux royaume.

Un de ces moyens, le seul peut-être qui pourroit balancer les forces militaires des puissances coalisées pour rétablir l'ordre en France, est la réquisition en masse de toutes les personnes en état de porter les armes.

Il est prouvé qu'une force qui peut continuellement réparer ses pertes, obtient en dernier résultat des avantages sur celle qui n'a que des moïens ordinaires de réparer les siennes.

Il n'est pas moins prouvé que les combats, les fatigues et les maladies, qui agissent dans des proportions égales sur deux masses d'hommes inégales, finissent par donner l'avantage au côté de la plus forte masse.

Les puissances coalisées peuvent donc craindre pour l'évènement de la guerre qu'elles sont obligées de faire ; d'autant qu'on sent aisément à présent que le moindre échec de leur part releveroit infiniment le courage et la confiance des républicains françois.

C'est pour toutes ces considérations que l'on estime qu'il seroit nécessaire que Votre Majesté intéressât d'une manière plus particulière les habitans de la Belgique au succès de ses armes en les y faisant participer.

Il seroit donc question de faire efficacement concourir les Belges au succès de la guerre actuelle sans blesser la constitution du pays et sans avoir à craindre à l'égard des trouppes l'influence des principes jacobiniques jusqu'à un certain danger.

Il n'est pas douteux que les subsides remplacent le service personnel dans les guerres ordinaires et que l'ennemi se levant en masse pour nous accabler, Votre Majesté a le droit de requérir ses sujets les plus exposés au danger à lui rendre un *service personnel.*

Il n'est pas douteux non plus que les parties de la Belgique qui ont eu le plus d'occasions de s'imprégner des principes jacobiniques ne soient celles qui ont eu le plus de rapports avec la France et ces parties comprennent les habitans de l'extrême frontière.

On croit donc de devoir proposer à Votre Majesté dans la supposition qu'Elle exige le service personnel de ne point armer les habitans de cette frontière, sur une profondeur de territoire à déterminer dans sa sagesse, mais de les attacher à l'armée comme des pionniers ou sous tout autre rapport d'utilité qui n'exigeroit pas qu'ils fussent armés, afin de les garantir de la férocité des Conventionnels s'ils avoient des succès.

De sorte que tous les sujets de Votre Majesté dans les Pays-Bas, au-dessus de 16 ans, devroient être, sans distinction d'ordre, d'état, de qualité, de condition ni de personne, ainsi employés ou obligés à *un service personnel et militaire*, selon qu'ils habiteroient les frontières ou non, avec faculté cependant de pouvoir se rachetter également, en versant chacun, comme le clergé, dans la caisse de Votre Majesté, un subside pécuniaire proportionné à son zèle pour la sureté générale et à l'intérêt qu'il auroit à la défense des propriétés, le tout sans préjudice de l'obligation ou seroient toutes les personnes aisées de recevoir et de soigner chez elles les blessés à leurs frais, sauf que les médecins et les chirurgiens ne seroient point païés et que les drogues seroient livrées sur le compte de Votre Majesté ou des Etats.

Ce moyen seroit sans doute un des meilleurs pour établir entre les habitans de la Belgique et les troupes de Votre Majesté cet intérêt, cette liaison si nécessaire à la défense et à la tranquillité du pays ; d'autant qu'il est prouvé par l'expérience qu'un bienfait attache plus le bienfaiteur à l'obligé que celui-ci au premier.

Ce moïen d'ailleurs éviteroit non seulement la dangereuse surimposition actuelle du peuple, ainsi que les lenteurs et les mécontentemens causés par des enrollemens forcés, mais il procureroit encore beaucoup d'argent sans peine et sans murmure et beaucoup d'hommes à Votre Majesté.

On pourroit objecter peut-être contre cette réquisition que les habitans qui serviroient en personne voudroient choisir leurs officiers et qu'il pourroit résulter de cette composition vicieuse que l'effet de cette grande mesure seroit aussi manqué.

Pour remédier à cet inconvénient, on dresseroit une liste de toutes les personnes autant que possible de l'arrondissement que l'on jugeroit en état de commander, liste d'après laquelle les individus de la réquisition enrégimentée pourroient lors du premier rassemblement choisir leurs officiers.

Par ce moïen, le corps de ces officiers temporaires seroit composé de sujets agréables et la liberté des élections ne seroit pas strictement blessée.

Cette réquisition devroit être exclusivement aux ordres du Sérénissime Gouverneur général, convoquée par Votre Majesté même et effectuée immédiatement par les Etats respectifs, à l'intervention d'un commissaire temporaire qui se donneroit dans chaque province un nombre suffisant de subrogés pour accellerer l'effet de cet important objet. Tels sont les moïens qui paroissent les plus convenables dans les circonstances présentes pour soulager les incomparables trouppes de Votre Majesté et forcer ses dangereux ennemis par sa contenance, ses mesures et la rapidité de la conquête des places de guerre qu'Elle viendroit garder, à une paix qui, en rétablissant le bon ordre en France, pût sollidement affermir tous les monarques sur leurs trônes, d'autant que c'est à Votre Majesté seule que la divine Providence semble avoir réservé le glorieux avantage d'obtenir pour le bonheur de l'humanité un si heureux, un si utile et un si brillant succès.

Biblioth. royale de Bruxelles,
(Msc. 13.003, ff. 84 et 94-95, minute de la même main que la pièce précédente.)

III

Mémoire pour l'enrôlement.

Quoiqu'il sera difficile de résoudre notre jeunesse à prendre service dans les régimens nationaux sous des chefs qu'elle ne connoit pas, il seroit peut-être bon d'introduire ne fusse que deux officiers de l'armée Belgique (¹) dans chaque régiment national, cela ne peut pas faire nombre et cela donneroit de la confiance, celle-ci une fois établie tout seroit dit.

Au lieu de donner 1 ½ pistole d'engagement extraordinaire, que les Etats de chaque province donnent une déclaration par laquelle ils s'engagent de païer dix écus à chaque homme du païs qui prendra maintenant service, lorsqu'il reparaitra avec un congé militaire.

Cette gratification n'excédera pas la somme de la première et fera plus d'effet dans l'esprit des braves gens de campagne qui trouveront dans cette somme un petit fond pour rentrer dans la maison paternelle.

En cas de maladie ou de blessure ne conviendroit-il pas de permettre aux parens du malade de le reprendre chez eux lorsqu'il seroit en état de convalescence et de lui accorder son prêt sans pain en attendant qu'il rejoindroit le régiment ?

On doit nécessairement stipuler que, lorsque le terme des six années sera rempli ou que la guerre sera finie, que l'on renverra chaque individu dans la ville capitale de la province dans laquelle il aura pris engagement, pour y recevoir son congé.

On feroit bien de donner une déclaration que les sujets belgiques qui ont déserté et qui rejoindroient leurs drapeaux dans l'espace de trois mois, seroient reçus aux mêmes conditions et termes que la nouvelle recrue.

Bibl. royale de Bruxelles.
(Msc. 13.003, f. 92, minute).

(¹) C'est-à-dire de l'armée nationale levée par les Etats lors de la Révolution brabançonne.

Projet d'une insurrection en Belgique en 1800

Conquise par les armées françaises et abandonnée par l'Autriche selon le traité de Campo-Formio (1797), la Belgique avait tenté de se soulever en 1798. Ses efforts avaient été vains et les plus déterminés de ses défenseurs avaient succombé à Hasselt, le 5 décembre 1798.

Mais les organisateurs du mouvement patriotique n'avaient pas déposé les armes. Ni les chefs des insurgés de l'intérieur, tels que Heylen, Rollier, Van Gansen, Pluymers, Clercx, ni les membres des États émigrés au-delà du Rhin, tels que le conseiller pensionnaire de Jonghe, les bourgmestres de Locquenghien et de Baillet, n'avaient renoncé à l'idée d'affranchir leur patrie. Durant l'année 1799, divers représentants des patriotes belges vinrent entretenir les agents du ministère britannique et les envoyés du prince d'Orange, séjournant tous sur la rive droite du Rhin. C'était à Emmerich et à Elten, petite localité voisine de cette ville, que s'étaient fixés le colonel Maitland et le baron d'Yvoy, délégués par l'Angleterre et par le stathouder. Ils y étaient voisins de la Belgique et de la Hollande et ils pouvaient aisément entretenir de là des relations avec les mécontents de ces deux pays.

A la fin de 1799, un double obstacle vint arrêter toutes les entreprises. Ce fut d'abord l'échec complet subi par l'expédition Anglo-Russe descendue dans la Nord-Hollande, expédition dont les Belges attendaient grand fruit [1]. Ce fut ensuite le coup d'état du 18 Brumaire qui substitua le gouvernement tout puissant du Premier consul à la faible autorité du Directoire.

Néanmoins de nouveaux plans de résistance furent élaborés au début de l'année 1800. Et l'on ne sait ce qu'il faut admirer davantage, de la persévérante énergie déployée par les Belges, ou de l'abnégation héroïque avec laquelle ils se proposaient d'affronter les soldats redoutables de Bonaparte. C'est le texte d'un de ces plans que nous publions en

---

[1] Le négociant anversois Rottiers, qui servait d'intermédiaire entre les insurgés de l'intérieur et le ministère anglais, accompagnait la flotte anglaise en qualité de capitaine. Il correspondait avec l'avocat Heylen, de Herenthals, retiré à ce moment à Emmerich.

le faisant précéder ou en l'accompagnant de quelques notes qui en faciliteront l'intelligence.

Fils d'un notaire estimé d'Hérenthals, Louis-Joseph Heylen avait obtenu le grade de licencié en droit en 1796. Commandant les insurgés de sa ville natale en 1798, il avait, avec eux, défendu ses foyers contre les colonnes républicaines, qui répondaient à la résistance par le massacre et l'incendie. Echappé à toutes les recherches, le jeune commandant avait gagné Emmerich, d'où il ne cessait de correspondre avec ses anciens camarades et ses anciens soldats. Il assista à plusieurs conférences tenues à Emmerich en 1799 et il y porta la parole au nom des insurgés de la Campine anversoise qui sollicitaient sans cesse une assistance étrangère, permettant de reprendre les armes. Après l'insuccès, en apparence définitif, des tentatives dont nous aller parler, il rentra dans sa patrie vers 1804, et y accepta même une place dans le collège électoral du département en 1807. Sous le régime hollandais il devait devenir bourgmestre, membre des Etats Provinciaux et juge de paix suppléant. Ces diverses fonctions garantissent l'honorabilité de celui qui en fut revêtu et montrent la valeur qui s'attache à son témoignage.

Tout aussi digne de créance était un autre émigré dont le nom va être cité. Frédéric-Joseph-Charles baron de Reiffenberg avait fait partie de l'armée des Provinces Unies, puis il avait servi dans l'armée impériale en qualité de commissaire des vivres ([1]). En 1794, il avait épousé à Mons Marie-Antoinette Senault, dont il avait un fils, né en 1795, Frédéric-Auguste-Ferdinand-Thomas baron de Reiffenberg, le futur littérateur et membre de l'Académie Royale de Belgique. Retiré du service en 1797, il s'était établi sur les bords du Rhin, d'où il avait fait quelques voyages en Belgique, son pays d'adoption, où étaient demeurés sa femme et son fils. En dernier lieu, il avait visité Bruxelles, malgré la guerre, en septembre 1799, et il en avait rapporté des notes destinées à éclairer le prince d'Orange sur l'état des esprits et sur les chances d'un soulèvement en Belgique ([2]).

Séjournant à Wesel, Reiffenberg rencontra un émigré hollandais attaché à la cause du prince d'Orange ; c'était H. Rietveld, lieutenant amiral en retraite, très dévoué à la famille du stathouder, mais trop

---

([1]) DE STEIN. *Annuaire de la Noblesse Belge*, III, p. 190.
([2]) Lettre du Baron de Reiffenberg au baron d'Yvoy, datée de Wesel, le 17 septembre 1799. Corresp. du roi Guillaume I. Carton 104. RII. *Archives de la Maison Royale d'Orange.* La Haye.

enclin à la crédulité, s'il faut en croire ses amis (¹). L'entente était facile entre réfugiés belges et réfugiés hollandais, surtout depuis que les derniers étaient dirigés ou inspirés par le prince héréditaire d'Orange, qui nourrissait le dessin de réunir sous un seul stathouder les provinces belges et les provinces hollandaises séparées au XVIe siècle. Quand on put prévoir, en février 1800, la reprise des opérations militaires, suspendues par l'hiver, Heylen, Reiffenberg et Rietveld, se trouvèrent d'accord pour tenter la démarche importante que résume notre note. Ils voulurent mettre à profit les mécontentements des Belges et les embarras intérieurs du gouvernement français. Ce fut Heylen qui prit l'initiative de l'entreprise. Poussé par lui, Reiffenberg communiqua le projet au baron d'Yvoy et au colonel Gordon, successeur du colonel Maitland, et ces agents en informèrent respectivement le prince d'Orange et les ministres anglais (²).

Sans ajouter grandement foi aux espérances des deux patriotes, Gordon pria Rietveld de les inviter à préciser leur plan. En conséquence, Reiffenberg rédigea le 3 avril 1800, avec Heylen, le projet demandé. Il y joignit une carte du pays indiquant la situation des localités dont il parlait, et il envoya le tout à Rietveld en garantissant sur sa tête l'exactitude des faits exposés (³). Dans quatre lettres subséquentes, des 13, 21, 29 avril et du 1er mai, Reiffenberg insista pour affirmer la sincérité de ses dires et pour corroborer ceux-ci par divers détails. Il précisa les endroits où se trouvaient cachés des dépôts d'armes, il décrivit les routes à suivre par les contrebandiers qui apporteraient la poudre, il détermina l'itinéraire à prescrire à chaque colonne d'insurgés. Par sa lettre du 13 avril il sollicitait une réponse prompte en alléguant qu'Heylen devait repartir d'urgence pour le Brabant où l'attendaient ses affiliés (⁴).

On ne s'étonnera guère d'apprendre qu'aucune réponse favorable ne fut donnée aux démarches de Rietveld. Absorbés par le duel formidable qui se poursuivait entre la France et l'Autriche et découragés par l'issue funeste de leur tentative de débarquement de 1799, les ministres du roi Georges et le prince d'Orange ne purent accorder d'attention aux efforts des Belges. Gordon et Yvoy, d'ailleurs, ne soute-

---

(¹) KOLEMAN BEYNEN. *De Erfprins van Orange te Lingen in 1799. Bydragen voor Vaderlandsche Geschiedenis en Oudheidskunde*. IV° reeks. 6° deel, pp. 156 et suiv.
(²) Lettre de Gordon au sous-secrétaire d'état Hammond, datée de Emmerich, le 2 avril 1800. (*Public Record Office, Frontiers of Holland*, Londres).
(³) Lettre du baron de Reiffenberg à l'amiral Rietveld, datée de Wesel, le 3 avril 1800. (*Arch. de la Maison Royale d'Orange-Nassau*, loc. cit.).
(⁴) *Ibid*.

naient guère ceux-ci, dans les ouvertures desquels ils ne voyaient qu'une tentative d'escroquerie.

En vain, l'amiral Rietveld offrit-il de recruter les pilotes destinés à conduire les vaisseaux anglais de Flessingue à Anvers. En vain aussi, Rietveld renouvela les offres de ses amis par une lettre adressée au baron d'Yvoy, le 23 août 1800 ([1]). Le projet demeura enseveli dans les cartons du prince stathouder, où nos recherches, favorisées par l'extrême bonne grâce de M. le docteur Kramer, archiviste de Sa Majesté la Reine des Pays-Bas, nous ont permis de le rencontrer.

Une lecture, même sommaire, de ce plan suffit à en montrer l'intérêt. A côté d'évidentes exagérations dans les détails, à côté d'une confiance manifestement excessive dans le succès simultané des mouvements prévus, on rencontre des affirmations nombreuses qui méritent d'être soulignées. Quand les auteurs parlent des tendances de la population qui, après six années de domination étrangère, est encore prête à se soulever, ils relatent une circonstance du plus haut intérêt pour notre histoire. Quand ils exposent l'organisation secrète qui a survécu à la « *Guerre des Paysans* » et à la répression sanglante de 1799, ils mentionnent des faits assurément inconnus jusqu'ici. Ces dispositions de l'opinion nationale et cette persistance du patriotisme à espérer contre toute espérance sont tout à l'honneur de notre pays. C'est ce qui nous a poussé à les sauver de l'oubli.

P. Verhaegen.

([1]) *Ibid.*

PLAN DU BRABANT

Le Brabant était prêt, comme le montre l'ensemble de la carte ci-jointe, à se soulever en masse contre les Français, dès que l'on pourrait donner aux habitants la ferme assurance qu'ils pourraient compter sur certaine assistance ou aide de l'une ou l'autre puissance étrangère.

Ainsi, on pouvait être assuré que d'Anvers vers Capellen toutes les localités mentionnées jusqu'à Putte se soulèveraient (¹). Ce serait à *Putte* que le premier rassemblement s'opérerait : il comprendrait 1.260 hommes qui, au premier signal, marcheraient dans la direction qui serait jugée nécessaire. Ce rassemblement était destiné à correspondre par Esschen, Loenhout, Meerle, avec Baerle-le-Duc. A *Baerle-le-Duc* se tiendrait le second rassemblement, de 1.150 hommes, qui s'étendra au-delà vers Weelde, Raevels, Poppel, et *Reusel*, où sera le troisième rassemblement, composé de 1.360 hommes, qui s'étendra des frontières de Hollande vers Bladel, Postel, Hechtel, et *Lommel*, où se réunira le quatrième rassemblement du pays de Campine, qui sera de 1.580 hommes.

Chacun de ces quatre rassemblements a sa destination, vers laquelle chacun devra se diriger, comme il sera exposé plus loin. Ils composent, à l'aide d'hommes prêts à marcher en chaque lieu à un moment qu'on leur indiquera, une masse de 5.370 hommes, sans compter ceux qui, dans tous les endroits traversés par les rassemblements en marche, viendront s'y joindre — (et tous les jeunes gens sans distinction devront s'y adjoindre) — lesquels formeront encore au moins 4.500 hommes. Cela fera ainsi un total de 9.870 hommes réunis, qui, après que chacun se sera trouvé au moment fixé au rendez-vous initial, seront promptement assemblés en une masse, de telle façon que cette masse, concentrée le matin à l'ouverture des portes autour de la ville de Malines, s'emparera de cette ville sans la moindre résistance (²). Car cette ville est occupée par une garnison si faible que moins de 500 hommes peuvent suffire pour s'en emparer, et, autour d'elle, dans le pays, il n'y a aucune troupe, tandis que les jeunes gens réfractaires, qui se tiennent cachés jusqu'à présent, attendent seulement le moment où les rassemblements se montreront près des grandes villes pour venir s'y joindre.

De cette manière on serait maître de la ville, de l'arsenal, des munitions,

---

(¹) Putte, Barle-le-Duc, Reusel, et Lommel étaient situées en territoire Batave, à peu de distance de la frontière des Pays-Bas Autrichiens. Ces quatre localités abritaient chacune un nombre considérable de réfractaires et d'émigrés belges.

(²) On remarquera l'insistance qu'apportent les auteurs du plan à prévoir la conduite à tenir à Malines. Les patriotes et les orangistes avaient en cette ville un correspondant, le notaire Van den Bossche, qui les renseignait régulièrement, depuis 1797, sur l'état de l'opinion et sur les chances d'une insurrection.

En 1798, les insurgés, maîtres de la ville à la suite d'un audacieux coup de main, n'avaient pu s'y maintenir. Le projet énonce les multiples précautions à prendre pour éviter un nouvel échec. L'arsenal et la fonderie de canons de la ville formaient un objectif justifiant les plans de 1798 et de 1800.

et des magasins de Malines, et en situation de frapper un grand coup sur Bruxelles, car on serait pourvu de canons et de tout ce qui est nécessaire, et vu qu'on est assuré qu'à Bruxelles même plus de 2.000 hommes sont prêts à livrer cette ville, et vu le grand rassemblement du Brabant wallon, qui aura son rendez-vous dans la forêt de Soignes et qui peut être calculé certainement à 9.800 hommes, parmi lesquels 600 environ seront munis de chevaux (¹).

Ce rassemblement a ordre de faire prisonniers en une nuit tous les postes où peuvent être saisis des gendarmes, de se partager les chevaux, fusils, pistolets, sabres, etc., et, dès que cela est fait, occuper toutes les chaussées, comme celle menant de Namur vers Nivelles, et veiller à ce que de ce côté aucun secours ne puisse arriver vers Bruxelles. Il doit renforcer (surveiller) tous les passages de Jodoigne, Dongelberg, Incourt, Perwez-le-Marché, Boneffe, Aissche, Noville (²), Gembloux, Marbais, Vieuville, jusqu'à Bois d'Haine, et empêcher qu'aucun secours arrive par les chaussées de Namur vers Marbais et de Charleroi vers Nivelles, (chemin qui passe par Vieuville). Cela pourra être assuré sur toute cette ligne par environ 850 hommes.

Alors il faudra aussi, de Nivelles, veiller, vers Arquennes, Soignies, Braine-le-Comte et les bois avoisinants, à ce que la chaussée menant de Mons à Bruxelles par Hal ne puisse amener aucune aide, et que tous les gendarmes et les municipalités soient emprisonnées en une nuit.

De Lommel, où se réunit le dernier rassemblement, on n'a rien à craindre jusqu'à Hasselt, Saint-Trond, la baronnie de Looz, Landen, Waremme, jusqu'à Huy, c'est-à-dire dans toute l'étendue du pays de Liége. On y attendra qu'on ait commencé en Brabant et au pays wallon, et on se rendra maître aussi, en masse, des municipalités et des quelques gendarmes qui s'y trouvent, car, dans tout ce pays, depuis Hechtel par Hasselt jusqu'à Huy, il n'y a pas 150 soldats. Et le long de la Meuse, jusque Namur et de là le long de la Sambre vers Charleroi, Marchiennes-au-pont, Fontaine-l'Évêque, Binche, Givry, et Mons, il n'y a pas 450 hommes. De Mons vers Enghien et Hal jusqu'à Bruxelles on ne peut pas rencontrer en tout 100 soldats, tandis que tout le pays, y compris les Ardennes, est au suprême degré ligué pour se soulever contre les Français et se délivrer d'eux en une fois.

Dans toute cette contrée tous les habitants sans distinction sont décidés à faire une révolution. C'est ce que on pourra démontrer par toutes choses, et ce pourquoi, pour toute l'étendue de la carte ci-jointe, on peut se porter garant sur sa tête quant à l'affaire et à sa bonne issue (³).

(¹) Le plan fait évidemment allusion ici à l'organisation des insurgés du Brabant wallon qui commença dès 1795 et qui aboutit à la tentative infructueuse dirigée sur Bruxelles par la bande de Jacqmin, dit Charles de Loupoigne, et à la surprise de cette bande, le 30 juillet 1799. Jacqmin fut tué avec quelques-uns de ses camarades, mais ses lieutenants et ses affiliés, disséminés dans les villages wallons du Brabant, continuèrent à battre la campagne. Ils avaient pour inspirateurs le procureur de l'abbaye de Villers, dom de Chentinne, et l'abbé de Gembloux, dom Wilmart. Bon nombre de fermiers, autrefois clients des abbayes, étaient de connivence avec les camarades de Jacqmin. C'était sur eux que l'on comptait pour fournir les 600 chevaux dont il s'agit.

(²) La copie du manuscrit porte Acoz et Forville, mais ce sont là des erreurs de plume évidentes. Le plan vise ici les passages principaux conduisant de la Meuse et de la Sambre vers le Brabant Wallon. Entre Noville et Gembloux, de grands bois, actuellement défrichés presque entièrement, formaient à eux seuls une barrière suffisante.

(³) Le mot « on » désigne évidemment le signataire, de Reiffenberg.

Il faut encore que la marche de chaque rassemblement et leur destination soient développés plus en détails, pour les faire comprendre, et qu'on détermine les lieux et le moment où et en quelle manière cette révolution tant désirée devra commencer : de la sorte en trois semaines tout le Brabant serait en révolution, on n'y pourrait plus rencontrer un seul Français, et ce ne serait pas avec 25.000 hommes que la France en reprendrait possession.

Si maintenant il était possible d'assister ce pays du dehors, de façon qu'il pût compter avec certitude sur un secours ou sur un débarquement, dans ce cas la nation entière serait prête à se soulever et à exposer son sang et ses biens pour sa patrie, afin de la délivrer enfin du Français.

On ne doute pas que ce plan, quelque modeste qu'il paraisse, ne soit approuvé et accepté, s'il est soumis à des personnes qui sont compétentes en la matière. D'autant plus qu'il a la plus grande influence sur le sort de la Hollande, et qu'un débarquement des forces anglaises, qui est attendu dans un mois, peut être très utile à ce projet, si le soulèvement peut avoir lieu avec l'aide de l'Angleterre, et si on envoie aux insurgés des personnes chargées de les diriger et des officiers, et s'il était possible de leur fournir 2.000 fusils et surtout de la poudre et du plomb, attendu que ces deux articles font grandement défaut dans tout le pays, où il est défendu à chacun, sous peine de mort, d'en posséder dans sa demeure.

On prie, en conséquence, de réfléchir mûrement à ce plan, et de me communiquer les réflexions faites à ce sujet, mais je ne saurais assez recommander le secret ; je serais banni pour toujours du Brabant, et les biens de ma femme seraient confisqués immédiatement, ce qui plongerait ma femme et mon enfant dans la plus grande misère ([1]).

On prie aussi de prendre le plus rapidement possible une décision sur ce sujet parce que l'on doit envoyer des émissaires dans tous les endroits où l'on a des gens sûrs afin d'avertir sous main les adhérents, où, en quelle place, à quel moment, ils doivent se réunir. Une personne qui entreprend toute la direction de cette affaire, se rendra elle-même à Anvers, Malines, Bruxelles, et au Brabant wallon, pour tout mettre au point, afin d'avertir de ce qui précède les habitants de ces villes, dont elle est sûre, et de prendre toutes ses dispositions pour que le plan puisse être mis à exécution le plus rapidement possible ([2]).

A Anvers, il ne faut que deux jours pour tout régler de manière à ce que tout soit prêt pour le moment fixé. A Malines, où, en dehors de ceci, on a déjà les plus grandes attaches, il n'est plus nécessaire que de fixer l'heure et le jour où l'on voudra paraître devant la ville. A Bruxelles, on est déjà sûr de plus de 3.000 hommes qui sont prêts à marcher au premier signal pour mettre la ville en trouble et la livrer de cette manière, au moment où l'on voudrait marcher contre elle. Dans le pays wallon, où Wavre est le point central de rassemblement, et où toute la masse est prête à agir, dès que cela sera demandé, on est assuré de trouver encore 6 à 800 hommes outre les forces du rassemblement, lesquels marcheront simultanément dans la direction et au moment que l'on jugera utiles.

([1]) Reiffenberg fait ici allusion à son fils, le futur académicien.
([2]) La personne dont il s'agit était sans doute Heylen, qu'une lettre du 13 avril 1800 indique comme pressé de regagner ses foyers afin d'y donner des instructions à ses affiliés.

Tel est le plan que l'on s'offre à exécuter, quand cette exécution sera sollicitée, et au sujet duquel on peut donner la ferme assurance qu'il s'accomplira de la manière exposée sans le moindre accroc.

D'ailleurs, on a voulu indiquer ci-après dans quelle direction chaque rassemblement devrait marcher, et où ils auront leur rendez-vous général.

Putte, fort de 1.280 hommes, dont la moitié a ordre de marcher vers Capelle et Braeschaet, et l'autre moitié sur Loenhout, Brecht, Westmael, Soersel, Santhoven et Viersel, de même que dans toutes les petites localités environnantes, pour s'emparer de tout l'armement des gendarmes et des agents de la douane qui ont partout sur la frontière leurs brigades à cheval et à pied, se rendre maître de leurs chevaux, fusils, sabres, munitions, et partager ce butin selon les convenances entre les membres du rassemblement, puis, arrêter tous les officiers municipaux, afin que n'échappe personne des gendarmes, douaniers, ou municipaux ou autres employés de la République, — dont on a partout la liste avec leur nombre en chaque localité — et veiller à ce que tout passage soit immédiatement barré, afin qu'aucun secours ne puisse arriver ; après que ces 1.280 hommes auront fini leur mission, ils auront pour rendez-vous Lierre, où ils devront attendre des ordres ultérieurs.

Le second rassemblement sera à *Barle-le-Duc*, — de 1.150 hommes, — lequel a pour ordre de marcher sous la direction du même chef sur Hoogstracten et Turnhout, d'arrêter les municipalités de ces deux villes, de prendre en dépôt le bureau (de douane) de Turnhout, et le mettre sous scellé, veiller avant tout à empêcher tout excès ou pillage ; puis mettre en prison tous les gendarmes et commis (des douanes) comme les autres employés, et surtout empêcher qu'aucun d'eux puisse s'échapper, répartir entre les adhérents non armés leurs chevaux, fusils, pistolets, sabres, munitions, appeler tous les jeunes gens pour qu'ils marchent tous sans distinction, avec le rassemblement ; à Turnhout aussi mettre en réquisition tous les fusils qui peuvent y être conservés, afin que si, par malheur, une troupe ennemie survenait elle ne puisse se saisir d'aucune arme. Après avoir fait tout cela comme il le faut, le rassemblement dirigera sa marche de Turnhout sur toutes les petites localités voisines, où se trouvent encore de 2 à 4 gendarmes ou douaniers, — pour s'emparer de ceux-ci autant que possible, — de façon que l'ennemi n'ait aucune nouvelle et qu'on soit de ce côté maître de tout le pays. Alors le chef doit veiller avant tout à ce que tous les jeunes gens, dans la localité qu'il traversera, marchent immédiatement avec lui. Il doit aussi, autant que possible, louer partout les fusils et les répartir entre ceux qui n'en sont pas pourvus. Avant toute chose, il a ordre de veiller partout à la sécurité publique, et de faire en sorte qu'elle ne soit troublée nulle part. Dans toutes les localités, il veillera à ce qu'on ne puisse expédier aucun secours vers l'une ou l'autre localité étrangère. Après avoir achevé son expédition, il aura aussi son rendez-vous à Lierre, où il devra arriver au même moment que le rassemblement de Putte, pour saisir cette ville qui est sans plus de garnison, pour arrêter tous les membres de la municipalité et les autres employés, prendre en dépôt les bureaux et les sceller tous, mettre en prison les gendarmes et les commis, faire rentrer par réquisition tous les fusils qui peuvent être encore disponibles dans la ville et les répartir immédiatement, former un corps de cavalerie à l'aide des chevaux des gendarmes et des commis et le répartir entre les deux rassemblements, attendre que pour chacun d'eux déjà 140 hommes se soient obligés à venir s'y joindre à cheval pour faire le service de cavalerie. Ensuite, les deux corps ont ordre, si les autres ne sont pas encore arrivés, de demeurer les attendre à Lierre, afin de partir de là en une masse.

Le troisième rassemblement, formé de 1.360 hommes, sera à *Reusel ;* la moitié marchera sur Arendonck et l'autre moitié sur Dessel, Baelen, Moll, Gheel et Tongerloo, où leur premier ordre sera d'arrêter à Herenthals, Moll et Gheel, les municipalités et les autres fonctionnaires, prendre les bureaux en dépôt, veiller au repos et à la sécurité publics, emprisonner tous les gendarmes et douaniers, autant qu'il y en a dans chaque localité, selon une liste qu'il aura : on veillera à ce que ces gens ne puissent porter aucune nouvelle à Malines ou Bruxelles et qu'ainsi aucun secours ne puisse être envoyé sur les lieux. Puis tous les fusils, sabres, etc., des gendarmes et douaniers seront répartis entre les hommes qui auront rejoint le corps dans les localités qui auront été traversées, et où chaque chef aura dû veiller à ce que tous les jeunes gens se joignent à lui — de manière que chacun soit armé autant que possible. Après que ce rassemblement aura achevé complètement d'exécuter l'ordre qui précède, son rendez-vous est aussi à Lierre, où il doit se joindre aux deux premiers corps, lesquels y seront déjà arrivés. Il doit y attendre avec eux sa destination ultérieure, jusqu'à ce que le quatrième ait atteint également l'endroit auquel il doit se rendre.

Entretemps ces trois corps doivent placer les avant-postes nécessaires, faire faire partout les patrouilles convenables pour empêcher qu'aucune troupe ennemie puisse pénétrer jusque là. Comme à Lierre ils présentent une colonne de 3.750 hommes, sans compter les jeunes gens qui se seront joints à eux pendant leur marche, ils recevront ordre de se mettre en route le soir, et de se partager en deux colonnes. L'une marchera vers St-Bernard sur l'Escaut, Boom, Willebroeck et Rumpst, pour se saisir là de tous les ponts et passages, de façon que rien ne puisse arriver à travers l'Escaut et de la direction de la Flandre, et aussi pour occuper toutes les écluses au canal de Bruxelles (¹) de façon à ce que durant cette même nuit rien ne soit communiqué à Malines. L'autre moitié marchera sur Schrick et Keerbergen, pour occuper le canal de Louvain à Malines et la rivière la Dyle, pour y abattre les ponts, afin d'empêcher qu'aucun secours n'arrive de ce côté.

Lorsque ces deux colonnes auront accompli leurs ordres de marche, elles gagneront Malines, après avoir détruit au préalable les ponts de Duffel et de Waelhem, de façon à paraître devant la ville au lever du jour, pour pénétrer dans la ville à l'ouverture des portes et s'emparer de cette cité, ainsi que de l'arsenal, canons, munitions, vivres, magasins, en ayant soin de faire un usage convenable de tous les fusils et armes (²).

Le quatrième rassemblement, qui se composera de 1.580 hommes, à Lommel (³), a ordre de marcher sur Hechtel, Beringen, Diest, Sichem, Aerschot, et doit être devant Malines la même nuit que les trois colonnes

---

(¹) La copie porte par erreur Bruges.
(²) Le 22 octobre 1798, les paysans massés devant Malines avaient pénétré dans la ville en usant de la tactique proposée ici.
(³) Lommel ne fut joint au territoire belge que sous l'Empire.

mentionnées plus haut, pour aider à prendre cette ville, après avoir accompli les mêmes ordres au préalable au cours de sa marche, — avoir arrêté toutes les municipalités et les autres employés à Diest, Sichem, et Aerschot, et tous les gendarmes dont il aura la liste indiquant leur nombre à pied et à cheval, avoir saisi leurs chevaux, fusils, sabres, munitions, et avoir partagé tout cela entre les adhérents non encore armés.

Quand Malines sera en la possession d'une troupe de 9.870 h. tous les chefs auront l'ordre d'employer leurs soins à laisser une garnison de 1.200 h. environ pour maintenir la paix et l'ordre, et empêcher qu'aucun pillage puisse avoir lieu. Ils ont ordre de marcher avec la grande masse le même jour de Malines sur Bruxelles. Mais, en dehors de la ville, ils doivent se partager en trois colonnes, dont une se dirigera hors de la ville en franchissant le canal de Bruxelles vers Thisselt, Londerzeel et Assche, pour occuper de ce côté la chaussée menant par Alost vers Gand, et faire halte devant la ville aussi longtemps que la colonne du milieu, qui marche par Vilvorde et par la grande chaussée, sera arrivée également devant la ville, tandis que aussi la troisième et dernière colonne marchera le long du canal de Malines à Louvain sur Cortenberg et arrivera devant la ville avec les deux premières colonnes, après avoir au préalable occupé tous les passages.

En même temps, le grand rassemblement de la forêt de Soignes, comprenant 9.800 h. recevra ordre de se mettre en marche au même moment, et d'un côté il se joindra aux colonnes précédentes vers Cortenberg, d'un autre côté son aile gauche marchera sur Hal, s'emparera de la chaussée qui mène de Mons à Bruxelles comme de celle qui conduit d'Enghien sur Tournai par Ath, et empêchera que de n'importe quel côté on envoie des secours à Bruxelles. Quand toute la masse sera arrivée devant Bruxelles, elle a ordre de se précipiter de tous côtés dans cette ville, de façon qu'en moins d'une journée celle-ci et tous ses magasins soient en la possession des assaillants, auxquels environ 4.000 habitants de la cité se joindront.

Alors, certains des grands du pays ([1]) se mettront à la tête, et publieront des proclamations invitant chacun à aider à maintenir l'ordre et la paix, et à donner avant tout ses soins à ce que pas le moindre désordre ou pillage ne soit permis.

Tous les membres de l'administration du département comme tous les autres fonctionnaires seront arrêtés, toutes les caisses et bureaux seront saisis provisoirement en dépôt, et une bonne garnison de 2.000 h. sera laissée dans la ville pour prévenir toute révolte ultérieure.

Ces troupes auraient alors un ordre nouveau pour partir immédiatement de Bruxelles et marcher en trois ou s'il le faut en quatre colonnes. L'une ira de nouveau sur Malines — et ce devra être la plus forte, — afin de s'emparer d'Anvers, et de là détacher une troupe qui passera l'Escaut pour se rendre à St-Nicolas, Lokeren, et Gand. La seconde ira aussi sur Gand par Berchem, Assche, Alost et Ordeghem, et la troisième gagnera Hal, Enghien, Ath, Leuze, et Tournai, et de là par l'Escaut, Audenaerde et Gand. Cette ville

---

([1]) Les termes dont se sert ce plan visent sans aucun doute les membres des Etats, ce qui permet d'affirmer que les auteurs étaient d'accord avec les dirigeants du parti des anciens Etats.

se rendrait sans la plus petite résistance. Et de cette manière la plus grande partie de la Flandre serait aussi soustraite aux Français.

Dès lors, il n'y a plus qu'une chose qui manque. C'est qu'une flotte apparaisse sur la côte de Flandre pour entreprendre une descente. Dans ce cas, toute la nation serait immédiatement sous les armes pour jeter loin du pays les Français qui seraient encore dans quelques endroits du pays et pour s'affranchir complètement d'eux.

Tel est, en résumé, le plan provisoire. Mais on y ajoute que tout ce qui précède parmi les choses demandées (¹) pourra être mis à exécution (²).

De Namur, le long de la Sambre, vers Binche, et de Mons jusqu'à Bruxelles et Louvain, dans tout le quartier wallon il n'y a pas en tout 130 hommes. Les gendarmes sont tous montés, et en une nuit on pourra s'emparer de leurs chevaux et de ceux des douaniers. Ainsi on aura leurs chevaux, armes, etc., car bien peu d'entre eux sortiront vivants, et dans tout le pays il n'y a presqu'aucune troupe de ligne, car les bourgeois doivent presque partout monter la garde.

J'attends tous les jours une liste exacte de l'ensemble des troupes et aussi une situation de la côte maritime.

(¹) On entend par là les renseignements insérés dans le plan pour répondre aux questions posées par le colonel Gordon.
(²) Le plan comprend ici une liste des brigades de gendarmerie et de douaniers établies dans les régions visées par le texte. Cette liste indique le nombre de cavaliers de chaque poste. Nous avons cru inutile de la transcrire.

Contribution à la protohistoire et à la préhistoire du Limbourg Belge

Deux pièces d'importation lointaine trouvées l'une dans une sépulture protohistorique à Eygenbilsen *l'autre aux bruyères de* Sutendael

I

UNE ŒNOCHOÉ A EYGENBILSEN

De quels ateliers vient probablement l'œnochoé à bec relevé d'Eygenbilsen ?
Cette œnochoé fournit-elle le moyen de dater une sépulture ?

Quand on se rend de la station d'Eygenbilsen au hameau de Locht en prenant la direction de Sutendael, on ne tarde pas à constater *l'emplacement d'une ancienne sablière* à une dizaine de mètres Ouest de la maison de Simon Martens en gravissant le coteau de la pittoresque colline de Cannesberg, qui en ces parages forme la ligne de faîte séparant le bassin de la Meuse et de l'Escaut. C'est là que des ouvriers, enlevant du sable (¹) pour la réfection de la voirie, découvrirent, le 12 juillet 1871, une ŒNOCHOÉ en bronze à bec relevé, et une CISTE en bronze à anses mobiles et à treize cordons horizontaux. Cette ciste était remplie de cendres et de débris d'ossements humains, et accusait donc par son contenu la pratique de l'incinération. Ajoutez à ces deux pièces, déjà très intéressantes, une LAME D'OR, découpée à jour, témoignant de l'opulence de la sépulture ; joignez-y quelques débris d'objets en fer ainsi qu'une pièce en bronze, ayant la forme d'un abat-jour, que M. Pigorini croit être un casque (²), et vous aurez une idée du

---

(¹) La colline du Cannesberg est couverte d'une couche de sables glauconifères de l'étage Diestien (système pliocène). Cette couche, retenant les eaux météoriques, *surmonte* de beaux sables blancs que nous croyons devoir rapporter, non pas à l'étage Boldérien (miocène) comme l'indique la carte géologique n° 93 (Bilsen, Veldwezelt), mais bien à l'étage chattien (oligocène supérieur). Ces sables blancs, secs, sous-jacents à la couche imperméable qui couronne la colline, étaient de nature à nous livrer l'œnochoé, la ciste et la lame d'or en bon état de conservation.

(²) C'est la conjecture que fait l'archéologue Pigorini, à propos d'un objet conique, ayant la forme d'un abat-jour, trouvé à Oppeano. — Voir *Bulletino di Paletnologia italiana*, IV, juillet et août 1878, L. PIGORINI. *Oggetti della prima eta del ferro scoperti in Oppeano nel Veronese*, pl. IV.

remarquable mobilier funéraire d'Eygenbilsen. L'origine des cistes étant assez obscure, nous nous bornerons à étudier la *provenance de l'œnochoé*, sorte d'aiguière ou de buire, qui servait chez les anciens à verser le vin. On la rencontre fréquemment dans leurs sépultures.

Grâce aux soins intelligents du baron de Borman qui, à cette époque, s'intéressait déjà vivement au passé de notre province, ces pièces remarquables furent envoyées au musée de la porte de Hal à Bruxelles. Actuellement elles sont aux musées royaux du Cinquantenaire (salle III, âge du métal). Le *Bulletin des commissions royales d'art et d'archéologie*, t. XI (1872), en donne une belle reproduction.

De quels ateliers de bronze vient très probablement l'œnochoé à bec relevé d'Eygenbilsen ? Telle est la question à laquelle nous essayerons de répondre. M. H. Schuermans, conseiller à la Cour d'appel de Liége, écrivain de talent, archéologue renommé, a toujours soutenu que l'œnochoé d'Eygenbilsen provient des ateliers étrusques. Il nous dit à quelles sources d'informations il a puisé pour défendre sa thèse de l'étruscisme. Il s'est documenté, dit-il ([1]), en se servant des travaux ([2]) de deux archéologues allemands, Lindenschmit et Hermann Genthe. Cette thèse n'est plus soutenable depuis qu'on est en mesure de distinguer entre eux les produits de l'art grec, étrusque, celtique, illyrique. Il est même étrange que M. Schuermans ne se soit pas mis en garde contre cette thèse de l'étruscisme, surtout après que les grandes découvertes d'Olympie, faites de 1875 à 1881, avaient mieux fait connaître l'art grec. Jusqu'en son dernier article concernant le mobilier funéraire d'Eygenbilsen ([3]), M. Schuermans restait irréductiblement étruscomane, attribuant la paternité de tous ces vases en bronze à l'art étrusque.

Actuellement, on bénéficie de nouvelles découvertes, et les archéologues bien informés sont d'avis que les *œnochoés importées viennent des ateliers chalcidiens ou campaniens*. Pour expliquer cette provenance, il faudra se reporter bien loin en Grèce et remonter jusqu'à la fin du deuxième millénaire avant l'ère chrétienne. L'histoire ancienne,

---

[1] *Westdeutsche Zeitschrift für Geschichte und Kunst*, III, p. 198. Cette revue est actuellement consacrée au moyen âge ; son *Correspondenzblatt* s'occupe des antiquités préromaines. Cette revue fut fondée en 1882 à Trèves.

[2] LINDENSCHMIT : *Das Römisch-germanische-central-Museum in bildlichen Darstellungen aus seinen Sammlungen*, Mayence, 1899.— *Alterthümer unserer heidnischen Vorzeit*, Mayence. GENTHE, HERMANN : *Ueber den etruskischen Tauschhandel nach dem Norden*, 2ᵉ éd., Francfort-s/Mein, 1874.

[3] B.C.R.A.A., années 1872, 1873, 1874, 1878, 1884. Son dernier article au *Bulletin des Commissions royales d'art et d'archéologie* date du mois de mai 1884. Il se termine comme suit : « tous les objets d'Eygenbilsen peuvent donc désormais être attribués à la civilisation des contrées qu'ont habitées les anciens Étrusques ».

en effet, nous apprend que les tribus doriennes envahirent la Grèce vers l'année 1100 avant l'ère chrétienne. Cet envahissement eut comme résultat le refoulement des Ioniens sur les côtes de l'Asie-Mineure. Là, ces derniers ne tardèrent pas à fonder jusque douze villes. Phocée, Ephèse et Millet compteront un jour parmi les grandes cités du monde grec. Ces Ioniens refoulés emportèrent en ce pays d'exil, comme un précieux héritage, l'*art mycénien*. D'autre part, ayant des relations suivies avec les Lydiens, les Phrygiens et Cappadociens, qui à leur tour avaient des rapports continus avec les orientaux du bassin du Tigre et de l'Euphrate, on vit naître vers le VIII° siècle à la suite de ces influences orientalisantes, l'art *ionien orientalisant*, appelé encore *archaïque* parce qu'il rappelle l'ancien art mycénien, tout différent du dipylien à style géométrique rectiligne. Cet art ionien était caractérisé par la présence de motifs orientaux, tels les lions assyriens à tête d'oiseau de proie, et des animaux mythiques : sphinx, unicornes, palmettes, etc. L'œnochoé d'Eygenbilsen porte une palmette et deux unicornes affrontés, séparés par l'évier du goulot. Elle est incontestablement de style ionien archaïque orientalisant. Nous y reviendrons.

Ces influences orientales se firent remarquer bientôt dans tout le monde égéen, surtout en cette grande île allongée, séparée de l'Hellade par le détroit d'Euripe, l'île d'Eubée, réputée pour ses richesses minières. Là se trouvait la fameuse ville de *Chalcis*, la métropole de l'industrie métallurgique, la « cité d'airain » par excellence. De ce centre industriel partiront bientôt des colons [1], qui iront fonder en Macédoine de nombreuses succursales. La région, où ils s'établiront, s'appellera *la Chalcidique*. D'autres colons fonderont les villes de Chalcis en Etolie et en Elide (au nord et au sud du golfe de Corinthe) ; d'autres encore, partant de Cumes en Eubée, créeront Cumes en Eolide (Asie mineure), Cumes en Campanie, etc...

Au sud de l'Italie, en *Campanie*, il y avait aussi de grandes richesses minières comme en l'île d'Eubée et en Chalcidique (Macédoine). Il y avait surtout la ville de *Capoue* [2], qui a été incontestablement un grand *centre de production d'objets en bronze*. Ces derniers, par suite d'un trafic intense, ont rayonné jusqu'au-delà des Alpes. *Près de Capoue*, on a retrouvé deux belles œnochoés, remarquables par l'harmonieuse élégance de leurs profils. La céramographie grecque nous

---

[1] MEYER EDWARD, *Geschichte des Alterthums*, zweites Buch. Die Griechische Mittelalter, IV, *Die Colonisation*, p. 433 à 484, Stuttgart, 1893.
[2] *Neue Untersuchungen über die römische Bronze-Industrie von Capoua und von Nieder-Germanien*, par WILLERS. Leipzig, 1907.

permet de les rapporter aux VIIe et VIe siècles. On a trouvé des œnochoés du même galbe au nord des Alpes, à *Vilsingen* près de Sigmaringen (Hohenzollern) et à *Kappel*, près de Strassbourg. C'est encore à Capoue qu'on a trouvé des inscriptions funéraires telles que : *ansii, cipii*... datant de la première moitié du premier siècle après J.-C. Or, au nord des Alpes, en France, en Allemagne, en Autriche, voire même en Angleterre et au Danemark, on a trouvé des produits en bronze portant la marque de fabrique Lucius *Ansius*, et Fablius *Cipius*... Caton, dans son traité d'économie rurale, vante la chaudronnerie de Capoue. Ces observations archéologiques, confirmant des indications classiques, nous autorisent à affirmer que la Campanie, et non pas l'Etrurie ou la Toscane, était, comme Chalcis en Eubée, un centre important d'où l'on exportait des produits de l'art italo-grec ou gréco-orientalisant.

C'est à *Cumes*, toujours en Campanie, qu'on a trouvé un vase en bronze assez semblable (¹) à l'*hydrie* grecque en bronze du tumulus de *Grächwill* (non loin de Berne, Suisse). Cette hydrie porte à son goulot une pièce d'applique qui représente une divinité ailée, dont les pieds reposent sur une *palmette*, motif archaïque orientalisant. C'est donc à Cumes et à Capoue en Campanie qu'il faut chercher les ateliers de bronze d'où sont sortis la plupart des objets de style italo-grec qu'on trouve en deçà et au-delà des Alpes.

Cette importation des produits de l'art archaïque orientalisant qu'on constate au nord des Alpes, en Celtique, depuis le VIIe siècle, s'observe aussi au *nord de l'Italie* où l'on voit le style géométrique rectiligne dipylien (phase *Benacci*) faire place aux phases d'*Arnoaldi* et de la *Certosa*, caractérisées par l'importation de ces produits gréco-orientalisants.

Le même phénomène s'observe en Italie centrale, en Etrurie. Là aussi l'ancien thème géométrique dipylien s'efface davantage vers les années 700, pour faire place à l'*art étrusque* caractérisé principalement par les vases en bronze et en céramique de style gréco-orientalisant, importés de la Campanie et de la Grèce. C'est ainsi qu'après 700, on a trouvé, en la tombe particulièrement intéressante de Regulini Galassi, un chaudron décoré de têtes de lion assyrien, ayant l'aspect de têtes d'oiseau de proie (²).

(¹) Voir Helbig, *Sopra alcuni bronzi trovati a Cuma ed a Capua. Annali dell' Instituto*, 1880, p. 223, pl. IV, fig. 2 ; pl. V, fig. 1, 1*a*.

(²) Voir pour l'étude archéologique de l'Italie le grand ouvrage de Montélius : *La civilisation primitive en Italie depuis l'introduction des métaux*. 1. Italie Centrale, Stockholm, 1895, un vol. de texte et un album de planches ; *II*. Italie Septentrionale, Stockholm, 1904, 2 vol. de planches ; le volume de texte n'a pas encore paru.

Maintenant que nous savons que l'œnochoé d'Eygenbilsen vient probablement des ateliers de bronze de la métropole chalcidienne ou d'une de ses succursales de Campanie, on peut se poser la question : Comment est-elle venue échouer à Eygenbilsen ? Il est assez vraisemblable que les marchands venètes ou illyriens ont colporté les produits italo-grecs au-delà des Alpes. Ils ont été probablement entrepositaires de ces produits et intermédiaires entre les Hellènes fournisseurs et les Celtes acquéreurs. Les Venètes ou les Illyriens ont vendu ces vases grecs sur les *emporia* de la Gaule septentrionale ou d'une autre région de la Celtique (¹), et les personnages opulents de la Celtique en ont acheté pour verser le vin ou garnir des sépultures. A l'époque du bronze, les Sigynes du Danube jouaient aussi ce rôle d'intermédiaires entre les Ligures du sud et les Hyperboréens de la Baltique.

Sans doute, et nous nous hâtons de le faire observer ici, il est possible que l'exportation des produits de la Campanie ait été faite par l'Etrurie pour gagner, par la vallée du Réno, le nord de l'Adriatique ; il est donc possible que les Etrusques, eux aussi, aient été des *entrepositaires* de ces produits des ateliers campaniens et grecs, et qu'ils aient même servi d'*intermédiaires* entre les fabricants campaniens et hellènes et les Celtes acheteurs, mais nous n'avons aucune preuve qu'il y ait eu des ateliers de produits en bronze style orientalisant en Etrurie et Toscane, comme l'ont toujours prétendu les partisans des théories de Lindenschmit et Genthe.

Il est assez intéressant de relater ici, à propos du trafic par les Alpes, l'hypothèse inadmissible d'Alex. Bertrand, prétendant que les objets de fabrication italique et grecque que nous recueillons dans les sépultures au nord des Alpes ne sont que du butin de guerre amassé au cours des différentes expéditions barbares du nord des Alpes dans les pays du sud. Cela revient à soutenir qu'à chacune des phases de la préhistoire et de la protohistoire, des pillards, à la recherche de butin, auraient périodiquement franchi les Alpes et seraient revenus de ces pays du sud tout chargés des produits de l'art italique et grec. On voit que cette hypothèse est inadmissible, pour la bonne raison que ces produits ne sont pas disséminés au hasard mais régulièrement et en grande quantité le long des grandes voies fluviales. Il faut donc, et c'est sur quoi nous insisterons à l'article suivant, admettre un *trafic transalpin*, et *accorder beaucoup plus d'importance aux faits d'ordre commercial*.

(¹) Pour l'étude de la Gaule ou de la Celtique dont le centre était le Rhin moyen, on consultera : BERTRAND, A. : *Archéologie Celtique et Gauloise*, 2ᵉ éd., Paris 1891. — JULLIAN, *Histoire de la Gaule*, en 3 vol. — DOTTIN, *Manuel Celtique*, Paris 1906. — HOLDER, *Alt-Celtischer Sprachschatz*, Leipzig, 1896.

La deuxième question à laquelle nous devons répondre est celle-ci : Cette œnochoé fournit-elle le moyen de dater cette sépulture ?

En Celtique, l'âge du fer commence deux siècles plus tard qu'en Grèce. Le premier âge du fer ou époque Hallstattienne ([1]) comprend deux phases. La première phase, allant de 900 à 700 ans avant l'ère chrétienne, est caractérisée par ses sépultures contenant de *longues épées en fer* et des *cistes* à anses fixes et à cordons espacés. Ici encore comme en Italie centrale et septentrionale, commence, autour des années 700, l'importation d'objets italiques, ou gréco-orientalisants ; telles les œnochoés de Vilsingen, Kappel; l'hydrie de Grächwil.

De 700 à 500 s'étend la deuxième phase Hallstattienne.

Puis vient le *deuxième âge du fer* (de 500 à l'ère chrétienne) ou époque de La Tene ([2]) qui se subdivise en trois phases, dont la première va de 500 à 300 avant l'ère chrétienne. C'est du début de cette première phase de La Tène que date le mobilier funéraire d'Eygenbilsen, comme nous le montrerons plus loin. Commençons par dire que la *ciste* ([3]), associée à l'œnochoé dans la sépulture d'Eygenbilsen, ne fournit que des indications chronométriques très imprécises. En effet, les cistes à anses mobiles, ce qui est le cas de celle d'Eygenbilsen, peuvent dater du commencement de la deuxième phase hallstattienne jusqu'à la fin de la première phase de La Tène. Voilà donc un écart de quatre siècles (700-300) entre les dates extrêmes. L'indication de la ciste est donc on ne peut plus imprécise. C'est l'œnochoé qui nous fournira le moyen de dater la sépulture en question.

Voici la description de ce vase à style orientalisant : « Une œnochoé en bronze *à bec treflé et relevé* ; elle porte en haut de la panse un cercle d'ornements cordiformes; son anse, rivée et non soudée, a pour cartel une *palmette* surmontée d'ornements en forme de double spirale ou

---

([1]) *Hallstatt*, bourg du Tyrol autrichien, qui a donné son nom au premier âge du fer, est au carrefour des grandes voies de transit pour l'*ambre*, le *fer* et le *sel*. Dans sa nécropole on a fouillé plus de 3.000 tombes. Notre visite au musée local fut une déception, les belles pièces étant à Vienne. Par compensation nous y jouissions le lendemain au haut du massif triasique du Dachstein d'un panorama grandiose. On voyait de là se dessiner par les thalwegs de ce carrefour les « *viae salariae* » des temps protohistoriques. (Voir pour l'étude de cette nécropole intéressante l'ouvrage de Von Sacken, *Das Grabfeld von Hallstatt in Oberösterreich*. Wien, 1868). Le *tumulus* étant la sépulture type hallstattienne, on pourrait étudier à ce point de vue les petits tumulus de la Campine. Ceux de Weert (Hollande), remontent à l'âge de Hallstatt.

([2]) *La Tene*, cette Pompéi du second âge du fer, était une station de transit qui se trouvait sur la fameuse voie des Argonautes (Pô, Tessin, lacs de Suisse). On y percevait des droits de passage, principalement sur les produits de l'armurerie. (Voir Reinecke, *Zur Kenntniss der La Tene Denkmäler*).

([3]) C'est donc une erreur de comparer, comme l'a fait M. Schuermans, la ciste d'Eygenbilsen à celle de Magny Lambert qui est à anses fixes. C'est aussi à tort que M. Montelius soutient encore en 1906 que les cistes à anses mobiles sont d'un type plus ancien que celles à anses fixes.

de S ; la partie supérieure du bec est ornée de rangs de perles, parmi lesquels sont ciselés deux *unicornes* affrontés mais séparés par l'évier du goulot. Le vase est d'une belle conservation. Les rivets sont en fer (¹) ».

Or les œnochoés qui répondent à cette description datent de vers le milieu du Vme siècle. C'est le cas des œnochoés de Rodenbach, de Klein-Aspergle. Ces deux œnochoés datent du milieu du Vme siècle. C'est la céramographie grecque (²) qui fournit ces indications chronologiques précises. En effet, dans la sépulture de Rodenbach (³) (Palatinat rhénan), l'œnochoé à bec trèflé et relevé est associée à un *canthare*, qui ne peut être postérieur au milieu du Vme siècle. Dans la sépulture de Klein Aspergle (⁴) (Wurtemberg), l'œnochoé à bec trèflé et relevé est accompagnée d'une *coupe peinte* datant de 470 à 460 (voir Reinecke, *La Tene Denckmäler*, p. 2). Comme les vases en bronze et en céramique ont été déposés dans les sépultures à l'époque de leur fabrication ou peu après, la céramique grecque importée date avec une précision suffisante la sépulture. La céramique manquant dans la sépulture d'Eygenbilsen, nous ne pouvons dater avec précision qu'indirectement. Il faudra se contenter d'une date approximative, à savoir vers le milieu du Vme siècle.

(¹) B.C.R.A.R. année 1872, pp. 256-257. Il y a d'autres oenochoés, ayant le même profil que celle d'Eygenbilsen, mais présentant une ornementation particulièrement riche. La fourche terminale de l'anse ou la plaque d'attache inférieure est décorée de lions, de panthères... Ce sont les belles oenochoés de Schwarzenbach, de Weisskirchen, de Durckeim. Celles-ci datent de la fin du VIe ou du début du Ve siècle.

(²) Pour le premier millénaire, la céramique grecque fournit un criterium chronométrique. C'est la *chronologie égyptienne* qui établit les subdivisions chronologiques des produits de la civilisation *créto-mycénienne*, si remarquables au deuxième millénaire. Ainsi, par exemple, les *poteries du style Kamares* à pâte noire et à décor « light on dark » par le fait qu'elles ont laissé leurs débris dans les ruines d'Abydos et de Kahun, villes de la XIIe dynastie qui date de la première moitié du deuxième millénaire, sont datées par le fait même. — Cette poterie qui caractérise le minoen moyen (2000 à 1600) contraste singulièrement avec le décor « dark on light » du minoen récent (1600-1200). — Ce qui est vrai pour la civilisation *crétoise* est vrai aussi pour la civilisation *mycénienne* ; ainsi M. Petrie a trouvé des produits de l'art mycénien dans les nécropoles égyptiennes de la XVIIIe dynastie. Ici encore le trafic d'importation et d'exportation fournit des jalons précieux pour établir les grands alignements dans les essais de synchronisme des civilisations primitives.

La bibliographie de la céramique grecque est considérable. Pour ce qui concerne les problèmes chronologiques à résoudre et leur exposé critique on trouvera des renseignements substantiels dans le *Manuel de céramographie* de M. POTTIER, 3 vol. parus de 1896 à 1906, intitulés « *Catalogue des vases antiques en terre cuite du Musée du Louvre* ». Remarquons en passant à propos de chronomètre que la *fibule* ou épingle de sûreté est un précieux fossile directeur pour classer chronologiquement le préromain, le romain, le franc..., etc.

(³) LINDENSCHMIT, *Altertümer*, III, V, pl. 1-3.

(⁴) LINDENSCHMIT, *Altertümer*, III, XII, pl. 4-6. Remarquons toutefois que l'œnochoé de Klein Aspergle n'est qu'une copie celtique des originaux grecs de la même époque. Le style de certains détails, à savoir les yeux globulaires et les pommettes saillantes des têtes fixées aux extrémités des anses à nervures longitudinales accusent les ateliers celtiques.

II

Une lame pressinienne a Sutendael (¹)

Quelques réflexions suggérées par la présence de cette lame en silex du grand Pressigny dans le Limbourg.

L'état de nos connaissances au sujet des premières tribus qui ont occupé notre province du Limbourg est encore bien imparfait. Aussi bien les écrits que les monuments gravés nous manquent. Nous ne possédons de l'industrie de ces tribus que quelques vestiges qui ont pu résister à l'action destructive des siècles. Il ne nous reste, comme source d'information, que des outils en silex, de la céramique, égarés autour des foyers. Encore, quand il s'agit de silex taillés, l'archéologie préhistorique ne retiendra comme document authentique que les seuls silex à retouches régulières et contiguës, pratiquées exclusivement sur une face, les seuls silex enfin qui, par leur forme complexe et constante, ne sauraient être que le résultat d'un travail intelligent. Quelques entailles marginales, quelques bulbes de percussion, un plan de frappe, ne constituent pas un criterium de taille intentionnelle, à moins que le silex à conchoïde ou entaillé ne possède par ailleurs un certificat d'origine, ce qui est le cas lorsqu'on le trouve au fond d'une cabane ou d'une sépulture. Il va donc sans dire que nous ne retiendrons pas les *éolithes* (²) *tertiaires* comme documents sérieux.

C'est le rôle de l'archéologie préhistorique de rechercher et d'étudier tous les vestiges de l'âge de la pierre et de refaire ainsi la préhistoire. Cette préhistoire nous apprend que les premières tribus quaternaires vivaient principalement de chasse et de pêche, qu'elles taillaient leurs haches à éclats. Cette *ancienne technique de la taille (paléolithique et pléistocène)*, fut insensiblement remplacée, après la quatrième époque glaciaire, qui marque la fin des temps pléistocènes ou quaternaires,

---

(¹) Cette lame de Sutendael en silex de Pressigny mesure en longueur 30 cm. et en largeur 4 cm. 2. Elle faisait autrefois partie de la belle collection du Dr Bamps. Cette pièce est reproduite dans le *Bulletin des musées royaux des arts décoratifs et industriels*, n° 7, juillet 1911. Actuellement elle est au musée du Cinquantenaire. M. le baron de Loé, conservateur à ce musée, avait remisé provisoirement cette pièce à côté de l'oenochoé et de la ciste d'Eygenbilsen. Pendant l'occupation allemande, la *lame d'or* était ailleurs.

(²) M. Rutot, de Bruxelles, est un des protagonistes les plus militants des éolithes. M. le Dr Capitan recommande instamment aux spécialistes de se mettre en garde contre l'autosuggestion qui amène insensiblement à retrouver un peu partout la taille. (*Revue mensuelle de l'école d'anthropologie de Paris*, Paris, 1901, p. 152).

A la suite de la communication de M. Boule sur l'origine des éolithes, le nombre des partisans de cette hypothèse a diminué partout. (*L'Anthropologie*, 1905, p. 263. Cette revue forme la continuation de : *Matériaux pour l'histoire de l'homme, Revue d'anthropologie, Revue d'ethnographie*).

par la *nouvelle technique du polissage* (*néolithique*), dont on a trouvé un nombre considérable de beaux produits sur le sol du Limbourg. Ce sont ces belles haches *Robenhausiennes*, trouvées en abondance dans les palafittes ([1]), caractérisant l'âge de la pierre polie en Europe centrale et occidentale.

Notons que cette dénomination « d'âge de la pierre polie » ne signifie pas que tous les outils de cet âge aient été ouvrés ou façonnés à l'aide de la nouvelle technique du polissage, car l'ancienne technique de la taille à éclats *continue à subsister parallèlement* à la nouvelle technique. C'est le cas de la lame de Sutendael taillée à éclats qui doit être rapportée au néolithique et n'est donc qu'une *survivance* de l'ancienne technique à éclats. La lame de Sutendael n'est pas le seul cas de survivance, tant s'en faut ! L'industrie tardenoisienne ([2]), qui est bien représentée autour des étangs de Zonhoven, de Genck, et qui consiste principalement en petits silex de quartzite de Wommersom, est de même un cas de survivance de l'ancienne technique de la taille.

D'où vient cette lame trouvée à Sutendael ? Incontestablement elle provient des tailleries ou ateliers de silex du Grand-Pressigny (département de l'Indre-et-Loire, au centre de la France). Le silex du grand Pressigny est un produit localisé. On ne le trouve que là. Il a une contexture et une couleur spéciales, ce qui lui donne un aspect caractéristique, si bien qu'on le reconnaît immédiatement. Les officines pressiniennes furent un centre de trafic, très conséquent à l'époque néolithique. De ce centre, les outils en pierre taillés dans les rognons à silex de Pressigny ont rayonné vers la Bretagne, la Belgique, la Suisse... ils sont même venus échouer sur les bruyères de *Sutendael*.

Au point de vue de la dispersion d'un produit localisé ([3]), nous pourrions signaler le silex (quartzite landenien) de Wommersom (lez-Tirlemont). Ce produit a servi plus spécialement pour la confection des outils de l'industrie tardenoisienne. MM. Hamal-Nandrin et J. Servais de Liége et le baron de Loé de Bruxelles, qui ont plus particuliè-

---

([1]) Voir le beau travail d'ensemble sur les palafittes ou cités lacustres par Munro R., intitulé : *The Lake dwellings of Europe* Londres, Paris, Melbourne, 1890. — L'habitat lacustre était très connu à l'époque néolithique. Il y a des survivances de ce mode d'habitat à l'époque du bronze.

([2]) Les stations à silex pygmées tardenoisiens sont généralement aux bords des étangs et des cours d'eau. Ces microlithes à deux pointes ont pu servir autrefois d'hameçon aux tribus qui vivaient de pêche auprès des étangs de la Campine. Aujourd'hui encore, on trouve des hameçons en bois dur ressemblant à ces silex pygmées d'âge néolithique.

([3]) La *taillerie néolithique de Ste-Gertrude* (près d'Eysden et de Ryckholt, Limbourg hollandais), a probablement fourni beaucoup d'outils Robenhausiens aux tribus qui occupaient la Campine limbourgeoise. Voir concernant cette officine les articles bien nourris et substantiels de M. Marcel de Puydt, de Liége. *Le trafic est évident.*

rement étudié cette industrie, ont dressé une carte de la Belgique avec indication des localités où ont été recueillies des pièces en silex dit quartzite de Wommersom. Cette carte indique comme stations se trouvant à la périphérie du cercle de dispersion : Sart-Tilman (Liége), Villers-le-Temple, Furfooz, Spy, Braine-le-Comte, Denlexghem (Deynze), Vieux-Turnhout, Lommel, Luikgestel, Zonhoven-Genck, Esyden, Opgrimby. Il y a donc assurément des transactions commerciales dès le néolithique (¹).

Dans ce même ordre d'idées nous pourrions relater la diffusion lointaine (²) d'*un produit localisé* qui a fait l'objet d'un trafic transalpin dès l'époque néolithique. Ce produit, c'est l'ambre. Cette résine fossilifiée des côtes de la Baltique était utilisée par les tribus primitives pour la confection des parures. Les sépultures néolithiques contenant de l'ambre s'échelonnent le long de la voie fluviale de la Vistule et du Dniester depuis la Baltique jusqu'à la mer Noire. La même constatation a été faite tout le long de la voie fluviale de l'Elbe et de la Moldau vers l'Adriatique, qui est la grande voie de l'ambre. Ces sentiers existant déjà à l'époque néolithique sont comme des jalons qui donneront plus tard l'alignement des majestueuses chaussées romaines édifiées avec des matériaux qui ont défié longtemps l'usure des siècles.

A quelle subdivision chronologique du néolithique faut-il rapporter cette lame trouvée à Suetendael ? Diverses tentatives ont été faites pour établir des coupures chronologiques dans ce deuxième âge de la pierre. Sans doute, dans une même série d'objets, on distingue des types anciens et plus récents, et par cette étude typologique on en arrive à conclure à une transformation successive de types, mais d'autre part la diversité des matières premières utilisées, celle des conditions d'existence des tribus, leur inégalité dans la prospérité et d'autres causes locales diverses amènent l'existence simultanée de différents facies à la même période de l'âge néolithique, si bien que les indications typologiques ne légitiment pas les coupures chronologiques et qu'on se voit obligé de recourir à une science auxiliaire : la stratigraphie. Mais les observations stratigraphiques, jusqu'à présent, font défaut pour l'âge *néolithique* ou holocène. Toute tentative de division pour cet âge a donc échoué.

(¹) Les tailleurs de pierre néolithiques avaient déjà expérimenté que la spécialisation du travail était une condition essentielle de production rapide et économique. Les fouilles pratiquées à Spiennes près de Mons en fournissent la preuve.

(²) La station de Chaleux a livré des coquilles percées, utilisées comme parures. Or les gîtes naturels de ces fossiles se trouvent près de Reims et de Versailles. La paléontologie en démontre la provenance lointaine. On pourrait multiplier ces exemples ; cependant on fera bien d'observer que dans ces exemples rien ne prouve que ce transport résulte ou bien des migrations ou du trafic.

Il n'en est pas de même pour le premier âge de la pierre, le paléolithique.

Indiquons brièvement ces *observations stratigraphiques*, qui légitiment les coupures chronologiques dans le premier âge de la pierre; nous constaterons du même coup dans l'outillage paléolithique une succession d'étapes où le progrès s'accentue jusqu'à atteindre un niveau très élevé et produire des œuvres artistiques à la fin de ce premier âge de la pierre. Nous arriverons ainsi à une réflexion finale intéressante.

C'est dans les dépôts formés pendant la troisième *époque interglaciaire* (¹) qu'on a découvert les premiers silex taillés intentionnellement. Au banc de *Chelles* (dép. de Seine-et-Marne) on a trouvé dans les niveaux du *pléistocène inférieur* (ou quaternaire ancien inférieur) les haches en silex taillées à grands éclats sur les deux faces qui caractérisent l'*industrie chelléenne* (paléolithique inférieur). A la station de Cergy (Pontoise) on a trouvé dans les graviers de ces dépôts interglaciaires les valves de la «corbicula fluminalis», mollusque d'eau douce, qui appartient actuellement aux fleuves de l'Asie méridionale et de l'Afrique. La présence des coquilles de ce mollusque ainsi que des restes de l'éléphant antique (faune chaude) témoignent de la douceur du climat chelléen. A Chelles, les haches « coup de poing » sont associées aux ossements fossiles de l'hippopotame amphibie, qui habitait alors le nord de la France. L'homme chelléen eut à lutter contre les bêtes féroces : l'hippopotame, l'éléphant antique, le rhinocéros de Merck, l'hyène rayée (machairodus latidens), le trogontherium Cuvieri... Jusqu'à présent, nous n'avons trouvé aucun élément de cette faune chaude et de cette industrie dans le sol de notre province.

Le Dr Capitan et M. Commont, professeur à l'école normale d'Amiens, ont étudié la station de St-Acheul (près d'Amiens), qui a fourni des éléments de l'industrie appelée *acheuléenne*. Celle-ci est caractérisée par les haches amydaloïdes, moins volumineuses que les haches chelléennes, mais aussi moins grossières, moins rudimentaires. La retouche habile des éclats marque le passage lent à l'industrie moustérienne dont il sera question plus loin. On a trouvé à *Curange*

(¹) Lorsqu'on observa à Rudersdorf, près de Berlin, les roches en place présentant leurs flancs striés suivant des lignes parallèles, on acquit de plus en plus la conviction que seuls des débris de roches dures, fixés sur les bords des fleuves de glace en progression, étaient en mesure de tailler des stries par leur pression sur les flancs des roches en place. Les glacieristes distinguèrent bientôt quatre périodes de progression des glaciers : l'extension glaciaire de *Günz*, celle de *Mindel*, celle de *Riss* qui fut la plus importante, et enfin celle de *Würms* qui a laissé un frais paysage morainique. Entre ces quatre périodes d'avancement des glaciers, il y a eu trois périodes de *recul*, ou trois périodes interglaciaires. C'est dans les dépôts de la troisième ou dernière période interglaciaire qu'on trouve l'industrie chelléenne.

au Lærestraat (à 400 m. du Démer, et à 300 m. de la chaussée Hasselt-Herck la Ville) une hache du type acheuléen en grès blanc cristallin ([1]). Cette hache faisait autrefois partie de la collection du Dr Bamps. Ce dernier ainsi que M. Marcel de Puydt ([2]) opinent que si cette hache n'a pas subi de transport lointain, elle constitue l'outil le plus ancien provenant du Limbourg belge.

Dans les dépôts qui surmontent ceux de la troisième époque glaciaire, dans les niveaux stratigraphiques du *pleistocène moyen* (quaternaire ancien moyen), on a trouvé les restes de l'*industrie moustérienne* qui caractérise *le paléolithique moyen*. A la *Caverne du Moustier*, qui est comme la Pompéi de cette époque, et qui a donné sa dénomination à cette industrie, on a trouvé des *haches* en amande, taillées sur une face et lisses sur l'autre, des *pointes*, et des *racloirs* (servant à préparer les peaux), des lames à encoches, des *perçoirs*, des *grattoirs*, bref un *outillage lithique plus évolué* — associé aux ossements d'une faune froide représentée par les restes du mammouth (elephas primigenius), du rhinocéros à narines cloisonnées (rhinocéros tichorhinus), de l'ours gris (ursus ferox), du grand cerf d'Irlande (cervus megaceros), et quelques rares débris du renne. M. Lartet qui, dès 1863, fouilla les dépôts de remplissage de cette grotte célèbre, en examinant cette faune mammologique, aura sans doute constaté que l'humidité du climat, le régime pluvieux dans les plaines, et le régime de neige dans les altitudes expliquent la rareté du renne, plus abondamment représenté à l'époque du paléolithique supérieur qui fut à la fois froide et sèche, climat dont s'accommode le renne.

L'homme moustérien a connu un climat *froid et humide*, caractérisant la première partie de la quatrième et dernière époque glaciaire. Pour s'abriter contre les rigueurs de ce climat, il cherchera un refuge dans les cavernes. Le troglodytisme deviendra le mode d'habitat général. L'outillage moustérien n'a pas encore été découvert en notre province. Nous avons cependant signalé la faune moustérienne au hameau de Meerdegat à Alken ([3]).

Pendant la deuxième partie de la quatrième et dernière époque gla-

---

([1]) Si ce grès blanc est de la même nature que le sable blanc Chattien, qui forme la base de la colline du Bolderberg, nous aurons là un argument sérieux pour établir que la hache n'a pas subi de transport lointain.

([2]) *Bull. Soc. anthropologique de Bruxelles*, t. XIII, 1894-1895.

([3]) Les fouilles que nous avons faites au Meerdegat en 1917, établissent que l'ossuaire de cette faune froide repose, par suite d'un phénomène de dénudation, sur l'assise supérieure (faciès Vieux-Joncs) de l'étage Tongrien. Au musée de paléontologie de l'Université de Liége, on admire trois têtes de rhinocéros tichorhinus, reconstituées grâce aux ossements recueillis à Alken.

ciaire, le climat est *froid et sec*. Le renne est plus abondamment représenté. Les dépôts qui se font, forment les niveaux ou horizons du *pleistocène supérieur* (quaternaire ancien supérieur) et les produits de l'industrie humaine se rapportent au *paléolithique supérieur*. Dans les niveaux inférieurs de remplissage des cavernes de cette époque du renne, on constate les produits de l'industrie *aurignacienne;* plus haut, à des niveaux moyens, les restes de l'industrie *solutréenne*, puis plus haut encore, les vestiges de l'industrie *magdalénienne* (¹). Bref, les observations stratigraphiques justifient les coupures chronologiques dans la succession des industries du paléolithique supérieur.

On voit apparaître la gravure sur os dès la phase *aurignacienne* ou *présolutréenne*. La station si intéressante de *Solutrée* (près de Mâcon) a livré ces belles et superbes pointes de flèches ou javelots en silex, en feuille de laurier ou de saule, annonçant de loin les belles pointes de flèche néolithiques. Enfin la station de la grotte de la *Madeleine*, commune de Tursac (Dordogne), nous révèle les progrès de l'industrie magdalénienne. M. Dechelette, ce maître en archéologie, écrit (²) : « L'outillage en silex ne comprend plus les belles pointes solutréennes en feuille de laurier et en feuille de saule. Il semble que les progrès du travail de l'os aient porté préjudice à l'industrie de la pierre ». Et plus loin : « Déjà aux premiers temps de l'époque du renne, à partir de la phase aurignacienne, les figures éburnéennes et les plus anciennes sculptures pariétales avaient révélé, comme nous le verrons, le génie artistique de ces habitants des cavernes. A l'époque magdalénienne, l'art quaternaire évolue, se dégage de l'archaïsme et donne la mesure de sa puissance et de sa fécondité. D'une main à la fois plus sûre et plus souple, simplement aidé d'une pointe de silex, le troglodyte périgourdin ou pyrénéen burine sur les matières dures ces gravures et sculptures d'animaux dont nous admirons le naturalisme expressif et vivant.... Sur le plafond d'Altamira, sorte de chapelle sixtine de l'art quaternaire, apparaissent des peintures polychromes d'un style si libre et si évolué que les historiens, saisis de surprise devant des découvertes imprévues, ont longtemps hésité à en reconnaître l'authenticité ». On pourrait faire ici une étude très documentée pour montrer toutes les séries

---

(¹) M. Hamal-Nandrin de Liége, qui étudie avec tant de méthode les fonds de cabanes du néolithique à Wonck, signalait déjà au XXIᵉ Congrès archéologique et historique de Belgique (Liége 1909, tome II, p. 202 à 225), l'existence de l'industrie magdalénienne à *Zonhoven*.

(²) DECHELETTE, J., *Archéologie préhistorique*, p. 150.

de formes (¹), suivre pas à pas la filiation dans les produits industriels du paléolithique, et indiquer comment l'homme chelléen a pu être l'ancêtre de l'homme moustérien troglodyte qui a perfectionné son outillage; comment ce troglodyte, chasseur du mammouth et du rhinocéros, a pu être l'ancêtre du chasseur du renne qui a continué à évoluer. On est donc assez surpris quand on voit des hommes de la valeur de Pigorini (²) admettre complaisamment la succession de cinq invasions chelléenne, moustérienne, néolithique, lacustre, hyperboréenne pour expliquer la succession des industries préhistoriques. Sans doute on est fondé à admettre la race fossile du Néanderthal (de Cannstadt ou de Spy) et celle de Cro-magnon, mais de là à multiplier les races et les phénomènes des invasions il y a de la marge. L'étude de l'évolution dans la technique de l'outillage, et la multiplicité des faits de trafic et d'ordre commercial sont un appel à la prudence, et nous engagent à mettre à l'arrière-plan les faits d'ordre ethnographique. M. G. de Mortillet nous étonne aussi quand il défend encore en 1900 (³) que le chasseur du renne qui a connu l'ancienne technique de la taille (paléolithique) a émigré de la Gaule pour suivre le renne et que des peuples orientaux venant des régions caucasiques ont introduit la nouvelle technique du polissage. Outre la réponse générale développée plus haut, nous dirions volontiers que les régions boréales avec leurs longs hivers et leur âpre climat n'avaient rien de séduisant, et que le chasseur du renne renoncera facilement à son gibier de prédilection, d'autant plus qu'il lui restait encore le sanglier, le cerf, l'élaphe, le chevreuil. Bref, et c'est là la réflexion principale sur laquelle nous voulions attirer l'attention, la science archéologique tend actuellement à accorder une part prépondérante aux faits d'ordre commercial et à l'étude de l'évolution dans la technique, et fait peu état des hypothèses de migrations et d'invasions autrefois admises avec une complaisance déconcertante.

L'Abbé Flor. Silveryser.

(¹) En nos régions de l'Europe occidentale, nous pouvons observer à l'âge de bronze une série de formes de haches en bronze, dont on peut suivre la filiation. Chacune de ces formes représente un progrès réalisé dans le mode d'emmanchement. On a d'abord la hache plate, puis la hache à bords plus ou moins relevés, puis celles à talon, ensuite celles à ailerons médians, plus tard celles à ailerons terminaux, et enfin celles à douille. Il y aurait lieu d'étudier à ce point de vue les haches en bronze trouvées à Dilsen, Molen-Beersel, Neeroeteren et Beeringen. Leur rareté s'explique par le fait qu'on rejetait au creuset de refonte le métal précieux abandonné autour des foyers.

(²) *Bulletino di paletnologia italiana*, Parme, 1902, p. 158.

(³) DE MORTILLET G., *Formation de la Nation française*, 2ᵉ édition, 1900, p. 247.

Twee merkwaardige romeinsche potten van Tongeren

Er wordt in dit artikel over aarden potten gehandeld. In alle naburige landen, maar voornamelijk in Duitschland, heeft men sinds lang het nut en de noodzakelijkheid eener systematische en wetenschappelijke studie der romeinsche pottenbakkerskunst ingezien. Niet ten onrechte. Immers zij leert ons een belangrijken tak der oude nijverheid kennen, zij werpt licht op de handelsbetrekkingen van ons land met de omliggende gebieden en zij levert omvangrijk en kostbaar materiaal om de chronologie van steden, kampen, villa's, begraafplaatsen en graven te bepalen.

Alleen in België heeft de studie der romeinsche ceramiek tot hiertoe geen beoefenaars gevonden. Het kwam me dus wenschelijk voor deze betreurenswaardige leemte der belgo-romeinsche oudheidkunde ten minste gedeeltelijk aan te vullen. Ik ben daarom er toe overgegaan een uitgebreid werk over de *terra sigillata* van Tongeren op 't getouw te zetten.

Uit dit werk licht ik de beschrijving van een paar onversierde potten, hoofdzakelijk met het doel het nut dier studie voor de chronologie aan te toonen.

Vooraf echter dient een inleidend woord te gaan over de natuur en de geschiedenis der *terra sigillata*.

Onder de benaming *terra sigillata* verstaat men potten uit roode, somtijds oranje-roode aarde, min of meer fijn gemalen volgens den tijd en den oorsprong en overdekt met een fijne laag glazuur, die bij de beste stukken als een spiegel blinkt. Er bestaat versierde en onversierde *terra sigillata* van velerlei vorm en techniek. De meeste dezer potten, ten minste in de twee eerste eeuwen na Chr., dragen een fabrikantenmerk, dat doorgaans in 't midden van den bodem en aan den binnenkant is ingedrukt.

De oudste fabrieken van *terra sigillata*, die in ons land hunne waren hebben afgezet, lagen in Italië, in Arretium. Zij bloeiden hoofdzakelijk in de laatste eeuw der republiek en onder de regeering van keizer Augustus. In de kampplaatsen van den Rijn, onder dezen keizer gebouwd, b. v. in Haltern, vindt men uitsluitelijk italiaansche *terra sigillata*. Men kan ze kennen aan de techniek, aan den vorm en aan de versieringen.

In de kampen van lateren tijd, b. v. te Hofheim (40-50 n. Chr.), ontbreekt de italiaansche waar geheel, maar treft men daarentegen scherven van Zuid-Gallisch fabrikaat overvloedig aan. Men meent met reden, dat in de tweede helft der regeering van Augustus eenige italiaansche pottenbakkers zich in 't Zuiden van Gallië zijn gaan vestigen om de groote vervoerkosten over zee tot Massalia uit te sparen. Dit is trouwens eene bijzonderheid, die men voortdurend in de geschiedenis der *terra sigillata* opmerkt. Door de mededinging gedwongen, trachten de pottenbakkers voortdurend de vervoerprijzen te verminderen met hun ovens in de nabijheid van het afzetgebied op te richten. Zoo treft men in de eerste helft der eerste eeuw drie groote fabrieken aan in het Zuiden van Gallië, namelijk te la Graufesenque, Montans en Banassac. Zij bloeiden gedurende één eeuw, van 't begin der eerste tot den aanvang der tweede. De techniek bereikt het toppunt van volmaaktheid rond het midden der eerste eeuw en verslechtert daarna geleidelijk onder den invloed der massa-productie, die immer op de techniek een verderfelijken invloed heeft gehad.

Rond het jaar 40 werden de eerste fabrieken te Lezoux, in Midden-Gallië, gebouwd. Zij waren in volle werking rond het jaar 70. Zij werden door de barbaren verwoest rond het jaar 260 na Chr. (¹).

Op 't einde der eerste eeuw togen eenige pottenbakkers o. a. van Lezoux naar 't Oosten van Gallië, waar onderscheidene centrums van fabrieken zijn ontdekt b. v. te Luxeuil, la Madeleine, Lavoye, les Allieux, Avocourt, Eschweilerhof, Trier (²). Vandaar bewogen zij zich immer verder naar de rijksgrens, waar de troepen legerden, voornamelijk naar Heiligenberg, Ittenweiler en Dinsheim in den Elzas (³), naar Remagen (⁴) en Sinzig (⁵) aan den Rijn, naar Rheinzabern in den Rijnpalts (⁶), naar Westerndorf in Beieren (⁷), enz.

Toen rond 260 na Chr. de Oostgrens van het Keizerrijk onder den druk der Germanen moest worden prijsgegeven en de laatstgenoemde

---

(¹) Hierover kan men raadplegen o. a. J. DÉCHELETTE, *Les vases céramiques ornés de la Gaule romaine*, Parijs, 1904, 2 bd.
(²) E. FÖLZER, *Die Bilderschüsseln der ostgallischen Sigillata-Manufakturen*, Bonn, 1913.
(³) R. FORRER, *Die römischen Terrasigillata-Töpfereien von Heiligenberg-Dinsheim und Ittenweiler im Elsass*, Stuttgart, 1911.
(⁴) E. FUNCK, *Römische Töpfereien in Remagen, Bonner Jahrb.* 119, 1910, bl. 329 vgde.
(⁵) J. HAGEN, *Römische Sigillatatöpferei und Ziegelei bei Sinzig, Bonner Jahrb.* 124, 1917, bl. 173 vgde.
(⁶) De fabrieken en begraafplaatsen van Rheinzabern werden nauwkeurig onderzocht en beschreven door W. Ludowici, die tot hiertoe vier prachtige katalogen heeft uitgegeven :
Stempelnamen römischer Töpfer, Rheinzabern, 1901-1904 ;
Stempelbilder römischer Töpfer, ibid., 1901-1905 ;
Urnen-Gräber römischer Töpfer, ibid., 1905-1908 ;
Römische Ziegel-Gräber, ibid., 1908-1912.
(⁷) J. VON HEFNER, *Die römische Töpferei in Westerndorf*, dans *Oberbayrisches Archiv für vaterländische Geschichte*, XXII, 1863, bl. 1 vgde.

fabrieken met den grond werden gelijk gemaakt, keerden de Rijnlandsche pottenbakkers naar Oost-Gallië weer, waar in de 4de eeuw opnieuw eenige fabrieken van *terra sigillata* hebben gebloeid o. a. te Lavoye, Avocourt, enz. ([1]).

Ik luister nu deze algemeene beschouwingen met een paar voorbeelden op.

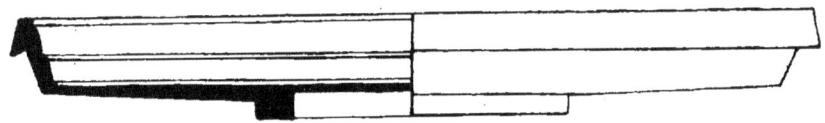

Fig. 1 en 2. — *Arretijnsche schotel.*

Groote platte schotel met neerhangende lip. De binnenwand is met lijstwerk versierd.
Over den vorm zie S. LOESCHCKE, *Haltern, Mitteilungen der Altertumskommission für Westfalen*, V, type 1; *Haltern, ibid.*, II, fig. 13, n. 11; V, bl. 139, fig. 1; GEISSNER, *Die im Mainzer Museum befindlichen feinere Gefässe der augusteischen Zeit und ihre Stempel*, Mainz, 1902, pl. V, n. 11.

Twee scherven, die te zamen ongeveer de drie vierden van een dergelijke schotel uitmaken, bevinden zich in de verzameling van den heer Mathieu Christiaens, bouwkundige te Tongeren. De klei is fijn gemalen en zeer hard gebrand. Zij heeft een oranjekleurigen schijn evenals de glanzende glazuur. Op den rand en onder den voet is deze wat afgeschuurd door het gebruik.

Doorsnede : 23 cm. ; hoogte : 2,8 cm.

De lage voet, 11 mm. dik, is rechthoekig. De wand vormt met den bodem een stompen hoek. Langs den buitenkant hangt een breede lip neer. Langs binnen is de wand met lijstwerk opgesmukt. Een uitspringende en hoekige lijst of bies verbindt den wand met den bodem. Een tweede lijst verdeelt den wand in twee ongeveer gelijke stroken. Een fijne groeve loopt nabij den bovenrand.

Op den binnenbodem, in een kroon van fijne strepen, is viermaal en straalsgewijze de naam **PHILEROS** ingeprent met een metalen stempel (fig. 2). De letters zijn zoo fijn en zoo zuiver, dat ze onmogelijk uit een aarden of houten stempel kunnen voortspruiten.

Deze schotel is van italiaansch fabrikaat. Daarvoor spreken te gelijk de techniek, de vorm en de stempel.

([1]) W. UNVERZAGT, *Terra-sigillatagefässe des IV. Jahrh. n. Chr. mit Rädchenornamentik*, *Röm.-germ. Korrespbl.* V, 1912, bl. 49 vgde; R. FORRER, *Spätrömische Rädchen-sigillata aus Strasburg*, Ibid., VIII, 1915, bl. 81 vgde; W. UNVERZAGT, *Die Keramik des Kastells Alzei*, Frankfurt, 1916, bl. 15.

De datum, waarop deze schotel vervaardigd werd, kan tamelijk juist bepaald worden, dank zij twee karakteristieke bijzonderheden, te weten de neerhangende lip en den vierdubbelen stempel.

Schotels met dergelijke neerhangende lip en van bijna denzelfden vorm werden gevonden in het kamp van Haltern, dat volgens de gevolgtrekkingen van S. Loeschcke, bezet geweest is tusschen de jaren 9 vòòr Christus' geboorte en 11 van onze tijdrekening. Volgens denzelfde, die een grondige en uitgebreide studie aan de ceramiek van Haltern heeft gewijd ([1]), behooren de schotels en tassen met neerhangenden kraag tot de oudste van dit kamp.

Al de italiaansche scherven in dit kamp ontdekt dragen, op één enkele uitzondering na : ATEI ([2]), maar één fabrikantenstempel, namelijk in het midden van den bodem. De Tongersche schotel van PHILEROS kan dus *ten laatste* vervaardigd zijn gelijktijdig met het begin der bezetting van Haltern, d. i. rond het jaar 9 vòòr Christus. Deze gevolgtrekking, steunend op de vondsten van Haltern, stemt overeen met die, welke M. Ihm uit andere gegevens heeft getrokken ([3]).

Over de fabriek kan eindelijk het volgende worden vooruitgezet. Onderscheidene italiaansche fabrikanten telden tusschen hun werklieden een slaaf met name Phileros. Alzoo C. Annius ([4]), Calidius Strigo ([5]), P. Cornelius ([6]), Crispinius ([7]), Memmius ([8]), en Tettius ([9]). De pottenbakker Phileros, die de schotel van Tongeren heeft gestempeld, kan in den dienst der drie eerste fabrikanten niet hebben gestaan, want geen dezer schijnt zijn waar aan deze zijde van de Alpen te hebben uitgevoerd. De fabriek van Crispinius moet ook uitgesloten worden, want de slaaf Phileros van dezen meester had de gewoonte de vier eerste letters van zijn naam ineen te schrijven.

De schotel van Tongeren moet dus toegeschreven worden aan de fabriek van C. Memmius of aan die van L. Tettius. Beide behooren tot oudste, welke in noordelijk Gallië en in Germanië hebben geleverd. Een schotel, gemerkt L. TETTI SAMIA, welke zich in 't museum te Tongeren bevindt, bewijst dat de fabriek van L. Tettius feitelijk naar Tongeren potten en schotels heeft geleverd.

([1]) *Keramische Funde in Haltern*, dans *Mitteilungen der Altertumskommission für Westfalen*, V, 1909, bl. 101-322 (talrijke platen en afbeeldingen in den tekst).
([2]) *Mitteilungen der Altertumskommission für Westfalen*, VI, bl. 36 : ATEI.
([3]) Max Ihm, *Die arretinischen Töpfereien*, Bonner Jahrb., 102, bl. 144-145.
([4]) CIL. XI, 6700, 53.
([5]) *Ibid.*, 6700, 162.
([6]) *Ibid.*, 6700, 239.
([7]) CIL. XV, 5161, XIII, 10009, 102.
([8]) CIL. XI, 6700, 383.
([9]) *Bonner Jahrbücher*, CII, bl. 119, n. 1.

De fabriek van C. Memmius bevond zich te Arretium, die van L. Tettius naar alle waarschijnlijkheid ook (¹).

Schotels van het hierboven beschreven model en viermaal gestempeld, zijn uiterst zeldzaam in noordelijk Gallië en in Germanië. Mij zijn er maar drie bekend, namelijk de schotel van Tongeren gemerkt *Phileros*, een andere, gevonden te Haltern, die den stempel *Atei* draagt (²), en een derde, ontdekt te Mainz, met den stempel P. *Atti* (³). Andere typen meermalen gestempeld werden ontdekt te Oberaden, Neuss, Xanten.

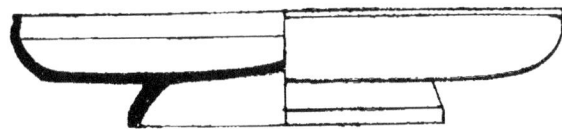

Fig. 3. — *Zuid-Gallisch fabrikaat.*

Schotel met lage naar binnen gebogen wand = Ritterling, *Hofheim, Nassauische Annalen*, 40, type 1.

Tot hiertoe heb ik maar een enkele scherf van dit model tusschen de romeinsche ceramiek van Tongeren ontdekt. Zij wordt bewaard in het oudheidkundig museum te Luik (huis Curtius). Zij is uit zeer fijn gemalen aarde vervaardigd en bestreken met een laag hel spiegelende glazuur ; beide zijn kenmerken van een goed tijdvak.

De schotel was 16 cm. breed en 3,2 cm. hoog.

Op den buitenwand duidt een fijn uitspringend en horizontaal lijntje de plaats aan, waar de wand aan den bodem bevestigd is. Een dergelijk lijntje ontbreekt aan den binnenkant (⁴). Een fijn horizontaal groefje verdeelt den binnenwand in twee ongelijke deelen. Aan den buitenkant, nabij den rand, loopt een tweede groeve. De lip is duidelijk afgeteekend.

In 't midden van den platten bodem stond een fabrikantenmerk, waarvan alleen de vijf laatste letters bewaard zijn gebleven : ....NATVS.

Deze vorm, welke alleen in Zuid-Gallië vervaardigd werd, komt voort van een arretijnsche schotel, die onder Augustus' regeering in gebruik was = Loeschcke, *Haltern, l. c.*, V, type 4.

Zooals bij de arretijnsche modellen, ontbrak ook de lip aan de oudste schotels van Zuid-Gallië. Met den tijd echter verdikte stilaan de boven-

---

(¹) Max Ihm, *o. c.*, bl. 118-120.
(²) *Mitteilungen der Altertumskommission für Westfalen*, VI, bl. 36.
(³) Geissner, *o. c.*, pl. V n. 11 = *Westdeutsche Zeitschrift*, XX, pl. 15, n. 11.
(⁴) Dergelijke uitspringende lijntjes treft men alleen aan op oude potten, vervaardigd rond het midden der eerste eeuw.

rand tot een duidelijk afgeteekende lip. Deze vorm schijnt op zijn beurt de voorlooper van de schotel DRAGENDORFF 18 geweest te zijn.

Hij is oud en zeldzaam. Koenen ([1]) en Dragendorff ([2]) kenden hem niet. Te Hofheim ([3]) werden scherven van slechts vijf of zes exemplaren ontdekt en wel in het oudste kamp, dat tusschen de jaren 40-50 bezet was. Vgl. ook een paar exemplaren van gelijksoortigen vorm te Aislingen ([4]).

De scherf van het Luiker museum moet aan 't midden van de eerste eeuw toegeschreven worden (40-60). Naar dien tijd verwijzen niet alleen de gelijkvormige scherven van Hofheim, maar ook de zeer verzorgde techniek, het uitspringend biesje op den buitenwand en de duidelijk afgeteekende lip.

Dr H. VAN DE WEERD.

---

[1] K. KOENEN, Gefässkunde der vorrömischen, römischen und fränkischen Zeit, Bonn, 1895.
[2] DRAGENDORFF, Terra sigillata, Bonner Jahrb. 96/97 (1895) bl. 18 vgde.
[3] RITTERLING, Hofheim, l. c., type 1.
[4] KNORR, Die Terra-Sigillata-Gefässe von Aislingen, dans Jahrbuch des historischen Vereins Dillingen, XXV (1912). pl. XV, fig. 18 en 19.

Musée lapidaire de Gand.
Tympan historié (1re face)
Prédication de Saint Amand et rachat de prisonniers.

Musée lapidaire de Gand.
Tympan historié (2de face)
Mariage de Saint Bavon.

Le Tympan historié de Gand et la Chapelle funéraire de Saint-Trudon

Lors du creusement des fondations de l'abattoir de Gand, en 1853, à l'emplacement occupé autrefois par l'église abbatiale de St-Bavon, on a trouvé un beau tympan sculpté en pierre de Baeleghem, avec deux fragments de sculpture qui lui sont apparentés. Ces trois pièces sont conservées au Musée lapidaire de la ville, érigé dans les ruines de l'ancienne abbaye.

Les archéologues qui ont examiné ces œuvres sont unanimes à proclamer leur beauté et leur importance pour l'histoire de l'art. M. Jos. Casier voit dans ces pierres « un document important de notre art le plus ancien » et le Français, M. Koechlin, considère les sculptures du tympan comme « le spécimen le plus vénérable et le plus beau de tout le pays flamand » ([1]).

Et pourtant, malgré l'enthousiasme que suscitent ces documents de l'époque médiévale, on est loin d'avoir dit le dernier mot sur leur destination et sur la signification des scènes qu'ils reproduisent, deux questions dont la solution nous semble indispensable pour apprécier à leur juste valeur le mérite des sculptures.

Une belle étude, publiée en 1908 par M. Jos. Casier ([2]), avec le secours de M. Enlart et de M. le Baron de Béthune, a fait faire un grand pas à ces deux questions ; nous croyons cependant que, en invoquant le témoignage des documents écrits, il y a moyen de pousser plus loin les solutions proposées.

Pour la description du monument, nous renvoyons le lecteur à l'étude

---

([1]) B. KOECHLIN, *La Sculpture belge et les influences françaises aux XIIIe et XIVe siècles*, dans la *Gazette des Beaux-Arts*, 1903.
([2]) Jos. CASIER, *Une sculpture du XIIe siècle au Musée de Gand*, dans *Annales de l'Académie Royale d'Archéologie de Belgique* (1908), t. LX, p. 135, avec 7 photographies.
On trouve également des reproductions dans :
FIERENS-GEVAERT, *La Renaissance Septentrionale et les premiers maîtres des Flandres*. Bruxelles, 1905, p. 4.
MAETERLINCK, *L'Ecole Primitive Gantoise* dans *Bulletin de la Société d'Histoire et d'Archéologie de Gand* (1913), t. XXI, p. 88.

précitée, nous contentant d'emprunter à celle-ci les données indispensables pour l'intelligence de notre notice.

Des trois pièces, la première — le tympan — est de loin la plus importante ; « ses deux grandes faces sont ornées de bas-reliefs, de même que la face inférieure, c'est-à-dire l'intrados de la ligne brisée, qui est décoré de demi-palmettes alternées. La pierre mesure 1^m25 en longueur, 0^m77 en hauteur (sur les côtés), 0^m20 en épaisseur en y comprenant le relief des figures sculptées sur les deux faces ; l'épaisseur n'est que de 0^m07 si l'on néglige ces reliefs » (¹).

La deuxième pièce (n° 57 de l'inventaire) ne nous est parvenue qu'à l'état de fragment. Comme la première, elle est sculptée sur les deux faces et a un intrados de même angle, orné d'une suite de quatre-feuilles.

La troisième (n° 67 de l'inventaire) porte les mêmes ornements à l'intrados dont l'angle n'est pas visible. Il est certain que les trois pierres ont fait partie d'un même ensemble. « Les analogies sont frappantes : même épaisseur et même nature de la pierre, même échelle des figures, même disposition des plis des vêtements, mêmes orfrois, même facture ; les deux faces étaient également sculptées ; les bandeaux encadrant l'ornementation des intrados sont les mêmes dans les trois pièces» (²). Seuls, les ornements diffèrent, ici des quatre-feuilles, là des palmettes.

Quelle fut la destination de ces sculptures ? Telle est la première question que se pose M. Casier. Après avoir exclu diverses hypothèses, telles que fragments de tombeaux, de retable, partie de ciborium, paroi d'ambon, tympan de portail d'église, palier d'escalier, il conclut qu'il s'agit de deux ou trois couronnements de porte (³). Mais comme les intrados sont dépourvus de battée et sont ornementés, les linteaux ne peuvent convenir à une construction à l'intérieur du monastère, où les rigueurs de notre climat ne comportent pas de portes sans vantail ; il s'agit donc d'une œuvre destinée à l'intérieur de l'église. Une telle œuvre n'a pu être qu'une clôture de chœur.

Cette hypothèse est certainement satisfaisante. Elle nous semble la plus probable de toutes celles qui ont été émises. Néanmoins, nous croyons qu'une autre s'impose davantage.

Quelques jours avant de nous rendre au dernier Congrès archéologique, tenu à Gand en 1913, nous avions lu le passage de la chronique

---

(¹) Jos. CASIER, *Op. cit.*, p. 138.
(²) *Ibidem*, p. 140.
(³) Les deux fragments proviennent de linteaux différents, comme il résulte de la largeur de la pièce 3 et de la diversité des sculptures. Nous avons donc des restes de trois frontons.

de St-Trond, qui décrit minutieusement la construction d'une chapelle que l'abbé Wiric (1155-1180) éleva au milieu de l'église, autour du tombeau de St-Trudon. Nous fûmes étonné de retrouver dans les pierres gantoises certains détails décrits par le chroniqueur hesbignon. Il nous semblait voir surgir devant nous une chapelle funéraire du XIIe siècle, comme il a dû en exister beaucoup dans nos églises monastiques, mais dont on ne trouve plus de spécimen. Le lecteur jugera si nous nous sommes trompé.

En 1085, la désolation régnait au monastère de St-Trond. Une maison de la ville ayant pris feu, une flammèche emportée par le vent était allée s'abattre dans un nid de cigognes sur une des deux tours orientales de l'abbatiale et celle-ci avait brûlé. Pour comble de malheur, l'empereur Henri IV imposa la même année à l'abbaye un chef simoniaque dans la personne de l'abbé Lupon. La guerre éclata entre l'intrus et l'évêque Henri de Verdun. Pendant que « le tombeau de St-Trudon fut foulé aux pieds des combattants » (¹), les moines se dispersèrent et l'un d'eux, Thierry, alla chercher un refuge à St-Bavon.

Il s'y distingua bientôt par sa vertu et sa science, car, comme nous le verrons plus loin, il fut chargé par les bavoniens d'écrire une nouvelle vie de leur saint patron. En 1099, Thierry fut rappelé à St-Trond en qualité d'abbé et il y trouva pour tout sanctuaire une vile chapelle, bâtie pendant les troubles dans les ruines de l'église, sur les tombeaux des saints Trudon et Euchère (²).

A Thierry succéda en 1108, Rodolphe, l'auteur auquel nous devons ces détails et dont la chronique a été publiée par C. de Borman (³). Après son élévation à la prélature il cessa d'écrire, mais son premier continuateur nous raconte qu'en 1115 il remplaça la chapelle provisoire de saint Trudon par une plus belle, en bois ouvragé, que le chroniqueur contemporain décrit ainsi : « Rodolphe démolit alors la méchante chapelle (capellula) qui depuis presque trente ans avait pourri sur les tombeaux des saints Trudon et Euchère et il entoura leur sépulture d'un mur assez bas, qu'il surmonta de quarante barres carrées, en bois ouvragé, des deux côtés de l'accès vers l'autel. Cet ouvrage, érigé par respect des saints corps, était entouré d'un petit chœur très bien orné, où s'asseyaient les frères infirmes et ceux qui venaient vénérer les saints et prier en présence de leurs corps. Des deux côtés latéraux une

---

(¹) C. de Borman, *Chronique de l'Abbaye de St-Trond*. Liége, 1877, t. I, p. 40.
(²) *Ibidem*, p. 48. St-Euchère, évêque d'Orléans, envoyé en exil par Charles Martel, s'était retiré à St-Trond où il fut enterré près du fondateur du monastère.
(³) On trouve également la chronique de St-Trond, dans Luc d'Achery : *Spicilegium*, t. II, p. 659 ; dans *Monumenta Germaniae historica*, t. X, p. 213, édition de Koepke, et dans Migne, P. L., t. 173, col. 10.

porte donnait accès du petit chœur à l'autel et aux tombeaux, tandis que devant l'autel *deux vantaux de fer* (¹) séparaient le peuple et les frères, si quelquefois ceux-ci allaient y chanter ou prier d'une manière privée ou solennelle. Le tout fut consacré par l'évêque Otbert le 29 septembre 1117 » (²).

Remarquons dans cette description la présence de portes dans les trois parois de la chapelle, ouvertures qui s'expliquent parfaitement par la situation du monument. Pour nous faire une idée exacte de cette situation, il sera utile d'exposer sommairement les différentes phases par lesquelles ont passé l'église du monastère et les tombeaux qu'elle abritait.

Jusqu'à l'invasion normande de 881, il existait à St-Trond une église à une nef, consacrée aux saints Quentin et Remy. L'autel dédié à ces saints se trouvait au sanctuaire, contre le mur de chevet, et devant lui, vers l'église, s'élevait le maître-autel consacré aux apôtres. Devant ce maître-autel, à neuf pieds de distance, avait été inhumé saint Trudon. Il reposait par conséquent au milieu du chœur, à une longueur d'homme de l'entrée de celui-ci (³) — à l'endroit précis où se trouve maintenant le maître-autel de l'église du petit séminaire (⁴).

Après l'invasion normande, le monastère resta abandonné jusqu'à la reconstruction de l'église par Adalbéron en 944. Elle ne fut pas allongée, car on continuait à enterrer dans la vieille crypte qui se trouvait derrière son chevet (⁵) et le tombeau de saint Trudon occupait toujours le sanctuaire comme dans la première église (⁶), mais le temple fut élargi et reçut trois nefs (⁷).

En 1055, l'abbé Adélard I reconstruisit presque tout l'édifice et l'allongea du double vers l'est, en y incorporant la crypte, qu'il fit démolir, et le cimetière situé à l'est de cette crypte. Dès lors, il y avait à l'est, au-dessus d'une crypte nouvelle, le sanctuaire ou cancellum, avec l'autel dédié maintenant à la sainte Vierge et aux saints Quentin et Remy; sept marches plus bas, sous la croisée, le chœur des moines

---

(¹) Les deux vantaux ne formaient qu'une porte, mais celle-ci était plus large que celles des parois latérales, comme nous le verrons plus loin.
(²) de BORMAN, *Op. cit.*, t. I, p. 187. Un interpolateur de la chronique nous dit que le côté gauche du petit chœur (côté de l'épître) était réservé aux infirmes, tandis qu'on entendait la confession à droite. Une miniature publiée dans *Le Beffroi*, t. II (1864), représente un prêtre confessant dans un chœur du côté de l'évangile et touchant de sa baguette un pénitent absous.
(³) de BORMAN, *Op. cit.* t. II, p. 99.
(⁴) Guill. SIMENON. *L'Eglise abbatiale de St-Trond*, dans *Leodium*, t. IV (1905). p. 82.
(⁵) de BORMAN, *Op. cit.*, t. II, p. 128.
(⁶) *Ibidem*, t. II, p. 144.
(⁷) *Ibidem*, t. II, p. 149.

ou chorus stallatus, sans autel, et, devant celui-ci, dans les deux dernières travées de la nef, le petit chœur sur les tombeaux des saints Trudon et Euchère (¹). Un autel y fut érigé à ces deux saints, derrière celui des apôtres que nous avons déjà rencontré à cet endroit (²). Mais lorsqu'après l'incendie de 1185, l'abbé Lanzon érigea sa chapelle autour des tombeaux, l'autel des apôtres devint encombrant et il fut démoli (³). Sur son emplacement, fut établi le mur occidental de la chapelle avec la porte à deux vantaux que nous avons signalée dans la chapelle de Rodolphe.

Le 21 septembre 1155, un nouvel incendie de la ville communiqua le feu au toit *en bois* de l'abbatiale, qui brûla en entier, sauf le chœur couvert d'une voûte et la tour occidentale. Le monastère, en partie couvert de chaume, eut le même sort (⁴). Heureusement, l'abbé élu cette année, Wiric, le troisième successeur de Rodolphe, était l'homme pour réparer ce désastre. En quelques jours, il construisit sur les tombeaux des saints une chapelle provisoire en bois, où ses moines purent réciter l'office (⁵), puis il rebâtit l'église qu'il fit recouvrir d'ardoises (⁶).

Désirant compléter son œuvre, Wiric résolut de lever de terre les reliques des saints patrons et de les exposer aux yeux des fidèles dans un monument digne de l'abbaye et de ses protecteurs. Il fit donc démolir en 1169 la chapelle provisoire, trouva sous une voûte les deux corps, les déposa dans une châsse d'or et d'argent que l'abbé Gontran avait fait fabriquer, et plaça celle-ci au milieu de l'église jusqu'à l'achèvement de la chapelle qu'il avait projetée. Sa construction demanda plus de trois ans et voici comment le deuxième continuateur de Rodolphe, un moine anonyme qui écrivit vers 1180, décrit cette œuvre (⁷) :

« L'abbé Wiric, désirant achever l'œuvre de la chapelle commencée, pressa vivement les ouvriers qu'il y occupait ; par la grâce de Dieu, il

---

(¹) de BORMAN, *Op. cit.*, t. II, p. 148.
(²) *Ibidem*, t. II, p. 152.
(³) Jos. BRASSINNE, *Contribution à l'étude de la troisième continuation du Gesta Abbatium Trudonentium*, dans *Bulletin de la Société d'Art et d'Histoire du diocèse de Liége*, t. XV (1906), p. 445. L'auteur inconnu qui a servi de source au troisième continuateur nous dit que l'autel des apôtres se trouvait devant l'autel des saints Trudon et Euchère, à la place de la grande porte (ad locum hostei magni quod est ante altare).
(⁴) de BORMAN, *Op. cit.*, t. II. p. 35.
(⁵) *Ibidem*, t. II, p. 37.
(⁶) *Ibidem*, t. II, p. 39. C'est la première fois que l'emploi des ardoises est signalé dans le Limbourg. Folcuin en inaugura l'usage à Lobbes à la fin du X⁰ siècle. *Gesta abbatum Lobiensium*, M.G.H. t. IV, p. 70.
(⁷) de BORMAN, *Op. cit.*, t. II, p. 57. La traduction de ce passage a été donnée par Helbig dans *La Sculpture et les Arts plastiques au Pays de Liége et sur les bords de la Meuse*, Bruges 1890, p. 26. Nous la rectifions en certains endroits.

put terminer le tout après un travail de trois ans. Il en coûta, à la vérité, beaucoup de peines et des dépenses considérables, mais la besogne fut faite avec tant de perfection, qu'au dire des étrangers aussi bien que des habitants, on n'avait jamais vu semblable construction. Tout y était si orné par le soin des artistes qu'elle parut supérieure à tous les monuments de notre pays qui se distingue pourtant par la variété et la splendeur de ses édifices (¹). Chaque pierre avait sa place, et l'appareil était si bien ordonné que les pierres étaient disposées d'après leur couleur, tantôt blanche, tantôt noire, suivant l'effet à produire. Wiric donna à toute la chapelle un revêtement varié et l'orna, à l'intérieur et à l'extérieur, de colonnes noires et de couleur, avec des bases soigneusement polies et des chapiteaux décorés d'une grande diversité de dessins, pour que la beauté du travail conservât perpétuellement parmi les mortels le souvenir de ceux qui l'avaient fait. . . . . .
. . . . . . La partie antérieure de la chapelle, plus élevée que le reste, était, à l'intérieur, sur la paroi dirigée vers l'autel, ornée de pierres bien polies, de colonnes en marbre de couleur, avec des chapiteaux merveilleusement sculptés. L'extérieur était décoré de onze grandes statues, en pierre blanche, d'une ordonnance admirable. Au milieu de ce travail se trouvait l'effigie du Christ dans sa gloire, ayant à sa droite saint Trudon et à sa gauche le bienheureux Euchère. Tandis que les deux saints personnages fléchissaient les genoux et tendaient vers le Sauveur des mains suppliantes, celui-ci déposait des couronnes sur leurs têtes. Au-dessus d'eux, c'est-à-dire à côté de l'image de majesté, se trouvaient deux anges dans une pose oblique, chacun tenant un encensoir et jetant un regard plein de piété vers le Christ. A droite, apparaissaient les figures de saint Etienne, après Dieu, protecteur particulier de cette maison, et de saint Quentin, martyr ; à gauche, on voyait le bienheureux Remy, archevêque de Reims, et l'abbé (Wiric) lui-même, tenant à la main une petite tablette avec le texte : *Domine, dilexi decorem domus tuae* (²). Il fit aussi sculpter sur de plus longues pierres et encastrer dans le mur quatre autres statues d'hommes. A droite, c'étaient David et Moïse, à gauche Salomon et Isaïe, chacun tenant un phylactère avec la louange des saints qu'ils regardaient en les désignant de l'index. »

(¹) Ut omnibus in terra nostra, licet operosa varietate splendidissimus eminet palatiis.
(²) Ymagines beati Remigii Remorum archiepiscopi et ipsius abbatis, breviculum manutenentis : Domine, dilexi... etc.
Cette statue d'un personnage vivant était certainement une innovation dans l'art religieux. C'est là sans doute ce qui a induit en erreur M. Helbig quand il a traduit : « A gauche on voyait le bienheureux Remy, archevêque de Reims et abbé de cette ville, tenant à la main une petite tablette avec le texte : Domine, dilexi ».

Telle était la chapelle de Wiric, construite pendant les années 1169-1172. Quand on la compare à celle de Rodolphe, on constate un énorme progrès dans la décoration, mais les dispositions sont restées les mêmes. L'une et l'autre se composent de quatre murs sans toit, et portent sur leurs parois latérales des galeries ajourées, composées, dans l'ancienne construction, de quarante barres en bois ouvragé, dans la nouvelle, de ces colonnes de pierre tant vantées par le chroniqueur.

Dans la chapelle de Rodolphe, trois ouvertures étaient percées dans les parois, celle de devant était munie de deux vantaux en fer, c'est-à-dire de deux grilles, qui ne comportaient pas de battée dans le linteau. Quoique le chroniqueur de Wiric ne mentionne pas ce détail, nous savons que dans la chapelle de celui-ci la même disposition existait. L'utilité des accès du petit chœur vers l'autel était restée la même, mais la meilleure preuve de l'existence des trois portes se trouve dans le fragment de chronique publié par M. Brassinne. Comme l'auteur, écrivant après 1169, y donne le nom de grande porte (hostii magni) à l'ouverture devant l'autel, on doit conclure qu'il y en avait de plus petites dans les parois latérales [1].

A l'intérieur du monument, Wiric plaça un autel couvert d'un baldaquin ou ciborium. Celui-ci reposa au moyen d'arcades sur quatre colonnes et fut orné sous la voûte, autant que la pierre le permettait, de peintures représentant la vie de saint Trudon. Sur le fronton du baldaquin, on voyait, sculpté en pierre blanche, un Christ de majesté, ayant à chaque côté un ange dont le visage était tourné vers lui [2].

Sous le baldaquin, un peu en arrière de l'autel, Wiric fit placer la châsse réparée contenant les reliques des saints, de sorte que le fronton, orné lui aussi de l'image de majesté entre les figures des deux patrons, était visible du devant. Cette châsse était celle que l'abbé Gontran avait fait exécuter en or, mais qui avait été dépouillée par son successeur Adélard II afin de payer quelques biens acquis par l'église [3].

La chapelle funéraire de St-Trudon orna longtemps l'église de l'abbaye. On l'y admirait encore en 1675 quand l'abbé Servais Foulon écrivit sa chronique : « aujourd'hui encore, nous dit-il, après tant de siècles, ce monument vénérable par son antiquité proclame la piété de Wiric envers nos saints patrons » [4].

Il est assez curieux qu'on n'ait jamais signalé une chapelle funéraire

---

[1] J. Brassinne, *Op. cit.*, p. 445.
[2] de Borman, *Op. cit.*, p. 58.
[3] *Ibidem*, p. 59.
[4] Communication de l'abbé G. Simenon, qui a publié la dernière partie de la *Chronique de Foulon* dans les publications des Bibliophiles liégeois. Le manuscrit est aux archives de l'Etat à Hasselt, n° 6678.

semblable dans d'autres églises monastiques où, comme à St-Trond, il y avait une grande affluence au tombeau d'un saint. Nous croyons pourtant qu'une chapelle analogue existait à Stavelot autour du tombeau de saint Remacle. On voyait là, au fond du sanctuaire (in supremo angelorum choro), le célèbre rétable en argent de l'abbé Wibald, dont la reproduction se trouve à la salle des archives de Liége (1), et dans l'avant-chœur, un rétable en or, postérieur au premier et décrit par Martène et Durand (2).

Ce dernier autel portait la châsse de saint Remacle, le joyau de l'église actuelle de Stavelot, et les deux bénédictins nous disent qu'il était d'une rare magnificence. Son dôme était soutenu par onze colonnes de marbre dont le fût avait dix-sept pieds de hauteur et six de circonférence (3).

Ce monument de onze colonnes nous semble inspiré de la même idée que la chapelle de St-Trond : mettre en relief le tombeau du saint, objet de la vénération générale (4).

Revenons à Gand. Là aussi, une construction semblable doit avoir existé autour du tombeau de saint Bavon et nous croyons que là, comme à St-Trond, les deux patrons, saint Amand, fondateur du monastère, et le titulaire, saint Bavon, ont été associés dans le même culte.

Les trois pierres du Musée lapidaire de Gand sont évidemment trois fragments de tympans dont la place est tout indiquée dans un monument semblable à celui de l'abbé Wiric. Les rapports que nous avons signalés entre les deux abbayes expliquent cette ressemblance, même dans l'hypothèse où des chapelles analogues n'auraient pas existé autre part. A Gand comme à St-Trond, les trois parois sont artistement travaillées tant à l'intérieur qu'à l'extérieur. Et si l'on veut compléter la scène sculptée sur le premier fragment de Gand, il semble bien que, dans l'ovale tracé sur la pierre ébréchée, il y ait eu un Christ de majesté sur les deux faces, vénéré d'un côté par un évêque qui fléchit le genou.

---

(1) Van de Casteele, *Dessin authentique du rétable de Stavelot*, dans le *Bulletin de la Commission Royale d'Art et d'Archéologie* (1882), t. XXI, p. 217.
(2) Martène et Durand, *Voyage littéraire de deux bénédictins*, Paris, 1724, t. II, p. 152.
(3) Arsène de Noue, *Etudes historiques sur l'ancien pays de Stavelot et Malmédy*, Liége 1848, p. 182.
(4) Un travail analogue existait peut-être à Lobbes à l'église de St-Ursmer. On lit dans les *Miracula Sancti Ursmarii* (*Act. SS. Aprilis*, t. II, p. 565) qu'une femme courbée priait devant les reliques du saint en tenant les barres du cancel. Il est pourtant plus probable qu'il s'agit ici d'une simple clôture comme il semble résulter du récit de la page suivante où l'hagiographe nous parle d'une femme tombant dans le puits qui existe encore, avec son enfant qu'elle portait en ses bras et qu'elle désirait faire communier le jour de Pâques. Ces clôtures ou cancels entourant les tombeaux des saints étaient fréquents au haut moyen âge, comme on peut le voir dans saint Grégoire de Tours, Migne. P. L., t. 71, col. 767, 813, 826 et 851.

sur l'autre face par un homme prosterné en signe d'adoration, tous sujets décrits dans le monument hesbignon. (¹)

Il y a pourtant entre les deux œuvres des différences notables. A St-Trond, l'histoire des saints est peinte sous la voûte du ciborium. Seule, la façade de la chapelle y est ornée de sujets sculptés. Ces sujets en bas-relief ne nous semblent pas plus compliqués que les modèles connus de la sculpture mosane du XIIe siècle, tels que les tympans de Huy, de Maestricht, la pierre Bourdon et la Vierge de dom Rupert. A Gand, au contraire, les trois parois sont couvertes de sculptures représentant non des personnages isolés, mais des scènes empruntées à la vie des saints ; c'est donc de la sculpture historiée. Entre les deux, il y a toute une évolution qui dénote ou bien une avance remarquable dans l'art du sculpteur à Gand, ou bien une époque un peu postérieure. M. Casier reporte la date du monument gantois vers les années 1185-1200 (²); celui de St-Trond a été érigé en 1169-1172 ; cet écart d'une vingtaine d'années entre l'érection des deux monuments explique suffisamment la différence des deux factures.

Une seconde question qui se pose est celle-ci : que signifient les scènes du tympan gantois ?

Après une description minutieuse de la première face, M. Casier hésite entre deux solutions possibles : les scènes de cette face font-elles allusion à la prédication de saint Amand, ou faut-il y voir plutôt un geste de protection de l'évêque contre un ennemi vers lequel il se retourne, protection dont le peuple témoigne sa reconnaissance ? (³) Cette dernière hypothèse, suggérée à M. Enlart par le seul examen de la pierre, ne trouve pas de confirmation dans les textes, mais il en est tout autrement de la première. Les moines gantois, ayant à représenter la vie de leurs patrons, devaient naturellement recourir aux légendes de ceux-ci telles qu'elles étaient lues au monastère à l'époque de l'érection de la chapelle. Or, ces légendes nous sont connues, elles ont été publiées toutes deux par Ghesquière dans ses *Acta Sanctorum Belgii*, t. IV, p. 248 et t. II, p. 511.

En 1085, le moine Thierry de St-Trond, pour se soustraire aux troubles suscités dans son abbaye par la querelle des investitures, se réfugia sur les bords de l'Escaut, y demeura une quinzaine d'années et y composa une quatrième biographie de saint Bavon. Il va sans dire que ce

---

(¹) Nous ne donnons pas la reproduction de ces deux fragments ; on les trouvera dans le travail de Mr Casier.
(²) Jos. CASIER, *Op. cit.*, p. 146.
(³) *Ibidem*, p. 144.

récit plus littéraire que les précédents fut d'un usage courant dans l'abbaye gantoise durant le XIIe siècle (¹).

Quant à l'histoire de saint Amand, nous la connaissons surtout par une biographie bien précieuse, écrite par un contemporain du saint, l'abbé Beaudemond. Quoique plusieurs remaniements légendaires en aient été faits dans la suite, il semble bien que ce *Vita prima Amandi* était encore lu au monastère au XIIe siècle, puisque l'abbé Thierry le consulta pour sa vie de saint Bavon (²).

Recourons donc à ces deux biographies pour retrouver si possible les épisodes figurés sur notre célèbre tympan.

La première face représente un évêque ; comme saint Bavon ne fut jamais que moine et ermite, il s'agit de saint Amand.

Les monuments que nous voyons représentés au milieu et sur la droite de la pierre n'ont rien de moyenâgeux ; le sculpteur a évidemment voulu représenter des édifices romains, probablement un autel et des ruines. Or, en racontant la prédication de saint Amand à Gand, Thierry s'étend assez longuement sur l'antiquité de la ville qu'il croit fondée par César et, comme preuve, il cite les restes de constructions qu'il a vus lui-même, des pans de murs, des vases calcinés, etc. (³). Il n'est pas étonnant que le sculpteur ait placé la prédication du saint au milieu de monuments païens.

Et quelles scènes reproduit-il ? Beaudemond nous raconte que, lors de son premier voyage en Flandre, saint Amand rencontra une vive résistance de la part des païens ; ses compagnons découragés et intimidés le quittèrent et le saint resta seul à la tâche. Après bien des efforts, il se fit écouter et racheta même des captifs auxquels il conféra le baptême (⁴).

C'est bien ce passage, nous semble-t-il, qui nous est rappelé dans les deux groupes du tympan. D'un côté, le peuple attentif écoute le prédicateur qu'on ne voit pas ; de l'autre, l'évêque rachète des captifs qui, pleins de reconnaissance, baisent le bord de sa chasuble. Le sculpteur se sera figuré ces captifs comme des prisonniers de guerre, ce qui explique leur costume militaire : cottes encerclées, manteaux agrafés sur l'épaule et coiffure en forme de calotte conique (⁵).

(¹) C. Van der Essen, *Etude critique et littéraire sur les vitae des saints mérovingiens de l'ancienne Belgique*, Louvain, 1907, p. 356.
(²) *Ibidem*, p. 336.
(³) Ghesquière, *Op. cit.*, t. II, p. 514.
(⁴) *Ibidem*, t. IV, p. 250.
(⁵) L'épisode des captifs revient deux fois dans la vie de saint Amand, d'abord à Rome après son sacre (*Op. cit.*, p. 248), puis à Gand. A Rome, il s'agit de captifs d'outre-mer, c'est-à-dire d'Anglo-Saxons ou Ecossais que le saint envoya dans différentes églises et qui devinrent ses auxiliaires dans l'apostolat.

La deuxième face du tympan est plus intéressante encore au point de vue archéologique. L'autel amplement drapé, le calice qui s'y trouve avec, un peu vers la droite, la patène, le geste liturgique du prêtre qui se tient à côté de l'autel, le recueillement des assistants, tout cela nous indique une représentation des mystères de l'autel.

On a voulu voir dans cette scène l'ostentation des reliques de saint Bavon. M. Casier y voit la célébration de la messe devant des moines de divers rangs du monastère.

Cette dernière solution, la plus acceptable sans doute, ne satisfait pas entièrement notre curiosité, car on se demande en vain quelle partie de la messe le sculpteur a voulu représenter. Le *Vita altera S. Bavonis* de l'abbé Thierry semble éclairer le mystère.

On connaît la longue rivalité qui existait au moyen âge entre les moines de St-Bavon et ceux de St-Pierre du mont Blandin. La plus ancienne vie de saint Bavon, celle qui avait été écrite au commencement du IXe siècle, avait dépeint la jeunesse orageuse du saint et sa vie dissolue (¹). A la fin du Xe siècle, un moine de St-Bavon, composant le *Vita metrica Bavonis*, eut soin d'omettre tout ce qui se rapporta à sa vie relâchée, sans doute pour ne pas prêter le flanc aux critiques des moines de St-Pierre. L'abbé Thierry renchérit encore dans ce sens et, pour montrer que la réputation du noble hesbignon n'était pas aussi mauvaise qu'on pouvait le croire (²), il insistait sur son mariage avec la fille de l'illustre comte Adilion (³).

Nous croyons retrouver dans la scène mystérieuse du tympan la représentation de ce mariage. On sait que ce sacrement fut souvent contracté durant la messe et il en est encore ainsi dans le rite romain. D'un côté, Aloynus ou Bavon, suivi de deux moines, prie dévotement, les mains jointes sur l'autel ; de autre, la fiancée, présentée par son père Adilion qui la tient par l'épaule, est à genoux, pendant que le prêtre officiant, retiré du côté de l'épître, fait le geste de la bénédiction nuptiale. Le rite romain actuel place la principale cérémonie du sacrement de mariage au Pater de la messe ; il en fut sans doute de même au XIIe siècle, car la position du calice et de la patène sur l'autel indique que la cérémonie se place entre la consécration et la communion (⁴).

(¹) Ghesquière, *AA. SS. Belgii*, t. II, p. 500.
(²) Au XIIIe siècle, un interpolateur inséra ces mots dans les *Annales blandinienses* : S. Bavo qui et Aloynus ex predone impiissimo a sancto Amando episcopo conversus, C'est saint Amand qui, du sinistre brigand Aloynus, fit saint Bavon. Cf. Van der Essen. *Op. cit.*, p. 355.
(³) Ghesquière, *Op. cit.*, t. II, p. 513.
(⁴) Dans la *Missa pro sponso et sponsa* du missel romain, après le Pater, le prêtre, debout du côté de l'épître, se tourne vers les fiancés agenouillés en disant des prières. C'est bien notre scène.

Si notre interprétation iconographique du tympan est exacte, il faudrait en conclure que la chapelle funéraire de l'abbaye gantoise, comme celle de St-Trond, était consacrée en même temps au titulaire et au fondateur du monastère et que les parois intérieures représentaient la vie de l'un, le côté extérieur celle de l'autre.

Ce que nous venons de décrire surmontait probablement une ouverture latérale et les scènes qui y sont représentées se profilaient sur tout le pourtour de la chapelle, tandis que la porte principale aurait été ornée du fragment avec l'image du Christ de majesté. Devant cette reconstitution partielle, nous devons regretter plus que jamais la perte irrémédiable de la chapelle, qui doit avoir constitué une œuvre d'art unique en notre pays au XIIe siècle. Elle est pour la pierre ce que la cuve de St-Barthélemy est pour le bronze, une preuve indéniable que, chez nous, l'art de la sculpture était pratiqué avec non moins de perfection que dans les pays voisins.

ABBÉ J. COENEN.

L'Argenterie de Georges d'Autriche
prince-évêque de Liège, en 1549

Tous ceux qui étudient notre art d'autrefois, savent combien sont rares les objets d'or et d'argent destinés à l'usage civil, antérieurs au XVIIIe siècle, qui sont parvenus jusqu'à nous. On pourrait aisément dénombrer les pièces d'argenterie liégeoise qui, ayant échappé à la fonte ou à la destruction totale, se sont conservées jusqu'à nos jours. Le document publié ci-après nous fournit encore des exemples de la pratique constante en vertu de laquelle des objets usagés ou simplement passés de mode, étaient jetés au creuset, d'où ils sortaient sous une forme nouvelle. Aux époques critiques, plus d'une fois aussi, en dépit de leur mérite artistique, des pièces d'orfèvrerie furent, par les princes, transformées en numéraire. Rien d'étonnant si les monuments de l'art de nos orfèvres se rencontrent en si petit nombre.

Dans l'impossibilité où nous nous trouvons de les admirer et de les étudier, nous devons nous estimer heureux lorsqu'un document contemporain nous donne quelque idée de leur forme, et permet ainsi à notre imagination de se représenter ces trésors disparus.

Il y a quelques années, j'ai mis au jour, d'après un manuscrit de la Bibliothèque de l'Université de Liége, un texte de l'espèce décrivant l'argenterie d'Erard de la Marck [1]. Le même recueil me fournit aujourd'hui l'inventaire de l'argenterie du successeur d'Erard, Georges d'Autriche [2].

La comparaison des deux documents révèle immédiatement que ce dernier prince était moins somptueux que son prédécesseur : Georges d'Autriche ne réunit guère d'ailleurs en sa personne autant de titres et dignités que le célèbre cardinal. Il n'en reste pas moins que la « vaisselle d'argent », comme on disait alors, qu'il pouvait étaler sur sa table, présentait un nombre respectable de pièces. Quarante-huit plats de diverses grandeurs, trente tranchoirs, douze flambeaux, vingt-deux gobelets, vingt-trois cuillers, quatre flacons et une fourchette composaient la « vaisselle blanche », c'est-à-dire l'argenterie demeurée à l'état naturel.

---

[1] *L'argenterie d'Erard de la Marck, prince-évêque de Liège*, dans *Bulletin de l'Institut archéologique liégeois*, t. XXXVI (1907), pp. 233-269.
[2] Le texte dont j'ai fait usage se trouve dans WACHTENDONCK, *Collectio diplomatum*, f. 173-174 v°, conservé à la Bibliothèque de l'Université de Liège.

Je souligne qu'à cette époque — nous sommes en 1549 — la fourchette n'a point encore conquis droit de cité : les convives continuent à saisir la viande avec leurs doigts. Une seule fourchette, comme on vient de le lire, figurait dans le matériel ; on en faisait usage pour servir à table, c'est-à-dire sans doute pour répartir certains mets entre les convives (¹). Rien d'étonnant d'ailleurs : la fourchette ne semble avoir fait son apparition à la cour de France que sous le règne de Henri III (1575-1589) ; certains des contemporains de ce prince y trouvaient même matière à raillerie (²). Ce n'est guère que sous son successeur, Henri IV (1589-1610), que la fourchette prit véritablement place parmi les ustensiles de table.

Les autres pièces mentionnées dans l'inventaire appartiennent à la vaisselle dorée. Ce sont d'abord sept salières : le sel est le seul condiment qui soit ainsi signalé comme figurant sur la table ; puis viennent un bassin et son aiguière ; les dix-sept autres pièces sont des vases à boire, de diverses capacités ou de différentes formes, dont certains étaient munis de couvercles. Le nombre de ces récipients paraît très restreint : ils étaient en effet réservés aux personnages de distinction, les autres convives buvant dans des vases d'une matière moins précieuse.

Tous ces vases ne sont malheureusement point décrits d'une façon bien précise. Le rédacteur de l'inventaire n'avait point, du reste, à se préoccuper de dire ce qui nous intéresserait le plus : le décor artistique des pièces qui lui passaient par les mains ; il lui suffisait de les caractériser pour les distinguer. Mais son laconisme laisse cependant parfois échapper certaines indications précieuses : c'est ainsi qu'il signale une haute coupe, ornée de chaînettes, auxquelles pendaient des clochettes, qui, au moindre mouvement, devaient tinter joyeusement. Une autre coupe était décorée d'une chasse au lion ; une autre encore avait son couvercle surmonté d'une statuette de Jupiter, et une autre enfin présentait sur son pourtour une scène favorite à l'antiquité : les noces de Pirithoos. Ces deux derniers traits marquent bien le goût de l'époque.

L'ensemble de la vaisselle ne pesait pas moins de 567 marcs, 5 onces et 3 esterlins (³).

(¹) C'était probablement au même rôle qu'étaient destinées les huit fourchettes qui figurent dans l'inventaire de l'argenterie d'Erard.

(²) Viollet-le-Duc, *Dictionnaire raisonné du mobilier français*, t. II, Paris, 1871, p. 112.

(³) C'est du moins le chiffre que fournit une main postérieure qui a ajouté à la fin de chacune des sections de l'inventaire le total du poids des pièces qui y sont mentionnées. Ces calculs paraissent erronés, mais comme ils ne présentent guère d'intérêt pour le but que je poursuis ici, je me suis borné à les reproduire sans tenter de les rectifier.

L'argenterie d'Erard de la Marck ne pesait pas moins de quatre mille neuf cent quarante-six marcs, six onces et onze esterlins et demi.

Le marc équivalait à 223 grammes 85 centigrammes.

L'inventaire ne fournit qu'une seule indication de provenance : six flambeaux sont signalés comme ayant été fabriqués à Bruxelles ; nous pourrions en conclure, semble-t-il, que les autres pièces avaient été exécutées à Liége.

Joseph BRASSINNE.

Inventoire de toute la vaselle d'argent de la boutelrie et cuisine de Monseigneur Reverendissime de Liege, faict le IIme jour de Novembre 1549

Premierement trois grandz platz d'argent marquez des armes de mon dict Seigneur, pesantz ensemble XXI M. XVII ½ E.
Item encoire trois aultres platz moindres marquez comme devant, et pesantz XVI M. III ½ O.
Item douze aultres platz encoire moindres, pesantz LV M. X E.
Item encoire dix huyt platz moindres, pesantz LIII M. I O. X E.
Item encoire douze platz moindres, pesantz XXVII M. VI O. XVII ½ E.
Item encoire dix huyt tranchoirs ([1]), pesantz XVII M. XII ½ E.
Item aultres douze tranchoirs, pesantz XVII M. III O. XVIII E.
Item deux bassins avec les armes de Monseigneur en mylieu, pesantz XVIII M. VII O. X E.
Item deux esguierres d'une fachon, pesantz VIII M. VII O. IX E.
Item six chandelliers d'une fachon, pesantz XVII M. IIII O.
Item encoire six aultres chandelliers d'une aultre fachon, faitz a Bruxelles, pesantz XXIII M. II O. VII E.
Item une demye dousine de gobbeletz a double pied, pesantz XII M. I O. XV E. ([2]).
Item encoire six aultres gobbeletz moindres a double pied, pesantz VII M. I O. V E. ([3]).
Item encoire dix aultres gobbeletz d'une aultre fachon pour le commun, XI M. II O.
Item onze cueillieres de vieilles ([4]), pesantz XIII O. XVII ½ E.
Item douze aultres cueillieres neufves, pesantz II M. V O. XII ½ E.
Item deux grandz flascons, pesantz XXIIII M. VI O. XV E.
Item encoire deux aultres flascons moindres, pesantz XVII M. III O. XV E.
Item une petite forchette pour servir à table, II O.
Somma : 58 marck, 2 onces ([5]).

([1]) Ce nom désignait les plats sur lesquels on découpait et on servait les viandes.
([2]) Cette mention a postérieurement été biffée et remplacée par ce qui suit : « Nota que ces silx goubletz ont estés fondus pour faire platz de vaicelle.
Summa : 286 marck, 7 onces, 1 ½ esterlin ».
([3]) Mention biffée et remplacée par la note : « Nota : Sont fondus pour faire vacelle ».
([4]) Nous avons affaire ici, en dépit de l'article, à l'adjectif « vieux, vieille » auquel s'oppose, à l'article suivant, la mention : « cueillieres neufves ».
([5]) Cette mention a été ajoutée postérieurement.

La vaselle dorée :
Premierement trois grandz salliers, pesantz V M. XIX E.
Item encoire trois petitz salliers avec leur couverte, I M. I O. II ½ E.
Item deux haultes couppes avec leurs couvertes, pour la cervoise, pesantz VIII M. I O. X E. (¹).
Item encoire deux couppes en fachon de tasses avec leurs couvertes, marquez comme devant, X M. III O. I E.
Item une aultre couppe tasse plus petite avec son couverte, marquez et pesantz IIII M. VI O.
Somma : 29 marck, 4 onces, 12 ½ esterlins (²).
Item encoire une tasse faicte a pointes de diamant, sans couverte, pesant III M. X E.
Item ung bassin et esguierre drevez (³), et partout dorrez, pesantz ensemble XIX M. II O. XII ½ E.
Item deux haultes couppes tasses avec leurs couvertes, drevez, pesantz XIX M. V E.
Item une grande couppe bien haulte, drevée, avec sa couverte, pesant XII M. VI O. XII ½ E.
Item une aultre haulte couppe moindre avec sa couverte, drevée, ayant alenthour des clochettes et chainettes branlantz, pesant X M. II O. VIII E.
Item une aultre couppe de la mesme fachon et haulte, pesant IX M. VIII E.
Item encoire une aultre couppe moindre, drevée, pesant IX M. I O. XII ½ E.
Item encoire une couppe peu moindre, avec Jupiter sur la couverte, pesant VII M. XII ½ F.
Item encoire une aultre couppe moindre, drevée, pesant VIII M. I O. III E.
Item encoire une aultre couppe peu moindre, drevée de la chasse de lyon, pesant IIII M. VI O. X E.
Item une aultre couppe de la mesme grandeur, drevée des nocpces de Pirethon (⁴), IIII M. VI O. XV E.
Item encoire une aultre couppe, drevée d'une bataille, pesant IIII M. I O. V E.
Item ung sallier de cristal avec sa couverte ouvré et garny d'argent doré.
Summa : III marck, 0 O., XIV esterlins (²).
Item lyvré à Spinosa, le XXe de décembre anno M. XVe XLIX, six platz de vacelle de cuisine, pesantz et... dont vienent dedens les XII goubletz dessus, faches XXX M. IIII O. XV E. (²).
Summa summarum tant de la blanche vaselle que dorrée (sans y comprendre le salier de cristal) monte 567 marcks, 5 onces, 3 esterlins (²).

(¹) Cfr : « Deux potekins a boire cervoise ». Inventaire de l'argenterie d'Erard de la Marck.
(²) Cette mention a été ajoutée postérieurement.
(³) J'ai vainement cherché dans les dictionnaires de l'ancien français, cet adjectif « drevez » ou « drevé ». Son sens parait d'ailleurs clair, si on le rapproche de « gedreven » participe passé du verbe flamand « drijven », qui signifie « repousser, ciseler le métal. »
(⁴) « Le mythe le plus populaire concernant les centaures thessaliens, qu'on trouve déjà dans Homère et dans Hésiode, souvent représenté par des artistes grecs, est celui du combat des Centaures et des Lapithes aux noces de Pirithoos. Thésée en est le héros. Selon le récit homérique, amplifié et développé dans les narrations postérieures, Pirithoos, roi des Lapithes, ayant invité à ses noces avec Hippodamie le centaure Eurytion, celui-ci, pris de vin, porta les mains sur la fiancée et fut châtié de son insolence par les héros, qui le chassèrent, après lui avoir coupé le nez et les oreilles. Les Centaures, ses compagnons, vinrent alors à son secours, et il s'ensuivit une mêlée dans laquelle les Centaures furent vaincus par Pirithoos et par Thésée présent à la fête. On les poursuivit jusqu'au pied du Pinde ». L. DE RONCHAUD, *Centauri* dans DAREMBERG et SAGLIO, *Dictionnaire des antiquités grecques et romaines*, t. I, 2, p. 1010.

Martin Fiacre

citain de Liége et sculpteur (XVIme siècle)

Nous ne connaissons qu'une trentaine de sculpteurs, y compris les orfèvres, au siècle des humanistes et des fâcheux imitateurs de l'antique; leurs œuvres sont encore moins connues que leurs noms, quoique les ornements de bois et de pierre, les statues et les tombeaux de l'époque abondent en nos collections, nos églises et nos cimetières. L'étude d'une dalle, authentiquée par une signature très nette, autorise l'attribution à Martin Fiacre, son auteur, de quatre ouvrages anonymes [1]. Il s'agit de la pierre tombale échouée à Charleville, où J.-S. Renier l'examina et en prit un dessin soigné pour le *Bulletin* de notre Institut archéologique [2]. J. Helbig, oubliant ou méconnaissant qu'il s'agissait d'un évêque, y vit le 39me abbé de St-Jacques, Nicolas Balis, mort en 1551. On ignore en quelle année elle fut sculptée, mais son style la classe au déclin du XVIe siècle. Une autre pierre, dédiée à l'abbé Jean de Cro mouse (dont a été fait par erreur [3] Cromois), prédécesseur de Balis, fut encastrée dans le mur du même enclos, à Charleville, et J.-S. Renier en a tracé une bonne copie aussi ; il inclinait, comme plus tard, J. Helbig, à l'attribuer au même artiste. L'abbé de Cronmouse mourut en 1525.

Or, voici qu'au moment de corriger nos épreuves, nous apprenons par un mémoire de M. Joseph Destrée, conservateur des Musées royaux du Cinquantenaire, que la pierre signée Martin Fiacre est dédiée à l'évêque de Liége Reginard († 1037) et qu'elle se trouve actuellement aux dits Musées [4].

---

[1] Martin Fiacre, citain de Liége, comme il se dénomme lui-même, épousa une *Marie* dont la famille et la nationalité sont inconnues jusqu'à présent. Nous en savons beaucoup plus long sur leurs biens et leur descendance. Ce sera l'objet d'un mémoire détaillé, en élaboration depuis quelques années.

[2] T. VI, p. 73. — Voyez aussi J. Helbig, *Mém. Soc. libre d'Emulation de Liége*, 1889 (Histoire de la sculpt.), pp. 190 à 193.

[3] M. Lahaye, le savant président des Bibliophiles liégeois, nous a montré deux chartes où le nom est nettement Cronmouse. Coronmeuse (fr.) et Coronmoûse (wal.), sont également des altérations de Cronmouse (*Curvimosa* lat.).

[4] *Annales de la Soc. roy. d'archéol. de Brux.*, t. XXVIII (1914-1919) p. 307. Nous apprenons que la pierre de Cromouse est au Louvre, à Paris.

M. Destrée en juge ainsi, grâce à un dessin de H. Vandenbergh pris à St-Laurent et découvert jadis par le chanoine Henrotte. Un encadrement dont la pierre ne porte pas trace fournit l'inscription suivante :

R. D. OGERUS DE LONCHIN ABBAS 35. D. REGINARDO DUCIS BAVARIÆ FILIO EPISCOPO LEODIENSI HUJUS BASILICÆ CONSTRUCTORI. QUI MORTEM OBIIT OCTOGENARIUS ANNO 1036 NONIS DECEMBRIS. POSUIT A° 1604 NONIS AUG.

MARTINUS FIACRIUS SCULPSIT.

Malgré l'étrangeté de ce cadre, l'erreur sur la date mortuaire de Reginard (1037 d'après G. Kurth), les fantaisies et les lacunes du dessin, où aucun détail n'est exact, nous admettons avec M. Destrée que la pierre offre l'original du dessin et représente l'évêque Reginard. La crosse montre, paraît-il, dans une logette, un saint Laurent sur le gril; cette crosse ne porte pas de voile, comme c'est de rigueur symbolique et rituelle pour celle des abbés. Le blason est accosté d'une crosse et d'une croix en sautoir, privilège épiscopal. Le pectoral qui fut octroyé à l'évêque Ricaire, appartenait de droit à ses successeurs. Enfin il faut tenir compte des ordres donnés par Léonard Defrance ; il faisait transporter à Paris une dalle de St-Jacques et une autre de l'abbaye de St-Laurent. Il ne pouvait donc être question d'un abbé de St-Jacques.

Les éléments caractéristiques de la pierre signée sont : 1° la richesse des ornements linéaires, soit géométriques, soit empruntés à la faune ou à la flore européenne et stylisés ; 2° le grand nombre de figures humaines (angelots, hommes adultes) ; 3° une certaine maigreur des adultes, leur sveltesse et leurs bonnes proportions ; 4° des têtes caricaturales d'hommes adultes, les unes fortement stylisées et ornementales, les autres moins ; 5° le symbolisme des personnages et de leurs attributs complémentaires ; 6° une symétrie non rigoureuse dans les détails ; 7° la simplicité et l'ampleur des plis dans les draperies ; 8° l'harmonie élégante de l'ensemble ; 9° la sérénité humoristique associée à la gravité.

Or, la pierre de l'abbé de Cronmouse offre essentiellement les marques d'une même tendance artistique ; toutefois elle est plus académique. Celle de Reginard témoigne d'une émancipation personnelle plus complète, d'une intellectualité plus wallonne, médiocrement respectueuse des sentiments graves et funèbres, mêlée, au contraire, d'une fantaisie presque joviale, insouciante, moqueuse à coup sûr.

Si Fiacre est l'auteur du souvenir consacré à l'abbé Cronmouse, il est difficile de le dater entre 1525 et 1526, car nous savons par les comptes du sculpteur, réunis en un registre semiséculaire heureusement conservé aux Archives de l'Etat à Liége, qu'une raison grave, probablement une maladie, ne lui a plus permis de signer les reçus de ses rentes dès l'année 1599, sauf quelques exceptions pour des rentrées en retard ; les rentes et cens à percevoir ne sont plus inscrits d'avance au cours de 1598, quoique le registre contienne encore beaucoup de feuillets vierges. Il signe en février, mars, mai, juillet, septembre et octobre 1599, quatorze fois ; en février et septembre 1600 deux fois, et, le 8 avril 1601 une fois. D'autre part, un document publié par M. Brassinne (¹) démontre qu'à la date du 9 août 1604, maître Elias Fiacre avait perdu son père Martin, tailleur de pierres comme lui. C'est donc entre le 8 avril 1601 et le 9 août 1604 que doit être placé le décès du grand artiste. La dalle fut posée en août 1604, mais il n'est pas dit quand elle avait été conçue et exécutée. La signature est, sans doute, la preuve d'un sentiment pieusement filial d'Elias et amical de l'abbé de St-Laurent.

L'écriture de Martin Fiacre depuis 1561 jusqu'à 1601 n'a pas varié ; on croira malaisément qu'un nonagénaire ou un octogénaire n'ait pas la main plus tremblante qu'un homme de cinquante ans et ceci nous oblige à calculer l'âge probable du sculpteur lorsqu'il tailla la pierre de Cronmouse.

Rappelons que de Cronmouse avait entrepris l'achèvement et l'embellissement de l'église abbatiale St-Jacques et que Balis reprit cet héritage avec un louable zèle. La reconstruction date de 1522 ; en 1538, Balis y met la dernière main et la consécration du temple s'accomplit en 1552. Donnons donc 73 ans à Fiacre quand il meurt, nous pourrons le croire capable de sculpter entre 1550 et 1552 la dalle que Balis fit dédier à Jean de Cronmouse ; Fiacre aurait de 20 à 22 ans à cette époque et il est encore imprégné de la tradition italienne, soit pure, soit mitigée, assagie par les écoles françaises ; cependant son génie lui donne déjà une allure propre, soit dans les conceptions, soit dans le métier. Ses succès, sa fortune, l'esprit du temps accroîtront son indépendance ; nous la voyons entière dans la pierre consacrée à Reginard. Fiacre a conscience de son talent et, chose exceptionnelle, la dalle est signée de son nom.

Une troisième œuvre est digne de son ciseau. Elle est moins riche et, d'ailleurs, beaucoup plus restreinte en dimensions que les deux

---

(¹) *Bulletin des Bibliophiles liég.*, t. X, 1913, p. 182.

autres. Encastrée actuellement dans les cloîtres de la cathédrale St-Paul à Liége et devant les yeux du public qui entre par la rue Bonne-Fortune, elle recouvrit jadis la sépulture du chanoine Stouten. M. le Chanoine Thimister l'a fait reproduire dans son Histoire de l'ancienne collégiale (¹). Tous les signes distinctifs que nous avons énumérés plus haut sont applicables à ce monument ; mais la symétrie en est plus régulière et on n'y trouve ni figures maigres d'adultes ni angelots. Ce qu'on admirera chez Fiacre, c'est l'art de varier tous les détails de ses compositions en conservant un fond de principes original et logiquement délibéré. Cette dernière œuvre est datée de 1557.

Dans la même galerie occidentale la pierre commémorative du chanoine Bauduin Goff de Halleux, par ses ressemblances avec celle de Stouten, entraîne l'attribution à Fiacre. Ce chanoine décéda le 8 mai 1570. La belle et noble facture du portrait, le calme, la configuration du Christ, les fins et gracieux décors de la partie supérieure du monument, plusieurs détails rappelant aussi la dalle de l'abbé de Cro mousse, d'autres celle de Reginard, révèlent leur filiation.

A quelques pas de là, le marbre dédié au chantre Vogels, mort en 1576, donne la conviction que c'est encore une œuvre de Fiacre (²).

L'artiste obéissait donc à ses propres goûts et non à ceux de ses clients. On lui trouvera des analogies avec Jean de Beauce dans la stylisation des oiseaux et l'allure des angelots ; les Italiens sont plus subtils, moins solides ; Fiacre a des groupements plus compacts, des tiges, des pédoncules moins fins qu'eux, surtout que Benedetto de Roverezzano (1498-1550). Notre Wallon prend une belle place dans le passé artistique de Liége ; nous avons grand plaisir à le constater en cette étude forcément brève.

Dr G. JORISSENNE.

(¹) P. 306. La lithographie est malheureusement trop médiocre pour en donner une idée.
(²) THIMISTER, *Op. cit.*, p. 333.

L'HOTEL DE NEVERS A BRUXELLES

(XVe siècle)

Il a existé, à Bruxelles, un hôtel de Nevers. Henne et Wauters, les historiens de la ville, si érudits et si bien informés cependant, n'en font aucune mention. Galesloot s'en est occupé sans préciser sa situation (¹). Nous allons la rechercher.

Le titre de comte de Nevers appartenait à la maison de Bourgogne. Charles Ier de Bourgogne, comte de Nevers (1414-1464), petit-fils de Charles le Hardi et fils de Philippe II de Bourgogne, comte de Nevers, époux de Bonne d'Artois, était devenu le beau-fils de Philippe le Bon, par le mariage de sa mère avec celui-ci (1424).

Vers cette époque, probablement, le comte de Nevers arriva à la Cour brabançonne (²).

C'est le moment où les nobles bourguignons s'établissaient à Bruxelles qui ouvrait pour les recevoir, toutes grandes, les portes de son trésor communal.

Jean II de Bourgogne, comte de Nevers et d'Etampes, (1415-1491), succéda à son frère, en 1464, au titre de Nevers (³).

Son rôle historique est connu. Protégé par son beau-père, Philippe le Bon, il passa ensuite au parti du roi Louis XI. Recommandé par celui-ci aux Liégeois comme mambour, il revendiqua, sur ses instigations, le duché de Brabant (1465).

On sait son attitude dans la révolte des Liégeois contre Charles le Téméraire et dans les agitations de Malines. Il ne recouvra la liberté qu'en 1466, après avoir été prisonnier du prince bourguignon et avoir promis de renoncer à ses biens (⁴) et à ses habitations.

La Cour des pairs le releva de ce serment.

(¹) Voir ci-après la note 4, relative à la confiscation de cet hôtel. GALESLOOT, Bull Comm. r. d'hist., 4e série, III, n° 1.

(²) Cependant le comte de Nevers, Philippe II, y avait assisté précédemment au mariage (1409) d'Antoine de Bourgogne avec Elisabeth de Moravie, duchesse de Luxembourg, mariage qui ne fut pas de longue durée, puisqu'Antoine fut tué à la bataille d'Azincourt (1415). PH. BAERT, Man. de la Bibl. r. de B., 95-8, p. 76.

(³) PIRENNE, Hist. de Belg., II, p. 244 et suiv.

(⁴) GALESLOOT. Confiscation et donation par le duc de Bourgogne de l'hôtel de Nevers à Bruxelles (1467), op. cit. Malheureusement le savant archiviste n'indique pas l'endroit où se trouvait l'hôtel.

C'est ainsi qu'il recouvra son hôtel, à Bruxelles.

Jean II n'avait pas d'héritier mâle. Sa fille avait épousé Jean Ier, duc de Clèves, et c'est son petit-fils, Engilbert, qui devint duc de Clèves-Nevers([1]). L'hôtel de Nevers à Bruxelles passa ainsi aux mains de la maison de Clèves-Nevers.

En 1565, par le mariage de Henriette de Clèves-Nevers avec Louis de Gonzague, l'hôtel entra dans les biens de la famille de Gonzague pour devenir, un siècle après, la propriété d'un haut fonctionnaire du Gouvernement de nos provinces, sans que nous sachions comment il a quitté les mains de la famille de Gonzague après 1567 ([2]), date extrême que nous connaissons par Guichiardin de la possession de l'hôtel par les Clèves.

* * *

Il s'agit de Grimaldi-Morosana ([3]), secrétaire ordinaire du conseil privé de 1578 à 1608 ([4]).

Dans les archives de la Cour brûlée, nous avons découvert une pièce sans date mais que, par approximation et par comparaison avec les autres, on peut attribuer aux 5 ou 6 novembre 1626. Elle est restée inconnue à Galesloot.

Jacques Francquart est architecte de la Cour et, en bon serviteur de l'Archiduchesse, il lui signale qu'une vente publique est annoncée à la Chambre d'Uccle, pour la cession de l'hôtel du secrétaire de Grimaldi, décédé.

Jacques Francquart rappelle à Son Altesse que le parc avec sa cloture de murs a été donné au « bon ducq Philippe de Bourgoigne
« par ceux du magistrat, le 25 d'Aoust 1431, tellement qu'il est
» notoire que Sa Majesté peut disposer des dites murailles et tours
» comme estant siennes et que mesme, et remoutre que quant du
» vivant du secrétaire Grimaldi, Son Altesse Seigneuriale, de glo-

---

([1]) Sur les Clèves, voir la filiation dans les *Bull. de la Comm. r. d'hist.*, 1859, 2e série, XII, p. 495, et suiv., que veut bien me signaler mon savant ami G. Desmarez, archiviste de la ville de Bruxelles.

([2]) Guichiardin cite, en 1567, parmi les notables de la Cour de Bruxelles, *André Masi, conseiller du duc de Clèves, homme très docte es deux langues latine et grecque, mais singulier et peut être unique es la langue hébraïque de sorte que les hébrieux mesmes en sont tout esbahis. Il ha escrit et escrit encores maints beaux livres et dignes de luy, lesquels s'attendent avec grand désir.* Description de tous les Pays bas, éd. 1567. p. 78. F. G.
Ce fait prouve que le duc de Clèves habitait encore son hôtel de Bruxelles en 1567.

([3]) Arch. gén. du Royaume. Registre aux gages, f°s 72-73. Ch. des comptes, reg. 45872, que mon savant ami M. Lonchay a bien voulu me signaler.

([4]) Il existe des notes généalogiques sur Simon de Grimaldi dans les manuscrits gén. de Lefort, aux archives de l'Etat à Liége. Voir les notes 578 et aussi le *Bull. Inst. Archéol. de Liége*, XVI, p. 254.

» rieuse mémoire, fit rompre certaines pierres dans le propre jardin
» de Grimaldi (¹) pour s'en servir aux bastimens de la Court. »
» Mais comme il pourait estre que les héritiers prétendraient pos-
» session en montrant « quelques titres de longues années », il est
» difficile à avoir pourtant quils puissent montrer que le Magistrat
» leur ayt donné telles tours comme bien peut faire Sa Majesté et
» qu'ils ont jouy si longtemps d'icelles tours, s'ast esté par grace et
» non par possession et d'autant que ce jourdhuy l'on brule la chan-
» delle pour faire la vente absolue, comme il apert par ceste affige
» icy joincte, et que jusques à ceste heure, ils n'ont donné l'acte
» qu'ils ont dit de donner par où ils doivent conoistre que les tours
» et murailles appartiennent à Sa Majesté et qu'ils tiennent l'usage
» d'icelles par grâce et autant qu'il plaira à Sa Majesté. Et puisque
» l'affaire est pressée Vos Illustres Seigneuries auront soin de faire
» deffense au greffier de la Chambre van Uccle de ne passer oultre
» à la vente si premièrement les héritiers n'ont donné satisfaction,
» etc., ce faisant, je demeure, Messeigneurs, de V. S. I., le très humble
» et obéissant serviteur,

» Jacques Francquart » (²).

L'affaire fut promptement traitée par les Seigneurs de la Chambre des comptes, car nous trouvons un rapport du conseiller C. Larchier qui lui donne une suite immédiate.

Le voici :

» Le 6 novembre 1626.

» Très honorés Seigneurs,

» Nous ayant l'architecte Jacques Francquart envoyé le billet
» de signification de la prochaine vente publicque de la maison du
» feu secrétaire Grimaldy ayant auparavant appartenu au comte de
» Nevers et par après au ducq de Clèves y compris la Tour, faucé
» des tours et gailleries basties sur les murailles anciennes de la dite
» Ville et qu'il semblait à Son Altezze Sérénissime que les héritiers
» dudit feu Grimaldy n'avayent aulcun droict audictes murailles,
» appendices et dépendances.

» Il est par Nous ordonné au receveur général van Ophem de faire
» défence aux héritiers de procéder à la vente de ces tours et gaille-

---

(¹) Le 1ᵉʳ février 1607, la ville a autorisé les archiducs à faire enlever des pierres des dicts remparts pour les employer à la construction des Carmélites. H. et W., III, p. 312.
(²) Arch. gén. du royaume, arch. de la Cour brûlée, liasse Palais de Bruxelles.

» ries jusques à ce qu'ils nous ayent été faict exhibition des tistres
» et enseignements qu'ils ont de ladite maison et quoy ayant satis-
» faicts par pièches touctes accompaignées des bris dudit van Ophem
» du 26 du mois d'octobre dernier, lesquelz ayant examiné, trouvons
» que tous les susdits et ducq de Clèves que comte de Nevers et ceulx
» succédez à la maison, ont tous (faict) de ces tours et gailleries comme
» successivement ont paisiblement faict les vendeurs, quoy considéré
» et que les héritiers dudit Grimaldy ne prétendent vendre que le simple
» usage des tours et gailleries sans prétendre prospect ny vue sur la
» garenne, ni propriété d'icelles, estans très contens que Sa Majesté en
» faire défençe, pourra faire démolir lesdits tours et gailleries quand bon
» Leur semblera moyennant et en y faisant rebastir une muraille pour
» affranchir les héritages ne prétendant par ainsy estendre la vente
» de leur dicte maison plus avant que sur le pied de celles précédentes
» et la possession immémoriale démonstrant at sçavoir que la Tour,
» fauçé desdites tours et gailleries servira aux acheteurs si longtemps
» qu'ils seront en estre, quoy considéré nous semble (à conviction)
» qu'il n'y aura préjudice de permettre le fait de ladite vente, à
» exiger que l'acte d'assurance se passera devant la « *Tholcamer* »
» de Sa Majesté en ceste ville, avecq extensions des clauses et condi-
» tions cy dessus déclarées que leur ferons, par acte en due forme de
» Vos Seigneuries se conformant à cesluy nostre advis que remettons
» à leur discussion et en attendrons leur résolution.

» Priant Dieu, etc...

C. LARCHIER,

» de Bruxelles, au bureau de la Chambre des comptes
de Sa Majesté en Brabant, le 6 novembre 1626 (¹).

Le résultat de la démarche du vigilant architecte fut la décision suivante transmise par le Conseil des finances :

« A ceux de la Chambre d'Uccle, le 17 novembre 1626, à propos
» de la vente de la maison du secrétaire Grimaldy située contre les
» murailles du Parcq en cette ville, la Chambre des comptes ordonne
» de ne pas passer outre à la vente de ladite maison » (²).

(¹) Idem.
(²) Idem.

***

Qu'en est-il advenu ? Nous ne le savons, mais il est probable qu'il s'agissait du début des travaux du percement de la rue d'Isabelle et que le zèle de Francquart s'explique par ce fait.

Il existait, en effet, un ancien projet de rue allant de la rue Terrarken à l'église sainte Gudule à travers notamment le jardin du grand serment des Arquebusiers. Déjà le 13 mars 1569, les doyens du serment avaient été invités à montrer leurs titres de propriété et le 31 du même mois, les membres du magistrat furent désignés pour aller visiter les lieux. Sur leur rapport, le magistrat avait adopté le plan présenté par le contrôleur de la ville et un dédommagement avait été promis au serment pour le terrain à lui enlever (¹).

Les Archiducs avaient repris l'idée. Les travaux de la rue d'Isabelle coïncident avec l'interdiction de la vente du bien des héritiers Grimaldi.

A n'en pas douter, d'après les pièces qui précèdent, celui-ci se trouvait à cet endroit, car il ne peut être question d'admettre l'hypothèse de Galesloot qui suppose que l'hôtel était près du cimetière, là où fut ensuite construit l'hôtel du Conseil du Brabant, depuis hôtel de Chimay. Les terrains de celui-ci n'ont jamais touché au rempart.

Il n'y a donc aucun doute.

Observons cependant qu'il n'en est pas fait mention dans les pièces officielles relatives à la rue d'Isabelle.

Cela se comprend, car il ne fut pas touché par les emprises nécessitées par sa création.

***

Un autre point de vue intéressant qui découle des pièces mises au jour, c'est qu'il y a eu à Bruxelles un hôtel de Clèves-Nevers et les deux hôtels de Clèves-Ravenstein.

Jusqu'ici les annalistes bruxellois avaient fort embrouillé la question et n'avaient pas précisé ce point.

Grammaye marque dans sa *Description de Bruxelles* (1610) que l'hôtel de Clèves est situé à côté du palais ducal (²).

Il avait raison.

Baert dit : « Je crois que cet hostel n'existe plus et qu'il n'était » point situé dans cette rue ; je crois plutôt qu'il était situé sur le » terrain occupé à présent par le couvent des Dominicains, puisque

---

(¹) Henne et Wauters, *Hist. de Brux.*, III, p. 312.
(²) Notes man. Bibl. r. de Belg., sect. des man. II, 95-7, fol. 296.

» Rombaut (¹) dit qu'Adolphe de Clèves a donné à ce couvent une
» partie de son hôtel » (²).

Une autre note de Philippe Baert nous apprend qu'en 1400, l'hôtel de Ravenstein était placé à côté de l'église où il y avait alors une petite rue appelée « des trois harangs », qui donnait sur le Gracht (³).

Il y aurait donc eu là un premier hôtel de Ravenstein avant celui de la rue Terrarken, soit en tout trois hôtels de Clèves.

* * *

Il y a lieu d'examiner en finissant si l'hôtel de Nevers était différent de l'hôtel de Fallais, si ces deux appellations ne désignent pas un seul et même édifice.

L'hôtel de Fallais était contigu au vieux rempart et situé au haut de la rue Terrarken.

Il appartint d'abord à Charles Soillot, troisième greffier de la Toison d'or. Après lui l'hôtel appartint à Philippe de Bourgogne, mais, en fit-il l'acquisition, ou lui vint-il par héritage ?

Comme Charles Soillot vivait aux premières années du XVIe siècle, il est probable que le seigneur de Fallais, qui en fit l'acquisition, est Wolfgang de Polheim, qui devint seigneur de Fallais par son mariage avec Jeanne de Borselle (⁴). C'était le favori de Maximilien d'Autriche et de Marie de Bourgogne, auprès desquels il devait séjourner, car il était leur chambellan. Il devint en 1498, gouverneur général de l'Autriche et en 1500, le 22 janvier, chevalier de la Toison d'or.

Il est donc plausible de croire que c'est ce personnage qui acquit l'hôtel et lui donna son nom. Observons qu'il vendit la seigneurie de Fallais au bâtard de Bourgogne, Baudouin, fils de Philippe le Bon et de Catherine Thieffries, dit Baudouin de Lille et père de Philippe de Bourgogne.

(¹) *Vide etiam Belgium dominicarum*, par DE JONGHE. Note de Baert. idem SANDERUS, *Chor. sac. Brab.*, f° 264.
(²) Bibl. r. de Belg., sect. des man. P. Baert, notes II, 95-7, fol. 296.
(³) Idem.
(⁴) Charles le Téméraire était devenu seigneur de Fallais, en 1464, par la mort de Jean II de Wesemael qui l'avait institué son héritier universel. Il en fit donation, en octobre 1470, à Henri de Borselle, comte de Grandpré, seigneur de la Vere et de Zauteborch, chevalier de la Toison d'or, connu sous le nom de « monsieur de la Vere », par devant le mayeur de la ville de Louvain. L'acte fut ratifié et approuvé par la Cour allodiale de Liége, le 22 octobre 1470. Henri de Borselle mourut, le 17 mars 1474, laissant la seigneurie de Fallais, à Wolfart de Borselle qui mourut en avril 1486.
Sa fille épousa Wolfgang de Polheim qui devint seigneur de Fallais. (Voir EUG. POSWICK, *Hist. du comté de Fallais*).

Henne et Wauters disent qu'il fut propriétaire de l'hôtel de Fallais.

On sait que Baudouin avait passé en 1470 au parti du roi Louis XI, dans des circonstances peu honorables, mais qu'il avait obtenu rémission de sa faute en 1476.

Philippe de Bourgogne, son fils, lui succède comme seigneur de Fallais [1].

La suite des seigneurs de Fallais [2] ne nous intéresse plus, car vers ce temps, l'hôtel de Bruxelles fut vendu. Nous savons qu'il appartint à cette époque, à Vincent Cornellissen, trésorier général de Charles-Quint, qui y mourut et dont la veuve Marie Jacobs, le vendit, en 1553, à Antoine van Gindertaelen.

Ces détails prouvent qu'il ne peut y avoir de similitude entre l'hôtel de Fallais et son voisin l'hôtel de Nevers. Il suffit de comparer les données que nous possédons sur l'un et l'autre pour s'en convaincre.

* * *

Somme toute, nous estimons que l'hôtel de Nevers, à Bruxelles, était situé près du cimetière de Saint-Martin, à front de la rue de la Chancellerie, et qu'il touchait par son jardin aux remparts, là où est bâti de nos jours l'hôtel de la Société générale.

Espérons que G. des Marez, qui prépare un livre si intéressant sur le quartier d'Isabelle, saura résoudre ce problème que notre seule ambition a été de poser, en l'appuyant des rares documents sauvés lors de l'incendie de la Cour de Bruxelles.

PAUL SAINTENOY.

---

[1] Son épitaphe à Sainte-Gudule à Bruxelles (Rombaut, 1777, p. 319) dit le 16 décembre 1544, tandis que M. Poswick donne une autre date qui doit être vérifiée. EUG. POSWICK, *op. cit.*

[2] Charles de Bourgogne devint seigneur de Fallais en 1559 et séjourna à Louvain, Bruxelles et Anvers après 1577. Il mourut à Ter Goes, en Hollande, le 19 décembre 1581. A sa mort, le gouvernement mit ses biens sous séquestre.

Son fils Herman de Bourgogne, fut seigneur de Fallais de 1581 à 1626, et fut comblé de faveurs par les Archiducs. Sa seigneurie de Fallais fut érigée en comté, le 10 avril 1614, et il porta l'étendart à ses pleines armes aux funérailles de l'archiduc Albert.

Sa fille Marguerite de Bourgogne épousa Hugues de Noyelles et lui apporta Fallais, en 1648. Maître d'hôtel des archiducs, celui-ci fut ambassadeur auprès de l'empereur Mathias et auprès du roi d'Angleterre. EUG. POSWICK, op. cit. — BUTKENS, tome III, p. 131.

L'Architecte de l'Eglise Abbatiale de Grimberghen

Un monument qui représente bien dignement notre art national du XVIIe siècle, et plus spécialement l'art norbertin, est certes l'église abbatiale des prémontrés à Grimberghen. Elle est connue des architectes, des artistes et des historiens non seulement de la capitale, mais du pays tout entier. Il ne sera donc pas sans intérêt d'insérer dans ces *Mélanges* une petite notice traitant la question assez épineuse de l'architecte de ce monument.

Nous disons « question épineuse », car la solution resta longtemps à faire.

Déjà le proviseur de l'abbaye, Corneille-Joseph Brion, écrivait le 9 septembre 1779 à M. Maria, secrétaire du conseil privé de S. M. I., à Bruxelles : « Je n'ai pu jusqu'à présent découvrir le nom de l'architecte » (1), et A. Wauters, qui donna cependant dans ses *Environs de Bruxelles* plus d'un détail inédit à son époque, avoue ingénument que l'architecte est inconnu.

D'autres ont lancé le nom de Vrijcels, et leur opinion a joui d'une grande faveur. A tel point que lorsque M. Fierens-Gevaert, auquel nous avions communiqué le résultat de nos recherches à ce sujet, citait un autre nom dans sa conférence du 25 juin 1918 dans l'église même de Grimberghen, il y eut des protestations dans l'auditoire. Cependant, quand on examine de près, on constate que la paternité de Vrijcels s'appuie sur des bases bien faibles.

Le nom de Vrijcels a été lancé dans la presse (2) et peut-être dans quelques livres destinés aux touristes, comme étant celui de l'architecte de notre église.

---

(1) Archives générales du royaume à Bruxelles. *Mélanges sur l'histoire et l'architecture des monuments religieux de la Belgique, etc.*, no 17649/51 ; lettre 24, p. 64.

(2) Dans une correspondance particulière d'Ostende à l'*Etoile Belge*, no du 31 octobre 1913, communiquée par M. de Beaucourt de Noortvelde.

Il paraît que l'autorité historique de M. de Beaucourt n'est pas bien grande. Elles ne sont pas tendres les choses que lui disent par exemple les *Archives Belges*, revue d'historiographie nationale, sous la direction de G. Kurth. 1re année (1899), no 2 : articles 42, 148, 289, 290.

M. de Beaucourt de Noortvelde l'a trouvé chez Eugène Bochart, dans un petit livre : *Ostende à la main*, où on lit à la page 68 (¹) :

« L'hôtel de ville (d'Ostende) fut bâti en 1610... Les plans sont dus à Jean Vrijeels, augustin du couvent de Termonde, dont on a conservé le portrait en un cadre placé dans la nef principale de l'église, près du grand chœur. Jean Vrijeels fut aussi l'architecte de l'église de Grimberghen, aux environs de Bruxelles. L'église de Grimberghen et l'hôtel de ville d'Ostende devaient, dans la pensée de l'auteur, être de part et d'autre surmontés de deux tours pareilles, mais le manque de temps et les événements firent ajourner ce travail. Par une double fatalité, ni Grimberghen ni Ostende n'ont jamais eu deux tours ».

Un point, c'est tout. Aucune source, aucune preuve n'est indiquée : aussi avons-nous bien des choses à redire.

Si l'hôtel de ville d'Ostende fut construit en 1610, ce ne fut certes pas un augustin du couvent de Termonde qui en fit les plans, puisque ce couvent ne fut fondé qu'en 1627 (²); et encore moins le frère Vrijeels peut-il en être l'architecte, puisqu'il n'était pas encore né.

En effet, M. Blomme, dans son étude sur le *Couvent des Augustins de Termonde*, donne la liste des religieux avec leur âge et la date de leur décès, etc.

Nous y rencontrons à la page 20 :

1719. Obiit 7 Augusti Teneramundæ frater Joannes Baptista Vrijeels, laïcus, qui in variis conventui optime fecit, cementarius dexterrimus, etc., hujus conventus filius, jubilarius 3 annorum. Aetatis 75. Professionis 53 (³).

Donc, Vrijeels naquit en 1644 : 34 ans après que l'hôtel de ville d'Ostende fut bâti, — à moins que la date de 1610 ne soit une erreur.

Et Grimberghen ? Nous savons que l'on posa la première pierre en 1660 : alors Vrijeels n'avait que 16 ans. Vraiment, qui aurait jamais osé confier la construction d'une telle église à un architecte si jeune ?

Ensuite, sur quoi Bochart se base-t-il pour affirmer que l'église de Grimberghen aurait dû avoir deux tours pareilles ? Même, s'il y avait eu deux tours, cela seul ne constituerait pas une preuve convaincante que l'architecte fût le même.

M. de Beaucourt base son argument sur la présence d'un dôme : l'hôtel de ville d'Ostende avait un dôme (⁴) ; c'était là le

---

(¹) *Ostende à la main*. Dictionnaire historique des rues, places, etc., précédé d'un résumé historique de la ville, etc., par Eugène Bochart. Bruxelles, chez l'auteur. S. d. (Après 1861).
(²) *Le Couvent des Augustins à Termonde*, par A. Blomme, deuxième partie, p. 1 et ss.
(³) Vrijeels aurait aussi fait les plans de l'église de Zele. (*Bulletin du Cercle Archéologique de Courtrai*, t. V, p. 112).
(⁴) *Beschrijving van 't Oude Oostende*, 1787, deel 1, bl. 20.

cachet personnel de Vrijeels ; or, il y a un dôme à Grimberghen : donc Vrijeels est aussi l'architecte de l'église de Grimberghen. Est-ce qu'un autre architecte que Vrijeels n'aurait pas eu aussi le « cachet personnel » du dôme ? Etait-ce donc la propriété exclusive de Vrijeels ? Est-ce que l'église de Ninove, par exemple, n'a pas un dôme, et cependant on n'y trouve point trace de Vrijeels (¹).

Jusqu'ici nous n'avons donc aucun motif certain d'admettre Vrijeels comme architecte.

Nous présentons une autre solution, basée sur des témoignages contemporains.

Le nom de l'architecte ne nous est révélé ni par une pierre commémorative, ni par les livres de comptes de l'abbaye, ni d'une autre façon bien nette, sautant aux yeux de tous : on ne le rencontre que dans un petit livre intitulé *Threnodia Norbertinorum Grimbergensium*, contenant le chant et les oraisons des funérailles d'après le rit norbertin, et une liste des religieux défunts commencée par Gaspard van der Schueren l'an 1587, et continuée par ses confrères jusqu'en 1663 (²).

Nous y lisons à la date du 13 août 1660 la note suivante :

« Anno 1660, 13ᵃ Augusti obiit hic placide in Domino V(enerandus) D(ominus) frater Gilbertus Van Sinnicq, anno ætatis 33, ex ardentissima febri. Fuerat olim sacrista sedulus et ingeniosus operum inventor unde et novæ nostræ fabricæ præfectus, dum multa pro decore domus Dei molitur, rapitur et illum nobis mors invidet ».

Nous traduisons :

« L'an 1660, le 13 août, mourut ici dans la paix du Seigneur, notre vénéré confrère Gilbert Van Sinnicq, dans la 33ᵉ année de sa vie ; une fièvre maligne l'emporta. Il fut auparavant un zélé sacriste, et l'ingénieux inventeur des travaux, par suite de quoi il fut préposé à notre nouvelle construction, et, pendant qu'il médite encore bien de choses pour embellir la maison de Dieu, il fut ravi de ce monde et la mort jalouse nous l'envia ».

Ce texte nous donne la solution de la question proposée.

Les mots qui portent, sont « Ingeniosus operum inventor unde et novæ fabricæ præfectus... »

(¹) Consultez : E. Soens, *Oudheidkundige Inventaris van Oost-Vlaanderen. (Provinciaal Comiteit van Monumenten)*. Fascicule 8 (1912). — E. Soens, *De Kerk van Ninove en haar mobilier*, Gand, 1907. — A. Cosyn, *Ninove*. Bruxelles, 1906.
(²) Archives de l'abbaye de Grimberghen. Classe V, fascicule 20.

D'abord, *inventor*, veut bien dire : l'auteur, l'inventeur, et ici, celui qui dressa les plans du nouvel édifice ; donc l'architecte.

Les peintres se nomment aussi les inventeurs de leurs tableaux, ils inscrivent ce mot en toutes lettres : comme par exemple, à l'abbaye du Parc (Louvain), on trouve un tableau signé comme suit : J. de Coxy, inventor. Mechliniensis. 1660 (¹).

Lorsqu'il s'agit d'inventeurs de tableaux, on les nomme peintres; lorsqu'il s'agit de bâtiments, on les nomme architectes. Ce mot d'*inventor* revendique donc la paternité du travail pour le personnage en question.

Le mot qui précède immédiatement paraît devoir nous embarrasser : *operum* inventor (l'inventeur de ou des travaux).

De quels travaux s'agit-il ? Que peut avoir inventé Van Zinnicq (²) ?

Le contexte nous fournit l'explication voulue : « unde et novæ fabricæ præfectus », (ensuite de quoi il fut préposé à notre nouvelle construction).

Il y a donc connexion entre « inventeur des travaux » et la « nouvelle construction ». Mais s'il a inventé des travaux pour la nouvelle église, que serait-ce, si ce n'est le plan de l'église ?

Nous croyons qu'il n'y a pas à sortir de là.

L'annotateur a voulu rendre par cet « inventor operum » le mot « architecte, l'auteur des plans, des travaux à faire ». Tous les religieux s'intéressaient à cette construction de l'église : l'église, c'est la maison du Seigneur, c'est la maison à eux ; l'annotateur ne pouvait donc pas omettre ce détail, il devait exprimer son admiration pour le chef-d'œuvre de son confrère ; il loue, d'une manière succincte mais vive, ses talents d'architecte, d' « ingénieux inventeur des travaux » ; et, avec un regret bien compréhensible, il écrit ce mot : la mort est jalouse et nous le ravit (celui qui avait conçu ce temple si magnifique et qui allait encore l'embellir par les inventions de son art si fécond: il est ravi, il nous est enlevé).

Si les travaux de Van Zinnicq ne sont pas relatés plus en détail, c'est que tout le monde alors les connaissait, et qu'il suffisait de les indiquer comme le fait l'annotateur, pour les rappeler à la mémoire de ses contemporains. Ensuite il est à remarquer que le manuscrit était simplement à l'usage du frère infirmier de l'abbaye, comme il est indiqué à la deuxième page : « Servio Magistro Infirmorum monasterii

---

(¹) Voyez J.-E. JANSEN, ord. præm., *La Peinture à l'abbaye du Parc*. Anvers, 1911, p. 68.

(²) Pour l'orthographe du nom, nous rencontrons : van Sinnicq, van Zinnigh, van Zinnicq : nous nous tiendrons à cette dernière manière d'écrire.

Grimbergensis », et Gaspard van der Schueren, alors infirmier, et qui écrivit la première partie du livret, défend formellement d'enlever ce livret : « Si quis abstulerit, anathema sit ». « Quisquis hunc furto rapiat libellum, nec suo reddat domino petenti, maximis pœnis crucietur ille crimine dignis ». Et encore, « qui clepit hunc librum, cleps est et cleps morietur ».

C'est donc un manuscrit servant à l'usage particulier de l'infirmier : ce ne sont point des annales historiques.

La part que van Zinnicq a prise dans la construction de l'église a dû être bien prépondérante ; comment expliquer sinon l'unanimité avec laquelle tous les annotateurs de l'abbaye à cette époque signalent d'une façon quelconque, il est vrai, mais constante, le même détail.

Le nécrologe de l'abbaye (¹), d'ordinaire bien laconique et très avare en détails biographiques, dit à la date du 12 août : « (Commemoratio) fratris Gilberti van Zinnigh, sacerdotis et canonici, qui operi novi chori extruendi præfectus, obiit ardente febri. 1660 ».

Georges Van Wemmele (²) finit comme suit la notice qu'il consacre à Van Zinnicq : « il mourut le 12 août 1660, après qu'il eût dirigé pendant quelques semaines les ouvriers qui bâtissaient le nouveau chœur : il était doué d'une forte intelligence et fut admirablement adroit dans les choses extérieures, (c'est-à-dire, dans les sciences profanes, les arts, les différents métiers même, par opposition aux sciences sacrées) ».

Frédéric Grietens, curé de Grimberghen à cette époque, annote comme suit le décès de Van Zinnicq (³) : « le 13 août 1660 mourut à l'infirmerie le rév. Gilbert Van Zinnicq dans la fleur de l'âge, « amator chori ædificationis », amateur de la construction du chœur ». Ce texte ne dit pas grand'chose : le curé même a hésité en l'écrivant ; il y a une égratignure au mot *amator* : il aura peut-être voulu écrire *auctor*, ou un autre mot.

Après tous ces témoignages, on ne pourra pas dire que Van Zinnicq ait été simple surveillant des ouvriers ou inspecteur des travaux.

Un simple surveillant ne dirige pas, et surtout n'*invente* pas les tra-

---

(¹) Le nécrologe I, datant du XIIIᵉ siècle (Archives de Grimberghen, classe II, f. 26).
Notez que le nécrologe donne comme jour de décès le 12 août, de même que Van Wemmele qui suit le nécrologe ; les autres donnent le 13 août.

(²) Georgius Van Wemmele. *Historia ecclesiæ Grimberghensis*. M. S., aux archives de l'abbaye, classe II, fasc. 15.
Van Wemmele fut le coopérateur de Sanderus pour l'édition de 1659 de la *Chorographia Sacra Brabantiæ*, pour ce qui traite de Grimberghen.

(³) Registre II de l'état civil de Grimberghen. Archives communales, p. 84.

vaux : il n'aurait pas dû être si « admirablement industrieux », selon l'expression de Van Wemmele, auteur sérieux et bien mesuré.

Que l'on ne dise pas non plus que Van Zinnicq remplissait à cette époque la fonction de « prévôt » dans l'abbaye et qu'il était par conséquent chargé du soin du temporel.

Non, car le prévôt ou « præpositus » est connu : c'était Denis Strauwen, qui, pendant 28 ans, dirigea les biens de l'abbaye ; sous sa prévôté fut commencé le nouveau chœur ; il mourut en 1662, le 19 juin ([1]). Il nous faut donc bien attribuer à Van Zinnicq un autre titre que « surveillant », et, puisqu'il est l'inventeur des travaux, nous lui décernons le titre d'architecte, et nous revendiquons pour lui et pour l'ordre des prémontrés l'honneur d'avoir été le premier architecte de l'église abbatiale de Grimberghen.

Si son nom a échappé aux investigations des historiens, si même il a été oublié dans la suite par ses confrères, la raison en est que Van Zinnicq n'a pas pu achever son œuvre et qu'il n'a pu travailler que pendant quelques semaines : en effet, la première pierre fut posée le 1er avril 1660 et le 13 août suivant la mort enleva Van Zinnicq.

Comme il n'a dirigé que la construction du chœur, les textes cités ne parlent d'ordinaire que du chœur : excepté le premier texte « inventor operum, unde novæ fabricæ præfectus ».

Van Zinnicq mourut à la tâche, son œuvre restait inachevée, et tout de suite surgit la question : Qui lui succéda dans la direction des travaux ?

Nous n'avons trouvé rien de précis à ce sujet.

Les années suivantes, on continua cependant les travaux : peut-être les ouvriers de l'abbaye travaillèrent d'après les plans et les indications de Van Zinnicq.

Nous trouvons dans les registres de l'état civil bien des noms d'ouvriers ; ainsi :

Jean Stroobants, « faber lignarius insignis » charpentier très capable, mourut le 31 juillet 1661 ([2]).

En bas de la tour, façade extérieure nord-est, on lit, gravée dans la pierre blanche, l'inscription suivante : « Anno 1664. A. C. De Hont ».

Le 7 août 1673 mourut Jean Cloit, maçon du monastère.

En 1699, nous rencontrons Pierre Hexogeel, maître-maçon « magister cæmentariorum ».

([1]) G. Van Wemmele, ouvrage cité, p. 132. — Le registre II, comme ci-dessus. Archives communales, p. 88. — Registre 28 de la classe II. B. 5º. Archives de l'abbaye.

([2]) Registre II et IV de l'état civil de Grimberghen. Archives communales. Même lieu pour les noms qui suivent.

En 1690, 1ᵉʳ avril, mourut à l'âge de 70 ans, Jérôme Blaes, « laterum coctor », briquetier.

Le 12 avril 1700, nous trouvons Silvestre Marck, maître-tailleur de pierres qui, pendant plusieurs années, travailla à la construction de l'église.

Ces ouvriers donc, attachés à l'abbaye, auront poursuivi le travail : la plupart vivaient du temps de Van Zinnicq.

En 1662, le chœur était achevé (¹) ; en 1663, le chœur de Notre-Dame fut démoli et remplacé par la chapelle actuelle (²) ; la tour fut commencée en 1664, comme l'indique l'inscription sur une pierre de l'escalier tournant : « Desen toren is gemaeckt in 1664 ».

En 1668, on travaillait encore(³), si nous devons en croire Henschenius et Papenbrochius : ils disent que l'église se construisait.

Puis vint l'interruption forcée : la guerre et le manque d'argent en furent la cause.

Cependant on trouve le millésime de 1686 dans la tour, ce qui paraît indiquer que l'on y travaillait alors.

Entretemps, la lourde masse de la tour commençait à s'incliner, et « l'église menaçait ruine par ce défaut en 1692 » (⁴). C'est alors que vint le frère convers des augustins, le nommé Henri Verwillighe (⁵), qui redressa la tour : par une invention ingénieuse, il parvint à lui rendre l'équilibre.

En 1698, on recommença à bâtir. Peut-être qu'alors, sur l'indication du frère Verwillighe, on s'adressa au frère Vrijcels, qui alors aura achevé l'église comme elle l'est actuellement. C'est là une hypothèse dont nous abandonnons la preuve aux techniciens.

Nous finissons par quelques notes biographiques sur Gilbert Van Zinnicq.

(¹) Registre II de l'état civil, p. 87. « 1662. 5 Aprilis sepulta est Domina comitissa senior, mater comitis, in novo choro ».

(²) « Diurnale » du prélat Van Eeckhout. Archives de l'abbaye, II, 19, p. 186.

(³) *Analectes p. s. à l'Hist. Eccl. de la Belgique*, t. IV, p. 337. — *Voyage littéraire des Pères Godefroid Henschenius et Daniel Papebrochius*, communiqué par Waltman Van Spilbeeck, ord. Prœm.

(⁴) Election du prélat Bassery en 1692. — Archives générales du royaume à Bruxelles. Papiers d'Etat, 36.

(⁵) A. H. E. B. IIᵉ s., t. XIV ou XXXᵉ de toute la collection : p. 337, n. 4. « Joseph Wils. L'obituaire des augustins de Louvain, janvier 10, 1702. Henricus Verwillighe, laïcus, charpentier, préserva d'une ruine certaine la tour de l'église de Grimberghen. Fr. Henricus Verwillighe, laïcus, pater lignarius, œt. 55, prof. 16. Hic, adinventione singulari turrim ecclesiæ Grimbergensis, jam inclinatam, et ruinam minitantem erexit, et ad æquilibrium reduxit ». Annales conventus Lovaniensis. Cfr. A. L. II. p. 139. (Aux archives du couvent des P. P. Augustins de Gand), et les manuscrits conservés au couvent des Augustins de Gand par Frison.

Il naquit à Bruxelles et était fils de François et de Claire de Smet (¹); fut baptisé dans l'église Ste-Catherine le 26 mars 1627 ; entra à l'abbaye de Grimberghen et y fit profession le 21 décembre 1649 ; ordonné prêtre en 1651, reçut la charge de sacriste en 1653 ; étudia à l'université de Louvain en 1656, mais une grave maladie le força à rentrer à Grimberghen : il mourut le 13 août 1660. Il n'avait que 33 ans.

Nous ne possédons de lui aucun portait, aucun plan de sa main ; seule, sa signature nous tomba fortuitement sous les yeux sur le frontispice d'un vieux livre intitulé : *Pastorum Concionatorumque instructiones, ab Ill° et Rev^{mo} D^{no} Carolo Borromoeo.* (Cologne, 1587).

Comment Van Zinnicq est-il arrivé à s'occuper d'architecture ?

L'explication gît dans ce fait : à cette époque, le courant vers les études artistiques était très intense dans tout notre pays et l'ordre des prémontrés n'y resta point indifférent : surtout l'architecture y obtenait une belle place, à tel point que les prémontrés furent nommés les grands bâtisseurs. A Grimberghen vivaient des hommes capables dans différentes branches : Daniel Bellemans (²) y chantait ses poésies populaires, Van Wemmele consultait et compilait les archives, Van Kempen (³) Thomas était connu pour son art musical. L'architecture trouva un représentant dans Gilbert Van Zinnicq.

Qui fut le maître de Van Zinnicq ?

Nous croyons qu'il visita les différentes abbayes, y vit les travaux, les étudia, et tâcha de les imiter ou surpasser.

Surtout de Ninove, il conserva une forte réminiscence. Ainsi écrit l'abbé E. Soens : « Lorsqu'au début du XVIIe siècle la vieille église abbatiale (de Ninove) menaçait ruine, l'abbé Jean David en 1628 rapporta de Rome le plan d'une nouvelle église conçu, mais dans les

---

(¹) Georges Van Wemmele, ouvrage cité, 94 v°.

La généalogie des Van Zinnicq sera donnée par M. Arthur Cosijn dans une étude qu'il prépare sur Koekelberg, dont les Van Zinnicq étaient seigneurs.

Nous signalons cependant les détails suivants communiqués par M. Corps et M. Eug. Frankignoulle, archiviste des Hospices de Bruxelles : nous leur présentons ici nos bien vifs remercîments.

Liévin Van Zinnicq épousa en premières noces Jeanne de Pipenpoy, fille de Wauthier, et en secondes noces Marguerite Van Waeyenbergh. Le cinquième enfant du premier lit fut *Pierre*, qui devint religieux profès à Grimberghen, chapelain de l'église St-Martin à Ramsdonck. (Il est cité au nécrologe de Grimberghen le 6 décembre). François Van Zinnicq, enterré aux augustins à Bruxelles en 1660, épousa en premières noces Claire de Smet et en seconde noces Henne van Riemen (Anne). Le deuxième enfant du premier lit était Gilbert, né le 26 juin 1627 (Van Wemmele dit 26 mars).

Une Jacqueline Van Zinnicq était grande maitresse du béguinage à Bruxelles vers 1669. (Archives de l'hôpital St-Pierre. B. 659). Elle avait été élue le 19 juillet 1657 à la place de feue demoiselle Catherine Lemire, et mourut le 17 mai 1683. (Archives Hospices, Bruxelles. Infirmerie du Béguinage. pp. 457-480).

(²) Cfr. L. Goovaerts, *Ecrivains, savants, artistes de l'Ordre des Prémontrés.*

(³) Cfr. *Biographie nationale,* t. 10.

dimensions moindres, d'après celui de l'église St Pierre. La pose de la première pierre se fit en 1635. L'ouvrage fut souvent interrompu, et ne fut poussé activement qu'en 1715, sous l'abbé van der Haeghen, qui mena l'entreprise à bonne fin en 1723.

Ce monument si remarquable, dont les grandes proportions sont bien la caractéristique des constructions norbertines, offre de frappantes analogies avec l'église abbatiale de Grimberghen, encore aujourd'hui occupée par les prémontrés... » (¹).

La disposition générale est la même pour les deux églises : elles sont toutes deux en forme de croix latine et ont la tour adossée au chevet du chœur ; à l'intersection des transepts s'élève un dôme ; sous la rangée des fenêtres qui éclairent le chœur et la nef centrale règne une large corniche surmontant les arcades en plein cintre ; de même la voûte est en plein cintre ornée d'arcs-doubleaux ; à l'extérieur, les façades latérales sont d'une grande simplicité de lignes.

Voilà pour le plan général ; cependant dans les détails, on remarque plusieurs différences : à Ninove, les fenêtres sont à arcs surbaissés, à Grimberghen, elles sont cintrées et ornées à l'intérieur de têtes d'anges à six ailes ; à Grimberghen, les transepts sont circulaires, à Ninove, ils sont rectangulaires ; la tour de Grimberghen est d'un plus grand caractère avec ses contreforts sur l'angle terminés en volutes, sur lesquelles viennent reposer des colonnes ioniques isolées supportant un entablement (²) ; le dôme de Grimberghen s'élance bien haut dans l'espace, tandis que celui de Ninove est de faible hauteur.

On pourrait continuer l'énumération de ces différences. Celles que nous donnons suffiront pour comprendre que le plan de Ninove n'a pas été copié servilement. Mais toujours est-il que dans les grandes lignes les plans se ressemblent, et nous croyons que Van Zinnicq aura puisé à Ninove l'idée de « son » église.

Dan.-J. DELESTRÉ.

(¹) E. SOENS, *Inventaire archéologique de la Flandre orientale*, fasc. VIII, p. 4. (Ouvrage cité).
(²) *L'Emulation*, 1875-76, col. 105.

A propos de l'ancien Arsenal de Bruxelles

Au moment où la Conférence de la Paix va s'occuper des revendications de la Belgique à l'égard de l'Allemagne et de l'Autriche-Hongrie, tant en matière politique et économique qu'au point de vue scientifique et artistique, il ne sera pas sans intérêt de faire connaître un document de nature à jeter quelque lumière sur les objets qu'il y aura lieu de réclamer.

A l'approche des armées de la République, après la bataille de Fleurus (26 juin 1794), les Autrichiens s'étaient sauvés emportant tous nos trésors artistiques, conservés dès cette époque comme les plus beaux souvenirs de notre histoire nationale.

Dans le nombre figuraient des pièces remarquables de l'ancien arsenal de Bruxelles. En 1795. elles se trouvaient, avec la plus grande partie de nos archives, au château de Wurtzbourg. Lors du siège de cette ville par les Français, on les transporta en partie à Eger, en Bohême, en partie à Vienne même.

C'est là que le chevalier Beydals de Zittart, dit Toison d'Or, ancien premier roi d'armes des Pays-Bas, les trouva à son arrivée en Autriche en 1801. Il en dressa deux listes qu'on trouvera ci-après et qu'il remit à un fonctionnaire supérieur de l'ancienne administration autrichienne des Pays-Bas, qui avait précédé à Vienne le gouvernement autrichien comme beaucoup d'autres Belges l'y suivirent, et qui s'intéressait beaucoup à Toison d'Or.

Ayant appris que l'impératrice Marie-Thérèse des Deux-Siciles, la seconde femme de l'empereur François II, avait fait construire à Laxenbourg une espèce de forteresse avec des plans rétrospectifs dans le but de faire l'éducation militaire de son fils aîné, l'archiduc héritier, le haut fonctionnaire en question écrivit le 31 août 1801 au comte de Colloredo, « Ministre des Conférences et du Cabinet » de l'Empereur, pour lui proposer d'aménager dans ce Musée militaire un salon d'ancienne chevalerie, où le bouclier damasquiné de Charles-Quint voisinerait avec ceux des archiducs Albert et Ernest, et l'armure de Charles le Téméraire avec celles de l'empereur du Mexique Montezuma.

On sait que le jeune archiduc, qui devait devenir en 1835 empereur d'Autriche sous le nom de Ferdinand Ier et qui fut l'oncle de François-

Joseph, en faveur duquel il abdiqua en 1848, fut pendant la majeure partie de son existence sujet à des attaques d'épilepsie.

Né le 17 avril 1793, il avait donc huit ans à peine au moment où sa mère, l'impératrice, se préoccupait de son éducation militaire au grand détriment de tout le reste.

Les documents publiés ici (¹) sont intéressants en ce qu'ils montrent l'attachement de certains fonctionnaires des Pays-Bas à la vieille monarchie, encore en 1801, ce qui explique jusqu'à un certain point comment l'Autriche parvint si aisément à se soustraire aux obligations qu'elle avait contractées à Campo-Formio et à Lunéville, notamment en ce qui concernait la reddition des archives appartenant à notre pays.

Ils présentent encore un autre intérêt, tout d'actualité : c'est qu'ils permettront à nos plénipotentiaires de la Conférence de la Paix de réclamer, en connaissance de cause et en compensation des innombrables destructions d'objets d'art occasionnées par les puissances centrales dans notre pays, des documents curieux ayant des rapports avec notre histoire et qui constitueront une attraction de plus pour nos musées d'antiquités.

Mars 1919.

J. Cuvelier.

Minute d'une dépêche adressée à S. E. le Comte de Colloredo, ministre des conférences et du cabinet de S. M. I. (²)

J'ai oui dire que S. M. l'Impératrice Reine se plaisoit à former à Laxenbourg pour l'instruction de S. A. R. l'Archiduc le jeune Prince héréditaire un model de forteresse en grand qui réunissoit très scientifiquement les plans des diverses fortifications telles qu'elles étoient aux divers âges de l'histoire : que dans cette heureuse imagination si propice à l'érudition du jeune prince, son auguste mère avoit fait entrer l'idée de placer dans ce musée militaire un salon d'ancienne chevalerie. Or je viens de reconnoitre que les monumens les plus curieux de l'arsenal royal de Bruxelles que l'on croioit dispersés et perdus à la débâcle du château de Wurtzbourg, où ils étoient réfugiés lorsque les François l'ont pris, se trouveroient à Egra où un officier autrichien les auroit fait transporter quoiqu'il ne conste pas qu'il en eût donné avis au Conseil aulique de guerre et comme ces effets qui sont des armures précieuses autant que curieuses puisqu'elles ont servi à l'usage de nos anciens souverains

---

(¹) Ils ont été trouvés par nous dans un carton de Varia. Nous leur avons donné le n° 2688 des Manuscrits divers des Archives générales du Royaume.
(²) En marge se trouve la date du 31 août 1801.

des Pays-Bas ou de leurs Généraux et Représentans et que ce qui s'en trouveroit à Egra doit complctter et faire un ensemble avec ce qui s'en trouve encore ici, je crois être de mon devoir d'en présenter à V. E. les deux listes ci-jointes d'après lesquelles on pourra facilement juger si et quelles de ces pièces précieuses surtout par leur antiquité pourroient concourir à l'util plan de S. M. et faire en conséquence les poursuites et les devoirs requis pour les recouvrer et les réunir ici.

N'aiant eu aucune part aux mesures prises à la sortie du Gouvernement des Pays-Bas ni à la dissolution de celui-ci puisque j'étois alors déjà en pleine activité ici par ordre exprès de S. M. l'Empereur, je ne serois pas parvenu à cette découverte sans les soins infatiguables de notre premier Roy d'armes des Pays-Bas dit Toison d'or le chevalier Beydals de Zittart, qui est arrivé ici depuis peu de jours et qui m'a remis la liste des effets qu'il croit pouvoir faire retrouver à Egra. Cet employé distingué dans la carrière héraldique par les connoissances les plus étendues dans cette partie, par le zèle le plus pur et par un dévoûment sans bornes au service de son auguste maître, seroit réellement précieux pour l'arrangement d'un sallon d'ancienne chevalerie ; il est un protocole vivant de cette partie de l'histoire et il est réellement présenté sous ce point de vue à Leurs Majestés. Si d'ailleurs V. E. en sa qualité de Grand Chambellan veut l'arraisonner sur la partie héraldique et sur le fruit que l'on pourroit si utilement faire ici de nos archives héraldiques belgiques pour une grande quantité de familles allemandes immiscées dans les preuves et dans les actes de nos ci-devant chapitres nobles aux Pays-Bas, comme le Chevalier Beydals en est l'archiviste et le guardien naturel, je suis persuadé qu'elle en sera satisfaite et il est à ses ordres.

Je me propose sous le bon plaisir de V. E. d'aller passer deux ou trois jours à Presbourg auprès de S. E. le Baron de Thugut (¹) et reprendre incessamment ici le cours de mes devoirs. Je suis ut in litteris.

Indication des effets de l'arsenal de Bruxelles qui se trouvent à Egra

La lance de chasse de l'Empereur Charles-Quint ;
1 canon de l'invention dudit Empereur, tirant 5 coups séparément et 7 coups à la fois ;
Le bouclier de l'Empereur Charles V, damasquiné avec figures.
Celui de l'Archiduc Albert, id.
Id. de l'Archiduc Ernest, id.

(¹) Thugut avait succédé à Kaunitz dans la direction des affaires étrangères en 1794. Fils d'un pauvre batelier, il s'était fait remarquer dès son enfance par une remarquable intelligence et une grande perspicacité. Il était l'ennemi juré de la Révolution française. « Dépourvu de principes moraux et politiques, cynique dans l'appréciation des hommes et le choix des moyens, il savait merveilleusement dissimuler sa pensée ». Il ne voyait que le but à atteindre sans se laisser arrêter par le moindre scrupule de conscience. (LAVISSE et RAMBAUD, *Histoire générale*, t. VIII, p. 704) Thugut abandonna le pouvoir en octobre 1801, donc un bon mois après la date de cette lettre.

Id. du Prince Antoine de Lorraine, id.
Le fusil de 15 pieds d'hauteur de Charles le Hardi.
Le fusil de chasse de Marie-Elisabeth, monté en or.
Id. de l'Archiduc Albert et de l'Infante Isabelle, id.
L'épée damasquinée du Duc d'Albe.
Id. de Louis Requesens, Gouverneur Général des Pays-Bas.
Sa lance.
Id. du Marquis Spinola.
Id. du Cardinal-Infant.
Le sponton de l'Archiduc Albert, de 18 pieds d'hauteur, en bois d'ébène d'une seule pièce.
La chemise de mail de l'Empereur Charles V.
Celle du Duc d'Albe.
Celle de Charles le Hardi.
Les armures complètes de l'Empereur du Mexique, Montezuma, de ses deux fils et de son 1er Ministre.
Ses 3 arcs d'acier trempé enrichies de perles.
28 gouches du 13e et 14e siècle.
45 hallebardes antiques.
L'épée de Guillaume 1er prince d'Orange et plusieurs autres objets dignes de curiosité.
Un petit canon de l'infante Isabelle.

Indication des effets de l'arsenal de Bruxelles qui sont encore dans les bureaux à Vienne

1. L'armure complète de parade ciselé en or de l'Archiduc Albert.
2. Le bouclier à la lanterne sourde de l'Empereur Charles V, quand il alloit pendant la nuit en bonne fortune.
3. L'armure complète de Charles le Hardy, avec laquelle il a été tué à la bataille de Nancy.
4. Le chapeau de bataille de l'Empereur Charles V.
5. Les pistolets du fameux Don Diego de Velasco.
6. Le casque ou heaume de parade de l'Empereur Charles V. travaillé en relief.
7. Les étriers de l'Infante Isabelle.
8. L'armure du Duc de Bavière qui devoit être souverain des Pays-Bas, et qui est mort empoisonné à l'âge de 7 ans.
9. Les étriers de Charles le Hardy.
10. Les étriers et les éperons du Duc d'Albe.
11. 4 carquois de l'Empereur de Mexique, Montezuma.
12. 2 boucliers du même.
13. Le casque et l'armure et les éperons du jeune Duc de Bavière, qui étoit destiné à être souverain des Pays-Bas.

L'émancipation judiciaire à Namur aux XVe-XVIe siècles.

Le législateur n'a pas innové en inscrivant l'émancipation dans le Code civil ; il s'est borné à recueillir un vieil usage juridique. Issue du droit romain, l'émancipation subit au moyen âge l'influence des coutumes, tant en France que chez nous. Defacqz lui consacre un chapitre de son remarquable ouvrage sur l'ancien droit belgique (1). Mais son exposé, qui s'appuie essentiellement sur les coutumiers, manuscrits ou imprimés, des diverses provinces des Pays-Bas, fait la part mince au pays de Namur. Il est vrai que la coutume namuroise, homologuée en 1564 et revisée en 1682, ne parle pas de l'émancipation (2). Faut-il conclure de ce silence qu'elle n'était guère en usage dans le Namurois ? Ce serait méconnaître le caractère des recueils coutumiers dressés au XVIe siècle : loin de représenter fidèlement l'état du droit à cette époque, ils constituent un travail de refonte et d'élimination qui atténuait la diversité des pratiques locales.

Il existe d'autres sources plus anciennes que ces répertoires : les archives des cours de justice permettent d'apprécier le droit coutumier avant l'œuvre d'unification entreprise sous Charles-Quint et ses successeurs.

L'émancipation était d'un fréquent emploi à Namur, comme on peut s'en assurer en parcourant les *embrevures* ou registres sur lesquels le clerc transcrivait le résumé des actes passés par-devant la haute cour des Échevins de la ville (3).

L'émancipation judiciaire (4) s'appelait au moyen âge la mise hors pain ou hors mambournie. Ce mode d'affranchissement de la puissance paternelle consistait dans une déclaration expresse du chef de famille devant le magistrat du lieu. En voici un exemple qui nous donne la forme habituelle à Namur au XVe siècle :

---

(1) *Ancien Droit belgique ou précis analytique des lois et coutumes observées en Belgique avant le Code civil.* Bruxelles, 1873, t. I, p. 527.
(2) GRANDGAGNAGE, *Coutumes de Namur.* Bruxelles, 1869, t. I. Introduction.
(3) La série des registres qui commence à la fin du XIVe siècle est conservée aux Archives de l'Etat à Namur ; elle comprend 45 volumes jusqu'en 1550.
(4) Dite *judiciaire*, pour la distinguer du mariage qui constitue une émancipation *tacite*.

Le 9 Juillet 1452 comparut « Jehan Son le nayvieur (batelier) demorant en la ville de Namur et amena aveuc lui Jehan son filz disant qu'il le volloit mettre et jecter hors de sa manbournie de son pain et de sa main. Sy demandamnez nous ledit mayeur audit Jehan Son quelle chose il volloit donner à son dict filz à luy ainsy mettre et jecter hors de sa dicte manbournie de son pain et de sa main ; lequel dist et respondy qu'il luy volloit donner et donna illec à icelui son filz ung coutel, duquel don ledit Jehan s'est tenus et tient de son dit père pour bien contens, et sur ce ledit Jehan Son a nostre semonsse et tant par l'enseignement desdis eschevins prit ledit Jehan son filz par le pan de sa cotte (veste ou pourpoint) et le nous livra, si le rechevimes et fu mis et jecté hors de la manbournie pain et main de son dit père bien à droit et à loy aus us et coustumes de le dite court et sauf tous drois, et en commandant par nous ledit mayeur audit Jehan Son que du jour de le dautte de ces lettres en XL jours après ensuivans il ne laissaist son dit filz rentrer dedens sa maison. Et ce ainsy fait nous ledit mayeur à la pryere dudit Jehan et aussy d'aucuns ses amis illec presens donnames a luy ledit Jehan congie et licence de laissier aller venir et rentrer son dit filz en sa dicte maison tous lesdis XL jours durans sans malenghien et saulf tous drois... (¹).

Cet acte témoigne de la rigueur du formalisme qui imprégnait le droit de l'époque.

Le père est maître de la personne et des biens de son enfant mineur. En le jetant hors de sa mambournie, il l'affranchit de l'autorité paternelle, sauf en ce qui concerne le mariage, et ce dessaisissement est marqué par le geste symbolique de l'attouchement du vêtement.

L'émancipé, s'il est en âge compétent, a désormais le droit de gérer ses affaires, de s'obliger et de disposer de son avoir mobilier, dont il entre en possession par cet autre symbolisme de l'acte : la remise d'un objet, analogue à la tradition de la motte de terre ou de gazon qui représentait l'immeuble aliéné dans les contrats translatifs au moyen âge (²) ; il n'y a pas alors de transfert de propriété sans signe sensible.

Le signe, dans l'espèce, est une pièce d'équipement et parfois d'habillement dont l'émancipant est porteur au moment de la cérémonie.

Un couteau (³), une dague, une épée, une massue, un bracquemart, un bâton ferré ou marteau d'armes, dit à bec de faucon, que des ordonnances bourguignonnes et liégeoises prohibèrent sévèrement (⁴), tels sont les objets les plus cités dans les actes d'émancipation. C'est à leur défaut ou au cas d'émancipation simultanée de plusieurs enfants, que l'émancipant se sert d'une pièce de vêtement. Ainsi, en 1445, Jehan Beauniet d'Andoy affranchit ses trois fils en donnant au premier un

---

(¹) Haute cour de Namur, n° 12, f° 345.
(²) Giry, *Manuel de Diplomatique*. Paris, 1892, p. 568.
(³) Nous nous bornons à renvoyer ici à quelques exemples caractéristiques. Haute cour de Namur, reg. n° 13, f° 364, n° 14, f° 44 v°, n° 15, f° 37 et 250 v°, n° 25, f° 483.
(⁴) *Annales du Cercle archéologique de Mons*, t. XXXVII, p. 154 et suiv.

couteau, au deuxième un chaperon et au dernier une « moffle » ou gant (¹).

C'est presque toujours un vêtement qui est le signe symbolique, quand l'émancipant est une veuve : en 1454, la veuve de Mahieu de Bruges (²) remet à son fils un bonnet de « sanguine couleur ».

Le symbole n'est pas le même pour les filles que pour les garçons ; par exemple, en 1447, Jean de Corioulle émancipe sa fille, à laquelle il remet une bourse (³) et, en 1451, Jean de Warisoul donne une clef à sa fille (⁴).

L'objet symbolique varie donc d'après le sexe, mais il importe de noter qu'il ne change pas d'après la qualité sociale de l'émancipé. Le couteau ou l'épée sont donnés indifféremment, sans que l'on distingue entre un enfant de famille noble ou celui de condition roturière. Ainsi, en 1440, le fils de Burequin, seigneur de Gesves, reçoit un grand couteau (⁵); vers 1451, une dague est remise à l'enfant de Bureau de Hun, chevalier, seigneur de Bierwart (⁶) ; en 1463, Collart d'Oultremont chevalier, maire de Namur, donne à son fils un grand couteau (⁷). Par contre, des gens de roture remettent à leurs enfants des épées en guise de symbole : tels, en 1451, Jaquemin du Piroy à Chentinnes, franchise de Namur (⁸) ; en 1464, Philippart du Chaufour le chaufournier (⁹) ou encore François de Gembloux le maçon (¹⁰).

A la même époque, apparaît l'usage de se servir d'une monnaie comme signe symbolique de l'émancipation.

En 1464, Michaut Screnemalle le boulanger remet à son fils un « blanc denier de 7 wihots ». Un homme de Profondeville jette simultanément hors de sa mambournie ses trois fils, donnant un patar à chacun (¹¹). Au milieu du XVIᵉ siècle, c'est la règle commune. Parfois il arrive que cette pièce de monnaie est d'une telle valeur, qu'elle constitue réellement le pécule dont le père fait l'abandon à l'émancipé. Ainsi, Lambillon Le Tourier reçoit de son père un florin d'or « du cuing et singne du roy d'Engleterre » (¹²).

Finalement, le symbole est délaissé; mais une phrase insérée dans l'acte nous rappelle que le don d'une part de biens est une des condi-

---

(¹) Haute cour de Namur, reg. nº 14, fº 8 vº et fº 152 vº.
(²) *Ibid.*, reg. nº 15, fº 397 vº. Voir aussi nº 14, fº 140 et nº 15, fº 253 vº.
(³) *Ibid.*, reg. nº 14, fº 166 vº.
(⁴) *Ibid.*, reg. nº 18, fº 1 vº.
(⁵) Cour féodale du Souverain Bailliage du Comté de Namur, reg. nº 535, fº 9 vº. Archives de l'Etat à Namur.
(⁶) *Ibid.*, nº 71, fº 67.
(⁷) Haute cour de Namur, reg. nº 19, fº 44.
(⁸) *Ibid.*, nº 17, fº 4.
(⁹) *Ibid.*, nº 19, fº 91.
(¹⁰) *Ibid*, nº 15, fº 37.
(¹¹) *Ibid.*, nº 19, fº 115 et 551.
(¹²) *Ibid.*, fº 91 vº.

tions nécessaires de l'émancipation, comme l'observe justement Paul Viollet (¹).

La validité de la mise hors mambournie requiert aussi le consentement de l'émancipé. On lit toujours dans les actes du Namurois que l'enfant « se tient pour content du don » qui lui est fait.

Dans la suite, vers 1550, la formule revêt plus de précision encore sous la plume du clerc ; il est dit désormais que l'enfant « se tient content des biens meubles » (²).

Une autre clause essentielle est la défense faite à l'émancipé de rentrer dans la demeure paternelle pendant les quarante jours qui suivent l'émancipation. Mais de bonne heure, le maire, « à la prière de quelques amis », donna licence à l'enfant « d'aller, venir et rentrer dans la maison du père comme il lui plairait ». Les actes les plus anciens de la haute cour de Namur comportent déjà cette dispense ; elle est d'usage courant au point que le clerc prit l'habitude de rappeler l'interdiction et la dispense par cette mention laconique : « Et rendit le congié ». Mais s'il s'agit là d'une clause de style qui est inséparable du formulaire de l'émancipation, elle n'est pas moins nécessaire. Aussi bien, lorsqu'elle n'apparaît pas dans l'acte, le rédacteur en explique la raison : « et ne fut point rendu le congié, dit une émancipation de 1474, car ledit Lambillon [Le Tourier] se party présentement pour aller demourer à Brouxelles » (³).

Cette défense, qui entraînait l'obligation pour l'émancipé de prendre un domicile distinct de celui du père, n'a pas été maintenue dans la rédaction de la coutume de Namur, bien que des mises hors pain de 1564 la mentionnent encore (⁴).

Générale à Namur, avant l'homologation des coutumes, la clause de quarantaine semble inconnue dans les autres provinces, hormis le Limbourg ; Defacqz, qui note cette particularité, la trouve si étrange, qu'il en suspecte l'authenticité, la considérant comme l'interpolation d'un compilateur du coutumier brabançon (⁵).

Souvent le père mettait simultanément hors mambournie tous ses enfants. Nous avons déjà cité des exemples d'émancipation collective et nous pourrions en apporter bien d'autres. On peut en déduire que l'affranchissement de l'autorité paternelle avait lieu, quel que fût l'âge des émancipés.

En cette matière, le droit coutumier namurois était plus large que

---

(¹) *Histoire du Droit civil français*. Paris, 1903, p. 567.
(²) Voir notamment la Haute cour de Namur, reg. n° 55, f° 80 et n° 63, f° 45 v°.
(³) *Ibid.*, reg. n° 19, f° 91 v°.
(⁴) Haute cour de Namur, reg. n° 14, f° 166.
(⁵) *Ancien Droit belgique*, t. I, p. 535.

celui d'autres provinces, notamment le Hainaut, où la condition d'âge était de rigueur ([1]).

Nous avons rencontré dans les registres de la haute cour de Namur un acte d'émancipation précédé de la preuve de « l'âge parfait », qui était, à Namur, de quinze ou quatorze ans pour les garçons et de douze ans pour les filles ([2]). Serait-ce l'indice d'une limitation d'âge ? Il y a là, dans l'espèce, deux opérations juridiques sans subordination entre elles : si la fille de Jean de Corioulle requiert « d estre prouvée en eage selon loy », ce n'est pas pour obtenir l'émancipation, mais bien pour assurer la validité d'un contrat translatif, dont la teneur suit celle des actes solennels de preuve d'âge et de mise hors pain ([3]). Et cette interprétation est en concordance absolue avec l'article 117 d'un relevé des coutumes du XVIe siècle, où l'on voit qu'une « fille moindre d'ans ne peult transporter à ses mambours, tuteurs ou autres personnes ses biens meubles et immeubles » ([4]). Au surplus, un cas du précieux répertoire de jurisprudence, formé par Jean Lodevoet, greffier de l'échevinage de Namur en 1483, lève toute hésitation à ce sujet : c'est la réponse affirmative donnée par les échevins à un bourgeois qui demandait s'il pouvait émanciper ses enfants, dont l'aîné avait huit ans ([5]). Ainsi, le jeune âge n'était pas un obstacle à la mise hors mambournie au pays de Namur.

Ce faisceau de particularités, tiré d'une série nombreuse de textes, nous autorise à conclure que le dépouillement des archives judiciaires antérieures à la rédaction des coutumes au XVIe siècle, présente quelque utilité pour la connaissance de l'ancien droit belgique.

Ferd. Courtoy.

---

[1] *Ancien Droit belgique*, t. I, p. 529.
[2] Voir par exemple : Haute cour de Namur, reg. n° 7, f° 329 v°, n° 14, f° 270 v°, n° 15 f° 1, n° 16, f° 353, n° 19, f°s 26 v° et 27.
[3] *Ibid.*, reg. n° 63, f° 45 v°.
[4] Grandgagnage, *Coutumes de Namur*, t. I, p. 419.
[5] *Ibid.*, t. II, p. 343.

De Huurcedels te Sint-Truiden in de XIVe eeuw

Ternauwernood hebben de gemeenten hun bestaan bevochten, of zij leveren het schouwspel van een intensief economisch leven. Reeds is de landbouw door den handel en de nijverheid buiten de stadsmuren verdrongen (¹), en meteen rijst het woningsvraagstuk, in nauw verbond met deze ontwikkeling, op.

De E. H. W. Simenon heeft, voor Sint-Truiden, de aandacht gevestigd op dit onderwerp in zijn werk over de economische organisatie van de abdij van Sint-Truiden (²). Hij onderscheidt twee soorten van cedels : de eenvoudige erfcedel (bail emphytéotique simple) en de cedel genaamd « *jus ad (usque ad) devastationem ignis* ».

In dit algemeen overzicht was het niet mogelijk het onderhavig recht grondig te bestudeeren. Misschien is het niet zonder nut het van naderbij te beschouwen.

Tot voorlichting dient hier gezegd dat de woningen, in de XIVe eeuw, uit hout waren getimmerd (³) en uit elkander konden genomen worden. Het waren dus roerende goederen (⁴). De huurcedels betreffen uitsluitend deze huizen, zonder den grond, die afzonderlijk door den heer verhuurd werd. De uitdrukking « *jus ad devastationem ignis vel nomine locationis aree* » in een enkele acte vermeld, schijnt dit te bewijzen (⁵). Overigens is het een bekend feit dat de onroerende goederen over 't algemeen door de abdijen niet vervreemd werden, en deze vervreemding scheen hier dan ook niet noodzakelijk te zijn (⁶). We kunnen dit oude gebruik best vergelijken met de bepalingen die nu nog worden toegepast op de tenten van onze jaarmarkten of op de stapelplaatsen op Staatsterrein.

(¹) Zie H. Pirenne. *Les anciennes démocraties des Pays-Bas*. Paris, 1910, bl. 55-57.
(²) G. Simenon. *L'organisation économique de l'abbaye de Saint-Trond*. Bruxelles, 1913. bl. 204 en volg. — Ook in *Leodium*, II, 1913, bl. 85. — Zie ook C. Des Marez, *Etude sur la propriété foncière dans les villes au moyen âge*. Gand-Paris, 1898. — W. Arnold, *Zur Geschichte des Eigentums in den deutschen Städten*, Basel, 1861.
(³) Er bestond vermoedelijk te Sint-Truiden maar één steenen huis, *domus lapidea*, dat dikwijls tot merkteeken, om de ligging van andere woningen te bepalen, strekte en waarnaar de bewoners geheeten werden.
(⁴) P. Violet, *Précis de l'histoire du droit français*, bl. 503.
(⁵) G. Simenon, *op. cit.*
(⁶) Zie Arnold, *op. cit.*, bl. 10, 38 en 40.

Te Sint-Truiden was het « *jus ad devastationem ignis* » uitsluitend van kracht voor de huurcontracten. Op de 47 cedels die we ontdekt hebben en waarvan we eene lijst hebben opgemaakt, zijn er ontegenzeggelijk 44 vuurgoederen — « *vuergoet* » noemde men het huis krachtens dit recht verhuurd —. Drie slechts bevatten geen voorwaarden, en kunnen geen afbreuk doen aan wat we vooruitzetten.

Behalve deze contracten, bestaan er ook nog renten op huizen genomen. Het verwantschap van deze cedels met de eerstgenoemde, deed den E. H. Simenon tot het bestaan van een tweevoudig recht besluiten. Ik leg er nadruk op : Er was te Sint-Truiden maar één recht voor de huurcedels van kracht, het « *jus quod vulgariter dicitur* (of *quod per circonloquium poterit appelari*) *ad devastationem ignis* ». En doordat dit recht alleen stond en opgenomen was in de « *lex et observantia dicti oppidi* » was het overbodig voortdurend dezelfde bepalingen in de contracten aan te halen en te herhalen.

* * *

Door dit huurcontract stond de eigenaar zijn huis af aan den huurder, op voorwaarde dat deze het onderhield, een jaarlijksche rente betaalde en een ander roerend goed aan den eigenaar verpandde.

De bepalingen zijn ten getale van vijf :

1° De cedel is erfelijk en bestendig. De huurder wordt de « *possessor* » van het huis ; maar dit huis is belast met een rente. Het woordje « *possessor* » heeft dan ook een voorwaardelijke beteekenis zooals blijken zal uit hetgeen volgt.

2° Opdat deze voorafgaande bepaling den eigenaar niet tot nadeel strekke, moet de huurder van een pand afstand doen, hetzij van een woning, hetzij van een rente op een woning ([1]). Daardoor verplicht zich de huurder de overeenkomst na te leven.

Wij hebben dus te doen met een ruiling van goederen : een met rente belast huis (het gehuurde) wordt verwisseld met een zuiver pand. De huurder betaalt niet de volledige huurwaarde van het huis ; zijn schuld is verminderd met de opbrengst van het afgestane pand ([2]). Met andere woorden, de huurcedel is op zoo 'n wijze verdraaid en omgewerkt geworden, dat zij neerkomt op een rente-instelling.

([1]) P. Violet, *op. cit.*, bl. 633. Voor roerende goederen werd altijd een pand van denzelfden aard geeischt.

([2]) Zie b. v. de oorkonde van 't jaar 1351. Een huis is verhuurd tegen 32 stuivers. Daar het pand 8 st. opbrengt aan den eigenaar, betaalt de huurder 32 st. — 8 st. = 24 stuivers.

Het pand is de spil waarom deze overeenkomsten draaien. Gewoonlijk bedraagt het 't vierde, bij uitzondering de helft der waarde van het gehuurde huis ([1]).

3º Het contract mag nooit opgezegd worden door den huurder; ja, het mag niet aan een derden persoon overgelaten worden : « *Nec dimittere nec resignare poterit* », zeggen ons de teksten. De eigenaar nochtans is door deze schikking niet gebonden en dikwijls maakt hij gebruik van dit voordeel om zijn eigendomsrecht te verkoopen ([2]).

4º De huurder is gehouden de woning te vrijwaren voor de schade van ruw weer of brand : « *ne domus devastetur seu periret, rueret, deterioraretur, ita quod N. (de huurder) dictos census attingere non posset nec tantum solvere* » ([3]).

5º Wordt het contract verbroken, dan gebeurt het slechts ten nadeele van den huurder, namelijk :

a) wanneer de rente op de aangeduide vervaldagen niet betaald wordt ;

b) wanneer de woning in puinen valt of door vuur platgelegd is.

In dit geval is de eigenaar reeds gedeeltelijk schadeloos gesteld door het bezit van een pand, en hij heeft het recht, door onteigening, weer de hand te leggen op het huis dat gehavend is en waarvan de huur niet betaald wordt.

Indien eenerzijds deze huurcedels het voordeel hadden aan den eigenaar een « *perpetua et quieta possessio* » van zijn bezit te bezorgen, kon anderzijds de huurder naar willekeur over zijn woning beschikken : hij had het grootste belang ze te onderhouden en te vrijwaren voor brand, het groot gevaar voor de steden met houten woningen en strooien daken uit de Middeleeuwen ([4]).

* * *

Den oorsprong van dit huurrecht kan men terugbrengen tot vóór 1300. Vóór dit tijdstip bezat de abdij — dit recht werd voornamelijk door haar uitgeoefend — weinige huizen. Het feit dat ze in 1256,

---

([1]) In de acten van 1373 (3 Nov.), 1376 (8 Oct.), 1379 (28 Aug.) en 1386 (Mei) b. v. is het pand van eenigzins anderen aard ; toch blijft het een roerend goed.
([2]) De voorwaarden, eigen aan een *vuergoet*, zijn in de verkoopacten niet vermeld, omdat de cedel, waardoor het huis « vuergoet » geworden is, aan de tweede werd vastgesnoerd. Deze oorkonden zijn, om deze reden, achtereenvolgens in het Cartularium (nr 6678) te boek gesteld.
([3]) De oorkonde van 1336 (10 april) is zeer uitgebreid wat deze bepalingen betreft.
([4]) SIMENON, *op. cit.*

14 huizen liet afbreken rondom een pachthof (¹), staaft de bewering dat dit soort van eigendom haar nog geen belang inboezemde.

Nochtans was het « *vuergoet* » reeds bekend in de 12ᵉ eeuw. Rond 1140-1145 deed een genaamde Tegno aan de abdij een gift van een woning verhuurd tegen 5 stuivers jaarlijks, en op voorwaarde dat, indien het huis bouwvallig werd of door een brand in asch werd gelegd, de huurder het op eigen kosten zou terug opbouwen en aan de jaarlijksche verplichting onafgebroken zou voldoen (²).

Dit streng contract is alleenstaand in de 12ᵉ eeuw. Nochtans sloot de abdij, voor een huis verhuurd te Keulen, in 1177, een soortgelijke overeenkomst (³).

Zelfs in de 13ᵉ eeuw scheen de formule van Tegno nog niet van kracht te zijn. Toentertijde waren de cedels zeer eenvoudig ; de borgstelling van den huurder betrof al zijne goederen ; naar mijn oordeel was zij eerder een persoonlijke, moreele waarborg : « *Nos sub ypotheca rerum nostrarum obligantes, vitem pro vite reddere volentes* », luidt het in een acte van 1274 (Mei). Een ander van het zelfde jaar (29 April) zegt : « *Et promisit N. warandizare contra omnes de quibus warandia esset supportanda* ».

Op 't einde der 13ᵉ eeuw, was het recht in wording ; in de 14ᵉ eeuw, gold het algemeen voor de stad.

Waarschijnlijk klopte het goed met de omstandigheden. Winstgevend en zonder gevaar voor den eigenaar, verleende het veel vrijheid aan den huurder. Dat de cedels erfelijk waren scheen op 't oogenblik geen bezwaar, doordat houten huizen, indien ze goed onderhouden zijn en tijdig hersteld, het vele jaren kunnen uithouden.

Een nadeel nochtans : men moest eigenaar zijn om te kunnen huren. Dit was immer een moeilijkheid voor jonge ambachtslieden, en de invloed van dit feit is duidelijk merkbaar in de statuten der oude gilden.

Hierom bekreunden zich de eigenaars natuurlijk niet. De abdij beoogde, behalve een financieel, ook wel een politiek doel : zij wilde inwerken tegen de macht van haar medeheerscher over de stad, den prins-bisschop van Luik. Deze had immers, in 1250, zijn « laeten » eeds aangezet zich woningen te timmeren op een terrein van 52 bunders.

(¹) *Livre de Guill. de Rijckel*, uitg. Pirenne, bl. 348. — *Gesta abbatum*, uitg. C. de Borman, I, bl. 199.

(²) *Gesta abbatum*, b. II, bl. 19-20.

(³) A. Wauters. *De l'origine et des premiers développements des libertés communales. Preuves*, bl. 31 : « *Si quid in eadem domo edificare vel emendare voluerit, de propriis hoc faciet expensis. Si vero, quod absit, incendio perierit, quatuor annis in restauratione domus debitum censum retinebunt* ».

aan de Brusthemsche poort, dat hij hun zou verhuren (¹). Daaruit mag nochtans geen gevolgtrekking gemaakt worden ; de poging is niet herhaald geworden.

* * *

Weldra had de abdij met groote moeilijkheden te kampen. Het beviel altijd den zoon niet het huis van zijn vader te moeten bewonen, en een rente te betalen zonder er voordeel uit te trekken. Werd het huis bouwvallig, dan gaf het blijvend contract te meer aanleiding tot misnoegdheid, aangezien de rente onaangeroerd bleef.

Stilaan deden deze radeelen zich bij de bevolking voelen. Reeds op 't einde de 14ᵉ eeuw werden deze contracten in kleiner getale gesloten en, tijdens de 15ᵉ eeuw, hebben we slechts een cedel van een « vuergoet » te vermelden, die van 1408.

Ook de bestuurlijke macht bemoeide zich met de zaak. In 1419 werd een reglement in 't licht gegeven, waarvan twee artikels rechtstreeks betrekking hebben op het « vuergoet ».

« a. 4. *Zoo wij in zijn huijs, dat hij huert, blijven wilt, die zal dat*
» *sijnen huijsheere cont doen binnen den vier paessdagen. Ende waer*
» *des nijt en gesciet, zoo zal der huijsheere zijnen wille doen moghen,*
» *sonder ferperen off calengeren.*

» a. 5. *Wij lande, bempde, huijse off enige ander gueden hilt op jaer-*
» *licken tgeijs of op jaerlicke renten, ende alzulck guede opgeven en laeten*
» *liggen wilt voer die tgeijse of voer die rentten daer zij mede belast zijn,*
» *die zal betalen alle achterstelle, tgeijsse ende renten tot op den dach dat*
» *hij 't wilt laeten* » (²).

Krachtens dit reglement mocht de huurder zich van zijn overeenkomst ontbinden. Het recht op de vuergoederen, reeds verafschuwd door het volk, werd te niet gedaan door het openbaar bestuur.

Een reglement van 1428 (21 Juni) bevestigt dezer maatregel uitdrukkelijk : bij gelegenheid van een nieuwe vaststelling der waarde van geldspeciën, en om niemand in zijn belangen te krenken, veroorloofde de magistraat alle huurcedels voor St-Remigius op te zeggen (³).

De tegenkanting van de bevolking had het verval van het « vuergoet » bewerkt ; de magistraat bracht het den genadeslag toe. Waarschijnlijk gebeurde het onder invloed van de tijdsomstandigheden : het « vuergoet » beantwoordde niet meer aan de eischen van een hervormde maatschappij.

Jos. Lyna.

(¹) Kronijk, nʳ 6678, fº 180 vº.
(²) Fr. Straven. *Inventaire des archives de la ville de Saint-Trond*, I, bl. 193.
(³) *Ibid.*, bl. 284.

LIJST DER CEDELS

(Al deze bewijsstukken berusten op het Staatsarchief, te Hasselt).

1274. 29 April. Oorspronk. oorkonde van de abdij van St-Truiden.
1274. Mei. Oorspronk. oorkonde van de abdij van St-Truiden.
1303. 28 Januari. Vuergoet. Oorspronk. oorkonde van de abdij van St-Truiden.
1304. 12 Februari. Vuergoet. Reg. v. d. abdij v. St-Tr. 6678^7 f° 270.
1307. 23 Januari. Vuergoet. Reg. v. d. abdij v. St-Tr. 6678 f° 256.
1307. Vuergoet. Oork. v. de abdij v. St-Truiden.
1310. 26 Mei. Bepalingen van de huurcedel, geen benaming. Oork. van de abdij van Nonne-Milen.
1321. 21 September. Vuergoet. Reg. 6678^7 f° 275.
1332. 24 October. Vuergoet. Reg. 6678^7 f° 186.
1332. 10 Juni. Vuergoet. Reg. 6678^8 f° 185.
1335. Juni. Bepalingen, zonder benaming. Oork. v. de abdij van Nonne-Milen.
1336. 10 April. Vuergoet. Reg. 6678^7 f° 151 v°.
1337. 4 September. Vuergoet. Oorkonde v. d. abdij v. Sint-Truiden.
1338. 22 Aug. en 1345, 18 Febr. Vuergoet. Reg. 6678^7 f° 254.
1343. 20 Maart. Vuergoet. Oork. v. d. abdij St-Truiden.
1349. 14 October. Onteigening van een bouwvallig huis. Reg. 6678 f° 189.
1349. Aug. Vuergoet. Reg. 6787 f° 276 v°.
1349. 20 Mei. Vuergoet. Reg. 6678^7 f° 272 v°.
1351. 2 Maart. Vuergoet. Oork. v. d. abdij v. St-Truiden.
1351. 22 Nov. Vuergoet. Reg. 6678^7 f° 261.
1353. 23 Nov. Vuergoet. Onteigend den 14 Oct. 1349 (zie hooger). Reg. 6678^8 f° 157.
1353. 9 Febr. Vuergoet. Oork. v. d. abdij v. St-Truiden.
1353. 8 Dec. Vuergoet. Oork. v. d. abdij v. St-Truiden.
1355. 12 Mei. Noch bepalingen, noch benaming. Oork. van het Hof der Beggaerden.
1356. 12 Dec. Geen bepalingen betreffende brandgevaar. Oork. van het laethof van Bovegnistier.
1358. 15 Juni. Vuergoet. Oork. v. de abdij van Nonne-Milen.
1358. 13 Juni. Vuergoet. Oork. v. de abdij van St-Truiden.
1357. 1 Januari. Vuergoet. Oork. v. de schepenen v. St-Truiden.
1359. 3 Juli. Vuergoet. Oork. v. de abdij v. St-Truiden.
1361. 4 Nov. Vuergoet. Reg. 6678^7 f° 270 v°.
1361. 4 Dec. Bepalingen v. het vuergoet. Reg. 6678^7 f° 215 v°
1364. 24 April. Verkoop v. een vuergoet. Oork. v. de schepenen v. St-Truiden.
1366. 9 Mei. Vuergoet. Reg. 6678^7 f° 261 v°.
1371. 11 Dec. Vuergoet verkoop. Oork. v. de schepenen v. St-Truiden.
1373. 3 Nov. Vuergoet. Reg. 6678^7 f° 263.
1379. 28 Aug. Onteigening van een vuergoet. Reg. 6678^7 f° 230 v°.
1379. 3 Dec. Vuergoet. Reg. 6678^8 f° 169 v°.
1383. 1 April. Vuergoet (verkocht den 25 Aug. 1432). Oork. van O. L. V. Kerk te St-Truiden.

1385. 4 Juli. Vuergoet. Oork. v. d. abdij v. St-Truiden.
1386. 14 Febr. Vuergoet. Oork. v. d. abdij v. Nonne-Milen.
1386. 7 Febr. Contrapignus geeischt. Geen bepalingen betreffende het vuergoet. Reg. 6678[7] f⁰ 274 v⁰.
1386. 14 Febr. Vuergoet. Oork. v. de abdij v. Milen.
1387. 10 Mei. Vuergoet. Reg. 6678[7] f⁰ 285.
1394. 1 Maart. Verkoop van een vuergoet. Reg. 6678[8] f⁰ 193 v⁰.
1395. 21 Mei. Bepalingen. Reg. 6678[7] f⁰ 215.
1408. 28 Febr. Vuergoet. Oork. v. de schepenen van St-Truiden.
1415. 27 Febr. Onteigening van een vuergoet. Reg. 6678[7] f⁰ 257 v⁰.
1473. 22 Dec. Onteigening van een vuergoet. Reg. 6678[7] f⁰ 237.

Het " Groot Lantgebot " van Peer van 1721 en het voortleven van het feodaal symbolisme

Van de Middeleeuwen af was de plechtigheid der beleening tamelijk ingewikkeld, vooral om aan de talrijke aanwezigen kond te doen dat het rechtsfeit der beleening voltrokken was. Men hechtte er des te meer gewicht aan, wijl de rechtswaarde der geschreven handvesten van voor de XIIIe eeuw voor niet belangrijk gold. Door het overleveren of aanraken van dit of dat stoffelijk voorwerp, werd men in 't bezit gesteld van het eene of andere recht: dit voorwerp stond in symbolische betrekking met een bepaald recht (¹). Men bemerkt, in het *Glossarium* van Ducange, bij het woord *investitura*, dat alle mogelijke voorwerpen worden bijgehaald om de beleening te geven (²). Wanneer later de geschreven handvesten eene reëele rechtswaarde verkregen hadden, verminderde het symbolisme in de beleeningsacten. In die streken echter, waar het gewoonterecht van kracht bleef, zijn de symbolische handelingen van groot belang geweest, tot aan de Fransche Omwenteling (³).

Het gewoonterecht behield kracht van wet in het land van Loon (⁴) : bij de plechtige beleening eener heerlijkheid, ziet men dat het symbolisme, alhoewel zeer oud, bijna onveranderlijk blijft voortleven tot in de XVIIIe eeuw. Zulk eene beleening doen kennen scheen ons ietwat belang aan te bieden ; als voorbeeld zal dienen die der heerlijkheid Peer aan de Markiezin van Aiseau (⁵) in 1721. Peer, met Hamont, war n de eenige goede steden, die het Loonsche gewoonterecht bleven volgen in het land van Loon, terwijl de andere het Luiksche recht volgden (⁶). De leenheer van Peer was de Prins-Bisschop van Luik, tevens Graaf van Loon. Hij belastte met de beleening zijn

---

(¹) R. WEEMAES, *Les actes privés en Belgique, depuis le Xe jusqu'au commencement du XIIIe siècle*, in de *Analectes pour servir à l'Histoire Ecclésiastique de Belgique*, XXXIX, blz. 103 en vlg. (Leuven, 1906).
(²) DUCANGE, *Glossarium Mediae et Infimæ Latinitatis*, uitg. Henschel. Parijs, 1850.
(³) A. GIRY, *Manuel de diplomatique*, bl. 578. Parijs, 1894.
(⁴) L. CRAHAY, *Coutumes du Comté de Looz*, I, Inleiding, bl. III. Brussel, 1871.
(⁵) *Staatsarchief, Hasselt*, Curinger Leenzaal, Bundel XLI, 3e deel.
(⁶) J. DARIS, *Notices sur les églises du diocèse de Liége*, IV, blz. 13 en 14. Luik, 1873.

hooger leenhof van het Loonsche, de Curinger Leenzaal, die daarom eenige harer leden afzond met bijzondere opdracht.

Te negen uur 's morgens vergaderden te Peer, den 20^{en} Februari 1721, de Hooggeboren Heeren Baron de Mettecoven en Baron de Segradt, alsook de Heeren Vlecken en Briers (¹), de vier vertegenwoordigers van de Curinger Leenzaal; burgemeester Vannes, gevolmachtigde der Markiesin; waren nog aanwezig de vijf schepenen van Peer, met hunnen secretaris.

Zulke plechtige beleening wordt *Groot Lantgebot* geheeten. We zullen dit doen kennen met het officiëel verslag er over af te schrijven en dit uit te leggen, voor zooveel het ons mogelijk was.

De tien voornoemde personen zijn dus eerst, met Vannes « gegaen » in de parochiale kercke van Peer, alwaer sij den selven gecom- » miteerde, in naeme van de Hooghgeb. Vrouw Marquisinne voors. » bij aenraken van den Hoogen Autaer, hebben gheimmitceert in de » reele ende actueele possessie van het recht van Patronaet, soo ende » gelijck het selve in de Kercke voors. aen den Grave van Peer is com- » peterende. »

In princiep behoort het begevings- of patronaatrecht tot de kerkelijke zaken, en hoeven de wereldlijke rechtbanken zich er niet mêe bezig te houden. Maar, even als de tienden, werd dit opgeslorpt door het leenstelsel en sinds de Middeleeuwen als een feodaal iets behandeld, verdeeld, in leen en achterleen gegeven, en door leeken bij wijze van investituur overgeleverd: een nieuw voorbeeld van 't verwarren tusschen geestelijke en wereldlijke zaken (²).

De symbolische betrekking tusschen het hoogaltaar en het recht van benoemen van den pastoor ligt voor de hand, te meer dat, in de Middeleeuwen, het altaar dikwijls voorkomt in eene overleveringsplechtigheid (³).

Wat echter opvallend is, is dat het begevingsrecht der kerk van Peer niet aan den heer dezer stad, maar aan de abdij van Sint-Truiden toebehoort. De heer heeft nochtans dit recht aan de abdij betwist, maar te vergeefs. Ons inziens is de handeling der overlevering van het

---

(¹) De Curinger Leenzaal bestond uit ridders en uit rechtsgeleerden, die niet tot den adeldom behoorden: deze laatsten waren tevens leden van het Hof van Vliermael. (L. CRAHAY, *o. c.* I., Inleiding, bl. XI).

(²) THOMAS, *Le droit de propriété des laïcs sur les églises et le droit de patronat laïc au moyen âge*, in : *Revue des Hautes Etudes, Sciences Religieuses*, aflevering XIX (Parijs). — IMBART'DE LA TOUR, *Les paroisses rurales en France du VIe au XIe siècle*, passim, (Parijs, 1900).

(³) DUCANGE, *Glossarium*, verbo : *altare*.

patronaatrecht eenvoudig eene herinnering aan eene oude aanspraak der heeren van Peer op het begevingsrecht.

« ende van daer sigh begeven tot in het clockhuys, alwaer bij over-
» levering van het clockseel van der groote clock ende het luyden
» der selve, den voorseyden gheimmiteert is in de reele ende actueele
» possessie van de hooge ende heerlijcke juridictie, ende recht van
» clockslagh ».

In de vrijgeworden gemeenten, behoorde het recht van *clockslagh* aan de burgers; te Peer bleef het aan den heer([1]). Dit recht bestond vooral in het bijeenroepen der inwoners door klokgelui, vooral om kennis te nemen van 's heeren reglementen. Onze tekst geeft weinig uitleg: in het verslag van het Groot Lantgebot van Kermpt zegt men duidelijker hoe hooge en heerlijke juridictie in het klokhuis den beleende wordt overgeleverd; in bepaalde omstandigheden luidt de klok, in diezelfde omstandigheden worden sommige heerenrechten uitgeoefend : door de beleening in het klokhuis worden deze laatste rechten *in globo* den heer overgeleverd. Daar geschiedt dit « in teeken van possessie, als gerecht grondheer, naar costuymen der sale van Curingen, ende dat ten viere, ten water, ten stormen, ten strijden, ten putten, ten hooge gerichten, ten galge, ten locht » ([2]) : de heer heeft het recht de klok te doen luiden in geval van vuur of watersnood, om de inwoners te verzamelen in geval van vijandelijken inval of andere krijgsverrichtingen, wanneer hij, uit kracht van zijne hoogere rechtsmacht, iemand doet levend begraven of aan de galg knoopen, wanneer men een gunstige weergesteltenis wil verkrijgen in hooi- of oogsttijd ([3]).

« Van daer hebben de heeren commissarissen en schepenen, met den
» voors. geconstitueerden sigh getransporteert tot op het stadthuys
» van Peer, in de camer alwaer de schepenen gewoon sijn henne ghe-
» nachten te halden, ende justitie te administreren : de voorscreven
» schepenen hebben den heer geconstitueerde bij overleveringe van
» de roode roede ende aenraken van de tafel gheimmiteert in de reele
» ende actuele possessie van de hooge, leege ende middele justitie van
» het graeffschap ende district van Peer.

([1]) Zoo ook te Vlijtingen, cfr. J. HABETS, *Over den clockenslag te Vlijtingen*, in : *Bull. Hist. et Archéol. du duché de Limbourg*, XXVII, bl. 373 (Maestricht, 1890).

([2]) H. VAN NEUSS, *Les nouveaux Seigneurs de Kermpt*, in : *Bulletin des Mélophiles*, d. XXXVIII, bl. 133. (Hasselt, 1904). Om al die uitdrukkingen te verstaan, cfr. VERWIJS en VERDAM, *Middelnederlandsch Woordenboek*, verbis : *vier, water, stormen, strijden, putten, galge ;* (s' Gravenhage, sinds 1882).

([3]) *Locht* of *lucht* beteckent ook weergesteltenis (o. c., verbo *locht*) ; DUCANGE, *Glossarium* cit. verbo *campana* leert ons dat men tot dit doel de klok luidde.

De roode roede was het symbool van den schout (¹), die de straf, door de schepenen in naam van den heer uitgesproken, moest ten uitvoer brengen, en dit in de verschillende graden der rechtspraak. Bepaalde geldsommen werden daarvoor aan den schout betaald (²). Het rechtspreken zelfs wordt overgeleverd door het aanraken der tafel, voor dewelke de schepenenrechters vergaderen. Men ziet dat het deze laatste zijn welke hier de handelingen dier beleening voltrekken. Waar geen stadhuis bestond, hielden de schepenen hunne vergaderingen in eene herberg, soms in een privaat huis (³).

« Van waer de Heeren commissarissen, schepenen, samen met den
» geconstitueerden sijn voorders gegaen op sekere plaetse genaemt
» den Burgh, alwaer hierbevoren heeft gestaen het heerlijck huys van
» Peer, ende hebben aldaer met bijwesen ende assistentie van den
» voors. schepenen van Peer den geconstitueerden van gelijken, bij
» leveringe van risch ende rijsch, gheimmiteert in de reele ende actuele
» possessie van allen ende iedere gronden van erven aen het graefschap
» van Peer annex wesende. »

De burg van Peer bevond zich buiten den stadsmuur (⁴). In 1721 was hij sinds eeuwen verdwenen. Het symbolisme moest wel een taai leven hebben, want de beleening met de landerijen zelf geschiedde alsof de burg of heerlijk kasteel nog bestond. Men denkt onwillekeurig aan de verkiezingen, in volle zee, voor de verdwenen « rotten boroughs » ? Trouwens zulk geval is niet eenig : bij het Groot Lantgebot van Vorssen had de voornoemde beleening plaats op een stuk land, waar lang reeds « het hoeffcasteel verdwenen was » (⁵). De overlevering van grond door graszoden, een weinig aarde, rijs, is zoo oud dat het reeds bij de Germanen bekend was (⁶) ; de beteekenis dier symbolische handeling is opvallend.

« Ende sijn alsoo de Heeren commissarissen, schepenen, samen met
» den geconstitueerden voorders gegaen op seker stuck erve daer tegen
» over gelegen, alwaer den grave van Peer de thiende is hebbende, ende

---

(¹) Verwijs en Verdam, *o. c.*, verbo : *roede*. Soms gold de roode roede ook als symbool der rechtsmacht over 't algemeen.

(²) Zie hierover J.-L. Meulleners, *Instructie aan P. Erlingen, schout van de stad Peer* in de *Bull. Hist. et Archéol. du duché de Limbourg*, XXVII, bl. 362 en volg. (Maestricht, 1890).

(³) Bestond er in het dorp eene banale brouwerij met vrije taveerne, vergaderden meest daar de schepenen.

(⁴) J.-B. Gramaye, *Antiquitates Perenses* (uitg. S. P. Eyckens), in : *Ancien Pays de Looz*, bl. 57 (Hasselt, 1901).

(⁵) *Staatsarchief, Hasselt*, Curinger Leenzaal, Bundel XXVI, Groot Lantgebot van Fresingen of Vorssen. a° 1678.

(⁶) Ducange, *Glossarium*, verbis : *investitura per ramum, cespitem, wasonem*.

» hebben den geconstitueerde aldaer van gelijken gheimmiteert in de
» possessie van het recht van thiende in het graefschap van Peer aen
» den grave competerende.

Wat kerkelijke tienden betreft, had de Curinger Leenzaal geen recht van tusschenkomst ; maar naast de kerkelijke tienden bestonden ook heerlijke tienden, waarover, sinds de XIIIe eeuw, de leenhoven oordeelden ([1]). De kerkelijke tienden van Peer behoorden voor de twee derden aan de abdij van Sint Truiden en voor een derde aan den pastoor ([2]). Mogelijk is hier ook spraak van het tiendrecht dat de heer slechts op eenige stukken land bezat. Het is ook bekend dat er om de tienden zooveel strijd is geweest, dat men dikwijls het verschil niet kan opmerken tusschen heerlijke en kerkelijke tienden ([3]). Het tiendrecht op bepaalde gronden was als een soort gedeeltelijk eigendomsrecht aanzien: ook vergaf men dit door de gebruikelijke overlevering van *risch ende rijsch*.

« Van daer de Heeren commissarissen, schepenen wederom de stadt
» Peer ingaende, hebben bij aenraken door den geconstitueerde van
» de stadtpoorte hem gheimmiteert in de reele ende actuele possessie
» van alle andere heerlijcke gerechticheden, als in de selve stadt aen
» den grave der selve is competerende ».

Welke rechten de heer in Peer bezit is niet aangeduid. Maar indien alle vorige handelingen betrekking hebben op gansch de heerlijkheid, slaat dit laatste terug op 't grondgebied binnen de versterkte omheining besloten : het symbolisch verband tusschen dit grondgebied en de stadspoort is duidelijk. Ten andere, het is waarschijnlijk dat, in den loop der eeuwen, de rechten van den heer binnen den ringmuur verminderden, maar dat de symbolische aanraking der stadspoort onveranderd bleef.

« Voorders hebben de Heeren commissarissen, schepenen, samen
» met den voors. geconstitueerde sigh wederom bevonden voor het
» stadthuys, ter plaetse alwaer de kaecke is hangende, ende hebben
» denselven geconstitueerde gheimmiteert in het recht van justitie
» int criminel ».

Het woord *kaecke* heeft meerdere beteekenissen ([4]); meest beteekent het schandpaal. Aan dezen hing een ring, waarmede de boosdoener aan

---

([1]) E. POULLET, *Histoire politique nationale*, I, bl. 410, Leuven, 1882.
([2]) G. SIMENON, *L'organisation économique de l'abbaye de Saint-Trond*, in de *Mém. Acad. Lettres*, 2e reeks, X, bl. 272, Brussel, 1912.
([3]) F. VAN ZINNICQ-BERGMAN, *De Oorsprong van het Tiendrecht en het recht van Collatie in Nederland*, passim, Hertogenbosch, 1863.
([4]) VERWIJS en VERDAM. Mnd. Wdb., verbo : *cake*.

den schandpaal vastgemaakt werd ; deze ring heet ook *kaecke*. Wanneer men iemand met het crimineel recht beleende, raakte men de kaak aan. In de heerlijkheid Craenwijck was de kaak verdwenen : bij 't Groot Lantgebot aldaar werd de vermelde investituur gegeven door het aanraken van « een stock, aldaer ghestelt, om die kaeke te representeren » (¹). De symbolische betrekking tusschen de kaak en de crimineele rechtsmacht is duidelijk.

« ende ten selve mael aldaer verclaert in presentie van eene menichte
» onderdanen van Peer de ghemelde gravinne te immiteren in de reele
» ende actuele possessie der heerlijcke ceynsen, rechten, pachten,
» leenen ende allen andere rechten ende gherechticheden den Grave van
» Peer toestaende, ende van het selve graeffschap dependerende ».

De aanwezigheid der inwoners van Peer schijnt aan te duiden dat, naast de elf officieele personen, de openbare handelingen der beleening door velen werden gevolgd. De voornaamste deelen der plechtigheid waren voltrokken, en deze verklaring, voor 't stadhuis, heeft voor doel de noodige publiciteit te verleenen aan de investituur, vooral met het doel dat iedereen weten zou aan wien de inkomsten der heerlijkheid dienden betaald te worden.

« Waar over de Heeren commissarissen, schepenen, neffens den heer
» geconstitueerden noch voorders sijn gegaen ter plaetse der bannale
» molen van Mullem, alwaer bij aenraken van de handtaff der poorte,
» schorstenkeel, molenijser, ende leveringhe van risch ende rijsch
» hem hebben geimmiteert in de reele ende actuele possessie der selve
» mede van andere molen, van alle erven daer aen annex, relaterende
» Verhoeven, deurwaerder, dese immissie specialijck aen Edmondus
» Croymans, als molder van den banmolen van Elecom, den grave
» van Peer toebehoorende, gecondicht te hebben, binnen Peer, in
» persoon ».

Al die handelingen van minder belang hadden voor doel den heer te beleenen met het een of ander afzonderlijk leen : een banmolen, banbrouwerij, weide, boomgaard, hoeve, huis, enz.. De investituur van een huis geschiedde door het aanraken van één of verschillende voorwerpen, symbolen eener haardstede : het handvat eener deur of poort, de schouw, de haal van den haard enz. ; bouwland of weide door de gebruikelijke *risch ende rijsch* ; een banmolen werd vergeven door het aanraken van het molenijzer (²), symbool eener moleninrichting.

(¹) *Staatsarchief, Hasselt*, Curinger Leenzaal, Bundel XXVI, Lantgebot van Craenwijck aº 1678.

(²) Yzer waar de bovenste der beide maalsteenen, de looper, op rust.

In eene banale brouwerij, waar vroeger de inrichting zoo primitief-eenvoudig was, stelt men zich tevreden met de rechtsvormen voor 't beleenen met een gewoon huis, maar in 't verslag van het Lantgebot stipt men de banaliteit aan (¹). De heer van Peer bezat ook den banmolen van Ellicom (²): de beleening met eenen banmolen had voor gevolg de beleening met den anderen, maar men moest den maalder van dezen officieel daarvan verwittigen.

« Eindelijck hebben de Heeren commissarissen bij trommelslagh door
» de stadt Peer dese immissie doen publiceeren, aen alle ende iedere
» onderdanen der selve aencondigen van sigh daer naer te voegen ende
» niemant te erkennen als grave oft gravinne van Peer, als de Hooghgeb.
» Vrauw Marquisinne van Ayseau, op pene naer den landrecht, rela-
» terende diens volgens Leonard Simons, gerichtsdienaer der justitie
» van Peer, desen trommelslagh ende publicatie eodem op de gewoo-
» nelijcke plaetsen binnen de stadt Peer gedaen te hebben ten selven
» dage ; ende is alles in hoeden gekeert ».

Om te beletten dat iemand zijne onwetendheid der beleening ter verontschuldiging zou aanhalen, wordt bevel gegeven, ondanks al de publiciteit der handelingen, dat de gerechtsdienaer bij trommelslag iedereen zou verwittigen. Nu konden de Heeren der Curinger Leenzaal besluiten: de beleening heeft kracht van wet. Zijn al die handelingen geen treffend bewijs van het blijven voortbestaan van het feodaal symbolisme in volle XVIIIe eeuw ?

P. SMOLDERS.

(¹) *Staatsarchief, Hasselt*, Groot Lantgebot van Vorssen, a° 1678, cfr. supra.
(²) Het molen-bandistrikt kwam in de heerlijkheid Peer niet overee met de grenzen der heerlijkheid.

Une enquête sur les gens de lignage du Comté de Namur en 1589-1590

Le XVIe siècle, époque de centralisation politique, substitua des lois uniformes aux coutumes bigarrées du moyen âge. Il en fut de la noblesse comme des autres institutions ; le pouvoir monarchique la soumit à une refonte. Cette matière intéressant au premier chef l'Administration des finances — puisqu'un privilège essentiel des nobles consistait en l'exemption des tailles — ce sont les agents du fisc que nous allons voir s'attaquer à la noblesse coutumière du comté de Namur, connue sous le nom de «gens de loi et de lignage» ou simplement « de lignage ».

Durant tout le moyen âge et jusqu'en pleine époque moderne, la coutume de Namur reconnut la noblesse de race à qui comptait un chevalier parmi ses ancêtres *en n'importe quelle ligne*, à condition que la filiation fût légitime et ne dépassât point le septième degré, à l'exclusion des serfs et de ceux qui faisaient œuvre servile. « Pour donner à entendre la condition d'iceulz hommes que l'on nomme estre de loy et de lignage, cy est que tous ceulx qui se pevent monstrer, par lettres ou tesmoings souffisans, estre issus de chevalier ou de dame, sans bastardie, jusques en la VIIe lignie ou degré incluz et non plus avant, sont nommé de loy et de lignage ; et les autres sont reputez hommes de basse loy, subgectz à taille héritable envers le prince, à mortemain et autres servitudes... » Ce texte énonce la jurisprudence du XVe siècle ([1]).

Bien que le jour fût très prochain où Philippe II fixerait par une loi générale les conditions requises pour appartenir à la noblesse des Pays-Bas, il ne semble pas que les agents du gouvernement espagnol aient voulu contester le privilège des gens de lignage. Au contraire, l'enquête que nous allons analyser manifeste l'intention de respecter les droits légitimement fondés. Et le texte même des édits de 1595, qui admirent la noblesse de race sans la définir, permet de croire que

---

([1]) *Archives départementales du Nord* : Chambre des Comptes. Dans ce texte, les mots « issus de chevalier *ou* de dame » paraissent résulter d'une faute de copiste et devoir être remplacés par : « issus de chevalier *et* de dame ». Le titre de dame étant celui que le moyen âge donnait à l'épouse du chevalier, l'on ne pouvait descendre d'un chevalier sans être issu d'une dame, et réciproquement.

les coutumes devaient être consultées sur ce point (¹). Au demeurant, le temps des chevaliers était loin et la caste des gens de lignage devait disparaître par l'extinction du septième degré, sans qu'on prît la peine de la supprimer. Mais telle que l'usage l'avait façonnée, l'institution prêtait à des abus, dont le résultat le plus clair était d'augmenter indûment le nombre des privilégiés. Les gens du fisc ne manquèrent pas de s'en aviser.

Le Conseil des finances prit l'affaire en mains et, par lettres du 19 octobre 1589, chargea Me Jean de Paradis, substitut du procureur général près le Conseil provincial de Namur, d'ouvrir une enquête. Le rapport de ce magistrat, conservé aux *Archives générales du Royaume* (²), fera la base de notre étude. « Incontinent après la réception des dites lettres », écrit le substitut, « j'ai fait attacher billets aux portes de plusieurs églises, voire de la plus grande partie de la ville et banlieue de Namur, ayant par iceux billets, soussignés de ma main, mandé et ordonné à tous personnages se voulant dire, tenir ou intituler hommes de loy et de lignage dudit pays et comté, qu'ils eussent à comparoir vers moi et apporter tous titres et enseignements qu'ils pouvaient avoir, faisant mention de leurs descentes, généalogies et lignages, et me délivrer copie d'iceux ». Ce qu'il avait fait pour la mairie de Namur, de Paradis le fit sans désemparer pour les bailliages de Bouvignes, de Fleurus, de Wasseige, d'Entre-Meuse-et-Arche, la mairie du Feix et la prévôté de Poilvache. Puis, s'étant adjoint un notaire, il ouvrit l'enquête le 27 novembre.

Durant quelques semaines, on vit chaque jour arriver à Namur des groupes de campagnards, nobles ou soi-disant tels, empressés de faire admettre leurs titres ; puis les déclarations devinrent plus rares ; janvier passé, ce ne furent plus que des retardataires, dont le dernier fut entendu le 18 mai 1590. Le commissaire reçut seize déclarations pour la banlieue de Namur, onze pour la mairie du Feix, neuf pour le bailliage de Fleurus, vingt-neuf pour celui de Bouvignes, vingt-trois pour celui de Wasseige et cent vingt pour la prévôté de Poilvache. Si l'on y ajoute le petit bailliage d'Entre-Meuse-et-Arche, dont le dossier a disparu, le total s'élève à deux cent vingt environ.

Toutefois, parmi ceux qui répondaient à la définition de l'homme de lignage, beaucoup ne se présentèrent pas à l'enquête. S'abstint d'abord la noblesse proprement dite, celle dont l'origine était notoire et la condition seigneuriale. Cette catégorie n'était pas visée par la mesure

---

(¹) ARENDT et DE RIDDER. *Législation héraldique de la Belgique*. p. 139
(²) Conseil privé espagnol, carton n° 1337.

du Conseil des finances. En effet, tandis qu'en principe et en droit toute noblesse de race était comprise dans la notion d'homme de lignage, en fait, une distinction était établie entre cette notion et celle de gentilhomme ; si bien que les jurisconsultes du XVIIe siècle crurent à l'existence de « deux sortes de noblesse, l'une en ligne masculine, l'autre (celle des gens de lignage) en ligne féminine » (¹). Ils se trompaient en cela ; nous aurons plus loin l'occasion de le constater. Mais il n'en est pas moins vrai qu'une distance de plus en plus marquée sépara les familles seigneuriales, issues généralement des branches aînées de races chevaleresques, des simples gens de lignage, sortis de branches cadettes ou féminines, qui se confondaient avec les paysans. La distinction qui en résulta ressort de notre enquête même. Quelques « gentilshommes » s'y présentèrent; c'était de ceux dont les titres ne semblaient pas incontestables ; leurs dépositions mettent en lumière ce qui donnait la qualité de *gentilhomme*, savoir le fait d'appartenir, de nom et d'armes, à une famille notoirement noble et seigneuriale (²).

Une seconde catégorie de gens de lignage qui se dispensa de comparaitre fut celle des bourgeois. Nombre de gens, dans la bourgeoisie des bonnes villes, provenaient par quelque côté de lignages nobles. Mais peu leur importait cet avantage, puisqu'ils étaient exempts des tailles en leur qualité de bourgeois. Si quelques-uns jugèrent bon d'établir leur qualité, c'est parce qu'ils étaient propriétaires à la campagne (³).

Enfin, dans certaines familles, la tradition s'était perdue ou les documents faisaient défaut. Il en était aussi qui reculaient devant les frais d'une procédure en reconnaissance (⁴). Par contre, certains profitèrent de l'enquête pour revendiquer un privilège dont ils ne jouissaient pas auparavant.

(¹) *Annales de la Soc. Arch. de Namur*, XX, 279.

(²) Pierre de Neffe, seigneur de Romignée, déclare « se tenir pour homme de loi et de lignage et aussi gentilhomme ». Raes de Spontin était homme de lignage « même gentilhomme, étant issu de la maison de Spontin ». Renier de Marchin a « toujours été tenu pour homme de loy et de lignage, même gentilhomme ». Les de Sambrée sont « gentilshommes de nom et d'armes et aussi de lignage por être procédés de chevalier et de dame ». Mais on pouvait être gentilhomme dans le sens indiqué ci-dessus sans être de lignage. Ainsi Erard de Warnant «issu de ligne directe de la maison de Warnant », se tenait pour noble et homme de lignage, mais sans savoir en quel degré ; son neveu, Jacques de Warnant, jugea prudent d'invoquer son ascendance maternelle pour se mettre en règle avec la coutume (cf. enquête, bailliage de Bouvignes et prévôté de Poilvache).

(³) Libert et Gaspar de Chentinnes déclarent ne point savoir « en quel degré ils seroient pour le présent en leur dit lignage, lequel ne leur peut grandement servir à raison qu'ils sont bourgeois de la ville de Namur et partant exempts d'icelles tailles ». (Id., banlieue de Namur).

(⁴) Wérion et Servais Legros déclarent « qu'ils ont encore des oncles et cousins germains du côté paternel qui se prétendent dire aussi de lignage, mais ils n'ont voulu participer à la dépense qu'il a convenu faire pour l'approbation ». (Banlieue de Namur).

Cent ans plus tôt, les déclarations eussent été beaucoup plus nombreuses, parce que les descendants des chevaliers du XIII⁰ siècle n'avaient pas dès lors dépassé le septième degré (¹) ; mais à l'époque de notre enquête, ce qui restait de gens de lignage provenait des derniers temps de la chevalerie, de ceux où Jacques de Hemricourt gémissait sur la pénurie de chevaliers.

* *

Dans sa convocation, le substitut de Paradis demandait deux choses : la comparution des intéressés et la communication des documents généalogiques. L'enquête orale eut pour objet d'établir la possession de la qualité d'homme de lignage à l'aide de faits qui en constituaient des indices. Examinons ces faits ; ils correspondent aux divers privilèges dont jouissait la caste des gens de lignage à la veille de sa disparition.

Beaucoup invoquèrent la notoriété publique et ce qu'ils avaient entendu dire par leurs parents et grands-parents. Ainsi Jean de Ben, corroyeur à Haillot, affirme « avoir eu bonne cognoissance de ses feus père et mère, auquel son père il a toujours ouï dire et réiter qu'il se tenoit pour homme de linaige et qu'il procédoit et estoit descendu de gens en estans » (²). Une indication plus précise, et que l'on devait tenir pour concluante, est tirée du fait d'avoir siégé comme homme de lignage au tribunal du bailli. Les cours locales qui avaient haute justice s'adjoignaient aussi parfois des gens de lignage, et ceux-ci ne manqueront pas de s'en prévaloir ; mais nous aurons occasion de montrer que les juridictions villageoises passaient volontiers sur certaines conditions.

Le fait le plus fréquemment invoqué pour établir la possession d'état consiste dans l'exemption des tailles. C'est aussi sur cet article que s'élevèrent la plupart des contestations qui donnèrent lieu aux procédures de vérification ou « approbation » de lignage. A l'enquête, Philippe du Tiège — pour ne citer qu'un exemple — déclare se tenir de lignage « ayant bonne mémoire que feu Jehan son père en usoit, ne payant les tailles des cramas, waricheaux, commuaiges et aultres semblables dûs annuels, qui se payent par les gens de basse condition » (³). Le privilège existait aussi en droit pénal : plusieurs se prévalurent d'en

---

(¹) La seigneurie de Gesves compta, de 1560 à 1570, huit ou neuf hommes de lignage tandis qu'elle en possédait une vingtaine en 1539. (*Arch. du château de Gesves* : Comptes des cens et rentes).

(²) Prév. de Poilvache, enq. du 21 décembre 1589.

(³) Enq., mairie du Feix.

avoir bénéficié. Jean Henrart, manouvrier à Dave, avait bonne mémoire que son père, s'étant plusieurs fois battu, avait payé au mayeur de Dave cinq patars pour amende, moyennant quoi il échappait aux poursuites ; lui-même s'en était tiré de la même façon « après qu'il eut monstré audit mayeur les lettres de lignaige qu'il alla quérir audit Antoine Hanozin, son cousin germain » ([1]). Un autre donne pour preuve « qu'il alloit moudre là où il lui plaisoit, sans se vouloir rendre subject au molin bannal » ([2]).

Au décès de l'homme de lignage, sa condition se manifestait par diverses particularités qui restaient gravées dans le souvenir de la postérité. Beaucoup de ceux qui comparurent à l'enquête se rappelaient fort bien qu'ils n'avaient pas dû payer les droits de mortemain pour leurs parents. Une autre démonstration résultait des usages funéraires. Suivant la règle ecclésiastique, les funérailles des nobles étaient célébrées par le doyen du concile compétent. Le cérémonial observé en ce cas est décrit dans une attestation de lignage délivrée en 1573 par la cour de Bois(Condroz) à la requête de Pierre de Somelette, meunier de Leignon. — Aux funérailles de Rennechon de Bois, parent du requérant, le doyen du concile d'Ouffet accompagnait le curé de Bois; ils allèrent ensemble, avec la croix et l'eau bénite, chercher le deuil en la maison mortuaire ; l'un des plus proches (après les enfants du défunt) portait le grand écusson devant le deuil et les parents ; en avant, l'on tenait des torches et des cierges avec de petits écussons ([3]). A l'enquête, beaucoup seront heureux de pouvoir dire que les funérailles de leurs parents et grands-parents furent célébrées par un doyen et d'apporter le certificat de celui-ci ([4]).

A la question des obsèques, se rattache celle des armoiries. Mais sur ce dernier point, les dépositions sont muettes, à deux exceptions près ; d'autre part, on a constaté que, au XVIme siècle, beaucoup d'hommes de lignage scellaient d'un signe quelconque sans caractère héraldique ([5]). Toutefois, les documents joints à notre enquête four-

---

([1]) Enq., banlieue de Namur.

([2]) Id., bailliage de Fleurus. Un curieux texte du 27 janvier 1457 (A.E. Namur, Souverain Bailliage, n° 613, rencharges f° 58) établit que « de si longtemps que il n'est memore du contraire, les hommes de lingnage demourant à N... delez Viesville, et qui est de le terre et seigneurie dudit Viesville, sont alés moire là où bon leur a semblé, fust au molin du seigneur dudit Viesville ou ailleurs ».

([3]) Prév. de Poilvache, pièces justificatives pour Pierlo de Somelette. Pour établir la parenté de diverses personnes, on dit qu'elles « se servaient à mort et à mariage comme parents ». (Id., pièces just. pour Englebert et Servais de Halloy).

([4]) Prév. de Poilvache, attestation du doyen de Rochefort pour Barth. Bechet.

([5]) Cf. notamment à ce sujet la généalogie de la famille Legros par L. DOUXCHAMPS dans l'*Annuaire de la noblesse belge* de 1912, 1re partie, p. 311.

nissent des indications ; ils montrent que, dans les familles où le droit de lignage remontait de père en fils à plusieurs générations, l'usage d'armoiries était établi comme corollaire de ce droit ; les témoins appelés à déposer dans les procédures en approbation décrivaient ces armoiries en une langue inexperte (¹). Nous constatons par deux exemples non équivoques que les branches féminines d'un lignage portaient les armes de celui-ci (²). Mais on aurait tort de traduire ces exemples en règle générale ; ceux notamment qui possédaient un blason paternel le gardaient, quand même ils devaient recourir à la ligne maternelle pour le droit de lignage (³).

L'enquête fait ressortir les déviations et les contradictions de la jurisprudence en matière de droit de lignage. On peut les attribuer en grande partie à cette circonstance que beaucoup de cas étaient jugés par les cours locales.

Un premier point sur lequel les opinions diffèrent est de savoir si l'époux roturier d'une femme noble partageait la condition de celle-ci. Plusieurs déclarations impliquent la négative : le comparant, reconnaissant qu'il n'est pas homme de lignage, invoque la qualité de sa femme au profit de ses enfants seulement (⁴). Mais dans la pratique, l'opinion contraire prévalut. Gérard de Modave, homme de lignage par sa mère, rapporte qu'« à cause de ladite Catherine Servais, Gérard de Modave son père a joui des droits et exemptions qui appartiennent à homme de lignage, et qu'on ne paya pas les droits de mortemain à son décès ». Thomas Drico, bourgeois de Namur, fait une déclaration analogue (⁵). Cet anoblissement du mari par la femme était si bien entré dans les mœurs, que l'Eglise le reconnaissait à l'occasion des funérailles (⁶).

(¹) Prév. de Poilvache, pièces just. pour Jean de Ben, Louis Dawan, François de Ronvaux dit de Caverenne, les Piffet, etc.

(²) Lambert de Sambrée, charron à Mohiville; Lambert de Sambrée dit de Baillonville, maréchal à Natoie ; Jean Lefebvre, maréchal à Mohiville; Guillaume dit le vieux Charlier, de Petit-Han ; d'autres encore, issus en ligne féminine de Messire Guillaume de Sambrée, portaient tous les armes de ce chevalier, savoir « une croix de Saint-André rouge, une mielle (merlette) à mitant, et plusieurs cloches bleues dans l'escuchon, dans un champ d'argent », et sur le heaume « la teste d'un levrier avec le cou ayant un gorly ». Rennewart de Paire et Watier de Seny, issus de frère et de sœur portaient tous deux « trois noires barres sur une champagne d'oire ». (Prév. de Poilvache, pièces just. pour Guillaume de Droman, Jaspar Mathis, Lambert de Baillonville, Englebert de Halloy et Jacques de Seny.

(³) Pierre de Restée, dit de Natoie, scelle du sceau de son père, bien qu'il fût de lignage par sa mère, née Pifet. (A. E. Namur, parchemins d'Emptinne).

(⁴) Anne Goffin, veuve de Mathis Jamotton, déclare que son mari payait les tailles, parce que « la femme ne peut affranchir l'homme » (Prév. de Poilvache).

(⁵) Namur, 9 décembre 1589, 5 janvier 1590.

(⁶) Déclaration de Mathis de Salley relatant les obsèques de ses grands parents (Bouvignes, 10 déc.).

Où surtout l'on fit litière des principes, c'est en matière de dérogeance. L'homme de lignage, comme tout gentilhomme, devait vivre noblement sur ses biens sans cultiver les terres d'autrui ni faire œuvre servile : expression qui comprenait tous les métiers manuels (¹). Or, si l'on fait le compte des professions avouées par les deux cents comparants de notre enquête, l'on ne trouve que trente-quatre fermiers propriétaires : les autres sont locataires, manouvriers, c'est-à-dire petits cultivateurs travaillant de leurs bras, ou artisans. Dans ce défilé de gens de lignage, le commissaire enquêteur vit passer tous les métiers : meuniers (²), brasseurs, marchands de bois, charpentiers, forgerons, tisserands, charrons, corroyeurs, cordonniers, et même des bûcherons. Le gentilhomme campagnard du XIVe et du XVe siècle, qui vivait sur son petit alleu et ne relevait que du prince, ne se survivait guère dans ses descendants du XVIe ; le morcellement des propriétés obligeait ceux-ci à chercher un gagne-pain. Mais la jurisprudence des cours locales et même des bailliages se montrait fort tolérante (³). A l'enquête, ces petits cultivateurs et ces artisans déclarèrent jouir effectivement des privilèges reconnus aux gens de lignage. De ci de là cependant, on objectait le fait de « labourer terres d'autrui », qui heurtait la lettre de la coutume : ainsi Wéry de Modave, quoique de lignage, payait les tailles, parce qu'il labourait une ferme de l'abbaye de Grandpré (⁴). Cependant, la plupart des gros fermiers éludaient le reproche de dérogeance, peut-être sous le prétexte qu'ils ne labouraient pas eux-mêmes (⁵).

L'origine des droits de chacun et le degré de lignage n'étaient que vaguement connus dans beaucoup de cas. Nous voyons bien le seigneur de Gesves réclamer d'un de ses manants « la déclaration du chevalier duquel il se disait être descendu, et en quel degré il est présentement »(⁶).

(¹) Jean de Longchamps devra être exempt de la taille « pourvu qu'il vive noblement comme doit faire un noble homme de loy et de linaige sur ses biens, sans servitude ne tenir et labourer terres d'aultruy ». (Jugement du Souverain Bailliage, 15 avril 1516, dans les pièces justificatives de l'enquête, bailliage de Wasseige).
(²) Parmi les fermiers des moulins banaux, beaucoup étaient de lignage. C'est probablement pourquoi ils cherchaient à obtenir des arrentements perpétuels, qui les rendaient quasi-propriétaires. Les Dubois de Gesves prétendirent même relever en fief le moulin de Hoyoul, dont ils étaient concessionnaires perpétuels (LAHAYE : *Fiefs de Poilvache*, 484).
(³) Par ex. François Làbbesse, de Warisoul, siégeait comme homme de lignage avec le bailli de Wasseige, bien qu'il fût censier (Enquête, banlieue de Namur).
(⁴) Mairie du Feix.
(⁵) Dans le procès intenté par J. de Fernelmont dit de Longchamps contre la commune de Liernu, les défendeurs insistent sur ce qu'il devait « labourer à lui-même *par ses serviteurs* » (pièces just., Wasseige). François de Ronvaux dit de Caverenne, fermier de l'abbaye de Grandpré, se dit « demourant au lieu de Borsu (Gesves) où il *fait labourer* » (Prév. de Poilvache, enq. du 26 mars 1590).
(⁶) Ibid., pièces just. pour Pierart Jaspar.

Mais le plus souvent, l'on se bornait à invoquer, soit la tradition, soit une parenté avec une famille reconnue ; quant au degré, on l'ignorait ou l'on risquait un à-peu-près. Et ce sont précisément les plus anciennes lignées qui fournissent le moins de précisions sous ce rapport. Voici, par exemple, Jacques de Seny, qui possédait tous les attributs des gens de lignage y compris les armoiries ; « toutefois il ne pense aucunement que ses ancêtres seraient procédés des anciens chevaliers qui furent créés par un comte de Namur pour le fait d'une bataille, mais d'une ancienne maison qui avait nom dès auparavant la création des dits chevaliers » (¹). C'est pourquoi le substitut de Paradis avait invité les intéressés à produire leurs preuves, sur lesquelles nous allons jeter un coup d'œil.

*   *   *

C'était beaucoup, dans les idées du moyen âge, que de « descendre de franc lignage, sans bâtardise ni autre vilaine tache ». Les documents qui prouvaient une telle origine étaient gardés précieusement dans les familles ; on les portait même sur soi, comme le montre l'anecdote suivante. Un jour, à Mohiville, quelques convives étaient réunis et sans doute échauffés par le vin ; l'un d'eux, Baudouin de Halloy, se prit de querelle avec Conrard de Barvaux à propos de leur noblesse et, tout en disant qu'il était « aussi homme de bien » que Conrard, lui jeta en la poitrine son verre plein de vin ; on les calma, mais alors Baudouin sortit une lettre en parchemin contenant l'extraction de son lignage ; le document ayant été lu en présence des convives, ceux-ci en reconnurent la valeur et déclarèrent que Baudouin était de bon lignage et de chevalerie (²).

De pareilles lettres contenaient ordinairement des jugements d'approbation ou vérification de lignage. Parmi celles qui furent annexées à l'enquête, les plus anciennes fournissent des données intéressantes sur la procédure suivie. Dans la prévôté de Poilvache, il était d'usage immémorial que la généalogie fût certifiée sous serment par trois témoins apparentés au demandeur dans la ligne par laquelle ce dernier se prétendait issu de chevalier et de dame (³) ; en d'autres termes, les

---

(¹) Prévôté de Poilvache, enq. du 16 déc. 1589.
(²) Ibid., pièces just. pour Englebert et Servais de Halloy.
(³) Bailliage de Wasseige, pièces just. pour Colart Godart ; jugement du prévôt de Poilvache, 30 juillet 1416 : « quelconquez homme ou personne qui se volloit monstrer et approuver de linaige de ladicte prevosté, ilh pouroit monstrer par ly et par trois hommes estrais et issu de cestuy linaige, et delle costé dont ilh voldra monstrer d'où ilh est issu de chevalier et de dame ». Cf. aussi Prév. de Poilvache, pièces just. pour Jehan Bodart : « Si quelque personne se vouloit approuver de linage en ladite prevosté, il pourroit monstrer le tierce homme issus de (cestuy lignage) de la costé dont il vorat monstrer que il estoit issus de chevalier et de dame ».

— 413 —

témoins devaient descendre du même chevalier que le demandeur (¹). Devant le Souverain Bailliage, deux témoins suffisaient (²). Au XVIe siècle, les privilèges financiers des gens de lignage étant battus en brèche par les agents du fisc royal et par les seigneurs, les procès se multiplièrent devant les justices locales. Celles-ci délivrèrent, même en l'absence de toute contestation, des certificats de noblesse. Il en résulta une grande abondance de titres écrits, dont témoignent les volumineuses fardes de preuves annexées à notre enquête. Il existait pourtant des familles de lignage qui se fondaient sur la tradition et ignoraient l'origine de leur droit (³); d'autres avaient perdu leurs titres par suite de guerres et de troubles: c'était le cas de toutes celles du bailliage de Fleurus ; parfois il n'existait qu'un exemplaire du document et le détenteur l'avait égaré (⁴).

A l'aide de ces preuves, l'on peut se rendre compte de l'origine des familles de lignage qui subsistaient à cette époque. Presque toutes se trouvaient au sixième ou au septième degré du chevalier dont elles se réclamaient. Deux seulement produisirent une filiation masculine (⁵). Il est aisé de comprendre comment tous ou presque tous provenaient de lignes féminines : la chevalerie du XIVe et du XVe siècles, à laquelle devaient se rattacher les gens de lignage de la fin du XVIe, ne s'était recrutée que parmi les riches, à cause de son équipement somptueux ; ses descendants se maintinrent dans la noblesse féodale et militaire, à l'exception de quelques rameaux issus de filles peu brillamment mariées. Ainsi s'accrédita l'opinion que les gens de lignage étaient des nobles en ligne maternelle. Une autre constatation nous montre que cette caste s'épuisait : c'est que la majeure partie de nos comparants sortait de quelques souches, hors lesquelles il n'existait guère de familles capables d'étayer leurs prétentions sur une généalogie (⁶).

Quelle suite fut donnée à notre enquête ? Parmi ceux qui s'y présen-

---

(¹) Parmi les preuves pour Barthélemy et Colart Palsegreves, on invoque une procédure de la prévôté de Poilvache dans laquelle les témoins « jurèrent estre yssus dudit chevalier et qu'ils estoient cousins de ceste mesme costé audit Collart delle Motte » demandeur.

(²) Bailliage de Bouvignes, preuves pour Servais Goffin et Guillaume Gallineau.

(³) Prévôté de Poilvache, preuves pour Barth. Béchet.

(⁴) Jean Bodart d'Yvoir déclare que son père et lui ont plusieurs fois payé les tailles parce que les lettres étaient perdues ; « elles ont été retrouvées il y a un mois en certaine maison à Leffe ». (Enquête, Prév. de Poilvache).

(⁵) C'étaient Jean de Gosnes, lieutenant-bailli d'Entre-Meuse-et-Arche, et Gilles son frère, laboureur à Andoy (enq. de la banlieue de Namur). L'approbation de lignage de la famille de Gosnes, en date du 2 février 1506, était jointe à l'enquête du bailliage d'Entre-Meuse-et-Arche, qui est perdue ; mais on peut y suppléer par les reliefs de fiefs.

(⁶) Vingt-sept comparants descendaient de Waldor de Modave, vingt-cinq de Lambert de Gosnes, dix-sept de Baré de Hanret, neuf de Lambert de Sambrée, neuf de Jean d'Aix, huit de Hellin de Ciplet, six de Jean de Saint-Martin, dix-sept prétendaient à tort tenir leurs droits du chevalier Bauduin de Florée, qui vécut au XIIIe siècle et dont ils descendaient à un degré beaucoup plus éloigné que le septième.

tèrent. qui fut admis comme ayant droit aux privilèges des gens de lignage, qui éconduit ? Il ne paraît pas qu'une décision d'ensemble ait été prise ; on n'en trouve trace nulle part. Dans sa correspondance, le commissaire-enquêteur cherche à rassurer l'Administration des finances, que le nombre des prétendants pouvait inquiéter : beaucoup seront écartés, suggère-t-il, parce qu'ils exercent des professions dérogeantes (¹). Le seigneur de Gesves, que nous pouvons citer à titre d'exemple parce que nous possédons ses comptes, ne s'émut pas des réclamations de plusieurs de ses manants ; s'inspirant d'un préjugé qui s'accréditait de plus en plus, autant que de l'intérêt des bourses, il ne reconnut comme gens de lignage que ceux qui l'étaient en ligne paternelle depuis deux ou trois générations. ; les autres furent inscrits parmi les redevables de la taille, mais on constate parmi eux quelques résistances. Ces mêmes comptes établissent que. au début du XVIIe siècle, il ne restait plus un seul homme de lignage proprement dit sur le territoire de Gesves, où l'on en avait jadis compté beaucoup (²).

* * *

L'institution des gens de loi et de lignage du comté de Namur doit être rapprochée des principes généraux qui régissaient, au moyen âge, la noblesse de chevalerie.

C'est vers la fin du XIIe siècle, et au début du XIIIe, que la chevalerie devint une caste fermée dans laquelle la naissance seule donnait accès ; qui n'était pas fils de chevalier ne pouvait s'élever à la chevalerie, sauf octroi du souverain (³). Caste privilégiée : le chevalier ne devait supporter aucune charge servile, comme le stipule Philippe le Noble, comte de Namur, dans une charte de 1212 relative au droit de meilleur catel (⁴).

D'abord exclusivement personnels, ces privilèges ne passaient point au fils du chevalier, s'il ne s'était point fait adouber en temps voulu (⁵). Mais, dès le début du XIIIe siècle, une tolérance s'introduisit. qui valut

---

(¹) Une lettre conçue dans ce sens avait passé sous les yeux du regretté Léon Douxchamps : malheureusement elle n'a pu être retrouvée.

(²) *Archives du château de Gesves* : Comptes des cens seigneuriaux à partir de 1561.

(³) Guilhiermoz : *Essai sur l'origine de la noblesse en France au moyen âge* (Paris, Picard, 1902), 461-465.

(⁴) Cte de Liminghe : *Chronique de Croonendael*, II, 650.

(⁵) « Filius militis emendetur ut pater usque ad XXX annos, deinde ut rusticus si non erit miles factus » (Usages de Barcelone, cités par Guilhiermoz, *op. cit.* 477, note 1). « Filii vero militum qui usque ad vicesimum quintum aetatis sue annum non fuerint facti milites, post vicesimum quintum annum tales erunt ad pacem quam rustici ». (Paix du comté de Hainaut en 1200).

au fils les immunités du père, sans autre condition que la naissance. Puis il suffit d'être petit-fils et finalement d'appartenir à la descendance d'un chevalier (¹). Ainsi fut constituée la noblesse de race. Cette évolution était accomplie à la fin du XIIIe siècle, comme on peut le constater par une charte liégeoise de 1290, qui suppose des règles spéciales de juridiction pour les chevaliers, leurs fils et ceux de leur sang et progéniture (²).

Mais que faut-il entendre par le sang et la descendance des chevaliers ? Toute leur postérité légitime ou seulement les lignes masculines ? A cette question se rapportent les règles de la transmission de la noblesse.

Dans toute société civilisée, chez les hommes libres, la filiation masculine l'emporte sur la filiation féminine. Elle exclut totalement cette dernière dans certaines communautés primitives, telles que la *gens* romaine ; mais sous l'action d'influences diverses, les femmes furent admises, de façon plus ou moins large, dans l'ordre successoral. Pour l'aptitude à la chevalerie, des textes formels exigent la descendance en ligne masculine (³) ; or l'aptitude à devenir chevalier et la noblesse étaient, au XIIIe siècle, une seule et même chose (⁴). De même, en matière de privilèges et d'exemptions, la famille noble ne comprenait en règle générale, que les agnats (⁵). Toutefois, Beaumanoir est trop absolu lorsqu'il déclare que la noblesse est « tozjours raportée de par les pères et non de par les mères »(⁶), car diverses coutumes attestent qu'elle ne fut pas toujours et partout réservée à la parenté agnatique.

L'une de ces coutumes fut celle du comté de Namur, remarquable

---

(¹) GUILHIERMOZ, *op. cit.*, 477-482.

(²) « In milites et filios militum et alios de consanguinitate et progenie militum ». (*Cart. de S. Lambert*, II, 166). M. ROPS conclut d'une charte de 1343 que le privilège des gens de lignage remontait au moins au XIIe siècle (*Ann. de la Soc. Arch. de Namur*, XX, 281). C'est inadmissible quand on considère le développement général des institutions et du droit. Mais on pouvait être homme de lignage au septième degré en 1343 et se réclamer d'un ancêtre qui vécut vers 1100, bien que le droit de lignage eût été organisé au XIIIe siècle. Il n'y a là aucune antinomie.

(³) « Et quant le mere est gentilfeme et le pere ne l'est pas, li enfant ne poent estre chevalier » (BEAUMANOIR, édit. Beugnot, II, 223). « Si aucuns hom estoit chevaliers et ne fust pas gentis hom de parage, tout le fust-il de par sa mère, si ne le porroit-il estre par droit ; ainz le porroit prandre le rois ou li bers en qui chastelerie ce seroit et le feroit par droit ses esperons tranchier sur 1 denier » (VIOLLET, *Etablissements de Saint-Louis*, III, 82).

(⁴) GUILHIERMOZ, *op. cit.*, 478.

(⁵) « Statuimus ut milites et filii militum et nepotes militis, *scilicet filii filii militis*, sint liberi et immunes ab omni quista et exactione ». (Statuts de Fréjus, 1235, cités par GUILHIERMOZ, 481, note 5). « Si miles vel filius militis vel alius qui sit de genere quod vulgariter dicitur *de parage* » (Coutume des nobles de la vicomté de Narbonne en 1232, *Ibid.*, n° 6). « Quod aliquis miles vel homo *de paratico* non posset facere malum alicui », (Corts de Barcelone, 1292, *Ibid.*).

(⁶) BEAUMANOIR, II, 232.

parce qu'elle offre des règles d'une précision unique,et que de nombreuses décisions judiciaires l'interprètent de la façon la plus claire. Les gens de loi et de lignage, on l'a vu plus haut, étaient les nobles de race, privilégiés à ce titre par le droit civil, pénal et fiscal. Or, si l'on analyse les règles qui déterminaient la transmission de leur qualité, l'on voit qu'elles dérivent uniquement des principes qui dominaient les relations de famille et de parenté, et régissaient les institutions dérivées de ces relations, telles que l'héritage, le retrait successoral, la guerre privée. Le terme même d'homme de lignage indique celui qui possède une famille, c'est-à-dire une famille noble, capable de le défendre (¹). Or, la famille, sous l'influence du droit germanique, qui prévalut dans nos contrées, comprenait la parenté par les femmes aussi bien que les agnats (²).

Première règle : la qualité d'homme de lignage se transmet dans toutes les lignes descendantes ; le lignage comprend toute la postérité légitime du chevalier. Les lignes masculines d'abord : il va de soi que celles-ci, mieux connues que les autres et souvent plus riches grâce à la succession féodale, donnèrent moins de prise aux contestations et firent plus rarement l'objet d'une procédure en reconnaissance. Cependant, nous pouvons citer des approbations en ligne exclusivement masculine (³). Les textes du moyen âge ne font aucune distinction entre cette ligne et les autres ; c'est seulement à l'époque moderne que les jurisconsultes s'imaginèrent qu'il y avait, au comté de Namur, « deux sortes de noblesse, l'une parfaite et perpétuelle, qu'ont ceux qui sont descendus de noble race en ligne masculine....., l'autre temporelle, qu'ont ceux qui ont fait approuver leur lignage et montré qu'ils sont issus de chevalier et de dame par sexe féminin » (⁴). La vérité est qu'il n'existait pas, dans l'ancien droit namurois,de noblesse transmissible à perpétuité, mais que, dans les familles opulentes, le privilège se renouvelait constamment par la profession des armes et par les alliances.

(¹) L'expression « s'appartenir de lignage » signifie être parents.
(²) RAIKEM et POLAIN : *Coutumes du pays de Liége*, I, p. 131. « Messire Arnult de Harduemont occist *ung home de lignaige de Ferme, qui fut delle fille Balduwin de Ferme....* »
(³) « Fut 1 chevalier nommet Messire Warnier dou Sellier demorant à Gesvez jadis ». (le surnom de ce chevalier fut en réalité : *du Cellier*) ; « doudit Messire Warnier yssit 1 fil nommet Hermant ; doudit Hermant yssit 1 fil nommet Pighot ; doudit Pighot yssit 1 fil nommet segneur Colin de le fontaine ; doudit segneur Colin yssit 1 fil nommet Jehan Moreal et doudit Jehan Moreal est yssus le dit Jehanin Morea » (A. E. Namur. Souverain Bailliage, plaids du château 1417-1418, f⁰ 35, v⁰). « Fut ung chevalier nommé Messire Bauret d'Aleur ; dudit Messire Bauret yssit ung filz nommet Henri de Beaufort ; du dit Henri yssit ung filz nommé Bertrand de Beaufort ; et dedit Bertrand yssit le dit Bertrand d'Embourg ». (Enquête, prév. de Poilvache, preuves pour Bertrand de Loyers).
(⁴) *Ann. de la Soc. Arch. de Namur*, XX, 279.

Parfois le droit de lignage se base sur une filiation exclusivement féminine (¹). On pourrait croire que cette seconde méthode date d'une époque où, la noblesse se confondant avec la liberté, l'enfant suivait la condition de la mère (²). Mais il ne faut pas chercher si loin. En effet, dans la plupart des généalogies que nous offrent les jugements d'approbation, la filiation s'établit par des ascendants de sexe différent. C'est donc bien la parenté seule qui formait la base du droit, comme en matière de succession.

Seconde règle : la transmission cesse au-delà du septième degré. De même, suivant les règles anciennes, les effets de la parenté s'arrêtaient à ce degré. Il en fut ainsi de l'empêchement de mariage jusqu'au quatrième concile de Latran tenu en 1215, lequel restreignit l'interdiction au quatrième degré de consanguinité. Le retrait successoral continua de s'exercer jusqu'au septième degré (³). C'est aussi jusqu'à cette parenté que s'étendaient primitivement le droit de guerre privée et les obligations qui en découlaient (⁴). Bref, selon les idées du haut moyen âge, le septième degré constitue la parenté la plus éloignée dont on tienne compte, la limite de la famille (⁵).

Troisième règle : la filiation qui conférait le droit de lignage ne pouvait être entachée de bâtardise, ce qui est conforme aux lois constitutives de la famille.

Primitivement, les lignages nobles constituaient des sortes de clans auxquels se rattachait, à côté de quelques branches principales, une multitude de parents obscurs (⁶). L'auteur du *Miroir des Nobles de Hesbaye* montre comment l'on pouvait changer de lignage, notamment adopter la famille maternelle, si l'on y avait intérêt. A cause de l'extrême

---

(¹) *Ann. de la Soc. Arch. de Namur*, XX, 277.
(²) GUILHIERMOZ, *op. cit.* 353-355. L'auteur explique de cette façon la noblesse maternelle de Champagne (Cf. *Bibliothèque de l'Ecole des Chartes*, 1889, pp. 309 et ss.). En Hainaut, l'on voit la filiation maternelle invoquée pour établir la « franque orine » (L. VERRIEST : *Le servage dans le comté de Hainaut*, 179 et ss.)
(³) « Dusques el septime degré de lignage pot on rescorre heritage de son costé puis que on puist prover le lignage... » (BEAUMANOIR, II, 189). « Le reson por quoi on pot recorre l'eritage de son parent dusques et septisme degré de lignage, si est tele que anciennement mariage ne se fesait devant le septisme degré...» (*Ibid.*, 191). Quant aux successions, les coutumes différaient beaucoup, dit Beaumanoir ; celle de Clermont limitait l'ordre successoral au quatrième degré (I. 226), ce qui est en contradiction avec la règle relative au retrait.
(⁴) « Il soloit estre l'on se vengoit, par droit de guerre, dusqu'au septisme degré de lignage, et ce n'estoit pas merveille el tans d'adont ; car devant le septisme degré ne se povient fere mariage » (*Ibid.*, II, 362).
(⁵) Il nous souvient d'un document dans lequel une personne stipulait pour sa postérité jusqu'à la septième génération, entendant par là la descendance la plus lointaine que l'on puisse imaginer. Remarquons d'ailleurs que le douzième degré fixé par notre Code civil pour limite de l'ordre successoral correspond au septième degré canonique, à un degré près lorsque les lignes collatérales sont égales, et parfaitement lorsqu'une ligne comprend deux degrés de plus que l'autre.
(⁶) P. ex. « Messire Arnult de Harduemont occist ung homme de lignage de Ferme, qui fut delle fille Balduwin de Ferme... » (Paweilhars, 189, dans RAIKEM : *Coutumes de Liége*).

fréquence des guerres privées, ces communautés fondées sur les liens du sang avaient une grande importance et le lignage ne pouvait être trop nombreux (1). Il faut remarquer aussi que, du moins dans les premiers temps, la transmission du droit de lignage dans les branches féminines eut rarement pour effet d'anoblir des vilains, l'égalité des conditions étant généralement recherchée dans les mariages. Mais à la longue, certains recoururent à la ligne maternelle pour recouvrer un droit éteint dans la ligne paternelle; en même temps, la décadence de certaines familles nobles en ouvrit l'accès aux gens de basse loi.

Dans le courant du XVIe siècle, le principe du droit français, suivant lequel la noblesse ne pouvait provenir que de la filiation paternelle, pénétra de plus en plus dans les idées et dans la jurisprudence. Son influence se manifeste d'abord, non pas dans le sens d'une distinction entre gens de lignage et nobles proprement dits, mais sous la forme plus radicale d'une objection opposée à ceux-là même qui réclamaient les privilèges de lignage du chef d'une filiation maternelle (2). En même temps, la noblesse de lignage pâtissait de l'humble condition de beaucoup de ses membres. Associant ces deux infériorités, celle de la filiation (qui n'existait pourtant pas toujours) et celle de la fortune, les jurisconsultes de l'époque se firent, des gens de loi et de lignage, l'idée que l'on sait ; ils crurent avoir affaire à une classe essentiellement différente de la vraie noblesse, de par son origine même, tandis que les textes primitifs ne comportent point cette distinction.

Il y a dans cette obscure gentilhommerie quelque chose de plus qu'un objet de curiosité archéologique. Entre l'aristocratie et le peuple, la caste des gens de lignage représente la moyenne propriété, la grande culture, le travail joint à une certaine indépendance et à des traditions d'honneur. Les anoblis de l'Ancien Régime, la bourgeoisie moderne, les vieilles familles de fermiers s'y rattachent dans une proportion considérable.

Gesves, février 1919.

M^{ce} HOUTART.

---

(1) Dans les lignages des familles brabançonnes, la transmission des droits s'opérait de même que chez les gens de lignage du comté de Namur ; mais il ne pouvait y être question de péremption à la 7me génération. Cf. HENNE et WAUTERS, *Histoire de la ville de Bruxelles*, I, 20-23.

(2) Enquête, Bailliage de Wasseige. Pièces just. pour Jean de Longchamps.

Épée, Noblesse et Bourgeoisie.

Une fois l'époque de la Renaissance commencée, la noblesse, qui peut s'acquérir en réalité assez facilement, qui n'est plus fondée sur une grande situation sociale ou sur des services éminents rendus au pays, ne conserve guère en Belgique de privilèges importants. Même ses immunités fiscales se trouvent réduites dans une large mesure : il n'est presque pas de taxe, du moins dans la majeure partie du pays, que le noble n'ait à payer comme le bourgeois. De pouvoir politique non plus, après les troubles du seizième siècle, la noblesse n'en a plus conservé effectivement. Dans les Conseils collatéraux, à la tête des provinces, on voit encore inscrire de grands noms de l'aristocratie, mais l'influence des hommes qui les portent se voit contrebalancée, si ce n'est annihilée, par celle des juristes dont ils sont entourés ou qui siègent à leurs côtés. Etre noble consiste désormais surtout à pouvoir faire usage d'armoiries timbrées, à user de certaines qualifications, à se parer de vêtements aux riches ornements, à se faire faire à sa mort des funérailles solennelles interdites aux bourgeois et aux manants, à porter l'épée, etc. En somme, le noble a le privilège d'échapper aux lois somptuaires par lesquelles, sous l'ancien régime, dans presque tous les Etats européens, le pouvoir a cherché, toujours vainement d'ailleurs, à enrayer un luxe ruineux pour les familles. Mais le grand tort de ces lois était de marquer aux yeux de tous la différence qui existait entre les diverses classes de la société, d'afficher la condition sociale, d'accentuer les différences de rang. De telles conséquences se trouvaient insupportables à beaucoup. Aussi, les admettant malaisément ou ne les admettant pas, et animés en outre du désir qui pousse nombre d'hommes à briller inopportunément et à s'élever à des degrés plus hauts que celui auquel leur donne droit leur naissance ou leur capacité, maints bourgeois bravaient-ils les prohibitions législatives en usant de quelques-uns des privilèges honorifiques réservés aux nobles. Ils n'aspiraient pas toujours à être des nobles, mais du moins à paraître appartenir à leur caste.

Cela ne se faisait pas sans tentatives de répressions plus ou moins efficaces. Les recueils des édits du XVIIe et du XVIIIe siècles sont riches en ordonnances visant à mettre une digue au flot toujours impétueux et montant des ambitions bourgeoises ; les archives de nos

Conseils de justice conservent de multiples pièces de procès dirigés contre les transgresseurs de ces ordonnances.

Une des questions qui fit, en ces temps d'autrefois, couler le plus d'encre et d'éloquence judiciaire, fut celle du port de l'épée. Elle se prêterait à une étude qui constituerait un tableau, restreint à un seul aspect, mais curieux néanmoins, des mœurs de nos ancêtres. Les pages qui nous sont réservées ici ne nous permettent pas de l'entreprendre. Nous nous contenterons donc d'examiner cette question au point de vue législatif. Notre travail se bornera à apporter une contribution à l'histoire de notre droit ancien, contribution dont nous ne dissimulons pas le peu d'importance, mais qui ne sera pas sans utilité, si elle enrichit cette histoire de quelque détail nouveau.

*   *   *

Comme presque toutes les autres prérogatives de la noblesse, celle de ceindre une rapière découlait de l'usage et, aux débuts de la législation héraldique écrite, elle n'est pas désignée d'une manière spéciale parmi les actes interdits aux roturiers. L'article 1er de l'édit signé le 14 décembre 1616 par les archiducs Albert et Isabelle se contente de spécifier quelles personnes peuvent s'attribuer la qualité de noble et « user de cérémonies et honneurs appartenants aux nobles ». Ces derniers mots furent considérés comme refusant aux vilains le droit de porter l'épée. L'édit lui-même et la jurisprudence se basaient donc sur la coutume, seule législation qui existât, avant la fin du XVIe siècle, en matière héraldique.

La coutume est variable et prête à des interprétations diverses. Aussi la nécessité d'une législation écrite se fit-elle bientôt sentir. Dès le 30 septembre 1623, Polchet, procureur général près du Conseil provincial de Namur, écrivait au Conseil privé : « De plus, il y a tant de port despées sans tiltre quil seroit bon d'y remédier par un article » [1].

Mais on doit attendre jusqu'au 2 mai 1654 pour qu'intervienne un texte législatif précis quoique encore de portée très restreinte. Ce jour-là, une ordonnance statue que « pour réprimer les insolences qui se voyent journellement arriver entre les laquais avec danger d'une suite de plus grands inconvénients », il était défendu à tous ceux qui avaient des domestiques de permettre et tolérer qu'ils portassent des épées, sous peine d'une amende de cent florins à payer par le maître du laquais

---

[1] *Archives générales du royaume, Conseil privé espagnol*, carton 1219.

contrevenant et d'un mois d'emprisonnement au pain et à l'eau pour le laquais lui-même (¹).

L'édit du 14 décembre 1616, republié le 18 février 1652 sans qu'aucune modification de texte y eût été apportée, reste la loi en vertu de laquelle doivent être réprimées les usurpations nobiliaires. En 1661, le 23 mars, Spinola, gouverneur général de Lille, Douai et Orchies, prend des dispositions pour faire respecter les prescriptions des archiducs. « D'autant qu'aulcuns, dit-il, se pourront mesprendre dans l'intelligence des marques d'honneur et de noblesse deffendues par icelles ordonnances, nous avons bien voulu faire entendre qu'entre autres le port d'espées en est une deffendue à toutes personnes s'ils ne sont gentilshommes, officiers de justice, ou de ceux qui sont de profession et ont droit de porter espée » (²).

L'effet de cette ordonnance ne s'étend pas au-delà du gouvernement de Spinola. Ailleurs, les usurpations continuent. Le héraut d'armes de Launay s'en plaint amèrement dans une requête qu'il adresse au roi en 1680. Il expose que le « port et l'usage de l'espée dorée et celle d'argent et d'acier est devenu si commun et si trivial, voire à tel mespris et mesus que non seulemen les gens de lettres, comme auditeurs, assesseurs, avocats, procureurs, les greffiers, secrétaires, huissiers de conseils et tribunaux et leurs respectifs officiaux et domestiques les portent libremen et impunémen, mais toute sorte de personnes indifféremmen qui ont quelques petits offices, tant de police que de justice, comme officiers des monnoyes et des monts de piété et leurs suppôts, baillifs, drossards, escoutettes, mayeurs et receveurs, y joincts les agens en cour et les solliciteurs ». En conséquence, il demande que le port indu de l'épée soit puni par la confiscation de l'arme et frappé d'une amende de deux cents florins s'il s'agit d'une épée dorée, de cinquante florins s'il s'agit d'une épée argentée et de vingt-cinq florins s'il s'agit d'une épée d'acier (³).

Vers la même époque, Constantin Bouhelier, roi d'armes du Hainaut, s'adresse au gouverneur général et lui expose que c'est « une chose étonnante et avec murmure publicq de voir en toutes villes de ces provinces des bourgeois et filz de marchands porter l'espée, comme les cavaliers et les nobles, aucuns mesme la portants dorée ». Et comme, ajoute-t-il, « ceste marque d'honneur n'est particulièrement spécifiée par le souverain placcart de l'an 1616, semblant qu'elle doibt être

---

(¹) *Arch. gén. du R.*, GALESLOOT, *Inventaire des procès héraldiques*, tome XIX, page 70.
(²) *Ibidem, Conseil d'Etat*, carton 404. — *Recueil chronologique de tous les placards concernant les titres et marques d'honneur et de noblesse*, tome I, p. 200.
(³) *Ibidem, Conseil privé espagnol*, carton 1222.

comprinse au 1ᵉʳ article, et à l'amende y statuée, le remonstrant, en acquit du debvoir de son office, représente ces excès à Votre Excellence et la supplie très humblement (comme représentant la personne royale de Sa Majesté) vouloir sur ce fait déclarer sa volonté pour le bien de justice et exécution dud. placcart... affin que le suppliant ait à s'y conformer » (¹).

Le gouvernement reste sourd à ces demandes, comme il l'est resté à celle du procureur général Polchet. Les abus deviennent cependant si grands que les autorités locales sont amenées à intervenir. C'est d'abord Eugène de Berghes, lieutenant-gouverneur général du comté de Hainaut, qui, le 9 août 1685, publie une ordonnance à Mons : « Le repos publicque, dit-il, se trouvant souvent troublé par les querelles, débats et duels qui arrivent, mêmes entre les méchaniques, que à quoy ne contribue pas peu le port des espées par toutes sortes de personnes contre les dispositifs des placcarts de Sa Majesté, désirant y remédier et régler chacun selon son estat et condition, avons trouvé convenir, rafreschissant lesdits placcarts, de défendre et interdire, comme nous défendons et interdisons par cette à toutes personnes indifféremment le port des espées, tant de jour que de nuit, réservez néanmoins les gens de guerre, gentilhommes et autres qui en ont la faculté, à tiltre de leur qualité, charge ou office, sauf aussi en voyage de la distance d'une lieue et plus du domicile et résidence ordinaire, le tout sous peine de confiscation desdites espées et de cinquante livres tournois d'amende pour la première contravention et de cent livres et autre arbitraire pour la seconde. » (²)

Des mesures analogues furent prises dans d'autres provinces. Le Conseil de Flandre s'opposait, le 9 novembre 1675, à ce que les avocats parussent dans les rues vêtus autrement que de vêtements noirs et sans rapières. Il ne leur permettait pas non plus l'usage de boutons dorés ou argentés, de dentelles d'or ou d'argent, de galons et de rubans de couleur (³). Le 15 juillet 1686, il prohibait à nouveau, sur les remontrances de ses conseillers fiscaux et des rois d'armes, l'usage de l'épée, dans le lieu de leur résidence, pour les avocats, procureurs, marchands et personnes non nobles quelle que fût leur profession (⁴). Il suivait en cela l'exemple donné par le Conseil de Brabant qui, le 26 novembre 1685, avait également proscrit cet usage dans son ressort pour les avocats, procureurs, notaires, employés de comptoir ou

---

(¹) *Arch. gén. du R.*, carton 1220.
(²) *Ibidem, Conseil privé espagnol*, carton 1222, et *Conseil d'État*, carton 404.
(³) *Recueil chronologique*, tome I, page 209.
(⁴) *Ibidem*, tome I, page 216.

d'office (¹). De même, le Conseil de Luxembourg faisait défense, le 27 octobre 1694, à « toutes personnes non étant de qualité requise par les ordonnances, notamment aux suppots et ministres de justice, clercqs d'avocat ou procureurs, de porter l'épée en publique dans les maisons ou ailleurs, sinon en voiage pour leur seureté seulement, à peine d'amende arbitraire ». Le Conseil interdisait pareillement « aux officiers de la prévoté et à ceux de l'hôtel de ville de porter l'épée, soit dans les fonctions de justice ou de police, soit publiquement dans les rues ou ailleurs, à l'exception notamment du maire royal ou héréditaire de cette ville, sauf auxdits officiers de la prévoté et de l'hôtel de ville de porter la robe dans les fonctions de justice et actions publiques ou à ceux de l'hôtel de ville de se pourvoir par devers le Roy pour obtenir la permission de porter des habits de cérémonie, comme il se pratique dans les autres villes du royaume » (²).

Nous constatons que dans une autre localité encore les échevins

---

(¹) *Recueil chronologique*, tome I, page 214.
(²) *Arch. gén. du R.*, *Conseil privé autrichien*, carton 973. — Ces prescriptions du Conseil de Luxembourg ne furent guère respectées, comme le prouve la demande d'instructions suivante adressée à l'Impératrice, le 25 février 1756, par le procureur général J.-B. Labbeye: « J'aurois cru que le dispositif des articles 21 et 23 de l'édit que Votre Majesté a fait émaner le 11 décembre 1754 touchant les titres et marques d'honneur ou de noblesse, port d'armes, armoiries et autres distinctions seroit assez précis et clair, d'autant que par le premier de ces articles le port de l'épée d'argent est tant seulement permis aux annoblis et que par l'autre il est défendu à tous ceux qui sont de moindre qualité que de chevalier de porter une épée d'or, dorée ou semblable, à peine de cent florins d'amende. Il me semble donc, sous très humble correction, que par le dispositif de ces mêmes articles, il est défendu à tous et un chacun non nobles de porter l'épée d'argent. Il est néanmoins que tant ceux du magistrat que du siège prévôtal de cette ville jusqu'à leurs respectifs clercs-jurés s'avisent de porter l'épée d'argent, soit en public soit pendant leurs séances, et ce sous prétexte, à ce que j'ai été informé, qu'ils seroient en due possession de la porter en vertu de leurs charges et emplois, ainsi que portoit l'article 22 du même édit, et ce même prétexte pourroit encore servir à d'autres de suivre leur exemple ; quoique suivant l'esprit du même édit le port de l'épée, notamment celle d'argent étant une marque distinctive réservée aux annoblis, qu'ainsi ceux dudit magistrat et siège prévôtal, en portant, tant hors que pendant leurs séances de justice, l'épée d'argent seroient rendus égaux aux conseillers de courte robe. Votre Majesté sera d'ailleurs servie de voir que par la sentence ci-jointe, rendue le 27 octobre 1694, à l'insistance d'un de mes devanciers en office, il a été défendu aux uns et aux autres de porter l'épée soit dans les fonctions de justice ou de police, soit publiquement dans les rues ou ailleurs, quoique cependant il soit vrai que depuis mon souvenir, ils l'aient constamment porté, laquelle possession j'estime, sous correction, être très abusive. De sorte que dans ces circontances j'ai cru devoir prendre mon très humble recours à votre Majesté et la supplier avec la plus profonde soumission de me faire connoître si sa Royale intention est que tant ceux dudit magistrat que du siège prévôtal et leurs respectifs clercs jurés, pour avoir porté l'épée, notamment celle d'argent, après la publication dudit édit, sont censés d'avoir contrevenu au même édit, et, en ce cas, comme il n'y a pas de peine explicite statuée à cet égard, quelles peines ils ont encouru, ou s'ils doivent être compris dans le cas de défense portée par l'article 22 du même édit, ou aussi si je puis conclure tant seulement à ce que défense soit faite de porter l'épée notamment celle d'argent en allant aux séances et pendant à celles et à leurs clercs-jurés de la porter sous quelque prétexte que ce puisse être hormis les voiages. » *Ibidem*. — Nous ignorons quelle suite fut donnée à cette requête.

interdisent, le 13 janvier 1698, à « tous bourgeois, manans et inhabitans de cette ville de porter espées ou autres pièces d'armes de jour et de nuit, sauf lorsqu'ils seront de garde, s'ils n'ont les qualités requises suivant les placcarts de Sa Majesté » (¹).

En 1714, le 12 octobre, le Conseil de Brabant ordonne de nouveau aux avocats de se vêtir du manteau noir et de s'abstenir de se montrer en public l'épée au côté (²).

En temps normal, s'il se refuse ou hésite à publier une nouvelle ordonnance sur les privilèges nobiliaires, le gouvernement montre cependant qu'il admet l'interprétation donnée généralement à l'article 1ᵉʳ de l'édit de 1616. Le 27 octobre 1685, un roi d'armes reçoit des lettres exécutoriales pour assigner, par devant le conseiller au Conseil de Brabant Christyn, tous ceux qui contreviendraient aux édits héraldiques « au regard du port de timbres, tiltres et autres marques d'honneur et de noblesse entre lesquelles estoient ceux à savoir : les espées d'argent ou argentées, d'or ou dorées, si que les communes, les lisières de velours ou de satin à l'entour des armes, les queues aux cottes ou manteaux de deuil, les flambeaux aux enterrements et funérailles, les grands voiles, les livrées de valets, les extructions des épitaphes superbes, les pierres sépulchrales relevées de quelque distance remarquable au regard des autres, les chaperons et couvers de chevaux, cottes et habits de brocard d'or et d'argent, les dentelles d'or et d'argent, le sacqueleu aux livres de femmes, la lettre D mise au-devant du nom des personnes, les carrosses dorés, argentés, couverts de deuil, les enterrements avec tout le clergé et les cinq ordres mendians, le son des grosses cloches pour personnes décédées, etc.. » (³)

Maximilien-Emmanuel de Bavière, désireux de s'assurer des appuis et d'éviter de créer des mécontents qui lui feraient opposition, ordonne, en 1705 et en 1706, aux Conseils de justice de suspendre, pendant la guerre, les poursuites pour port d'épée, tout en obligeant les personnes actionnées jusqu'alors, et qui voulaient profiter de la suspension accordée, de payer les dépens et frais des procédures provoquées par leurs transgressions (⁴).

Les rois d'armes protestent immédiatement. L'interdiction accordée par l'Electeur n'est pas seulement, à leur avis, contraire aux ordonnances, mais « destruit l'ordre de la noblesse entière, puisque le port

---

(¹) *Arch. Gén. du R., Conseil d'Etat*, carton 404.
(²) *Ibidem.* GALESLOOT, *Inventaire*, tome XXI, p. 134.
(³) *Ibidem*, tome XX, p. 177.
(⁴) *Ibidem, Conseil d'Etat*, carton 404.

d'espée est la principale marcque d'honneur » (¹). Leur protestation reste sans effet. Ce n'est que le 19 septembre 1714 qu'un décret du Conseil d'Etat prescrit de faire observer à nouveau les ordonnances sur le port de l'épée et reconnaît que beaucoup d'abus ont dû être tolérés à cause de la guerre de la succession d'Espagne (²).

Aussitôt les Conseils de justice se mettent en devoir d'obéir. Le 27 septembre, le Conseil souverain de Hainaut rend public le décret du Conseil d'Etat. Mais, sur plainte du magistrat de Mons, dont plusieurs membres sont victimes de poursuites, le gouvernement, par décret du 27 novembre suivant, tient de nouveau en surséance tous les procès pour port d'épée intentés devant les juridictions hennuyères (³). En 1717, le Conseil souverain reçoit l'ordre de republier son ordonnance du 27 septembre 1714, afin que « chacun reste dans l'ordre qu'il convient à son état et profession ». En conséquence, les juges de Mons défendent à « toutes personnes indifféremment le port de l'épée à la réserve des gens de guerre, nobles et autres, qui en ont le droit à titre de leurs qualités, charges et offices » (⁴).

Ce n'est pas en Hainaut seulement que la situation paraît exiger des remèdes. Le Conseil d'Etat s'adresse, en 1719, au gouverneur général et lui représente que les abus sur le port de l'épée ne se sont pas glissés ailleurs dans une moindre mesure. Aussi demande-t-il que les placards et ordonnances pris à ce sujet soient renouvelés par tous les Pays-Bas et qu'il soit ordonné à chaque Conseil de justice de les faire observer dans son ressort sans faveur ni dissimulation (⁵).

Il fallut attendre jusqu'en 1737 pour qu'il fût fait partiellement droit à cette requête. Cette année-là, le 7 novembre (⁶), fut publiée une ordonnance de Marie-Elisabeth. L'archiduchesse-gouvernante y constatait que les placards qui défendent le port de l'épée aux personnes manquant des « qualités requises » n'étaient pas observés; que les fonctionnaires, chargés d'assurer cette observation, se contentaient de poursuivre les délinquants assez riches pour payer l'amende et laissaient courir les autres; que l'abus du port de l'épée donnait lieu à des querelles, à des meurtres et à des homicides. Pour remédier à cette situation, ordre

---

(¹) *Arch. Gén. du R., Conseil d'Etat*, carton 404.
(²) *Ibidem.* — *Recueil chronologique des placards concernant les titres et marques d'honneur et de noblesse*, tome II, p. 234.
(³) *Arch. gén. du R., Conseil d'Etat*, carton 404. — Il est probable que cette surséance n'atteignit que les procès intentés devant le Conseil de Hainaut.
(⁴) GACHARD, *Recueil des ordonnances des Pays-Bas autrichiens*, 3ᵉ série, tome V, p. 194.
(⁵) *Arch. gén. du R., Conseil d'Etat*, carton 404.
(⁶) Dans un procès, nous avons vu faire mention d'une ordonnance du 23 novembre 1720. Nous l'avons vainement recherchée.

était intimé aux conseillers fiscaux, aux hérauts d'armes et autres officiers compétents, de remplir les devoirs de leurs charges contre tous les contrevenants « avec une exacte égalité, sans port ni dissimulation », et à tous les juges de prononcer contre les coupables insolvables « telles peines arbitraires qu'ils trouveraient convenir selon les circonstances du cas » (¹).

Cette ordonnance ne mettait pas fin aux usurpations. Le roi d'armes Liser signalait, en 1738, les procès multiples qu'il avait à soutenir pour assurer son exécution et son confrère Jaerens, ainsi que van den Leene, pour éviter les arguties et les faux-fuyants au moyen desquels les délinquants s'efforçaient de mettre obstacle aux poursuites, croyaient devoir demander une interprétation de l'édit.

La coutume et les ordonnances admettaient au port de l'épée non seulement les nobles, mais aussi ceux qui y avaient droit « en vertu de leurs charges et emplois ». A qui cette dernière stipulation pouvait-elle profiter ? La manière dont elle était rédigée permettait de multiplier les contestations. Lorsque se prépara l'édit du 11 décembre 1754, la Chambre héraldique demanda qu'on lui donnât une certaine précision en indiquant dans l'ordonnance projetée quelques emplois qui ne comportaient pas l'usage de la rapière. Dans l'énumération qu'ils désiraient, ils proposaient de comprendre les secrétaires et greffiers des divers Conseils du gouvernement, des villes et de la Chambre des comptes, les docteurs, les médecins, les avocats, les procureurs, les clercs, les employés des monts-de-piété, de la Chambre d'Uccle, de la foresterie, des tonlieux, déjà exclus tous du droit de porter l'épée en vertu de plusieurs interprétations gouvernementales, les receveurs, officiaux et clercs des divers consaux, les fonctionnaires de la monnaie, les baillis, mayeurs et autres officiers des villes et seigneuries.

On sembla d'abord vouloir leur donner satisfaction et un premier projet d'édit contient en son article 4 une énumération du genre de celle qu'on vient de lire. Mais la jointe créée pour examiner le projet s'opposa à l'adoption de cette disposition. « Il paroit, dit-elle, dans son rapport au gouverneur général, que l'article 4 devroit être omis en entier ou du moins réduit à des termes généraux ; tous les états ou offices, qui en font ou devroient faire l'objet, n'y sont pas exprimés à beaucoup près ; et comme d'ailleurs il seroit difficile d'en faire une énumération exacte, le public en inféreroit que tous ceux qui n'y sont pas énoncés sont revêtus de charges qui anoblissent » (²).

(¹) GACHARD, *Recueil des ordonnances des Pays-Bas autrichiens*, 3ᵉ série, tome V, p. 194.
(²) *Arch. gén. du R., Conseil privé autrichien*, cartons 972 et 973.

L'objection n'était pas sans fondement, mais on pouvait échapper à l'inconvénient signalé en substituant à une énumération négative une énumération positive, c'est à dire en indiquant quels étaient les emplois entraînant la prérogative de porter la rapière, et non pas ceux que l'on entendait priver de cet honneur.

Le gouvernement ne pouvait méconnaître qu'en donnant à l'édit en préparation de la précision, il supprimerait une foule de procès. Mais sans doute craignait-il qu'en tranchant une fois pour toutes la question, il froisserait un grand nombre de personnes. Mieux valait, pour lui, laisser les cours de justices procéder à des éliminations dans des cas particuliers. Cette procédure devait faire moins de bruit, causer moins de déceptions et de colères générales. Mais en même temps elle exposait à des variations et à des contradictions de jurisprudence nuisibles au respect de la loi.

La Chambre héraldique ne manqua pas de faire ressortir cet inconvénient dans un mémoire qu'elle adressa au Conseil privé au sujet de l'édit de 1754. « L'article, disait-elle, ne faisant aucune rénumération (*sic*) d'emplois et de charges, laisse par conséquent le juge commissaire par devant lequel l'action devra être instruite arbitre de déterminer quel emploi devra légitimement jouir de l'exception. Il résultera de ce doute et de cette obscurité que celui revêtu d'un emploi, qui ne signifie rien en soi, pourroit triompher tandis que d'autres, dont les emplois sont d'une catégorie plus élevée, seroient condamnés. Cette variété de jugement ne manquera pas de donner lieu à des murmures parmi le peuple et laissera perpétuellement le corps héraldique dans le doute et incertitude par rapport au sistème qu'il devra embrasser et suivre. » [1]

Quoi qu'il en soit, l'édit de 1754 se borna à confirmer que le port de l'épée était une prérogative nobiliaire. Par ses articles XXI, XXII et XXIV, il permettait le port de l'épée d'argent aux anoblis, défendait le port d'une épée quelconque à tous ceux qui n'étaient pas nobles ou qui n'étaient pas « autorisés ou en due possession de la porter en vertu de leurs charges et emplois » et interdisait aussi le port de l'épée d'or, dorée, ou « semblable », aux nobles de qualité inférieure à celle de chevalier. Par son article XIV, il stipulait en outre que les membres des familles lignagères ou patriciennes des villes ne pourraient de ce chef porter l'épée, refusant ainsi la noblesse à ces familles qui y prétendaient [2].

---

[1] *Arch. gén. du R., Conseil privé autrichien*, carton 973.
[2] ARENDT et DE RIDDER, *Législation héraldique de la Belgique*, pp. 210 et 212.

Les procès pour port d'épée continuèrent après la publication de l'édit de 1754. La Chambre héraldique était revenue, mais toujours en vain, sur la nécessité de déterminer quelles charges autorisaient cet usage. En vain aussi, elle avait insisté sur l'utilité de donner tout au moins aux rois d'armes des instructions précises [1].

---

[1] « Il est essentiel, dit la Chambre dans un mémoire non daté adressé au gouverneur général, toutefois que cet édit, dont le public a été pour ainsi dire prévenu plus de deux ans avant son émanation, soit observé autant qu'il est possible.

» On dit autant que possible, parce qu'il n'est point aisé de détruire, dans un temps moral, une multitude d'abus qu'une nombreuse suite d'années a introduits.

» On réduira les doutes qui paraissent résulter en six différents articles.

» 1º Pour ce qui concerne les avocats, procureurs et agens des deux derniers, l'on ne croit pas qu'on doit en parler, aucun titre ne peut les autoriser à porter l'épée. Des premiers à ce qu'on apprend dans le public se serviront du titre de leur grade de licentié et de la possession, rien du tout, cela ne peut militer en leur faveur : l'article est clair à leur égard, il faut pour être autorisé au port d'épée des emplois et charges ; d'ailleurs la profession d'avocat, quand elle est exercée par une personne à talens, honore assez et n'a pas besoin d'être décorée par cette marque de distinction, qui pour eux ne doit rien signifier ; l'on comprend dans cet article les médecins et chirurgiens, excepté ceux admis en cette qualité à servir la Cour.

» 2º Tous emplois et charges de greffiers et secrétaires, soit de villes, des Conseils de justice, ou d'autre judicature, ainsi que les juges tels que ceux de la Chambre d'Uccle, de tonlieu, de la foresterie, tous ceux des monts-de-piété, et d'autres semblables, devroient être rangés dans la catégorie du premier article du présent mémoire, la robe convenant plus que l'épée à la plupart de ceux qui en sont revêtus.

» 3º A l'égard des magistrats en général, l'on observeroit seulement que comme leurs fonctions ne consistent pas seulement dans l'administration de justice, mais influent dans bien des occurences publiques, dans lesquelles l'on pense qu'il seroit convenable de leur laisser des marques qui puissent leur concilier le respect du peuple. Après tout, cette distinction pour eux ne durera qu'autant qu'ils continueront dans la magistrature. On pourroit faire aussi une différence des magistrats des bonnes villes, telles que Brusselles, Louvain, Anvers, Malines, Mons, Namur, etc., d'avec les magistrats d'autres villes.

» 4º Les emplois et charges ausquels l'on estimeroit que le port d'épée de cuivre, en distinction des nobles et autres plus élevés par leurs charges et offices, pourroit apartenir, seroient ceux qui sont attachés aux trois conseaux collatéraux et à la secretairerie d'Etat et de guerre de S. M., parmy lesquels il y en a sans doute qui sont pourvus des lettres patentes ; ils paroissent être compris dans le cas d'exception et de la possession, et que comme les trois consaux collatéraux sont distingués par des privilèges particuliers, il semble aussi convenable que les officiaux de ces corps le soient aussi de ceux qui appartiennent à des corps moins respectables ; entre iceux, pourroient aussi être compris les huissiers des respectifs conseaux, ainsi que les officiers de justice n'étans pas nobles.

» 5º A l'égard des officiers domestiques de ce qu'on nomme des grandes maisons, tels que d'intendans, maîtres d'hôtel, secrétaires et valets de chambre, l'on pense pour finir tout à coup et épargner les fraix d'une action, il conviendroit de faire insinuer les maîtres de ceux qui seroient dans le cas de contraventions de donner à leurs officiers domestiques les ordres convenables à cet effet.

» 6º L'on estime qu'à l'égard des corps d'archers et hallebardiers, il devroit y avoir une différence pour le port d'épée, en ce que les premiers pourroient les porter d'argent et les derniers de cuivre, et que ces ordres leur seroient insinués par la voye des chefs des respectifs corps.

Soit pour empêcher les différentes demandes d'interprétation sur nombre d'articles, soit pour éviter le recours de ceux à charge desquels l'action du corps héraldique sera dirigée, il semble que dans une ville et résidence de cour telle que celle-ci, il conviendroit que la Chambre héraldique fût apaisée sur les 6 articles compris dans ce mémoire par une instruction particulière, qui lui serviroit de direction dans les opérations ainsi que sur d'autres. » *Arch. gén. du R., Conseil privé autrichien*, carton 973.

Lorsqu'au début de son règne, Joseph II, rénovateur en matière héraldique comme il l'était en tout, fit préparer un nouveau projet d'ordonnance, les Conseils de justice furent consultés. Plusieurs d'entre eux proposèrent le maintien des dispositions législatives prises antérieurement au sujet du port de l'épée. Le Conseil de Tournai, présidé par Philippe de Nény, fit, au contraire, des critiques sévères à ce sujet.

» L'article 23, disait-il, qui a pour objet la couleur ou le métal de l'épée, nous paraît renfermer une minutie indigne de la législation.

» Nous soumettons à la considération de Votre Majesté s'il ne serait pas convenable de supprimer le port de l'épée.

» Quelqu'ancien que soit un usage, dès qu'il est mauvais, on peut en proposer l'abolition à un prince éclairé.

» Cet usage ridicule et barbare d'aller chez ses parents, chez ses amis et dans les temples avec une longue arme défensive a été inconnu à toute l'antiquité, dont les nations les plus guerrières ne portaient jamais d'armes hors des camps ; il nous vient de ces temps malheureux de l'anarchie féodale, où l'on était obligé d'être toujours en armes, parce que l'on n'était à l'abri de la violence qu'autant qu'on était en état de la repousser.

» Cet usage est presque abandonné depuis longtemps en Angleterre ; il l'est depuis deux ou trois ans dans la capitale de la France, où les gens du plus haut rang ne portent plus d'épée que dans les occasions de grande cérémonie, et même dans ce pays l'usage en devient plus rare.

» Nous croyons donc qu'on pourrait supprimer absolument un usage absurde qui n'a et ne peut avoir d'utilité et qui empêche peut-être l'abolition totale des combats singuliers.

» Si l'on veut absolument donner une distinction à la noblesse, il est aisé d'en imaginer quelque autre plus conforme à nos mœurs; mais nous croyons qu'il vaudrait mieux diminuer les barrières qui séparent cet état de la bourgeoisie. »

Le grand Conseil de Malines estimait qu'il fallait conserver le port de l'épée comme privilège de la noblesse, mais il émettait des critiques analogues à celles du Conseil de Tournai.

« On pourrait, écrivait-il, tirer en doute qu'il faille conserver l'épée pour marque de noblesse. Nous vivons dans un siècle où la raison prend hautement le dessus sur les préjugés. Nous sentons parfaitement le ridicule de l'usage d'aller voir nos amis, de paraître dans les églises et les cérémonies publiques, comme s'il s'agissait de s'y couper la gorge. Cependant cet usage subsistera aussi longtemps que l'épée sera une marque d'honneur pour les nobles. Mais d'un autre côté, on ne s'écarte pas facilement d'un usage ancien qu'on respecte encore dans tous les Etats chrétiens de l'Europe. » (¹)

L'édit héraldique médité par Joseph II resta à l'état de projet et le port de l'épée continua, jusqu'à la fin de l'ancien régime, à être régi dans les Pays-Bas autrichiens par les ordonnances de ses prédécesseurs.

A. DE RIDDER.

(¹) *Arch. gén. du R., Conseil privé autrichien*, carton nº 974

Réception
d'un héraut d'armes du pays de Liége
sous Gérard de Groesbeeck.

En 1636, Ferdinand de Bavière soumit à l'assemblée des Etats de Liége le projet d'un édit relatif aux usurpations des titres de noblesse, et demanda qu'il fût établi un héraut d'armes [1] ; quelques années plus tard, le 14 août 1640, l'évêque nommait à cet office le chanoine Henri van den Berch.

On a cru pouvoir en conclure que c'était là l'origine, la création de l'office de héraut d'armes au pays de Liége ; cette opinion est émise non seulement par les auteurs contemporains, mais aussi par les anciens héraldistes : Louis Abry, en 1670, parlait de van den Berch comme du « premier héraut d'armes qui fût à Liége » [2].

Contrairement à cette opinion, on peut établir qu'à tout le moins depuis la fin du XIVe siècle, les évêques de Liége eurent des hérauts d'armes ; c'était l'usage chez tous les princes, grands et petits, laïques et ecclésiastiques. La cour de Jean de Bavière (1389-1418) était organisée à l'instar de celle des comtes de Hainaut [3], qui comprenait des hérauts, des ménestrels, des jongleurs et tout un personnel d'apparat et de luxe [4].

Jean de Heinsberg (1419-1455) se rendit, accompagné d'une nombreuse et brillante escorte, au couronnement de Frédéric III comme roi des Romains, à Aix-la-Chapelle, le 17 juin 1442 ; tous les princes invités à la cérémonie y étaient arrivés avec leurs hérauts d'armes ; après la fête, ceux-ci se disputèrent d'une façon peu élégante les lambeaux des tapis sur lesquels le roi avait siégé en majesté et qui leur appartenaient en vertu d'une ancienne coutume [5].

Les évêques Louis de Bourbon (1456-1482) et Jean de Horn (1484-1505) avaient leur héraut d'armes ; il s'appelait Thomas Franchi-

---

[1] BORMANS, *Tables des manuscrits généalogiques de Le Fort.* — B. I. A. L., t. IV, p. 326, note.
[2] *Bulletin de la Société des Bibliophiles Liégeois*, t. I, p. 189.
[3] Aubert de Bavière, père de Jean, gouverna le Hainaut de 1358 à 1404 ; Guillaume, frère de l'évêque de Liége, fut comte de Hainaut de 1404 à 1417.
[4] *Extraits de la recette générale de Hainaut*, publication extraordinaire du Cercle Archéologique, à Mons, pp. 40, 112, etc.
[5] *Chronique de Jean de Stavelot*, pp. 494, 495, 498.

mont (¹). On le trouve mentionné le 9 septembre 1481 (²) ; il était en même temps héraut d'armes de l'archiduc Maximilien, roi des Romains (³), titre qu'il prend notamment en 1486 (⁴). Ce personnage fut tué au cours des guerres civiles : le prince-évêque et ses partisans s'efforçaient de reprendre la cité occupée par les Lamarck ; lors d'une tentative infructueuse d'escalade faite le 6 décembre 1489, plusieurs des compagnons de Jean de Horn tombèrent aux mains de leurs ennemis ; parmi eux se trouvait Franchimont, héraut d'armes de l'évêque, qui, dit la chronique, « etiam pixidem archiducis sive regis Romanorum deferebat ». En confusion de son seigneur et maître le prince de Liége, il fut mis sur un chevalet jusqu'à ce que mort s'ensuive, puis son corps fut jeté dans la Meuse du haut du pont des Arches (⁵).

Lors de la Joyeuse Entrée de Corneille de Berghes (1538-1544) dans les bonnes villes de la principauté, notamment à Maestricht le 3 juillet 1538, deux hérauts d'armes, celui du prince et celui des comtes de Bueren, chevauchaient devant Son Altesse (⁶).

Aux funérailles de Georges d'Autriche (1544-1557), le 18 mai 1557, les deux hérauts d'armes de l'évêque défunt figuraient dans le cortège avec leurs « rocquetz » (⁷) ornés de ses armes, « et suivoit iceux celui qui portoit le grand blason » (⁸).

Enfin, chaque fois que l'on trouve racontée dans ses détails quelque cérémonie importante relative aux évêques de Liége, il est fait mention de leurs hérauts d'armes.

L'office de héraut d'armes n'avait plus au XVIe siècle le même caractère qu'au XIIIe (⁹) ; il subit une évolution parallèle à celle de la société féodale : rouage de la chevalerie tant que celle-ci fleurit, le héraut perd successivement ses anciennes prérogatives au fur et à mesure que se modifient l'idée de noblesse, les devoirs, la manière de vivre et les préoccupations des seigneurs.

Ambassades, port de messages relatifs à la guerre, aux événements politiques, aux naissances, mariages, décès et inaugurations de princes,

---

(¹) Franchimont n'était pas son patronyme, mais son titre héraldique.
(²) PONCELET, *Cartulaire de l'église Saint-Lambert de Liége*, t. V, p. 213.
(³) Maximilien d'Autriche couronné roi des Romains le 9 avril 1486 ; il intervient fréquemment à cette époque dans les affaires de la principauté de Liége.
(⁴) *Echevins de Liége*, œuvres, reg. n° 48, fol. 285.
(⁵) BALAU, *Chroniques liégeoises*, t. I, p. 394.
(⁶) *Conférences de la Société d'Art et d'Histoire du diocèse de Liége*, 4e série, p. 114.
(⁷) Rochets, cottes d'armes, casaques.
(⁸) *Chapitre de Saint-Lambert*, conclusions capitulaires, cahier à réintercaler.
(⁹) On peut se rendre compte des attributions et de la condition sociale des hérauts au XIIIe siècle, en parcourant les romans de chevalerie de cette époque ; dans le poème de Jacques BRETIAUS, *Le Tournoi de Chauvency*, il est question des hérauts presque à chaque page.

invitations à des fêtes, proclamations, défis, sommations (¹), intervention aux joutes, tournois et champ-clos, assistance aux cérémonies, funérailles (²), joyeuses entrées et cortèges, telles étaient, au XIVe siècle et au XVe, les principales attributions des hérauts d'armes ; c'étaient des officiers d'apparat, les chefs du protocole ès choses de guerre et de chevalerie. On rencontre deux fois, dans l'exercice de ses fonctions, le héraut d'armes de Jean de Horn ; dans les deux circonstances, il proclame, au perron de Liége, des paix conclues entre l'évêque et les Lamarck (³).

Mais dès cette époque, et longtemps auparavant, les hérauts d'armes s'étaient adonnés tout particulièrement aux recherches généalogiques et à l'étude de l'histoire des familles (⁴). Au cours de leurs voyages, ils prenaient des notes ; rentrés chez eux, ils rédigeaient des traités concernant la noblesse et formaient des recueils d'armoiries. Au XVe siècle, ils enregistraient déjà les noms et les armes des nobles et des anoblis, en prenant attention « que les dittes armes soient mises en leur degré et ordre, car de tant comme la noblesse est plus ancienne, de tant doibt elle précéder celle qui est de mendre antiquité, sans en ce avoir regard aux personnages ne à la richesse » (⁵). Ces études et ces travaux étaient nécessaires à l'exercice de leur profession : conservateurs des traditions relatives à la noblesse et au blason, ils devaient connaître la filiation des gentilshommes, afin de les placer dans les cérémonies, chacun à son rang hiérarchique, de déterminer minutieusement les honneurs, les prérogatives, les armoiries, les insignes auxquels ils pouvaient prétendre. Le contrôle des titres et des attributs de la noblesse (⁶), qui n'était d'abord que l'accessoire et la conséquence de leur office, prit de plus en plus d'importance à mesure que s'accentuait la décadence de la chevalerie, que les armées stipendiées succédaient aux cohortes féodales et que la noblesse diplômée par lettres patentes remplaçait les anciens lignages. Cette attribution est la seule qui leur resta durant les deux derniers siècles de l'ancien régime (⁷).

(¹) *Inventaire des archives du département du Nord*, t. V, p. 275 (année 1578).
(²) Le manuscrit de David Hoyau renferme un long mémoire de quatre pages concernant uniquement la question de l'héraldique et du protocole au service funèbre de Gérard de Mortagne dit d'Espierres, en 1391.
(³) *B. C. R. H.*, 5e sér., t. IX, pp. 604, 606.
(⁴) Dès le XIVe siècle, le héraut d'armes Gelre composa un armorial que feu de Raadt qualifie un des joyaux de la Bibliothèque royale de Belgique (*Sceaux armoriés*, t. I, p. 104).
(⁵) ROLAND, *Parties inédites de l'œuvre de Sicile*, p. 99.
(⁶) Notamment la vérification des quartiers, preuves et intendits fournis pour l'admission à l'ordre équestre et aux chapitres nobles.
(⁷) A côté de ces fonctions officielles, ils s'employaient à dresser, pour des particuliers, des arbres généalogiques et à négocier l'obtention de diplômes de noblesse.

Les hérauts d'armes ne recevaient aucun traitement fixe : un casuel leur était attribué lorsque l'on avait recours à leur ministère.

A Liége, la charge resta parfois sans titulaire durant plusieurs années, soit par suite de manque de candidats, soit par oubli et indifférence (¹); il en était ainsi vers le milieu du règne de Gérard de Groesbeeck (1564-1580), lorsque, grâce à un concours de circonstances favorables, l'emploi fut conféré par le prince à un Montois.

* * *

Vers 1520, un brave mercier de Mons en Hainaut, Pierre Hoyau, affilié au serment des canonniers de la ville, eut un fils qui reçut le nom de David ; peu de temps après, Pierre Hoyau acheta une petite maison de commerce rue de la Chaussée, et c'est là que notre David passa ses jeunes années.

Comment, dans la paisible boutique paternelle, le goût des recherches héraldiques naquit-il chez lui ? Il ne nous l'a pas appris. Siège du chapitre noble de Sainte-Waudru et des assemblées des Etats où se donnaient rendez-vous tous les gentilshommes du comté, la ville de Mons était un centre favorable à l'étude du blason. David, sous la direction d'un maître dont il ne dit pas le nom, fit avec zèle son apprentissage de poursuivant d'armes : il relevait les armoiries qu'il rencontrait, copiait des inscriptions, des épitaphes, des traités d'héraldique ; parfois, il obtenait quelque mission de confiance : on appréciait sa discrétion. A Mons, on le considérait comme un lettré, un érudit, et les gens prirent l'habitude de l'appeler *maître* David (²), titre que l'on continua de lui donner jusqu'à sa mort (³). Lorsqu'il fut suffisamment éclairé, il obtint le grade de héraut d'armes et le titre d'*Ostrevant* (⁴), sous lequel avaient été baptisés précédemment plusieurs officiers d'armes hennuyers.

A ce moment l'héraldique, dans nos contrées, ne nourrissait pas son homme et ne pouvait être, pour les titulaires, qu'une occupation accessoire. Il y avait d'ailleurs en Hainaut plusieurs hérauts plus anciens

---

(¹) Il y avait pourtant alors, au pays de Liége, des personnes très versées en généalogie et en héraldique, entre autres Jean de Brialmont, seigneur de Fraiture et maïeur de Huy (Le Fort, 2ᵉ partie, t. XIV*bis*, fol. 1. — *Bulletin de la Société des Bibliophiles Liégeois*, t. I, p. 51).

(²) *Ville de Mons*, cahiers de bourgeoisie, année 1549.

(³) Selon les anciens traités, les officiers d'armes se faisaient d'hommes jeunes « bien emparlés et endoctrinés ». Roland, *Parties inédites de l'œuvre de Sicile*, p. 87.

(⁴) Voir ci-après, p. 437 note 1. Les aînés de Hainaut, à l'époque des comtes particuliers, recevaient d'ordinaire le titre de comtes d'Ostrevant.

que David, plus renommés ou mieux recommandés, auxquels on recourait de préférence. Les prétendants à cet office n'étaient ni des seigneurs ni des rentiers, mais des gens de modeste condition. David Hoyau s'était marié fort jeune avec Françoise Le Bastenier, fille unique de Jehan Le Bastenier dit Visterlet et de Françoise Goubille, et dès le 15 juillet 1541, il était père de famille (¹). Pierre était mort peu auparavant, ne laissant à sa veuve et à ses trois enfants qu'un héritage modique. Sans souci de la déchéance, David se livra au négoce : il s'installa dans la maison paternelle, à laquelle il donna pour enseigne : *A Francfort* (²); et après quelques années, il était à la tête d'un important commerce de cuirs. Il voyageait beaucoup et ses longues absences firent croire parfois que son épouse, restée au logis, était veuve (³). A cause de ses occupations commerciales ou d'autres motifs, les autorités ne semblaient pas apprécier ses qualités héraldiques; il ne figure pas au nombre des hérauts d'armes des Pays-Bas convoqués aux obsèques de la reine d'Espagne Elisabeth et du prince don Carlos célébrées, en janvier 1569, en la chapelle de la Cour, à Bruxelles (⁴).

En 1571, Hoyau alla, pour les besoins de son négoce, demeurer à Dinant, bonne ville de la principauté de Liége où l'industrie du cuir était très prospère ; il y resta jusqu'en 1580. C'est durant son séjour en cette ville que germa dans son esprit l'idée de devenir héraut d'armes du pays de Liége : l'ostracisme dont il était victime aux Pays-Bas n'était probablement pas étranger à cette détermination (⁵). Certains détails donnent aussi à penser que ce projet fut favorisé par deux gentilshommes originaires de Dinant et avec lesquels le Montois s'était trouvé en relations : Nicolas et Warnier de Salmier (⁶) ; enfin,

---

(¹) *Greffe de Mons*, embrefs, 1541-1543, fol. 49 v° (15 juillet 1541).

(²) Francfort était l'une des villes où Hoyau achetait du cuir : il en faisait aussi venir d'Anvers, de Bruxelles, de Nuremberg.

(³) *Ville de Mons*, cahiers de bourgeoisie, 1558 : « La vefve David Hoyeweau, 2 sous ». Le 16 mars 1568, David Hoyau, marchand demeurant à Mons, fit *ravestissement* en faveur de sa femme Françoise Bastenier. (*Greffe de Mons*, ravestissements, années 1564-1574).

(⁴) S'y trouvaient les hérauts d'armes Antoine Oliviers, Roland de Brusle, Charles de Condé, Cornelis Witteler et Jacques Le Roy (*Inventaire des Archives du département du Nord*, t. V, p. 236). Les Etats de Hainaut ayant décidé, le 25 janvier 1576, d'appointer un héraut d'armes « pour obvier à beaucoup de difficultés qui se poellent représenter entre les armoiries des seigneurs gentilshommes et aultres », s'adressèrent non pas à Hoyau, mais à Guillaume Rugher, héraut d'armes du Roi pour les marches de Hainaut, qui habitait Lille (*Etats de Hainaut*, actes de 1575-1576, n° 404, fol. 12, 64 v°).

(⁵) Cependant, il n'était pas rare de voir des agents héraldiques commissionnés en même temps dans plusieurs pays (G. DECAMPS, *Les hérauts d'armes Sicile et Saint-Pol*, dans *Annales du Cercle Archéologique d'Enghien*, t. VI).

(⁶) Nicolas de Salmier, chevalier, seigneur de Melroy, Chaleux, Vezin et Dorinnes, voué de Maffe ; Warnier de Salmier, seigneur de Chaleux, mort en 1589, tous deux fils d'Erard de Salmier, chevalier, et d'Anne de Mérode. Voir testament d'Erard de Salmier. *Echevins de Liége*, Convenances et testaments, 1543-1546, fol. 180 v°. LE FORT, 1ʳᵉ partie, t. XXI, fol. 23.

s'il faut tout dire, il y avait déjà un Montois à la cour... ou plutôt dans le personnel du palais épiscopal : Lancelot de Casteau, cuisinier attitré des trois princes Robert de Berghes, Gérard de Groesbeek et Ernest de Bavière (¹) ; c'était peut-être un ami de David, et, nul ne l'ignore, ce que cuisinier veut, prince le veut.

La réception de David Hoyau comme héraut d'armes de la principauté eut lieu vraisemblablement le 17 novembre 1577, époque à laquelle Nicolas de Salmier devait se trouver à Liége comme député des Etats Généraux auprès du prince et des Etats du pays de Liége (²) ; alors aussi, l'évêque avait levé des compagnies pour la défense de la cité et du pays de Liége (³) ; la cérémonie eut certainement lieu avant l'élévation de Gérard de Groesbeeck au cardinalat.

Voici comment Hoyau lui-même raconte sa réception ; ce procès-verbal faisait suite à la narration de faits antérieurs où intervenait déjà l'évêque de Groesbeek, mais les feuillets sur lesquels ces notes étaient transcrites ont été, à une époque ancienne, enlevés du registre : c'est fâcheux, car elles nous auraient probablement fourni des détails sur l'entrée officielle de David dans la carrière héraldique et sur l'origine de ses rapports avec la principauté de Liége. Nous respectons l'orthographe du narrateur :

« Or poursuivont nostre mastierre encommenchie et parfaire, qui
» fut le 17 de mois de ...... (⁴), que lorce fut créé et institué hérault
» d'armes du pais de Liége par les mains du susdit seigneur et prince
» révérendissime Gérard de Grousebecque representan l'octorité de
» Sa Magesté Imperialle pour le faie de l'Empire, où se trouvirent
» présent plusieurs grand seigneur du pais, tant chevaliers, escuiers,
» dames et damoiselles, et fut estably en plaine possetion d'exercher
» ledit estatz de hérault et jouire dornavant, comme noz prédisseseur,
» des honneur, proffit, previlège et émolument au dit estatz à se apper-
» tenant, puis me metant a jenoul, vestu en poursuivant d'armes,
» présent tous les seigneurs et dames, où incontinent aprochoint mes
» parins par moy requis au lieu des hérault, sy comme desus monsgr
» de Melroy et monsgr de Viller en Fagne, capitaine pour sa grâce

---

(¹) Lancelot de Casteau publia ses mémoires en 1604, sous le titre de : *Ouverture de Cuisine*. (GOBERT, *Banquets officiels à Liége, aux XVIᵉ et XVIIᵉ siècles*. B. I. A. L., t. XXXVII, p. 353).

(²) Voy. DARIS, *Histoire de la principauté et du diocèse de Liége au XVIᵉ siècle*, pp. 351, 352.

(³) En 1576 eut lieu la levée d'un corps de 200 soldats pour défendre la cité et d'autres points menacés. (*Conseil privé*, dépêches, reg. nº VII, fol. 91 vº (2 août 1572). — DARIS, *ouvrage cité*, pp. 332, 341).

(⁴) Le mois et l'année sont omis ; il s'agit probablement du 17 novembre 1577.

» en la ville de Liége, sy comme Nicolas et Warnier de Salmier, l'un
» comme sudit, seigneur de Melleroy et seigneur de Chaleu et Vezin,
» Dorennes et voet de Mave... Et tous ses choses achevées, mes parins
» mirens les mains aux 4 coin de ma cotte d'armes, en disant et pro-
» férant plusieurs propos servant à sérimonies par le seigneur commis
» par sa Grâce révérendissime, allégant la charge et prudomy et estatz
» de héraul d'arme, en premier lieu d'estre véritable droiturier deligent
» et léal ès afaire juste raportz comme a son estatz apertenoit, servant
» tous seigneurs et dammes estant à ce requis, soit en conbatz, tournoy,
» voiage ou obsecques et autre semblable affaire.
» Sur ce, fut par moy proféré le sarment de fidellité entre les mains
» dudit seigneur..., puis la dite cotte d'armes me fut remise en estat
» de hérault, par le seigneur, metant la main au collet, ensambles les
» parins que dessus dénommés, et fut constitué en plaine saisine, me
» donnant, pour aprobation, certifycation et en tesmoingnage, ung
» esmail et caducet armoyés des armes dudit païs d'Empire et du Liége.
» Ce faisant fut derechef baptisé, comme il est de coustume, par ledit
» seigneur, sur le tiltre et nom de Liége et délaisant chelle d'Ostrevant
» (¹), puis servant ce dit jour à table mes seigneurs et dames en cotte
» d'armes, et ce fut ainsy faict à Liége, le jour et an susdit ».

Il n'y avait là, comme on le voit, aucune innovation ; on promet à David les privilèges et les profits dont avaient joui ses précédesseurs ; on lui remet le médaillon d'émail et le caducée d'argent conservés dans le trésor de la mense princière, de même qu'on en tirait, dans les grandes circonstances, pour le confier au maréchal de l'évêché, le grand glaive d'apparat, symbole de la haute justice.

Respectueux de la tradition, Hoyau a veillé à ce que les rites séculaires du baptême prescrits par les traités des anciens hérauts (²) fussent minutieusement respectés ; il rappelle avec complaisance les attributions chevaleresques de son office, alors que celles-ci étaient tombées en désuétude et que le ministère des rois et officiers d'armes se rapportait presque exclusivement à la généalogie et au blason (³).

En 1580, Hoyau retourna habiter Mons, ville où, dès le 13 mars 1575, il s'était assuré la propriété exclusive de la maison paternelle ; il fut réputé dès lors héraut d'armes du roi d'Espagne : aux obsèques de la reine Anne-Marie, quatrième femme de Philippe II, célébrées

---

(¹) Sur le mot *Ostrevant*, il y a une surcharge illisible.
(²) ROLAND, *Parties inédites de l'œuvre de Sicile*, pp. 87 et suivantes : « S'ensient comment se doibvent faire les officiers d'armes... etc. ».
(³) Corneille Gailliard, roi et héraut d'armes de Charles-Quint à Bruges, mort le 17 septembre 1563, semble ne s'être occupé que de blason et de généalogie, non du rôle d'apparat des hérauts (Corneille GAILLIARD, *Le blason des armes*, Bruxelles, 1866).

solennellement à Sainte-Waudru les 29 et 30 janvier 1581, trois hérauts d'armes prêtèrent leur concours aux frais du Roi (¹) : Guillaume Rugher, de Lille, héraut à titre de Hainaut, faisant fonctions de Toison d'or ou Roi d'armes, Pierre Morel, héraut de Valenciennes et David Hoyau, de Mons. A ce moment, Hoyau, assez âgé, abandonna, semble-t-il, toute opération mercantile et s'adonna sans partage à ses travaux héraldiques ; il rassembla en un recueil dont l'original est aujourd'hui conservé aux Archives de l'Etat, à Mons, les documents, les notes, les nombreux quartiers qu'il avait relevés ou formés au cours de sa carrière ; il y inséra aussi divers traités relatifs aux besognes de son office, aux cérémonies, aux usurpations d'armoiries, de sceaux et d'insignes. Même avant de connaître l'identité de l'auteur de ce précieux codex, on peut affirmer que c'est un Hennuyer et même un Montois, par le choix des familles dont il s'occupe et par l'indication de ses sources d'information (²) ; on y trouve des phrases comme celle-ci : « Ung roy d'armes de Hainaux doit précéder et aller devant ung roy d'armes de Flandres... », l'amour-propre local se trahit. Quelques feuillets soigneusement collés l'un contre l'autre et que l'auteur pensait devoir garder éternellement leur secret, nous ont appris le nom de l'héraldiste, sa profession de marchand et fait connaître une partie de sa comptabilité commerciale durant l'année 1571. Certains tableaux généalogiques décèlent le séjour de Hoyau à Dinant, comme les quartiers dressés en 1578 de différents membres de la famille d'Eve ; enfin Hoyau y a transcrit le procès-verbal, publié ci-dessus, de son admission aux fonctions de héraut d'armes du pays de Liége. On ne trouve dans le registre aucun renseignement généalogique ou héraldique sur des familles liégeoises, ce qui fait supposer qu'il n'a pas séjourné en la cité, qu'il perdit de vue assez rapidement son titre de « Liége » et ne détint pas longtemps le caducée de la principauté : la mort de Gérard de Groesbeck, survenue le 28 décembre 1580, n'est peut-être pas étrangère à cet abandon. De retour à Mons, Hoyau adopta définitivement le titre de héraut d'armes du Roi (³).

L'œuvre de Hoyau indique un homme exact et consciencieux ; c'est à croire qu'il faisait des recherches et dressait des quartiers non pour satisfaire l'ambition et les desseins des personnages intéressés, mais pour son propre agrément : sans dénoter un dessinateur habile.

(¹) On avait fait faire des cottes d'armes pour cinq hérauts, mais il n'en vint que trois (*Inventaire des archives des départements du Nord, à Lille*, t. V, p. 288).

(²) Epitaphes, tapisseries, etc. On y trouve aussi une liste des admissions au chapitre noble de Sainte-Waudru, de 1294 à 1576.

(³) Philippe II, roi d'Espagne, souverain des Pays-Bas.

les blasons, généralement coloriés, sont présentés d'une façon claire et correcte, l'orthographe est fantaisiste et le style l'est encore plus.

Maître David Hoyau mourut à Mons le 17 avril 1589 et fut enterré le lendemain, à Sainte-Waudru (¹), au moyen état (²). Sa veuve décéda le 4 janvier 1601 (³).

* * *

Au pays de Liége, l'office de héraut d'armes continua d'exister dans les mêmes conditions que précédemment. A la Joyeuse Entrée d'Ernest de Bavière, le 18 juin 1581, figuraient ses deux hérauts d'armes portant des caducées d'argent ; ils chevauchaient aux deux côtés de Henri de Berlaimont, grand maïeur de Liége, puis venait le seigneur de Duras, maréchal héréditaire de la principauté, ensuite quatre valets en grande livrée, enfin S. A. S. entre les deux bourgmestres de la cité (⁴). Robert Turner, le docte conseiller de Guillaume de Bavière, témoin et narrateur de la cérémonie, désigne les hérauts d'armes par cette périphrase : *duo equites argenteis sceptris insignes, qui emblematis nobilium illuminandis et distinguendis praeerant.* Quoique parlant d'eux comme rehaussant l'éclat d'un cortège, il fait moins allusion à ce rôle d'apparat qu'à leur qualité d'experts en matière de blason. Par la nature de leurs fonctions, les hérauts d'armes se rapprochaient insensiblement des officiers armoristes instaurés par Ferdinand de Bavière (⁵) et dont la mission consistait presque uniquement à contrôler les titres, les armoiries et les attributs nobiliaires ; lorsque l'évêque, en 1636, demanda qu'il fût *établi* un héraut d'armes à Liége, il ne voulait pas dire qu'il n'y en avait jamais eu ; il avait uniquement en vue la nomination d'un titulaire à un office vacant, l'attribution à cette fonction d'émoluments suffisants et surtout l'adaptation complète d'une institution ancienne à des besoins nouveaux.

Édouard PONCELET.

(¹) On trouve trois textes concernant la recette de son « drap de mort »; dans le premier, on le qualifie « maistre David Hoiau erault du Roy » ; dans le second. « Mʳᵉ David Hoiau, erault d'arme », et dans le troisième « David Hoiau, erault d'armes ».

(²) Il y avait, pour les obsèques à Sainte-Waudru, cinq « états » : le petit état, 20 sous ; le moyen état, 60 sous ; l'état de bourgeoisie, 10 livres ; l'état de gentillesse, 16 livres, et l'état de noblesse, 100 livres.

(³) *Chapitre de Sainte-Waudru*, Draps de mort, à la date du 5 janvier 1601.

(⁴) Baron DE CHESTRET, *La Joyeuse Entrée d'Ernest de Bavière à Liége*, B. I. A. L.; t. XXIV, p. 140.

(⁵) Ferdinand de Bavière avait d'ailleurs des hérauts d'armes en qualité d'archevêque électeur de Cologne, mais ces agents n'exerçaient pas leur ministère au pays de Liége. Dans un cortège organisé lors du couronnement de l'empereur Mathias en 1612, figuraient les hérauts d'armes de l'Empire et des électeurs en leur ordre. DUBOIS, *L'élection et le couronnement de l'empereur Mathias, en 1612*, B. I. A. L., t. XXXIV, p. 329.

Une page de Jacques de Hemricourt
La famille de Denville

Les commentaires si documentés dont M. le baron C. de Borman vient d'enrichir son excellente édition de l'œuvre principale de Jacques de Hemricourt, *le Miroir des nobles de Hesbaye*, précisent et complètent les données généalogiques du chroniqueur et nous permettent de juger de leur exactitude ; en outre, ils orientent le travailleur qui voudrait étudier d'une façon plus approfondie l'une ou l'autre généalogie esquissée par Hemricourt.

Ces avantages, j'ai pu les apprécier personnellement en faisant des recherches sur une famille de noblesse condrusienne, celle de Denville. Cette famille attira mon attention lorsque, récemment, je réunissais les éléments d'une histoire de la seigneurie de Han-sur-Lesse, qui comptait parmi ses fiefs : « la tour, maison, cense, terres, prés, bois, dépendances et émoluments à Denville près de Havelange » (¹).

J'eus la satisfaction de rencontrer dans Hemricourt cinq paragraphes (508-512) consacrés au chevalier Jean de Denville ainsi qu'à sa descendance, et soigneusement annotés par notre éminent éditeur. C'est à raison de son alliance avec une famille hesbignonne que Jean de Denville trouva place dans le *Miroir des nobles de Hesbaye*. Comment Hemricourt a-t-il pu s'entourer de détails si précis et si exacts sur la famille de ce seigneur condrusien ? Je crois que c'est surtout, si pas uniquement, à l'aide de témoignages oraux.

L'Obituaire de la collégiale Notre-Dame de Ciney, écrit vers l'an 1400, nous apprend que Jacques de Hemricourt, citoyen de Liége, possédait à Ciney même une maison (²) et, à proximité, des héritages (³).

(¹) Denville est actuellement une dépendance de la commune de Miécret, canton de Ciney (Namur).

(²) « Com. Theoderici filii Anselmi fabri de Cennaco, pro quo habemus 11 sol. tur. supra domum Jacobi de Hemricourt sitam ante puteum inter domum Alberti dicti Abilhon et domum Heribini de Entines ». N° 95.

(³) Il en avait notamment à Pewée (*Pewelheiez*), à Fays, à Fontaine (n°s 91, 94, 95, 96, 97). Il s'agit bien, dans ces inscriptions, de notre Jacques de Hemricourt, parce que souvent il y reçoit la qualification de « civis Leodiensis » (n°s 94, 97) ou « de Leodio » (n° 91), et même de « miles » qu'une seconde main ajouta au n° 97, parce que, vers la fin de sa vie, il se fit recevoir dans l'ordre des chevaliers de Saint-Jean. — L'Obituaire en question est la propriété du Musée diocésain, à Namur.

Des intérêts personnels ont dû l'amener de temps à autre dans le haut Condroz ; il eut ainsi l'occasion de se trouver en relation avec la noblesse de la région, notamment avec les Denville.

Voyons donc ce qu'il rapporte au sujet de cette famille et confrontons son récit avec les documents contemporains.

* * *

Hemricourt (§ 508) débute en ces termes : « Et ly tirche sereur (la » troisième sœur du châtelain de Moha) fut mariée à monssaingnor » Johan de Denvilhe, chevalier, manant à Havelange. »

Qui est ce Jean de Denvilhe ? Le chroniqueur se tait sur son origine. Les documents mentionnent plusieurs membres de la famille de Denville vivant au XIIIe siècle (¹) et dans la première moitié du XIVe (²), mais aucun, que je sache, ne fait connaître les liens qui les rattachent à Jean.

Le nom de Jean de Denville fait sa première apparition le 28 novembre 1321 : à cette date, Jean de Denville relève, à Huy, deux bonniers de terre à Forscille par réportation de Gérard, châtelain de Moha (³). Gérard l'Ardenois, châtelain de Moha, est, d'après Hemricourt, le beau-frère de Jean de Denville (⁴). Nous trouvons, le 14 mars 1323, Jean de Denville à Huy présent à un relief (⁵). A la fin du même mois, encore à Huy, il fait relief de trois journaux de terre à Offoux (Havelange) (⁶) : le chevalier Jean de Denville possédait une bouverie à Offoux, dont il dispose dans son testament de 1353. Le 6 septembre 1324 et le 6 juin 1330, il assiste à des reliefs à Havelange (⁷). Il figure comme échevin de la haute cour et de la cour foncière de Sainte-Croix à Havelange de 1326 à 1342 (⁸). Le 27 janvier 1338, Hanekin, fils de feu Jean Bockain,

---

(¹) Voyez notamment Delescluse et Brouwers, *Catalogue des actes de Henri de Gueldre*, p. 186 ; *Analectes pour servir à l'hist. eccl.*, t. XXIII, pp. 384, 399-400.

(²) Cfr. Poncelet, *Fiefs de Liége sous A. de la Marck*, passim ; Bormans et Schoolmeesters, *Cartul. de St-Lambert*, t. III, p. 500 ; Poncelet, *Invent. anal. des chartes de Ste-Croix à Liége*, t. I, p. 154, n° 397 ; Cour féod. de Liége, Reg. 40, fol. 26 v° : Cartul. N.-D. de Dinant, fol. 176 v°, aux Archives de l'Etat à Namur.

(³) Poncelet, *Fiefs*, p. 255.

(⁴) Ed. de Borman, p. 268, § 505 et n. 4.

(⁵) Poncelet, *Fiefs*, p. 270.

(⁶) *Ibid.*, p. 288.

(⁷) *Ibid.*, pp. 293-387.

(⁸) Poncelet, *Invent. anal. des chartes de Sainte-Croix*, t. I, pp. 126, 154, 160 ; Bormans et Schoolmeesters, *Cartul. de St-Lambert*, t. III, p. 500 ; Cartul. de N.-D. de Dinant, fol. 227 v°, 231.

fait relief d'une rente de dix setiers d'épeautre assignée sur la maison de Jean de Denville à Havelange (¹).

Ces textes prouvent que, comme l'affirme Hemricourt, Jean de Denville habitait Havelange au moins depuis 1324 ; mais ils ne lui décernent pas le titre de chevalier, sans doute parce qu'à cette époque il n'était pas encore reçu dans l'ordre de la chevalerie. Les actes suivants lui reconnaissent ce titre.

Le 7 novembre 1347, Englebert de la Marck, évêque de Liége, informe qu'il a fait citer devant lui, par ses hommes féodaux, Jean de Denville, *chevalier*, qui a déclaré la guerre aux messagers et aux serviteurs du chapitre de Sainte-Croix de Liége, à Havelange (²). Le 27 décembre suivant, le même prélat fait savoir que, la veille, le chapitre susdit a fait ajourner devant les hommes de fief de l'évêque le *chevalier* Jean de Denville ; il décide, au rapport d'Alexandre de Saint-Servais, chevalier de Liége, que le chapitre doit être et demeurer « en bonne asségurance » (³).

Au témoignage de Hemricourt, le chevalier Jean de Denville épousa la troisième sœur de Gérard dit l'Ardenois, châtelain de Moha, et de Thierry de Moha, chanoine de Huy, fille par conséquent de Thierry l'Ardenois, châtelain de Moha, et de Julienne de Parfonriu ; il ne dit pas son nom : elle s'appelait Marie, d'après le testament de Jean de Denville.

Achevons le paragraphe 508 de Hemricourt : « s'en issirent Johans, » Gerar, Thirys, Anseal, Houwes, Wilhelmes, Everart, et trois sereurs, » dont ly une, nomée damoyselle Oude, fut mariée à Chierbon d'Oing » et morit sains hoir, et les atres dois sont nonains alle Vaz Nostre » Dame. »

Cette filiation est parfaitement conforme à celle qui est indiquée dans le testament de Jean de Denville, pièce curieuse conservée en original, dont voici l'analyse.

Le 4 novembre 1353, Jean de Denville, demeurant à Havelange dans sa « grande maison » et étant malade, fait son testament, afin de maintenir le bon accord entre son épouse Marie et ses *dix* enfants. Après avoir dicté ses dispositions relatives à sa sépulture, à son anniversaire et à une distribution aux pauvres d'Havelange à faire chaque année sur son monument, le jour du bon Vendredi, il fait la part à ses enfants. Il laisse :

(¹) Poncelet. *Fiefs*. pp. 441-442.
(²) Poncelet, *Inventaire* précité, t. 1, p. 174, n° 463.
(³) *Ibid.*, p. 175, n° 464.

1° A *Jean*, soixante bonniers de terre arable près de Havelange, des prés et des courtils qu'il spécifie, la dîme de Denville entièrement et celle de Chantraine (*Chantrevine*) (¹), sur laquelle il doit livrer cinq muids de blé à l'abbé de Stavelot et autant à l'abbé du Val-Saint-Lambert, la grande maison d'Havelange qu'il habite, pour en jouir après le décès de Marie, sa femme.

2° A *Gérard*, sa terre de La Mouline (*delle Moline*) (²), la dîme et le moulin, qui meuvent de l'abbé de Saint-Hubert, un moulin entre Pin et Izel (*Pien, Ysier*) (³) avec ses dépendances, une bouverie provenant de Hergot et rapportant 60 « franchaurs » de seigle et autant d'avoine, et la bouverie de Hiettine (*Heirtine*) (⁴) après le décès de sa femme.

3° A *Thiry*, ce qui lui a été donné en mariage, savoir tout l'héritage de Borsu (*Borsout*) (⁵), consistant en cens, rentes, maisons, cours et appendices, item six muids de blé de rente à Fontenoy (⁶) (*Fontenour*), onze muids d'épeautre à Moha (*Muhaut*) (⁷), six muids d'épeautre et avoine à Sey (*Siez*) (⁸), qui sont fief de l'abbé d'Alne.

4° A *Anseal*, la bouverie d'Offoux (*Ofuet*).

5° A *Huwechon*, clerc, ce qu'il tient à Maffe (*Maveles*) (⁹), à Failon (*Feilon*) (¹⁰), à Verlée (*Verleies*) (¹¹) et à Buzin (*Busien*) (¹²), les bois de Rofos (¹³) relevant en fief de l'évêque de Liége et du chevalier Willaume d'Avilhonpuch et la maison de Thys (*This*) (¹⁴), à la condition que s'il obtient un bénéfice de la sainte Église, il devra céder la rente de Maffe à son frère Willemotte.

(¹) Chantraine, dép. de Verlée, canton de Ciney. Évrard, prévôt de Ciney, décédé le 6 janvier 1240 (v. st.), avait légué une moitié de la dîme de Chantraine au bénéfice de Sainte-Catherine en l'église de Ciney et l'autre moitié aux abbayes de Stavelot et du Val-Saint-Lambert à part égale (J. HALKIN et ROLAND, *Chartes de Stavelot-Malmedy*, t. II, p. 38, sous presse).

(²) La Mouline dépendance de Saint-Pierre-Chevigny, canton de Neufchâteau (Luxembourg).

(³) Pin, section de la commune d'Izel, canton de Florenville (Luxembourg). La Mouline, Pin et Izel ressortissaient jadis au comté de Chiny.

(⁴) Hiettine, dépendance de Havelange.

(⁵) Borsu, dép. de Bois-et-Borsu, canton de Huy.

(⁶) Fontenoy, dép. de Bois-et-Borsu.

(⁷) Moha, canton de Héron (Liége).

(⁸) Sey, canton de Ciney (Namur).

(⁹) Maffe, canton de Ciney. Le 16 septembre 1319, Hugues de Denville, fils de Willaume, releva 5 bonniers de bois au territoire de Maffe (PONCELET, *Fiefs*, p. 92).

(¹⁰) Failon, dép. de Barvaux-Condroz, canton de Ciney. Le 16 septembre 1319, Willaume de Denville releva 80 bonniers de bois près de Failon (PONCELET, *Fiefs*, p. 92.)

(¹¹) Verlée, canton de Ciney.

(¹²) Buzin, dép. de Verlée.

(¹³) Le bois de Rofosse ou Roufosse, à Havelange. Le 6 septembre 1324, à Havelange, Joffroi, fils de Willaume de Denville, releva la moitié de ce bois (PONCELET, *Fiefs*, p. 293).

(¹⁴) Thys, canton de Hollogne-aux-Pierres (Liége).

6º A *Willemotte*, les héritages de Méan, bois, prés, cens, rentes et terres ; ses frères Gérard, Thiry et Anseal devront lui payer ensemble 60 livres brabant pour l'aider à construire une maison à Méan (¹).

7º A *Evrard*, une maison à Havelange avec jardin, cortil et cens.

8º A ses filles *Julienne* et *Oudelette*, des rentes à Pailhe (²) et à Petit-Avin (³), des cens et une maison à Huy, le tout à part égale.

Quoique, en tête du testament, Jean de Denville s'attribue dix enfants, il n'en cite que neuf dans la répartition des legs, probablement parce que la fille non nommée avait été suffisamment dotée lors de son entrée au couvent du Val-Notre-Dame.

Il désigne comme exécuteurs testamentaires sa femme Marie, à laquelle il assigne des rentes à payer par ses enfants, et son beau-frère Thierry de Moha, chanoine de Notre-Dame à Huy. Les témoins sont : Jacques, curé de Résimont, Gilhon del Turne, Jean de This, Philippart Lampar, Pirard de Hiertines, Alart le Charlier et Jean le Cames de Havelange. (⁴)

Voyons maintenant ce que Hemricourt et les documents nous disent de chacun des enfants du chevalier Jean de Denville.

1. — JEAN II DE DENVILLE, écuyer, ne paraît pas avoir tiré grand profit de son héritage. Le 10 mars 1356, avec Ponche, sa femme, il emprunte au chapitre de Dinant 44 livres de gros tournois, au prix d'une rente annuelle de 43 muids qu'il crée sur sa grande maison et ses biens de Havelange (⁵). Le 29 août 1364, il vend sa dîme de Denville et Haveligeoule au chapitre de Sainte-Croix à Liége, du consentement de Thierry, Gérard, Hugues et Evrard, ses frères, et d'Oude, sa sœur (⁶). Il était bailli du Condroz en 1369 et conserva cette charge jusqu'en 1376, année où les Hutois en révolte contre l'évêque pillèrent et détruisirent la résidence de notre bailli. L'évêque le remplaça par Hugues de Brassine et lui donna, sans doute en compensation, la prévôté de Bouillon, où il fut maintenu jusqu'à sa mort, d'après Hemricourt (§ 62) (⁷). Jean de Denville et ses frères Gérard, Evrard et Guillaume prirent part à la fameuse bataille de Baesweiler, livrée par Wenceslas, duc de Brabant, contre Guillaume, comte de Juliers, le 22 août 1371. S'étant mis

---

(¹) Méan, dép. de Maffe.
(²) Pailhe, canton de Huy.
(³) Petit-Avin, dép. d'Avins-en-Condroz, canton de Huy.
(⁴) Echevinage de Havelange, nº 1, aux Archives de l'Etat à Namur.
(⁵) Cartul. de N.-D. de Dinant, fol. 150-156, aux Archives de l'Etat à Namur.
(⁶) PONCELET, *Invent. des chartes de Ste-Croix*, t. I, p. 250, nº 706.
(⁷) Annotation de M. de Borman, p. 270, n. 3.

sous les drapeaux de Robert de Namur, au service du duc de Brabant, ils furent faits prisonniers. De ce chef, ils reçurent du Brabant, en 1374, des indemnités s'élevant pour Jean à 1.378 moutons. Le sceau de ce dernier, appendu à la quittance, porte : trois lions couronnés, écusson en cœur au sautoir, avec la légende : ✠ S' IOHANS DE DEINWILH (¹).

D'après Hemricourt, Jean II de Denville fut marié deux fois ; d'abord à une demoiselle de Vivang, qui ne lui laissa pas d'enfant, puis à une fille de Fastré de Kemexhe, qu'il ne nomme pas, mais qui s'appelait Ponche, d'après l'acte de 1356 cité ci-dessus. Du second lit serait né, outre une fille mariée à Gilles de Nettine (mentionné en 1385), un fils appelé *Jean de Denville*, qui aurait épousé la fille de Baudouin de Hermalle (§ 62, 505, 622). Nous allons voir que cette fille se nommait Agnès, à l'instar de sa mère Agnès de Surlet (²). Ici Hemricourt se trouve en désaccord avec un acte de 1424, d'après lequel Jean de Denville, marié à Agnès, fille de Baudouin de Hermalle, serait le fils non de Jean, mais de Gérard de Denville. Voici d'ailleurs l'analyse de quelques actes concernant ce Jean de Denville, y compris l'acte de 1424 en question :

Le 17 février 1402, Jean de Denville, époux d'Agnès, fille de feu Baudouin de Hermalle, relève 30 muids d'épeautre de rente sur 12 bonniers de terre à Hermalle échus à sa femme par décès de son père (³).

Le 21 avril 1404, la cour de Neuville en Condroz déclare par record qu'un jour passé Jean de Denville, mari d'Agnès, fille de feu Baudouin de Hermalle, a comparu et a reporté au profit de Jean Drumar, aussi de Denville, tous les héritages qui appartinrent à Baudouin de Hermalle, sis à Neuville, tels qu'ils furent donnés en mariage à Agnès. Jean Drumar doit les tenir « le curse delle vie dudit Jean de Denville tant soilement » (⁴).

Le 6 avril 1424 Gérard, fils de Jean Drumar, renonce au profit de Jean, fils de Gérard de Denville « au droit et action qu'il avoit az bins dudit
» *Johan, fils de Gerar de Denville*, gisans a la Nueville en Condroz, ki per-
» virrent a dit Johan de part *damoiselle Agnes sa femme jadit*, delle succes-
» sion de Baldewin de Hermalle, son père qui fut, et par especial si que les
» humiers que li jadit Johan Drumars avoit en iceux le vicairie dudit Johan

---

(¹) VERKOOREN, *Invent. des chartes du duché de Brabant*. 1ʳᵉ partie, t. V, p. 325, nº 3514 ; DE RAADT, *Sceaux armoriés*. t. I, p. 375. D'après Salbray (HEMRICOURT, pp. 39, 73, 187), la maison de Denville portait : trois lions couronnés de sable. Les sceaux que nous allons décrire nous donnent les trois lions, mais avec des brisures.
(²) Cfr. DE BORMAN, p. 91, n. 2.
(³) Cour féod. de Liége, Reg. 43, fol. 120.
(⁴) Chartrier de l'abbaye du Val-Saint-Lambert, copie du temps. La date doit se lire : « Che fut fait et recordeit l'an delle Nativiteit mil quatre cens et quatre, vingt unck jours en mois d'avrilh ». SCHOONBROODT (*Invent. des chartes du Val-St-Lambert*, t. II, p. 67, nº 1481), passant le mot « jours », date l'acte de 1481 ; son analyse est en outre peu exacte.

» fils Gerar ». Ce fait, ledit Jean, fils de Gérard, transporte ces biens à l'abbaye du Val-Saint-Lambert (¹).

Le 11 avril 1424, Jean de Denville relève par succession de Jean Droumair et aussi par la succession de sa femme Agnès, 30 bonniers de bois mouvant de la cour féodale de Hermalle. Il fait ce relief « par le greit, otroy et volonteit de Gerar, fils naturel Johans Dromair, jadit son cusien ». Puis il transporte le fief au monastère du Val-Saint-Lambert (²).

Le 17 du même mois, Jean de Denville, demeurant à Havelange, reconnaît avoir reçu du Val-Saint-Lambert le produit de la vente de bois et d'autres immeubles qu'il leur a faite tant devant les échevins de Liége que devant la cour féodale de Hermalle (³).

L'acte susdit du 6 avril 1424 est donc bien positif : le mari d'Agnès de Hermalle, Jean de Denville, y est déclaré fils de Gérard de Denville. L'acte a été rédigé du vivant de Jean, qui survécut à sa femme et qui était encore échevin de Havelange en 1432 (⁴) : peut-être même est-il le Jean de Denville qui mourut le 24 octobre 1437 (⁵). Quel serait ce Gérard de Denville ? Serait-ce le second fils du chevalier Jean de Denville ? Ce Gérard eut bien un fils nommé Jean, mais qui ne vivait plus en 1402, comme nous le constaterons ; également un autre fils appelé aussi Gérard, ou Gérardin, marié à Huy et ayant des enfants, dit Hemricourt (§ 510), qui paraît ignorer le nom de la femme et des enfants. On pourrait donc croire que c'est ce Gérard qui serait père de Jean marié à Agnès de Hermalle. Dans ce cas, notre chroniqueur aurait commis une confusion d'autant plus étrange, qu'il semble bien informé lorsqu'en trois endroits différents (§§ 62, 509, 622) il parle de l'alliance de Jean de Denville, ajoutant qu'il « est de petit regiment et serviche » (§ 622).

2. — GÉRARD DE DENVILLE, écuyer, second fils du chevalier Jean de Denville, releva, le 2 juillet 1367, l'ancienne maison de Havelange avec 32 muids d'épeautre de rente par reportation de Mayen, veuve de Willaume d'Avillonpuch, usufruitière, et de Conrad d'Avillonpuch, nu propriétaire (⁶). Dès 1368, nous le voyons en contestation avec le chapitre de Sainte-Croix au sujet de certaines dîmes à Denville et à Havelange ; nonobstant un accord intervenu entre les chanoines d'une part, Gérard de Denville, Jean de Denville, bailli du Condroz, et Thierry

---

(¹) SCHOONBROODT, ouv. cité, t. I, p. 373, n° 1023.
(²) Ibid., n° 1024.
(³) Ibid., n° 1026.
(⁴) Cartul. de N.-D. de Dinant, fol. 227 v°-231.
(⁵) NAVEAU, Recueil d'épitaphes, n° 917.
(⁶) Cour féod. de Liége, Reg. 41, fol. 11.

Drumars, frères, d'autre part, les débats continuèrent jusqu'en 1381 (¹). Fait prisonnier à Baesweiler avec ses frères, il reçut du Brabant, en 1374, une indemnité de 380 moutons. Son sceau, appendu à la quittance, porte : trois lions (non couronnés), écusson en cœur au sautoir, avec la légende : S' IERAR DE DENVILLE (²).

Gérard de Denville ne vivait plus en 1394. Hemricourt (§ 510) rapporte qu'il se maria à Etalle dans le comté de Chiny ; nous avons vu que le testament paternel lui assigne des biens dans ce comté. Hemricourt lui reconnaît quatre enfants :

a) *Jean de Denville*, marié à la fille Ywotte d'Ocquier. Le 1ᵉʳ août 1394, il releva la maison de Havelange par décès de Gérard, son père (³). Il mourut peu d'années après, probablement sans descendance. Le 20 juillet 1402, Ottelet Grégoire, assisté de son père, Gérard delle Cauchie de Jeneffe, relevait la maison de Havelange en vertu du testament de Jean, fils de Gérard de Denville (⁴).

b) *Thierry de Denville*, moine de Saint-Hubert et prieur de Bouillon.

c) *Gérard de Denville* ou Gérardin (Hemricourt), marié à Huy et ayant famille. Il est à croire qu'avant de songer à se marier, Gérard eut l'intention d'entrer dans la cléricature. Un acte de 1371 relate en effet que Gérard, fils de Gérard de Denville, ayant été présenté abusivement au bénéfice de Sainte-Marie-Madeleine en l'église de Momalle par le curé de la paroisse, renonça à ce bénéfice en faveur du candidat du Val-Saint-Lambert (⁵). Hemricourt ne donne pas le nom de ses enfants. Nous avons vu plus haut qu'un acte de 1424 le déclare père de Jean, mari d'Agnès de Hermalle. Peut-être faut-il lui reconnaître comme fille *Isabelle de Denville*, épouse de Fonck de Marchiennes. Devenue veuve, elle releva, le 17 juillet 1428, du prévôt de Liége le pré et le vivier de l'Evêque à Havelange, le bois de Résimont, etc., suivant les reliefs faits par ses « devantrains, savoir par feu Gérard, » son grand-père, fils de messire Jean de Denville, chevalier, puis par » Fonck, son mari » (⁶).

d) Gérard de Denville eut, d'après Hemricourt, « une filhe mariée à Gerart de Chypey, manant à Seronchamp ». *Seronchamp* est une des variantes de Serinchamp (*Serenus campus*) usitée au XIVᵉ et au XVᵉ

(¹) Poncelet, *Inventaire des chartes de Ste-Croix*, nᵒˢ 786, 790, 792, 800, 801, 802, 848, 954.
(²) Verkooren, *Ouv. cité*, p. 324, nᵒ 3512 ; De Raadt, *loc. cit.*
(³) Cour féod. de Liége, Reg. 42, fol. 218 vᵒ ; 43, fol. 124 ; 44, fol. 369.
(⁴) *Ibid.*, Reg. 42, fol. 218 ; 43, fol. 124 ; 44, fol. 369.
(⁵) Schoonbroodt, *Invent. anal. des archives du Val-St-Lambert*, t. I, nᵒ 670.
(⁶) Cartul. de la prévôté de Liége A, fol. 20 vᵒ ; B. fol. 77, aux Archives de l'Etat à Liége.

siècle (¹). Quant à *Chypey*, ce doit être une fausse leçon pour *Crypey*, la famille de Crupet ayant possédé la terre de Scrinchamp jusqu'au XVIᵉ siècle ; les chartes originales de l'abbaye de Moulins (Namur) font mention en 1477 et 1478 de Jehan de Cripey dit Gérard, seigneur de *Seronchamp*, et en 1497 du même Jehan Gérard, seigneur de *Serinchamp* près de Rochefort.

3. — THIERRY dit DRUMAR DE DENVILLE, troisième fils du chevalier Jean de Denville, mentionné dans des actes cités plus haut de 1364, de 1368 à 1381, épousa, dit Hemricourt, une des filles de Pirar Pilho de Huy, dont il eut :

a) *Jean Drumar de Denville*, échevin de Havelange en 1404 et de Huy en 1421 et 1422. Le 7 septembre 1404, les échevins de Havelange attestèrent par record qu'un procès ayant surgi entre Jean Drumar de Denville, leur confrère, et le chapitre de Sainte-Croix, à Liége, au sujet d'un demi-bonnier de terre sis à Havelange au lieu dit Sawekiche, ledit Drumar, après quelques procédures, a renoncé à ses réclamations (²). Il habitait encore Havelange en 1413, car, le 14 juin de cette année, l'abbé de Flône déclare avoir payé 6 muids d'épeautre à Jean Drumar de Havelange (³). Il épousa, dit Hemricourt, la fille de Jean de Leuze le parmentier, laquelle ne lui donna pas d'enfant. Il contracta une seconde union qu'Hemricourt ne mentionne pas, probablement parce qu'elle aura été postérieure à 1398, année où le chroniqueur cessa d'écrire. De Marie de Hoyoul, sa seconde femme, il n'eut pas non plus de postérité. Par contre, il laissa un fils naturel, Gérard de Denville, qu'il eut de Marie de Jagnée (*Jayenée*). Jean Drumar fit son testament le 28 septembre 1422, avantageant surtout son fils naturel et Marie de Jagnée et laissant seulement 5 sous à sa femme légitime, Marie de Hoyoul. Il ajouta un codicille le 3 novembre 1422. Il ne vivait plus le 20 suivant, date où son testament fut déposé aux échevins de Liége (⁴).

Gérard de Denville, fils naturel de Jean Drumar, épousa, par contrat du 25 avril 1421, Catherine de Bierset, fille du grand Rennekin de Bierset (⁵). Par ce contrat et par le testament de son père, il hérita d'une grande partie des biens de la famille de Denville, notamment de la maison de Denville, de celle de Chantraine, de celle de Havelange,

---

(¹) Ainsi Gilles de Serinchamp (*de Serenocampo*), chanoine de Liége (*Cartul. St-Lambert*, t. IV, p. 546) est dit de *Seronchamp* dans des actes de 1361-1370 (*Ibid.* pp. 358, 368, 384, 430, 470).
(²) PONCELET, *Invent. des chartes de Ste-Croix*, t. I, p. 407, n° 1221.
(³) *Analectes pour servir à l'hist. eccl.*, t. XXIV, p. 486.
(⁴) Echevins de Liége, Testaments, Contrats de mariage 1419-1426, fol. 167 v°.
(⁵) *Ibid.*, fol. 165 v°.

avec leurs dépendances, des cens et rentes en divers endroits. Il est stipulé dans le contrat de mariage que, si Gérard meurt sans descendance, Denville retournera à Waldor, fils de Huwar de Baronville, procréé en damoiselle Marie de Denville, sœur de Jean Drumar. Gérard Drumar de Denville était maire de la haute cour de Havelange en 1432 (¹).

b) Marie de Denville, fille de Thierry Drumar, inconnue à Hemricourt, nous est signalée, comme nous venons de voir, dans le contrat de mariage de Gérard de Denville. Elle épousa Huart de Baronville, dont naquit Waldor de Pinckart, seigneur de Baronville (1410, 1419), dans la descendance duquel se retrouve plus tard le fief de Denville.

4. — ANSEAL DE DENVILLE, quatrième fils du chevalier Jean de Denville, mourut sans hoirs, d'après Hemricourt.

5. — HUGUES (HUWART, HUWECHON) DE DENVILLE, cinquième fils, mentionné comme clerc dans le testament paternel, mourut aussi sans hoirs ; nous l'avons rencontré en 1364 avec ses frères Jean, Gérard et Evrard.

6. — EVRARD DE DENVILLE, également cité en 1364, sixième fils. Fait prisonnier à la bataille de Baesweiler, il reçut du Brabant, en 1374, une indemnité de 224 moutons. Le sceau de la quittance porte : trois lions couronnés, écusson en cœur au sautoir chargé en cœur d'une étoile à cinq rais ; légende : + S' EVRAR DE DENVILLE (²). Décédé aussi sans postérité.

7. — WILLAUME DE DENVILLE, familièrement *Willemotte*, septième fils du chevalier Jean, ayant été fait prisonnier avec ses frères à Baesweiler, reçut du Brabant, en 1374, une indemnité de 156 moutons. Le sceau, appendu à sa quittance, porte : trois lions (non couronnés), écusson en cœur au sautoir chargé en cœur d'une étoile ; il reste de la légende : S VILHA.. .. D..VIL.. (³). De son mariage avec la fille de « damoyselle de Roysur l'Eawailhe » (Royseux, sous Vierset), il eut, dit Hemricourt, un fils mort à seize ans et une fille mariée à François des Changes de Dinant, « qui à présent demeure à Havelange ». De ce

---

(¹) Cartul. N.-D. de Dinant, fol. 227 v°.
(²) VERKOOREN, *ouv. cité*, p. 323, n° 3511 ; DE RAADT, *ouv. cité*, t. I, p. 375.
(³) VERKOOREN, *ouv. cité*, p. 324, n° 3513, cfr. n° 3512 ; DE RAADT, *l. c.*

chef, François des Changes de Dinant releva, le 15 juillet 1390, 28 bonniers de bois dit le bois Roufosse, à Havelange (¹).

8. — OUDE, familièrement OUDELETTE DE DENVILLE, fille du chevalier, citée en 1364. Elle fut, dit Hemricourt (§ 508), mariée à Chierbon d'Oing (On) et mourut sans hoirs. Un Guillaume Cherbons d'Oint fait un relief à Huy le 26 juin 1329 (²) et, le 31 décembre 1334, Chierbon d'Ons relève du seigneur de Centfontaines « sa cense, maison, terre, preits, cens et rentes qu'il a au lieu de Francesse » (³). Comme M. de Borman, je n'oserais affirmer que c'est le mari d'Oude de Denville.

9. — JULIENNE DE DENVILLE, citée dans le testament de son père, entra au couvent du Val-Notre-Dame.

10. — Une autre fille, non nommée, religieuse au même couvent.

Ci finit *une page de Jacques de Hemricourt.*

C.-G. ROLAND, chanoine.

(¹) Cour féod. de Liége, Reg. 43, fol. 1 v° ; 44, fol. 369.— Un de ses descendants, François des Canges, seigneur de Bouffu et Tahier, attesta, le 24 mai 1493, que Jehan de Ramezée est son cousin et « personne de son linaige de Denville et portans les armes sans nulz empeschement ». (Cfr. Reg. aux transports de Ciney 1582-1586, fol. 90). —En 1431, il est fait mention de la Cour des tenants de *Marie de Denville* jugeant à Roiseux (PONCELET, *Cartul. de St-Lambert*, t. V, p. 95, note). — Parmi les extraits d'épitaphes du couvent des Frères Mineurs à Huy, intercalés dans les manuscrits de Lefort, se trouve l'épitaphe de « Jehan de Change, mayeur de Dinant et échevin de Huy, et Marie d'Enville, sa femme, † le 4 décembre 1432 ». (NAVEAU, *Recueil d'épitaphes*, p. 134, n° 1004). Est-ce que la copie de l'épitaphe a reproduit exactement le nom du défunt ?
(²) PONCELET, *Fiefs*, p. 328.
(³) Copie aux archives du château de Gesves, communiquée par M. le baron Houtart.

Les Armoiries du lignage des Surlet

Le 2 octobre 1620, les bourgmestres de la Cité de Liége attestaient officiellement que, de temps immémorial, « les nobles armoiries et » blasons de la maison de Surlet étaient la croix de Bourgoigne ou » saultoir de gueulle en champ d'or, et pour timbre, sur le heaulme, » Moyse revêtu de la même croix. » (¹)

Lorsqu'ils attribuaient d'une façon absolue au célèbre lignage liégeois les armes pleines des « comtes » de Hozémont, dont il était issu, nos magistrats étaient sans doute de bonne foi, mais ils se trompaient : en effet, leur affirmation n'est à peu près vraie que pour la seconde moitié du XVe siècle et n'est entièrement conforme à la réalité qu'au XVIe siècle, pour les deux dernières générations de la famille.

Comme dans la plupart des races patriciennes, les armes, chez les Surlet, n'eurent, à leur origine, aucun caractère de stabilité. Ici comme ailleurs, on pourra voir des frères adopter des emblèmes différents, des fils porter un autre blason que celui de leur père.

Ces signes distinctifs personnels, si l'on peut ainsi s'exprimer, s'expliquent par la nécessité dans laquelle se trouvait le guerrier de se faire reconnaître quand, armé de toutes pièces et visière baissée, il combattait sur le champ de bataille.

Des alliances de guerre, des mariages, le désir de faire revivre le souvenir d'une ascendance éteinte dans les mâles, souvent même le caprice et la fantaisie, contribuèrent à ces fréquents changements.

Les seules références authentiques que l'on possède au sujet des armoiries des maisons nobles aux époques lointaines du moyen âge sont les sceaux appendus aux chartes et les blasons des défunts sculptés sur leurs pierres tombales. Semblables documents sont malheureusement trop rares, mais ils ont le mérite d'être l'indiscutable expression de la vérité. Le sceau est, en quelque sorte, la signature de son titulaire ; la dalle tumulaire est tout aussi personnelle au gisant, qui, maintes fois l'a fait exécuter lui-même, ne laissant à ses héritiers que le soin d'y faire inscrire la date de son décès.

Les armoiries qui nous sont transmises par les sceaux et par les tombes sont, émaux réservés, exactement celles qui figuraient sur le

---

(¹) Attestation reproduite dans *Brève démonstration de l'identité de la noble et ancienne maison de Surlet et de Chockier* (Liége, 1649, in-4°, non paginé).

bouclier ou le penonceau du chevalier, sur les ailettes de sa cuirasse ou sur le caparaçon de son destrier.

Le temps des guerres privées passa. Quand il n'eut plus qu'à combattre, à son rang, dans l'armée de son suzerain ou du dynaste qui l'avait pris à sa solde, l'homme d'armes ne jouait plus un rôle aussi individuel qu'autrefois. Le blason se ressentit de cet état de choses ; il s'uniformisa pour tous les membres d'une même famille et devint héréditaire. Au XVe et au XVIe siècle, les armoriaux et les peintres héraldiques négligèrent la plupart des brisures anciennes et appliquèrent d'une manière rétrospective les usages de fixité que mettaient en pratique les gentilshommes de leur temps. Ils attribuèrent ainsi les armes de leurs contemporains à tous leurs ancêtres.

C'est ce qui est arrivé à l'égard de l'écu des Surlet.

Les premiers descendants de Louis aux rouges chausses, dont les sceaux se trouvent dans nos dépôts d'archives, sont ses petit-fils : Gilles Surlet dit le Beir (mort en 1284) et Louis Navea (vivant en 1258 et en 1275).

Celui du premier, de forme elliptique, nous montre, gravé dans le champ, un dais gothique, sommé de trois pinacles, sous lequel se trouve un fauconnier avec un oiseau perché sur son poing gauche, et portant de la main droite un instrument de fauconnerie. Légende :

S . EGIDII . DCI . SVRELET . SCABINI . LEOD. ([1])

Louis Navea, cousin germain de Gilles Surlet, se servait d'un scel de forme ronde ; dans le champ, figure un chatel à trois tours, entouré de la légende :

✝ S . LODEWICI . NAVEA. ([2])

Chacun de ces deux personnages a donc un sceau sans type héraldique proprement dit. De véritables armoiries ne tarderont pas à apparaître.

Gilles le Beir eut trois fils qui laissèrent postérité : Louis (l'aîné), Jean et Radoux.

Louis fut échevin de Liége de 1275 jusqu'à sa mort (12 août 1299). Il se composa des armoiries qu'il semble avoir tirées de celles de son aïeule maternelle, N. de Ville, femme d'Albert d'Aaz et sœur de Perceval de Ville-en-Hesbaye.

Son écu présente une fasce échiquetée de deux traits et accompagnée de deux cotices. Or, d'après Hemricourt, les Ville portaient « d'or à » une fasce gemelle de gueules » ([3]).

([1]) V. la reproduction de ce sceau dans DE BORMAN, *Les Echevins de la Souveraine Justice de Liége*, t. I, planche I.
([2]) Ce scel est appendu à une charte de 1272 de l'abbaye de Robermont, aux Archives de l'Etat à Liége ; cfr. DE RAADT, *Sceaux armoriés des Pays-Bas*, t. III, p. 18.
([3]) *Le Miroir des nobles*, édition DE BORMAN, t. I, p. 309.

Son frère Jean, le grand mayeur, tué à Saint-Martin en 1312, adopta les armes de sa grand'mère paternelle, Marguerite, fille de Gérard de Rulant, « comte » de Hozémont, que l'auteur du *Miroir des Nobles* blasonne « d'or au sautoir de gueules » (¹).

Quant à Radoux, le cadet, son sceau ne nous est pas parvenu. Nous devons nous borner à signaler ci-dessous les armoiries portées par ses descendants.

A la génération suivante, les trois branches des Surlet semblent s'être mises d'accord pour prendre les armes de Hozémont, quitte à chacune d'elles de les accommoder à sa guise pour se distinguer des deux autres.

Ainsi, les enfants de l'échevin Louis cantonnèrent le sautoir de Hozémont de quatre macles, empruntées au blason de leur mère, Ode, fille de Jean Boveal, riche bourgeois de Liége, qui portait, dit Hemricourt, les armes de Sougnez « d'or à une faixh de gueules, à trois » rutures d'azure »(²). Brisées de la sorte, ces armes figurent sur le sceau que l'un d'eux, Louis, citain de Liége, mettait, le 15 mars 1307, au bas d'une charte de l'évêque Thibaut de Bar (³) et sur celui que l'arrière-petit-fils de l'échevin, Gilles Surlet, chevalier, fait prisonnier à Baesweiler, apposait, en 1374, à une quittance donnée à l'occasion de la célèbre bataille (⁴).

Enfin, quand le guerrier de Baesweiler, dernier représentant mâle de sa branche, vint à passer de vie à trépas (février 1414), c'est encore le sautoir accompagné de quatre macles qu'on grava sur sa tombe, dans l'église paroissiale de Saint-Etienne (⁵).

Radoux Surlet contracta deux alliances. D'une fille de l'échevin Mathieu le Prévot, dit Mathot (1260-1285), sortit un rameau sur le compte duquel nous n'avons pas de renseignements héraldiques et qui s'éteignit dès la seconde moitié du XIVe siècle en la personne de Gilles Surlet, seigneur de Beausaint en Ardenne et de son frère Bauduin, chanoine et prieur de Flône.

La seconde femme de Radoux, Ide, fille de Henri Pollarde, dit de Neuvice, portait les armes des de Prez « alle comble, assavoir » lossengieit d'argent et d'azure, à un chief de gueules » (⁶). De ce mariage, provint une lignée dont quelques représentants vivaient

---

(¹) Voir la reproduction du sceau de Jean Surlet dans DE BORMAN, *Les Echevins de Liége*, t. I, planche II.
(²) *Le Miroir des nobles*, t. I, p. 422.
(³) DE RAADT, *Sceaux armoriés des Pays-Bas*, t. III, p. 501 ; VERKOOREN, *Inventaire des chartes et cartulaires des duchés de Brabant et de Limbourg*, t. 1, p. 160.
(⁴) DE RAADT, *loco citato*.
(⁵) VAN DEN BERCH, *Recueil d'Epitaphes*, p. 115 (Manuscrit de la bibbiothèque de M. le comte de Hemricourt de Grune).
(⁶) *Le Miroir des nobles*, p. 318.

encore à Liége dans le second quart du XVe siècle. Mais, bien que changeurs et alliés à des familles s'adonnant au même genre de négoce, ils étaient « sofraiteuz de leur chevanche et s'en est petit » conte » ainsi que le note Hemricourt (¹). Quelques années plus tard, on perdra même complètement leurs traces.

Comme leurs cousins de la branche aînée, ces Surlet du second rameau de la branche cadette empruntèrent à la famille de leur mère la brisure qu'ils imposèrent au sautoir des Hozémont.

On en trouvait la preuve, à Liége, dans l'église de Saint-Servais, sur la pierre tombale de Jacques, dit Jacquemin Surlet, décédé le jour de la fête de St-Martin 1431 (²), et à Cuttecoven, au comté de Looz, sur celle de sa sœur Marie, femme de Jean de Cuttecoven, dit de Looz, licencié *in utroque jure* et avocat à la Cour de Liége (³).

Ces deux arrière-petits-enfants de Radoux Surlet dormaient leur dernier sommeil sous des blasons (d'or) au sautoir (de gueules) chargé d'un écu losangé (d'argent et d'azur) au chef (de gueules) plein.

Celui de Jacques était timbré d'un casque surmonté, comme cimier, d'un buste d'homme habillé de l'écu, sans le surtout.

Enfin, le fils du grand mayeur de Jean de Flandre, Jean Surlet, dit de Lardier, le beau chevalier dont Hemricourt parle avec tant de complaisance, l'auteur de la branche puinée, la plus illustre des trois, eut successivement deux sceaux à ses armes. Le premier, dont il se servait alors qu'il n'était encore qu'échevin de Liége, porte le sautoir brisé en cœur d'une macle (prise dans le blason de sa mère, N. de Lardier, dont la famille portait d'or à la fasce de gueules accompagnée de trois macles d'azur). Devenu chevalier, il se fit graver un autre sceau mentionnant sa nouvelle dignité et substituant une fleur de lis à la macle empruntée aux Lardier.

Hemricourt ne connut que ce dernier, car il dit que « Monssaingnor » Johan de Lardier, chevalier, esquevin de Liége, portoit d'oir à on » satoir de geules, à une fleur de lis d'argent » (⁴).

Deux des fils de Jean de Lardier laissèrent postérité. L'aîné, Jean Surlet, bailli de Hesbaye et seigneur de Chokier par sa femme, fille aînée de Gérard de Hozémont, mourut avant son père.

Nous connaissons les armoiries de deux de ses arrière-petits-enfants : Jean, sire de Chokier, tréfoncier de Liége et prévôt de Maeseyck.

(¹) *Le Miroir des nobles*, p. 319.
(²) VAN DEN BERCH, *Recueil manuscrit d'Epitaphes*, p. 102.
(³) Voy. LE FORT, *Collection d'épitaphes*, t. III (Cuttecoven). Cette pierre existe encore et sert de seuil à l'église du lieu. Elle est à l'heure actuelle, devenue complètement fruste par le frottement des pieds. Il y a plus de vingt-cinq ans, quand nous en avons copié les armoiries et la légende, elle était encore en bon état de conservation.
(⁴) *Le Miroir des nobles*, p. 86.

dernier mâle de ce rameau, mort le 12 mars 1446, et sa sœur Elisabeth, XVIIe abbesse du Val-Benoît, qui survécut à son frère jusqu'au 7 février 1451. La tombe de l'un se trouvait dans la chapelle de Saint-Luc, à la Cathédrale ; l'autre gisait au Val-Benoît, dans l'église abbatiale. Le héraut d'armes van den Berch, qui nous a conservé leurs deux épitaphes, y renseigne deux blasons, l'un et l'autre aux armes pleines de Hozémont, sans brisure ([1]).

Thibaut de Lardier, le frère puîné du bailli de Hesbaye remplaça la fleur de lis d'argent du blason paternel par un écu aux armes d'Ochain: de gueules à deux léopards d'argent l'un sur l'autre, sans doute en souvenir de son aïeule maternelle, Catherine d'Ochain, première femme de Gilles delle Cange ([2]). Ainsi modifiées, ses armes furent gravées, en 1370, sur sa tombe, dans l'église du couvent des Dominicains ([3]).

Vers le milieu du XVe siècle, et vraisemblablement à partir du moment où la seigneurie de Chokier, l'antique domaine des Hozémont, entra dans leur rameau, les descendants de Thibaut de Lardier abandonnèrent le surtout aux armes d'Ochain et adoptèrent l'écu, non brisé, du feu prévôt de Maeseyck.

On en trouve la preuve à Ulbeck, sur la tombe de Jean Surlet, seigneur d'Aldenhoven et maître de Liége en 1441, dont l'épitaphe armoriée nous est connue par deux copies du héraut van den Berch ([4]). Et si le neveu de ce personnage, Henri Surlet, seigneur de Guygoven et vicomte de Colmont, se crut, en sa qualité de cadet de quatre frères, obligé de briser son sautoir d'une étoile à six rais, son exemple ne fut même pas suivi par ses filles.

Dès lors, le recès donné par les bourgmestres de Liége le 2 octobre 1620 allait devenir l'exacte expression de la vérité, et les armoiries des derniers Surlet devaient rester *ne varietur*, d'or, au sautoir de gueules, ayant, comme cimier, un buste d'homme habillé des armes de l'écu.

Dans la suite, elles personnifièrent si bien le célèbre lignage, que ce furent elles que s'empressèrent successivement de s'adjuger les familles de Chokier et Thonnar de Chokier, quand elles se mirent à prétendre qu'elles descendaient en ligne directe et masculine des anciens seigneurs de Chokier du nom de Surlet.

Léon NAVEAU.

([1]) VAN DEN BERCH, *Manuscrit cité*, p. 17 et 228, et NAVEAU, *Recueil d'épitaphes de la Cathédrale de Saint-Lambert*, dans le *Bulletin de la Société des Bibliophiles liégeois*, t. X. p. 86.
([2]) DE BORMAN, *Les Echevins*, t. 1, p. 100.
([3]) VAN DEN BERCH. *Manuscrit cité*, p. 171.
([4]) VAN DEN BERCH, *Manuscrit cité*, pp. 284 et 294.

Les Artevelde de la Gueldre et du Hainaut à Gand

Dans son inépuisable obligeance, mon excellent ami le baron de Borman, mon collègue à la Commission royale d'histoire, voulut bien m'envoyer, en 1912, pour mon *Cartulaire des* ARTEVELDE *du XIIIe au XVe siècle*, auquel je mettais la dernière main, copie d'une pièce de 1442, où figurait un homonyme, peut-être un parent, du célèbre tribun et capitaine gantois. D'après cet acte, un JACQUES D'ARTEVELDE, époux de la sœur d'un WAUTIER DE MOSTIER, de Liége, avait cédé à ce dernier les droits qu'il tenait de son contrat de mariage, passé en cette ville ; son héritier, JEAN DE MOSTIER, eut à soutenir à ce propos, devant les échevins de Maestricht, contre un WAUTIER DE BETHO, un procès qu'il perdit d'ailleurs.

Je venais précisément de découvrir : un acte d'un homonyme de ces parages, JEAN VAN EERTTEVELDE ou HERTTEVELDE, qui, attaqué dans sa maison à Gand par des malfaiteurs, les avait fait condamner, le 31 octobre 1352, à divers pèlerinages, à Cologne, Grevenrode et Egmond, en Hollande (¹) ; un messager du duc de Brabant, nommé JACQUES VAN ARTEVELT, circulant, en 1364 et 1374, entre Bruxelles et Tirlemont (²); enfin, un autre homonyme qui possédait en 1481 une maison à Louvain (³). Je me demandais si tous les porteurs de ce nom célèbre ne se rattachaient pas, d'une part, aux ARTEVELDE de Gand, et, de l'autre, à l'illustre famille des HERTEVELDE de la Gueldre (⁴).

Mais, avant de discuter cette question, il importe de faire connaître l'analyse de l'acte de 1442, que voulut bien faire M. de Borman. Elle révèle les plus intéressants points de fait et de droit de ces temps et de ces pays.

« WAUTHIER DE MOSTIER et AGNÈS (D'ELDEREN), sa femme, ont acquis en plein siége de mariage (*in honnen alingen stuele*) le bien d'*Eynenberch* situé à *Maestricht*, « *opten Bailjuin* », puis ils sont venus à décéder sans

---
(¹) Archives de la Ville de Gand, registre 330¹, folio 194.
(²) Archives du Royaume à Bruxelles (VERKOOREN, Inventaire, t. IV, p. 322).
(³) Archives de la Ville de Louvain, reg. 77 (communiqué par M. CUVELIER).
(⁴) Tous ces actes sont imprimés dans mon Cartulaire, sous presse, pp. 773-779.

avoir procréé d'enfant l'un de l'autre ; mais chacun des époux avait eu des enfants d'un précédent mariage.

» AGNÈS était mère de WAUTHIER DE BETHO (BETOUWEN), demandeur, ainsi que de MARIE DE BETHO, mariée à JACQUES VAN ARTEVELT, et veuve de JEAN DE ROEST ; WAUTHIER DE MOSTIER était père de JEAN DE MOSTIER, défendeur.

» Le demandeur dit qu'après le décès de sa mère et de son second mari il s'est fait mettre en possession des dits biens par les échevins de *Maestricht*, puis il a fait ajourner JEAN DE MOSTIER, lui réclamant la moitié du bien après le décès de sa mère. Il invoque le droit en vigueur à *Maestricht*, en vertu duquel les biens acquis en communauté par des époux décédés sans enfants l'un de l'autre se partagent par moitié entre leurs héritiers respectifs.

» Et, si JEAN DE MOSTIER prétend que WAUTHIER aurait autrefois consenti par acte notarié à laisser aller ces biens aux héritiers du second mari de sa mère, WAUTHIER soutient qu'on n'en fournira pas la preuve, et que, si même on la fournissait, le fait ne pourrait lui préjudicier, attendu que d'après les coutumes de cette ville, nul ne peut renoncer à un droit qui ne lui est pas échu, et qu'en tout cas pareille renonciation devrait se faire devant la justice locale.

» WAUTHIER ajoutait que s'il a jamais posé, par rapport à ces biens, quelque acte qu'on voulût lui opposer (ce qu'il ne croyait pas), encore resterait-il établi que JACQUES VAN ARTEVELT, époux de sa sœur Marie, s'est fait investir en temps opportun, endéans an et jour, de la possession des mêmes biens par les échevins de Maestricht et qu'il en a ensuite transmis la propriété au demandeur ; il espérait, de la sorte, que le tribunal échevinal lui adjugerait la moitié du bien en litige.

» JEAN DE MOSTIER répondit qu'il lui semblait bien étrange que WAUTHIER s'était fait mettre en possession du bien litigieux, lui qui devait bien savoir qu'il n'y avait aucun droit, aux termes de son contrat de mariage dans lequel il déclarait renoncer à ces biens, contrat qui avait été approuvé par le maïeur et les échevins de Liége.

» Le défendeur ajoutait que, puisque WAUTHIER, du vivant de sa mère et de son second mari, avait renoncé au bien litigieux par un contrat de mariage, ce contrat devait rester en vigueur, étant donné que WAUTHIER avait survécu à sa mère et à son second mari.

» Quant à l'argument tiré de la cession faite au profit du demandeur par JACQUES VAN ARTEVELT, son beau-frère, le défendeur en exigeait la preuve, ajoutant que, si même cette cession était prouvée, elle ne pourrait lui nuire, aux termes du contrat de mariage de MARIE DE BETHO avec son premier mari, JEAN DE ROEST, où il était stipulé que cette dame ne pourrait partager dans les acquêts de la seconde communauté de sa mère, à moins que ces biens ne lui fussent légués par testament.

» Les échevins décident que la renonciation faite par WAUTHIER DE BETHO dans son contrat de mariage étant dûment prouvée, et puisqu'il a survécu à WAUTHIER DE MOSTIER et à dame AGNÈS, sa femme, JEAN DE MOSTIER comme hoir légitime de son frère, aura la moitié de la moitié du bien litigieux (*die halscheyt van denen halven huysen*), c'est-à-dire la part revenant à WAUTHIER DE BETHO. Quant à l'autre demi-part, provenant de la cession lui faite par JACQUES VAN ARTEVELT, WAUTHIER DE BETHO pourra la conserver.

Les parties en cause devront en outre prêter serment qu'elles ne se font aucun tort.

» (Il en résulte, par conséquent, que Jean de Mostier a pu conserver la propriété des trois quarts en question, mais cela n'est pas déclaré expressément) ».

Il est inutile d'insérer ici les notices érudites, recueillies sur les diverses familles qui y figurent, par l'auteur des magistrales publications sur les *Échevins de Liège*, l'éditeur de *Jacques de Hemricourt*, comme seul il pouvait les faire. Elles ne touchent pas à notre sujet, et sont, de même que l'acte, insérées dans mon Cartulaire (pp. 775-779).

Il est plus intéressant de rappeler, d'autre part, que l'illustre famille de la Gueldre, remontant au XIIe siècle, issue de noblesse féodale dans le Bas-Rhin, qui s'est éteinte en 1867 par la mort de Karl-Adolf Freiherr von Hertefeld, et dont le fidéi-commis a passé, avec le nom, dans celles des Eulenbourg-Hertefeld ([1]), a, par une singulière coïncidence et par suite des troubles du XVIe siècle, poussé une de ses branches les plus vigoureuses en Flandre, et notamment à Gand, ville avec laquelle elle n'avait eu jusque-là rien de commun, bien qu'elle ait été confondue avec celle du tribun du XIVe siècle.

Il résulte, en effet, de divers documents de cette ville, qu'Albert van Hartefeld, fils d'Etienne II, et marié, en 1558, à Catherine uten Hove, en eut un fils, Etienne III, qui épousa en 1592, sa cousine Anne uten Hove, fille d'Antoine et d'Agathe Schootens ; ils eurent Antoine van Hartevelde, gouverneur d'Ostende en 1604 ; Jean, chevalier de l'Ordre teutonique ; Gérard et Henri, colonels des Etats-Généraux ; ce dernier, tué le 14 avril 1574 à la bataille de Mookerheide, eut un fils Guillaume, chevalier, bourgmestre d'Amersfoort, qui épousa Hildegonde van Zuylen van Nyevelt, fille de Frédéric, homme de fief *op de Weluwe*, près d'Utrecht ([2]).

Or, cet Albert van Hartefeld donne quittance à *Gand*, en 1578, sous le nom de Joncheere Albert van Arttevelde, au trésorier de la Ville, pour 12 livres de gros ([3]). Stephanus van Hartevelde, filius Joncheere Aelbrechts by Joncvrouwe Catheline uten Hove paie une rente de 12 ₶. gros, en 1584-1585 ([4]). D'autre part, Joncheer Joos

---

([1]) Almanach de Gotha de 1915, p. 326. La généalogie manuscrite, dressée par Van Spaen repose aux archives du Conseil suprême de Noblesse à La Haye, et a été publiée en partie par Fahne, *Die Dynasten von Bocholtz*, band I, abtheilung I : *Stammtafel der Familie* Hertefeld.—Mon regretté collègue M. van Egeren, conseiller à la Cour d'appel de Gand, a fait les recherches les plus intéressantes sur cette famille, dont il descendait par les femmes ; j'en imprime une partie dans mon Cartulaire, pp. 780 à 782).

([2]) Gailliard, *Bruges et le Franc*, t. V (1864), p. 93.
([3]) Archives de la Ville de Gand, Minutes.
([4]) Ibidem, Compte de cette année, fol. 151.

Gheerard van Hartevelde est, en 1627, seigneur du Nieuwland, à Gand, et son bailli et ses échevins y passent, le 23 mars de cette année, un acte de vente d'une maison par Joos Roegiers au profit de Maeyken Heuters, weduwe Pieters Baekele (¹). Il avait hérité de sa mère cette seigneurie qui, du XIIIe au XVIe siècle, avait passé des Goethals aux Clocman et de là aux uten Hove (²). L'obit de Jobst-Gerard von Hertefelt (1634), *herr zù Neelandt, Erbesse zùm Colck (Brandeburgh)* et celui de *Her Georg* Wilhem *von und zù* Hertevelt, *Aufgeschworene zù Clevers, den 11ᵉⁿ Martij* 1655, porte les quartiers :

Hertevelt, Uten Hove, Egeren, Gruther,
Uten Hove, Palant, Gruther, Krummel.

Il existe à Leyde un *Musée Hartevelt*, et dans plusieurs villes de la Gueldre (*Adem, Weeze, Winnekendonck, Burick, Duren,* etc.) des obits et pierres tumulaires de cette famille illustre (³).

Il semblait, à première vue, que c'étaient là les descendants de nos Artevelde du XIVe siècle, alliés aussi aux uten Hove et aux de Gruutere ; il n'en est rien cependant.

D'abord, les armoiries ne sont pas les mêmes ; la famille du grand tribun de Gand porte, comme on sait, les *trois chaperons de sable sur champ d'argent*, les couleurs de Gand, et, d'après L'Espinoy, les insignes de la liberté, qu'il aurait adoptés (⁴), ce qui est probable, car, d'après les sceaux que j'ai recueillis, elle portait d'abord la *fleur de lys* (⁵), tandis que ceux de la Gueldre portaient *d'argent au cerf de gueules élancé* (ou *rampant*, d'après Rietstap) *sur champ d'argent* ou bien, un *fer à cheval d'argent sur champ de gueules* (⁶).

Ensuite, entre le XIVe et le XVIe siècle, aucune relation n'existe entre les deux familles, c'est donc un pur hasard que leur rencontre, au XVIe siècle, sur le sol de l'ancienne capitale des Flandres, et le résultat de l'alliance en Hollande avec des familles émigrées de la Flandre.

Il en est tout autrement en ce qui touche les nombreuses familles du nom Dartevelle que nous rencontrons dans les provinces de la Wallonie, et, s'il fallait une preuve nouvelle de nos relations bien plus

---

(¹) Archives du Bureau de Bienfaisance, aux Archives de la Ville. — Archives de l'avocat van Hoorebeke, n° 510.
(²) Diericx, *Mémoires sur la Ville de Gand*, t. II, pp. 568-570.
(³) N. de Pauw, *Cartulaire des Artevelde*, p. 781-782.
(⁴) L'Espinoy, *Recherches sur la Noblesse de Flandre*, 1631.
(⁵) Baron J. de Saint Genois, *Inventaire des Chartes de Flandre*, n° 939.
(⁶) De Raadt, *Sceaux armoriés*, t. II, p. 73. — Rietstap, *Armorial général*, t. I, p. 939.

intimes avec nos frères belges qu'avec les homonymes d'Allemagne et de Hollande, on la trouverait dans la multitude des familles de ce nom existant dans le Hainaut.

Bien que nous n'ayons jusqu'à présent pu établir la suite généalogique des nombreuses branches collatérales de la descendance du grand capitaine, dont le nom s'éteignit dans les mâles dès la seconde génération, mais qui se perpétua par les femmes dans les D'HALLUIN, les D'ERPE et les MONTMORENCY (¹), il n'est pas douteux que le nom wallon DARTEVELLE ne remonte au village flamand de ce nom et ne doive être orthographié D'ARTEVELDE, comme l'employait déjà FROISSART, pour cette commune et le nom de ses héros. C'est ainsi que, dès le XVᵉ siècle, nous trouvons à Gand le nom de la localité et de la famille transformé, de la manière dont s'écrit encore aujourd'hui le nom de la commune dont les chalands faisaient le transit par le canal menant à Gand, en *Eerdtvelde, Eertevelt, Hertevelt*, p. ex., Pierre VAN EERTVELDE, doyen des charpentiers de 1444 à 1457 (²), prisonnier de la Commune en 1451 (³), échevin en 1467 (⁴) ; Jean VAN ERTVELDE, pillé en 1558 (⁵) ; Pierre, fils de Josse, et Jean VAN EERTVELDE en 1580 (⁶), Elisabeth VAN EERTVELDE, veuve de Jean Ackerman avec ses enfants Jean et Pierre, et leur tuteur Adrien VAN EERTVELDE (⁷) ; Marguerite VAN EERTVELDE, femme de Liévin van den Damme en 1543 (⁸) ; Abraham, fils de Josse, François et Pierre VAN EERTVELDE, fils de David VAN HERTEVELDE, membres de la Gilde de St-Antoine, de 1611 à 1678 (⁹), enfin de nombreux actes de naissances et de décès dans les paroisses de Gand du XVIᵉ au XVIIIᵉ siècle (St-Nicolas, St-Martin, St-Sauveur) (¹⁰).

Tout à coup, dans deux actes de 1694 et 1703, le nom originaire réapparaît et accuse la forme wallonne DARTEVELLE. Dans le premier, le mariage d'Ursmar DARTEVELLE avec Madeleine LEFEBVRE, et dans le second, le baptême de leur fils Egide DARTEVEL, les noms des témoins nous reportent en plein pays wallon ; ce sont : Nicolas FRESER, Marie-Jeanne LEFEBVRE, Egide DUSSART, Françoise D'ARTEVEL.

(¹) Voir mon article dans la *Grande Encyclopédie de Paris*, t. III, (1887), pp. 1183 à 1187.
(²) Archives de la Ville de Gand, (Registre Temmerlieden). — V. FRIS, *Bulletin de la Société d'histoire* (Gand, 1914), p. 450.
(³) SCHAYES, *Dagboek der Collatie*, pp. 72-73, 130. — V. FRIS, (2ᵉ édition), t. I, p. 365.
(⁴) *Memorieboek der Stad Gent*, t. I, p. 270.
(⁵) *Ibidem*, t. II, p. 296.
(⁶) *Etat de biens, 1579-80*, f⁰ 296 v⁰.
(⁷) *Ibidem*, Rolle, fol. 39, 46.
(⁸) Charte en ma possession.
(⁹) F. VAN DER HAEGHEN, *Gilde van St-Antone*, pp. 50, 72, 82, 84, 1882; cf. *Baerdemakers-chirurgijnsboek* aux Archives de la Ville de Gand.
(¹⁰) Archives de l'Etat civil à Gand.

C'est que, en effet, ce sont des membres de familles du Hainaut sur lesquels mon attention avait été portée depuis quelque temps, à la suite de l'extrait d'un journal, qui, à part l'innocente plaisanterie qui l'inaugure, contient un grand fonds de vérité :

La descendance des d'Artevelde

Ceux qui croient que le descendant direct des Artevelde est M. Anseele — M. Anseele est de ceux-là — pourraient se tromper, si nous en croyons une intéressante petite note publiée par le *Journal de Mons*. Voici ce qu'écrit notre confrère :

« Depuis une vingtaine d'années, on s'est occupé beaucoup de la famille des d'Artevelde, qui se lie si intimement aux luttes des communiers flamands contre l'autocratie des comtes de Flandre et les ambitions de la France.

» Il paraît, et cela va être établi à bref délai par des documents irrécusables, que la descendance des fiers tribuns flamands est devenue wallonne, tout à fait wallonne. De Gand des cadets de cette famille sont partis pour s'établir à Braine-le-Comte, et de là ils se sont répandus dans toute la Wallonie. Leur nom patronymique s'est modifié.

» D'Artevelde s'est changé en Dartevelle. Et cette désignation s'applique à des familles très connues dans l'arrondissement administratif de Thuin, à Lobbes, Mont-Ste-Geneviève, Donstiennes, Carnières. Dans ce dernier village on rencontre quelques familles de ce nom qui, par la tradition et par titres, se rattachent directement aux célèbres Gantois qui ont nom Jacques et Philippe van Artevelde.

» Le Cercle archéologique de Mons recevra prochainement communication d'une étude sur cette généalogie établie par l'un des descendants de l'illustre famille qui donna à la Flandre les plus ardents défenseurs de ses privilèges et de ses droits. »

Supposons qu'on soit dans le vrai. Il n'en vaudrait que mieux. *Cela prouverait une fois de plus la vérité du refrain d'Antoine Clesse* :

« Flamands, Wallons,
» Ce ne sont là que des prénoms ». ([1])

Les Gantois, aussi bien que les « gens du Hainaut » sont d'ailleurs très fiers et friands de cette parenté probable. Depuis que le comte de Saint Genois ([2]) avait, au commencement du siècle dernier, signalé dans *les XII pairies du Hainaut*, trois générations de cette famille pour un relief d'un fief de sept mesures de prairies à Trazegnies, fait par Baudouin Dartevelle comme héritier testamentaire de Louis de Florimont pour son fils Pierre Dartevelle, le 23 octobre 1693 ([3]), lequel fief passa à la fille de celui-ci, Hélène-Marie Dartevelle, veuve du sieur de le Croix, écuyer, qui le releva le 12 février 1754.

([1]) *La Flandre libérale* du 15-16 février 1893.
([2]) *Monuments anciens*, t. I, p. 106.
([3]) *Cartulaire du Hainaut*, folio 115.

les généalogistes en ont recherché à l'envi la provenance et la descendance. Cette petite-fille de Pierre, bailli et greffier de la terre de Trazegnies, et de Marie-Anne Desmons, laissa de son mariage avec Jean-Joseph de le Croix, né à Merbes-le-Château vers 1695, et mort à Leuze, le 2 juillet 1741, six enfants, d'où sont sorties les familles nobles de le Croix de Gand, et Dumont de Chassart (¹). L'un de ceux-ci a déjà pu me fournir des généalogies remontant d'une à deux générations et extraites d'un album généalogique dressé par Léopold de Fernelmont, président à la Cour de cassation, décédé (²).

Mon regretté collègue à la Commission royale d'histoire, M. Devillers, me signala une famille Jacques, dont un bourgmestre de St-Vaast (lez-Binche), habitant le château, avait épousé une Dartevelle, originaire de Rouveroy (³), et mon collègue, M. Emile Dony, secrétaire de la Commission des petites archives à Mons, dont je suis président à Gand, me fit connaître un grand nombre de familles du nom de d'Artevelle dans la région de Merbes-le-Château jusqu'aux Estinnes, Chimay et même Cambray, précisément le pays où l'Homère des tribuns et capitaines gantois, l'admirable conteur Jehan Froissart, a écrit leurs exploits. (Mons, Lessines, Forges-lez-Chimay, les Estinnes, Bray, Arquennes, Ath, Beaumont, Frasnes-lez-Couvin, Flavion, Morlanwez, etc.). Fermiers, marchands, bourgeois, quelquefois s'élevant aux positions de bourgmestres, échevins, curés, chanoines, etc.; c'est un dédale à débrouiller. Un notaire de Flavion, du nom d'Artevelle m'écrivit qu'il était originaire de Forges (⁴) ; un huissier du même nom, à Dinant, était nommé greffier de la Justice de paix à Florennes, *le 27 novembre 1882*, et le journal officiel, du même jour, qui insérait un arrêté royal d'acceptation d'une fondation à l'église de *West-Roosebeke*, du curé Vrambout, frère du gouverneur de la Flandre Occidentale, ne se doutait pas sans doute que par une étrange coïncidence ces deux noms célèbres étaient réunis à la date funeste de la défaite du second capitaine de Gand, de ce nom illustre, jour par jour, à son 500ᵉ anniversaire (⁵).

Leurs descendants se sont distingués dans les guerres du commencement du XIXᵉ siècle et du XXᵉ siècle. En 1812, un Jean-Baptiste, fusilier, né à Fontaine-l'Evêque, en 1783, reçoit un congé, il meurt d'un coup de hache (tout comme notre grand Jacques) ; en 1918, un notaire

---

(¹) *Annuaire de la Noblesse* de 1894, p. 247 (cf. 1893, p. 53).
(²) Lettres des 21 et 25 février 1897.
(³) Lettre du 3 mars 1914.
(⁴) Idem du 5 juin 1908.
(⁵) *Moniteur Belge* du 27 novembre 1882, n° 4625.

de Lille, capitaine d'Artevelle, vint, après la guerre, visiter son pays d'origine, Thuin et Beaumont.

Mais, revenons à nos Gantois, notamment aux descendants d'Ursmar Dartevelle et de Marianne Lefebvre. Comme s'ils s'étaient retrempés en foulant de nouveau leur terre natale, ils se proclament les descendants directs de l'illustre tribun (¹). Quelques années avant l'érection de la statue du grand Artevelde, le 3 septembre 1863, le sénateur Rooman de Block, petit-fils par sa mère de l'une des filles des dits époux, présidait une fête en son honneur au *Spiegelhove* à Gand et s'enorgueillissait des hommages qu'on lui rendait, à lui et aux siens, comme descendant du héros des Communes, et ses petits-enfants sont toujours persuadés de cette illustre origine (²). Son cousin, le dessinateur de talent, connu par ses charges caractéristiques, Émile de Rudder, arrière-petit-fils de l'autre fille, me disait, à la même époque : « Regar-
» dez-moi ! — Ne voyez-vous pas que je descends d'Artevelde ? »
Et il en avait, en effet, la prestance d'après le type conventionnel de la statue (³).

Les lettres de part de décès des familles du docteur de Moerloose, du peintre Dillens, des littérateurs Théo Coopman et Lievevrouw-Coopman, très connues à Gand, contiennent des descendances et alliances avec des d'Artevelle du pays wallon (⁴); un receveur de contributions de ce nom à Gand y opérait pour Termonde.

Je ne cite que pour mémoire l'apparition de ce nom sous diverses formes dans d'autres provinces du pays et de l'étranger. Ainsi, à Deynze, Philippe Van Ertvelde, échevin en 1412 ; à Eecloo, Jean van Artevelde, bourgmestre en 1417 (⁵) ; à Anvers, le peintre André van Eertfeld en 1644 (⁶), et Antoine-Joseph Dartevelle, né à Mons, *kopperslager* à Anvers en 1737, y enterré en 1795 (⁷).

Ce devint bientôt une manie de tâcher de se rattacher à cette race illustre. Ceux-mêmes qui portaient un nom s'en rapprochant, le voient modifier par des généalogistes, de bonne foi ou fantaisistes : c'est ainsi qu'une Laurine Hardewel, appartenant à une nombreuse famille du Pays de Waes, devient, à l'occasion de son mariage avec le conseiller

---

(¹) Archives de l'avocat van Hoorebeke, nᵒˢ 188 32-38.
(²) Journaux du temps. — Schoorman, *Généalogie de la famille* Rooman d'Ertbuer, dans l'*Annuaire de la Noblesse* de 1911, 1ʳᵉ partie, p. 241.
(³) V. van der Haeghen, dans la *Bibliographie Nationale*, t. XX, (1910), col. 387.
(⁴) Ma collection de lettres de part.
(⁵) Archives de l'État à Gand (Manuscrits des Jugements de St-Pierre, folios 137 et 321).
(⁶) *Biographie Nationale*, t. VI (1878), col. 694.
(⁷) Mertens et Torfs, *Geschiedenis van Antwerpen*, t. VI, pp. 416 suiv.

DE HERTOGHE, une D'ARTEVELDE ou VAN HARTVELT (¹). Les HARTEVELT de Hollande (²) sont englobés ; les HARTWELL d'Angleterre (³) également ; pour un peu, les D'ARDEVELLA d'Italie (⁴) le seraient, bien que M. Stefani, archiviste de Venise, me faisait remarquer qu'il existait un village de ce nom à la frontière du Piémont et du Dauphiné (⁵). L'engoûment devenait extrême dans un pays où, depuis près d'un siècle, pas un discours patriotique qui n'invoquât ce nom illustre. Par une étrange coïncidence, l'année même de l'érection du premier projet de statue du grand JACQUES VAN ARTEVELDE, patronné par mon père, échevin de Gand, mourait en cette ville, le 18 novembre 1845, à l'âge de 85 ans, un CHARLES VAN ARTEVELDE, journalier, fils de Charles et de Rosalie Brien, né à Tournai en 1760 (⁶).

C'est à ce grand nom, c'est au génie de ce précurseur de notre patrie (puisque par son célèbre traité du 3 décembre 1339 il a pressenti la création de la Belgique bilingue), c'est à ses traditions et aux exemples des générations de près de six siècles, que, à l'issue de la catastrophe mondiale dont nous sortons à peine, mutilés et meurtris, ravagés et pillés par les vrais descendants des Vandales et des Huns, plus fourbes et brutaux que leurs ancêtres ignorants, nous devons retremper nos énergies sur ce sol sacré où nos frères ont reçu le nouveau baptême du sang et du feu. On sait, en effet, que, dans nos anciennes provinces, dans les anciens États, bilingues depuis mille ans, de Flandre, Brabant, Liége, des liens, aussi nombreux que solides, unissaient toutes les classes de la population, Wallons et Flamands francisés par l'attrait du pouvoir de nos comtes et de leur cour, par les alliances avec les maisons françaises de France, Alsace, Avesnes, Dampierre, Bourgogne, Autriche même, et entraînés par l'irrésistible culture latine, et leur désir d'imiter leurs maîtres. Des mariages fréquents, des échanges d'enfants, usités même encore jusqu'au siècle dernier, avaient formé cette nation belge, que l'on veut en vain faire naître en 1830.

(¹) Chev. DE BURBURE dans les *Annales du Cercle Archéologique du Pays de Waes* (1879), p. 314. — AZEVEDO COUTINHO Y BERNAL. *Généalogie van der Noot* (1771), pp. 9,218. — VAN HOOREBEKE, *Archives de famille*, n° 188. — N. DE PAUW, *Cartulaire des Artevelde*, p. 782.
(²) WAGENAAR, *Vaderlandsche Historie*, t. X (1754), pp. 229-233.
(³) GILLIODTS VAN SEVEREN, *Inventaire de Bruges*, t. II, p. 190.
(⁴) Archives de l'État à Gand (Conseil de Flandre, n° 613 bis).
(⁵) *Indice alfabetico generale di Regno d'Italia*.
(⁶) État civil de Gand, registre de décès, n° 2738.

Déjà, au XIIIe siècle, le trouvère brabançon ADENEZ-LE-ROI, écrivait :

> *Tout droit à celui temps que je ici vous dis,*
> *Avoit une coutume ens el tyois pays,*
> *Que tout li grand signor, li comte, li marchis,*
> *Avoient à l'entour aus gent françoise tous dis,*
> *Pour apprendre françois leurs filles et leurs fils* (¹).

Les relations nombreuses entre Flamands et Wallons de ce nom réalisent encore aujourd'hui l'unité belge.

J'ai constaté ces compénétrations de nos deux races belges à propos des TENIERS d'Anvers, descendants des TAISNIER du Hainaut, et retournant, sous le nom flamand devenu célèbre, dans leur pays wallon (²).

Cette hérédité de nos courageuses populations s'affirme, en ce qui concerne les familles qui, au nord et au sud de notre chère Belgique, Flamandes et Wallonnes, ont porté depuis six siècles le nom illustre du héros national. Serrons nos rangs sous les plis de son glorieux drapeau, dont les couleurs rappellent les diverses classes de citoyens à jamais réconciliés contre l'ennemi commun, et, admis les premiers dans la *Ligue des Nations*, qui présage les libres *États-Unis de l'Europe*, travaillons ensemble dans les bienfaits de la victoire, au développement des arts de la paix.

Gand, le 15 mars 1919.

NAPOLÉON DE PAUW.

(¹) *Corpus Chronicum Flandriae*, t. III, p. 574.
(²) N. DE PAUW, *David Teniers le jeune*, etc., dans le *Bulletin de la Commission Royale d'Histoire*, t. LXXVIII (1909), pp. 23 suiv.

SILHOUETTES D'ANCÊTRES

I

Marie-Bernardine de Renesse d'Elderen, comtesse d'Arberg de Frésin

Elle naquit au château d'Elderen, près Tongres, le 6 janvier 1653, et était fille de Georges-Frédéric de Renesse, baron d'Elderen et d'Anne-Marguerite, baronne de Bocholtz.

Conformément à la coutume de l'époque, elle fut mise en pension dès l'âge de six ans à l'abbaye de Munsterbilsen, où sa tante, Marie-Alexandrine de Bocholtz, sœur de sa mère, était chanoinesse. Chose remarquable en effet, dans les nombreux registres de comptes que nous avons pu compulser, alors que les gages et traitements de toute sorte étaient soigneusement inscrits, depuis le traitement du chapelain jusqu'aux gages du moindre valet, je n'ai jamais rencontré rien qui indiquât la présence dans les familles d'une institutrice ou d'une gouvernante. Dès la cinquième ou sixième année, les enfants étaient confiés soit à une abbaye noble, soit à un couvent.

Cet usage de confier les jeunes filles aux abbayes, dès l'âge le plus tendre jusqu'à l'heure de la majorité, provenait pour une part de ce que, jusqu'au XVIIIe siècle, beaucoup de filles étaient vouées au cloître. N'est-il pas préférable, pensait-on, que des jeunes personnes, destinées à prendre le voile, soient dès l'enfance accoutumées à la discipline des monastères, et quelle nécessité y a-t-il à leur faire connaître une société dont elles resteront peut-être forcément à l'écart ? Une chanoinesse adoptait une ou plusieurs « nièces »: celles-ci n'étaient pas toujours des nièces véritables ; elles étaient à proprement parler des surnuméraires. Elles ne pouvaient être admises que lorsqu'elles étaient adoptées par une chanoinesse prébendée. Ces chanoinesses « nièces » étaient comme le sourire du chapitre. Dans la gravité de ces asiles un peu mélancoliques, leur jeunesse apportait de la grâce et — dit H. de Gallier — je ne sais quelle poésie, comme parmi les vêtements sombres des titulaires, leurs robes blanches mettent une jolie note de fraîcheur et de clarté.

Marie-Bernardine fut reçue au chapitre noble de Nivelles le 13 novembre 1670. Elle y obtint la prébende de Marie-Jeanne de Glymes, prébende devenue vacante par le mariage de celle-ci avec M. d'Ottignies, baron de Spangen. Les quartiers de la récipiendaire étaient : Renesse, Nassau, Torck, Pieck de Wolfsweert, Arkel, Gueldre, Lockhorst, Bocholtz, Hoensbroeck, Scheyffart de Merode, Bocholtz, Wittenhorst.

Faut-il conclure, comme tant d'écrivains l'ont fait, que l'institution des chapitres nobles était œuvre de pure vanité et conséquemment inutile ? Ce serait une lourde erreur. Avec Humbert de Gallier ([1]) nous dirons que ces demi-couvents rendaient aux jeunes filles des familles nobles de réels et très sérieux services. Ils constituaient même un progrès appréciable pour elles sur les monastères purement religieux où tant de demoiselles pauvres s'enfermaient ou étaient enfermées sans vocation ou tout au moins avec une vocation qui faisait de nécessité vertu. Établis en vue précisément d'offrir un refuge, souvent passager, à de jeunes personnes appartenant aux familles nobles du pays, il était naturel, il n'était que logique même, que, par un triage approprié, on leur assurât dans ces communautés des compagnes sorties des mêmes rangs sociaux. N'oublions pas du reste que l'entrée dans un chapitre devait être considérée comme un honneur, et cet honneur ne se pouvait procurer qu'à bon escient. L'entrée d'une fille dans un de ces chapitres, et surtout dans certains d'entre eux, comme Nivelles, Maubeuge, Munsterbilsen, Ste-Waudru de Mons, pour nos régions, constituait un véritable honneur, l'obtention du titre de chanoinesse montrant de façon en quelque sorte officielle l'ancienneté de la race. Mais, à côté de cette considération d'honneur, n'oublions pas un côté d'ordre tout pratique. Établir des filles a été de tout temps un souci. Au XVIIe siècle, surtout dans la seconde moitié, grâce aux guerres perpétuelles qui mettaient le désarroi dans toutes les fortunes, cela devenait un problème plus difficile que jamais. Les filles sont nombreuses ; quatre, cinq dans une même famille, ce n'est point chose rare. Que faire d'elles si le hasard ne vient en aide ? Elles-mêmes comprennent la médiocrité du sort qui les attend entre une dot insuffisante et une légitime plus mince encore. Elles perçoivent ce que sera leur vie aux côtés d'un frère marié devenu chef du majorat, chargé d'enfants, et d'une belle-sœur qui deviendra la maîtresse du logis. Beaucoup sans doute, si on les eût consultées, mais on ne les consul-

---

[1] *Les mœurs et la vie privée d'autrefois*, par HUMBERT DE GALLIER. Paris, Calmann-Lévy.

tait pas toujours — eussent préféré jadis cette existence, si précaire qu'elle pût être, à la perspective douloureuse du cloître. Mais, à présent que plusieurs de ces monastères transformés leur offrent un abri plein de dignité sans obligation de renoncement, comment n'accepteraient-elles pas avec une facile résignation d'y aller couler des jours exempts d'inquiétude et de mesquins tracas ? Comment, plutôt que les ennuis quotidiens de la vie familiale autour d'un foyer qui n'est plus le leur, ne choisiraient-elles pas le chapitre noble avec l'indépendance que leur assurera plus tard la prébende, et l'agrément des honneurs auxquels elles auront droit ?

Notre chanoinesse resta au chapitre de Nivelles jusqu'au moment de son mariage. Sa prébende fut donnée le 3 décembre 1690 à Françoise-Louise de Hamal dite de Vierves, fille de Ferdinand-Joseph, comte de Hamal, et de Brigitte-Marguerite-Isabelle de Trazegnies.

Le 11 avril 1690, elle épousait dans l'église des Célestines à Liége, Antoine-Udalric d'Arberg, dit le comte de Frésin, colonel d'un régiment de cuirassiers.

Le fiancé était veuf de Cécile-Isabelle de Gonzague et de Mantoue, princesse du St-Empire, marquise de Tricères au Montferrat, fille de Louis, prince de Gonzague et de Mantoue, et d'Isabelle de Croy. Il avait décidément la vocation du mariage : sa seconde épouse, notre chanoinesse, étant décédée, il se remaria en troisièmes noces avec Alexandrine, baronne héritière de Horst et de Wittenhorst. Il était fils de Nicolas comte d'Arberg et de Valengin, et d'Olympe-Thérèse-Marguerite de Gavre.

Les vingt années passées au chapitre de Nivelles semblent avoir laissé un excellent souvenir à notre chanoinesse. Elle fit en effet don à l'abbaye d'une maison qu'elle possédait dans la ville et de quelques petites rentes.

Née en 1653, mariée en 1690, Marie-Bernardine n'était plus à son premier printemps quand elle quitta son existence de chanoinesse indépendante et libre pour contracter mariage. On pourrait se demander pourquoi elle ne le fit pas plus tôt. Précisément au moment où elle arrivait à l'âge de se marier, la principauté de Liége était en un triste désarroi. Invasion, passages de troupes, hivernage des armées de toute nationalité, contributions de guerre, avaient mis les propriétés et les fortunes en piteux état. Georges-Frédéric de Renesse, le père de Marie-Bernardine, était mort en 1681. Gouverneur du château de Stockheim, conseiller du Prince-Evêque, envoyé à tout instant en mission par celui-ci, il avait, comme tant de maris de ce temps-là, trouvé dans sa femme la collaboratrice la plus entendue dans toutes les affaires qui concernent la bonne administration du bien familial. Lorsqu'il mourut, Anne-Marguerite de Bocholtz se vit condamnée à louvoyer seule entre tous les écueils qui surgissaient sur ses pas du chef du lamentable état des affaires que rendaient plus difficiles encore les soins réclamés par l'éducation et l'établissement de sa nombreuse progéniture : il lui restait onze enfants en vie.

Pour les filles, il s'agissait de ne les arracher qu'à bon escient à l'existence calme et assurée du chapitre.

A cette époque, le souci constant du « lustre » de la famille dominait toutes les préoccupations dans cette grave question de l'établissement des enfants. Marie-Bernadine nous est une preuve de l'importance de ce sentiment chez les enfants eux-mêmes. Le testament de son père lui assurait une somme de six mille écus. Dans son contrat de mariage avec le comte de Frésin, nous trouvons cette clause assez frappante : « Mais comme ma mère souffre des pertes considérables à cause de la guerre présente par la confiscation dans les parties du Hainaut qui sont sous la France, la fiancée se contentera pendant le temps que sa mère administrera les biens de la famille, d'une rente annuelle de 125 écus en forme de pension. »

Aujourd'hui où nous voyons les mots « égoïsme » et « individualisme » rimer mieux que jamais, ce sacrifice de Marie-Bernadine sur l'autel de la famille pourra paraître bien suranné.

En principe, l'Amour n'est pas le dieu que l'on invoque de préférence dans les négociations lointaines par quoi se préparaient alors les alliances. Les jeunes gens, évidemment, se seraient volontiers laissé guider par des inclinations sentimentales, mais les parents voyaient le mariage sous un aspect différent et, la plupart du temps, se concluaient ce qu'on nomme des mariages de convenance. Sous l'ancien régime, en effet, l'autorité des parents — et, à leur défaut, celle du frère aîné — demeure souveraine dans toutes ces questions de mariage. Ce sont les parents qui cherchent (ou font chercher par leurs amis) le fiancé qui enlèvera la jeune fille à son chapitre de chanoinesses. Ce sont eux qui épluchent les parchemins et soupèsent la valeur de la dot. Ce sont eux qui marient les enfants : ceux-ci n'ont guère voix au chapitre. Il ne faudrait pas croire cependant, dit H. de Gallier avec infiniment de raison, que la précaution prise par les parents en vue d'égaliser autant que possible dans les unions les situations de fortune et de caste fût inutile et vulgaire. Elle créait dans les ménages une atmosphère d'intimité pour ainsi dire obligatoire, qui pouvait aisément devenir fort douce. La similitude des origines, des intérêts, des souvenirs, des projets, des ambitions suffisait à préparer un terrain merveilleusement propre à l'éclosion de sentiments plus tendres. Enfin, un lien ne tardait pas à se former qui rapprochait et retenait dans le devoir ces natures trop souvent disparates : l'enfant. Car, et ceci de nos jours prend presque les allures d'un paradoxe — on se mariait pour avoir des enfants ! Certes, il y avait des raisons d'orgueil, de vanité, de lucre même, auxquelles obéissaient les parents, mais aussi le plus souvent des raisons de dignité, de sagesse, de convenances sociales.

Et c'est ainsi que nous pouvons nous figurer Anne-Marguerite de Bocholtz, au milieu du tracas des procès en cours (car à cette époque les procès croissaient comme les champignons après une pluie d'orage), des perturbations créées dans ses revenus par les fermiers ruinés, des récoltes fourragées par l'ennemi.... et l'ami, des dîmes non perçues, des biens confisqués — comme toutes ses propriétés du Hainaut le furent par Louis XIV — nous pouvons, dis-je, nous figurer la mère de famille à la recherche de gendres qui assurent l'avenir de ses filles, et octroyant à sa fille aînée comme mari un vieux baron de Wassenaer, dont elle devenait la troisième femme, et à notre Marie-Bernardine, le comte d'Arberg de Frésin, dont elle devenait à 37 ans la seconde épouse.

D'après toutes les correspondances qui nous ont été transmises, Marie-Bernardine semble avoir été heureuse en ménage. Toutes ses lettres respirent une calme satisfaction et elle parle toujours du « comte de Frésin » avec une réelle affection. Sa vie se passa principalement au château d'Ahin, près de Huy (propriété de son époux) et à Namur.

Elle eut le grand chagrin de perdre toute jeune, à l'âge d'un an et cinq jours, la seule enfant que la Providence lui donna, Walrave-Hypolite-Antoinette-Bernardine d'Arberg, décédée à Ahin le 26 août 1693 et dont l'épitaphe se voyait en l'église de St-Adalbert à Liége.

Je n'ai aucune indication précise sur la date du décès de la comtesse d'Arberg. D'après les annotations d'un vieux registre de comptes, je pense qu'elle doit être morte à Namur à la fin de 1713 ou dans les premiers mois de 1714.

Il m'a paru de quelque intérêt, pour ceux qui aiment à revivre les époques disparues, de donner le texte de deux lettres adressées par Marie-Bernardine à son vieux grand-oncle, le dernier des barons d'Arkel, qui vivait en Hollande et avec lequel elle entretenait une correspondance assidue. Les aventures de voyage, racontées dans ces lettres, montrent avec un relief assez saisissant les dangers auxquels nos pères étaient exposés à cette époque dans notre Principauté de Liège, qui subissait toutes les conséquences de la guerre recommencée par Louis XIV contre l'Empire, la Hollande, l'Espagne, etc., en 1688, guerre qui dura jusqu'en 1697.

La première lettre est datée du château d'Elderen, le 15 août 1693.

« Je crois, mon très-cher et très-honnoré oncle, que vous aurés reçu
» une lettre que je me suis donné l'honneur de vous escrire de Grutroy, (¹)
» dans laquelle je vous ay marqué les alarmes où on estait à tout
» moment de ce voir pillé. Nous avons échapé de ce danger la, et sommes
» tombé dans une autre plus grand dans le tems que nous nous y atan-
» dions le moins entre Munsterbils et Vieujon (²); estant dans un che-
» main creu nous nous vimes environné en un moment de 5 ou 6 vol-
» leurs, le mousquet bandé sur nous, qui sans reconnestre quel gens
» nous estions lachèrent trois coup tout à la fois sur M. le comte de
» Frézin comme le plus aparant de la troupe. Il avait monté ce jour la
» votre petite cavalle qui heureusement pour luy l'emporta malgré
» qu'il en eut. Il se seroit lessé tuer pour ne pas m'abandonner. —
» (Saluez M. de Frésin !) Jugé du trouble ou j'ay esté de voir culbuter
» à mes pieds un misérable peysan qui nous guidet qui estoit a côsté
» de mon mary, qui c'est trouvé persé de 5 balles. Ils ne m'ont rien pris
» de ce que j'avais sur moy ; ils se sont contanté de prendre toute nos
» hardes et de detteler les deux chevaux que j'avois dans ma calesse
» qu'ils ont menné avec eux et j'ay esté obligé de fair a pyé le reste
» du chemain qui nous restet à faire. On nous fait espérer que nous
» pourons ravoir une partye de ce qu'ils nous ont pris puis qu'on croit
» qu'ils sont de trouppes de Liège. Nous ne raurons jamais le toute et
» nous avons deja bien fait de frès pour envoyer à leur poursuite. Je
» ne say comme nous acheverons le chemain qui nous reste encor à
» fair, qui est le plus dangereux de toute : l'armée de M. de Luxem-
» bourg est toujours du costé de Warem : tout va encor bien ici, il y a
» sauvegarde. La basse cour de Vieujon a esté pillé, comme je vous ay
» mandé, mais sat esté avand qu'ils avient sauvegarde. Voilà qu'on
» vient dire que les Fransé sont dans Tongre et qu'ils vont occuper
» toute les petite place autour de Mastriet. »

Malgré le peu de sûreté de la route, la comtesse d'Arberg a pu revenir à Liège et c'est de là qu'elle écrit immédiatement au vieux baron
d'Arkel pour lui donner des nouvelles. Dès le 18 août elle lui mande :

« J'ay comansé ma lettre à Elderen et je l'achève à Liège n'ayant
» pu trouver personne pour la porter à la poste de Tongre tant les che-
» mains sont dangereux. Je vous avois mandé que les Fransois estiont

---

(¹) La commanderie de Gruitrode où résidait le commandeur baron Henri de Wassenaer, frère de la première femme de Max-Henri de Renesse, le frère aîné de Marie-Bernardine.
(²) L'abbaye de Munsterbilsen et la commanderie des Vieux-Jones.

» dans Tongre : ils en sont sorty. Se n'estoient que pour amenner les
» bourgemaitres aussi bien que des autre petite villes et selon toute
» les aparance ils vont vers Charleroy et l'on croit que les armées pou-
» riont encor bien en venir aux mains. Nous partons dans peu de jours
» pour Ahin. Nous sommes ici pour voir si nous ne pourons rien ratraper
» de nos hardes : mais je vois quon est peu disposé a nous rendre
» justice et que le butin est partagé. Je ne say comme j'acheveray le
» reste de mon voiage car il samble que les malheurs me suivent par-
» toute. Hier en sortant d'Elderen j'ay versé sur le pavé d'une manière
» à m'écraser la teste. J'ay oublyé de vous dire que nous avons retrouvé
» nos chevaux mais dans un pitoiable estat. »

La pauvre femme pouvait bien dire que les malheurs la suivaient. Sa lettre est du 18 août et, le 26 du même mois, elle perdait à Ahin, où elle venait de rentrer, sa seule et unique enfant !

II

Arnold-Udalric de Renesse
chanoine tréfoncier de Liége

Frère de Marie-Bernardine, comtesse d'Arberg de Frésin, Arnold-Udalric de Renesse naquit au château d'Elderen le 12 septembre 1651. Il fut ondoyé le même jour : le baptême solennel n'eut lieu que le 7 mars 1652 à Liége dans la chapelle de la maison claustrale de son grand-oncle maternel, le tréfoncier Arnold de Hoensbroeck, prévôt de Hildesheim. Celui-ci fut son parrain. La marraine était Dame Henriette de Frentz, abbesse de Borcette, remplacée par Agnès de Bocholtz.

Selon la coutume du temps, Arnold-Udalric fut pourvu de bonne heure d'une prébende. Le 8 juin 1666, à l'âge de quinze ans, il était admis au chapitre d'Aix-la-Chapelle. Déjà l'année suivante, il céda son canonicat à son frère aîné, Maximilien-Henri, qui fut reçu le 25 octobre 1667.

Du chapitre d'Aix-la-Chapelle, il passa au chapitre de la cathédrale de Liége. Les lettres du Prince-Evêque lui conférant le canonicat vacant par le décès de Théodore de Puytlinck sont datées du 27 mai 1667. Le 6 septembre de cette même année, le nouveau tréfoncier donne procuration pour prendre en son nom possession de sa prébende à Ferdinand, baron de Bocholtz et à Lambert de Liverloz. Le procès-verbal de son admission est du 9 septembre. Ses quartiers de noblesse avaient été attestés le 6 du même mois par Antoine-Jérôme d'Oyembrugge de Duras, Jean-Louis d'Elderen et Arnold Raitz de Frentz, tréfonciers de St-Lambert. Il avait également une prébende à la cathédrale de Cologne. Nous ignorons à quel moment elle lui fut conférée.

Arnold-Udalric avait reçu la tonsure le 19 septembre 1664 des mains de l'Evêque de Dyonisie. Il avait treize ans !

Pour en arriver à comprendre les mœurs et les coutumes d'autrefois, il est nécessaire de se pénétrer des idées régnantes à ces époques lointaines.

Le « lustre » de la maison noble, le respect des liens du sang, fondé sur l'usage et maintenu par l'intérêt commun, étaient chez nos ancêtres la loi prédominante. La supériorité du père de famille, ou du frère aîné après lui, était établie sans conteste : leur autorité s'exerçait même parfois avec despotisme, mais la constitution de la race, le maintien du nom étaient à ce prix. Il y avait sur les sujets graves des réunions de famille, où tous les parents délibéraient. Ils émettaient ce qu'on nommait des *avis de parents*. Ces avis étaient, de par la coutume, obligatoires pour celui ou ceux qui en étaient l'objet. On voit des avis de parents pour les arbitrages et accommodements ; on en voit en France pour contraindre un des membres de la famille à se marier, à se séparer, ou à se battre en duel ; on en voit un peu partout pour choisir, ne l'oublions pas, ceux des fils destinés aux prébendes des cathédrales, aux ordres Teutonique ou de Malte, pour décider l'entrée de telle ou telle fille dans les chapitres de chanoinesses.

On sait qu'à part les vocations spontanées des âmes d'élite, l'abbaye ou le chapitre étaient la grande ressource des puînés et des cadets, qui n'auraient pu sans eux faire bonne figure dans le monde, et que d'ailleurs on ne désirait pas voir faire souche. Le plus curieux, avec de pareilles idées, n'est pas de rencontrer quelques indignes parmi les hauts dignitaires ecclésiastiques, mais plutôt de constater que le grand nombre se pliait à la discipline religieuse.

Comment les mœurs en étaient-elles arrivées à sanctionner ce système ? Faisons un peu d'histoire.

Depuis longtemps l'influence de l'élément laïc dans les sphères supérieures du clergé s'était fait sentir un peu en tous pays. Elle se développa surtout dans l'Empire germanique et de là franchit rapidement les frontières de la Principauté de Liége.

La reconnaissance pour les services rendus, la nécessité d'avoir des protecteurs parmi les maisons nobles puissantes, tout cela contribua à appeler dans les chapitres les fils cadets de la noblesse. Le Pape Boniface VIII (1294-1303) reconnut lui-même l'importance de ces considérations, lorsqu'il confirma dans ce sens les statuts du diocèse de Halberstadt.

La puissance temporelle des évêques ayant augmenté, la situation des chapitres des cathédrales s'était élevée en proportion. Ils avaient leur part dans le gouvernement temporel en même temps que dans l'administration du domaine spirituel ; de plus, depuis le concile de Latran de 1215, ils avaient en règle générale à décider le choix des nouveaux évêques. Si la noblesse attachait un grand prix à voir ceux-ci sortir de ses rangs et gouverner selon ses vues, son intérêt lui dictait également de choisir dans son sein les nouveaux chanoines à élire : ceux-ci y trouvaient l'espoir d'être élevés un jour à la dignité de princes ecclésiastiques et, en attendant, de riches prébendes leur fournissaient une compensation pour leur renonciation au droit d'aînesse ou pour leur réduction à la portion congrue comme cadets.

Le chapitre de St-Lambert n'agit pas autrement que les nombreux chapitres de l'Allemagne. Parmi les plus illustres, il tenait dès 1245 une place prépondérante. Une tradition ne disait-elle pas qu'en cette année, il comptait parmi ses chanoines 9 fils de rois, 14 fils de ducs, 30 fils de comtes, 7 barons et chevaliers ?

Dès le XIIIe siècle, tous les statuts des chapitres d'Outre-Rhin stipulent la noblesse d'origine comme indispensable pour la réception. Le chapitre de Wurtzbourg conférait en 1267 treize prébendes à des nobles, puis en 1271 onze prébendes et sept vacances à la fois à des jeunes gens de naissance chevaleresque. Aussi peu après nous y voyons apparaître l'exigence des quartiers de noblesse pour l'entrée au chapitre. A Bamberg, dès 1275, le chapitre comprenait douze chanoines nobles et déjà en 1277 on y exigeait des quartiers.

Ces prétentions, évidemment, n'étaient guère fondées en droit canonique. Aussi, si les Papes sous la pression des circonstances accordaient leur approbation, celle-ci ne doit pas être considérée comme l'abandon d'un principe dans l'ordre établi, mais uniquement comme un privilège toléré par l'Eglise. Elle ne cessa d'insister sur les qualités morales comme condition principale d'une élévation dans les dignités ecclésiastiques. Mais fréquemment les Papes trouvaient à qui parler. Nous en voyons un exemple dans un diocèse tout proche de celui de Liége. Lorsque Nicolas IV, en 1289, avait nommé prévôt du chapitre de la cathédrale de Trèves, Pierre d'Aspelt, le médecin en titre de Rodolphe de Habsbourg, le chapitre s'insurgea. Il prétendit s'être engagé par serment à n'admettre dans son sein que des candidats de naissance noble, quelle que fût du reste la science de tout autre postulant. La lutte dura des années : le Pape recourut même à l'interdit. Rien n'y fit : le chapitre ne renonça pas à ses prétentions et Henri, comte de Saarbruck, élu prévôt par le chapitre, sut se maintenir dans sa dignité.

L'exclusivisme des chapitres constituait un grave abus. Un abus d'un autre genre était le fait des chapelains désignés par les chanoines pour les remplacer au chœur. Quand les prévôts ou les archidiacres, empêchés par leurs fonctions d'assister aux offices, choisissaient un chapelain pour y figurer à leur place, il n'y avait rien à redire. De même pour les chanoines malades, ou séjournant au loin pendant leurs études aux universités, ou absents pour d'autres motifs sérieux. Ces divers motifs sont même spécifiés dans une bulle de Nicolas IV de 1289. Mais il n'en était plus de même lorsque des chapelains étaient uniquement désignés parce que les chanoines trop mondains pour assister aux offices du chœur oubliaient leurs obligations canoniques ; ou encore, ce qui arrivait fréquemment, lorsque possédant plusieurs prébendes, ils devaient forcément se faire remplacer dans l'un ou l'autre des chapitres dont ils cumulaient allégrement les revenus. Mathieu, plus tard évêque de Toul, était déjà à l'âge de six ans, chanoine de deux cathédrales, et Joseph-Clément de Bavière, élu Prince-Evêque de Liége à vingt-trois ans, était déjà dès l'âge de dix-huit ans évêque coadjuteur de Freising et de Ratisbonne ! Le cas même était prévu dans certains statuts. Ceux de St-Lambert à Liége, de 1250, autorisaient les archevêques de Cologne et autres dignitaires de cette église à posséder en même temps des prébendes comme chanoines de la cathédrale de Liége.

C'étaient très certainement là des usages que l'on peut et doit déplorer, et dont les conséquences se firent sentir de façon souvent lamentable. Ne soyons pas trop sévères cependant. Chanoines du XIVe siècle ou tréfonciers du XVIIIe, tous étaient les enfants de leur temps et des idées régnant à leur époque. La noblesse, dans son accaparement des grands bénéfices ecclésiastiques, fut coupable, nous le concédons volontiers. Elle se targuait trop de privilèges exclusifs qui, fatalement, la menèrent à l'abîme dans lequel elle vint s'effondrer. On les lui a reprochés à suffisance. N'oublions pas tout à fait que de tous ces privilèges, celui qu'elle a le plus aimé, fut celui de verser son sang sur tous les champs de bataille d'où la patrie sortait chaque fois et plus grande et plus glorieuse. Et puis, que de charges sous lesquelles ses épaules ployaient sans fin ni trêve ! Pour en revenir à nos régions, et montrer par un détail comment les familles nobles étaient traitées, nous avisons une réclamation adressée au Prince-Evêque à la mort de Georges-Frédéric de Renesse, père de notre tréfoncier. Il avait été durant de nombreuses années gouverneur du château de Stockheim et ce à une époque où cette forteresse de la Principauté avait été particulièrement accablée de vicissitudes et de misères, située qu'elle était aux confins du pays et exposée par conséquent aux attaques continues des troupes des Etats-généraux ou de la France. Depuis 1675 jusqu'en 1681, année de son décès, Georges-Frédéric n'avait pas touché un liard du traitement attribué à ses fonctions de gouverneur ! Bien plus, il avait dû payer de sa bourse des sommes considérables énumérées dans la réclamation adressée au Prince par sa veuve. Nous y voyons figurer :

« Six années de traitement ;
» 600 gonges (¹) de houilles que l'Etat est demeurée en défaut de
» payer six ans entiers (soit, rien que pour ce charbon, la somme de
» 4.860 florins) ;
» L'an 1675 au mois de mars, donner la subsistance à 30 soldats de
» la milice de Liége qui ont été au château de Stockheim pour renforcer
» la garnison pendant que les Français travaillaient à la démolition
» de Maeseyck ;
» L'an 1677, le lieutenant-général Spaen voulant surprendre le dit
» château, le gouverneur a été obligé de nourrir à ses frais 80 hommes
» à cause que le paiement de l'Etat avait manqué plus de 21 mois ;
» L'an 1678, les Français ayant le 22 décembre de grand matin surpris
» la ville de Stockheim, le château a été bloqué de fort près l'espace
» de 26 jours, le gouverneur pendant le blocus a été obligé d'entretenir
» à ses dépens 23 personnes par jour ;
» L'an 1679 au mois de janvier, le dit gouverneur a dû envoyer
» M. de Malle de Sluse avec deux hommes et trois chevaux à Munster-
» eiffel pour tâcher de rompre le dessein que le lieutenant-général
» Calvo avait de prendre le château de Stockheim ;
» Pour avoir obtenu la restitution des canons que les Français
» avaient enlevés, ont été employées onze charrettes pour les recher-
» cher à Aix-la-Chapelle avec poudre, balles, mèches et toutes muni-
» tions, et cinq autres charrettes envoyées à leur rencontre assistées
» de deux charpentiers ;
» De plus, le lieutenant du gouverneur a avancé en diverses fois
» aux soldats plus de cinq mille florins. »

Et ce ne fut qu'en 1685 que les Etats de Liége consentirent enfin à rembourser à Anne-Marguerite de Bocholtz, veuve du malheureux gouverneur de Stockheim, un premier acompte de dix mille florins, sur tous les arriérés auxquels elle avait droit ! En leur séance du 7 juin 1685 l'assemblée de Messeigneurs les Députés de Son Altesse eut encore la générosité (!) d'allouer cette première somme en y insérant la men-

---

(¹) La mesure ou gonghe de houille pesait 144 livres de 16 onces ; elle aurait donc pesé environ 70 kgr.).

tion : « ordonnons au Receveur général de lui en fournir paiement hors
» des moyens destinés au paiement de semblables dettes *hors et en
» proportion qu'il y aura des deniers rentrés dans la caisse de l'Etat.* »

La prébende de tréfoncier de St-Lambert qu'avait obtenue Arnold-Udalric grâce à ses quartiers de noblesse, ne pouvons-nous la considérer quelque peu comme une compensation pour tous les services pécuniaires — je ne parle que de ceux-là en ce moment — que ses ancêtres, dès avant son père, avaient rendus à la Principauté en prenant à leur charge de continuelles avances d'argent dont le gouvernement trouvait toujours moyen de retarder la restitution, alors que les grandes familles hypothéquaient à jet continu leurs biens et tiraient tous les diables par la queue pour venir en aide à la patrie menacée ? Soyons sévères, c'est un devoir ; mais tâchons d'avoir un peu de justice, n'en est-ce pas un également ?

Et puis encore, ne perdons pas de vue qu'il en est de ces pauvres chanoines comme de tant d'autres catégories d'accusés et de calomniés. Aujourd'hui surtout que tous les voyages sont si singulièrement facilités, le voyage du particulier au général, grâce aux journaux, grâce aux études hâtivement faites et encore plus hâtivement acceptées, est devenu tellement confortable et commode que la plupart des hommes trouvent moins fatigant et plus simple de répéter sans plus ce qu'ils ont lu ou entendu. L'humaine nature aidant, tout le monde se souvient des calomnies, des critiques, des reproches lancés contre les malheureux chanoines des cathédrales d'autrefois. Mais, pour ne pas allonger une liste de noms qui sont là sous notre plume et pour ne pas sortir de nos régions, qui donc songe encore à l'archidiacre des Ardennes, baron de Surlet, tréfoncier de St-Lambert, dont l'une des magnifiques fondations, pour ne parler que de celle-là, l'Hospice des Incurables, se voit encore rue du Vertbois à Liége ? Qui a conservé la mémoire du tréfoncier de St-Lambert, baron de Bocholtz, fondant de ses deniers un collège de Jésuites à Trèves ? Et tant d'autres dont les mérites et les vertus publics et privés devraient compenser largement le souvenir de ces chanoines trop mondains, assidus à tous les exercices excepté à ceux du chœur ! Encore une fois, sévérité assurément, mais un peu de justice aussi !

Revenons à notre tréfoncier.

Arnold-Udalric avait donc été tonsuré à treize ans.

Chose curieuse: la vocation ecclésiastique semble avoir été assez lente à se manifester chez lui. Le testament conjonctif de ses parents, testament rédigé en 1681 — il avait alors trente ans ! — dit à son sujet :
« Notre fils Arnold-Udalric, chanoine de Liége, après les ordres de

» subdiacre « *pour parvenir à la prêtrise* », aura pour sa part, etc. ». J'ignore en quelle année il fut ordonné prêtre. En tout cas, à l'âge de trente ans, il ne l'était pas encore. Cela paraît d'autant plus singulier qu'il aurait pu prétendre au droit d'aînesse, car Jean-Georges, son frère aîné, avait de bonne heure renoncé au monde pour entrer — vocation réelle celle-là — dans l'humble ordre des religieux Brigittins. Il semblerait donc, qu'abandonnant son droit d'aînesse à son frère puîné, Maximilien-Henri, notre tréfoncier était bien décidé à embrasser définitivement l'état ecclésiastique.

Ce chapitre des vocations nous fournit, grâce à nos dossiers, l'occasion de rencontrer les critiques multiples adressées, non sans raison, à ce fait de voir tant de cadets de famille, tant de pauvres filles, forcés, dit-on, par leurs parents de sacrifier leur goût et leur volonté en faveur du frère aîné. Tous les parents n'agissaient pas en tyrans : tous les pères n'employaient pas leur autorité, souveraine en ce temps-là, pour contraindre fils et filles à embrasser un état qui ne leur convenait guère. Nous en trouvons une preuve dans une lettre adressée par le père d'Arnold-Udalric au grand commandeur des Vieux-Joncs, le baron de Bocholtz qui semble avoir été le conseiller préféré de la famille et surtout de son neveu par alliance, Georges-Frédéric de Renesse.

Dans cette lettre du 17 novembre 1680, celui-ci écrivait : « Je ne pres-
» serai jamais mon fils le Domheer (tréfoncier) à prendre ordre, il
» fault que cela vienne par son instinct et par l'invocation du St-Esprit,
» et comme M. de St-Servais — (le chanoine Marson, protonotaire
» apostolique et curé de St-Servais à Liége qui était un grand ami de
» la famille) — mat écrit vos pensées et que luy ay respondu sur cet
» article et luy déclaré mes sentiments, il mat respondu que j'aye parlé
» en père. Je me rapporte à ma lettre. Je ne doibts pas le contraindre
» pour se rendre d'église, cela dépend purement de sa volonté. » Toute notre affection rétroactive pour cet arrière-grand-père ne va pas jusqu'à nous faire penser qu'il fut tout seul de son temps à émettre des principes aussi respectables. Les nombreux et intéressants « Livres de Raison » parvenus jusqu'à nous et qui ont été publiés, nous prouvent combien de parents nobles partageaient ces idées de prudence et de sagesse.

Nos dossiers nous fournissent peu de renseignements intéressants sur l'existence du tréfoncier Arnold-Udalric. Il fut — quoique chanoine, — grand veneur du Prince-Evêque et ne vécut pas assez longtemps pour jouer un rôle important dans le gouvernement de la Principauté. Il faut croire cependant que, soit par la situation de sa famille, soit par ses qualités personnelles, il comptait parmi les membres influents du chapitre. Nous en trouvons la preuve dans une correspondance dont la communication pourra peut-être intéresser quelques lecteurs : elle n'apportera rien de nouveau aux historiens; son texte pourra plaire à ceux-là qui sont moins au courant des us et coutumes de la diplomatie de cette époque déjà lointaine.

Le Prince-Evêque Maximilien-Henri de Bavière venait de mourir à Bonn, le 3 juin 1688.

L'élection de son successeur était à ce moment une affaire capitale pour la Principauté. Le roi de France protégeait la candidature du cardinal Guillaume de Furstenberg, évêque de Strasbourg, qui lui était dévoué. L'Electeur de Bavière écrivit plusieurs fois au chapitre de St-Lambert pour lui recommander son frère, Joseph-Clément de Bavière, déjà élu à l'archevêché de Cologne (19 juin). Le baron d'Eck, commissaire impérial, qui fut reçu en audience par le chapitre le 7 août, appuya sans doute la candidature de ce dernier. Ce même jour, on lut au chapitre une lettre du roi de France préconisant le cardinal de Furstenberg et engageant le chapitre à écouter le baron d'Asfelt, son envoyé.

La majorité des chanoines, désirant que la Principauté restât pays neutre entre la France et l'Empire, ne put se résoudre à voter soit pour le cardinal de Furstenberg, soit pour Joseph-Clément de Bavière. Ils aimaient d'avoir un Prince résidant dans le pays et puis Joseph-Clément n'avait que dix-sept ans !

Le 17 août fut le jour de l'élection. Quarante-trois chanoines étaient présents : deux étaient représentés par procureur.

Jean-Louis d'Elderen fut élu à la majorité des suffrages.

Au moment des négociations au sujet de cette élection, Arnold-Udalric était à Spa où il prenait les eaux. C'est là que lui parvint la lettre de Louis XIV qui lui était envoyée par le baron d'Asfelt.

La lettre de l'envoyé du roi de France est datée de Liége, 4 août 1688. En voici le texte :

« Monsieur, ne pouvant m'acquitter moy- mesme auprès de vous de
» la commission dont le Roy m'a fait la grâce de me charger, j'ay cru
» que vous ne trouveriez pas mauvais, dans l'impossibilité où je suis
» de m'absenter de cette ville, de choisir M. Dufor (sic), que je scay
» estre de vos amis particuliers, pour vous présenter la lettre du Roy,
» et vous faire en mesme temps connoistre Ses intentions au sujet de
» l'Election présente, comme Sa Majesté n'a pour but dans cette occa-
» sion que le bien de vostre Eglise et de vostre Patrie, je suis persuadé
» Monsieur, que vous aurez de la joye de trouver une occasion aussy
» essentielle que celle-cy de marquer à un aussy grand Roy le respect

» que vous avez pour ses recommandantions,— qui ne regarde la per-
» sonne de M. le Cardinal de Furstemberg, que parce que Sa Majesté
» connoist mieux que personne ses bonnes intentions pour le maintien
» de la paix et pour la conservation du pays, et que personne ne peut
» mieux que luy ménager l'honneur de sa protection qui est, dans la
» conjoncture présente, le bien le plus capital que vous puissiez pro-
» curer à l'Evesché; je vous prie, Monsieur d'avoir la bonté d'avoir
» une entière confiance en M. Dufort (sic) et de me plaindre en mesme
» temps de ne pouvoir moy- mesme remplir ce devoir là à vostre égard.
» Je vous supplie, Monsieur, de me croire, avec toutte l'estime et toutte
» la passion imaginable,
» Vostre très-humble et très-obéissant serviteur,

» Dasfeld. »

La lettre de Louis XIV que son envoyé était chargé de remettre au tréfoncier est ainsi conçue :

« Cher et bien-amé. Envoyant présentement le Sr Baron d'Asfeld
» pour faire connoistre au chapitre de Liége combien il luy importe
» de faire choix d'un Evesque qui ayt toutes les qualités nécessaires
» pour contribuer au maintien de la Paix de l'Empire et mériter la
» continuation des témoignages d'affection que le feu Electeur de
» Cologne a reçu de nous pendant tout le temps que par les soins du
» Cardinal de Furstemberg postulé Electeur de Cologne il a entretenu
» une bonne correspondance avec nostre couronne, nous avons encore
» ordonné aud. S^r d'Asfeld de vous voir en vostre particulier pour
» vous informer de nos sentiments dans une si importante occasion
» et pour le général et pour chacun de ceux qui composent le chapitre;
» et comme nous nous assurons que vous adopterez d'autant plus de
» créance à ce qu'il vous dira de notre part que vous pouvez bien juger
» de quel préjudice vous seroit de vous laisser prévenir par la persuasion
» de ceux qui ne se soucient pas d'exposer l'Evesché de Liége à tous
» les troubles et divisions qui en peuvent causer la ruine pourvu qu'ils
» puissent parvenir à leurs fins. Nous ne ferons la présente plus longue
» que pour prier Dieu qu'il vous ayt, cher et bien-amé, en sa s^{te} garde.
» Escrit à Marly le 23e juillet 1688. »

Signé : Louis.

Plus bas : Colbert.

Arnold-Udalric avait postulé la dignité de Prévôt de la collégiale de Tongres devenue vacante par l'élection de Jean-Louis d'Elderen comme Prince-Evêque. Il ne put exercer ses nouvelles fonctions. La bulle papale lui conférant cette dignité est datée du 14 décembre 1689. Elle ne parvint à Liége qu'après son décès : il mourut en effet le 15 décembre, dans la maison claustrale lui appartenant située dans les « encloistres » de St-Lambert. Cette maison avait une façade donnant sur ce qui était alors la Place aux Chevaux, de nos jours la Place du Théâtre ; l'autre sur la Place Verte, à l'endroit où se voit aujourd'hui l'Hôtel Continental.

Arnold-Udalric de Renesse, selon le désir exprimé dans son testament, fut enterré dans la cathédrale de St-Lambert, dans la chapelle de la Ste-Croix.

Comte Théodore DE RENESSE.

Edelbampt et Cannart

Le baron de Borman voulut bien, il y a quelques années, nous signaler un document original sur parchemin conservé dans les archives de la famille Schaetzen à Tongres : le testament inédit de Gérard van den Edelbampde d'Alt-Hoesselt, en date du 15 septembre 1390 (¹). Ce document, que M. de Borman savait exister, était resté introuvable pendant de longues années, malgré d'actives recherches. Nous eûmes la bonne fortune de le retrouver. M. le Chevalier Schaetzen-de Borman voulut bien nous autoriser à le publier.

Le texte ne mérite pas d'être reproduit in extenso. Nous n'en donnons que les passages intéressants :

In den name Goids. Amen. Kont ende kenlic sij allen luyden die nu sijn ende hier nae wesen soelen ende sunderlingen die dit tijegenwordich openboer instrument sien oft horen leesen dat int joer der gheborten desselven heren Jhesu Christi dusent driehondert negentich in der indictien derteene noe der ghewoenten des werdichs hoefs van Ludicke des vijfteendes dages in der moent van Septembris, aengaende tsinte Gilismesse, te vespertijde desselves dages oft doer ommetrent, in dat irste joer ons heylichs vaders in Gode endt ons heren Bonifacii met der gratien Gods godlic versien heylich paus van Romen ende der negende, in presentie wijns des notarys ende der ghetugen hier onder bescreven dor toe sunderlingen gebeden ende gerupen, verscheen sich dor omme eyn irsame ende bescheyden man *Gheraet gheheijten van den Eedelbampde* wonende te Outhusele, portere van Tongeren uyt den creijsdome van Ludicke... hier omme begherde hi den lesten dach sijns levens zelichlijke voer te comenne... sijn testament en sijnen lesten wille maechde ende ordinecrde in voeghen ende manieren hier noemoels bescreven...

Doer noe soe leet hi, ghieft ende verleent *Gherade* sijnen wettigen sone allen sijne erfelicke gude toebehorende den hove van den Eedelbampde ende inden gevilte van Outhuselt ghelegen soe in eijgengude, leengude, loetgude ende ceesgude, alsulke condicie toe ghedoen dat der heijligeijst in den dorpe van Outhuselt hebben sal jorlix eijn vaet roggen erfelic op deese voorscreven gude ; ende beveelt incelic de voerscreven Gerarde sijne sone, sijnen gerven ende noccomelingen dat sij allen jore op den dach dat hi

---

(¹) Un chanoine de Tongres. Jean de Nobili Prato (van den Edelbampt), est cité en 1281 et au commencement du XIVe siècle. Reg. 19 aux archives de Notre-Dame à Tongres, fol. 32. Un Walter de Edelbampt de Tongres est cité dans des chartes de 1307, 1er septembre et 1309. Paquay, *Cartulaire de Notre-Dame à Tongres*, n°s 142 et 146.

sterven moet ende verscheyden omme ghedinckenisse sijnre zelen te troesten sijn joerghetijde betemelic duen soelen in der kerken van Outhuselt... Item die vorscreven testatore leet, ghief ende verleent *Rutghere, Johanne* ende *Lenarde* sijnen wettigen sonen allen sijne erfelicke gude gelegen omme den gerichte ende gevilte van S Lambrechts Herke... op die willige vorscreven gude hi loet ende gieft den persone van S. Lambrechts Hercke vorscreven eijn vaet roggen erfelic omme sijn joergetijde daer jorlix te duende... Item der vorgenoemde Gheraet testatore leet, gieft ende verleent *Ysabelen, Katherinen*, ende *Yden* sijne wettige dochteren negen mudde roggen erfelic moeten ende pachts der stad van Tongren allen jore noe sijne doet te hebben op die gude van wechscheyt gelijc onder hun te deijlene. Item die selve testatore beval ende geboet soe waer enich van *Gerade, Rutghere, Johanne*, ende *Lenarde* sijnen sonen, *Ysabelen, Katherinen* ende *Yden* sijnen dochteren vorscreven storven ende van leven ter doet quemen sonder wettige gebort... dat der sone gude vorscreven van den eijnen op de anderen comen soelen ende der dochter gude vorscreven oke van den irsten ten lesten comen soelen... beheltelic der tocht Joffrouwen *Katherinen* sijne: wettigen wijve hier ane hore dage lanc te behoudene... voer meer soe vercoes dieselve Gheraet testatore sijne executoren... heren *Willemme van Hamele, here tot Elderen, riddere*, heren *Johanne van Wijdoij*, canonike tsinte Dijonijs te Ludicke ende persoen te Gudegoven, *Godenule van Spouden*, schepene van Triecht ende *Arnoude, Willems Kannarts sone*...

Deese dingen gheschiden te Tongren in huys heren Jans van Wijdoij vorscreven in der Heijmelingen strote ghelegen... Hier bij soe woren irsame lude ende bescheiden Moes Hazen van Wijdoij, Arnout Owerch van Gudegoven ende Henrich Rinx met anderen ghetugen...

Ende ich Johan Hamelart van Tongren uijt den creijsdome van Ludicke gemeijn notaris...

TRANSFIXE. Approbation du testament de Gérard van den Edelbampde par le maïeur et les échevins de la Haute Cour de Justice de Liége, en date du 27 février 1401.

Dans son testament du 15 septembre 1390, fait à Tongres, Gérard van den Edelbampt désigne ses quatre fils : Gérard, Rutger, Jean et Léonard, et ses trois filles Isabelle, Catherine et Ide.

Sa femme Catherine était encore en vie en 1410 ([1]).

Voici ce qu'on sait au sujet de ses enfants :

I. Gérard, son fils aîné, seigneur de Herten et de Meldert, échevin de Vliermael et avoué de l'abbaye de Herckenrode, mourut le 14 juillet 1438 et fut enterré dans l'église de Herten (Wellen) avec sa femme Mathilde de Herten, décédée le 18 septembre 1426, fille de Jean de Herten et de Marguerite van den Kerkhoven. Leur pierre sépulcrale existe encore dans l'église de Herten ([2]). On leur connaît deux fils :

([1]) *Chartes de Saint-Servais à Maestricht*, n° 1117. Elle était très probablement fille de Rutger de Weset (de Viseto), qui fut échevin de Maestricht de 1359 à 1374.
([2]) DARIS, *Notices historiques*, t. V, p. 27.

1º Gérard van den Edelbampt, écuyer, seigneur de Herten, maïeur de la Cour de justice de Looz, en 1433, qui épousa Agnès de Goreta, fille de Philippe et de Béatrix Vonden (¹). Ils n'eurent qu'une fille unique, Mathilde van den Edelbampt, dame de Herten. Elle releva Herten à la salle de Curange le 6 mai 1460 et mourut le 2 janvier 1510. Elle s'était mariée par contrat du 14 février 1457 avec Renier de Hulsberg, dit Schaloen, mort le 21 mars 1504 (²). Furent présents à ce contrat : Jean, seigneur de Genoels-Elderen, Goswin de Wideux, seigneur de Herck et de Piétrain, Léonard van den Edelbampt et Guillaume Cannart, seigneur de Jesseren ;

2º Jean van den Edelbampt, seigneur de Meldert, qu'il releva *a novo domino* le 10 janvier 1485 et qu'il céda, en mars 1493, à son fils en s'en réservant l'usufruit. Il fut chanoine de Looz et était jubilaire (³) lorsqu'il testa le 4 décembre 1492. Il mourut le 18 avril 1493. Il laissa un fils naturel également nommé Jean, qui fut aussi chanoine de Looz et fit réaliser le testament de son père le 15 juillet 1495.

II. On n'a aucun détail sur Rutger van den Edelbampt.

III. Jean van den Edelbampt est cité en 1410. Il se fixa à Beeringen et y mourut. Son fils, Jehan de Edelbampt, est cité en 1438 (⁴).

IV. Léonard van den Edelbampt releva sous Jean de Bavière un fief par résignation de Catherine, sa mère. Il épousa Ide van Caldenberg ou Cauwenberg et fut père de Léonard et de Hubert van den Edelbampt « anders geheiten van Cauwenberg, gebroeders » (⁵). Ce Léonard, fils de Léonard van den Edelbampt, épousa, en 1479, Catherine de Werst, fille de Jean et de Marguerite Hoen de Hoensbroeck. Il eut, à son tour, un fils Léonard van den Ellenband (*sic*), qui était échevin d'Aix-la-Chapelle en 1533, et avait, de Marie de Hochkirche, sa femme, une fille mariée à Henri t' Zevel de Put.

(¹) Philippe de Goreta est, le 10 mars 1432, exécuteur testamentaire de Forket Vonden, bourgeois de Tongres. Paquay, *Cartulaire de Notre-Dame à Tongres*, nº 440. Gérard van den Edelbampt mourut le 25 octobre 1470 et fut enterré en l'église de Herten, où sa pierre tombale existe encore. Daris, *Notices historiques*, t. V, p. 27.

(²) Ces époux furent enterrés en l'église de Herten, où l'on voit encore leur pierre tumulaire. Daris, *Notices historiques*, t. V, p. 28.

(³) Comme il avait violé la fille d'un bourgeois de Tongres, les habitants de cette ville sortirent en armes le 21 octobre 1441 pour aller détruire le château de Herten, propriété de son frère, maïeur de Looz. Les maistres de St-Trond s'entremirent et apaisèrent les débats lorsqu'ils eurent la promesse que le coupable amenderait sa faute dans la quinzaine. *Jean de Stavelot*, pp. 429 et 480. Cfr. Daris, *Histoire du diocèse et de la Principauté de Liége pendant le XVᵉ siècle*, p. 193.

(⁴) Echevins de Liége. Registres aux œuvres, vol. IX, fol. 78 vº. Robyns, *Topographie Lossaine*, p. 160, dit qu'il y avait autrefois à Beeringen un château nommé van den Edelbampt in Commeloe.

(⁵) Franquinet. *Oorkonden der Predikheeren te Maastricht*, p. 89.

V. Isabelle van den Edelbampt était mariée avec Antoine Gruwels d'Alt-Hoesselt, qui vivait en 1410, 1426, 1436.

VI. Catherine van den Edelbampt, femme de Peter van Hese, 1410.

VII. Ide van den Edelbampt, femme de Jean Fransoys de Diepenbeek, dont : Catherine Fransoys, mariée en 1437 avec Lambert Ghysen, qui posséda la cour d'Edelbampt à Veldweset, et Aleyde Fransoys, femme de Walter van den Mortel.

Une Mathilde van Edelbampt épousa Jean de Cortenbach, dont : Pierre de Cortenbach, licencié en droit, conseiller et garde-scel de Jean de Hornes, chanoine de Saint-Lambert à Liége le 28 août 1486, prévôt de Tongres le 21 août 1487, archidiacre de Hainaut en 1496, et Jean de Cortenbach, chanoine de Saint-Lambert le 25 mai 1496, prévôt de Huy en 1500 et chancelier de l'évêque de Liége [1].

La famille van den Edelbampt, qui a fourni un échevin de Liége et qui florissait à Saint-Trond et aux environs dès le commencement du XVIe siècle [2], se rattache certainement à la précédente et portait les mêmes armes : d'argent à la fasce de sable, mais nos recherches n'ont pas abouti jusqu'à présent à préciser son origine.

* * *

Parmi les exécuteurs testamentaires de Gérard van den Edelbampt, on remarque Guillaume de Hamal, chevalier, seigneur de 's Heeren Elderen [3], et Arnou, fils de Guillaume Kannart.

's Heeren-Elderen et Alt-Hoesselt, où se trouvait la Cour d'Edelbampt et où habitait le testateur, sont deux localités contiguës. La seigneurie de 's Heeren-Elderen fut possédée, à partir de la seconde moitié du XIIIe siècle, pendant plus de quatre siècles par la famille de Hamal [4].

Dans sa remarquable étude sur *Quelques caractéristiques de l'Héraldique liégeoise* [5], le baron Louis de Crassier montre comment diverses familles qui se rattachent ou voudraient se rattacher aux Hamal

---

[1] THYS, *Le Chapitre de Notre-Dame à Tongres*, t. II, pp. 38 et 346.

[2] DE HERCKENRODE, *Collection de tombes, épitaphes et blasons de Hesbaye*, pp. 31, 79, 88, 95, 109, 110, 152, 157, 173, 240, 280, 529, 530, 558 et 646.

[3] Guillaume de Hamal, chevalier, fils de Gilles de Hamal, seigneur de 's Heeren-Elderen, Hern et Schalkhoven, mourut le 2 février 1400 et est enterré en l'église de 's Heeren-Elderen, où l'on voit son épitaphe.

[4] Guillaume de Hamal, chevalier, sire de Hamal, obtient en mai 1261, l'érection de la paroisse de 's Heeren-Elderen, démembrée de Berg. PAQUAY, *Cartulaire de Notre-Dame à Tongres*, n° 101. Il mourut le 10 octobre 1279 et est enterré en l'église de 's Heeren-Elderen, où se trouve son épitaphe. Il eut pour successeur son fils Guillaume auquel succéda Gilles de Hamal susdit, décédé le 24 septembre 1354, à s' Heeren-Elderen où il est enterré.

[5] *Annales du XXIe Congrès de la Fédération archéologique et historique de Belgique* (Liége 1909), t. II, pp. 616-617.

portent les armes de Hamal (de gueules à cinq fusées d'argent accolées en fasce) en les brisant, soit en intervertissant ou modifiant les métaux, soit en chargeant une ou plusieurs fusées de diverses pièces, soit encore en ajoutant certaines pièces au-dessus des fusées. L'auteur en cite une soixantaine, parmi lesquelles Brialmont, Chaynée et Cannart. Plusieurs de ces familles, se réclamant d'une origine commune, ont dressé des généalogies, les rattachant à Daniel, sire de Hamal lez-Russon, chevalier, mort et enterré à Hamal au milieu du XIIIe siècle. Dans ces généalogies l'on voit intervenir successivement différentes familles qui ont adopté les armes de la maison de Hamal ou qui ont porté des armes analogues.

D'après de Herckenrode ([1]), « la généalogie de la maison Cannart d'Hamale remonte à Simon de Brialmont de Chaynée, lequel fut surnommé de Cannart parce qu'il était seigneur de ce fief, au village de Stevoort, près de Hasselt. Ce Simon porta de Hamale, la seconde fusée surmontée d'une merlette de sable. Il eut un fils, Arnou de Cannart d'Hamale, qui vivait en 1418 et qui releva la dite maison de Cannart à la salle de Curange, Registro Heinsberg, vol. 7, folio 47 » ([2]).

Tout ceci est absolument fantaisiste. Le document que nous publions prouve à l'évidence qu'Arnou Kannart est fils de Guillaume Kannart ([3]).

La cour, de nature lossaine, dite Kannartshof, à Klein Stevoort, bien loin d'avoir donné son nom à la branche Cannart a, au contraire, reçu cette dénomination d'Arnou Kannart, qui la tenait en fief au commencement du XVe siècle.

Cet « Arnoldus Kannartz » décédé en 1434, est parfaitement connu. Il figure comme témoin, le 21 avril 1422, dans l'acte de rachat et de relief de la seigneurie de Jesseren, faite à la salle de Curange par Libert de Jesseren ([4]). Son fils, Guillaume Kannart, échevin de Vliermael, apparaît dans différents actes de l'époque. Il fait le relief de la seigneurie de Jesseren le 31 août 1428 ([5]) et, une seconde fois, de nouveau seigneur, le 13 septembre 1456 ([6]). Il relève le fief Kannartshof le

---

([1]) *Collection de tombes, épitaphes et blasons de Hesbaye*, 1845, pp. 98-99.

([2]) Cette référence est fautive. On ne possède plus le livre des fiefs pour 1418. Il y a une lacune de 1413 à 1420. Le registre Jean de Heinsberg, fol. 47, renseigne le relief de la Cour Kannartshof fait par Guillaume Kannart le 4 mai 1434, dont nous parlerons plus loin.

([3]) Un relief du 17 décembre 1379 mentionne des biens appartenant à « Wilhelmus Cannards feodus de Duras », DE BORMAN, *Le livre des fiefs sous Jean d'Arckel, Arnold de Hornes et Jean de Bavière. Bulletin de la Commission royale d'histoire*, 1875, p. 237.

([4]) Registre 4 de la salle de Curange (1420-1440), fol. 6, aux archives de l'Etat à Hasselt.

([5]) Même registre, fol. 12. « Willem geheiten Kannaert, scepen te Vliermale heeft opgehalden de heerlicheyt des dorps van Jesscheren ».

([6]) Registre 7 (1456-1475), fol. 3. « Wilhelmus Kannart scabinus de Fhedermale relevavit a novo domino medietatem dominii et ville de Yesscheren ». Après Guillaume Kannart, la seigneurie de Jesseren passa à Jean de Canero d'Alken et à Jean van den Creeft et fut vendue au seigneur de Heers le 8 mars 1547. DARIS, *Notices historiques*, t. I, p. 481.

4 mai 1434 (¹) et, une seconde fois, le 13 septembre 1456 (²). Le 14 février 1457, il est témoin du contrat de mariage de Renier de Hulsberg, dit Schaloen, et de Mathilde van den Edelbampt (³). Le 12 juillet 1457, il assiste à l'acte de relief de la seigneurie de Genoels-Elderen fait par Jean d'Elderen, écuyer (⁴). Le 14 juin 1458, Gerit van den Edelbampde, maïeur, et Willem Kannarts, échevin, figurent dans un acte de la Cour des échevins de Vliermael (⁵).

Le Kannartshof à Stevoort passa successivement à : Marie, fille de Guillaume Kannarts, laquelle épousa Jacques Mobben ; Guillaume Mobben, *alias* Kannarts, le 28 septembre 1474 (⁶) ; Arnold Mobben, dit Kannarts, le 13 décembre 1484 (⁷) ; Jaspar Kannart, le 1ᵉʳ mars 1510 (⁸), qui le relève *a novo domino*, le 4 novembre 1538 (⁹) ; Guillaume Kannart, le 26 mars 1540 (¹⁰). Celui-ci épousa Marguerite Beelen.

Après leur mort, les enfants Jean, Mathieu et Elisabeth Kannart et les descendants de Jaspar Kannart relevèrent le Kannartshof le 6 septembre 1572 (¹¹). Ce Jaspar Kannart avait épousé Marie van

---

(¹) Registre 4 de la salle de Curange (1420-1440), fol. 46 v°-47. « Willem Kannarts relevavit Curingen anno domini 1434, mensis maii die 4ᵃ, *per mortem Arnoldi Kannarts quondam sui patris*, curiam dictam Kannart cum suis pertinentiis sitam in dominio de Steijvoirt, presentibus Egidio Reys, Gerardo de Edelbampde, Joanne de Opleeuwe, Ludocivo de Tille et pluribus aliis ».

(²) Registre 6 de la salle de Curange (1456-1481), fol. 111. « Wilhelmus Kannart, scabinus de Vliedermale, relevavit curiam dictam Kannartzhoff cum omnibus terris, pratis et pertinentiis universis sitis in Steynvoort tamquam a novo domino anno 1456, 13 septembris ».

(³) Voir plus haut.

(⁴) Registre 7 de la salle de Curange (1456-1475), fol. 6 v° : « Johannes dominus de Elderen, armiger, relevavit a novo domino anno 1457, 12 julii, dominium, villam et bona de Elderen presentibus... Wilhelmo Kannart ».

(⁵) PAQUAY, *Cartulaire de Notre-Dame à Tongres*, n° 563.

(⁶) Registre 6 de la salle de Curange (1456-1481), fol. 110 : « Anno domini 1474, 28 septembris, Wilhelmus Mobben, filius legitimus quondam Jacobi Mobben, relevavit post obitum quondam Wilhelmi Kannartz patris Marie Kannartz, matris dicti relevantis et filie prefati Wilhelmi, curiam dictam Kannartz hoff in Steyvort ».

(⁷) Registre 10 de la salle de Curange (1484-1504), fol. 82 v° : « Relivium per Arnoldum Mobben alias Kannarts post obitum Wilhelmi sui patris. Arnoldus Mobben alias Kannarts relevavit aº 1484, 13 decembris, curiam dictam Kannartshoff... sitam in Steynvoirt ».

(⁸) Registre 12 de la salle de Curange (1506-1524), fol. 18 v° : « Anno 1510, 1 martii, Jaspar Kannaert nae doet sijner alders...huys ende hoff met allen sijn toebehoerten gelegen onder Steyffoert, genaemt dat Kannartzleen ».

(⁹) Registre de la salle de Curange sous Corneille de Berg (1538-1544), fol. 26 : « Anno 1538, 4 novembris, Jaspar Cannarts ontfangen van nieuwen heer dat goet van Cannaert onder Stevoort ».

(¹⁰) Même registre, fol. 98 v° : « Relieff door Willem Cannaerts nae doodt sijns vaders Jaspart Cannarts, 1540, 26 martii ».

(¹¹) Registre de la salle de Curange sous Gérard de Groesbeek (1564-1580), fol. 77 : « Johan Kannarts heeft voor hem ende sijne meijgeringe : zijns broeders Jaspart Kannarts zaliger kinderen. Mathijs Kannarts ende Joncker Frederic Haghen als mombaer zijnder huijsvrouwen Elisabeth Kannarts — nae doet mʳ Wilhem Kannarts honner vader ende Juffrouw Margareta Beelen honder moeder zaliger — opgehalden dat leengoet genaemt Kannaertsgoet gelegen onder Steyvort ».

Eynatten. Deux nouveaux reliefs du Kannartshof furent faits en 1577. Les frères, Jaspar Kannart, décédé avant 1572, et Jean Kannart, y portent le titre de messire. (¹)

Telle est la généalogie exacte de la famille Cannart.

abbé Jean PAQUAY.

(¹) Même registre fol. 149 : « Anno 1577, 19 april... kinderen van Joncker Jaspart Kannarts zaliger verweckt van Joffrouw Marie van Eynatten namelijk : Elisabeth ende Willem Kannarts... helden op dat Kannartsleen onder Steyvoort » ;

fol. 151 v° : « Anno 1577, 23 julii... Joncker Jan Kannarts doet opdracht aen Joncker Lenaert Bentinck, drossaert van Cotterschem » ;

fol. 162 : « Anno 1577, 26 novembris... Lenart Bentinck, scepen der hooge bank Vliermael, heeft opgedragen het huys van Kannart vereregen aen Joncker Johan Kannarts tot oirbaer en behoeff Joncker Jan Kannarts ».

Joncker Jan Kannarts épousa Marie van den Bosch van Millen.

Mathijs Kannarts épousa Anna van Benstenraedt, d'où Mathieu Cannart, qui épousa Jeanne van Broeckhoven dont, entre autres, Englebert-François Cannart, écuyer.

L'Etude du moyen-néerlandais.
(Une question fondamentale de méthode).

Dans un domaine scientifique quelconque, les travaux de détail ne sont vraiment féconds que s'ils se trouvent inspirés, dominés par des idées nettes et justes. Que de matériaux amassés sans utilité, que de labeur dépensé en vain, que de livres d'érudition ratés — *rudis indigestaque moles* — du fait que beaucoup de travailleurs manquent non point tant de documentation que d'une idée directrice pratique, fondée en vérité !

Les brèves considérations qui suivent visent spécialement le problème de la phonétique du moyen-néerlandais, et il doit être entendu que cette formule elle-même n'est employée au début de cet article que d'une façon toute provisoire. Mon but est d'aider à préciser certaines notions essentielles pour l'élaboration des ouvrages d'érudition en ce point, négligé jusqu'ici, de la philologie néerlandaise.

Van Helten et Franck [1], les deux grammairiens bien connus du moyen-néerlandais, n'étaient ni l'un ni l'autre des phonéticiens ; mais ils ont attaché un certain intérêt à l'étude de la prononciation moyen-néerlandaise, parce qu'ils se sont rendu compte de l'importance de ce problème pour l'histoire du néerlandais.

Franck dit, par exemple, en parlant du son écrit *i* en moyen-néerlandais : « L'*i* bref est l'*i* tel qu'il est prononcé dans le néerlandais actuel, dans les dialectes bas-allemands et moyen-allemands, c'est-à-dire un son qui se place entre l'*e* et l'*i* ».

Selon lui, ce son est l'équivalent de l'i^2 de Sievers, le *high-front-wide* de Sweet [2].

Il traite à peu près de même les autres voyelles et diphtongues.

Ce procédé, employé dans la présentation des faits, donne au lecteur l'impression d'abord que *le* moyen-néerlandais était une langue parlée comparable au néerlandais actuel, ensuite que l'étude en est

---

[1] Dr W.-L. Van Helten, *Middelnederlandsche Spraakkunst*; J. Franck, *Mittelniederländische Grammatik* (2e édit. 1910).
[2] Franck, *op. cit.*, p. 3 et ss.

assez avancée pour nous permettre d'en fixer jusqu'au vocalisme.

Qu'est-ce donc que le moyen-néerlandais ? « Ce qu'on entend actuellement par là, dit Van Helten dans la préface de l'ouvrage cité, c'est le groupe de dialectes qui a servi, aux XIIIe, XIVe et XVe siècles, à rédiger les poèmes, les documents et les ouvrages en prose dans les provinces de Flandre, de Brabant, de Limbourg, de Hollande, de Zélande, d'Utrecht et d'une partie de la Gueldre. En gros, le Thiois, tel qu'il régnait dans ces contrées, était une même langue ; de l'est à l'ouest, du nord au midi, il présentait en général un vocalisme, un consonantisme, un système flexionnel et syntaxique pareils. Dans les détails, il se revêt çà et là de quelques menues divergences, de différences dialectales qui nous obligent de temps en temps à distinguer le brabançon, le flamand oriental, le flamand occidental, le hollandais et le limbourgeois. »

Cette définition nous fournit-elle toutes les données du problème posé ? S'il ne s'agissait que de la langue écrite, la réponse à cette question pourrait être affirmative. C'est bien, en général, la même langue que nous trouvons depuis les chartes les plus anciennes jusqu'au poème *Der Minnen Loep*.

Mais, après la définition de Van Helten, qui apparemment n'avait en vue que la langue *écrite*, il reste la question de savoir si la langue *parlée* dans le domaine thiois présentait le même caractère d'unité, réalisée jusque dans le vocalisme.

Existait-il entre les différents dialectes parlés un compromis semblable à celui qui s'était fixé, en une très grande mesure et on ne sait trop comment, pour l'écriture ? La *koinè* écrite était-elle fondée sur une communauté approximative de l'usage, je ne dis pas du vulgaire, mais d'une élite intellectuelle ?

Pour qui se donne la peine d'y regarder de près, la situation de nos contrées au moyen âge était peu faite pour créer un pareil compromis.

« Une langue commune, dit Verdam, présuppose une unité nationale, et cette unité était bien loin des préoccupations du moyen âge. Ce ne fut qu'au XVIe siècle que les conditions changèrent et que la terre néerlandaise s'appropria à la culture d'une langue unique et commune.

» Or, il est avéré qu'au XVIe siècle la *koinè* parlée n'existait pas. On peut citer en témoignage nos réformateurs de l'orthographe, Lambrecht (Gand, 1550), Sexagius (Louvain, 1576), De Heuiter (Anvers, 1581) et Spiegel (Leyde, 1584).

« Le néerlandais, dit De Heuiter, est une langue mêlée » (¹) — et il parle *apparemment* ici de la langue écrite.

« J'ai pris exemple sur les Grecs qui, ayant en usage quatre bonnes langues, à savoir l'ionien, l'attique, le dorien, l'éolien, ont forgé de celles-ci une cinquième qu'ils appelèrent langue commune : ainsi ai-je, il y a 25 ans, forgé mon néerlandais des idiômes du Brabant, de la Flandre, de la Hollande, de la Gueldre et de Clèves. »

Dans la *Twe-Spraeck van de Nederduitsche Letter-Kunst* (²), nous trouvons le dialogue suivant :

« *Gedeon.* — Quel langage enseignerais-je donc à votre jeune neveu ?

Roemer. — Le meilleur.

Gedeon. — C'est ici que le différend va éclater bien plaisamment ; le Brabançon dira qu'il parle l'idiome le plus aimable ; le Hollandais, le plus pur ; le Flamand voudra défendre le sien ; les gens de la Gueldre de même parce qu'ils s'approchent du haut-allemand ; le Frison vantera l'antiquité de sa langue.

Roemer. — On pourrait les appeler en concile pour aplanir le différend.

Gédéon. — Il serait amusant d'entendre les coqs chanter, les poules glousser, les chats miauler et tout ce monde faire un charivari d'enfer. »

« Ma pensée, dit Lambrecht, n'est pas que les Hollandais ou les Brabançons doivent modeler leur manière particulière de prononcer sur celle des Flamands, les Flamands ou les Frisons la leur sur celles des Brabançons ou des Hollandais, mais je suis d'avis que les uns et les autres doivent employer, pour transcrire les sons de leur idiome maternel, les lettres qui conviennent à cet idiome. » (³)

A cette époque, le brabançon lui-même ne constituait pas un dialecte commun, ce n'était pas une *koinè* phonétique. SEXAGIUS à Malines et MEURIER à Anvers traitaient, dans la seconde partie du XVIe siècle, d'un idiome différent en bien des points du vocalisme. Par exemple, ils marquent nettement d'un signe distinct la prononciation de l'*a* long (⁴).

Il est hors de doute que les autres dialectes connaissaient des variantes phonétiques analogues.

Il semble donc prouvé que le moyen âge ne disposait, en fait de langage parlé, que de patois nuancés à la manière de ceux dont nous constatons encore l'existence dans nos contrées.

(¹) Je traduis aussi littéralement que possible. V. DE HEUITER, *Nederduitsche Orthographie*, p. 93 et ss.

(²) Je traduis. V. p. 62.

(³) Cf. sa *Nederlandsche Spellynghe*. Introduction.

(⁴) Cf. ANTONIUS SEXAGIUS, *De Orthographia Linguae Belgicae, herdrukt en met inleiding en aanmerkingen voorzien*, et aussi : *Eene Bijdrage tot de Kennis van het Antwerpsch Dialect in de XVIe eeuw, naar* GABRIEL MEURIER (*Leuvensche Bijdragen*, 3e et 6e années).

Avec un fondement commun de syntaxe et de consonantisme, le moyen-néerlandais était, sans nul doute, constitué d'une grande variété de parlers populaires qui se distinguaient surtout par le vocalisme, mais aussi, quoique dans une beaucoup plus faible mesure, par des détails morphologiques et lexicologiques.

Cette variété de patois devait correspondre, sans différence notable, à l'échiquier de nos patois actuels [1].

La conclusion à laquelle aboutit Te Winkel est la même lorsqu'il dit que l'orthographe moyen-néerlandaise n'offre jamais une image fidèle de la prononciation du dialecte et que les voyelles sont désignées la plupart du temps par des signes approximatifs que chacun lisait d'après son parler local [2].

Après des inductions aussi peu téméraires, comment ne pas s'étonner que Franck attribue à l'*i* bref moyen-néerlandais le son de l'i^2 de Sievers ? De quel moyen-néerlandais s'agit-il dans sa pensée ? Est-ce de la langue de Bruges ou de celle de Bruxelles, ou encore de celle de Hasselt ? Mystère. On serait aussi fondé à dire que, dans tous les patois néerlandais actuels, l'*i* bref se prononce i^2.

Ce qui précède nous autorise à affirmer qu'il ne peut être question de fixer la prononciation *du* moyen-néerlandais, pour la raison bien simple que *le* moyen-néerlandais, en tant que langue parlée, n'a jamais existé. Il y a eu des patois moyen-néerlandais et, si l'on veut, des dialectes moyen-néerlandais, comme il existe, par exemple, des patois et des dialectes wallons.

Au point de vue phonétique, la situation du moyen-néerlandais est, en effet, analogue à celle de *la* langue wallonne qui n'est qu'une entité idéale.

La méthode usitée à cet égard dans les grammaires de Van Helten et de Franck prête donc à équivoque et doit être condamnée.

Si nos patois actuels sont les continuateurs naturels de patois préexistants dont l'ensemble porte le nom de langue moyen-néerlandaise, si, d'autre part, il y a quelque intérêt à connaître l'évolution dans le passé de la langue que nous parlons, c'est la phonétique *des patois moyen-néerlandais* qu'il importe de déterminer du plus près qu'il est possible. Dans ces conditions, la méthode qui s'impose est celle qui consiste à remonter graduellement de la connaissance de nos parlers populaires actuels à une notion de plus en plus exacte des idiômes anciens.

---

[1] Il est à remarquer que souvent des patois voisins ne se distinguent entre eux que par la prononciation d'une ou deux voyelles ou diphtongues. Cela suffit pour leur donner une couleur très différente.

[2] Te Winkel. *Geschiedenis der Nederlandsche Taal* (2⁵ dr., Culemborg, pp. 16-17).

L'Académie flamande tend depuis quelque temps à proposer dans ses concours des questions relatives à l'étude des dialectes moyen-néerlandais par le dépouillement des archives locales. En effet, on a chance de voir les archives révéler plus exactement des situations linguistiques régionales que les œuvres littéraires, qui s'adressaient à un public beaucoup plus large, au public de la *koinè* écrite (¹).

L'Académie a demandé, entre autres, des études sur la phonétique des dialectes moyen-néerlandais de la Hollande, de l'Overijssel et des Flandres.

Cette initiative est louable.

Mais je n'hésite pas à dire que de pareilles études soulèvent des objections multiples. Elles sont trop étendues. Ce qu'elles gagnent en superficie, elles le perdent en profondeur et en utilité directe. Ce sont des travaux d'approche ou, si l'on veut, des déblais préliminaires. Mais, alors même qu'elles sont conduites avec la meilleure volonté du monde, les résultats en manquent à ce point de rigueur que l'on peut en contester sérieusement l'efficacité. Je ne veux pas citer de noms, ni faire la critique d'ouvrages déterminés. J'exprime seulement la crainte que tels gros livres imprimés à grands frais ne puissent se réduire, au point de vue des données utilisables, à quelques pages — et encore ! Les travaux de l'espèce risquent de ne pas faire avancer la science d'un pas. Ils imposent par la masse des matériaux amoncelés et ne sont qu'un leurre ou une illusion.

Pourquoi ? Parce que, là où il s'agit d'études phonétiques, non seulement une rigueur absolue s'impose dans la notation des faits, mais encore faut-il que le vaillant pionnier qui aborde les recherches en question connaisse dans le détail les dialectes actuels dont il poursuit la piste dans le passé. Comment pourrait-il, sinon parmi les mille menus phénomènes communs à tous les dialectes, noter avec précision ceux qui sont vraiment significatifs et caractéristiques d'un patois, comment pourrait-il ne pas perdre infiniment de temps et de peine à noter des faits dont l'intérêt est médiocre ou nul pour le but à atteindre ?

Or, plus le terrain phonétique à fouiller est étendu, plus aussi une pareille connaissance devient ardue à acquérir, plus elle est rare.

Ajoutez à cela qu'il ne suffit pas de connaître l'âge des archives à dépouiller. Il y a lieu de fixer avec précision leur provenance et leur auteur. Les plus anciens comptes de la ville de Louvain, extrêmement intéressants, datent du commencement du XIVᵉ siècle. Est-il indiffé-

---

(¹) J'ai commencé, il y a plus de vingt ans, un travail de ce genre dans les archives de Louvain. Quelques résultats en ont été consignés dans les *Leuvensche Bijdragen* (2ᵉ année, 1896).

rent de savoir, pour la question qui nous occupe, si le *rintmeester* de l'époque était Louvaniste ou non ?

Pour un domaine étendu d'archives, celles d'une province, par exemple, il est malaisé de fixer en tous points les précisions indispensables. Que devient, dès lors, la rigueur des constatations linguistiques ?

Je conclus en disant qu'il est nécessaire tout d'abord de limiter étroitement les travaux de ce genre. Il y a lieu de les borner aux archives d'une ville, et d'une ville importante du moyen âge. D'ordinaire ces archives sont copieuses et les chances de découvertes y sont plus grandes.

Enfin, pour atteindre le maximum de résultats utiles dans des études aussi précieuses au point de vue de l'histoire de la langue parlée, il conviendrait de fixer le choix des chercheurs sur ces villes qui ont vu naître dans leur sein, aux XVIe et XVIIe siècles, un mouvement de réforme orthographique comme, par exemple, Gand, Malines, Anvers, ou qui ont eu, comme Anvers encore, au XVIe siècle et plus tard, des grammairiens curieux des questions de prononciation locale.

Le terrain fixé, le chercheur lui même doit réunir certaines qualités. La première condition de son succès est qu'il soit phonéticien, qu'il connaisse pour l'avoir étudiée à fond le dialecte de l'endroit choisi et qu'il n'ignore rien des faits acquis dans l'histoire du néerlandais.

Les méthodes de fouilles les plus pratiques sont celles qui se transportent dès l'abord au cœur de la place. Pour étendre le champ de découverte, on procède ensuite par tranchées rayonnantes. C'est aussi la méthode à appliquer aux fouilles phonétiques. Quand on aura fouillé les centres principaux, ces tranchées rayonnantes pourront se rencontrer à mi-chemin et tout le terrain néerlandais sera exploré.

Toute autre méthode expose les plus savantes compagnies et les travailleurs les plus patients à perdre du temps, de la peine et... du papier. Soyons-en ménagers.

Léon GOEMANS.

Les chansons du trouvère artésien Adam de Givenchi.

Texte critique.

Les chansons attribuées à Adam de Givenchi sont au nombre de sept. Elles sont citées dans G. RAYNAUD, *Bibliographie des chansonniers français des XII*e *et XIII*e *siècles*, Paris 1884, sous les nos 205, 912, 1085, 1164, 1660, 1947 et 2018 ([1]). Deux d'entre elles sont encore inédites, tandis que les autres ont été publiées dans les ouvrages suivants :

A. KELLER, *Romvart. Beiträge zur Kunde mittelälterlicher Dichtung aus italienischen Bibliotheken*, Mannheim 1844, p. 280 (n° 1164 de Raynaud) et p. 383 (n° 1085).

E. MAETZNER, *Altfranzösische Lieder berichtigt und erläutert mit Bezugnahme auf die provenzalische, altitalienische und mittelhochdeutsche Liederdichtung*, Berlin 1853, p. 36 (n° 1164).

A. DINAUX, *Trouvères, jongleurs et ménestrels du nord de la France et du midi de la Belgique*, tome III, Paris 1843, p. 45 (n° 1085) et p. 47 (n° 1947).

A. JEANROY, L. BRANDIN et P. AUBRY, *Lais et descorts français du XIII*e *siècle*, Paris 1901, p. 20 (n° 2018) et p. 18 (n° 205).

Les différents manuscrits qui contiennent les œuvres d'Adam de Givenchi sont :

1° Le ms. n° 657 de la Bibliothèque municipale d'Arras (désigné par A dans Raynaud, ainsi que dans SCHWAN, *Die Altfranzösische Liederhandschriften, ihr Verhältniss, ihre Entstehung und ihre Bestimmung*, Berlin 1886).

2° Le ms. fonds français n° 844 de la Bibliothèque nationale, à Paris (Pb3 de Raynaud, M de Schwan).

3° Le ms. fonds français n° 12615 de la Bibliothèque nationale, à Paris (Pb11 de Raynaud, T de Schwan).

([1]) La pièce citée dans Raynaud au n° 1443 et attribuée à Adam de Givenchi par deux manuscrits tandis qu'un seul manuscrit, mais le meilleur, l'assigne à Adam le Bossu, paraît devoir être restituée à ce dernier trouvère. Cf. R. BERGER, *Canchons et partures d'Adam de la Hale le Bochu d'Arras*, Halle 1900, p. 15, 16.

4º Le ms. fonds de la reine Christine nº 1490 de la Bibliothèque du Vatican, à Rome (R1 de Raynaud, *a* de Schwan).

5º Le ms. fonds de la reine Christine nº 1522 de la Bibliothèque du Vatican, à Rome (R2 de Raynaud, *b* de Schwan).

Nous avons utilisé tous ces manuscrits, à l'exception de celui d'Arras. Pour les désigner dans la suite, nous adoptons les sigles de Schwan. Tous ces manuscrits font partie d'un seul groupe originaire d'Arras et, sauf le ms. M (=Pb3), dont la langue a été francisée, ils gardent généralement aux pièces leurs formes picardes, avec toutefois des nuances orthographiques différentes d'un manuscrit à l'autre. Nous avons adopté partout l'orthographe de T (=Pb11). Le lecteur voudra bien noter que ce manuscrit représente presque régulièrement par *c* la chuintante sourde devant *e* et *i* que les autres manuscrits transcrivent tantôt par *c*, tantôt par *ch*.

Nº 1.

RAYNAUD, Bibl. nº 1164. T (=Pb11) fol. 169 r. (*sire Adans de Gievenci*) ; M (=Pb3) fol. 155 r. col. I (*sire Adans*) ; a (=R1) fol. 66 (*maistre Adan de Givenci*).

I.

Mar vie loial voloir et jalosie
Ki ens mon cuer se sont acompaignie.
Venduc m'ont molt chier lor compaignie,
Car trop m'en voi durement empirie.
5 Envers amor en ont millor marchie
Cil ki jalos se font par tricerie,
Car il en ont et amor et amie,
Et loiautes m'a de joie eslongie.

II.

Teus amcroit tos les jors de se vie,
N'aroit tel taus de prover s'amistie
Com j'ai en tant k'ai ma dame servie.
S'ele daignoit, bien m'aroit assaie.

5 Mais son cuer voi si forment desvoie,
K'ele croit bien ke cil ait deservie
S'amor, ki l'a par ses faus dis traie,
Et mi bien fait sont a noient jugie.

III.

Tout m'ocirra la dolors et l'envie
De moi dolant, de mon anemi lie.
A son ami voi ma dame anemie
Et de s'amor son anemi aidier.
5 Doblement a mon cuer ma dame irie.
Por la millor del monde l'oi coisie,
Mais or sai bien ke reliques n'a mie
En molt de lieus ou li saint sont quidié.

I. — *Le vers 1 et le commencement du vers 2 manquent dans M, la partie supérieure du fol. 155, col. 1 ayant disparu.* 1. *a* vi. *aT* jalousie. 2. *a* en. *T* acompaigniet. 3. *M* mout. *a* leur conpaignie. 4. *T* empirier. 5. *MT* amors. *a* amour. *M* meilleur. *a* meillour. *T* milleur marchiet. 6. *M* qui. *aMT* jalous. *T* trecherie. *M* tricherie. 7. *M* amors. *a* amour. 8. *M* loiautez. *a* loiaute.

II. — 1. *M* toz. *aT* tous. *a* jours. *aM* sa. 2. *aT* nauroit. *M* naveroit (−1). 3. *a* con. *M* qu'ai. 4. *M* deignoit. *aTM* m'auroit. *a* assaie. 5. *M* mes. *a* amaie. 6. *aM* que. *T* chil. *aT* l'ait. 7. *a* s'amour. *M* qui. *T* pour.

III. — *Le dernier vers de la str. 11, toute la str. III, ainsi que les 2 premiers vers de l'envoi manquent dans M, la partie supérieure du fol. 155 col. 11 ayant disparu.* 1. *T* dont m'ochira. *a* dont m'ocira. *aT* dolours. 4. *a* s'am our. 5. *aT* doublement. 6. *aT* pour. *a* meillour. *T* de li monde (+1). 7. *T* kel. *T* m'a. 8. *a* lieu. *a* cuidie.

IV.

Oi aves ma doce felonie.
Dame, por Dieu, ne vos ait anoie.
N'est pas amors, mais doce derverie
D'un desirier ardent outrequidie.
5 Ki mon cuer a si forment desvoie
Ke je ne sai k'est sens ne k'est folie.
Si com c'est voirs m'en doinst Diex
    [vostre aie
Et vostre gre ke j'ai tres covoitie.

V.

A vos me rene, dame, pris et loie.
En sospirant se met a vostre pie
Mes cuers, ki velt k'envers vos m'umilie
Et k'a vos soit ma canchons envoie,
5 Car il vos a lui meisme envoie.

N° 2.

RAYNAUD, Bibl. n° 1947. T (=Pb11) fol. 170 r. (*Sire Adans*) ; M (=Pb3) fol. 156 r. col. I.

I.

Si com fortune d'amors
Me maine diversement,
Une fois cante, autre plor,
Mais ne m'avient pas sovent
5   K'en baudor
Praigne mes cuers tel sejor
Ke ma canchons en ament,
Si en cant mains plaisanment.

II.

Neporquant j'ai ma paor
Cangie novelement,
Dont ma dame qui j'aor
Tient mon novel hardiment
5   A folor
Et dist, se plus i demor,
Ke ch'iert a mon nuisement.
Mais a grant tort m'en reprent.

III.

Car puis ke tote dolor
Ai sofert si docement
Por li et por sa valor,
Esperer doi ensement
5   Sa douchor ;
Ceste raison i ator,
Se ma dame le consent.
Esperer doi hautement.

IV.

Mais a ma raison retor.
J'ai parle trop folement,
Car j'aim del mont la millor,
Si doi conter por noient
5   Al menor
De ses biens mon mal grignor,
Et ne doi pas ielment
Avoir et joie et torment.

IV. — 1. *a*MT douce. *a* felounie. 2. *aT* pour. *aT* vous. *T* anoiet. 3. *a* amours. *M* douce. *a* fine desverie. 4. *a* ardant outrecuidie. 5. *T* desvoiet. 6. *a* que jou. *a* q'est. 7. *a* m'est. *a* me doint dicus. 8. *a* que. *a* convoitie.

V. — 1. *aT* vous. 3. *M* qui. *aM* veut qu'. *aT* vous. *M* m'umelie. 4. *M* qu'a. *aT* vous. *T* cancons. *M* chancons. *a* cancon. 5. *a* vous. *M* meesme. *a* mesme.

I. — 1. *M* con. 3. *M* chante. *T* plour. 4. *M* mes. *M* m'ament. *T* m'aiuent. 5. *M* qu'en. *T* baudour. 6. *M* prende. 7. *M* que. *M* chancons. *T* cancons. 8. *MT* chant. *M* mainz.

II. — 1. *M* non porquant. *M* pauour. 2. *M* changie. *T* novellement. 3. *M* a cui. 4. *T* hardiement. 5. *T* folour. 6. *M* dit. *M* pluz. *T* demour. 7. *M* que. *M* c'iert. 8. *M* mes. *T* repene.

III. — 1-2. *T* Car puis ke toutes docement. 1. *M* quar. *M* que *M* toute. 2. *M* doucement. 3. *T* pour li et pour sa valour. 5. *M* doucor. *T* doucour. 6. *T* atour. 8. *T* esperer si h .

IV. — 1. *M* mes. *T* retour. 3. *M* meillor. 4. *M* par. 5. *M* au. *T* menour. 6. *M* greignor. *T* grignour. 7. *M* dois. *M* ingalment.

V.

Quant jou esgarc son ator
Et son bel acesmement
Et sa rosine color,
Moi samble veraiement
5   Ke amor
Doinst sa beaute resplendor.
Je di chou ke jou en senc,
Ne sai s'il est autrement.

VI.

Canchons, fai por moi clamor
La ou moi et toi present
Di des puceles la flor.
De quanques ele entreprent,
5   Ke l'onor
Li doinst Diex au par destor.
A ces mos par droit entent
Ke por li cant solement.

N° 3.

RAYNAUD, Bibl. n° 912. T (=Pb11) fol. 170 r. ; M (=Pb3) fol. 156 r. col. II (*Sire Adans*).

I.

Asses plus ke d'estre ames
Me sui penes d'avoir chier.
Tos mi sui entroblies,
Tant sui en autrui dangier.
5 Per vos m'estuet tot laissier,
Dame, a cui sui tos dones ;
Cuer, pensee et volentes
Ai mis en vostre prison.
Sosviegne vos de moi bele ;
10 Ja ne pens jou s'a vos non.

II.

Dame, par moi sui greves,
Quant jou en vos ma mort quier
En regardant vos beautes
Dont naissent n i desirier,
5 K'ainc ne vint mes iex proier
Vos gens cors d'estre esgardes,
Mais estre en doit plus blames
Vos cuers ke ne di, ce croi,
Quant plus sa merchi desir,
10 Plus est cruex envers moi.

III.

Li gries est, dame, entasmes
Par l'aige sovent touchier,
Mais je voi vo cruautes
De mes larmes enforchier,
5 Et vostre amor eslongier
Fait de moi humilites,
S'en sui si desesperes
Ke jou n'atenc fors la mort.
D'amor trop lontaigne
10 N'atenc nul confort.

IV.

Cil ki sevent a tos les
Novele amor acointier
Ne sentent pas tes grietes
Com jou par mon desirier ;
5 Ainc ne m'osa aprochier
Traisons ne fausetes,
Mais douchors et loiautes
Si poissans ke jou bien sai,
Quant ces amors me fauront
10 Ke j'ai, ja puis n'amerai.

V. — 1. *M* je regart. *T* atour. 2. *T* acointement. 3. *T* colour. 5. *M* que. 6. *M* doint sa biaute. *T* resplendour. 7. *T* cou. *M* ce que je. *T* senc.

VI. — 1. *M* chancon. *T* cancons. 3. *T* pucelles. *T* flour. 4. *M* quant que elle. 5. *M* que. *T* l'onour. 6. *M* doint dex. 8. *M* que .*T* pour. *MT* chant. *M* seulement.

I. — 1. *M* assez. *M* que. 2. *M* penez. 3. *T* tous. *M* entrobliez. 5. *T* pour vous m'e. tout. *M* leissier. 6. *T* tous. *M* toz donez. 7. *M* volentez. 9. *M* soviegne. *T* vous. 10. *M* je. *T* vous.

II. — 1. *M* grevez. 2. *M* je. *T* vous. 3. *M* biautez. 4. *M* desirrier. 5. *M* c'ainc. *T* vinc. *M* ex. 6. *M* esgardez. *T* eskardes. 7. *M* cuidoit plus blasmez (+1). 8. *M* que je ne di ce croi (+1). *T* vostre cuer ke je ne die. 9. *M* pluz. *M* merci. 10. *M* crueus.

III. — 1. *M* gres. *M* entamez. 2. *M* l'iaue. 3. *M* mes. *M* vos cruautez. 4. *M* lermes. *M* enforcier. 6. *T* fai. *M* humilitez. 7. *M* desesperez. 8. *M* que je n'atenc. 9. *M* lontainne. 10. *M* n'atent.

IV. — 1. *M* qui. *T* tous. *M* toz lez. 2. *T* novelles amors (+1). 3. *T* sentient. *M* teus grietez. 4. *M* je. *M* desirrier. 5. *T* ainc m'osa (—1). 6. *M* trahisons ne faussetez. 7. *MT* doucors. *M* loiautez. 8. *T* poissant. *M* poissanz com je. 9. *M* faudront. 10. *M* que. *M* ja mais.

V.

De ma dame sui doutes,
Mais certes n'eust mestier
Ne sui pas a li remes
Por son pris desavanchier ;
5 Dons ki puist honor blechier

N'ert ja par moi demandes,
S'amor m'otroit, c'est asses
Por garir ami loial ;
S'ele me daignoit amer,
10 Ja puis je n'aroie mal.

N° 4.

RAYNAUD, Bibl. n° 1660. T (=Pb11) fol. 170 v. ; M (=Pb3) fol. 156, col. I (*Sire Adans*).

I.

Por li servir en boine foi
Velt amors mon cuer retenir
Et je volentiers li otroi
Cuer et cors et moi tot entir :
5 Le cuer ait por le sosvenir,
Le cors por les maus sostenir.
Ensi tos en amor m'emploi
Ne partir n'en voil sans merchi.
J'ai tant servi et servirai
10 K'il m'iert meri.

II.

Amors fera grant estreloi
Se son gre ne puis deservir,
Quant jou tant l'aim et pris et croi
Ke de moi me voil dessaisir
5 Por li baillir a som plaisir ;
Et puis ke son gre tant desir,
Bien porra dire se de moi
Pities et merchis ne li prent :
Jou ai trai a escient
10 Celui qui m'amoit loiaument.

III.

Je samble celui ki de soi
Covient par estovoir morir,
Si est l'aige si pres de soi
K'a son menton le puet sentir.
5 Ensi voi de moi avenir
Quant a l'amor ne puis venir
De ma dame, et sovent la voi.
Mais se li siens cuers ne m'est pius,
Jou tieng mes iex a l'esgarder
10 Volentiers quant jou ne puis miex.

IV.

Asses a raison por quoi
Se tres volentiers la remir.
Sens, beautes et bontes, cil troi
Font le cuer as iex obeir.
5 Mais mesdisans doi trop hair
Ki se painent de moi trair,
Pour chou ke j'aim si com je doi
Loiaument et sans dechevoir.
Se mes disans ne mi nuisoit,
10 Pres sui de ma grant joie avoir.

V. — 1. *M* doutez. 2. *M* mes. 3. *M* remez. 4. *T* pour. *M* des avancier. 5. *M* qui puisse. *T*. honour. *M* blecier. 6. *M* n'iert. *M* demandez. 7. *M* m'otrait. *M* assez. 8. *T* pour. *M* guarir. 9. *M* deignoit. 10. *T* je n'aurose mal (—2). *M* je n'avervoie mal (—1).
I. — 1. *T* pour. *M* bone. 2. *M* veut. 4. *M* tout. 5. *T* pour. *M* sovenir. 6. *T* pour. 7. *M* einsinc toz en amors. *T* tous. 8. *M* vueill sanz merci. 10. *M* qu'il .*T* m'ait.
II. — 2. *M* desservir. 3. *M* que je. 4. *M* que. *M* vueill. 5. *T* pour. *M* baillier. *M* son. 6. *M* puis que. 8. *M* pitiez et mercis. 9. *M* je ai trahi. *T*. entient. 10. *T* m'aimoit.
III. — 1. *M* qui. 2. *M* convient. 3. *M* et s'est l'iaue. 4. *M* qu'a. *M* la. 5. *M* ensinc. 8. *M* mes. *M* suens. 9. *M* je tieg volentiers mes iex a li esgarder (+4). *T* jou tieng mes iex a li esgar. 10. *M* quant je ne puis mieuz (—3). *T* quant jou ne puis miex (—3).
IV. — 1. *M* assez. *T* pour. 3. *T* sens et beautes et bontes (+1). *M* s. boutez et biautez. *M* cist. 4. *T* font le cuer as iex au cuer obeir (+2). *M* f. l. ex au cuer obeir. 5. *M* maiz. 6. *M* qui. *M* trahir. 7. *T* pour cou. *M* por ce que. *T* di. 8. *M* loiauement. *M* decevoir. 9. *M* me·

V.

Gentix dame, merchi vos proi,
Si me doinst Diex de vos joir.
K'ainc de riens tel volente n'oi
Com de vos loiaument servir.
5 Tant sofranment mi fait languir
Li dous espoirs de vos merir
Ke por grevance ne recroi
S'en doi dobles biens savorer.
Ki loiaument sert s'amie
10 Bien li doit sa joie dobler.

VI

A ma dame te fai oir.
Ne puis mon messaige furnir.
Canchons, par autrui ke par ti,
Et se li pric et se li di :
5 Ma paine m'agree ke trai por li.

No 5.

RAYNAUD, Bibl. n° 1085. T (=Pb11) fol. 80 v. ; M (=Pb3) fol. 157 r. col. I ; A fol. 138 r. ; a (=R1) fol. 136 r. ; b (=R2) fol. 140 v. (*Maistre Guillaume de Givenci au Vinier*). *Jeu parti*.

I.

Amis Guillaume, ainc si saige ne vi
Com vos estes, se mes sens ne me ment.
Mais a la fois vaint amors jugement
Et non porquant croi jou k'il soit ensi.
5 Por chou dites, s'il vos plaist, sans estri
Li quex vaut miex, selon vostre escient,
Ou joie avoir ki tost doive faillir
Ou haus espoirs ades sans plus joir.

II.

De cest respons. Adams de Givenci,
Me deportaisse asses legierement,
Ne fust por vos qui j'aim et pris forme
Et vos moi plus ke n'aie deservi
5 Puis k'ensi est. j'arai molt tost coi
Je preng espoir por chou k'a tote ge
Vient miex voloir poi c'on puet reten
Ne fait asses conquerre por guerp

III.

Au millor prendre, amis, aves failli,
Car cil ki chasce ades et riens ne prent.
Il emploie sa paine malement.
Por chou c'on quist joir est on ami.
5 Non pas por chou ke on n'ait ja merc
Servir voles com templiers por noien
Seul espoir sert de service merir.
Joie rent plus c'on ne puist deservi

V. — 1. *M* merci. *T* vous. 2. *M* doint dex. *T* vous. 3. *M* c'ainc de rienz. 4. *T* vous 5. *M* soufranment *T* soffranment 6 *M* douz *T* vo 7. *T* ki pour. 8. *T* doubles. 9. *M* qui. 10. *T* doubler.

VI. — 2. *M* message. *T* furnir *manque*. 3. *T* chancons. *M* chancon. *M* que. 4. *M* proie. 5. *M* la painne. *M* que. *T* pour.

1. — 1. *a* ains. *b* onc. *abM* sage. 2. *b* comme vous. *a* que vous. *b* mon sens. 3. *M* mes. *b* et. *ab* amours. 4. *a* ne porquant cui jou qu'il. *b* non pourquant je croi qu'il. *M* croi je qu'il. *M* einsi. *b* ainsi. 5. *ab* pour. *bM* ce. *T* cou. *ab* vous. *a* plait. *M* plest. *aMT* detri. 6. *a* li kieus. *M* li queus. *b*-lequel vault. *a* mieus. *M* mieuz. *abM* selonc. *a* ensient. *M* entient. 7. *bM* qui. *bM* doie. *a* falir. 8. *b* adez. *M* sanz pluz.

II. — 1. *b* ce. *aM* Adan. *b* Adam. *a* Giienci. 2. *a* deportasse. *b* assez. 3. *ab* pour vous· *b* que. *M* cui. 4. *ab* vous. *b* plus moi. *M* pluz. *ab* que. *b* que n'ai. *T* ke n'ai (—1). *M* desservi. 5. *bM* puis qu'. *abM* j'aurai. *b* moult. *M* mout. *a* keusi. *bM* choisi. 6. *T* preg. *M* prent. *a* pour. *abM* ce. *T* cou. *bM* qu'a. *b* toute. 7. *a* mieus. *M* miuz. *bM* poi c'on. 8. *b* face. *bM* assez. *ab* pour.

III. — 1. *ab* meillour. *bM* avez. 2. *b* quar. *a* chil. *abM* qui. *a* cache. *b* chacc. *b* adez. *M* rienz. 3. *b* mauvaisement (+1). 4. *ab* pour. *bM* ce. *T* cou. *ab* puist. 5. *ab* pour. *bM* ce. *T* cou. *a* qu'on. *b* que on. *b* merci. 6. *bM* volez. *aM* con. *a* templier. *b* au temple. *ab* pour. 7. *a* seus. *b* seuz. *ab* espoirs. *a* serviche. *ab* tolir. 8. *T* renc.

IV.

Adans, peu sont de gent n'aient oi
Dire c'on va molt loins tot belement
Et trop hasters si anuisi sovent.
Celui tieng a fol qui se haste si
5 Qu'en -i- sol jor a gaste et coilli
Chou dont il devroit vivre longement.
Hui trop avoir, demain de faim morir
Voles contre boin espoir aatir.

V.

De prametre sans doner sont servi,
Amis, li fol, c'est dit comunelment.
Si vostre espoirs vos pramet fausement
Dont vos ara com fol escarni.
5 Ne se repent ki primes a saisi :
Miex vaut-i-tieng ne font-i-c'on atent.
De soif morres, et si voles fuir
Le boivre, a nus bon vos voles trair.

VI.

Adans, voire, mais cil ki a joi
De s'amie k'il aime coraument,
S'adont perdre li convient quitement.
De quoi se puet il plus avoir honi ?
5 Ne set k'est maus ki ainc bien ne senti.
La differense a conoistre l'aprent :
Bens faillis est mors a resovenir.
Mais espoirs maint en joie sans fenir.

VII.

Amis, dites ke de no gieu parti
Ai le millor ou vos, respondes ci.
Espoirs ne vaut fors por tant solement
Ke il promet joie a faire venir.
5 Dont doit on miex joie k'espoir coisir.

VIII.

Adans, tel joie vos quit et reni.
Fols est cil ki d'ami fait anemi.
Pieres de Corbie, jugies briefment
Se on doit bien celi por fol tenir
5 Ki haut monte por griement recair.

N° 6.

RAYNAUD, Bibl. n° 2018. T (=Pb11) fol. 81 r . (*Sire Adans de Givenci*) ;
M (=Pb3) fol. 157 v. col. I (*Sire Adans de Gievenci*). Descort.

I.

Trop est costumiere amors
Des loiaus amans grever
Et d'aidier les trecheors
Ki la servent de giller.
5 Certes c'est molt grans dolors
C'on voit faus cuers recovrer
Et ceaus faillir as douchors
Ki les sevent achater
Par bien amer.

IV. — 1 a*MT* Adan. *b* Adam. *ab* poi. *MT* noient. 2. *M* vait. *b* moult. *a* lonc. *b* loing. *ab* tout. *T* bellement. 3. *ab* haster. *b* a bien neu. *ab* souvent. 4. *a* chelui. *M* tienz. *T* foll. 5. *a* que. i. seul jour. *b* qu'en un jour a tout gaste. *T* qu'en. v. sol jor. *a* ceulli. *b* cueilli. 6. *bMT* ce. *ab* longuement. 7. *ab* fain. 8. *b* volez. *ab* bon.

V. — 1. *ab* prometre. *a* douner. *b* donner. 2. *b* le. *a* che dist. *a* coumunement. *b* communement. 3. *b* se vos espoirs me promet faussement. *aT* espoir. *a* vous. *T* pramec. 4. *ab* vous. *abT* aura. *ab* come. *b* escharni. 5. *ab* qui. *b* premiers. 6. *a* mieus. *T* .v.tieg. *ab* tien. *a* ne fait. *b* que deus que on atent. *T*-.v. con atent. 7. *b* morez et ne volez saisir. 8. *ab* boire. *ab* bien vous. *b* volez.

VI. — 1. *T* Adan. *b* Adam. *b* mes. *a* chil. *ab* qui. *a* goi. 2. *b* qu'il. *M* coralment. *a* coreument. *b* courelment. 3. couvient. 4. *T* li miex. *M* li mieuz. *ab* honni. 5. *ab* qu'est. *a* qui ains. *b* bien qui onc mal. 6. *ab* difference. *abM* connoistre. 7. *b* bien. *a* falis. *ab* au resouvenir. 8. *b* mes. *a* espoir. *b* maine a joie. *Ce vers manque dans MT*.

VII. — 1. *b* que. *a* qui. *a* ju. *b* jeu. 2. *a* a le meillour. *T* milleur. *b* meilleur. *a* v nous. *b* vos respondez. *aMT* chi. 3. *aMT* espoir. *b* vault. *ab* fors que. 4. *ab* que. *a* pramet. *b* sentir. 5. *b* doit len. *a* mieus. *M* mieuz. *b* qu'espoir choisir.

VIII. — 1. *a* Adan. *b* Adam. *b* vous cuit je (+1). *a* quit jou (+1). 2. *M* folz. *a* faus. *b* foulz. *a* chil. *ab* qui. *b* fet. 3. *a* Pierres. *b* Pierre. *b* jugiez. *abM* briement. 4. *a* chelui pour. *b* celui pour. *T* foll. 5. *ab* qui. *a* pour aval rekair. *b* recheir. *T* rechair.

I. — 1. *M* coustumiere. 2. *M* loiauz. 3. *M* trecheours. 4. *M* qui l. s. ghiler (—1). 5. *M* mout granz. 7. *M* ceus. *T* docors. *M* doucours. 8. *M* qui.

II.

Mais nient plus que cose painte
Aiue a comparison,
Ne vaut joie d'amor fainte
Celi de service bon.
5 Quant amors en rent guerdon,
En cuer est amors estrainte
Avule de traison
N'il ne set k'amors est sainte
Ne combien valent si don
10 Ne ke vilains set d'edsron.
Ne porquant bel font lor plainte
Li faus, por chou les croit on.
S'en est engignie mainte
Ki estoit de haut renon
15 Par beaus mos de fause orison.

III.

Dame, ou j'ai mention,
Dru sont seme li felon
Neis en relegion.
A de la gent Genelon
5 Ki ceaus a a compaignon,
Boivre i puet male puison.
Bontes sans discretion
Ne puet pas avoir fuison.

IV.

Dame, sans cui n'a poissance
Amors ke j'aie respas,
N'aies cure d'acointance
Ki ne dure c'un trespas.
5 Se li faus ont mesestance,
Torne sont en es le pas,
Et se on lor fait pitance,
Il ne font el ke lor gas.

Peses en droite balance
10 Mes biens fais et lor baras,
S'arai vostre bienvoellance
Et il ne l'averont pas.
Avoir me font grant dotance
De perdre quanques je fas,
15 K'a ceste sole caance
Ai mis tot et haut et bas.

V.

Dame, de moi seule amee,
Covoitie de pluisors,
Vostre haute renomee
Vos fait venir des faus tors.
5 Tant est plus de vent grevee
Com plus est haute la tors.
Vens ichi est apelee
Parole de trecheors,

VI.

Dame, trop ai dure vie.
Jalosie me destruit.
Ke se vo bontes m'aie
Ke nus grever ne me puist,
5 Lors me redist jalosie :
N'est pas ors quanques i luist,
Tele est male ki aie
Et tele est boine ki nuist.

VII.

Merchi vos pri, beaus cuers dos,
S'ai riens dit encontre vos.
Ne doit avoir entre nos
Fors deboinaire coros.
5 Estre me convient jalos.
C'est drois de fin amoros,
Si entirement sui tos
Vostres, ke n'i ai rescos.

II. — 1. *M* maiz non plus. *M* chose. 2. *T* aiue comparison. *M* aide a c. 3. *M* d'amors. 4. *M* cele. 4. *MT* guerredon (+1). 6. *M* avugle de trahison. 7. *M* qu'amors. 10 *M* que. *MT* d'esperon (+1). 11. *M* non porquant. 12. *M* ce. *T* cou. 14. *M* qui. *M* renom. 15. *M* biaus. *M* fausse. *T* par f. o.

III. — 2. *T* semel li f. 3. *M* religion. 4. *M* a la gent de guenelon. 5. *M* qui ceus. 7. *M* bontez sanz. 8. *T* ne puet avoir fuison (—1).

IV. — 1. *M* sanz qui n'ai. 2. *M* que. 3. *M* n'aiez. 4. *M* qui. 6. *T* trove. *M* sunt. 8. *M* il n'en. *M* que. 9. *M* pesez. 11. *M* s'aurai. *M* bienveuillance. 13. *M* doutance. 14. *M* quant que je faz. 15. *M* qu'a. *M* cheance.

V. — 1. *M* seul. 2. *M* plusours. 4. *M* veoir. 5. *M* pluz. 6. *M* pluz. 7. *T* vent. *M* ici. *T* apellee.

VI. — 2. *M* jalousie. 3. *M* que. *M* bontez. 4. *M* que. 5. *M* jalousie. 6. *M* tot ors quant que luist. 7. *M* qui. 8. *M* bone.

VII. — 1. *M* merci. *M* biaus. *M* douz. 2. *M* rienz. *T* vous. 3. *T* nous. 4. *M* debonaire corrouz. 5. *M* jalous. 6. *M* amourous. *T* amorous. 7. *M* entierement. *M* toz. 8. *T* vostre. *M* que. *M* rescous.

VIII.

Fors chou k'ai por vos cante
Del cuer ke vos ai done
Cui vos aves tormente,
N'ainc ne cangai volente
5 Por dolor ne por griete.

Tot ai beu por sante
Ki se cangera en mort,
Se je n'ai hastiu confort.
Itex noveles vos port
10 Cist chans ke j'apel descort.

N° 7.

RAYNAUD, Bibl. n° 205. T (=Pb11) fol. 82 r. (*Sire Adans de Givenci*) ;
M (=Pb3) fol. 158 v. col. I. *Descort*.

I.

La doce acordance
D'amors sans descort
Velt sans descordance
Ke faice -i- descort
5 Por la descordance
Ke sovent recort
La bele, la blance
A cui je m'acort.

II.

Mais ce m'a mort
Que j'aim tant fort
Et de li sui en dotance ;
Mais grant deport
5 Ai, quant j'en port
Au mains d'amors la samblance.
Mais a grant tort
De moi s'estort,
Quant ens li ai ma fiance,
10 Car a som port,
Par son effort
M'arive s'amors et lance.

III.

Brunete et blance,
Saichies sans dotance
K'en vos m'esperance
Et tot mon cuer mis ai ;
5 Mais l'acointance
Tant mi desavance
Ou autres s'avance
Par vos ke bien sai ;
Mais n'ai poissance
10 Ke de vo vaillance
Faice desevrance
Ne ja ne ferai,
Ains ai fiance
Ke sans demorance
15 Vostre bienvoellance
Del tot en arai.

IV.

Car autrement convenroit a la fin
Si com on dist li faus sevrer del fin.
Ne nuit ne jor a ce penser ne fin
Ke fausete peusse traire a fin.

VIII. — 1. *M* ce. *T* cou ke j'ai (+1). *MT* chante. 2. *M* que. 3. *M* que. *M* avez. 4. *MT* changai. 7. *M* qui. *M* changera. 8. *M* hastif. 9. *M* iteus. *M* novelles vos porc. 10. *T* chis chans ki apelle descors (+1). *M* que.
I. — 1. *M* douce. 2. *M* sanz. 3. *M* veut sanz. 4. *M* que face un. 6. *M* q'. 7. *T* belle *M* blanche.
II. — 1. *T* cort. 2. *T* qui. 3. *M* doutance. 5. *T* porc. 6. *M* d'amors au mains. 7. *M* mes. 9. *T* a. 10. *M* son. 11. *M* esfort. 12. *M* m'arrive.
III. — 1. *M* brunete blanche. 2. *M* sachiez sanz doutance. 3. *M* qu'en. *T* ke vos. 8. *T* vous. *M* que. 9. *M* maiz. 10. *M* que. *T* de u. 11. *M* face dessevrance. 13. *M* ainz. 14. *M* que. 15. *M* veuillance. *T* vaillance. 16. *M* aurai.
IV. — 1. *M* convendrait. 2. *M* dit. 3. *M* ne jor ne nuit. 4. *M* que faussete.

V.

Por ch'amerai
De cuer vrai,
Sans esmai,
Sans delai,
5 Et ferai
En tel assai
Se ja porrai
Venir a mon desir
Acomplir
10 A loisir,
Sans fenir,
De cuer entir,
De celi dont m'esmai.

VI.

Se s'amor n'ai,
Ke dirai,
Ke ferai ?
Je morrai,
5 Quar bien sai
Ke m'em porrai
Ja mais nul jor partir.
A som plaisir
Asentir,
10 Sans mentir,
Tant desir
Que sospir
Quant remir
Les gries maus ke j'en trai.

VII.

Mais se mon cuer pooit aperchevoir,
Por vrai ami ne porroit retenir ;
K'ainc ne l'amai certes por dechevoir,
Et en la fin en saura bien le voir,
5 Et s'ensi muir, sans vraie amor avoir,
Amors mal gre l'en devera savoir.

VIII.

Voire, car bien set et voit mon fin corai*g*
Ke por s'amor a fait sovent doloir ;
Mais tant est prex, tant cortoise et tan*t*
[saig*e*
Ke ens la fin ne me puet mal voloir.
5 Bien l'apercui quant je par mon folaig*e*
Pres euc perdu de son cuer le manoir
Mais je li proi ke en son iretaige
Soie remes a tos jors por manoir.

Eug. ULRIX.

V. — 1. *M* ce. *T* cou. 3. *M* sanz. 5-7. *T* et en tel assai se porrai (—2, —1). 11. *M* sanz. 13. *M* cele.
VI. — 2. *M* que. 3. *M* que. 5. *M* quant. 6. *M* n'en. 7. *M* ja maiz. 8. *M* son. 9. *M* assentir. 10. *M* sanz. 14. *M* que.
VII. — 1. *T* cuers. *M* apercevoir. 2. *T* ne. *M* porrait. 3. *M* c'ainc. *M* decevoir. 4. *T* ens en la fin. 5. *M* sanz.
VIII. — 1. *M* voit et set. *M* corage. 2. *M* que. 3. *M* mes. *M* preus si cortoise et tant sage. 4. *M* que en. 5. *T* l'aperçut. *M* folage. 6. *M* oi pres. 7. *M* maiz. *M* que. *M* hiretage. 8. *M* remis. *M* toz.

Les quatre Belges du XVIᵉ siècle,
Professeurs à l'Université d'Iéna

Ayant été envoyé en Allemagne comme prisonnier de guerre le 18 mars 1916, en même temps que mon collègue et ami Pirenne, j'ai été interné d'abord au camp de Gütersloh (Westphalie), ensuite à Iéna (Saxe-Weimar) [1]. J'ai utilisé une partie de mes loisirs forcés dans cette dernière ville en étudiant sommairement l'histoire de son université, dont la fondation remonte au milieu du XVIᵉ siècle.

J'ai appris ainsi que quatre Belges ont professé à Iéna avant 1600 et j'ai trouvé les effigies de deux d'entre eux dans la galerie de portraits qui orne les couloirs de l'université.

Privé de mes notes et de mes livres, je n'ai pu composer pour les *Mélanges de Borman* un travail se rattachant à mes études ordinaires. Faute de mieux, je présente au lecteur quelques renseignements de seconde main sur nos quatre compatriotes qui occupèrent une chaire à l'*Alma Mater Salana* (des bords de la Saale) durant les toutes premières années de son existence [2].

Voici d'abord l'Anversois Mathieu van Wesenbeke, sur la vie et les ouvrages duquel on possède de nombreuses données que nous devons surtout à lui-même, à son contemporain André Rauchbar, professeur à Wittenberg, et à son arrière-neveu Michel Van den Perre, professeur à l'Université de Louvain.

Dans le discours qu'il prononça à Wittenberg en 1572 à la mémoire de son maître louvaniste Gabriel Mudée [3], Wesenbeke donne quelques menus détails sur ses premières années d'études. Mais il fournit des

---

[1] En janvier 1917, j'ai été interné tout seul et sans relations postales (sauf avec mes deux frères), à Bürgel, bourg de 2.000 habitants, où je suis resté pendant près de deux ans, jusqu'à l'armistice de novembre 1918.

[2] Je renvoie à Valère André, Foppens, etc., auxquels il faut ajouter quelques ouvrages plus spéciaux : Adrianus Beier, *Ecclesiae Ienensis diaconus, Syllabus Rectorum et Professorum Ienae in studio generali*, etc. (1659). — M. Io. Caspar Zeumerus, *Vitae professorum in theologiae, jurisprudentiae, medicinae et philosophiae... in ill. Academia Ienensi* (1711). — Johannes Gunther, *Lebensskizzen der Professoren der Universität Iena seit 1558 bis 1858* (1858). — J. C. E. Schwarz, *Das erste Jahrzehnd der Universität Iena* (1858). — (Vollert). *Die alten Rektoren- und Professoren- Bildnisse in dem Universitätsgebaüde zu Iena* (1911).

[3] *Matthae Wesenbecii oratio de Gabriele Mudaeo jurisc.* habita cum decerneretur gradus J. U. D. D. Christophoro Anesorgo M.D.LXXII die Junij XII. Witenbergae.

renseignements bien plus circonstanciés dans une notice qui est placée à la suite d'un autre de ses discours (*De Papiniano*), prononcé aussi à Wittenberg, deux ans auparavant, comme leçon d'ouverture (¹).

Cette petite autobiographie est intitulée « *De Matthaeo Wesenbecio narratiuncula* brevis et vera, necessaris ac loco defensionis post longam tandem, sed infestam hactenus patientiam infelici calumniae obiecta ». Il y donne des détails presque minutieux, par exemple sur l'heure exacte de sa naissance : *hora mane sexta*, sur ses père et mère, sur ses études à Louvain et à l'étranger. Pour lui, aucune ville universitaire ne surpasse Louvain. Paris, Orléans, Poitiers, Lyon, Bourges, Bologne, Pavie, Mantoue, Florence, Naples, Munich, Augsbourg, Ulm et Cologne lui sont inférieures, même Salamanque : « In Hispania Salamanca scolarum munificencia longe omnibus in Europa praestat gymnasijs, sed situ et locorum facie a Lovanio superatur ». Valladolid avec la belle promenade vers Simancas lui a aussi laissé de délicieux souvenirs : « Sed omnibus inter se comparatis nihil ad Lovanium ».

Son contemporain et admirateur enthousiaste André Rauchbar lui a consacré, peu de temps après sa mort, un éloge public prononcé en chaire, devant ses élèves de l'Université de Wittenberg, à l'occasion d'une triple promotion doctorale (²). Rauchbar y donne des détails qui ont passé dans presque tous les auteurs qui ont retracé la biographie de Wesenbeke. On y trouve l'histoire du tailleur aveugle dont il sera question plus loin. Ce discours est un panégyrique ampoulé en l'honneur du jurisconsulte anversois, « per totam Europam celeberrimus », né dans une ville non moins célèbre, « celeberrima quidem totius Europae urbs, sed nunc ab hostibus duriter pressa et afflicta ». Les parents de Wesenbeke n'échappent pas non plus à ces louanges hyperboliques : « O optimorum parentum filium optimum ! o praestantissimorum praestantissimum ! o nobilissimorum nobilissimum ! o quam pulchra est casta generatio cum claritate ! »

Courte et sobre est la petite biographie (³) placée, au milieu du XVIIᵉ siècle, par son arrière-neveu Michel Van den Perre, en tête d'une réimpression du principal ouvrage (*Paratitla*) de Mathieu van Wesenbeke. L'auteur reprend bien toutes les louanges de ses précédesseurs, mais

---

(¹) *Matthae Wesenbecii Papinianus* cum aliis quibusdam miscellaneis lectione non indignis. (Witebergae, anno 1570).

(²) *Oratio de vita et obitu clarissimi jurisconsulti Matthae Wesenbecij*, in Academia Witebergensi quondam professoris celeberrimi, scripta et recitata ab Andrea Rauchbar, J. U. D. et professore, cum licentiae gradus in utroque jure decerneretur tribus ornatissimis et doctissimis viris... (Witebergae, 1587).

(³) *Vita Matthaei Wesenbecii* auctore Michaele Vanden Perre, ejusdem ex fratre Andrea pronepote, J. U. D. ac L. L. in universitate Lovaniensi primario conscripta. (Edition de Cologne de 1659 du *Commentarius in Pandectos vulgo Paratitla*).

il se sépare des autres sources par les regrets qu'il éprouve en constatant, sans y insister d'ailleurs, que, fils de parents très catholiques, son grand-oncle soit devenu protestant.

Si l'on résume ces données en les combinant, on voit que Mathieu van Wesenbeke est né à Anvers, le 25 octobre 1531, d'une famille influente qui a donné plusieurs hommes importants à sa ville natale, entre autres son frère le pensionnaire Jacques, l'auteur des *Mémoires* bien connus sur les troubles du XVIe siècle. Son père occupait à Anvers des charges considérables. Son fils note avec complaisance qu'il était éloquent aussi bien en français qu'en flamand ([1]).

Envoyé très jeune à Louvain avec l'un de ses frères, Mathieu y habita chez le célèbre professeur Gabriel Mudée et y obtint la licence en droit en 1550, à l'âge de moins de 19 ans, le même jour que son frère, qui était son aîné de quatre ans. Cet examen avait fait sensation. Ses parents lui firent continuer ses études dans plusieurs universités étrangères, « ad externas linguas ritusque forenses addiscendum », comme il dit. C'était à l'époque des guerres entre Charles-Quint et Henri II. Wesenbeke prétend y avoir couru de grands dangers. Après avoir parcouru la France, l'Espagne, l'Italie et l'Allemagne, il revint à Anvers, mais en fut bientôt chassé par les troubles religieux.

A Louvain comme jeune étudiant, jouant un jour à la balle avec des condisciples, il avait été profondément ému par les psaumes que chantait dans sa prison un tailleur aveugle, incarcéré comme hérétique. Aussitôt il s'était mis à lire la Bible et les écrits de Luther, ce qui l'avait pour toujours éloigné du catholicisme.

Réfugié en Allemagne, il se fixa à Iéna, dans le duché de Saxe-Weimar, où il obtint une chaire à la faculté de droit en 1557 et où il fit, l'année suivante, un beau mariage en épousant la sœur du chancelier de l'électeur saxon. Le jour même de ses noces, l'Université lui conféra le doctorat *utriusque juris*. La tradition le représente comme si passionnément attaché à l'étude, qu'il aurait quitté furtivement le repas nuptial pour aller se plonger dans ses livres jusqu'à deux heures du matin.

Malgré lui il fut mêlé aux querelles religieuses qui divisaient les professeurs luthériens de l'Université naissante. Aussi accepta-t-il avec empressement une chaire que lui offrit l'Université de Wittenberg en 1568. C'est là qu'il devint tout à fait célèbre comme commentateur des Pandectes. Il y enseigna avec éclat pendant presque vingt ans et y mourut en 1586.

([1]) Sermone in sua et gallica lingua apparatus et disertus. (*Narratiuncula*).

Lors de son départ d'Iéna, où il avait déjà publié en 1565 la première édition de ses *Paratitla*, le recteur lui délivra, le 21 décembre 1568, au nom de l'Université qu'il quittait, une attestation des plus flatteuses sur ses mérites comme professeur de droit romain : « In ea disciplina... tantum est consecutus, ut in publicum editis doctissimis lucubrationibus, in sui admirationem converterit etiam exterorum eorumque peritissimorum doctorum animos ; ac fama sui nominis nascentis hujus scholae obscuritatem magis quam quisquam alius illustrarit ». Le recteur ajoutait que Wesenbeke a vécu pendant treize ans à Iéna sans y avoir encouru le moindre reproche.

A peine installé à Wittenberg, Wesenbeke y perdit sa femme. Le recteur de l'Université annonça ce décès *ad valvas* par une proclamation latine (¹) où il invitait le corps professoral et les étudiants à assister aux funérailles. Cette pièce est datée d'une manière bien curieuse : « VI. Cal. Septembris Anno Iesu Christi M.D.LXIX, quo complentur anni CCLVII. ex quo Belgicum oppressum tyrannide praefectorum Gallicorum ab hac se vindicavit, sub Philippo Pulcro rege Franciae et Imperatore Alberto, anno Christi M.CCCII ». Cette façon de désigner l'année non seulement à partir de la naissance du Christ, mais subsidiairement à partir de la bataille des Eperons d'or à Courtrai en 1302, prouve que le souvenir de cet exploit des Flamands du XIVe siècle n'était pas encore effacé, au moins parmi les érudits allemands du XVIe siècle (²). Ceux-ci avaient lu apparemment les *Annales Flandriae* du curé de Blankenberghe Meyerus (Jacques de Meyere), qui avaient paru à Anvers en 1561 (³).

Remarquons du reste que cette manière de dater d'après un événement historique relativement récent en même temps que d'après l'ère chrétienne se rencontre encore à la même époque dans les milieux savants. C'est ainsi que l'érudit Martinus Ostermoncher, dans une lettre qu'il adresse d'Amberg à Wesenbeke, la date comme suit : « III. Cal. Aug. 1570, quo die ante annos triginta exustus est in Anglia, Henrici VIII iussu, eximius martyr Christi Robertus Barnes theologus » (⁴). Dans la même lettre le correspondant de Wesenbeke parle aussi de ses

---

(¹) On trouve cette pièce dans le petit volume intitulé *Matthae Wesenbecii Papinianus* (1570), cité plus haut. Il contient beaucoup de lettres de et à Wesenbeke avec toutes sortes d'autres documents contemporains des plus intéressants.

(²) En 1845, Conscience et ses amis fondèrent à Anvers, sous le nom de *Heilig Verbond*, une société secrète flamingante qui avait ses ramifications à Gand, à Bruges et à Bruxelles. Les adhérents avaient adopté entre eux une ère nouvelle dont l'an premier était la date de la bataille des Eperons d'or. (Pol DE MONT, *Hendrik Conscience, zijn leven en zijne werken*. Gand, 1883).

(³) En 1580, une seconde édition parut en Allemagne, à Francfort-sur-Mein.

(⁴) Cette lettre se trouve dans le curieux petit volume intitulé *Papinianus*.

rapports fréquents à Bruxelles avec le pensionnaire d'Anvers et avec son frère André : « Accedit huc quod aliquando alienus non fui a noticia fratrum tuorum J[acobi] Antuerpiensis (ut vocant) pensionnarij et Andreae, in cura Brabantiae causarum patroni ; cum negociorum quorumdam causa in ea tum florentissima, nunc calamitosissima provincia versarer et illam curiam consectarer, subinde Antuerpiam ad amicos excurrerem, per J[acobum] etiam saepe civium suorum causa Bruxellam veniret ad fratremque Andream diverteret. Quem quidem quodam tempore ex Hispania reversum, ubi in causa difficili tum et odiosa nunc deplorata Reipubl. nomine legatus fuerat, Bruxellae una cum quibusdam familiaribus amicis multis de bonis rebus non sine fructu disserentem audivi ».

Parmi les nombreux opuscules de Wesenbeke, je ne relèverai que le suivant : *Epistola ad senatorem quemdam Belgam de eo quod Deo magis obediendum quam hominibus* (¹). Il y félicite son compatriote d'avoir refusé de souiller sa vie à l'âge de 60 ans en persécutant les protestants. A Louvain, il a été lui-même jadis, dit-il, témoin des remords qui tourmentaient de ce chef le seigneur de Lalaing, gouverneur du Hainaut, quoi qu'on fît pour le tranquilliser.

Dans le même ordre d'idées, on cite encore de Wesenbeke (²) une *Historica narratio de Inquisitione hispanica*, mais je ne l'ai pas retrouvée. De même, je n'ai pu mettre la main sur un autre écrit de lui qu'il aurait consacré au bourgmestre anversois Emmanuel van Straelen, supplicié sous le duc d'Albe. On en trouve la mention dans une lettre écrite par David Chytraeus en 1590, à un neveu de Wesenbeke, où il est dit : « Amavi et veneratus sum nomen Wesenbeccium ab eo tempore, quo patrui tui *Paratitla*, universa juris artem erudita methodo explicantia et orationem ordinis Titulorum in Pandectis certam, quae nulla vel perobscura prius videbatur, indicantia, magno cum utilitatis et voluptatis fructu perlegi. Orationes etiam de Papiniano, *de Stralio consule Antverpiano* et alijs rursum coniunctim editas ad posteritatem conservari optarim ».

En tout cas, le principal ouvrage de Mathieu van Wesenbeke est son *Commentarius ad Pandectos vulgo Paratitla*, dont il donna la première édition à Iéna en 1565. Dans l'*Allgemeine deutsche Biographie*, un spécialiste (³) en fait le plus grand éloge. Déjà du vivant de l'auteur, il fut

---

(¹) Sans date, dans le volume *Papinianus*.
(²) Ce titre est donné dans la liste de ses écrits dressée par Jöcher, *Allg. Gelehrten Lexikon*, t. IV, p. 1908 (Leipzig, 1751).
(³) Von Eisenbart, t. 42, p. 134-138 (1897), qui renvoie pour de plus amples renseignements à Stintzing, *Geschichte der deutschen Rechtswissenschaft*, Erste Abth., p. 353-356 et 780 ; Zweite Abth., p. 290.

maintes fois réimprimé et pendant plus de cent ans cette vogue se maintint en Allemagne. Presque tous les professeurs de droit romain l'employaient dans leurs leçons et plusieurs y ajoutèrent des commentaires successifs. Jusqu'au XVIIIe siècle, ce fut l'ouvrage classique pour cette matière, alors prédominante dans l'enseignement juridique. La méthode inaugurée par Wesenbeke y faisait loi. Ainsi notre professeur anversois exerça une influence énorme et de longue durée sur les facultés de droit de l'Europe centrale et occidentale.

Beaucoup plus effacée est la figure de son neveu Pierre van Wesenbeke, qui occupa après lui une chaire de droit à Iéna. Il était né à Anvers en 1546. On sait de lui qu'il fut créé docteur à Iéna et y monta aussitôt en chaire en 1574. Comme son oncle, il passa ensuite à l'Université de Wittenberg (1587). Il mourut à Cobourg en 1603 ([1]).

Outre quelques dissertations sur le droit romain, il écrivit en faveur des Vaudois cruellement persécutés par les rois de France une dissertation ([2]) qui lui servit de leçon d'ouverture d'une nouvelle année académique à Iéna, en janvier 1585. Il y retrace avec force détails les souffrances de ces malheureux hérétiques et réclame pour eux la tolérance religieuse en tant que vrais chrétiens vivant selon les préceptes de l'Evangile.

Notre troisième Belge, professeur à Iéna, se nommait Reyger. On ne sait presque rien sur son compte ([3]). Il était né en Brabant le 17 janvier 1559 et est appelé par Beier « D. Arnoldus de Reyger, nobilis Belgarum tubantus haereditarius in Gladbeck » ([4]). Il aurait quitté les Pays-Bas vers 1580 à cause des troubles religieux. Le 22 janvier 1593, on lui conférait à Iéna le titre de docteur *utriusque juris*. Il y professa jusqu'en 1596 dans la faculté de droit. Plus tard, il remplit des fonctions élevées à Halle et à Berlin et mourut dans cette dernière ville en 1615. Zeumer donne la liste de ses écrits, consacrés à des questions de droit romain.

Enfin le quatrième Belge d'Iéna n'est autre que le célèbre Juste Lipse. Peu de savants du XVIe siècle ont été aussi discutés et aussi étudiés jusqu'à nos jours. Nous renvoyons pour lui à la *Bibliographie Lipsienne*, le monumental ouvrage de M. R. Vanden Berghe ([5]).

([1]) Voir sur lui les notices de BEIER (p. 565-567) ; ZEUMER (p. 53-55 des Jurisconsulti) ; et JÖCHER (t. IV, p. 109).

([2]) Petri WESENBECIJ J. C. *Oratio de Waldensibus et Albigensibus christianis* anno M.D.LXXXV habita in Academia Ienensi, p. 46. Cet opuscule fut réimprimé à Zerbst (*Servestae*) en 1603 avec une curieuse et longue préface de Bernardinus a S. Georgio et suivi de la lettre de Chytraeus de 1590, qui est citée plus haut.

([3]) Voir sur Reyger : BEIER (p. 579-580) ; ZEUMER (p. 77) ; et l'article d'E. LANSBERG dans l'*Allg. deutsche Biographie*, t. XXVIII, p. 349-350.

([4]) J'ai vainement essayé de trouver une explication quelconque pour le titre bizarre : *tubantus haereditarius*.

([5]) Trois volumes (1886-1888), parus dans la *Bibliotheca Belgica*, éditée par F. VANDER HAEGHEN.

Du reste, le séjour de Juste Lipse à Iéna fut très court : il y enseigna les lettres latines d'octobre 1572 à mars 1574. Mais ce court séjour lui valut plus tard bien des déboires à cause de l'oraison funèbre qu'il y prononça en l'honneur du duc de Saxe Jean-Guillaume, recteur honorifique de l'Université. Ce fut la source de polémiques violentes, qui empoisonnèrent la fin de sa brillante carrière.

En Allemagne, Juste Lipse avait embrassé les idées de la Réforme. Puis, de luthérien, il devint calviniste, quand il professa à Leyde. Enfin, il rentra dans le giron de l'Eglise catholique et fut la gloire de Louvain dans sa vieillesse. Quand il se mit alors à célébrer dans ses écrits le culte et les miracles de Notre-Dame de Halle et de Notre-Dame de Montaigu, ses adversaires protestants exhumèrent et réimprimèrent en 1607 l'oraison funèbre d'Iéna du 21 mars 1573, où il exaltait les princes luthériens de la Saxe, parce qu'ils avaient tenté de détruire les ennemis de Dieu et le catholicisme, leur superstition, « la peste papale » : « Ad Dei hostes extirpandos, errores evertendos, pestem pontificum exscindendam », etc. ([1]). Juste Lipse et ses amis contestèrent en vain l'authenticité de cet éloge funèbre entaché de luthéranisme.

Pour finir, je dirai encore un mot des portraits à l'huile de Juste Lipse et de Mathieu van Wesenbeke qu'on conserve à l'Université d'Iéna.

Nombreux sont les portraits peints et gravés de Juste Lipse. Il y en a de Rubens et de Van Dyck qui sont célèbres. M. Vanden Berghe les passe en revue ([2]), mais il ne cite pas celui d'Iéna.

Juste Lipse y est représenté debout jusqu'aux genoux environ. Il est vêtu d'une toge fourrée. De la main droite il tient un livre entr'ouvert relié en rouge et il repose la main gauche sur la tête d'un petit chien blanc. On sait qu'il adorait les chiens. Sur ce portrait, on lit en grands caractères romains : *Justus Lipsius Philologus natus Bruxellis* (sic) *19. Octob. 1547, obiit 1605.*

Le portrait de Mathieu van Wesenbeke le représente, comme celui de Juste Lipse, debout jusqu'à la hauteur des genoux et tenant également un livre entr'ouvert dont la reliure est rouge. Wesenbeke porte un ample manteau de la même couleur, à large collet relevé derrière la tête. Une double chaîne à minces anneaux d'or décore sa poitrine

---

([1]) VANDEN BERGHE (t. II, p. 270-273) cite *in extenso* les passages les plus compromettants de cette oraison funèbre dont il établit l'authenticité indéniable (t. II, p. 273-275 et p. 310-312).

([2]) T. I, p. XVIII, XXVII et XXVIII. A la p. XXIV on trouve la reproduction d'une gravure sur bois qui semble faite d'après ce portait d'Iéna. Celui qui est dans FOPPENS (t. I, p. 784) est tout différent. C'est une gravure d'Esme de Boulonois reproduisant un portrait de Van Dyck. Il avait été publié déjà une soixantaine d'années auparavant dans Isaac BULLART, *L'Académie des Sciences et des Arts*, t. II, p. 193 (Paris, 1682).

et pend sur son justaucorps noir. Comme Juste Lipse, une fraise blanche tuyautée lui entoure le cou. C'est une physionomie énergique et sévère. Sa tête nue est couverte de cheveux coupés ras et s'avançant en pointe sur un large front. Il porte la barbe en collier et ses yeux ont une expression pénétrante de calme méditatif. Dans le haut, à gauche et à droite de la tête, on lit en grands caractères romains : *Matthaeus Wesenbecius Antwerpian. nat. 25 Octob. 1531. Primus Doctor in Academ. Salana promot. 1558. Ob. Vitebergae 5 Jun. 1586.* Ce portrait n'est pas banal. On sent qu'il a dû être ressemblant, car il a quelque chose de vraiment personnel qui frappe (¹).

Paul FREDERICQ.

Iéna, décembre 1916.

(¹) Malgré certaines différences de détail, assez secondaires du reste, le portrait d'Iéna semble avoir servi de modèle au portrait gravé de Wesenbeke signé *Esme de Boulonois fecit* que l'on trouve chez FOPPENS, t. I. p. 869.

Gerardus Belga

Une supercherie littéraire du XVIIe siècle

A la fin du premier tiers du XVIIe siècle, un écrivain ascétique fit son apparition dans le monde sous l'égide d'un érudit distingué, D. Gabriel Bucelin, bénédictin de l'abbaye de Weingarten, bien connu par ses nombreux travaux d'historiographie monastique et nationale ([1]). C'était assurément un parrain de choix et de bon augure pour l'étranger inconnu auquel il allait ouvrir toutes larges les portes de la célébrité. Grâce à ce patronage, les opuscules ascétiques, déterrés de la poussière d'une vieille bibliothèque, allaient redevenir la nourriture spirituelle de nombreux cloîtres bénédictins et revoir le jour dans la patrie de leur auteur.

Les opuscules attribués par Bucelin au moine belge Gérard, étaient au nombre de cinq :

Meditationes anni totius de tempore, de passione, de Sanctis ;
Ructus psalmorum Davidis ;
Commentarius in SS. P. Benedicti regulam ;
Explicatio sacrificii Missae ;
Mancipatus Deiparae,

qui firent l'objet de plusieurs opuscules édités de 1632 à 1641, sans parler des : *Dicta, facta, scripta, proposita Gerardi Belgae* composés à l'aide des mémoires de ses disciples et des écrits du pieux abbé, car le belge du nom de Gérard, remis en lumière par Bucelin, avait été décoré moine de ce titre.

C'est en vain qu'on chercherait le nom de cet écrivain dans les catalogues des auteurs dressés par le célèbre abbé de Sponheim, Jean Trithème, si avide pourtant de connaître toute la littérature ascétique de

---

([1]) Sur D. Gabriel Bucelin, voir Jos. BERGMANN, *Der Genealoge Gabriel Bucelin, Benediktiner zu Weingarten und Prior zu St-Johann in Feldkirch* (Sitzungsber. der K., Akad der Wiss. Vienne, XXXVIII, p. 47-58). Vienne, 1861, 8º; P. Eirmin PINDNER, *Die Schriftsteller des Bened. Ordens im heutigen Königreich Württemberg* (Studien und Mittheilungen aus dem Benediktiner- und Cistercienserorden, t. VII, 1885, p. 84-91), et du même, *Fünf Projessbücher süddeutscher Benediktiner-Abteien*, II, Weingarten. Kempten, 1909, p. 40-51.

l'ordre bénédictin (¹), par le prieur de Laach Jean Butzbach (²) et par le bibliothécaire de St-Jacques de Mayence, Wolfgang Trefler (³), trois chercheurs diligents qui appartiennent à la belle période de la congrégation de Bursfeld, où l'on avait le sens et le goût de la littérature ascétique.

C'est également en vain qu'on le chercherait dans les catalogues de manuscrits des anciennes bibliothèques monastiques ou de nos bibliothèques publiques et privées. Cave, Oudin, Du Pin, Labbe, Sanderus, Hartzheim, Lambecius, Fabricius, Dom François l'ignorent ; il faut attendre les publications de Bucelin pour voir le nom de Gérard figurer dans l'un ou l'autre catalogue d'écrivains, et uniquement d'après cette source.

Le « Gerardus » mis en lumière par Dom Bucelin eut les honneurs de nombreuses éditions, et l'on vit, entre autres, la Congrégation Cassinienne et les prélats de l'ancienne Congrégation de la Présentation Notre-Dame en Belgique se faire un honneur de le rééditer à leurs frais.

Voici la liste des éditions venues à ma connaissance (⁴) :

1º *Gerardi cujusdam Belgae monachi ord. S. Benedicti opuscula pia* opera et studio P. Gabr. Butzlini. Pars I (= Meditationes anni totius de tempore, de passione, de Sanctis). Augustae Vindel. ap. Mich. Stoer, 1632, 251 pp., pet. 8º.

Pars II (= Ructus psalmorum Davidis). Ib., 1632, 260 pp., pet. 8º.

Pars III : Commentarius in regulam S. P. N. Benedicti, cum Additionibus et notis, necnon Vitae ejusdem S. P. N. Compendio (⁵). (Vignette de 1638). In monasterio S. Galli, MDCXLI, 6 + 438 pp., 16º, (Bibl. royale Bruxelles).

Pars IV : Sacrificium missae explicatum et Libellus precationum ejusdem. Cum Additionibus et Notis, necnon Calendario Benedictino e Necrologio ordinis excerpto. Auctore utriusque R. P. F. Gabriele Butzlino... In monasterio S. Galli, MDCXLI, 4 + 156 pp., in-16º. (Bibl. royale, Bruxelles).

(¹) *De viris illustribus O. S. B. (Opera*, éd. Busaeus pp. 16-149) : *Catalogus illustrium virorum Germaniae (Opera historica*, Francfort. 1601. Supplément dans Js. Silbernagl. *Joh. Trithemius.* Ratisbonne, 1885, p. 253-263 ; *Catalogus script. eccles. (Opera histor.).*
(²) P. Richter. *Die Schriftsteller der Bened. Abtei Maria-Laach (Westdeutsche Zeitschrift*, t. XVII, p. 279-335) ; H. Fertig, *Neues aus dem literarischen Nachlasse des Humanisten Joannes Butzbach* (Piemontanus). *Progr. des N. Gymn. zu Würzburg.* 1906-1907, Würzbourg, 1907.
(³) Fritz Schillmann, *Wolfgang Trefler und die Bibliothek des Jakobsklosters zu Mainz.* Leipzig, 1913.
(⁴) Surtout d'après Lindner. *l. c.*
(⁵) A la suite du commentaire, l'auteur a donné un Compendium de la règle et réimprimé l'*Ordo qualiter* (p. 392-409), dont il fait une seconde règle remise à St-Maur, puis la règle de St-Colomban (p. 410-428).

Il y eut des rééditions à Munich (1632, 2 vol.), Augsbourg, 1643 (ap. Joh. Praetorium, 251 pp., 32º, Bibl. de Maredsous), 1644, 1673 ; Wang, 1673 ; Ingolstadt, 1726 (d'après Lindner).

2º *Mancipatus Deiparae quo augustissimae coelitum Imperatricis diligens servulus ad obsequium... instruitur*. Opera R. P. F. Gabrielis Bucelini, Aug. Vindel., 1632 ; rééditions à Dillingen, 1645 ; à Venise, 1649, typ. Leniana, 288 pp., in-32º (Bibl. de Maredsous), édition faite aux frais de la congrégation du Mont Cassin, par D. Maur Marchesi, auquel Bucelin avait remis son opuscule (Armellini, *Bibliotheca Bened. Casin.* Assise, 1732, P. II, p. 102) ; à Padoue, 1649, typ. Pauli Frambotti, d'après la même édition ; Amisii, typ. Greg. Waible, 274 pp., in-12º ; Frisingue, 1721 (Ziegelbauer, IV, 178), et Ingolstadt, 1726, avec le « Cultus Marianus » du P. Schaumberger (ib.), 308 pp. pet. 8º.

3º *Opuscula pia Gerardi cujusdam Belgae Monachi ordinis S. P. N. Benedicti* d'après le frontispice, ou *Gerardi cujusdam Belgae monachi Benedictini viri piissimi opuscula vere aurea ac divina ad monachos excusa primum Augustae Vindelicorum anno MDCXXXII, opera R. P. Gabrielis Butzlini, deinde Bruxellis ad instantiam quorumdam Belgii praelatorum ordinis S. Benedicti secundo impressa*. Typ. Francisci Foppens. MDCLXXIII, 4 pp. + 401 pp., 32º.

Ce recueil, contenant les Meditationes, le Ructus psalmorum, l'Exercitium Passionis et les « Dicta, facta, scripta, proposita D. Gerardi Belgae », fut composé par les Bénédictins d'Afflighem et dédié à leur abbé, l'archevêque de Malines, Alphonse de Berghes. Le frontispice reproduit exactement celui qui se trouve dans l'édition d'Augsbourg de 1632 et de 1643, mais le cliché est différent. Au fol. III verso, on trouve deux distiques du promoteur de l'opuscule, AE. H., dans lequel il faut voir le prévôt d'Afflighem, D. Emilien Van Hoyvorst (1664 † 1682).

4º *Sapienti pauca sive meditationes*, in verbis breves, longae in sensu, ad singulos anni dies, ex piis opusculis Gerardi Belgae, monachi benedictini, traductae per P. Maximilianum d'Agaro, idem institutum in exempto monasterio Weihenstephanensi professum anno MDCCL cum venia superiorum. Monachii et Pedeponti, sumptibus Joannis Gastl, bibliopol., typis Maximil. Simonis Pingizer, 424 pp., 16ᶜ. En frontispice se trouve un beau portrait de l'abbé Ildephonse Hueber de Weihenstephan, gravé par Klauber.

Quel était donc ce pieux auteur, que Bucelin avait retrouvé, et dont il faisait un belge d'origine, moine de profession bénédictine [1] et, d'après les mémoires de ses disciples, un abbé d'Allemagne ?

---

[1] Titre des opuscules, dédicace à Jean Bernard Schenk de Schweinsberg, prince-abbé de Fulda, de la Pars I, datée de Weingarten le 9 juillet 1631.

Bucelin n'en a absolument rien dit; il a gardé sur l'origine des mémoires utilisés par lui un silence aussi prudent que complet, et pour cause. Ce n'est qu'à l'aide de vagues allusions que les éditeurs d'Afflighem ont affirmé qu'il était belge d'origine et abbé en Allemagne, et que rééditer ses opuscules, introuvables partout, c'était le restituer à son pays d'origine. C'est ce qu'exprimait en distiques un abbé bénédictin H. M., dans lequel je suis porté à reconnaître D. Hubert Meurant, abbé de St-Adrien de Grammont (1657 $\dagger$ 1677) (¹) :

> Ut monachus fieres Benedictique inclita proles
> Liquisti patrium BELGA GERARDE solum.
> Omnigene tandem spirans virtutis odorem.
> In patrium remeas per tua scripta solum (²).

D. Martène connaît le « pium devotumque commentariolum » édité par D. Bucelin (³).

D. Calmet cite le commentaire « moral et dévot » écrit par le moine « Gerardus Belga » et édité par D. Bucelin à St-Gall, mais sans en préciser l'époque (⁴). Ziegelbauer avoue qu'il ignore à quelle époque ou en quel siècle a vécu cet écrivain (⁵). Foppens ne connaît que son origine belge, sa qualité d'abbé bénédictin, l'édition de ses œuvres faite par G. Bucelin en 1633 et la réimpression de Bruxelles en 1673 (⁶); sa courte notice est reproduite par Reusens, sauf correction de la date d'impression rétablie à 1632 (⁷). D. Maur Wolter, ou l'un de ses aides, est plus précis; il fixe l'époque de notre Gérard au XVe siècle et en fait un abbé rhénan (⁸).

Le silence de Bucelin, ses réticences prudentes, le caractère même des opuscules édités par lui, ont fait naître des doutes sur la véritable provenance de ses trouvailles. Déjà Adelung, continuateur du *Lexikon* de Jöcher, a prétendu que « Gerardus Belga » n'est qu'un nom fictif, et que l'auteur des *Opuscula* est Bucelin lui-même (⁹). D. Pirmin Lindner, qui a dressé une liste soignée des ouvrages imprimés et manuscrits de Bucelin, déclare n'être pas à même de discuter l'opinion de

---

(¹) *Gall. christ.*, V, 48. Les initiales H. M. pourraient aussi s'appliquer à Jérôme Marlier, abbé de St-Ghislain (1649-1681), où l'on suivait l'observance d'Afflighem.
(²) En tête de l'édition de 1673.
(³) *Commentarius in regulam S. P. Benedicti*. Prolegom. (P. L. t. LXVI, col. 211).
(⁴) *Commentaire littéral... sur la règle de St-Benoît*. Paris. 1734, t. I, p. 79 : p. 593, il cite l'édition d'Augsbourg de 1643.
(⁵) *Historia litt. O. S. B.*, t. IV, p. 178.
(⁶) *Bibliotheca belgica*, Bruxelles, 1739, t. I, p. 344.
(⁷) *Biographie nation. de Belgique*, t. VII. 644.
(⁸) *Praecipua ordinis monastici elementa*. Bruges, Desclée, 1880. p. 829. Cet auteur cite Gérard (apud Buzelin, et apud D'Agaro), p. 22-23, 291, 321, 416-417. Dans les *dicta* on cite deux mots allemands prononcés par Gérard (*Opuscula*, éd. Bruxelles, 1673, p. 344).
(⁹) Dans sa *Fortsetzung* à Jöcher, il dit : « Gerardus Belga ist Gabr. Bucelinus » (I, 1613).

Adelung (¹). Annotant une lettre adressée par D. Luc Dachery à D. Charles de Visch, prieur de l'abbaye cistercienne des Dunes, le 1ᵉʳ octobre 1664, et dans laquelle on demandait si les opuscules d'un certain Gérard, moine bénédictin, avaient été édités en Flandre, mon confrère, D. Donatien De Bruyne, avec lequel je m'étais déjà entretenu de ce petit problème littéraire, s'est aussi demandé « si notre Gérard n'est pas un personnage fictif » ; le mystère que fait Bucelin à propos de ce personnage et les ressemblances de style des deux écrivains semblent conduire à cette conclusion (²).

Il y a, à mon avis, un intérêt réel à éclaircir les doutes au sujet de la paternité des *Opuscula* et à montrer que « Gerardus Belga » est un nom fictif, couvrant la personnalité de Bucelin, qui a voulu donner plus de crédit à ses pieuses méditations et dévotions, en les mettant sous le patronage d'un abbé étranger, dont il cachait prudemment l'époque et le monastère. Dans le *Dicta et facta*, où il avait tant de fois l'occasion de donner ou de laisser échapper quelque détail historique ou topographique, Bucelin n'y fait pas la moindre allusion. C'est un exposé des dévotions particulières de Gérard, une série de traits pieux, de réflexions salutaires, d'enseignements ascétiques.

Bucelin cite ses sources : les mémoires des disciples de Gérard (³), des écrits du pieux abbé (⁴), des lettres (⁵) ; exhortatio de *Cruce domini* (⁶) ; plusieurs commentaires et méditations sur le *Salve regina* (⁷) ; choix de versets en l'honneur de la Sainte Vierge (⁸) ; sermon au peuple sur la Sainte Vierge (⁹) : opuscule *de veneratione S. P. N. Benedicti* (¹⁰); lettre à un prince (¹¹), lettres à diverses personnes (¹²).

Comment Bucelin, qui a eu en mains ces écrits et ces mémoires, a-t-il pu garder le silence sur leur provenance ? Comment, lui si érudit, si fureteur, si désireux d'enrichir la couronne de S. Benoît en multipliant le nombre de ses saints, bienheureux et vénérables, si pénétré de l'esprit de corps qui le portait à faire honneur à son ordre et à son

---

(¹) *Studien und Mittheil. aus dem Benedictiner-und Cistercienser-Orden*, t. VII (1885), p. 85.
(²) *Annales de la Société d'Emulation*. Bruges, 1905, t. LV, p. 407-408.
(³) Dicta (Opuscula. Bruxellis, 1673, p. 291).
(⁴) *Ib.*, p. 291.
(⁵) *Mancipatus*, p. 90 ; epist. ad discipulum de modo meditandi (ib. 100) ; epistola cuidam de evagatione mentis (p. 204) ; epistola ad amicum (p. 277).
(⁶) *Ib.*, p. 205.
(⁷) *Ib.*, p. 267.
(⁸) *Ib.*, p. 281.
(⁹) *Ib.*, p. 184-185.
(¹⁰) Meditationes de Sanctis 28 januar. (*Opuscula*. Bruxelles 1673, p. 171) ; 19 fév. (*ib*. 175).
(¹¹) Pars III, p. 32.
(¹²) *Ib.*, 136, 258.

fondateur, de tout ce qui pouvait, à ses yeux, en rehausser l'éclat, comment s'est-il arrêté devant ce problème historique qui devait avoir un intérêt immédiat pour lui ? C'est en vain qu'on cherche le nom de notre Gérard dans le volumineux *Menologium benedictinum*, qu'il publia en 1656, ainsi que dans ses *Annales Benedictini*. Dans la liste des « cultores Deiparae » dont il a fait suivre son *Menologium*, il n'y a pas la moindre mention de Gérard. Il y a bien, il est vrai, un Gérard le belge, fondateur du monastère de *Novavallis* (Nydala), en Suède, placé au 9 octobre, mais ce personnage est un cistercien bien connu ([1]).

Il n'est pas admissible que Bucelin, s'il a eu en mains des écrits de Gérard et des mémoires à son sujet, n'ait pas connu son époque et son monastère ; il l'est encore moins qu'il l'ait omis dans sa nomenclature des personnages de l'ordre, distingués par leur piété. Ce silence et cette omission sont de fortes présomptions contre l'existence réelle d'un abbé allemand du nom de « Gerardus Belga ». L'histoire des monastères allemands, aux XVe et XVIe siècles, est trop connue pour qu'un écrivain ascétique, fécond comme notre Gérard, ait échappé à des chercheurs comme Trithème et Butzbach.

La dévotion aux sept joies de Marie correspondant à celle des sept douleurs ([2]), l'usage du chapelet chez les religieux bénédictins ([3]), la dévotion au Sacré-Cœur de Jésus transpercé ([4]), l'usage des 15 Pater et 15 Ave en l'honneur du Précieux sang ([5]), la distribution de médailles de S. Benoît ([6]) et d'images en voyage ([7]), l'usage de suspendre dans la cellule du noviciat une image de la Sainte Famille : Marie et Joseph conduisant l'enfant Jésus ([8]) ; ce sont là des particularités qu'on ne s'étonne pas de trouver à l'époque de Bucelin.

Il y a entre le Calendrier de Gérard et celui de Bucelin une merveilleuse concordance ; c'est le calendrier du milieu du XVIIe siècle avec les « desiderata » de Bucelin :

28 janvier. Patronage de S. Benoît ([9]).

3 février. St-Anschaire.

4 février. S. Rembert.

([1]) *Menologium benedict.*, p. 699, d'après Henriquez.
([2]) *Mancipatus*, p. 107.
([3]) *Ib.*, 171,
([4]) *Ib.*, 183-184.
([5]) *Ib.*, 178.
([6]) *Ib.*, 170.
([7]) *Ib.*, 168-169.
([8]) *Ib.*, 167.
([9]) *Meditationes*, 1643, p. 113-114 ; *Menologium*, 76.

19 février. Triomphe de la tentation de S. Benoît ([1]).
7 mars. S. Thomas.
19 avril. S. Joseph.
21 avril. Commémoraison des grâces et de la gloire de S. Benoît ([2]).
21 avril. S. Anselme.
25 mai. S. Grégoire VII.
27 mai. S. Bède.
31 mai. Commémoraison des miracles de S. Benoît ([3]).
4 juin. Commémoraison des promesses faites par Dieu à S.Benoît ([4]).
18 juin. Commémoraison des psaumes de la Sainte Vierge instituée par S. Benoît ([5]).
23 juillet. Commémoraison de la fuite de S. Benoît ([6]).
26 août. Commémoraison de la Paternité de S. Benoît ([7]).
12 septembre. Nativité de S. Benoît ([8]).
15 septembre. Ste Gertrude ([9]).
24 septembre. S. Gérard de Czanad ([10]).
3 octobre. S. Gérard de Brogne ([11]).
5 octobre. S. Placide ([12]).
17 octobre. Commémoraison de l'Institution de la Sainte Règle ([13]).
24 novembre. Commémoraison de l'Extase de S. Benoît ([14]).
11 décembre. Commémoraison du tressaillement de S. Benoît dans le sein maternel ([15]).

Chose curieuse, pour presque toutes ces fêtes, Bucelin, dans ses références, renvoie à Gerardus Belga ; cette pétition de principe, pour un historien, est profondément regrettable, mais l'esprit de corps du XVIIe siècle la supportait.

---

[1] *Meditationes*, 151-152 ; *Menolog.*, 136.
[2] *Meditat.* 165 ; *Menolog.*, 290.
[3] *Meditat.* 175 ; *Menolog.*, 391-392.
[4] *Meditat.* 176-177 ; *Menolog.*, 400 ; *Mancipatus*, 179. Les 5 promesses faites à S. Benoît et à son ordre ne sont connues que depuis Arnold Wion qui les inséra dans son *Lignum vitae* (Venise 1595).
[5] *Meditat.*, 178-179 ; *Menolog.*, 433.
[6] *Meditat.*, 184 ; *Menolog.*, 514.
[7] *Meditat.*, 192 ; *Menolog.*, 592.
[8] *Meditat.* 193-194 ; *Menolog.*, 632.
[9] La fête de Ste Gertrude a été fixée dans le Calendrier bénédictin au 17 novembre.
[10] *Meditat.*, 196-198 ; *Menolog.*, 662-663. C'était son vrai patron, comme on le remarque (*Meditat.*, 186-187), ce qui ferait déjà douter de l'origine belge de notre Gérard. Certes, Gérard connaissait celui de Brogne, mais l'évêque hongrois avait toutes ses préférences (ib.). Bucelin publia en 1672 la vie de S. Gérard Sagredo, év. de Czanad (St-Gall. 4º; 52 pp).
[11] *Meditat.*, 200 ; *Menolog.*, p. 684. Gérard connaît la fontaine miraculeuse de Brogne, que Bucelin (*Meditat.*, 191) signale d'après Rayssius (*Hierogazoph.*).
[12] *Meditat.*, 202-203 ; *Menolog.*, 688-689.
[13] *Meditat.*, 204 ; cette fête étant, d'après Bucelin, purement privée, n'a pas trouvé place dans le *Menologium*.
[14] *Meditat.*, 213-214, le *Menologium* ne l'a pas.
[15] *Meditat.*, 218 ; *Menolog.*, 832.

Lorsqu'on parcourt les méditations, très pieuses assurément, de Gérard, plus particulièrement lorsqu'on analyse sa piété personnelle à l'aide des *Dicta* et surtout du *Mancipatus*, on ne manque pas d'être frappé de la multiplicité de pratiques singulières usitées ou recommandées par le prétendu abbé. Celui-ci conseille bien à ses disciples de garder avec soin la liberté de l'esprit et du cœur, mais on ne peut s'empêcher de trouver sa dévotion singulièrement compliquée, un peu alambiquée, bien différente assurément de cette ascèse si simple et si belle, que le P. Faber admirait dans l'ancienne école bénédictine et qu'on retrouve dans la première génération de Bursfeld et de Melk.

Les cordes de l'esclavage de Marie suspendues à tous les murs de sa cellule ([1]), la scrupulosité à ne jamais célébrer sur un autel sans y mettre une image de Marie, s'il ne s'en trouvait pas ([2]), l'usage du chapelet des bonnes œuvres, 15 grains, résumé du psaultier de Marie ([3]), de la croix de mortification portée la nuit et des inscriptions du nom de Marie ([4]), du tourniquet spirituel des 73 chapitres de la Sainte Règle ([5]), pour ne pas parler d'autres pratiques de dévotion ([6]), tout cela nous reporte bien à l'époque de Bucelin. Impossible de ne pas aussi trouver un indice de l'origine de notre Gérard dans la dévotion au Précieux Sang, qui s'explique parfaitement par le culte de la célèbre relique vénérée dans le monastère de Weingarten, auquel appartenait Bucelin et dont il a fait l'historique tout au long ([7]). C'est aussi une particularité digne d'être notée que le culte de Gérard pour S. Colomban et pour sa Règle ; il voulait que tous ses disciples en eussent un exemplaire. Il suffit de lire les notes prétendûment recueillies par un de ses disciples pour y retrouver une érudition qui n'était pas de mise avant Bucelin. C'est en vain qu'on chercherait les multiples exemplaires de la Règle colombanienne utilisés par les disciples de Gérard ; avec l'édition de Bucelin, cela se comprend.

Il y a enfin entre toute la façon de penser de Bucelin et de Gérard, entre leur style et leurs tournures de phrases, une telle similitude qu'on ne peut s'empêcher de les identifier.

Je crois bien que, tout calculé, Bucelin ne s'est pas fait illusion sur l'origine de son « Gerardus Belga » et qu'il a, à plus d'une reprise, laissé

([1]) *Mancipatus*, 41, 46-47, 91 ; interprétation du symbolisme de la ceinture monastique (p. 92-93).

([2]) *Ib.*, 172-173.

([3]) *Ib.*, 173-174, 221 ; *Opuscula*. Bruxelles, 1673, p. 374.

([4]) *Ib.*, 278-279.

([5]) *Opuscula*, 371-372.

([6]) Addition à chaque heure de l'office de la Commémoraison de S. Benoît (*Opuscula*, 305), du *Salve Regina* (p. 306) ; dévotion au Cœur de Marie (*Mancipatus*, 81, 82, 112, 118).

([7]) *Mancipatus*, 179-201.

sous-entendre que ses publications n'étaient qu'une fiction, une façon déguisée de propager ses dévotions, le culte de Marie et de S. Benoît, et son enseignement ascétique. Son silence au sujet de Gérard dans le *Menologium* est très significatif. D'ailleurs les dédicaces et les préfaces paraissent assez mystérieuses. Dans celle du *Mancipatus*, pas un mot de Gérard ; au contraire, tout insinue que c'est bien Bucelin qui s'avoue être l'auteur de l'opuscule (¹). Il agit de même dans la dédicace de la Pars III à l'abbé de St-Gall, où il semble bien identifier Gérard et sa propre personne, absolument cortemporains (²). La dédicace de la Pars III ne parle guère que de la compilation de Bucelin et le titre significatif porte : *Auctore utriusque P. P. F. Gabriele Butzlino*, tant des opuscules que des annotations. Ce « quidam » Gérard « vulgairement » appelé le Belge, comme il l'appelle dans le titre de ses Opuscules, n'est pas une entité historique ; c'est un personnage fictif auquel on attribue la doctrine ascétique qu'on veut propager, qu'on revêt de toutes sortes de qualités, sans que jamais, alors qu'on avait tous les documents pour le faire, que l'intérêt historique le réclamait, que l'érudition un peu prétentieuse de l'auteur semblait l'exiger, Bucelin se soit permis de révéler la moindre particularité personnelle. La vie de Gérard, telle qu'elle se dégage des *Dicta et facta*, est absolument impersonnelle, et c'est la source où Bucelin a puisé tous ses renseignements. Il se répète sans cesse.

Dans ses notes sur le commentaire de la Règle, Bucelin se sert fréquemment des *Dicta* imprimés dans la seconde partie des Opuscules : « consimile est, imo idem est », dit-il (³) ; il recourt aussi aux Méditations de la Pars I (⁴). Dans les notes sur l'*Expositio* de la messe, c'est encore le même procédé ; Bucelin raconte et met dans la bouche de Gérard les pieux sentiments qu'il a insérés dans les *Dicta*.

En dédiant son *Mancipatus*, sous le nom de « Gerardus peccator »

(¹) « Cum haec inter Augustissimae Dictatricis dictata mihi occurreres... siquidem jussus libellum hunc quoque meum jussu et dono Domine accipe ». (Dédicace à l'abbé Benoît de St-Lambrecht en Styrie, 5 oct.1649), monastère qui desservait le célèbre pèlerinage de Mariazell.
Les manuscrits de Bucelin sont conservés dans la Bibliothèque de Stuttgart. Les documents relatifs à Gerardus Belga se trouvent dans le vol. H. B. V. 3 (LINDNER, *Weingarten*, p. 50) ; il serait intéressant de les confronter avec les imprimés.
(²) Prodit Tuis auspiciis Gerardus meus... non tam suus quam tuus, adeo propitiis Laribus apud te usus. ut ad votum omnia reperiret. Fuit in ipso flagrantissimus quoddam studium fovendae atque accendendae disciplinae monachicae, cum suis in regulam S. P. N. *commentariis* monachos ad amussim rectos absolutosque vellet, quales quia apud Te pro voto reperit, sedem Loco tam sancto figere, atque inde quidem tanquam sua in sententia confirmatos, prodire exambivit... viventium depraedicare laudes nolo... eos solum, denoto, quibus convivere per aetatem Belga potuit meus... ».
(³) Pars III, 1641, p. 25, cf. 78, 84, 162, 183, 268.
(⁴) P. 93, 109.

à son frère selon la chair et l'état monastique N. N., qui avait manifesté le désir de recevoir cet opuscule, Bucelin s'est sans doute souvenu du *Speculum monachorum* du célèbre abbé de Liessies, Louis de Blois. Ici, l'auteur se personnifie dans un certain abbé « Dacryanus » et s'adresse à un certain frère Odon ; là c'est Gérard, « le plus imparfait de tous les moines », qui cède, lui aussi, aux instances d'un parent et d'un frère trop indulgent. Blosius se cache sous le voile du pseudonyme ; Bucelin a créé une fiction, dont il n'a pas écarté toute apparence d'historicité.

Mail il y a d'autres raisons positives qui militent en faveur de l'identité de Bucelin et de Gérard : celui-ci tient, en fait de traditions bénédictines, des opinions, et possède des connaissances qui ressemblent bien fort à celles de Bucelin et qui n'étaient pas en vogue au XVe iècle, en supposant que Gérard ait vécu à cette époque. On retrouve dans ses dévotions la preuve évidente qu'il connaît l'abbé Constantin Cajetan et Arnold Wion. Citons en quelques exemples. Gérard connaît l'image de la Vierge devant laquelle S. Benoît enfant priait et en l'honneur de laquelle ses premiers disciples élevèrent une église ([1]) ; il connaît les manifestations du culte chez S. Odilon et dans les ordres de Cluny, de Camaldule et de Citeaux([2]), la propagation de ce culte en Hongrie par S. Etienne et les Saints Adalbert et Gérard ([3]), les rites des différents peuples pour honorer les princes ([4]). La dévotion au chapelet, attribuée à S. Benoît, après avoir été délaissée pendant sept siècles, est restaurée par S. Dominique ([5]).

Le petit office de la Ste Vierge est attribué à S. Pierre Damien, et, dans ses « Additiones », Bucelin a grand soin d'en développer les preuves ([6]). Gérard recommande donc la dévotion au chapelet ([7]) ; il a une dévotion particulière à la Ste Famille, dont il propage les images la représentant à table ([8]); il consacre à Marie, d'une façon particulière, les mois de janvier, d'août, de septembre et de décembre ([9]). La dévotion à S. Maur et à S. Placide ne date guère que du jour où l'on s'occupa de l'histoire primitive de l'ordre et du moment où leur office fut

---

([1]) *Mancipatus*, p. 28-29. Bucelin reçut une copie de cette image en 1633 et la reproduisit dans son *Aquila Imperii benedictina*. Venise, 1651.
([2]) *Ib.*, p. 30-31.
([3]) *Ib.*, p. 32-33.
([4]) *Mancipatus*, 91.
([5]) *Ib.*, 29.
([6]) *Ib.*, p. 89.
([7]) *Ib.*, p. 247, 171.
([8]) *Ib.*, p. 248, cf. 167.
([9]) *Ib.*, p. 249. La dévotion du mois de mai consacré à Marie ne date que de la seconde moitié du XVIIe siècle (v. *Stimmen aus Maria-Laach*. XXVI, 587-588 ; H. Thurston, *The dedication of the month of may to our Lady* (*The Month*, mai 1901. p. 479-483).

introduit dans le Bréviaire monastique, réformé par Paul V et Urbain VIII (¹). La propagation des images de S. Benoît, surtout de ses médailles (²), suppose une époque assez récente, puisque les plus anciennes médailles connues ne remontent pas au-delà du temps de Bucelin (³).

En somme, à côté de l'argument négatif, qui a sa valeur dans le cas présent, on peut dire que les dévotions recommandées par Gérard le Belge concordent parfaitement avec celles de l'époque de Bucelin et avec le caractère du prieur de Weingarten. Gérard est un ascète érudit, qui est fortement pénétré de l'esprit de corps et imbu des traditions que Constantin Cajetan et Arnold Wion ont mises en vogue et dont Bucelin s'est fait l'ardent propagateur. C'est pour mieux assurer leur succès qu'en se dissimulant sous le voile, assez transparent du reste, de l'abbé *Belge* acclimaté en Allemagne, que le prieur de Weingarten a mis en circulation ses pieuses élucubrations personnelles. Son procédé n'est par une supercherie proprement dite, vu qu'il s'est bien gardé de créer un personnage doué d'une entité historique bien nette, et qu'à maintes reprises, il laisse assez entendre que Gérard et Bucelin ne sont qu'un même écrivain.

D. Ursmer BERLIÈRE, O. S. B.

(¹) *Opuscula*. Bruxelles, 1673, p. 366-367 ; *Meditationes*, P. I, 1643, p. 110-111.
(²) *Ib.*, p. 368 ; *Mancipatus*, 168-169. Dans le *Mancipatus* (p. 170) on lit : « Numismata item aenea ejusmodi cudi volebat, e quorum altera parte S. P. N. Benedictus duos inter angelos staret in quorum altero Deiparae suique ordinis Tutelarem in altero propicum veneraretur ».
(³) 1647.

Le Diarium de J.-F. Schannat
(1714-1717)

On ne pourrait, sans injustice, refuser à l'abbé Jean-Frédéric Schannat un rang honorable dans les annales de l'historiographie ecclésiastique de la première moitié du XVIIIe siècle. On lui doit la publication de plusieurs recueils de documents qui avaient jusqu'alors échappé à toutes les investigations. Quant à ses grands ouvrages historiques, s'ils ont aujourd'hui beaucoup perdu de leur valeur scientifique, ils avaient rallié les suffrages des Bollandistes et des Bénédictins de la Congrégation de St-Maur.

Comme beaucoup d'érudits de son époque, Schannat mena une existence assez mouvementée et signalée par d'incessantes pérégrinations. Né à Luxembourg en 1683, c'est d'abord à Louvain qu'il se rend pour y conquérir les grades de bachelier et de licencié en droit (1705) ; il sollicite ensuite et obtient son inscription comme avocat-postulant de la Cour du Grand Conseil de Malines. Mais il renonce bientôt à la carrière du barreau pour s'adonner exclusivement aux recherches historiques ; il embrasse alors l'état ecclésiastique et reçoit le sous-diaconat ; en 1707, il doit à la faveur de Joseph-Clément de Bavière une prébende de chanoine en l'église collégiale de St-Jean l'Evangéliste, à Liége. On le retrouve en 1711 à Luxembourg, en 1714 à Paris, en 1716 à Bruxelles, en 1717 à Mayence et à Munich, en 1720 à Melk. Le séjour qu'il fit à Fulda de 1722 à 1729, en qualité de bibliothécaire et d'historiographe de l'abbaye, ne fut guère qu'une heureuse exception dans sa vie errante ; en 1730, il a établi ses pénates à Worms ; en 1732 il réside à Heidelberg et en 1734 à Mannheim. Le prince-archevêque de Prague, Maurice-Gustave de Manderscheid-Blankenheim, lui confie en 1736 la mission d'accompagner à Rome son neveu ; il séjourne deux années entières dans la Ville Eternelle, puis regagne l'Allemagne, où il meurt enfin à Heidelberg le 6 mars 1739 [1].

Nul mieux que l'abbé Schannat n'avait mérité cette épithète de *clericus peregrinans*, qu'il aimait à s'appliquer lui-même en manière

---

[1] Voyez, sur la vie et les ouvrages de Schannat, Léon HALKIN, Notice dans la *Biographie Nationale*, Bruxelles 1912, t. XXI, pp. 588-598.

de plaisanterie. Ce serait, d'ailleurs, faire tort à sa mémoire que d'attribuer uniquement la multiplicité et la fréquence de ses déplacements à son humeur aventureuse ; d'ordinaire, il était entraîné par un désir passionné de découvrir des pièces inédites dans les bibliothèques et les dépôts d'archives où il pouvait avoir accès ; trop souvent aussi, il se vit réduit à la dure nécessité de parcourir les Pays-Bas et l'Allemagne à la recherche d'un Mécène généreux qui daignât, en favorisant les productions de sa plume féconde, lui assurer des moyens de subsistance suffisants.

Schannat avait pris soin de consigner par écrit, au jour le jour, les principaux incidents qui avaient marqué ses voyages. C'est à l'aide de ces notes qu'il avait ensuite rédigé un *Diarium* ou journal où se trouvaient relatés les entretiens qu'il avait eus avec des personnages célèbres ou simplement notoires, ainsi que les visites qu'il avait faites dans les musées et les bibliothèques ; il y avait aussi inséré une description sommaire des monuments remarquables qui avaient excité son admiration ; il se donnait même souvent la peine d'y rapporter le texte des inscriptions antiques ou modernes qui lui semblaient intéressantes.

Quelques années après la mort de Schannat, son ancien protecteur, le prince-archevêque de Prague, se rendit acquéreur d'une partie considérable des manuscrits et des papiers délaissés par le défunt ; la plupart de ces documents constituèrent dans la suite un fonds spécial qui fut soigneusement conservé par les successeurs du prélat ; en 1857, le chanoine Hradina, bibliothécaire de l'archevêché, en fit un inventaire succinct et les signala à l'attention des historiens. Jusqu'ici néanmoins, on ne s'est pas rendu compte de l'importance particulière que présentait le *Diarium* de Schannat. Il n'a été utilisé que par A. von Domaszewski en 1904, et par nous-même en 1912, pour la restitution et l'interprétation d'un monument épigraphique de Mayence appartenant à la catégorie si curieuse des « Colonnes au géant » [1].

Le manuscrit autographe du *Diarium* ne nous est parvenu qu'à l'état fragmentaire ; selon toute apparence, il devait former un cahier d'une cinquantaine de pages au moins ; il n'en existe plus aujourd'hui que sept feuillets comprenant les pages 11 à 14, 17 à 20, 33 à 36 et 43-44. Il est probable que ce sont les savants, auxquels fut confiée la mission de terminer et de publier certains ouvrages de Schannat, à savoir

---

[1] A. VON DOMASZEWSKI, *Aus Schannats Papieren*, dans la *Westdeutsche Zeitschr.*, 1904, pp. 309-312. Cf. *Ibid.*, p. 157 et 1905, p. 79. — Léon HALKIN, *Un piédestal de Colonne au géant originaire de Mayence*, dans les *Mélanges Cagnat*, Paris, 1912, pp. 269-280.

les *Concilia Germaniae* et l'*Eiflia illustrata*, qui ont enlevé du cahier les feuillets manquants, où se trouvaient des renseignements utiles à leur dessein.

En dépit de ces mutilations, le *Diarium* de l'abbé Schannat offre encore un intérêt réel ; il nous fournit sur la vie de l'auteur une foule de détails entièrement nouveaux ; il est également précieux pour les multiples indications d'ordre historique et archéologique qu'il contient ; il traite enfin de différents « points de littérature », comme on disait à cette époque, qui n'ont pas, même aujourd'hui, perdu toute valeur.

Nous donnons in-extenso le texte des quatre fragments du *Diarium* qui ont été conservés et dont nous devons l'obligeante communication à M. Fr. Hrubik, secrétaire de l'archevêché de Prague :

I : à Paris, en 1714

[P. 11] ... par Mr. l'abbé de Mailly aussi Docteur en Sorbonne, aux R. P. Hardouin et au P. Chamillard l'aînée, tous deux habiles et savans antiquaires.

Je fit encore connoissance avec le R. P. Poisson, Cordelier, très habile prédicateur, par son enjoué ami et compagnon, le R. P. Lamothe, aussi Cordelier, qui avoit joint notre coche à une journée de Paris.

Je vis et connessa aussi avec le célèbre Mr. Baluse, chez les Bénédictins de S. Germain.

A ce Caffés du Parnasse, au bout ou plutôt à l'entrée du Pont Neuf, le Sr. Otrôt, peintre, me conduisit dans une assemblée des demis savans, où néantmoins je vis Mr. Lamothe, de l'Accadémie françoise. M. Saurin, aussi de l'Accadémie.

[P. 12] Le mausolés du Card. de Richelieu dans l'Eglise de Sorbonne est le chef d'œuvre du fameux Girardon. Mr. de Louvois avoit dessein de faire élever le sien dans celle des Invalides. C'est un bâtiment vraiment royal ; il est pour 4000 personnes. Je le vit un jour de vendredy ; la quantitée d'œufs qu'on y servit est incroiable.

Au Palais de Luxembourg, entre les tableaux, qui composent la galerie qui est toutte peinte de la main du fameux Rubers, celui-là est bien naturel et excellent où la Reine, après s'estre accouchés, regarde sa production, que la Prudence semble remettre entre les mains de la Justice (¹).

On nous fit voir dans la Chapelle joignant, le beau David tenant de la terre la teste de Goliath, ouvrage de Guido, estimé à plus de 20.000 écus.

P. 13] Chez les Bénédictins anglois, le corps de Jacques II Roi d'Angleterre estoit en dépôt dans une petite chapelle.

Il y a des beaux tableaux dans l'église des Religieuses Carmélites. Mr. Varillas, mort en 1696, y a sa sépulture, marqués dans le pavés par un carreau de marbre blanc.

Entre les M. S. S. de la bibliothèque de St-Germain-de-Préz, il y a un ancien psautier, écrit sur du velin pourpre en lettres d'or et d'argent. Le

---

(¹) On sait que c'est au premier étage du palais du Luxembourg que se trouvait la galerie comprenant la série des toiles peintes par Rubens pour la reine Marie de Médicis.

P. Martianay m'assura qu'il étoit plus vieux que tous ceux dont S. Jérôme s'étoit servi (¹). Le même Père me fit observer dans un ancien M. S., contenant le vieux Testament et dont on s'étoit servi au Colloque de Poissy, ce passage fort net : *Ipse conteret caput tuum* et non *Ipsa*, comme on prétend communément.

[P. 14] La bibliothèque Mazarine est publique pendant quelques jours de la semaine et contient environ 40.000 voll. Le bibliothécaire me dit que le Roi s'estoit emparé des M. S. S. et des quelques autres livres rares pour lesquels il avoit promis de payer une somme de 17.000 lb. Il y a un fond annuel de 1000 lb., qu'on emplois fort exactement.

Le même me dit encore qu'en ayant fait une reveuë général, il avoit trouvés que sur l'espace de 25 ans, il ne s'y estoit perdu ou égarés que pour environ 1200 fl. de valeur en livres, la plupart, des traités contre les Jésuites, ou touchant la pierre philosophale.

II : à Paris, en 1714.

[P. 17].... La bibliothèque de Ste. Geneviève est très considérable par le nombre des livres ; feu Mgr. Le Tellier, archevêque de Reims, y ayant légués la sienne, après en avoir fait présent des M. S. S. au Roy, son buste en marbre y est placé en reconnoissance. On y voit aussi celui du fameux Père du Moulinet, dont le cabinet qu'il avoit amassé est bien dérangés. (²) On y voit les coins du Padouan et un portrait original du célèbre Descartes, dont les os transporté de la Suède, ont esté déposés dans l'église de ce monastère.

La bibliothèque des P. P. Jésuites au Grand Collège, n'est pas fort nombreuse, mais choisie ; elle doit son arrangement au R. P. Hardouin, qui nous fit voir en même tems son médaillier.

[P. 18] Ce père me parut cacher sous le voile de l'humilitée, beaucoup de penchant pour la vaine gloire et beaucoup d'opiniatreté pour ses paradoxes. Quand M^r l'abbé Sevin y contredisoit : « à ce que je vois », lui dit ce père, « vous estes savant comme les livres ».

Enfin il persuade tant qu'on l'écoutte, mais quand on l'a quitté, on a peine à croire tout ce qu'il avance avec tant de hardiesse (³).

La Cathédrale de Paris est belle. J'y montois jusques au haut d'une des tours. On y compte 394 degrés. On travailloit à l'embellissement du chœur, qui vat estre superbe et un des plus magnifique ; on me dit que c'estoit pour accomplir un vœux de Louis XIII qui l'avoit fixé à un million.

[P. 19] La nombreuse assemblée des Evêques de France, qui se trouvoit à Paris au sujet de la constitution, donna lieu à Pasquin de dire et de répondre à Marforio qui lui en demandoit le sujet, que « ce n'estoient pas des Evêques

---

(¹) Le P. Martianay avait publié récemment un ouvrage intitulé : *Les trois Psautiers de saint Jérôme traduits en françois*. Paris, 1704.

(²) Le P. Claude du Molinet était bibliothécaire de l'abbaye de Sainte-Geneviève ; il y mourut le 2 septembre 1687.

(³) Voyez au sujet des relations de Schannat avec le P. Hardouin, sa lettre adressée de Paris, le 12 février 1714, au baron G. de Crassier (Léon Halkin, *Corresp. de J.-F. Schannat avec G. de Crassier et Dom E. Martène*, dans le *Bull. de la Soc. d'art et d'histoire*, Liége, 1903, t. XIV, p. 34).

qu'il voyoit, mais des écoliers des Jésuites qui venoient composer pour les places » (¹).

Dans l'église de S. Nicolas aux Chardonerets, est, dans une des chapelles, le tombeau du fameux Le Brun ; la table de l'autel, qui est de sa main, représente son patron S. Charles Borromée à genoux la corde au cou devant un Crucifix (²).

Le tombeau de l'excellent Lullij est placés au dessus de la porte d'entrée d'une Chappelle aux petits Pères ; les représentations ou plutôt [P. 20] les postures des petits génies dont ce mausolée est ornéz ne sont pas fort décentes et sont même scandaleuses (³).

Aux Capucines, le Mausolée de Louvois, et celui du duc de Créquy, sont des rares morceaux de l'art.

Le tombeau du fameux Colbert, ou plutôt le monument qu'on lui érigea à S. Eustache, mérite aussi d'estre considéré.

Le plus beaux frontispice, au dire du Cavalier Bernin, est celui de l'église de S. Gervais ; il est composés des 5 ordres d'architectures. C'est domage que les maisons qui sont bâtis tout au devant en empêchent la vuê et l'écrasent (⁴).

A l'Observatoire sur le pavé d'une des places d'entrant, on...

III : à Bruxelles, en 1716

[P. 33] ...deux anciennes figures de bronze, placé sur un pont de pierre dans la ruë de Brugges, conservent encore la mémoire de cet étrange évènement.

Le 26 avril, je vis célébrer avec pompe et éclat l'heureuse naissance de l'archiduc Léopold, qui estoit venu au monde le 13 du même mois. L'inscription qui fut placé au dessus de l'hôtel de ville me plut :

LeopoLDo

aVstrIae arChIDVCI

eX CaroLo atqVe eLIsabetha genIto

senatVs popVLVsqVe brVXeLLensIs.

Archiducis, flevit, Leopoldi, Belgica funus
qui sibi defensor, qui sibi fautor erat.
Huic similem votis toties precibusque petitum
ex Carolo Belgis Elisabetha dedit.
Nec solum hinc Belgae debent sperare salutem,
sed totus de quo gaudeat orbis habet.

(¹) Il s'agit de l'assemblée des évêques convoquée à Paris, par Louis XIV, à l'occasion de la promulgation de la bulle *Unigenitus* et dont la clôture eut lieu le 5 février 1714.

(²) Charles Le Brun, mort à Paris le 12 février 1690, fut inhumé dans l'église de Saint-Nicolas du Chardonnet ; sa veuve lui fit ériger un magnifique mausolée, surmonté d'un beau buste par Coysevox.

(³) Lully, mort à Paris le 22 mars 1687, fut inhumé dans une chapelle des Petits-Pères de la place des Victoires ; son tombeau fut exécuté par Cosson.

(⁴) La façade de St-Gervais, composée de *trois* ordres superposés (dorique, ionique et corinthien), avait été construite par Jacques de Brosse et inaugurée en 1616.

[P. 34] A Malines, Mr. le consr. Gowärts (¹) fit ce chronique accompagné d'un beau distique :

NATVS EST LEOPOLDVS OTTOMANNICVS.

Te crescente. Puer, decrescet Luna. novumque
a victis Turcis hoc tibi nomen erit (²).

Un jour, en me promenant à N. Dame de Lac prèz de Bruxelles, je copia l'inscription suivante qui est au dessus d'une petite fontaine qui coule hors des cinq playes du Sgr., taillés en pierre, à laquelle conduit une longue et belle allée :

Fontem hunc divae matri Annae sacrum.
jam dudum febricitantibus salutarem.
ne ultra inglorius per terram serperet.
Sma Isabella Clara Eugenia.
Hisp. Infans.
ex desiderio R. P. Andreae a Soto.
alveo ornamentisque decoravit A° MDCXXV (³).

[P. 35] La bibliothèque des Pères Jésuites à Bruxelles, est fort nombreuse, mais très mal entretenue : il y a à l'entrée plusieurs marbres antiques enchassés dans la muraille (⁴). Voici quelques-uns : (⁵)-

---

(¹) Il s'agit de Pierre Govaerts, conseiller ecclésiastique du Grand Conseil de Malines.

(²) On sait que ce prince, loin de réaliser toutes les espérances que sa naissance avait fait concevoir, mourut en bas âge.

(³) A. WAUTERS, *L'Eglise de Laeken*, dans le *Messager des sciences histor.*, 1852, p. 388, donne le texte de cette inscription commémorative : sa transcription reproduit celle de Schannat, avec de légères variantes, par exemple *donavit* au lieu de *decoravit*. — La célèbre fontaine dite des Cinq plaies du Christ figure sur une ancienne gravure publiée par L. HYMANS, *Bruxelles à travers les âges*, t. I, p. 443.

(⁴) Sur les monuments épigraphiques qui se trouvaient, au début du XVIIIe siècle, au Collège des Jésuites de Bruxelles, voyez SCHUERMANS, *Bull. des comm. roy. d'art et d'archéol.*, t. VIII, 1869, pp. 295-323 et L. PARIS, *Ann. de la Soc. d'arch. de Bruxelles*, t. XIV, 1900, pp. 1-22.

(⁵) Le premier de ces marbres, originaire de Rome, est signalé au Collège de Bruxelles dès l'année 1706 ; il est actuellement au Musée royal du Cinquantenaire et figure sous le n° 154 dans le *Catalogue des sculptures et inscr. antiques* publié par F. CUMONT, Bruxelles, 2ᵉ édit., 1913, p. 185 (avec planche). L'inscription est également reproduite dans le *C. I. L.*, t. VI, n° 15159. La lecture de Schannat est exacte, sauf à la l. 4, où il faut lire : QVI. ET ASIATI.

Le deuxième marbre, qui porte une dédicace à *Hercules Magusanus* et à *Haeva*, est originaire de la Gueldre ; lors de la suppression de la Compagnie de Jésus, en 1773, ce monument disparut. On en possède plusieurs reproductions, notamment par MONTFAUCON, *L'antiquité expl., Supplém.*, I, pl. 53b, et par Dom MARTIN, *Relig. des Gaulois*, t. II. p. XXIII. Celle de Schannat doit être corrigée à la l. 3, où il convient de lire : HÆVÆ.VLPI. Voyez aussi *C. I. L.*, t XIII, n° 8705.

Le troisième marbre est également perdu ; l'inscription a été décrite par SCHUERMANS, *Bull. comm. d'art et d'arch.*, t. VIII, p. 307, n° 144 ; elle figure au *C. I. L.*, t. VI, n° 20732.

```
        D.M.
    TI · CLAVDIO ·
       NICEROTI ·
    QVIETAS · LATI
    CVS · LIVI · QVIN
    TILLA · COIVGI
    PIISSIMO · ET · DVL
    CISSIMO · FECIT ·
       V · A · XXX · O
```

```
    HERCVLI · MA
    GVSANO · ET
    HAEVA · VLPI ·
    LVPIO · ET · VL
    PIA AMMAVA
    PRO NATIS

    V · S · L · M ·
```

```
    CINERIBVS

    IVLIAE · VRANIAE ·
```

Ce Hercule avoit un temple dans la Zélande sur une des isles, à l'embouchure de l'Escaut, dit West-cappel, alias Scaldia (¹). Il y a des médailles de Postume qui ont pour revers *Herculi Magusano* (²).

Dans la promenade que je fit au château de Tervueren, je vis avec déplaisir qu'aucun de tant des rares et beaux tableaux dont je l'avois vu garni autrefois, aucun n'avoit échappés au pillage de C... ; cependant dans la chapelle, ce tableau qui représente le dernier jugement y estoit encore.

[P. 36] Comme il y a beaucoup de grotesques, on y remarque un diable qui chit des pistoles dans une mittre, qu'un autre diable fait ensuitte avaller à un abbé couchés de son long (³).

Il y a dans l'église du bourg, la tombe des trois ducs de Brabant, tués à la bataille d'Azincourt. Albert et Isabelle y firent placer le grand épitaphe, qui couvre leur tombeau (⁴).

(¹) On a trouvé en effet près de Westcapelle, dans l'île de Walcheren, (Zélande), une autre inscription dédicatoire en l'honneur d'*Hercules Magusanus*. Cf. C. I. L., t. XIII, n° 8777. Voyez à ce sujet HAUG, dans PAULY-WISSOWA, *Real-Encyclop.*, t. XV, 1912, p. 611, s. v° *Hercules*.

(²) Cf. COHEN, *Monn. impér.*, t. V, n° 60 et n° 239.

(³) Sur la galerie de tableaux de l'ancien château de Tervueren, voyez DE REIFFENBERG, dans les *Archives histor.*, t. II, p. 145 et A. WAUTERS, *Hist. des environs de Bruxelles*, t. III, pp. 389 et 396.

(⁴) J. DE SAINT-GENOIS a publié dans la *Revue Belge*, t. II, 1835, p. 71, le texte de cette inscription.

On montre aussi un gros cor de chasse fait d'yvoir d'une seule pièce fort lourde et fort pesante qu'on dit avoir esté celui de St Hubert. C'est un présent d'une comtesse de Bossu, qui l'a donnés à cette église (1).

Le couvent des P. P. Capucins dans le bois de Tervuren, est des plus riant ; il y a une petite maisonnette au bout de leur jardin, qui doit avoir servi quelque fois de retraite à l'Infante Isabelle pendant son veufage, on y lit au dessus de la...

IV : à Mayence, en 1717

[P. 43] ...que le célèbre Morel lui avoit en partie amassé, et qui y est mort ; on ne sçait ce que peuvent estre devenus ses M. S. S., dont il doit avoir laissé une assez grande quantitée. Voici encore quelque pierres antiques que je remarquois chez Mr. le baron de Wildeck, qui a encore de ces *nummi bracteati*, entre autres de l'Emp. S. Henri et de Kunigonde, sa femme, sur lesquels, à la réquisition de l'Electeur de Mayence, il donnera quelques dissertations ; j'oublie encore que ce gentilhomme dessine par excellence les médailles, et dans le gout antique ; avec tout cela, il paroit n'estre point trop accomodés des biens de la fortune, tant il est vrai ce que dit si bien Pétrone :

Amor ingenij neminem unquam divitem fecit.

C'est une belle pierre, qui est placés dans son jardin ; elle doit avoir servi [P. 44] de pied-déstal à quelques divinités et l'autre a servi à couvrir un pot rempli d'ossement, qu'il a aussi. Les voici tous deux (2) :

```
L · CANVLEVS · LF
SVCCESSVS AN · V
M · III · D · XXIII · L · CAN
VLEVS · PRIMIGEN
IVS · FILIO · ET · SIBI · VI
VOS · FECIT
```

Sur les trois fasces de la base, il y a un Mercure, un Hercule et un Mars ; les faces d'enhaut représentent seulement des têtes de quelques génies.

Mr. de Glaské, docteur en médecine, que je vis aussi alors et qui alloit repasser en Angleterre, avoit encore plusieurs belles médailles, entre autres

---

(1) A. Wauters, o. c., t. III, p. 408, décrit ce cor d'ivoire, qui est orné des armoiries de Marguerite de Croy, comtesse de Boussu.

(2) Sur la première de ces inscriptions, dont l'original se trouve actuellement à Francfort-sur-le-Mein, voyez le *C. I. L.*, t. XIII, n. 7082. — La seconde a été publiée également au *C. I. L.*, t. XIII, n. 6721 ; nous avons déjà reproduit le dessin de Schannat avec le passage du *Diarium* qui y est relatif dans notre article des *Mélanges Cagnat*, Paris, 1912, p. 273. — Schannat a pris soin de noter que le premier monument mesure un pied de large sur trois de long et que la hauteur du second est de cinq pieds.

des Colonies d'Espagne, et des monnoyes rares d'Angleterre, une fort belle et ample collection.

Après la lecture de ces pages, écrites sans aucun souci du style, mais où se révèle l'esprit curieux et sagace de Schannat, on regrette plus vivement encore la disparition de la majeure partie de son *Diarium*. Quel intérêt ne présenteraient pas, par exemple, les passages relatifs à son voyage en Italie, où il recueillit un si riche butin de matériaux historiques ? Il est vrai que l'on peut, dans une certaine mesure, trouver une compensation à cette perte dans l'énorme correspondance qu'il entretint avec une foule d'érudits, dont il était à la fois l'émule et l'ami. Un nombre considérable de ces lettres sont restées inédites ; on doit souhaiter qu'elles reçoivent avant longtemps les honneurs de la publication.

Léon HALKIN

TOPONYMIE HENNUYÈRE

I. Cours d'eau, forêts.

Trois couches de noms *géographiques* se sont superposées sur le sol ancien du Hainaut, comme dans le reste du pays ; ils sont successivement celtiques, belgo-romains et francs. C'est à recueillir les noms celtiques que doivent s'appliquer les premiers efforts de la toponymie hennuyère, et avec l'espérance d'une bonne moisson : la Wallonie eut, on le sait, une population plus dense, dans nos origines les plus lointaines, que la Flandre et nos autres régions du Nord, envahies par la mer ou parsemées de marécages et de forêts.

Les cours d'eau. — Dans la liste géographique à dresser, les noms des cours d'eau sont, entre tous les matériaux, les plus antiques et partant les plus précieux, les plus instructifs [1]. La plupart ont une « physionomie » celtique, donc pré-romaine ; maints ont servi à dénommer, soit les localités nées sur leurs rives, soit les régions qu'ils arrosent ; ces noms de l'hydronymie se terminent le plus fréquemment en *-a*, parfois en *-ara*, ou *-ana*.

Le Hainaut ancien, comme le Hainaut actuel, appartenait à trois bassins fluviaux (Escaut, Meuse et Seine). L'Escaut (*Scaldis*, César. VI, 33) est dénommé *Scalta* (*fluvius*) dans les *Annales Fuldenses* [2]. *Scaldus* dans Baldéric, 240 et en 909 ; *Scaldis* en 921 ; *Scaldus* en 963 ; *Scaldis* en 988 ; *Scaldus* en 1123. Ses affluents de gauche, la *Sensée*, en amont de Bouchain, et la *Scarpe* (confluent à Mortagne, entre Condé et Antoing) limitèrent l'Ostrevant du Cambresis au Nord et de la Flandre. Son tributaire principal en Hainaut, la *Haine*, a donné son nom au pays de Hainaut : formée à Carnières par la réunion de trois ruisselets venant d'Anderlues, elle a un parcours Est-Ouest de quinze lieues environ ; longtemps elle limita le *pagus* de Hainaut et le Brabant hennuyer (le *Burbant*, d'après l'*homélie de St-Ghislain*, 938) ; jusqu'au 13ᵉ siècle, la Haine demeura une rivière tortueuse, envasée, aux rives

---

[1] Desjardins, *Géog. de la Gaule rom.*, II, 585 ; G. Kurth, *Frontière linguist.*, I, 434, 471, etc. ; Chan. Roland, *Top. Namuroise*, 65 et suiv.

[2] Ch. Duvivier, *Le Hainaut ancien*. Mons, 1864, p. 37, n. 3 et *passim*.

marécageuses et insalubres, sans barrages ni digues. La forme première de la *Haine* est *Hagina* ; *Haina* est la forme la plus commune : on la trouve en 945 ; puis les variantes *Hagna, Hagne*, 1065 et 1090 ; *Hayna* (*Baldéric*, 148) (¹). Parmi les affluents de la Haine, nous relèverons : le *Thiriau* (²) ; le *rieu* d'Estinnes (*Hamatia rivus*, 1119, aujourd'hui la *Wanze*) ; la *Trouille* (*Truila*, 931 ; *Truilla*, 938, dans *Monuments*, etc., t. VIII, 236), qui coule du S. au N., depuis Grandreng jusqu'à Jemappes, grossie de plusieurs ruisselets (le *rieu* de Nouvelles ; le *By* arrosant Ciply, Mesvin et Hyon ; le *Trouillon*, à Mons) ; le *Hanneton* (= petite Haine), à Boussu-Haine, où il faut voir le suffixe-*ton*, variante euphonique de -*on*, comme dans *Ermeton* (prov. Namur, *Roll.*, 209) ; si antique qu'il paraisse, ce nom de *Hanneton* ne se rencontre pas avant le 15ᵉ siècle (« chapelle de *Hanneton* », dans un pouillé. *Duv.*, 230) ; la *Honnelle*, qui prend à Quiévrain le nom de *Honneau* (sortie de la fontaine dite de Ste-Aldegonde à La Longueville, elle baigne Taisnières-sur-Hon, Hon-Hergies, Autreppe, Roisin, Angre et se perd dans la Haine près de Condé). L'Honneau est cité en 921 et 1093 (*Hon fluvius*), puis en 1009 il s'appelle *Hum*, et *Hur* en 1091 (*Duv.*, 175, 188, 189) (³). L'Escaut reçoit, à sa droite, comme affluents peu importants : la *Verne* (à Basècles), le *rieu du Moulin*, le *rieu des prés*, le *Rosoir*, la *Barge*, la *Melle*, le *ri de Chin*, la *Wasme*, et la *Rosne* (ou *Ronne*), dont nous ne rencontrons nulle part les formes anciennes. Au bassin de l'Escaut appartiennent aussi la *Dendre* et la *Senne*. La Dendre, formée de deux branches (occid. = celle de Leuze, et orient. = celle de Lens et Cambron) est appelée la *Tenre* jusqu'au 17ᵉ siècle (Jacques de Guyse, II, 133, et d'autres mentionnent la *rivière d'Arbre*, affluent de la *Tenre*) ; la forme *Tenera* se rencontre en 966 et 1047, puis *Tenre* en 1065. L'*Arbre*, petit tributaire de la Dendre (*Asbra*, 861 ; *Arbra*, 1180) a passé son nom au village d'Arbre (canton de Chièvres). La *Marcq*, affluent de la Dendre, naît à Marcq-lez-Enghien (*Marca*, 1131) : le village est traversé par une chaussée romaine (Cf. *Marca*, v. h. all. — limite ; *marca, marchia*, bas-latin = frontière). La *Marcq* coulant au centre et non en bordure de l'ancien *pagus Bracbantensis*, on est fondé à dater de la période pré-romaine son appellation. Cf. *Marcha* 1207, *Marca* 1221 = la *Marche*, (ruisseau de Marche-les-Ecaussines) (⁴). La *Senne* prend sa source à

(¹) Ch. DUVIVIER, *Le Hainaut ancien*, 37, 121, 339, etc.
(²) Le *Thiriau* a donné son nom à Thieu et n'a gardé lui-même que la forme diminutive ; Thieu = *Tier*, 1146 : *Tyer*, 1119 ; *Thier*, 1125. Cf. le *Tier*, affl. de l'Eau d'Heure (source au sud de Florennes et arrosant Thy-le-Château, Thy-le-Baudouin = ancien nom du *Thiria* (*Tier*, 868 = Thy-le-Château). *Tier* est aussi l'ancien nom de la Dyle (966), dont une branche est encore la *Thil* (*Tilum*, 1188). Cf. ROL. 169 et suiv.).
(³) Déjà en 868, on trouve *Hum* = l'Honneau (ROL., 321).
(⁴) ROL., 209.

Naast ; elle n'a d'importance qu'en Brabant, province à laquelle elle a donné son nom (pays de la *Braque*, comme le Hainaut est le pays de la Haine, *Henne-gau*) (¹). La Senne a pour tributaire, en Hainaut, la *Sennette*, qui reçoit à son tour les eaux de la *Samme*, baignant Seneffe et Feluy-Arquennes.

Le bassin de la Meuse comprend, en Hainaut, la *Sambre* (cours moyen) et tous ses petits tributaires ; elle s'appelle *Sabis*, dans César (II, cap. 16) ; *Sambra* en 818 ; *Samera*, 840 ; *Sambre* (*fluvius*) en 1093 ; *Sambra* en 1125, etc. Le primitif doit être *Sab* ou *Sam*, suivi du suffixe -*ara* (²). Les affluents de la Sambre sont, dans le Hainaut actuel : à gauche, le *Piéton*, baignant à sa source le village de ce nom, puis en aval, Gouy, Luttre et Roux ; à droite, les deux *Helpes*, en aval de Landrecies, qui coulent toutes deux de l'O. à l'E. ; l'Helpe mineure baigne Maroilles ; l'Helpe majeure arrose Eppe-Sauvage, Liessies et Avesnes ; nous rencontrons *Aepra aqua* en 634 (ou 640) (*Miraeus*, I, 489) ; *Helpra* en 1112 désigne Eppe-Sauvage (*Duv.*, 225) ; *Helpre* (*fluviolus*) en 671-676 et *Elpra* (dans le *Vita S. Ettonis, Acta SS.*, juil. III, 60). A droite aussi, la Sambre reçoit 1) la *Thure* (à Solre-sur-Sambre), qui n'est citée nulle part avant le 12ᵉ siècle (*capella de Thura*, avant le 16ᵉ siècle, désigne le hameau de *La Thure*, à Sivry) (³) ; 2) la *Hante* (ou *rivière* de *Beaumont*), à Hantes-Wihéries ; 3) la *Biesmelle*, à Thuin ; 4) l'*Eau-d'Heure*, près de Charleroi ; 5) et l'*eau d'Acoz*. Il faut aussi mentionner l'*Eau-Noire* et l'*Eau-Blanche* (⁴).

Quant au bassin de l'Oise, il ne comprenait que quelques kilomètres carrés du Hainaut ancien (un peu plus de territoire que du Hainaut actuel, car Anor, ville française, était jadis hennuyère). L'*Oise*, née dans la forêt de Thiérache, sur le territoire de Forges-lez-Chimay (à 300 m. alt.), baigne Macquenoise et Anor. Son nom se livre à nous sous les formes *Hisa* (*Ann. Vedast.*, anno 800), *Oysia* (*Acta SS.*, juin, I, 224) et *Isera* (*Vita S. Ettonis, Acta SS.*, juil., III, 60) (⁵).

L'interprétation étymologique de ces noms antiques de cours d'eau se complique, pour les philologues, du fait que leur radical, comme leur

---

(¹) F. L., I, 442. Le nom primitif de la Senne est *Brak-ena* (ou *Brak-a*).
(²) F. L., I, 453.
(³) Duv., 69, 252. — Dom Berlière (*Monast.*, 477) cite : (*abbatia*) de la *Thure*, 1294 et *Ayve de la Thure*, 1363.
(⁴) Le nom ancien de l'*Eau-Blanche* est *Albla* (abrégé de *Albula*). Par étymologie populaire, *Albla* est devenu *Alba*, *Aube* (= blanche) ; de là la *Blanche eawe* (17ᵉ siècle ; dans Bormans, *Cartul. de Couvin*, 179) ; par corrélation, l'autre bras du Viroin a été métamorphosé en *Eau-Noire*. Le primitif de l'*Eau-Noire* est *Nymais*, encore usité seul au 17ᵉ siècle. (Cf. Nismes, c. de Couvin, s'appelait jadis *Nimay*). Rol., 142 ; Duv., 320 ; Bayot et Em. Dony, *Top. de Chimay* (manuscrit).
(⁵) Duv., 70, n° 5.

terminaison, appartiennent l'un comme l'autre à la langue celtique. La plupart de ces radicaux nous dévoilent leur nationalité ; mais leur signification demeure une énigme et c'est en vain que le philologue appelle à son aide l'archéologue, impuissant lui aussi (¹). C'est à peine si les celtisants se risquent à interpréter quelques-uns de ces radicaux, par des rapprochements linguistiques : *Scaldis*, *Haina*, *Truilla*, la *Tenre* (Dendre), la *Braque* (²), ont des radicaux mystérieux pour nous. *Sambra* (= la Sambre) se décompose peut-être en *Sab* (racine pure) et *is* (désinence casuelle) = *Sabis*, ou bien en *Sab* renforcé de *m* (= *Samb*) et *ra* (suffixe abrégé de -*ara*, qui est, comme -*ana*, fréquent dans la toponymie fluviale). Cf. *Sabh* (irl.) = sécrétion, salive, source (³). Le même radical *Sam* a dû former les noms de la *Samme* (affluents de la Haine et de la Senne), dont nous n'avons pas les formes anciennes. Un ruisselet, le *Samin*, coule dans un ravin de Monceau-sur-Sambre : son nom vient de *Sam* -*inus* (-*inus* est usité comme désinence, dans les eaux courantes) (⁴). Le nom de la Sambre (*Sambra*, *Samera*) rappelle celui de la *Somme* (*Samara* = *Sam-ara*. Rol., 79).

Le *Piéton*, dont les plus anciennes formes écrites sont *Picton* (12ᵉ siècle) et *Piéton* (13ᵉ siècle) (⁵) paraît provenir du celtique *Piet* ou *Pi* (-*t* euphonique) et -*on* (= -*aon*, -*hon*. Cf. *Hon* (Hainaut) ; *Biron*, affl. de la Lesse ; *Alblion*, dim. d'*Albla* = *Albula*) ; mais le radical *Pie* ou *Piet* ne se retrouve nulle part ailleurs, que nous sachions. La *Biesme* (*Bebrona*) désigne quatre ruisseaux, affl. de la Sambre : à Auvelais ; idem à Oignies ; ruisseau à Acoz et Châtelet ; la Biesmelle à Thuin. Le primitif (altéré dans *Bevena*, 868, d'après *Duv.*, 318 = Biesmes-sous-Thuin) signifie l'*eau des castors* (⁶) ; il existe dans une douzaine de noms de villages en Flandre, Limbourg et Brabant. La *Biesme* a pris, en Hainaut, la forme diminutive de *Biesmelle*, encore existante (à Thuin). Quant à l'*Heure*, nous ne la découvrons que dans *Ham* (*supra*) *Hur*, 868 (*Duv.*, 319), de même que la *Hantes*, dans *Hantae* (= Hantes-Wihéries ; ibid., 318). L'*Heure* ou *Eau d'Heure* a ses sources à Cerfon-

---

(¹) Cf. Roland, p. 31.
(²) Nom primitif (*Brakena*, F. L., 440, 441) de la Senne : Braine-le-Comte et Braine-le-Château, comme Braine-l'Alleud, en ont gardé le nom.   Cf. *Brachna*, *Braina* (Rol., 97), *brach* (thiois) = terre en friche.
(³) D'après d'Arbois et Rol., 89, 90.
(⁴) Em. Dony et A. Carlier. *Toponymie de Monceau* (*Bull. Soc. litt. wall.*). Liége, Vaillant, 1913, p. 292. — Cf. *Vir-inus*, le Viroin. Mais -*ina* se rencontre plus souvent que -*inus* (*Hagina*, *Haina*, *Olina*, etc.).
(⁵) Duv., 201 ; Rol., 143 ; Brouwers, *Cens et rentes* etc. *de Namur*, I, 189 : *Top. de Monceau*, 290.
(⁶) Cf. *beber* (celt.), *biber* (all.), *bever* (flam.). F. L., II, 94, 95 ; les *Beveren* (Flandres), etc. Rol., 104-109.

taine (prov. Namur) et se perd à Marchienne-au-Pont dans la Sambre : *Ham (supra) Hur*, 868 ; *Eur*, 1383 ; *Heure*, 1443. Cf. *Hura*, 817 = l'*Our* (affl. Moselle) ; *Ura* (11ᵉ siècle) = l'Euren, près Trèves ; *Ura* = l'Aurach (Allem.) ; *Urala*, *Urla*, 890 et 11ᵉ siècle = l'*Erl* (Autriche) ; *hor* (germ.), *horo*, *horaw* (v. h. all.) = marais (*Rol.*, 152, 153). Cf. aussi *Edera* = l'Heure (affl. de l'Ourthe, à Fronville), qui a donné son nom à Heure-en-Famenne (= *Heidra*, 946 ; *Eur*, 14ᵉ ciècle). Le chanoine Roland (p. 21) fait observer que l'*h* initiale, à forte aspiration sous l'époque mérovingienne (traduite par *ch*, comme dans *Choïo* = *Hoïo*, Huy) s'affaiblit plus d'une fois dans la suite, pour n'avoir qu'une valeur orthographique et être même omise, exemples : *Hidera*, 826 = l'*Iderbach* (affl. de la Nahe) ; *Ederna*, 1250 = l'*Eder* (affl. de la Fulda). L'*Heure* peut provenir d'un radical celtique : cf. *Urafons* = l'*Eure* (dép. du Gard) ; *oriri* (latin) = source ?, même radical que dans *Orta*, *Urta* = l'Ourthe (*Rol.*, 200 et 201).

L'*Oise* (*Hisa*, *Oysia*, *Isara*, cités ci-dessus) (¹) se décompose en *Is*, radical celtique et *-ara*, *-era*, suffixe fréquent. Il semble qu'on puisse interpréter *Is* par l'indo-européen *is* = glace (*ice*, angl. ; *eis*, all. ; *ijs*, flam.) et traduire le vocable *Oise* par l'*eau glacée*, appellation qui convient très bien à ce cours d'eau né sur les hauts plateaux boisés du Hainaut belge (²). La voyelle première de *-ara* portait dans le principe l'accent tonique, puisque *Is-ara* a donné *Isère*, comme *Vezera* a produit *Vézère* (³) ; *Is-a* a dénommé la *Hise* (affl. de l'Ariège) et l'*Isis* (affl. de l'Hérault) ; *Is-ara* a perdu son suffixe pour devenir *Oise*. Le nom de la Wartoise, née dans la Thiérache, sur le territoire de Bourlers-lez-Chimay (à 300 m. alt.), ne nous apparaît nulle part avant le 12ᵉ siècle : *Wartoise* est une forme romane, altérée parfois en *Artoise*, 1735 (⁴) ; depuis bien des siècles, elle a servi de frontière entre le Hainaut belge et la France sur la plus grande partie de son cours supérieur, comme l'Oise le fait elle-même entre Macquenoise (Hain. Belge) et la forêt de St-Michel en Thiérache (France) ; de là peut-être l'origine du nom de la Wartoise = l'*Oise de garde*, ou *gardienne* (cf. warder, warde, garder, garde).

Maints cours d'eau ont perdu, dans le cours des siècles, leur dénomination primitive pour en recevoir une nouvelle ; mais ces vocables toponymiques les plus anciens ont transmis leur appellation à des

---

(¹) Parmi les anciennes formes : *Esera*, 6ᵉ siècle ; *Hysa*, 10ᵉ siècle (F. L., I, 450).
(²) Em. Dony, *Topon. de Forges-lez-Chimay*. Liége, Vaillant, 1909 (dans *Bull. Soc. litt. wall.*), p. 264.
(³) Rol., 128 ; F. L., 383 et 450.
(⁴) *Top. de Forges*, p. 266.

localités nées sur leurs rives. Ces localités en reçoivent, par là même, une sorte de brevet d'antiquité ; elles sont situées le plus souvent vers les sources du cours d'eau auquel elles empruntent leur nom, parfois aussi vers son embouchure. Exemples : *Escaupont*, en amont de Condé (*Scaldpons* ; *Pons Scaldis* ; *Scalponz*, 1119 ; *Escalpont*, Duv., 23, 172, 178, etc.) ; *Haine* (*-St-Pierre* et *-St-Paul*), *Bois d'Haine* ; *Marcq* (*-lez-Enghien*) ; *Silly* et *Bas-Silly* ; les deux *Braine* (*-le-Comte* et *-le-Château*) ; *Piéton* ; *Eppe-Sauvage* ; *Thure* (ancien hameau de Sivry) ; *Nimelette* (hameau de Rièzes-lez-Chimay) (¹) ; *Macquenoise* (canton de Chimay) ; vers les confluents des ruisselets : *Hantes* (*-Wihéries*) ; *Biesmes* (*-sous-Thuin*) ; *Ham-sur-Heure* et *Court-sur-Heure*.

Nous omettons ici les ruisselets les plus humbles, auxquels cette observation s'applique également, comme une loi toponymique très fréquemment vérifiée. Exemples : *Lobbes* (*-lez-Thuin*), dénommé du (*rivus*) *Laubacus* (*qui delabitur ad Sambram*), 707 (²) et foule de noms de localités finissant en *baix*, *bais*, *baye*, ou en *bisc*, *becq*, *becque* (*bach* (all.), *beek* (flam.), *baccus*, *baccia*, *bicia*, *bise* (roman), ou bien encore en *bisoul*, ou *bisœul* (dimin. de *bise*, provenant du latin *baciolus*, dimin. de *baccus*) (³).

Il est des cas, assez rarement rencontrés, où le cours d'eau prend une forme diminutive de la sienne, en passant son nom primitif à une localité ; exemple, en Hainaut, la *Biesme* (d'où *Biesmes-sous-Thuin*, cité ci-dessus), qui s'est appelée elle-même, par la suite, la *Biesmelle*. Cf. ailleurs le *Hoyoux* (*Hoiolum*, dim. de *Hoïum*, qui donne son nom à la ville de *Huy*) ; la *Marchette* (primitivement la *Marche*, qui a passé son nom à la ville luxembourgeoise de *Marche*) (⁴).

Si maints radicaux demeurent mystérieux ou d'interprétation malaisée (tel *Hun*, d'où *Hon*, *Honnelle*, *Hongneau*, qui paraît être germanique aussi bien que celtique, d'après Fœrstemann) (⁵), certaines désinences sont essentiellement celtiques d'origine : ainsi *-apa*, *-ava*, *-afa* = « eau » (cf. *-ap*, *-indo -europ*) et ce suffixe termine une foule de noms, tant de localités que d'eaux courantes dans les régions romane ou germanique : *Gamapa* = Jemappes ; *Altapia*, 1034 = Oteppe (prov. Liége) ; *Ganapia*,

---

(¹) Cf. *Nismes*-lez-Couvin (cité *Nymais*, 1681 ; Rol., 157) ; *Aublain* (prov. Namur, canton Couvin) ; le *Geer* = primitivement *Woromia*, d'où *Waremme* et *Corswarem*) F. L., II, 97.

(²) F. L., I, 344.

(³) On sait que certains noms en *becq* proviennent, non de *beek* (ruisseau), mais de *berg* (montagne), altéré en *bercq*, *becq* ou *bert* (= contraire de *dal* = vallée), exemple : *Flobecq* (Hain. ; primitif *Floresberg*). F. L., I, 351.

(⁴) F. L., II, 98.

(⁵) Cf. Rol., 321.

1096 = Genappe (Brabant) ; *Geislapia*, 915 = la Gileppe, etc. (*Rol.*, 336 suiv.). Le suffixe -*ap* est devenu -*ep*, -*ip*, -*op*, -*up*(Gileppe, Tourneppe, etc.) ; -*aja* date chez nous de la dernière époque celtique et a donné, par exemple, *Seneffe*, en Hainaut (*Sonefia*, *Soneffia*, 11ᵉ et 12ᵉ siècles ; *Seneffia*, 1167), plus récent que Gamapia cité ci-dessus (¹). Il ne convient pas, semble-t-il, d'expliquer le nom des trois *Autreppe* (Hainaut : village lez-Roisin ; hameaux d'Ormeignies-lez-Ath et de Blicquy-lez-Enghien) par *alta ripa* = « haute rive » (comme le fait Cocheris, p. 67), mais bien plutôt par le radical *Alt* et le suffixe -*apa* (« -eau ») ; ce radical *Alt* (celtique) se rencontre dans des noms de cours d'eau (l'*Automne*, affl. de l'Oise = *Altona*, 920 ; etc.) (²).

Les forêts. — Dans l'onomastique des régions boisées, les éléments celtiques sont, on ne l'ignore pas, sensiblement moins nombreux que les radicaux et suffixes germaniques et partant, beaucoup de noms de forêts sont moins antiques que les noms des cours d'eau. Les appellations germaniques qui s'appliquent avec la plus grande fréquence, chez nous, pour désigner les forêts, sont : *loo* ; *holt* (= *Holz*) ; *bosch* (d'où *boisque*, *bucq*, *bus*) ; *wald* (altéré en *gau*) ; *wide*, *wede* ; *strut* ; *rode*, *rade*, *riete*, *reut*, -*ert* (³) ; *waber* (d'où *wavre*, *woëpvre*, *woivre*) (⁴). Nous ne nous arrêterons ici qu'aux noms antérieurs à la fin de l'époque romaine ; eux seuls peuvent nous révéler une provenance celtique.

Si nous en croyons J. César, l'*Ardenne* (*Arduenna silva*) était la plus grande forêt de toute la Gaule ; le *De bello Gallico* en fixe l'étendue sans précision suffisante : ...*ab ripis Rheni finibusque Trevirorum ad Nervios* (⁵). La *Charbonnière* (*Carbonaria*, 4ᵉ siècle) qui confinait à l'Ardenne à l'Est, à la limite des diocèses de Cambrai et de Liége, avait vraisemblablement pour bornes : à l'Ouest, l'Escaut (de Valenciennes à Gand), au Nord, ce même fleuve (de Gand au Rupel), puis le Rupel et la Dyle jusqu'à sa source, à l'Est ; elle s'étendait de là en ligne droite, sans frontière naturelle, jusqu'à la Sambre aux environs de Charleroi (⁶) ; elle couvrait donc, de l'O. à l'E., tout le N. et le Centre du Hainaut, depuis l'Escaut jusqu'à la Sambre et c'est la Sambre qui,

---

(¹) De même *Sumarafa* = Sombreffe (prov. Namur) et *Marnafa* = Marneffe (prov. Liége). *Ibid.*, 355.
(²) *Alt* (celt.) = colline, d'après Zeuss, cité par Rol., 330, 331. Cf. F. L., I, 437.
(³) Cf. F. L., I, 365. — Nos *sarts* en sont les correspondants (*sarrire* = essarter ; *runcaria*, d'où les *Ronquières*, du latin *runcare* = sarcler).
(⁴) Quand on s'en tient aux origines, comme ici, il importe d'exclure les appellations renfermant des noms de personnes ; les plus anciens vocables toponymiques ne contiennent jamais aucun de ces derniers.
(⁵) *Liber* VI, cap. 29.
(⁶) Duvivier, *Hain. anc.*, p. 26-29.
(⁶) Par Loupoigne (Brab.), Thiméon et Gosselies (*Ibid.*, p. 26, 27).

depuis la région de Charleroi jusqu'à Landrecies environ, formait la bordure méridionale de la Charbonnière. Outre l'Ardenne et la Charbonnière (et distinctes de toutes deux quand leurs noms nous apparaissent pour la première fois), le Hainaut ancien comportait deux autres grandes forêts : la *Fagne*, qui s'étendait partie en Hainaut, partie dans le pays de Lomme (¹) et la *Thiérache* qui, confinant à la Fagne dans le Sud du Hainaut, couvrait une portion du Namurois et du Laonnais (²).

Strabon, qui trouve exagérée (et avec raison) l'étendue de 500.000 pas (= 740 kil. de long) attribuée par César à l'Ardenne, dénomme cette dernière : *Ardouenna* (l. IV, cap. 3). Tacite écrit : *Arduenna* (*Ann.*, III, 42) ; puis viennent les formes *Ardenna* (*Fortunat*, 6ᵉ siècle et *chartes de Stavelot*, 748), *Harduenna*, 834 et 1072. Le vocable peut s'expliquer par le celtique *ardvos* = grand, élevé (cf. le latin *arduus*) et le suffixe *-enna* (de signification inconnue, mais rencontré ailleurs ; exemples : *Ravenna, Cebenna*) ; *Ardenne* se traduirait donc par : « région élevée, haut pays » (³), à moins qu'il ne soit préférable d'y voir « la forêt des chênes » (*ar* = l'article, en armoricain ; et *tann*, variante *denn* = chêne) (⁴). Le nom d'*Ardenne* s'applique à d'anciennes forêts et localités de France (Eure, Cantal, Hautes-Alpes, etc.) ; chez nous, il a servi à des vocables topographiques, comme *Arduanium* (816, = *Hardines*, hameau d'Anseremme), et plusieurs *Ardenelle* (*Ardinella*, 992 = h. de Nivelles ; *Ardenella*, 1127 = h. de Sombreffe ; h. de Mons-lez-Liége) (⁵).

Le nom de Carbonaria provient, à toute évidence, du latin (Du Cange, Vº *Carbonaria* ; Bucherius ; Wastelain, etc.) et la forêt a tiré, dès l'époque romaine, son nom de l'industrie principale de ses habitants, la fabrication du *charbon de bois* (*carbo*, latin) ; le mot *carbo* a gardé cette signification jusqu'aux premiers usages du charbon de terre ou terre-houille, au 13ᵉ siècle, que le moine liégeois Renier (⁶) appelle *terra nigra, carbonum simillima*. C'est à l'occasion d'un succès remporté par les Romains sur les Francs en 388 ap. J.-C. que Grégoire de Tours, citant un auteur contemporain de l'événement, appelle la Charbonnière :

(¹) On trouve dans la toponymie namuroise : *Boussu, Villers* et *Sart-en-Fagne, Fagnolles*, etc. (*Ibid.*, 113, n. 2 et ROL., 229).
(²) *Ibid.*, 87.
(³) ROL., 216.
(⁴) *Ibid.*, 214-216.
(⁵) *Ibid.*, 218-220. — Des portions de l'Ardenne eurent des noms spéciaux dès l'époque gauloise ; exemple : *Maglona* = la Marlagne primitif (*magalona* ; *magal*, celt. = grand ; *magnus*, latin), d'où le nom de *Malonne-lez-Namur* (*ibid.*, 221 suiv.).
(⁶) Cf. sa *Chronique*, anno 1213 et DUV., 22, n. 2.

Carbonaria silva([1]). Le nom a pu être formé, même au 4e siècle, à l'instar d'autres non composés par le suffixe -*acum* ([2]). Après les grands défrichements du moyen-âge, la Charbonnière morcelée prit des noms nouveaux, dans ses divisions hennuyères : 1) La forêt de *Broqueroie* (*Brocherul*, 868 ; *Brotherota* et *Broqueroia*, 12e siècle ; *Brocheroit*, 1156 ; *Brochroie*, 1181) ([3]) ; elle s'avançait au N. de la Haine, couvrant les territoires de Masnuy, Thieusies, St-Denis, Nimy, Obourg, Ghlin, etc. ; il en reste les bois de Ghlin-lez-Mons, de Naast et d'Havré, entre autres. Le nom pourrait provenir à notre sens, d'un primitif à élément celtique dont nous n'aurions gardé que des variantes ou des dérivés, déjà altérés. 2) Le *bois de Seneffe* (*Soneffa silva*, ou *Soneffia*, *Vie de St-Feuillien*, M.S. du 11e siècle), distinct de la forêt de Soigne (*Sungia*, *Sonniaca silva*, Duv., 72). Cette dernière couvrait tout le plateau d'Entre-Senne et Dyle, au S. de Bruxelles et jusque dans le Hainaut (*Wauters*, *Environs de Brux.*, III, 371). La ville de Soignies tire son nom de la forêt de Soigne ; Seneffe tire le sien de la *Soneffia silva* ([4]). La Charbonnière proprement dite, figurée dans les textes du 11e au 14e siècle, est située entre Mons, Soignies, Braine-le-Comte, Gosselies et la Sambre aux abords de Thuin. 3) La forêt de *Mormal*, qui s'étendait de Bavai au N., jusqu'au Quesnoy à l'O., Landrecies au S., longeait la Sambre à l'E. jusque près de Quartes (hameau de Pont-sur-Sambre). Il n'est pas possible de tenter l'interprétation de ce nom de *Mormal*, si plein d'intérêt qu'il apparaisse. Nous ne le connaissons pas antérieurement au 12e siècle : (*Mormal* (*silva*), *Mourmal* et *Mormal*, 1167) ([5]).

La *Fagne* est une bande boisée qui s'étend de l'E. à l'O., depuis Hermeton-sur-Meuse et Givet, jusqu'au delà de Chimay et Avesnes, dans la direction de la Sambre. Son nom lui vient, soit du latin *fagus* (= hêtre), comme nos nombreux Fayt, soit du bas-latin *fangia*, *fanga* (= humide, fangeux), à cause de la nature du sol ([6]). Dans les *Vies de Saints*, à des dates indéterminées, la *Fagne* est dénommée *Templutensis* (*pagus*) ([7]). C'est en 634 (ou 640) que le nom de *Fagne* (*Fania*) se livre à nous pour la première fois (*Duv.*, 112) ; la forêt de *Fagne* se composait d'une série de petites forêts appelées, tantôt *fagnes* (de Trélon, de Chimay, etc.), tantôt *haies* (*haia* ; haies d'Avesnes, d'Anor, etc.) ;

---

[1] Cf. Duv., 23.
[2] Cf. *Campania*, d'où *Campinia* = la Campine (*Kempen*, flam.). F. L., I. 524.
[3] Duv., 71 et 165 ; dom Berlière, *Monasticon*, 229.
[4] *Sunniacum*, 870 (gentilice romain en -*nius*, combiné avec -*acum* (celtique) ; d'où *iniacum*, *ignies* (d'après F. L., I, 323 ; cf. Duv., 72, 73.
[5] De Dynter, I, p. 2 ; Duv., 198, 613, etc.
[6] Duv., 111. Rol., 229 est tenté d'y voir un vocable « germanique ».
[7] Ou encore *Templucensis*, appellation qu'il faut renoncer à interpréter. Cf. Duv., 111.

elle fut « fécondée » au 7ᵉ siècle, par les prédications de saint Ursmer de Lobbes, et l'on vit s'élever dans cette région hennuyère les monastères de Maroilles, de Wallers et de Liessies (¹).

La forêt de *Thiérache* confinait à la *Fagne*, dans le Sud du Hainaut ; elle s'étendait depuis la rive gauche de la Meuse (confluent du Viroin jusque vers Mézières) jusqu'aux sources mêmes de la Sambre et jusqu'à l'Oise, vers le Sud et l'Ouest ; en Hainaut, elle ne comprenait guère qu'une étroite lisière de terrain boisé. Sur territoire français, elle occupait des forêts plus vastes (comme les bois de St-Michel, d'Hirson, de Nouvion, etc.) (²) Son nom est mentionné pour la première fois vers le milieu du 6ᵉ siècle : *Theorascia, Tirascia, Teoracia* (*Vita St-Theodulphi*, dans *Acta SS.*, mai, t. I ; *Duv.*, 87, 208) ; il prend successivement les formes : *Theoracensis (pagus)*, 868 ; *Teracia*, 1143 ; *Theorascia* (*Folcuin*, dans *Pertz*, VI, 57). Il serait téméraire de vouloir interpréter, par le celtique, cette appellation d'aspect plutôt germanique (³).

Conclusions. L'archéologie, qui apporte à la toponymie une aide si précieuse à dater de l'époque romaine, n'éclaire pas nos origines plus lointaines ; les fouilles n'ont exhumé, en Hainaut comme ailleurs chez nous, que des vestiges très rares de la période gauloise (sépultures à incinération, notamment) ; la plupart de ces débris matériels sont muets sur tout ce qui regarde la naissance de nos villes et de nos villages. Mais tous les noms des plus anciennes peuplades belges, comme ceux de leurs chefs, sont celtiques (*Belgae, Aduatuci, Nervii*, etc.). C'est la population celtique qui nous a transmis les dénominations de la plupart de nos cours d'eau, de plusieurs de nos grandes forêts ; les Belgoromains en léguèrent l'héritage aux tribus franques. Il n'est plus possible d'admettre, comme au temps de Grandgagnage, que les Celtes n'eurent qu' « un établissement passager » dans notre pays (⁴).

Mons, 11 novembre 1918.

Em. DONY.

(¹) Cf. Duv., 115 et *passim*.
(²) En 1824, la forêt de Nouvion couvrait encore 4.400 hectares et celle de St-Michel, 2.921 hectares. Cf. BRAYER, *Statistique du dép. de l'Aisne*, Laon, 1824 ; Duv., 87, 88.
(³) Cf. Duv. 324 et *passim* ; Rol., 229 et suiv.
(⁴) GRANDGAGNAGE : *Etude, etc.*, dans les *Ann. Cercle Archéol. de Namur.*, t. III, p. 111. — LONGNON fait dater des 1ᵉʳˢ siècles du moyen âge ou même de la période romaine la plupart des noms de localités venant des cours d'eau : maints noms géographiques éclairés par des découvertes belgo-romaines sont d'origine celtique : l'*Itinéraire d'Antonin* et la *Table de Peutinger* fournissent trois quarts de noms tirés du celtique, un à peine du latin. On pourrait être presque aussi affirmatif, en ce qui regarde la toponymie hennuyère ; mais ce n'est pas ici le lieu d'en livrer les preuves que nous avons préparées. Cf. ROL., 236 et *passim*.

Quelques diminutifs de noms de lieu

Parmi les noms de lieu de la région romane de la Belgique, de la France et de la Suisse, on rencontre de nombreux diminutifs. Les plus intéressants sont ceux qui dérivent d'un autre nom de lieu : dans beaucoup de cas, le primitif et le diminutif coexistent encore, portés par des localités voisines :

Momalle	*Momelette* (Liége) ;
Wanze	*Wanzoul* (Liége) ;
Ambresin	*Ambresiniaux* (Liége) ;
Barsène	*Barsenal* (Namur) ;
Jandrain	*Jandrenouille* (Brabant) ;
Verquin	*Verquigneul* (Pas-de-Calais) ;
Oujon	*Oujonnet* (Vaud).

Ne négligeons pas de remarquer que nous connaissons entièrement le sens du second nom, quelle que puisse être notre ignorance au sujet du premier : *Ambresiniaux* signifie indiscutablement « Petit Ambresin » et rien de plus. Une telle certitude est précieuse pour les toponymistes, dont les recherches n'aboutissent que trop fréquemment à des étymologies douteuses ou incomplètes.

Dans les couples mentionnés plus haut, un examen élémentaire montre que le deuxième nom est le diminutif du premier ; mais il est loin d'en être toujours ainsi. Souvent, on remarque entre deux noms de lieu une vague ressemblance que l'on ne peut toutefois s'expliquer ; parfois, on ne soupçonne même plus qu'ils sont apparentés, tellement l'évolution du primitif et celle du diminutif correspondant ont été divergentes.

En pareil cas, seuls les documents anciens nous éclairent ; ils nous permettent de suivre à rebours l'histoire des deux noms, jusqu'au moment où nous reconnaissons, en toute évidence, un primitif et un diminutif dérivé. C'est pour ne pas avoir employé cette méthode que tant de chercheurs ont péniblement imaginé des étymologies absurdes pour des noms de lieu qui étaient tout simplement des diminutifs.

Nous examinerons ici avec quelques détails une dizaine de couples choisis dans la nomenclature géographique de la Belgique, et curieux à des titres divers.

1. — Ramet (Liége) ;
Ramioul, hameau de Ramet.

Dans *Ramet*, le *t* final est purement graphique ; on trouve anciennement :

1216. *Rammeil*. Grandgagnage, Voc., 57 ;
1235. *Rameilh*. » » 58.

A un certain moment, l'*l*, qui était mouillé, a cessé d'être prononcé :

1272. *Ramey*. Analectes, 3ᵉ s., III, 365 ;
1304. *Ramey*. Ibid., 2ᵉ s., VIII, 395 ;

et dans l'écriture, on a modifié la terminaison par analogie avec les nombreux mots en –*et*.

Il est probable qu'avant *Rameilh* et *Rammeil*, a existé *Ramel, à en juger par la plus vieille forme connue du diminutif :

1050. *Ramelul*. BCRH, 5ᵉ s., XVII, 567.

Nous trouvons dans ce diminutif le suffixe latin -*olus*, à valeur diminutive, qui se présente en français, au moyen âge, sous des aspects très divers, par exemple –*ol*, –*uol*, –*oul*, –*ul*, –*uel*, –*eul*.

A côté de *Ramelul* se rencontre une forme où l'*e* s'est affaibli en *i* :

1235. *Ramilul*. Grandgagnage, Voc., 58.

Puis, comme dans le primitif, l'*l* de la deuxième syllabe s'est mouillé :

1395. *Rameilhoul*. Evrard, Flône, 265.

On se représente aisément comment, de cette dernière forme et d'un *Ramilhoul qui doit avoir existé à côté d'elle, est sorti le nom actuel.

Ce nom a parfois une terminaison féminine :

1831. *Ramioulle*. Vander Maelen, Dict. Liége, 181 ;
1840. *Ramioule*. Havard, Dict. Belgique, 279.

Ainsi donc, l'*l* final du primitif a disparu également dans celui-ci et dans le diminutif dérivé.

2. — Héron (Liége) ;
Hérédia, hameau de Héron.

Le primitif a subi toute une série de transformations ; l'avant-dernier stade est :

1682. *Héran*. Bormans, Fiefs Namur, II, 212 ;

cette forme apparaît déjà, exceptionnellement, au XIIᵉ siècle :

1136. *Héran*. Rec. chartes Stavelot-Malmédy, I, 328.

Ce nom est souvent écrit avec un *s* ou un *z* final :

1558. *Herrans.* Analectes, II, 366 ;
1497. *Hérans (écrit *Héraus*). Paquay, Pouillé Liége 1497, 105;
1371. *Hérans.* C. de Borman, Livre fiefs Looz, 104 ;
1314. *Hérans.* Poncelet, Livre fiefs Liége, 161 ;
1130-1. *Heiranz.* Rec. ch. Stav.-M., I, 305.

La forme actuelle est sans doute le résultat d'un rapprochement fantaisiste avec le nom de l'oiseau. A ce propos, il est curieux de signaler qu'un nom semblable, un ancien *Herens* (Grandgagnage, Voc., 132-133), a tellement bien été modifié, qu'il est aujourd'hui *Hareng* (Herstal, Liége).

La parenté de *Héron* avec *Hérédia*, qui a un si joli air espagnol et dont on a proposé des explications si laborieuses, nous est révélée par la forme la plus complète du primitif ; elle est terminée par une dentale :

1653. *Hérand.* Bormans, Fiefs Namur, II, 131 ;
1614. *Hérande.*   »   »   »   II, 36 ;
1143. *Heirant.* Rec. ch. Stav.-M., I, 369 ;
1138. *Hérant.* Analectes, 2ᵉ s., VII, 300.

De là a été dérivé, au moyen du suffixe *-ellus* (en français *-el*, *-iel*, *-eal*, *-ial*, *-eau*, *-aul*, *-al*, etc.), le diminutif :

1159. *Hérendel.* De Ryckel, Communes, 270,

qui, évoluant comme ses semblables, est par exemple au XIVᵉ siècle :

1338. *Hérondeal.* Poncelet, 462,

où l'*o* est difficile à expliquer.

La deuxième syllabe, non accentuée, s'est simplifiée en *é*. La terminaison est devenue régulièrement, dans le dialecte de la région, *-ia* ; au cours du XIXᵉ siècle, on écrit parfois, en ajoutant par analogie avec d'autres noms un *t* final : *Hérédiat, Héridiat.*

3. — Lincent (Liége) ;
Linsmeau, hameau de Noduwez (Brabant).

Lincent est une orthographe romane un peu compliquée d'un nom thiois qui s'écrivait jadis en *-en* :

1031. *Lynsen.* BCRH, 3ᵉ s., II, 279 ;
1282. *Linsen.* Cuvelier, Dénombrements, 9 ;
1558. *Lynsen.* Analectes, II, 155,

et qui a également été francisé d'une manière différente :

1526. *Linchain.* Cuvelier, 392.

Mais on trouve encore une autre terminaison thioise :

1149. *Linsem.* Cart. Saint-Trond, I, 51 ;
1375. *Linsem.* Cart. Saint-Lambert, IV, 523 ;
1397. *Linsem.* Cart. Val-Benoît, 723.

C'est de cette forme en *-em* que l'on a dérivé le diminutif en *-ellus* :

    1145-64. *Linsmeal.* Analectes, 2ᵉ s., VIII, 192 ;
    1187. *Linsemel.* Tarlier et Wauters, C. Jod., 262 ;
    1225. *Lisemeal.* Analectes, 2ᵉ s., IX, 307 ;
    1227. *Lensemeal.* » 2ᵉ s., VIII, 310 ;
    1290. *Linsemeal.* Tarlier et Wauters, 262 ;
    1374. *Lisemals.* Cuvelier, 9 ;
v. 1380. *Linsemial.* Bormans, Fiefs Namur, I, 159 ;
    1403-4. *Linsemaul.* Tarlier et Wauters, 262 ;
    1466. *Linchemeau.* » » 262 ;
    1526. *Lissemeau.* Cuvelier, 391 ;
    1526. *Liesmeau.* » 391 ;
    1558. *Lynsmeal.* » II, 155.

Comme il arrive parfois, les deux localités portaient originairement le même nom. Nous le savons par un acte du XIIᵉ siècle dans lequel on distingue les deux homonymes en indiquant un village limitrophe :

    1139. Alta Ecclesia, Heylecinis, *Lynsem Pellendis*, *Lynsem Hallei*, Anninis. BCRH., 2ᵉ s., II, 447.

C'est Linsmeau qui est voisin de Pellaines (Brabant) ; Lincent est situé près de Grand-Hallet et de Petit-Hallet (Liége).

Dans le couple en question, le diminutif n'a donc pas été formé de toutes pièces à un certain moment pour désigner une agglomération nouvelle. De deux noms semblables portés par des lieux voisins, on en a fait passer un au diminutif pour mettre fin à une homonymie gênante.

    4. — Hollogne-aux-Pierres (Liége) ;
        Hognoul (Liége).

Il existe un second Hollogne près de Waremme, sur le Geer (Liége). Le primitif est connu dès le IXᵉ siècle :

    862. *Holonium.* Rec. ch. Stav.-M., I., 89 ;
v. 1136. *Holon.* Grandgagnage, Voc., 134 ;
    1280. *Holonia.* » » 134.

Le diminutif, en *-olus*, est, au XIᵉ siècle :

    1044. *Holinola.* BCRH, 3ᵉ s., II, 281,

et au XIIᵉ :

    1116. *Holonole.* BCRH, 4ᵉ s., VII, 120 ;
    1116. *Holonule.* Cart. Saint-Lambert, I, 53.

On trouve aussi, vers la même époque, une forme syncopée :

    1085. **Holnole* (écrit fautivement *Holuole*). Cart. Saint-Lambert, I, 43.

L'*n* s'est ensuite mouillé, ce qu'indiquent différentes graphies ; pour le simple :

> 1105. *Holonge*. Rec. ch. Stav.-M., I, 278 ;
> 1126. *Holongia*. Grandgagnage, Voc., 134 ;
> 1147. *Holoin*.   »   »   134 ;
> 1182. *Holong*. BIALg., XII, 245 ;
> 1205. *Holoenge*. Leodium, V, 72 ;
> 1320. *Holoingne*. Poncelet, 236 ;
> 1321. *Holongne*. BIALg., XI, 193 ;
> v. 1515. *Hollongne*. Cauchie et Van Hove, Doc., I, 303 ;

et, pour le diminutif :

> 1092. *Holenguile*. Berh, 3ᵉ s., II ;
> 1223. *Hollegnoule*. Analectes, 2ᵉ s., VI, 153.
> 1234. *Holegnuole*. Cart. Saint-Lambert, I, 331 ;
> 1263. *Holeingnule*. Romania, XVII, 573-4 ;
> XIIIᵉ. *Holenghule*. Grandgagnage, Voc., 134 ;
> 1314. *Holengunlle*. Poncelet, 146 ;
> 1321. *Holengnules*. BIALg., XI, 193 ;
> 1338. *Hollegnoule*. Poncelet, 449 ;
> 1367. *Hollignoulle*. BIALg., XXXII, 330 ;
> XIVᵉ. *Holnioule*. Cart. Dinant, I, 123 n. ;
> 1558. *Hollengnoulle*. Analectes, I, 459.

Une fois la voyelle de la deuxième syllabe disparue, on a simplifié la prononciation en laissant tomber également l'*l*. Quant à l'*l* de la dernière syllabe, il est parfois mouillé comme dans *Jandrenouille* :

> XVIIIᵉ. *Hognouille*. Brassinne, Analecta, 51.

Aujourd'hui, on a donné à la terminaison une orthographe masculine, qui apparaît déjà exceptionnellement au XVᵉ siècle :

> 1497. *Hollengnoel*. Paquay, Pouillé, 69.

5. — Dion (Brabant) ;
Doiceau, hameau de Grez-Doiceau (Brabant).

Le nom de *Dion*, porté par les deux communes voisines de Dion-le-Mont et de Dion-le-Val, n'a guère varié au cours des âges :

> 1155. *Diun*. Cart. Affligem, 155 ;
> 1225. *Dion*. Devillers, Descr. cart. Hainaut, I, 213 ;
> 1496. *Dyon*-le-Val. Cuvelier, 157.

Le diminutif a été dérivé au moyen du suffixe *–cellus* (en français, mêmes formes que pour *–ellus* ; le *c* devient souvent *ch*) ; il a dû être

*_Dioncel_, puis régulièrement *_Diencel_. On le trouve compliqué par le développement d'un _w_ entre l'_i_ et la voyelle suivante :

    1225. _Diwenceal_. Devillers, I, 213 ;
    1285. _Diwenchial_. Barbier, Géronsart, 251.

Ensuite, sous l'influence du _w_, un _u_ remplace l'_i_, et le _w_ disparaît souvent dans l'écriture :

    1374. _Duwensial_. Cuvelier, 8 ;
    XIIe. _Duencel_. Tarlier et Wauters, C. Wavre, 221 ;
    1209. _Duenchiel_. Ibid., 221.

La terminaison évolue régulièrement en -_eau_ ; les deux premières syllabes finissent par se fondre en une seule : *_Dwenceau_, *_Doinceau_ ; la nasalisation tombe, et l'on a _Doiceau_ ainsi que certaines formes secondaires telles que :

    1496. _Duchcau_. Cuvelier, 160.

Après tant de métamorphoses, dont aucune n'est insolite dans la toponymie de notre pays, le diminutif n'a plus gardé du primitif que le _D_ initial.

    6. — Vien, hameau d'Anthisnes (Liége) ;
    Vigeai, hameau d'Anthisnes (Liége).

Si nous remontons dans l'histoire de _Vien_, nous constatons que ce nom renfermait jadis un _l_ :

    1118. _Vilen_. Rec. ch. Stav. M., I, 285,

_l_ qui, sous l'influence de l'_i_, a dû se mouiller ; c'est ce que représente sans doute l'orthographe suivante :

    1512. _Villain_. Cart. Ciney, 272 ;
    XVIIIe. _Villain_. Brassinne, 70 ;

l'_l_ mouillé a fini par disparaître complètement.

De plus, ce nom était anciennement terminé par un _z_ :

    v. 1131. _Vilenz_. Rec. ch. Stav.-M., I, 311 ;
    1124. _Vilenz_. Ibid., I, 291 ;
    1082. _Vileinz_. Ibid., I, 240.

Le diminutif, formé au moyen du suffixe -_ellus_, a sans doute été, à un certain moment, *_Vilenzel_, que les documents conservés ne nous donnent pas. La plus vieille forme connue est :

    v. 1131. _Vilengal_. Rec. ch. Stav.-M., I, 311.

On pourrait hésiter à première vue à reconnaître dans ce nom le diminutif de _Vilenz_ ; aucun doute cependant n'est permis à cet égard. Le _g_ de _Vilengal_ est doux : il faut prononcer _vilenjal_. La même transformation de *z* (écrit *s*) en *g* doux s'est produite par exemple pour *Vuarrens* (Vaud ; 1147 *Warens*, 1234 *Wareins*), dont le diminutif est *Vuarrangel* (1184 *Warrengel*). Quant à *-al*, c'est une des nombreuses variantes phonétiques de *–el*.

La syllabe nasalisée était dépourvue de l'accent tonique, lequel porte sur le suffixe, suivant la règle ; aussi, cette syllabe a-t-elle été simplifiée.

    1512. *Villegeal*. Cart. Ciney, 272.

L'*l* mouillé est tombé, comme dans le primitif, et l'on a eu *Viegeai*; puis *Vigeai*, qui apparaît dès le milieu du XIXe siècle. L'évolution de *–el* final en *–ai* n'est pas rare ; l'orthographe représente alors la dernière syllabe par *-ai*, *-ay* ou même *-et*, par exemple dans *Bassuet* (Marne), 1145 *Bazuel*, 1200 *Bachuel*, diminutif de *Bassu* (Marne).

    7. — MARÉDRET, hameau de Sosoye (Namur) ;
          MAREDSOUS, hameau de Denée (Namur).

Voici comment se trouve écrit le nom de Marédret dans les actes anciens :

    Fin XIe. *Merendrek*. BCRH, LXXVI, 667 ;
    1136-96. *Merenderech*. Ibid., id. 671 ;
    1265. *Marenderech*. Brouwers, Cens Namur, I, 133 ;
    1266. *Marendrech*. BCRH, LXXVI, 689 ;
    v. 1380. *Marendreche*. Bormans, Fiefs Namur, 120.

Sur ce nom a été formé régulièrement le diminutif en *-olus* :

    1289. *Marendrechoul*. Brouwers, Cens, II², 348,

que nous trouvons déjà, vers la même époque, légèrement transformé :

    1265. *Marendrechuoet*. Brouwers, Cens, I, 134,

où le *t* pourrait bien être une erreur d'écriture pour *l*, car *–olus*, au XIIIe siècle, est souvent représenté par *–oel*.

A une époque récente, le *ch* final du primitif est tombé, comme dans un autre nom de lieu de la même région, *Oreche*, aujourd'hui *Oret* (Namur) ; la terminaison *-et* est une graphie analogique.

D'autre part, dans nos deux noms, la seconde syllabe, n'ayant pas l'accent tonique, a été simplifiée par la chute de la nasalisation ; c'est ainsi que le diminutif est devenu au XIVe siècle :

    v. 1380. *Maredrechoul*. Brouwers, Cens, I, 134.

Certaines des étapes suivantes de l'évolution qui a abouti au nom actuel nous manquent ; mais nous pouvons reconstituer *Maredchoul, produit cette fois par la simplification de la troisième syllabe, dont la voyelle finit par tomber ; et ensuite *Maredchoux. C'est de là que provient immédiatement la forme

1840. *Maredsoux*. Havard, Dict. Belgique, 210.

Une dernière modification purement orthographique a donné *Maredsous*.

8. — Forseille, hameau de Héron (Liége) ;

Fosseroulle, hameau de Huccorgne (Liége).

En remontant dans la série des documents authentiques, nous suivons la forme actuelle du diminutif jusqu'au début du XVIIe siècle :

1610. *Fosseroule*. Bormans, Seign. féod., 186.

Il en existe une variante où *ch* remplace *ss*, comme il arrive fréquemment :

1657. *Focheroule*. Bormans, Seign. féod., 186.

C'est indubitablement le même nom que nous rencontrons sous une forme légèrement plus compliquée, dès le XIVe siècle :

1326. *Forcheroules*. Poncelet, 67 ;
1497. *Forcherull*. Paquay, Pouillé, 105.

On a donc, au XVIe siècle, éliminé le premier *r* pour faciliter la prononciation. Quant à l'*r* de la troisième syllabe, il tient la place d'un ancien *l*, qui n'était pas encore entièrement sorti de l'usage au XVIe siècle. C'est ainsi que l'on trouve :

1558. *Fosselhoul*. Analectes, II, 366,

et, antérieurement, la première syllabe conservant encore son *r* :

1390. *Forchelloules*. Bormans, Seign. féod., 185 ;
v. 1380. *Forcheilhoules*. Bormans, Fiefs Namur, 133 ;
1323. *Forchellules*. Bormans, Seign. féod., 185 ;
1303. *Forchelhuels*. BIALg, XIX, 426 ;

et dans les formes où la deuxième syllabe est en *s* ou en *c* :

1323. *Fourcellules*. Poncelet, 278 ;
1304. *Forcilloules*. Evrard, Flône, 182 ;
1304. *Forcilhules*. Cart. Saint-Lambert, III, 41 ;
1399. *Forsilloles (écrit, par une confusion fréquente, *Forfilloles*). Cart. Saint-Lambert, II, 566.

Une fois cette évolution reconstituée, nous constatons sans peine que notre *Fosseroulle* actuel, qui en est le dernier terme, représente le diminutif correspondant à *Forseille*, dont voici les plus vieilles formes connues :

1125. *de Forselis*. Ernst, Hist. Limb., VI, 126 ;
1137. *Forcelles*. Evrard, Flône, 23 ;
1194. *Forcelles*. Barbier, Floreffe, II, 47 ;

1202. *Furcheles.* Analectes, XII, 36 ;
1209. *Forcelez.* Ibid., 2ᵉ s., I, 35 ;
1265. *Forceilhes.* Romania, XVII, 575 ;
1296. *Forcilles.* Evrard, Flône, 179 ;
1315. *Fourcelles.* Poncelet, 165 ;
1317. *Fourchelles.* Ibid., 187 ;
1318. *Forcelles.* Ibid., 215 ;
1318. *Forceilhles.* Ibid., 216 ;
1326. *Forchelles.* Ibid., 309. ;
1497. *Ffourcillez*, Paquay, Pouillé, 105.

L'*s* final est tombé au XIXᵉ siècle.

9. — Filot (Liége) ;
Fagnoul, hameau de Ferrières (Liége).

Celui qui, jetant les yeux sur une carte détaillée de la région de l'Ourthe, y remarque le nom de *Fagnoul*, est fort tenté de voir, dans ce nom de lieu, un diminutif de *fagne*. Il ne penserait assurément pas à le rapprocher de *Filot*, qu'il aperçoit dans le voisinage.

Et cependant, voici ce que nous apprend l'histoire de ces deux noms.

L'*a* de *Fagnoul* est tout récent ; au XIXᵉ siècle encore, on disait généralement *Fegnoul*. Au XIIᵉ, nous trouvons une forme plus compliquée :

1105. *Fielignel.* Rec. ch. Stav-.M., 280.

Quant à *Filot*, il a perdu une nasalisation qui subsistait encore au XIVᵉ siècle :

1334. *Filoing.* Cart. Saint-Lambert, III, 446.

Le cas est le même, par exemple, pour *Férot*, localité voisine, appelée anciennement *Feroin*. Les formes antérieures à *Filoing* sont :

1030-1. *Filon.* Rec. ch. Stav.-M., I, 303 ;
902. *Filionio.* Ibid., I, 118 ;
895. *Fielon.* Ibid., I, 112.

Maintenant, le rapport de *Fagnoul* et de *Filot* nous apparaît très clairement.

Le diminutif dérivé de *Fielon* au moyen du suffixe –*olus*, présent dans notre *Fagnoul*, a pu être régulièrement *Fielegnuel, puis *Fielignuel. Celui-ci est représenté par le *Fielignel* de 1105. Il est très probable que le scribe de l'acte a oublié l'*u* de –*uel*, à cause du voisinage de l'*n*. On pourrait supposer aussi, mais avec moins de vraisemblance, qu'une substitution de suffixe a eu lieu : ou bien le suffixe –*ellus* (–*el*) aurait remplacé momentanément –*olus* ; ou bien –*olus* aurait supplanté définitivement, mettons au XIIᵉ siècle, le suffixe –*ellus* employé tout d'abord.

Le premier *l* de *Fielignel* s'est mouillé, puis est tombé ; *-uel*, de l'hypothétique *Fielignuel, a donné *-oul*, et *Fie-* est devenu *Fe-*. Toutes ces transformations sont absolument normales. Quant à celle de *e* en *a*, dans la première syllabe, elle est due évidemment à un rapprochement injustifié avec *fagne*.

Il arrive que *l* final soit mouillé, comme dans *Hognouille*, mentionné plus haut :

1831. *Fagnouille*. Vander Maelen, Dict. Liége, 62.

10. — Gougnies (Hainaut) ;

Gazelle, hameau de Mettet (Namur).

Gougnies nous apparaît anciennement sous les aspects que voici :

1265. *Guignies*. Brouwers, Cens, I, 154 ;
1294. *Gougnies*. Ibid., I, 273 ;
1294. *Goignies*. Ibid., I, 275.

Parfois aussi, comme dans les autres noms de ce type, la première syllabe est nasalisée :

1289. *Goingnies*. Brouwers, Cens, II, 373 ;
1294. *Goingnies*. Ibid., I, 273. ;
1558. *Gouingneez*. Analectes, II, 387.

A ces formes correspond un diminutif en *-ellus*, que nous ne rencontrons qu'au XIIIe siècle :

1289. *Goingniselles*. Brouwers, Cens, II, 373.

On trouve à la même époque des formes contractées :

1294. *Goingsieles*. Brouwers, Cens, I, 273,

où *ie* est le résultat de la diphtongaison ordinaire de l'*e* du suffixe ; et :

1265. *Goinzeles*. Brouwers, Cens, I, 144 ;

la suppression de la deuxième syllabe facilite singulièrement la prononciation.

Goinzeles a certainement perdu à un certain moment sa nasalisation ; le phénomène est des plus courants, comme nous avons eu maintes fois ci-dessus l'occasion de le montrer. Il en est résulté *Goizeles, que l'on a légèrement modifié afin de lui donner un sens apparent, la vraie étymologie ayant fini par se perdre :

1832. *Gazelle*. Vander Maelen, Dict. Namur, 110.

Comme *Fagnoul*, que nous venons d'étudier plus haut, le nom de lieu auquel aboutit l'évolution du diminutif de *Gougnies* n'a plus gardé du primitif que la consonne initiale.

Auguste Vincent.

HOCCASCAUTE

(in pago Texandrensi)

En l'année 710, une femme du nom de Bertelinde, vouée à Dieu, donna à l'abbaye d'Echternach des biens que sa mère, Odrade, lui avait laissés en Taxandrie. Ils consistaient en une demeure principale (sala), une petite ferme (curticle) et cinq cabanes (casatae) habitées par autant de serfs et leurs familles. L'endroit où ces biens se trouvaient, s'appelait *Hoccascaute*, et était situé sur le Dommel (¹).

Cinq siècles et demi plus tard, c'est-à-dire en l'an 1259, le comte Arnoul de Looz vendit à l'abbaye de Floreffe deux moulins. L'un de ces moulins était situé à *Hocscot*, l'autre, dans le village de *Bocel* (²).

Que *Hocscot* soit l'endroit dont il s'agit dans la donation de Bertelinde, ce n'est pas douteux. Le comte déclare céder à l'abbaye, en même temps que le moulin en question, les eaux courantes et stagnantes depuis la pêcherie de *Hocscot* jusqu'à l'emplacement occupé par le moulin de Neerpelt. C'est donc bien sur le Dommel que *Hocscot* est situé, et il n'y a vraisemblablement pas eu plus d'un endroit de ce nom baigné par cette rivière.

En examinant une carte détaillée, on remarque sur le Dommel, non loin de Neerpelt, l'existence d'un endroit appelé *Hoexke*. L'identité de *Hoccascaute* et de *Hoexke* est établie par tout ce qui précède.

Quant à la signification de ce nom, on a le moyen de la déterminer avec une certitude suffisante.

On lit dans un ancien document le passage suivant, relatif à une pêcherie : « quae (piscatio), quia in similitudinem palorum, quos incolae » *hocas* vocant, construitur, gentilicio nomine ab indigenis *hocwar* » nuncupatur (³) ».

L'authenticité de ce document, qui porte la date de 832, est à rejeter. On peut néanmoins accepter les renseignements qu'on y trouve au

---

(¹) In pago Texandrensi, loco Hoccascaute, super fluvio Dudmala. Bréquigny et Pardessus, *Diplomata*, t. II, p. 284.
(²) Barbier, *Histoire de l'abbaye de Floreffe*, t. II, p. 119.
(³) Wilmans, *Kaiserurkunden des Provinz Westfalen*, t. I, pp. 30-31.

point de vue linguistique. L'explication du nom *Hocwar*, donné à une pêcherie appelée aussi *Hugver*, que l'abbaye de Corbie possédait sur le Wéser (¹), telle que la fournit le texte cité, indique clairement la valeur du premier des éléments formant le nom *Hoccascaute*. *Hocca* ou *Hoccas* a le sens de pieu, et l'usage était d'employer des pieux pour délimiter les pêcheries sur les cours d'eau.

Quant au second élément, *scaute*, devenu dans le document du treizième siècle *scot*, il existe encore sous une forme à peu près semblable dans divers autres noms de lieux, notamment dans Aerschot, Oirschot, Kinschot. C'est bien le gothique *skauts* (²). Ce mot, dans la version d'Ulfilas, a le sens de frange, bord. De là à celui d'espace délimité, circonscrit, il n'y a pas loin. *Schot* n'est qu'un équivalent de *mael*, *mark*, *rijk*, *wijk* et autres éléments désinentiels qui, dans les noms de lieux, expriment l'idée générale de lieu, endroit.

Remarquons en terminant que la charte du comte Arnoul fait, comme on l'a vu plus haut, mention d'une pêcherie de *Hocscot* : piscaria de *Hocscot*. Il y a lieu de se demander si *Hocwar* et *Hocscot* ne sont pas pour ainsi dire des synonymes, des noms désignant spécialement des pêcheries délimitées par des pieux.

Edg. DE MARNEFFE.

(¹) Documents des années 1133 et 1145. WILMANS, *op. cit.*, t. II, pp. 285 et 294.
(²) V. DIEFENBACH, *Vergleichendes Woerterbuch der gothischen Sprache*, t. II, p. 240.

LA WAMME

Etude sur les Noms de rivière du thème * wèm-

La Wamme est une petite rivière de l'Ardenne belge qui naît dans la province de Luxembourg, au bois de Freyir, près de Mochamps. Elle arrose d'abord Bande, Grune, Harsin, Hargimont. Là, elle reçoit la Hedrée, nommée au VIIIe siècle *Chandregia*, qu'il faut lire *Handreia*. A On, elle s'engouffre dans le calcaire, et, après un cours souterrain de quatre kilomètres, elle va se jeter dans la Lomme à Jemelle, province de Namur. La grotte de la Wamme a donné des objets préhistoriques et des monnaies romaines, de Commode, Probus, Constantin et autres empereurs ([1]). Sans doute elle a maintes fois servi de refuge en cas d'alerte. Cette partie du Condroz fait résonner aux oreilles du philologue une quantité de noms qui révèlent une haute antiquité. Le nom de la Wamme est-il de ce nombre ([2]) ? Le désir nous a pris de le rechercher, sans nous laisser influencer par la réflexion que la question manquait d'envergure. Toutes les œuvres d'analyse apparaissent au premier aspect sans portée. Qu'importe une goutte d'eau de plus ou de moins dans la mer ? Pourtant c'est en résolvant ou même en agitant de menus problèmes de ce genre que l'on parviendra quelque jour à rectifier ou à étayer les grandes généralisations souvent trop hâtives du siècle passé.

I. La Wamme est appelée *Vemena*, vers 753, dans une charte de Pepin le Bref : « *in loco cognominante Brachanto (= Bracbanto) super flu-*

([1]) J. DEMARTEAU, *L'Ardenne belgo-romaine*, 2e éd., p. 112.

([2]) Voici, à titre de curiosité, la réponse d'un homme bien renseigné : « (La grotte de la Wamme) tire son nom d'une petite rivière qui vient se perdre à quelques pas de son entrée, pour reparaître à l'intérieur, et qui s'appelle la Wamme (c'est-à-dire, en patois, local, *la femme*). *La Wamme se jette dans l'Homme* à une petite distance de la grotte. Il va sans dire que l'union des deux rivières ainsi nommées est une source intarissable de plaisanteries plus ou moins délicates de la part des gens du pays. Il n'y a pas de mésintelligence conjugale que l'on ne calme en citant aux époux l'exemple du touchant accord qui règne entre les deux rivières depuis leur confluent. Quant aux bifurcations..., ce sont de petites querelles de ménage... etc. ». On peut lire ces spirituelles sottises dans AD. BADIN, *Grottes et Cavernes*, Hachette, 1886 ; 4e édit., p. 255.

Il va sans dire que femme se dit *fème* en patois local; que la seconde rivière est la *Lomme*, déformée en *l'Homme* par les géographes, et que les badinages de M. Badin sont des jeux de mots de son invention.

violo Uemena » (¹). *Vemena* semble bien affecté d'un suffixe -*ena* ou -*na*. Ce n'est plus une forme simple. Le primitif serait *Wam*, ou peut-être *Wem*, *Wim*, puisque la flexion de la voyelle radicale est un phénomène courant. Au siècle suivant, en 885, le même cours d'eau est nommé dans un document ecclésiastique : « *Harsanio, super fluvium Wenna, in pago Condrostinse* » (²). Il s'agit de Harsin, commune de l'arrondissement de Marche-en-Famenne située sur la Wamme. L'identification de Wenna avec la Wamme est certaine, parce qu'elle repose sur trois noms à la fois, Harsin, la Wamme et le Condroz, quoique Piot (³) ne se soit pas résolu à identifier Harsanium avec Harsin, parce que ce fait contrariait sa délimitation systématique entre pagus du Condroz et pagus de la Famenne. Nous nous garderons de conclure sommairement que *Vemena* était devenu *Wenna* du VIIIe au IXe siècle. Il se peut que le scribe de Pepin ait employé une forme déjà devenue savante ; il se peut que celui du IXe siècle ait transcrit *Wenna* au lieu de *Wemna* ou *Vemna* ; mais il a pu aussi avec intention latiniser une prononciation populaire. Ce n'est pas celle qui a triomphé, puisqu'on prononce aujourd'hui *Wamme*, mais il faut noter le fait, pour le cas où la comparaison nous ferait retrouver pareille forme ailleurs.

Ces deux transformations de *Vemena* en *Wamme* et en *Wenne* impliquent un primitif accentué sur la première syllabe, *Véměna*, qui a passé par *Vemna*. L'assimilation de *mn* se fait d'ordinaire en *mm* ou en *m* ; ainsi dans *femme*, de *femina*, *femna* ; dans *lame*, de *lamina*, *lamna* ; dans *dame*, de *domina*, *domna* ; dans *homme* de *hominem*, *somme* de *somnum*, Somme (affluent de l'Ourthe), de *Sumina* (⁴), Lomme de *Lumina*. Mais l'assimilation en *nn* était possible aussi, à preuve *columna* colonne, *Garumna* Garonne, *damnat* damne, qui se prononce *dâne*, et, en italien, *domina* donna. Un homonyme latin de notre terme, l'ancien neutre pluriel *vimina*, au sens de ouvrage tressé, devient en bolonais *vemna*, mais en bergamasque *venna* (⁵). Cette confusion de *m* et *n* est ancienne et fréquente, témoin le latin *solemnis* issu de *annus*, et, pour rester dans la nomenclature fluviale, *Drona* le Drome et *Alauna* l'Alleaume. Quant à la transformation de voyelle dans *Wamme*, elle n'est pas plus étrange que celle de *femina* en *femme* (*fame*). Reste le *w*

(¹) Leçon et interprétation de Halkin et Roland, *Recueil des chartes de l'abbaye de Stavelot-Malmedy*, p. 57. Ils conjecturent que ce Brachanto est Braibeteau, au nord de Wellin. Cf. Grandgagnage, *Mémoires sur les anciens noms de lieu de la Belgique orientale*, pp. 35 et 52.
(²) *Gesta episc. Camerac.*, I, 54, dans Pertz, t. VII, p. 420.
(³) *Les Pagi de la Belgique*, p. 152.
(⁴) *Sumina*, et, avec un second suffixe, *Suminara*, en 959, dans Halkin et Roland, *o. c.*, p. 176 ; Roland, *Toponymie namuroise*, p. 132.
(⁵) Meyer-Lübke, *Gramm. des langues romanes*, t. II, § 54.

initial. Mais, pour acter ici une vrai transformation, il faudrait savoir comment le scribe de Pepin prononçait le son initial de *Ucmena* en 753. Cela dépend de l'intensité de sa culture germanique ou romane. Les Germains prononçaient *w*, les Romans *v*. Toutefois cette différence n'était pas assez caractéristique pour empêcher de sentir l'identité entre *Wemena* et *Vemena*, *Wemna* et *Vemna*, et c'est tout ce dont nous avons besoin pour le moment (¹).

II. Notre étude s'arrêterait court ici, si ce nom existait sans analogues dans la toponymie. Mais le nom de Wamme n'est point particulier à cet affluent de la Lomme. D'abord, nous retrouvons dans de département des Ardennes une autre rivière *Wamme*, qui se jette dans la Meuse en face de Pouilly. Nous n'hésitons pas non plus à donner comme identiques d'autres noms du Hainaut. En premier lieu, il y a celui de la commune de *Wasmes*, canton de Boussu, arrondissement de Mons. Les documents prouvent que l'*s* devant *m* est parasite dans ce nom, comme dans *Rosnes*, *Cuesme* et une foule d'autres. On trouve une fois *Wasmii* en 1018 comme nom de la rivière, mais par contre *Wamii* en 1034. 1095, *altare de Guamiis* en 1095, *Wames* et *Wamiœl* (Wasmuel) en 1110, *villa Wamiae* en 1184, *Wamia* en 1186 et 1191. Les anciens pouillés écrivent *Wames*, *Waimes*, les documents romans portent *Wamez*, 1254, *Wames*, 1262, *Wasmes*, 1279. Depuis lors la forme *Wasmes* domine (²). Ces textes prouvent que la prononciation est *Wame* pour les Wallons, *Guame* pour leurs voisins du sud, qui changent *w* en *gu*.

Wasmuel, dont le nom se prononce *Wamué*, est un village au nord de Wasmes, jadis dépendant de celui-ci, aujourd'hui commune séparée. Son nom signifie *petit Wasme* et représente un diminutif *Wamiolus* (³). Une autre dépendance de Wasmes est la ferme dite *Court-à-Wasmes*, qui appartenait à l'abbaye de Saint-Ghislain.

Chotin affirme, d'après le dictionnaire rouchi de Hécart ou le glossaire montois de Sigart, que, dans la région, *wame* a le sens de marais. Il n'y a rien de semblable dans Du Cange, ni dans Godefroy, ni dans Lacurne ; mais notons néanmoins cette indication topographique

---

(¹) Sur le *w* indo-européen à l'initiale, cf. BRUGMANN, *Abrégé de gramm. comp. indo-europ.*, trad. fr., Paris, Klincksieck, 1905, §§ 155-159 ; MEYER-LUBKE, *o. c.*, t. I, §§ 402 et 416.

(²) DUVIVIER, *Hainaut ancien* ; DE REIFFENBERG, *Monuments pour servir à l'histoire des prov. de Hainaut, Namur et Luxembourg*, t. VIII, qui contient les *Annales de l'abbaye de Saint-Ghislain* de dom Baudry. Passim.

(³) CHOTIN, *Etudes étymologiques... de la prov. de Hainaut*, p. 279, raisonne comme si on prononçait *Was-mez*, avec *mez* = *mansus*. Son tableau des formes anciennes ne lui procure aucun enseignement.

que Wasmes gît dans une vallée profonde arrosée de plusieurs ruisseaux et ne repoussons pas sans examen la suggestion de Hécart.

Dans l'arrondissement de Tournai, nous trouvons un autre Wasmes qualifié *Wasmes-Audemez*, canton de Péruwelz, à trois lieues sud-est de Tournai. Celui-ci est appelé *Wames* en 1186, d'après trois manuscrits de Tournai, Paris et Valenciennes (¹). Le géographe Vandermaelen (²) y signale un sol argileux et quelques étangs.

Il y a un château de *Wasmes* par-delà la frontière belge, entre Néchin et Hem, au sud-est de Roubaix et de Lannoy. Il est à la source d'un ruisseau dénommé sur les cartes françaises « rieu du *Pas de Wasmes* », qui se jette dans l'Escaut au sud de Pecq. Dans la même région, en effet, Chotin (p. 404) inscrit un lieu dit *Pas à Wasmes*, à Bailleul, à l'est de Néchin. Il traduit par « pont ou passage des marais », mais il est certain que *Pos* signifie « passage » et jamais « pont ». Vandermaelen appelle le ruisseau *Wames* et le décrit ainsi : « ruisseau qui baigne le territoire d'Estaimbourg à l'est. Il y a quelques petits étangs au sud de Pecq ». Dans la même région encore, Chotin (p. 460) note un *trieu des Wasmes*, lieu dit à Pecq. Il s'agit évidemment du même nom, utilisé pour désigner le *trieu* (³) en question.

Un autre *trieu de Wasmes* existe à Esplechin, au sud-ouest de Tournai, en face de *Wannehain* (France). Le lieu est aussi marécageux, car entre ces deux villages il y a un endroit nommé *mareiche*, c'est-à-dire maresch, marais, en wallon *maras*. *Wannehain* lui-même semble aussi contenir *Wamme*.

Un autre ruisseau, dit la *Wasme*, parcourt les territoires de Bray et de Trivières, arrondissement de Soignies. Insérons encore ici, pour nous en servir au besoin, la note à la fois topographique et étymologique de Chotin (p. 285) : « Sur les rives de ces ruisseaux (la Haine, le Thiriau, la Wasme), s'étendent de vastes prairies marécageuses, que les habitants désignent sous le nom de *wasmes*, c'est-à-dire en rouchi et en roman du Tournaisis « marais vaporeux ». » Bray a retenu son nom de cette situation : le bas-latin *braia* signifie endroit fangeux. De plus, Vellerelle-le-brayeux (souvent écrit à tort lez-Brayeux) s'oppose à Vellerelle-le-sec.

A Leuze, l'ancienne *Lutosa* ou la marécageuse, il y a une *Ferme de Wasmes*. Chotin (p. 446) la déclare ainsi dénommée d'après le village de Wasmes-Audemez. Mais ce village est à deux lieues, et il y a d'autres

---

(¹) Chotin, *o. c.*, p. 486.
(²) *Dictionnaire géographique de la prov. de Hainaut*.
(³) *Trieu* est l'anc. flam. *dries*, *driesch*, wall. *tri*, *trîhe*, *trîhê*. Cf. Grandgagnage, *Dict. étym.* v° *tri*.

communes entre deux. Je conjecture donc que cette ferme tire son nom soit de son orientation vers Wasmes par rapport à Leuze, soit plutôt des marais environnants (marais du Jonquoi, marais du Bernil).

Une carte de 1694 mentionne au sud de Jambes (Namur) une « cense » dont le nom est écrit *Wame* (¹). C'est la seule indication que nous en ayons relevée.

III. A l'époque germanique, ce nom de Wamme, qui a déjà digéré un suffixe -*ena*, ou bien le simple *Wam*, *Wame*, qui serait *Vema* au lieu de *Vemena*, s'est combiné avec le suffixe -*bach*, -*beek*, rivière, devenu -*baix*, -*bais*, -*bez*, *bay* en région romane, -*becq*, -*becque* dans la partie picarde soustraite depuis moins longtemps à l'influence germanique, -*bich*, -*mich*, -*ich*, quelquefois -*pach* dans la région luxembourgeoise grand-ducale. De là une autre série de noms tirés du même radical.

Commençons la liste par *Wambaix*, commune du département du Nord, au sud-est de Cambrai, jadis enclave du Hainaut, dans le Cambrésis. Il y a là un ruisseau du nom banal de *Grand riot* (lisez *rio* = *rieu*, wallon *ri* ou *ru*). Nul doute que *Wambaix* ne soit l'ancien nom de ce ruisseau, nom à décomposer en *Wam-baix*. Les documents portent en 876 *villam Wambasium*, en 958 *villa quae vocatur Wambia*, en 1111 *Gambais*, en 1180 *Wambacium* (²). On sait que -*bacium*, -*basium* sont les latinisations ordinaires de -*bais*, -*beek*. *Gambais*, pour *Guambais*, a subi la transformation romano-celtique de *w* en *gu*. Quant à la forme *Wambia*, c'est une latinisation maladroite ou une tentative manquée pour rétablir la forme primitive en supprimant le suffixe -*bais*. — 2° De même s'explique *Wambez*, département de l'Oise, arrondissement de Beauvais. — 3° Dans une région plus méridionale, on trouvera *g* au lieu de *w*. Ainsi s'expliquent *Gambais*, en Seine-et-Oise, sur la Vègre, et *Gambaiseul*, son diminutif.

La région flamande nous offre deux exemples en -*beek* : 1° *Wambeke*, commune du Brabant, canton de Lennick-Saint-Quentin, nommé « *Wambace in comitatu Brachbantense* » en 877 (³), *Wambach* et *Wambace* en 895, *Wambeca* en 1136, *Wambeek*, *Wambeccha* en 1112, *Wambecha* en 1229, *Wambiek* en 1310 (⁴). Le dictionnaire des communes belges de Jourdain et Van Stalle y signale un ruisseau qui se jette dans le Bellebeek, affluent de la Dendre. C'est donc de l'ancien nom de ce

---

(¹) *Carte du premier et second cantonnement en* 1694. corrigée et augmentée par le chevalier de BEAURAIN, géographe ordinaire du Roy, t. V, carte 2 et 3, feuille Bavay-Namur.
(²) DUVIVIER, *Hainaut ancien*, pp. 320, 339, 152, 173.
(³) PIOT, *Pagi*, p. 101, d'après MIRAEUS, I, 502.
(⁴) CHOTIN, *Études étymol... Brabant*, p. 217, d'après MIRAEUS.

ruisseau que le village a tiré son nom. — 2º *Wambeke*, rivière et hameau de la commune de Wytschaete, Flandre occidentale, au nord de Warneton.

En pays de langue allemande, nous découvrons: 1º *Wambach*, affluent du Löhrbach, qui se jette dans le Rhin sous Ehrenbreitstein. — 2º *Wambach* au sud de Langenschwalbach et au nord-ouest de Wiesbaden. 3º Kurth (¹) note un autre *Wambach* à Winnweiler en Palatinat, et le nom même de *Winn-weiler* semble ne pas être étranger à celui de Wambach. — 4º Nous n'avons pas retrouvé dans le Grand-Duché de Luxembourg le *Wammich* issu de *Wambach* que Kürth signale dans une liste du même ouvrage (²). Ce n'est peut-être qu'une forme théorique. — 5º On trouve -*pach* et non -*mich* ou -*ich* dans *Weiswampach*, nom d'une localité située à l'angle nord du Grand-Duché de Luxembourg, canton de Clervaux. C'est un grand village allongé dominant le fond d'un ruisseau qui rejoint la Wiltz à Maulusmühle. Ce ruisseau a donc dû porter jadis le nom de *Wampach*. Quant à l'adjectif *weiss*, c'est le village qu'il qualifie, non le cours d'eau. Le lieu est nommé, en 915, *Wambais* (³). — 6º De même s'expliqueront *Oberwampach* et *Niederwampach*, deux villages du Grand-Duché à l'est de Bastogne, sur un petit affluent de la Wiltz, affluent dont le nom ancien nous est ainsi révélé. Il existe une mention de 907, mais dans des copies postérieures : « *Wanbaise* in comitatu Bastoniense », variante *Wambaise* (⁴). On ne sait si le *Wannenbais* d'un relevé des églises et terres de Stavelot de 1131 (⁵) se rapporte à un de ces derniers ou à Weisswampach.

IV. Il nous faut passer maintenant à des cas où la voyelle du radical est autre que *a*. Le premier terme a la forme *wem*- dans les noms suivants : 1º *Wembay*, dépendance d'Erneuville, province de Luxembourg, à l'ouest de Champlon. Variante *Wimbay* sur les cartes de l'état-major. Le mot se présente sous la forme *Winbay* entre 1106 et 1147 dans une donation de Lambert de Montaigu à l'abbaye de Saint-Hubert (⁶). — 2º *Wembach*, en Silésie allemande, à l'est de Görlitz, à un kilomètre et demi au sud de Schönau, dans la vallée de la Wiese. Son ruisseau est appelé aujourd'hui Böllen. — 3º *Wembach*, à deux lieues au sud-est de Darmstadt (Hesse). Son ruisseau porte encore le nom de *Wembach*.

(¹) Kurth. *Frontière linguistique*. t. 1, p. 348.
(²) *Id.*, p. 476.
(³) Halkin et Roland, *Recueil des chartes de l'abbaye de Stavelot-Malmédy*, p. 128.
(⁴) *Id.*, p. 121. (Mais *Wabaise* dans Martène et Durand, *Amplissima collectio*. t. II, col. 38).
(⁵) *Id.*, p. 310 et note.
(⁶) De Reiffenberg, *Monuments...*, t. VIII, p. 56 ; Kurth, *Chartes de l'abbaye de Saint-Hubert en Ardenne*, p. 92.

Il se jette dans la Gersprenz à Reinheim. La carte de Bädeker montre ce ruisseau élargi à Wembach en étang ou en marais, indication peut-être utile au point de vue du sens.— 4° *Woimbey*, canton de Pierrefite, arrondissement de Commercy, au nord-est de Saint-Mihiel (Meuse). Ce mot a la mauvaise graphie pléonastique du mot Woivre, une combinaison de *wa* avec *oi*, qui ne doit pas nous empêcher de lire *Wimbais*.

Nous avons noté plus haut la forme *Wenna*, issue de *Vemena*, et remarqué au passage le nom de *Winnweiler* sur un ruisseau dit *Wambach*. Nous ne savons si le nom de la commune de *Wanne*, canton de Stavelot, province de Liége, peut être assimilé à *Vemena*, ou rattaché à *veen* (fagne) ou à d'autres radicaux (¹). Les formes *Vanne*, *Venne*, etc., s'éloignent trop de notre base d'opération pour qu'on puisse les annexer ou les rejeter sans un examen historique approfondi. Mais nous pouvons, sans crainte d'erreur, accueillir dans notre liste le nom de *Wannebecq*, commune du Hainaut, à l'ouest de Lessines. En effet, cette commune est nommée en 847 *Wambace* (²). Le nom a été transcrit plus tard de manière assez fantaisiste, même *Walnesbeccha* en 1131, comme si le premier terme était *walnus* (noix) (³). C'est le rieu de Trimpont, affluent de la Dendre, qui avait sans doute jadis le nom de *Wamebeek. Notons comme argument, d'après Chotin, qu'il y a « d'immenses marais » dans la commune. En tout cas, le nom ancien de *Wame* y existait encore au XIIIᵉ siècle. En 1276, à côté de l'expression « au kemin de Wasnebeque », on trouve les indications topographiques suivantes : a) « C'est li tere de *Wames*, ki fut bos, ki commence a le couturele dou *vivier* dourehaing [= d'Hourrehaing, d'Hourraing, hameau contigu], d'autre part vers la *mer* de Papenghien, et joint as teres de Papenghien devers soleil de tierce ale tere Milon a Werri et dautre part al couture de le malliere [marlière, marnière] le prestre ». — b) « C'est des *Wames* apres Watier le portier » (⁴). — 2° Il y a un autre *Wannebeek*, dépendance de Steenockerzeel, à l'est de Vilvorde, Brabant. Chotin (p. 199) écrit même *Wambeek* comme forme moderne et fournit pour l'année 1286 la forme *Wambeke*. — 3° Faute de variantes anciennes, nous devons être moins affirmatif pour *Wanbach*, affluent de gauche de la Saar, au sud de Saaralbe. On peut craindre que la non-assimilation de *n* devant *b* ne provienne d'une consonne

---

(¹) Je vois le nom de *Wanne* identifié, par les éditeurs du *Recueil des chartes de l'abbaye de Stavelot-Malmedy*, avec Osnes, Ones, Oyne, dans des dénombrements de biens qui vont de 1130 à 1135, mais cette identification n'est discutée nulle part dans l'ouvrage.
(²) Duvivier, *o. c.*, p. 299.
(³) Chotin, *Hainaut*, p. 326.
(⁴) Extrait d'un vieux registre aux rentes, dans Kurth, *Frontière linguistique*, t. 1, p. 207.

aujourd'hui disparue, mais elle peut provenir aussi d'un *c*, comme dans les deux précédents.

V. Le même radical peut entrer en composition avec d'autres suffixes que -*bach*. On trouve: 1º *Wambrouck*, dépendance de Montignies-sur-Sambre, en Hainaut; auquel correspond, 2º *Wimbreucq*, dépendance d'Escanafles, en Hainaut, près de l'Escaut. Ces deux noms signifient donc, en s'aidant d'une définition *a* + *x* : bois marécageux ou pré humide de ou du... *wame* ». — 3º Le nom de *Wambos*, dépendance d'Onkerzeele, près de Grammont, Flandre orientale, signifierait : bois de ou du... *wame*. — 4º *Wemel*, dans la Gueldre, qui est *Wamelo* au XIᵉ siècle (¹), se décompose en *Wame-loo*, bois de ou du... *wame*. — 5º Voici un *Wamebrugghe* mentionné en 963 : Le roi Lothaire confirme à l'abbaye de Saint-Pierre du mont Blandin à Gand, entre autres biens, « de fisco *Wamebrugghe* decem mansos, in loco mancipato (nomcupato) Bugginsela ». Duvivier place ce *Wamebrugghe* à Broxeele, canton de Womhout (Nord), sur la foi d'un Bruggesela qu'il trouve dans une autre charte de la même abbaye en l'an 1038 (²). — 6º Il y a encore un *Wambringue* à Audembert, arrondissement de Boulogne (Pas-de-Calais). C'est peut-être le *Wamebrugghe* que Duvivier me semble avoir cherché vainement à Broxeele. — 7º En Tyrol, à la Zugspitze, on trouve *Wamberg* sur un affluent de la Loisach. — 8º Citons encore *Voimehaut*, dans le bassin de la Moselle, à droite de la Nied française. Le patois de la région grand-ducale et adjacente prononce *Virnoime* pour *Voiname*, *viroin* pour *voran*, *Schoid* pour *Schade*, *Wois* pour *Wasen* (³). Je crois donc pouvoir interpréter *Voimehaut* par *Wameholz*. Pour le second terme, comparer *Bého*, au sud de Vielsalm, qui est *Buch-holz*.

VI. Nous nous sommes astreint jusqu'ici à n'admettre que des noms dont la voyelle est *a* ou peut facilement se ramener à *a*. Cependant nous avons fait place à *Wimbay* et à *Wimbreucq*, dont la voyelle est *i*, en les assimilant à d'autres formes presque identiques. En fait, on peut prouver que la voyelle de *Vemena* peut aboutir à *i* et même à *ü*. Ainsi la *Vismes* ou *Visme*, affluent de la Bresle, en Picardie, était *Vimina* au IXᵉ siècle (⁴). On ne peut guère douter que *Vimina* ne soit une pure variante de *Vemena*. Il est démontré aussi par cette forme ancienne que l's de *Visme* est une simple fantaisie graphique, le résultat d'une mode qui a sévi surtout dans le nord-ouest de la France et dans le Hainaut. C'est cette habitude qui a fait écrire *esvieux* pour *évieux*

(¹) Kurth, *Frontière linguistique*, t. I, p. 368.
(²) Duvivier, *Hainaut ancien*, p. 346.
(³) J.-F. Gangler, *Lexicon der Luxemburger Umgangssprache*, Luxembourg, 1847.
(⁴) D'Arbois de Jubainville, *Recherches sur la propriété foncière...*, p. 561.

(aqueux), *vismiere* pour *vimière* (oseraie), et *Bresle* pour *Brèle*, et *Wasme* pour *Wame*, et *Visme* pour *Vime*. Il serait donc erroné de rapprocher *Visme* des noms de cours d'eau en *vis-*, *ves-* comme *Weser*, *Vésère* et *Vesdre* (¹). A la source de cette rivière est la commune de *Vismes*. De là dérive aussi le nom de *Vimeu*, l'ancien *Viminaus pagus*, dont nous reparlerons plus loin.

Enfin la *Wümme*, affluent du Wéser, à l'est de Brême, est au XIIᵉ siècle *Wiemena*, *Vimena*, *Wemna* (²). On ne contestera pas non plus l'identité de ces formes avec les deux précédentes. Du même nom antique sont donc nés, de par le témoignage des documents historiques, *Wamme*, *Visme* et *Wümme*. Cette constatation nous permet d'élargir notre liste des noms suivants : 1º *Wimbach*, sous-affluent de la Salzach, au sud de Salzburg et à l'ouest du Königssee. C'est le pendant de notre Wembay ou Wimbay. — 2º *Wimmenau*, village situé sur la Moder, arrondissement de Saverne, au sud de Deux-Ponts. De *Wimena* + *au*, prairie marécageuse de la Wimme. — 3º *Wimberghe*, dépendance de Saint-Amand-les-eaux, département du Nord. — 4º *Wimschrans*, dépendance de Herenthout, province d'Anvers. Ce nom est probablement lié à celui de la *Wimpe* qui passe au sud d'Herenthout.

VII. Faisons un nouveau pas. Au lieu de *Vemena* avec le suffixe *-ena*, on pouvait avoir tel autre suffixe synonyme ; soit *-aha*, si *vem* est très ancien, soit *-apa* ou *-apia*, qui deviendrait *-ape*, *-èpe*, *-pe*, soit l'ancien *-ăra*, *-ĕra*, qui deviendrait *-ère*, *-re*. Puis à un suffixe effacé peut s'adjoindre un second suffixe. Enfin on a pu former des diminutifs. Cherchons des traces de ces diverses formations.

C'est *-era* qu'on retrouve dans le diminutif *Wimereux*, *Vimereux* ou *Vanereux*, nom d'un fleuve côtier du Pas-de-Calais, qui passe à *Vimille*. Ces trois formes, qui reflètent les hésitations de la prononciation locale, figurent dans le *Dictionnaire des Communes* de Joanne. Il faut regarder l'*x* final de ces mots comme analogique et comprendre *Vimereu* comme un *Vimercllum* ou un *Vimeraus*. *Vimille* est sans doute aussi un diminutif du même radical. Le picard *Vimereu* possède un correspondant exact dans le wallon *Wimray*, nom d'une dépendance de Bellaire, à l'est de Liége (³).

C'est encore le suffixe *-era* qu'on découvre dans le nom de la *Wimbe*, gros ruisseau qui prend sa source au bois de Bièvre, à Haut-Fays,

---

(¹) Pour ces noms, nous renvoyons à notre article : *Origines de quelques noms de lieux verviétois*, nº V, *la Vesdre*, dans *Bulletin de la Soc. verviétoise d'arch. et d'histoire*, t. XII (1913), pp. 81-87.

(²) K. Mullenhoff, *Deutsche Altertumskunde*, t. II, p. 232.

(³) Le nom est écrit *Wimray* dans le *Dict.* de Jourdain et Van Stalle, moins fidèlement *Winray* dans Delvaux de Fouron, *Communes de la Prov. de Liége*, t. I, p. 60.

dans le Luxembourg belge, reçoit la Senoye à Revogne et se jette dans la Lesse à Villers-sur-Lesse, province de Namur. On en trouve une mention latine de 943 sous la forme *Wembria* (*Uuembria*) : « Tanton [dépendance de Vonêche]... inter confines aquarum *Uuembria* et *Cenelia* [la Senoye ou Senaye, à Vonêche] in comitatu Hoio (¹) ». Ce *Wembria* est une latinisation de la forme populaire *Wembre*, laquelle venait régulièrement de *Wimĕra* ou *Vimĕra*, comme *Sambre* de *Samăra* ou *chambre* de *camĕra*. Si la forme actuelle est *Wimbe*, c'est que le wallon a l'habitude de réduire deux consonnes finales à une seule, prononçant *tchambe, Sambe, nombe, ombe, vinte, prinde*. — 2° Le même phénomène se produit dans le nom de la *Wambe*, ruisseau qui prend sa source à Goegnies-Chaussée, arrose la commune de Quévy-le-Grand et va se réunir à Harveng à un affluent de la Trouille (Hainaut).

VIII. C'est le suffixe *-ĕpa* qu'on découvre dans les noms suivants : 1° la *Wimpe* (variantes *Wimp, Wimpt*), rivière qui prend sa source dans la commune d'Oevel et se jette dans la Grande Nèthe à Hérenthout, province d'Anvers. — 2° La *Wimpe* (variante *Wampe*), qui prend sa source à Arendonck, au marais de Goirken, et se jette dans la Petite Nèthe à Casterlé. Ici l'hésitation entre *-am-* et *-im-* ne manque même pas. Si nous séparons ces deux *Wimpe* du *Wimbe* wallon par le suffixe, c'est parce que, en pays flamand, l'insertion de *b* n'avait aucune raison d'être : *Wemĕra* aurait produit *Wemmer* ou *Wimmer* ; c'est *Wemĕpa seul qui pouvait devenir *Wimpe*.

Nous avons plus haut décomposé *Wamel* de Gueldre en *Wame-loo* sur la foi d'une charte ancienne : au contraire *Wemmel*, commune du Brabant, semble porter un nom diminutif, comme Dommel, Mandel, Rupel. En effet, ce nom était latinisé sous la forme *Wemmela* en 1143 ; il est *Wemmele* en 1258, 1389, 1435, avec la première syllabe accentuée ; d'où une forme nouvelle, *Wamble*, que Chotin donne sans indication de source, mais qui doit être d'origine wallonne. Avec adjonction d'un nouveau suffixe hydronymique, le même nom devient *Wamblene*, 1138, dans le cartulaire d'Afflighem, *Wambelne* en 1111, 1210, 1215, *Wamblinae* en 1147, *Wamblinis* en 1176, 1227, etc. De cette abondance de formes si transparentes, Chotin tire, à son ordinaire, une étymologie effroyable : *Wemmel* signifie à ses yeux *Bahnmeyle*, borne miliaire !

(¹) HALKIN et ROLAND, *Recueil des chartes de l'abbaye de Stavelot-Malmédy*, p. 154. ROLAND, *Toponymie namuroise*, p. 134. — J. DEMARTEAU, *L'Ardenne belgo-romaine*, 2° éd., p. 88, dit *Vemera*, ce qui nous serait précieux, mais l'auteur a cité de mémoire. Les recueils plus anciens de RITZ, *Urkunden...*, p. 37, GRANDGAGNAGE, *Mémoire...*, p. 41, *Vocab.*, p. 74, disent *Wenbria*. — C'est ce *Wenbria* qui a induit le celtisant ESSER, *Beiträge zur gallo-keltischen Namenkunde* (Malmédy, 1884) à décomposer le mot en *Vindobriga*.

Le suffixe est moins clair dans le nom de *Wimpel* ou *Wempel*, dépendance de Viekevorst, prov. d'Anvers, faute de variantes anciennes. Ou ce nom est un diminutif de *Wimpe* ayant désigné quelque ruisseau ou marais, ou il provient de *Wimpeloo*, bois de la Wimpe. — Le nom de *Wampenberg*, dépendance d'Onkerzeele, Flandre orientale, où nous avons déjà trouvé un lieu dit *Wambos*, contient sans doute deux suffixes hydronymiques, -*ĕpe* + *ĕne* : *Wamĕpe* y est devenu *Wampe*, puis *Wampene*. — On peut aussi placer ici, sous bénéfice des formes anciennes, le nom de *Wimpfen*, Grand-Duché de Bade, au nord de Heilbronn. Ici le suffixe serait en -*ĕfe*, forme haut-allemande de -*ĕpe* ; *p* serait intercalaire comme dans *sumpf*, marais, en gotique *swumfsl*.

IX. On se tromperait si l'on croyait que nous adoptons systématiquement tout ce qui commence par *wam*- ou *wim*-. Nous rejetons, par exemple, *Wiemersmael*, département de Sutendael, Limbourg, comme contenant l's du génitif, qui trahit un nom de personne. *Wimmertingen*, canton de Hasselt, Limbourg, provient d'un nom patronymique en -*ing*. *Wambrechies*, au nord de Lille, sur la Deule, semble bien composé comme Obrechies, Aubechies, Morenchies, Landrecies, qui postulent des primitifs Albericiacas, Albuciacas, Mauriciacas, Landriciacas, formés d'un nom gentilice. Sans doute on ne peut écarter toute cause d'erreur quand les formes anciennes manquent, ou quand elles sont insuffisantes ou fautives. On serait tenté également d'examiner des mots du type *velm*-, *verm*-, comme issues par métathèse de *veml*-, *vemr*- ; mais souvent le problème reste insoluble. Ceux des types *weem*-, *wiem*-, *weim*-, *weism*-, *wiesm*-, dont nous ne citerons pas, pour abréger, les représentants réels, ne sont pas plus clairs. Au reste, il ne s'agit pas ici de dresser des listes de tous les noms du type *wam*-, mais simplement de réunir des éléments qui s'étayent l'un l'autre par la comparaison.

X. Dans cette soixantaine de noms, nous avons opéré jusqu'ici sur *wam*- comme on opère en algèbre sur des inconnues x ou y. Le moment est venu de dégager la valeur de x. Pour procéder avec prudence, nous nous attacherons à ceux de ces noms qui ont une forme ancienne, trisyllabique, visiblement sans contraction. Ces noms sont au nombre de trois : *Vemĕna*, 753, la Wamme ; *Vimina*, IXe siècle, la Visme ; *Wiemena*, *Vimĕna*, XIIe siècle, la Wümme. Celui qui n'est pas disposé à admettre l'identité de ces formes anciennes fera bien de nous abandonner ici. Nous n'avons pas les moyens mathématiques de la lui démontrer. Pour prouver que la différence de voyelles est insignifiante, que la variation de la consonne initiale se réduit à presque rien, il faudrait accumuler trop de pages de phonétique générale. Invoquons plutôt ici un banal argument de vraisemblance : est-il vraisemblable que trois cours d'eau, un de France, un de Belgique et un du nord de l'Allemagne aient des noms aussi ressemblants, des noms qui ne peuvent être des rétroversions bas-latines de scribes, d'une similitude qui porte sur trois syllabes à la fois et sur la place de l'accent tonique, sans que ces trois noms aient une origine commune ? Nous croyons que non et nous passons à la recherche de cette origine.

XI. Des conjectures ont été faites au sujet de l'un ou l'autre de ces noms. Examinons-les pour mieux nous orienter. Müllenhoff, rencontrant le mot Wümme, rattache ce nom à l'ancien haut-allemand ou plutôt au gotique *wimjan*, latin *scaturire*, sourdre, jaillir. Pour lui, c'est donc un nom germanique ([1]). Kurth rapproche les trois noms capitaux et veut que le radical soit celtique ([2]). Enfin M. de Félice, dans une monographie sur les noms de rivière, attribue le nom de *Visme*, comme ceux de la plupart des cours d'eau de la Gaule, aux Ibères ou Ligures, prédécesseurs des Gaulois ([3]). Voilà bien trois opinions qui semblent s'exclure, trois opinions fondamentales à examiner.

Voyons les arguments de G. Kurth. D'abord il range *Vemena* dans une liste imposante de noms hydronymiques qu'il assigne aux Celtes. Comme argument particulier, il ajoute la réflexion que dans le Vimeu, dans l'Ardenne, il n'est pas probable que l'on ait attendu l'arrivée des barbares germains pour dénommer les cours d'eau. Réflexion juste, mais l'argument porte à faux. Sur leur parcours, les rivières reçoivent des riverains des noms divers ; l'unité se fait péniblement à la longue au profit de l'un de ces noms, et par conséquent, les autres disparaissent. Or, ce n'est pas nécessairement le plus ancien qui triomphe. Que devient l'argument de Kurth en ce cas ? S'il s'agit d'un petit ruisseau d'intérêt tout local, il n'a peut-être qu'un nom, lequel semble absolument nécessaire ; mais la fantaisie individuelle peut aussi lui en substituer un autre. Dans les deux cas, soit par un bouleversement dans la population, soit par ignorance ou indifférence, la tradition ancienne peut se rompre et le nom antique est aboli. Les *Eau-blanche*, les *Eau-noire*, les *Eau-rouge*, les *Ri-d'oneû*, les *Groote-beek*, les *Meulebeek*, les *Fischbach* n'ont pas attendu non plus, pour recevoir un nom, ces dénominations toutes modernes. Or le même phénomène s'est produit en tout temps, à l'arrivée des Germains comme à l'époque actuelle. Le problème consiste précisément à déterminer ici si nous avons affaire à un nom primitif ou à un nom substitué au primitif par la conquête franque. Cet argument écarté, il reste néanmoins que la physionomie du vieux mot

---

[1] K. MULLENHOFF, *o. c.*, t. II, p. 232.
[2] G. KURTH, *Frontière linguistique*, t. I, p. 459.
[3] RAOUL DE FELICE, *Les noms de nos rivières*, Paris, Champion, 1907

Vemena ne détonne pas dans la liste des noms présumés celtiques de Kurth.

Mais rien ne nous offusque non plus dans la proposition plus modeste de Müllenhoff, qui se contente de rattacher *Wümme* à *wimjan*. C'est une autre hypothèse à confronter avec la précédente. Avant de le tenter, nous ferons bien de sonder aussi la troisième opinion, afin de savoir si elle mérite d'entrer en ligne de compte comme une hypothèse sérieuse.

M. de Félice ([1]) voit dans *Visme* et *Wümme* une racine *vi*, aller vers, mettre en mouvement, et un suffixe -*mina* qui aurait le sens passif ou moyen du grec -μενη. Ainsi le nom signifierait « la hâtée » ou « celle qui se hâte ». On s'étonnera d'abord que, avec des explications tirées du mécanisme des langues aryennes, l'auteur assigne ces termes aux Ibères. C'est que pour lui, comme pour D'Arbois de Jubainville et surtout Camille Jullian ([2]), les Ibères ou Ligures ne sont qu'une avant-garde des peuples aryens, parlant une langue aryenne. C'est une opinion dont j'espère pouvoir un jour montrer la fausseté. Quoi qu'il en soit, c'est par des racines et des suffixes indo-européens qu'il explique la plus vieille couche de toponymie fluviale ; dès lors, il importe beaucoup moins au linguiste qu'un nom soit attribué par lui aux Ibères ou aux Celtes. A ce point de vue donc, l'hypothèse ne diffère pas essentiellement de celle de Kurth. Quant à l'étymologie proposée, on peut objecter qu'elle conviendrait à des torrents impétueux, non à des rivières qui se traînent en pays de plaine. N'est-ce pas trop s'aventurer aussi de décider que *Vimena* doit se décomposer en *vi-mena* ? Il y a tant d'autres noms de rivière qui se terminent par -*ĕna* ou -*na*, sans trace de l'*m* : *Alfena*, *Brakena*, *Digena*, *Alsena*, *Alisna*, *Beverna*, *Lederna*, *Elna*, *Hagina*, *Axona*, *Matrona*, *Sequana*, *Saucôna*, *Senna*, etc. Si l'on trouve *m* dans *Garumna*, *Lumina*, *Sumina*, *Vimina*, il est beaucoup plus probable que cet *m* appartient à la racine ou à un premier suffixe qui précède -*na*. Au reste n'insistons pas plus sur la phonétique que l'auteur ne le fait lui-même et retenons seulement que les arguments invoqués ne détruisent pas l'hypothèse d'une origine celtique de *Vimina*.

Il faut tenir compte encore d'une quatrième opinion : l'insistance de Chotin à expliquer les *Wasmes* du Hainaut par un vieux mot patois qui signifierait marais. Les témoignages de Hécart, Sigart, Delmotte, en leurs dictionnaires régionaux, sont peu explicites ; les exemples manquent ; ces quatre autorités se réduisent probablement à une seule, celle du plus ancien, Hécart. Néanmoins, pour ne rien préjuger, nous

---

[1] *Les noms de nos rivières*, p. 28.
[2] *Histoire de la Gaule*, t. I : conclusions du chapitre sur les Ligures.

avons noté soigneusement les indications topographiques relatives aux *Wasmes*, et nous avouons qu'elles semblent donner raison à Chotin. Si donc il a existé un mot semblable dans le langage courant du Hainaut, quelle origine faut-il lui assigner ? La question n'est que légèrement déplacée, car, découvrir qu'un nom propre a été nom commun, c'est découvrir ce qu'on savait à l'avance. On recherchera l'origine de *wame* au lieu de celle de *Wame* avec une majuscule. Il y a cette différence que l'existence d'un nom commun identique dans le patois paraîtrait rapprocher beaucoup les noms propres de nous et de notre temps. Il serait ridicule, en effet, de rêver préceltisme en présence d'un terme du patois actuel. Tout au plus ce terme pourrait-il être classé à côté des mots de provenance gauloise, comme *marne, breuil, combe, glaise, grève, lande, dune*. Mais aucun mot en w ne vient du gaulois. Concluons donc sur ce point que l'opinion de Chotin a pour résultat, implicitement, de donner les *Wasmes* comme des désignations germaniques.

XII. Ainsi deux hypothèses nous orientent vers les Germains, deux autres vers les Celtes. Tel est le plus clair de ce qui reste après avoir filtré les opinions émises. Y a-t-il moyen de pénétrer plus avant ? Pour notre compte, nous avons songé à nous servir du nom de *Vimeux*, qui désigne encore l'ancienne région de Picardie où coule la Visme. Le nom du *pagus* de Vimeux est évidemment tiré du nom de la rivière, comme *Hainau* de la *Haine*, *Masau* de la *Meuse*, *Saulnois* de la *Salia* (Seille). Donc ce nom de pagus peut ici servir à dater relativement celui de la rivière. Ainsi le problème de l'origine ethnique de *Vimina* revient à découvrir, dans la forme du mot *Vimeux*, l'époque de sa création. Il ne suffit pas d'affirmer en général que les noms des *pagi* sont anciens. Plusieurs en effet, dans le nord de la Gaule, ont une origine germanique, comme Brabant, Luxembourg, Limbourg, Ostrevant, et les noms en -*gau*, -*land*, -*bant*. Mais le suffixe de *Vimeux* peut être examiné. Par sa finale -*eux*, il semble venir de -*osus* latin ; mais cet -*eux* n'est qu'un des innombrables méfaits de l'analogie. Il faut restituer *Vimeu*. A l'époque mérovingienne le nom est *Viminaus pagus*, pays de la *Vimina*. La question revient donc à chercher l'origine du suffixe -*aus*. C'est un problème difficile qui vient se greffer sur le premier. Nous en avons fait l'objet d'un travail à part, dont nous ne donnerons ici que les traits indispensables.

XIII. Pour D'Arbois de Jubainville [1], -*avos* est un suffixe gaulois de noms de lieu. Il n'existe pas en latin, mais il a continué à servir en Gaule sous la domination romaine, latinisé en -*avus*. Il est mort

---

[1] *Recherches sur la propriété foncière...*, p. 560.

avant l'invasion franque. Dans les documents qui nous restent à l'époque mérovingienne, il se présente sous la forme *-a-us*, par exemple dans *pagus Tellaus*, le *Talou*, nom tiré de la rivière *Telle* ; dans *pagus Viminaus*, notre *Vimeu*, nom tiré de la *Vimina* ou *Visme*. Au contraire, Kurth (¹) a méconnu *-avus* et ce chapitre de D'Arbois. A la suite de Grandgagnage (²), il voit dans *-aus* une réduction du suffixe gaulois *-acus*, dont la survie a été beaucoup plus longue, puisqu'on le trouve accolé à des noms propres germains. A chaque exemple scabreux de son chapitre sur *-acus*, il insiste sans raison acceptable sur cette idée malencontreuse. La phonétique lui donne tort : si *Duacum* devient *Douai*, *Bagacum* Bavai, *Ceunacum* Ciney, *Cimacum* Chimay, *Cortariacum* Courtrai, *Durnacum* Tournai, *Camaracum* Cambrai, il est évident que *Gemelacum* serait devenu *Gemblai* et non *Gembloux*. C'est *Gemelaus* qui a produit *Gembloux*, et il en est de même de *Temploux*, *Talou*, *Yernau*, *Orgeo*, *Ortho*, *Lierneux*, *Stavelot*, *Vimeux*. La critique historique lui donne tort : dans tous les mots où la finale est *-ou*, *-au*, *-o*, *-eu*, et non *-ai*, *-ay*, *-ey*, *-y*, Kurth a supposé indûment des formes anciennes en *-acus*, là où il ne rencontrait que *-aus*. Il ne s'est pas assez défié des scribes, qui, sur le tard, ont fourré des *-acus* et des *-acensis* partout, et, tablant sur certains cas comme celui de *Templiacus*, il a pris leurs inventions pour des formes primitives, au mépris des avertissements de la phonétique.

XIV. *Viminaus* est donc un terme gaulois qui remonte au moins à la période gallo-romaine. Or *Vimina* est antérieur. Donc il ne peut être assigné à l'influence franque, car alors le suffixe *-avus* était bien mort. Et maintenant, à moins que nous n'ayons mis trop de hâte à solidariser les trois noms anciens, il semble conséquent de les assigner aux Celtes ; et non seulement ces trois-là, mais tous ceux de nos listes qui leur ont été affiliés avec raison. Créés par les Celtes soit outre Rhin, soit en Gaule, ils auraient été seulement recueillis par leurs successeurs. Cette opinion radicale peut se défendre, à condition d'y adapter les faits en apparence opposés. Il faudrait en ce cas considérer *wame* comme celtique, mais avec *w* pour *v* sous l'influence germanique, comme il est arrivé pour *vadum*, wallon *wé*, français *gué*. Il faudrait admettre aussi que le nom de la *Wümme* est celtique et que sa parenté avec *wimjan* est une parenté plus éloignée que Mullenhoff ne l'avait cru. Cependant il y a moyen d'apporter à cette théorie un tempérament, de façon à fondre et harmoniser avec elle les débris des opinions dissi-

---

(¹) *Frontière linguistique*, t. I, pp. 469-472 et 474-520.
(²) *Mémoire sur les anciens noms de lieux dans la Belgique orientale*, dans les *Mémoires in-4 de l'Acad. roy. de Belgique*, t. XXVI ; passim.

dentes. En effet, si la racine en question appartient au fond indo-européen, elle n'était pas le monopole des seuls Celtes. On peut admettre qu'elle a fonctionné aussi chez les Germains, les Latins, les Grecs. Les uns et les autres ont pu se servir parfois du même radical pour désigner des ruisseaux et des rivières. Les ressemblances que la grammaire comparée constate dans le matériel courant du langage peuvent se rencontrer aussi en toponymie. En résumé, il peut s'être produit une *polygénèse* de noms de même racine au lieu d'une *monogénèse* suivie d'*emprunts*. D'ordinaire c'est la phonétique qui dévoile auquel des deux cas on a affaire ; mais, dans la circonstance présente, les éléments qui composent le thème *wam, wem, wim* ne sont pas de ceux qui subissent des transformations remarquables. On peut acter que le celtique substitue souvent *i* à *e* indo-européen : latin *verus*, irlandais *fîr*, germain *war* ; latin *rex*, celtique *rix*. *Vimina-Visme* en regard de *Vemena* ne désobéit pas à cette tendance ; mais, pour décider avec sûreté que la voyelle primitive de notre thème est *e* indo-européen, il faudrait posséder d'autres éléments de la série que deux formes qu'on soupçonne être des variations postérieures d'une forme unique et dont la nationalité est encore hypothétique. Il n'y a rien à dire de l'*m*. Quant au *v* initial, c'est en indo-européen un *u* consonne, à prononcer comme le *w* wallon ou anglais. Il avait le même son de *w* en grec, en latin, en celtique et en germanique. En grec, représenté d'abord par le digamma, il a disparu dès l'époque homérique. En latin, il n'a pris le son de *v* labio-dental qu'après le premier siècle de notre ère. En germanique, *w* a gardé le son bilabial pendant tout le moyen âge ; ce n'est qu'en nouveau haut-allemand qu'il a pris la valeur du *v* français, phénomène trop postérieur pour nous intéresser ici. En celtique, le *v* initial est un *w*. Il se maintient sur le continent, quitte à évoluer comme le *v* latin dans les mots celtiques conservés par la langue nouvelle. Il devient *f* en irlandais : *fîr*, lat. *verus* ; *fich*, lat. *vicus* ; *fer*, latin *vir*, gotique *vair* ; *fiss* (savoir), lat. *video*, sk. *vèda*, gr. Ϝοιδα, allemand *wissen*. Il devient *gw* en gallois, mais seulement au début du IXe siècle : gallois *gwr*, latin *vir* ; gallois *gwydd*, latin *video*. Enfin il devient *gw, guo, guu* en armoricain, mais c'est seulement tout à la fin du IXe siècle [1]. Notre *Vimina* est antérieur à ces changements et ne dépend d'ailleurs que du celtique continental. Nous avons donc affaire ici à un thème qui ne peut devenir méconnaissable d'une langue à l'autre. Nous concluons donc ainsi sur ce point : 1° on peut être certain que

---

[1] Cf. G. Dottin, *Manuel pour servir à l'étude de l'antiquité celtique*, p. 99. — J. Loth, *L'émigration bretonne en Armorique*, p. 35, p. 90. — K. Brugmann, *Abrégé de grammaire comparée des langues indo-européennes*, §§ 155-160.

Vimina-Visme est de création celtique ; 2° on n'a pas de raison suffisante pour décider si *Vemena-Wamme* et *Wimena-Wümme* sont celtiques ou germaniques ; 3ᶜ les trois noms sont tout au moins de même source indo-européenne et de même sens.

XV. Si *vem-*, *vam-*, *vim-* appartient au fond indo-européen, s'il est resté commun à plusieurs langues connues, il ne doit pas être impossible d'en découvrir le sens. Une excursion dans les grammaires comparatives et les dictionnaires nous procurera plutôt l'embarras des richesses que la disette. Ecartons d'emblée, pour abréger, tout ce qui ne peut être rapporté à un cours d'eau à cause du sens et examinons le reste.

Le gotique a un mot *wam*, génitif *wammis*, tache. Au premier aspect, il ne se recommande à notre attention ni par sa voyelle *a* ni par son sens exigu ; seulement l'*a* peut être le résultat d'une apophonie comme dans *Band*, *bindan* et dans *nam*, *niman*, et le sens exigu peut être un sens dérivé. Ce mot a vécu aussi en pays germanique, puisque nous en retrouvons des échos jusque dans Du Cange sous la forme *wem*. L'article *Wemminge* du fameux Glossaire porte cette mention : « Sommerus in glossario anglo-saxonico : *wem*, *wemme*, labes, macula, menda, vitium », d'où *wemminga* signifie « appel pour *vice de forme* d'un jugement ». Si le sens de tache ou de vice était primitif, nous ne saurions que faire du mot, mais le gotique *wam* est apparenté au latin *vomere*, vomir, au grec ἐμέω (=Ϝεμέω), au sanscrit *vamâmi*, je vomis, au slave *vemenai* et lithuanien *vemalai* (plur.), crachat. Si l'on veut accorder ces diverses significations, il faut bien admettre comme premier sens un sens d'action, soit action d'éclabousser, éclaboussure, ce que le wallon rend par le mot *spiteûre* ; puis un sens dérivé, concret, indiquant le produit de l'action, soit des éclaboussures, des *spiteûres*, des jets de salive, des taches ou des crachats. On voit d'où procède le sens moral de tache, macule, faute, péché, vice. Sans doute aussi les verbes cités, latin, grec et sanscrit, n'avaient à l'origine que le sens de jaillir, gicler, éclabousser ; c'étaient des termes atténuatifs comme τελευτᾶν, *décéder*, *trépasser*, arrêtant l'attention plutôt sur le spasme des organes que sur le résultat déplaisant de l'opération.

Le gotique *wimjan* de Müllenhoff est de la même famille. L'alternance *wimjan-wam* n'a rien que de très ordinaire. Ce verbe signifie jaillir, éclabousser et peut se dire de l'eau qui sourd de terre avec une certaine force (*scaturire*). Ce verbe est l'oncle de l'ancien haut-allemand *wiman*, moyen haut-allemand *wimmen*, frétiller, grouiller. Il y a des diminutifs : moyen haut-allemand *wimelen*, allemand moderne *wimmeln*, néerlandais *wemelen*, pulluler, fourmiller.

L'anglais possède *wamble*, verbe dérivé, signifiant que le cœur se soulève, sursaute ; d'où *wambling*, haut-le-cœur. Ici la voyelle est *a*. Il en est de même dans le néerlandais *wandaad*, forfait, qui correspond à l'anglo-saxon *wamdoed*, à l'ancien saxon *wamdad*. Le premier terme est le substantif ancien-saxon *wam*, péché, tache, anglo-saxon *wem* dans Du Cange, nordique *wòm*, qui nous ramènent sans difficulté au gotique *wam* déjà noté. L'anglais *wamble* s'apparie aux dérivés haut-allemand *wämbel*, ancien nordique *wäma*, danois *wamle*, frison *wommelen*. Le sens est toujours celui de tressauter, saillir, grouiller. Enfin le néerlandais a encore *wamen*, verbe neutre que le dictionnaire étymologique de J. Vercoullie déclare d'origine inconnue. Il signifie que l'eau, le flot, le courant *fait monter* la vase, *roule* ou *charrie* de la vase. Nous ne doutons pas que le sens fondamental soit celui de jaillir et que le mot appartienne à la famille des précédents.

XVI. C'est ce *wam*, diversement fléchi quant à sa voyelle, qui nous semble avoir donné naissance aux noms de marais, de ruisseaux et de villages que nous étudions ici. Si nous ne paraissons guère faire appel ici qu'au latin, au grec, au sanscrit, aux langues slaves et surtout germaniques, c'est parce que le celtique continental a malheureusement disparu, ne laissant pour ainsi dire que des noms propres de personnes et de lieux. On ne peut donc y atteindre que par des voies détournées. Peut-être, en inspectant la carte des terres basses d'Irlande, aurions-nous trouvé des *fim* de notre radical (ainsi *Finn*, rivière du Donegal) ; mais c'eût été expliquer le plus clair par le moins clair. La phonétique nous semble assez respectée en posant au stade indo-européen une racine *vĕm*- qui devient *vam*- en indo-iranien (*vamami, vamiti*), Fεμ-en grec (Fεμέω), *vĕm*- en latin (*vŏmere* avec ŏ pour ĕ comme dans *voster* = *vester, vorsus = versus*), *vĕm*- et *vim*- devant une consonne en germanique (gothique *wimjan*, par « ablaut » *Wam*), *vim*- en celtique continental (*Vimina*). Le plus obscur, en réalité, c'est ce dont on s'occupe d'ordinaire le moins, c'est la filiation des sens. Nous avons ramené tous nos mots à l'idée générale de éclabousser, jaillir, grouiller : il faudrait aussi redescendre de cette idée générale à son application matérielle et particulière à un ruisseau. Ce qui a d'abord été nommé *Wamme, Visme*, etc., est-il la source, l'eau qui jaillit ? mais toutes les sources mériteraient ce nom ! Est-il le grouillis des eaux sur un sol peu perméable ou peu favorable à l'écoulement ? mais c'est là que les eaux grouillent le moins ! elles sont jaunes et troubles, vaseuses, mais peu grouillantes. Je m'arrête à ceci, puisqu'il faut choisir, que le mot désigne l'idée, — toute relative au passant, piéton, charretier ou vacher, — du pataugis ou patrouillis qu'on se voit réduit à faire dans les endroits marécageux. S'il y a un endroit où l'on puisse passer sans faire jaillir la bourbe, on l'appelle « pas à Wasme ». Remarquez bien que c'est avec un suffixe -*ena*, -*era*, -*epa* que le nom de la rivière est formée ; *Wasme*, *Wame* n'est pas la rivière proprement dite, c'est le grouillis du marais qu'on franchit, c'est le bourbier. *Vemena* et ses congénères signifient à peu près « l'eau du bourbier ». Il y a en wallon un synonyme : c'est *Wayai*, de *wâyî*, *wayî*, qui correspond au français *guéer*, passer à gué ; mais le *gué* en Wallonie (wallon *wé*) désigne bien plus souvent un marécage à franchir qu'un véritable gué, et son verbe *wâyî* signifie littéralement patauger.

XVII. Voici, pour finir, une liste d'autres noms qui pourraient appartenir au même radical. Nous les donnons à titre de suggestion et sans garantie, uniquement pour montrer combien de problèmes peut soulever une modeste syllabe de trois lettres.

En Angleterre, on trouve *Wem* au nord de Shrewsbury. — *Wimpole*, dans la vallée marécageuse du river Tamar, au nord de Plymouth. Son nom semble signifier, par un pléonasme assez fréquent en toponymie, marais du... marais. — *Wemyssbay*, à la côte septentrionale du golfe de Forth, en Ecosse. — *Wimbledon*, au sud de Londres, en Surrey, canton de Brixton. *Wimborne*, sur la Stour de Christchurch, à la côte méridionale, comté de Dorset. Si c'est l'ancienne *Vindogladia*, ce *wim*- vient de *Vindo-*. — *Wombridge*, canton de Bradfort. Si l'on nous accuse de faire dans cette liste bon marché de la voyelle radicale, nous répondrons que divers rameaux celtiques et germaniques se sont entrecroisés en Bretagne.

En Danemark, notons *Vamdrup*, de *Vam* + *drup* = *dorf*, village. — *Wemb*, localité du Jutland sur la *Stor Aa* (Grande Rivière).

En Suède : *Wimmerby*, dans le Götaland ; le *by* (= stadt) de la Wimmer ? — *Wammeln*, autre nom du lac Valdemaren, mais qui ne peut être une contraction de ce dernier nom. Le lac *Vejm*. — Le *Waimes Erf*, affluent de l'Angerman Erf. — *Vemmenhoeg*, vers Malmoe. — En Finlande : *Vemo*, gouvernement d'Abo, si c'est un nom suédois et non finnois.

En Allemagne : *Gross Wamm See*, un des lacs de la Havel, région de Neu-Strelitz. — *Wimbachtal*, en Haute Bavière. *Weimar*, la ville de Goethe, pourrait être une ancienne *Veminara*. Sa rivière est appelée *Weimarbach*. Elle tire aujourd'hui son nom de la ville, mais peut-être ne fait-elle en cela que reprendre ce qu'elle avait prêté.

En Autriche : *Wimsbach*, à 9 lieues ouest de Steyer, au-dessus de l'Ens.

En Hollande : *Venray*, à 7 lieues au nord de Ruremonde.

En Russie : *Vima*, rivière du golfe de Tchesk, Russie septentrionale.

Il y avait un *Vomanus fluvius* dans le Picenum, tributaire de l'Adriatique. On peut rapprocher ce nom du latin *vomere*.

Un peuple des Alpes, vaincu par les Romains, s'appelait *Veamini* (PLINE, IV, 24, 4, édition LITTRÉ). Son nom se retrouve, au génitif, dans la liste de l'arc de triomphe de Suse en Piémont.

Il y avait une ville considérable nommée *Viminacium*, en Moesie, sur le Danube. C'est aujourd'hui Widdin. Son nom vient-il d'un nom propre *Viminacius* ? ou de *vimina*, oseraie ? ou de notre radical ?

D'où provient le mot *Wimmera*, nom d'un fleuve de l'Australie méridionale ? Si c'est un nom indigène, la ressemblance est un *lusus naturae* ; mais si ce nom vient des Anglais, il a été emprunté à quelque rivière de la mère-patrie et nous pouvons l'annexer à notre étude. La *Wamme* nous aura mené jusqu'en Australie, sans passeport et sans torpillage. Souhaitons que ce bienfait, fort appréciable, ne soit pas l'unique résultat de ce petit travail.

Jules FELLER.

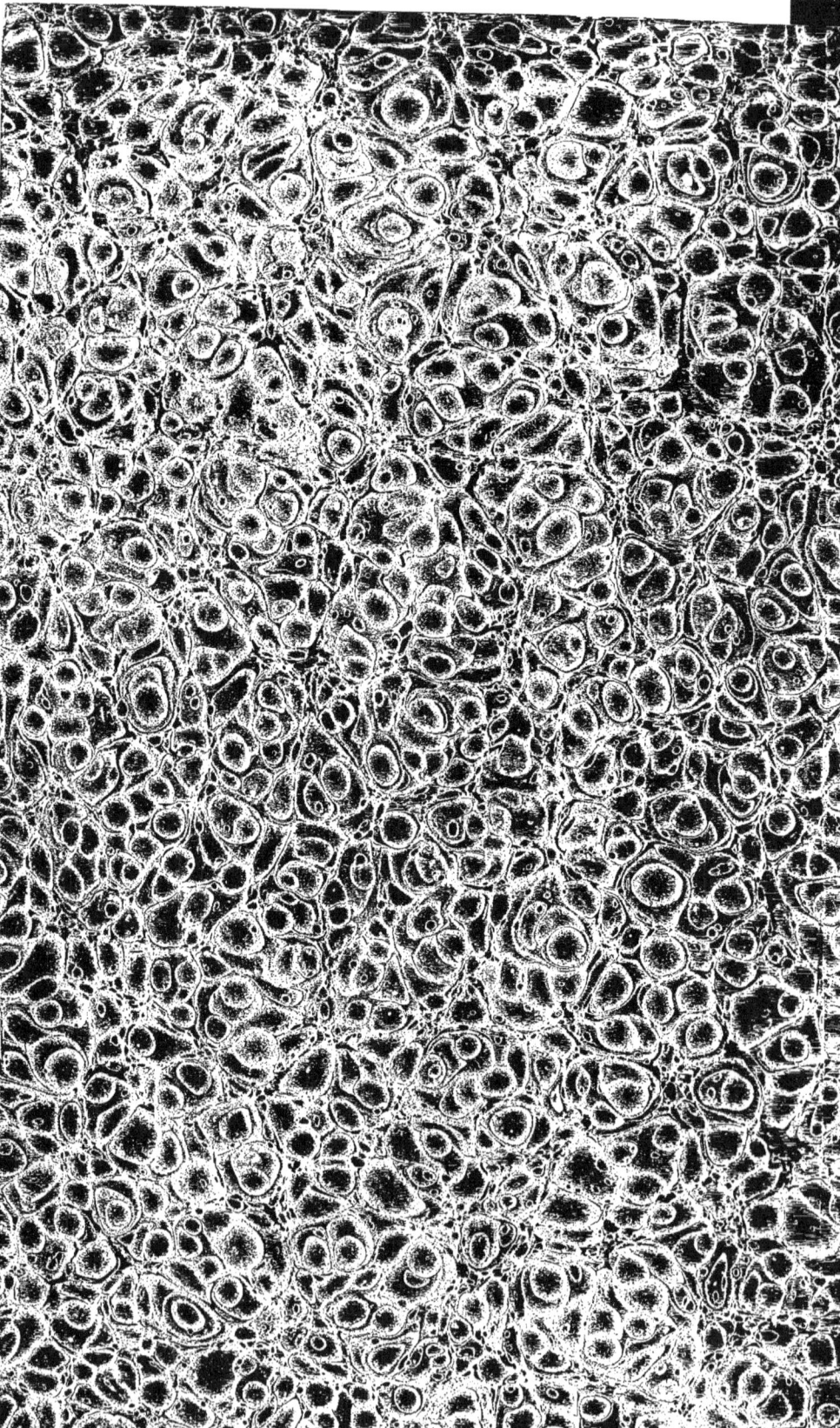

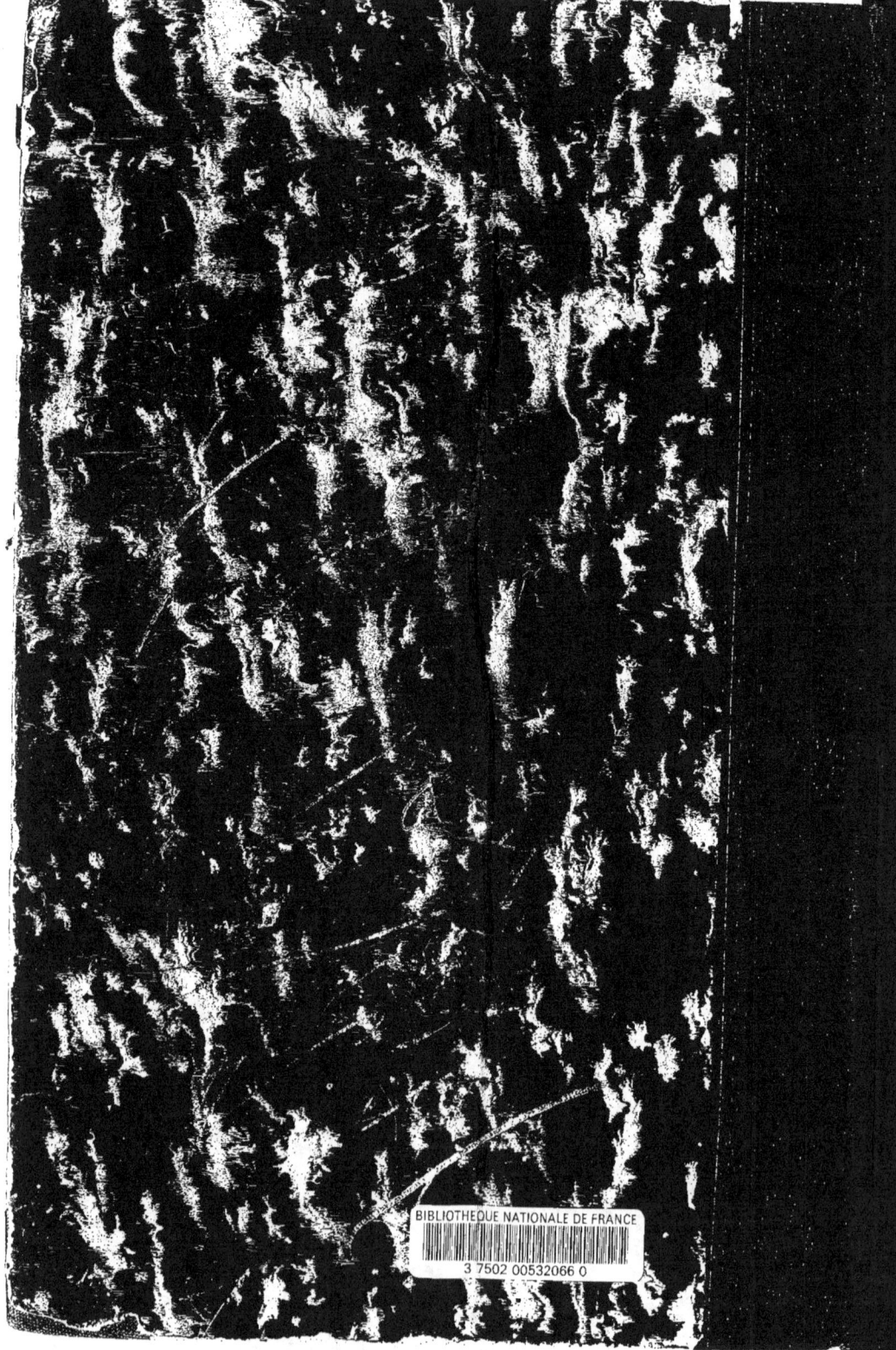

www.ingramcontent.com/pod-product-compliance
Lightning Source LLC
Chambersburg PA
CBHW060404230426
43663CB00008B/1386